Le mystère
de l'Amour vivant

DU MÊME AUTEUR

CHEZ LE MÊME ÉDITEUR

Les Maisons d'adoration, coll. « Lumière », série " Frères de Lumière ".

Adorer avec Marie, coll. « Lumière », série " Paroles de Lumière ".

Marie-Benoîte ANGOT

Le mystère de l'Amour vivant

Des Chrétiens/Spiritualité

Le Sarment
FAYARD

IMPRIMI POTEST
Rome, le 2 août 1983
Joseph Greco, s.j.

IMPRIMATUR
Toulon, le 15 août 1983
† Joseph Madec
Évêque de Fréjus-Toulon

Couverture : Icône de la Résurrection (Bénédictines du Mont des Oliviers).
Photo : Éd. Choisir, CH 1227 Carouge.

A Marie immaculée,
la douce servante du Seigneur,
que nous retrouverons toujours au cœur du
mystère de l'Amour vivant,
nous dédions ce livre.

Avec amour et confiance
c'est à la Mère de l'Église
l'Épouse par excellence,
première laïque consacrée
que nous confions la diffusion de cet ouvrage
pour la gloire de Dieu
et le salut des âmes.

Préface

Le mystère de l'Amour vivant ! C'est la Bonne Nouvelle de Jésus sauveur ! C'est l'Évangile actualisé ! Il faut donc l'accueillir comme une Parole de Dieu pour notre temps.

Nous y retrouvons les grands thèmes bibliques. La personne de Jésus s'y présente à travers des aspects que le Nouveau Testament nous dévoile.

Ainsi le « Cœur ouvert de Jésus » est bien ce « Cœur doux et humble en qui nos âmes trouvent soulagement » (Mt 11, 28-30).

« L'Agneau » c'est celui que Jean-Baptiste désigne comme « l'Agneau de Dieu » (Jn 1, 36) et que l'Apocalypse nous fait admirer comme « l'Agneau égorgé, flambeau de la Jérusalem céleste » (Ap 5, 6-21, 23).

Ce Sang jaillissant des plaies de Jésus, c'est tout le mystère de la Croix qui se consomme en ce Cœur transpercé d'où coulent le sang et l'eau (Jn 19, 31-37).

La « Présence vivante » à laquelle se réfèrent bien des pages de ce livre, c'est le Jésus de Pâques, le Ressuscité, Seigneur et Christ, Fils de Dieu (Ac 2, 36 ; 9, 20).

De la contemplation de Jésus, Sauveur du monde, nous débouchons dans le mystère trinitaire : le Père dont la tendresse indicible nous rappelle ce Cœur largement ouvert au retour du fils prodigue (Lc 15, 11-32) et l'Esprit qui illumine et enflamme l'Église (Ac 2), la préparant à cette Nouvelle Pentecôte, selon le vœu de nos derniers papes.

Ainsi le « mystère de l'Amour vivant » s'enracine dans les profondeurs du mystère de Dieu en ce qu'il a de plus spécifique pour la foi chrétienne.

Comment alors ne pas écouter avec grande attention et sérieux les appels que lance le Christ à l'Église d'aujourd'hui et en particulier aux laïcs, à travers cet « ordre » tant désiré de son Cœur?

Il est à remarquer, en effet, que le Christ engage les laïcs à une responsabilité accrue dans son Église. En raison des sacrements de baptême et de confirmation pour tous, de mariage pour les époux, les laïcs ont une place majeure dans l'œuvre d'évangélisation.

Le concile Vatican II a mis cela en pleine lumière notamment dans la Constitution dogmatique *Lumen gentium* (ch. II et ch. IV) et dans le Décret sur l'apostolat des laïcs.

Dans cette ligne-là, soulignons que les pages de ce livre insistent très fort sur l'Eucharistie. Le Seigneur veut que ce sacrement prenne une dimension plus importante dans la vie de la communauté chrétienne. Il va jusqu'à demander que l'Église autorise largement les laïcs et en particulier les familles à garder l'Eucharistie dans leurs demeures pour en faire des « Maisons d'adoration ».

Souhait remis au discernement des évêques qui, seuls, peuvent donner cette autorisation dans leur diocèse!

Cet « ordre de laïcs » est donc centré sur l'Eucharistie comme source de la vie chrétienne et de l'apostolat.

Alors qu'un vaste courant se dessine dans l'Église,

mettant en valeur la prière, l'adoration, l'oraison et tout ce qui va dans le sens de la vie contemplative, il n'est pas indifférent que l'Eucharistie en soit comme l'axe fondamental.

Ainsi seront évités les pièges d'un « piétisme » qui coupe de la vie concrète et les risques d'un verbiage où Dieu est dilué dans un discours de style journalistique.

L'Eucharistie nous ouvre sur le mystère de l'Amour vivant qui est Dieu même, à travers le signe du « pain quotidien », nourriture des hommes.

Sacrement de l'Incarnation rédemptrice offert à tous les baptisés pour en faire le ressourcement incessant de leur vie !

Nous croyons sincèrement que ce livre va rejoindre les « pensées secrètes de bien des cœurs » (Lc 2, 34-35).

Il apportera à beaucoup une grande espérance.

Puisse-t-il être, avec l'Évangile, le livre de méditation de bien des familles chrétiennes !

Dans notre monde en désarroi, il apporte une lumière nouvelle sur la destinée de l'homme et de l'humanité en manifestant, à travers les souffrances de mort de Jésus, la gloire de sa Résurrection, prémices de la nôtre (2 Co 4, 10-14).

Que la Vierge Marie attire à Jésus bien des cœurs afin que le règne d'Amour de son Fils advienne sans tarder dans ce monde ! C'est à elle, la Mère de l'Église, que nous confions le rayonnement de ce livre.

✠ Jean CHABBERT
Archevêque – évêque de Perpignan

Avant-propos

Marie-Benoîte Angot témoigne ici du *mystère de l'Amour vivant* qui est le Christ. Il est présent pour chaque âme, mais peu le croient et parmi les croyants, rares sont ceux qui en tirent les conséquences. Le Christ est alors le grand oublié. Cette situation n'est pas nouvelle, mais elle est toujours insupportable pour l'Amour non aimé. Il choisit alors des témoins qui bénéficient des messages destinés à être transmis au monde pour susciter des réponses.

Chaque témoin est un univers spirituel qui a son visage propre et son style particulier, car Dieu aime à se déployer à travers les causes secondes qu'Il ne cesse de créer par amour. Certaines lui permettent des sortes d'audaces qui sont les risques que prend l'Amour pour attirer l'attention des cœurs.

Marie-Benoîte Angot nous conduit à l'adoration eucharistique qui est le mystère de l'Amour vivant. Mariée, mère de quatre enfants, diplômée en droit public, l'auteur de ces lignes n'est pas une convertie qui trouve soudainement la foi. C'est une croyante fervente, épouse d'un chrétien convaincu.

Les pages qu'on pourra lire, ont été écrites au jour le jour, à titre de notes spirituelles. Le moment est venu de les faire connaître. Certains y trouveront l'appel qu'ils attendaient, d'autres préféreront un style différent, enfin plusieurs n'y verront que des fruits de l'imagination. L'histoire de la mystique chrétienne est jalonnée d'accueils et de refus lorsqu'une lumière vient éclairer nos nuits.

En ces temps de solitude de masse qui entraîne tant de détresse, nous sommes invités à consoler l'Agneau de Dieu sans quitter ni notre famille, ni notre profession, sans changer nos activités. Dieu mendie notre amour et notre aumône sauve les âmes. Une aventure merveilleuse commence alors, sans autre exigence que notre foi à demander sans cesse.

Marie-Benoîte Angot nous fait connaître les itinéraires surprenants de cette merveilleuse aventure. Ce qu'elle nous transmet est tout particulièrement accordé à cette civilisation de l'image qu'est la nôtre et revêt le plus souvent un caractère allégorique au service du mystère eucharistique toujours au cœur de cette œuvre. C'est un *dévoilement* (apocalypse) qui ouvre sur un autre monde, mais l'intimité et la tendresse du climat créé donnent à ces grandes fresques spirituelles, un ton d'une remarquable douceur.

Il s'agit d'un recueil de textes qui, chaque fois, font écho à une expérience que ni les images ni les mots ne peuvent rendre. Une lumière unique reçue intuitivement est ensuite réfractée, à travers des vues partielles, et comme éclatée. La lumière vient de Dieu, le milieu de réfraction est humain pour mieux nous atteindre. Alors il nous est donné de mieux comprendre que Celui qui est tout s'est épris de ce qui n'est rien et, pour reprendre l'expression admirable de Bossuet, que l'Amour *descend*.

Marie-Benoîte Angot met au service de sa mission un mélange d'enthousiasme et de délicatesse féminine qui illustre le génie propre à la femme. Une cause essentielle de notre temps est donc définie : se souvenir de consoler l'Agneau de Dieu tout au long des jours. Elle se réalisera par un ardent amour de l'Eucharistie qui fera de chaque famille une Maison d'adoration.

On peut penser que *la civilisation de l'amour*, si longuement évoquée par Jean Paul II dans sa *Lettre aux familles*, en sera le fruit attendu et surprenant.

Patrick de LAUBIER [1]
Professeur à l'université de Genève,
Membre laïc du Conseil pontifical *Justice et Paix*,
le 25 mars 1994.

1. Patrick de Laubier est, par ailleurs, l'auteur de *Pour une civilisation de l'amour*, Éditions Fayard, 1990, et de *Sociologie de l'Église catholique*, Éditions Universitaires de Fribourg/Mame, 1993.

L'Église, ma mère...

Je compris encore, lorsque les paroles furent dites, que l'Amour vivant approuvait notre projet d'en référer à l'Église. C'est elle qui en tirera à son tour *le plus précieux* selon ce qu'elle jugera bon.

C'est l'Église qui criera l'amour de Jésus.

C'est l'Église qui révèlera le plus précieux de son amour. Et lorsque l'Église révèlera ces secrets, Marie sera là, réunissant pour toujours les noces de Cana et les noces de la Croix.

L'Église est notre Mère.

L'Église est ma Mère.

Je l'aime infiniment comme j'aime Marie.

« Marie est ma Mère *totale* » m'a dit la voix (y a-t-il un lien avec le mot *totus tuus*?).

L'Église est aussi ma Mère totale. C'est en elle, c'est au cœur de l'Église que je désire déverser les secrets du Cœur de Jésus, parce que c'est son désir à lui, et parce que j'épouse son désir de tout mon cœur. L'Église est son Épouse. Je me laisse faire, puisqu'il est l'Époux, et je m'en remets totalement à elle, ma Mère Église, ma Mère tendrement aimée, faite pour recevoir tous les secrets de l'amour de Jésus.

Chapitre premier

Publie mes merveilles

Il est bon de cacher le secret du Roi, mais il est glorieux de révéler et de célébrer les œuvres de Dieu [...]. Quant à vous, bénissez Dieu, et racontez toutes ses merveilles.

(Tobie, 1, 20)

Le petit âne des Rameaux

Jésus a voulu monter sur un petit âne pour entrer à Jérusalem le jour des Rameaux.

Il envoie ses disciples chercher l'âne qui est attaché. *Détachez-le,* leur dit-il, *et si l'on vous demande pourquoi, répondez : « Le Seigneur en a besoin ».*

Il n'y a pas d'autre motif que celui-là : le Seigneur en a besoin. Pourquoi ce petit âne-là ?

Et pourquoi Jésus a-t-il voulu le monter pour son entrée triomphale à Jérusalem ? Ce n'était pas très glorieux ni très flatteur pour Jésus d'être sur un âne.

Mais le choix de cet âne-là, c'est le choix mystérieux de Jésus. Il en avait besoin, il n'y a pas d'autre explication.

Jésus a encore parfois besoin d'un petit âne pour accomplir sa tâche. Et lorsque Jésus exprime ce besoin, il n'y a pas à discuter. Jésus a besoin du petit âne. Aussi l'envoie-t-il chercher. Ce sont ses disciples qui vont le chercher (Lc 19, 28-40). Mais pour que Jésus puisse se servir de l'âne, il faut que l'âne soit *détaché*.

Pour servir Jésus, même si l'on n'est qu'un tout petit âne, il faut se détacher, se laisser détacher, ne plus avoir d'attache, être libre de tout.

Le petit âne s'est laissé faire, il a été docile, c'est son seul mérite. Il s'est laissé conduire vers Jésus et ensuite, il a conduit Jésus et Jésus l'a conduit. Ils ont avancé ensemble, mais le petit âne est allé là où Jésus voulait qu'il aille. Il n'a rien fait d'autre. Il s'est laissé mener.

Comme elle est belle et simple l'histoire du petit âne. Quel sort enviable que le sien!

Le Seigneur en a besoin!

Puisse cet appel retentir profondément en nos cœurs! Le Seigneur a besoin de nous, de chacun de nous. Et cela, c'est un mystère étonnant, merveilleux, un mystère qui vient de l'amour de Dieu. Puissions-nous être ce petit âne docile qui ne comprend rien, qui ne sait rien, qui ne sait pas où on l'emmène. Mais il se laisse faire en toutes choses parce qu'il est conduit par les mains de la divine providence.

Le Seigneur en a besoin.

Entendant ces paroles, l'appel, ce si grand appel de Dieu en mon cœur, retentit plus violemment que jamais. Le Seigneur Dieu m'appelle car il a besoin de moi. Je ne suis même pas ce petit âne, innocent, mais ne regardant que Jésus, je le laisse me conduire où il veut.

Le Seigneur en a besoin...
Il vous le renverra aussitôt,

ajoute saint Marc. Lorsque Jésus n'a plus besoin du petit âne, il le renvoie d'où il vient, le petit âne retourne à sa place au milieu des siens. Il n'est rien d'autre qu'un serviteur inutile, il n'a pas d'autre prétention.

La foule acclame Jésus et les pharisiens demandent à Jésus de faire taire ses disciples. Jésus répond : *S'ils se taisent, les pierres crieront.*

Quand c'est le moment de parler, nous n'avons pas le droit de nous taire. Il ne faut pas obliger Jésus à aller chercher les pierres pour crier. Jésus vient nous chercher, nous ses disciples, pour aller crier son amour à toute la terre. Comment pourrions-nous refuser? C'est dans la joie, l'allégresse et la ferveur que nous voulons aller dire par toute la terre : *Béni soit celui qui vient au nom du Seigneur.*

Va dire ce que tu as vu et entendu

Devant le Saint Sacrement, je disais à Jésus Hostie mon amour. Je déposais à ses pieds mon cœur de pauvre, toute pantelante et accablée devant tant d'épreuves affluant de toutes parts. Dans mon désarroi, je m'écriais : « Que voulez-vous que je fasse ? »

Oui, que voulez-vous de moi, alors que tous les événements me mettent dans l'impossibilité de réaliser quoi que ce soit. Comment pourrai-je répondre à votre appel, et faire vos saintes volontés, alors que je ne rencontre qu'échecs et impossibilités de toutes parts : silences, incompréhensions, indifférences.

J'attendais dans le silence, longtemps, et comme il ne me répondait pas, je lui demandais pardon.

« Il faut me pardonner, lui dis-je, craignant de l'avoir peiné. Oui je sais. Vous m'avez déjà dit : *il faut me prier, m'adorer, me porter.* Alors je ne devrais plus vous le demander. Peut-être êtes-vous fâché parce que je n'ai pas compris. Mais vous voyez bien : je suis seule, réduite à l'impuissance, et dans l'impossibilité de réaliser les désirs de votre cœur. Jusqu'à quand faudra-t-il attendre ainsi, dans l'échec, dans l'épreuve ? »

Je restais longtemps auprès de lui sans plus rien attendre, m'abandonnant à sa volonté. Lorsque j'allais le quitter, la voix se posa sur moi. Elle emplit mon cœur et lui murmura :

Va...
Va dire ce que tu as vu et entendu.

Je m'en allais mais, dans la nuit, je me rappelais ces paroles. Oh ! s'il fallait dire tout ce que j'ai vu... de lui, et entendu... de lui, il y en aurait des merveilles à raconter, mais je ne sais si cela pourrait être contenu dans un livre. En tout cas, cela pouvait être contenu dans les cœurs, car les cœurs sont faits pour s'ouvrir à l'infini.

Publie mes merveilles

Je fus éveillée par des plaintes ; c'étaient des appels, des gémissements. J'entendis la voix :

Pour un milliard ! soupira-t-elle dans un gémissement.

« Un milliard de quoi ? » lui demandai-je tout éberluée. *Un milliard d'âmes !* me répondit-elle comme si c'était une évidence.

Je gémis pour un milliard d'âmes qui n'ont rien reçu... un milliard d'âmes qui ne connaissent pas mon amour.

Un grand silence.

J'étais bouleversée, catastrophée. Un milliard ! C'était immense. Et puis, oh ! ce gémissement de Dieu. Qui pourra dire ce qu'est cette plainte de l'Amour qui désire se déverser dans les âmes ?

La voix reprit :

Tu es obligée de gémir pour Dieu.

Ces gémissements de sa souffrance, il voulait que je les adopte ; que je les épouse, que je les fasse miens.

Ton âme est un écho, continua la voix.

Quand je parle, je m'entends parler en ton âme, c'est un écho qui résonne sans plus finir.

Je veux que tu sois mon héraut ; un héraut qui sonne avec des trompettes. Je veux que tu publies mes merveilles.

Écris et crie !
Va crier mon amour à toute la terre,
c'est le sens de ce que je t'ai dit.
Maintenant, va !

Pars, parcourir la terre tout entière. Je veux me servir de toi pour faire connaître mon amour, pour déverser ma miséricorde.

Je ne veux pas que tu te caches. Tu ne le pourras pas.

Un grand silence.

« Mais comment ferai-je seule, sans force ? Déjà mon corps est épuisé. »

Je te donnerai ma force.

« Et où irai-je ? »

Je n'entendis rien mais je vis un très beau paysage. C'était un large fleuve. De part et d'autre, une végétation luxuriante sur les rives du fleuve; je reconnus des bananiers, des cocotiers, et le reste était touffu, enchevêtré. Sur le fleuve, une pirogue; dans la pirogue un enfant noir, assis, avec un balancier dans les mains. Il ramait à contre-courant. C'était très dur. Il leva le balancier et le fit tourner dans ses mains comme une baguette de tambour. Il y avait un tam-tam devant lui, entre ses genoux, dans la pirogue. Il se mit à en jouer. J'entendis une voix douce, une voix d'enfant, qui disait : *Je veux chanter et jouer pour le Seigneur.*

Je ne vis plus la pirogue du petit enfant noir. Mais je vis une jolie barque. Elle reflétait la lumière.

Debout dans la barque : Jésus, revêtu de sa robe blanche. La barque remontait le fleuve, sans peine; elle faisait ce qu'elle voulait. Jésus promenant son regard de tendresse sur le fleuve, sur la forêt, semblait prendre possession de tout cela, comme un Roi.

Puis ce paysage disparut. Je vis que j'étais toute petite, posée devant ma maison. Mais je n'étais pas seule. Je compris que la Présence vivante était là. Ce fut la voix de la Présence vivante qui parla :

Quand je veux venir sur la terre que j'ai créée, et que j'aime tant, je cherche des cœurs où me poser; des cœurs où me reposer.

Les cœurs sont mes demeures. Ces demeures que j'ai préparées, façonnées, construites avec tant d'amour, sont souvent comme des maisons sans habitants.

Lorsque je me présente, les habitants sont sor-

tis, ayant tout fermé à clé. Je ne peux pas entrer. Ils sont partis se mêler au bruit du monde, s'éparpiller dans l'agitation, les courses, les achats et les activités.

Ta maison, je la trouve toujours ouverte pour moi (ta maison, cela veut dire : ton cœur). Je la vois, avec ses volets ouverts, ses portes et ses fenêtres ouvertes. Tu es attentive à ma présence, à l'écoute de ma voix, tu entends mes pas.

Je suis venu, et j'ai pu entrer. J'ai pris possession de ta maison : la maison de ton cœur. Tu es au-dedans de ta maison; et tu m'y trouves. Dis aux âmes de vivre au-dedans; au-dedans d'elles-mêmes. Elles m'y trouveront.

Tu vis dans le monde, sans te mêler au monde,
tu t'en sers, sans t'y attacher,
tu y passes, sans t'y arrêter.

Tu ne veux rester qu'avec moi. Aussi, me suis-je établi en toi.

J'ai pris possession de toi, et c'est sans retour, même si parfois tu es fatiguée de moi (je crus qu'ici, il se mit à sourire).

Car moi, j'ai décidé de me servir de toi pour parcourir la terre.

Tu me porteras partout où je le voudrai.

Je te dicterai mes volontés. Tu ne pourras y échapper. Tu ne pourras y résister à cause de l'amour. Tu as appris à aimer mes volontés.

Parce que tu es devenue toute petite, tu pourras me porter.

La voix s'arrêta là.

Pour comprendre tout cela, je crois qu'il faut savoir qu'il n'y a dans ces paroles de la voix que des réponses à des demandes de mon âme, dans la prière. Ce serait trop long à dire ou même à raconter. Jésus seul connaît le secret de nos cœurs.

Il sait ce qui s'est déroulé en mon âme ; l'épuisement parfois extrême du corps et de l'âme, il le connaît. Il connaît ma faiblesse et ma demande « d'échapper » si je puis dire, parfois, à ce « sort », ce destin qu'il m'a réservé...

Tout ce qu'il dit là est une conduite pour ma vie intérieure. Ce sont des réponses aux questions de mon âme. Et c'est une suite aussi à l'acte d'abandon.

Et puis aussi, il y a bien plus. Il y a la signification de sa demande à lui, formulée dès le début : « me porter ». Aujourd'hui, j'ai saisi davantage ce qu'il entendait par là, pour moi-même. « Me porter » : il ne me le demande pas seulement sur le plan spirituel, sur le plan du témoignage ; mais il va me le demander physiquement. Il m'enverra où il voudra.

Puis, comme pour affirmer d'où venaient tous ces ordres, tous ces désirs, avant de me quitter, il me dit son nom.

Je vis d'abord un petit agneau, tout nouveau-né. Il était d'une blancheur immaculée et son regard de tendresse posé sur moi me bouleversa jusqu'au fond de l'âme.

Me regardant toujours, il me dit :

Je suis... l'Agneau immolé.

Il était couché sur le sol, les deux pattes avant légèrement repliées lui permettant de maintenir sa tête droite, et laissant voir son poitrail. Je vis alors à travers la belle laine blanche, une grande ouverture béante, rouge, et des gouttes de sang coulant goutte à goutte.

Chaque goutte de mon Sang, je l'ai donnée...

(Il en faisait le don lui-même, consciemment, encore vivant, comme à la messe.)

Mon Sang a ruisselé sur toute la terre... Je désire (et je crus comprendre : je cherche) *des cœurs qui donnent leur sang goutte après goutte, afin de le mêler au mien.*

Puis ce fut tout. Je restais là, adorant l'Agneau et son très précieux Sang.

Le Livre de Jésus

En prière devant le Saint Sacrement, je vis arriver Jésus vivant. Il était revêtu de sa robe blanche immaculée et entouré de la nuée de lumière qui l'accompagne toujours.

Il resta très longtemps debout devant moi. Il me regardait. J'étais toute petite à ses pieds, habillée comme une mariée avec un voile blanc court sur la tête. Je le regardais. Je ne pouvais faire autrement car la tendresse qui émanait de lui me saisissait tout entière, m'enveloppait, me recouvrait et s'en allait imprégner le plus profond de mon âme.

Puis il se pencha vers moi. Je vis qu'il tenait dans ses mains un livre grand ouvert. Jésus me présentait le livre dans un geste d'une extraordinaire tendresse, comme quelqu'un qui offre un cadeau avec une infinie délicatesse.

Le livre était splendide. Il étincelait de lumière, la même lumière immaculée que celle de Jésus vivant. Je restais là interdite, n'osant pas bouger.

Je te donne le livre,

me dit-il en s'avançant vers moi. Le livre était si volumineux que je crus que c'était l'Évangile.

« C'est l'Évangile ? » demandais-je timidement, et sans oser encore toucher le livre.

C'est le mystère de mon Amour

me dit Jésus avec force, et dans sa voix il y avait un éclatement de joie, une joie empreinte de majesté et de fierté.

Je tressaillis alors profondément. Je venais de reconnaître son livre :

Le mystère de l'Amour vivant.

Je tendis alors les mains. Jésus y déposa, avec une infinie précaution, le livre toujours grand ouvert. J'étais bouleversée de tant d'amour, et profondément heureuse, comme une épouse qui reçoit de son époux le plus beau cadeau de noces qui puisse exister sur la terre.

Le livre était si beau que je ne pouvais en détacher mes yeux. On aurait dit que chaque page se détachait du livre pour que je la regarde comme si elle était unique. Chacune des pages était en effet d'une grande beauté à cause de l'éclat de lumière immaculée dont elle resplendissait.

Puis à nouveau, je tressaillis profondément. Le livre me parut très lourd et la lumière qu'il reflétait devint encore plus resplendissante. Je ne voyais plus Jésus, il avait disparu. Il n'y avait plus que le livre mais... sa Présence vivante était dans le livre.

Je fus saisie d'une tendresse que je ne pourrai jamais exprimer car, en cet instant, je portais Jésus vivant en mes deux mains assemblées. Je ne le voyais pas, lui, avec mes yeux de chair, mais pourtant je savais que je portais Jésus Enfant, comme une mère porte son enfant.

« Vous êtes dans le livre ? » lui dis-je avec un grand amour, mais très bas pour ne pas livrer le secret.

Mon amour est dans le livre

répondit-il au creux de mon cœur, avec une extrême ferveur.

Mon amour...
je le déverserai goutte à goutte
à tous ceux qui le liront.

« Vous ferez cela pour les âmes ? » m'écriais-je avec une infinie reconnaissance. Comme je suis heureuse ! Vous êtes l'époux de mon cœur. Ma joie est parfaite.

Je ne vis plus rien. Je n'entendis plus rien. Je n'existais plus. Ma joie était si parfaite que j'avais disparu en lui... pour toujours.

CHAPITRE II

L'Amour vivant

Je suis

Dans la nuit, j'entendis ces paroles :

Mon nom est Jésus

En même temps, je les vis inscrites en grandes lettres rouges, sur un fond gris. Puis la voix reprit :

Je suis Jésus

Au fur et à mesure que les lettres s'écrivaient, je voyais que :

Jésus et je suis

sont deux mots presque semblables. Cela me frappa. Jésus est vraiment le JE SUIS.

Puis la voix dit encore :

Je suis là au milieu de vous.

Et je le voyais, lui, Jésus, se promenant au milieu d'une foule. Il était obligé de nous répéter qu'il est là au milieu de nous, parce que nous n'y croyons pas encore, parce que nous ne le savons pas encore.

Je venais à peine de m'agenouiller devant le tabernacle, que je me sentis *saisie*, emportée dans l'adoration.

La voix se fit entendre aussitôt. C'est elle qui m'avait saisie. Elle se mit à murmurer comme une source qui coule, mais en même temps on aurait dit un coup de vent fort comme un ouragan qui fait claquer une voile. Le murmure dit seulement ces deux mots :

Je Suis

Alors, je m'écriais : « Dites-moi qui vous êtes ! ». Oh ! je ne doutais pas de l'Amour vivant. Sa simple présence est au-delà de tous les mots. Elle n'a pas besoin de paroles pour s'expliquer. Ma question voulait dire : « Faites-vous connaître à moi..., voix si tendre et si forte de l'Amour vivant, faites-moi pénétrer à l'intérieur de cet amour si extraordinaire... »

Alors, la voix dit très lentement chacun de ces mots. Ce n'était plus dans un murmure. C'était avec une grande force. Et il faut lire ces mots très très lentement, parce que c'est ainsi que la voix les a dits, avec de grands, très grands silences entre les phrases. Elle a mis une heure et plus pour dire ces quelques mots :

Je suis Amour et Vie
Je suis Amour et Vérité
Je suis Amour et Miséricorde
Je suis Amour et Amour

Quand la voix s'arrêta de parler, je sortis de l'adoration dans laquelle elle m'avait plongée.

C'est parmi vous que je veux être

Pendant l'adoration, le Saint Sacrement était exposé dans le creux du mur, près de la Sainte Vierge. L'Hostie vint près de moi, tout près de moi. Elle envoyait des rayons de lumière. Je me sentais attirée tout entière par elle. J'aimais d'un grand amour Jésus, qui se déplace pour venir vers nous. Comme j'aime être tout près de lui, et je le lui dis souvent; de la même façon, il aime être tout près de nous.

Je crus comprendre qu'il me demandait de rester auprès de lui, de rester toujours tout près de lui. Il y avait une tendresse infinie dans sa voix d'amour :

Ne me quitte pas...
Oh! ne me quitte pas!

sur un ton qui implorait, comme quelqu'un qui aime et qui ne veut pas qu'on parte.

Pendant la nuit, Jésus me réveilla. Je ne le vis pas du tout, mais je sus qu'il était là. Je reconnais sa Présence quand il vient. Il me montra l'ostensoir. Je le vis exactement comme je le vois en vrai, avec la lumière tamisée. Puis Jésus me montra l'autel de notre chapelle. Je vis l'ostensoir se déplacer, descendre, se poser sur l'autel. Ce fut alors un spectacle merveilleux : l'Hostie était d'une blancheur éclatante et tout l'ostensoir ruisselait de lumière.

Sa voix de tendresse, la voix de mon Amour vivant me dit :

C'est là que je veux être

Je lui dis : « Pourquoi voulez-vous être sur l'autel ? »

Il y eut un grand silence pendant lequel j'étais attirée tout entière dans l'adoration. Puis il répondit :

Je suis tout près *de vous*
c'est parmi vous que je veux être

Quand il a dit : *TOUT PRÈS de vous*, ce fut avec une extrême tendresse que je ne pourrai jamais traduire. Cependant, quand il dit ces paroles, je lui dis aussitôt que « tout près », c'était encore loin pour moi... J'aurais voulu être tout contre l'autel. Il ajouta alors pour moi ceci, parlant presque tout bas à mon oreille, avec un très grand amour :

Tu peux savoir que je suis tout contre toi,
contre ton cœur.

Jésus au milieu des siens

Pendant la nuit, je reçus une visite : celle de la Présence vivante. Je ne peux dire avec les mots humains ce qui se passa, mais je vais essayer de traduire un petit peu.

Ce fut comme si je voyais et je sentais Jésus pénétrer en mon âme. Il entra. Puis il resta là. Puis à cause de sa Présence, mon âme gonflait, gonflait exactement comme une pâte gonflée par un levain. Je sentais qu'il n'y avait plus qu'une écorce : l'écorce de mon corps, sur le point d'éclater. Et mon âme vivait de la Présence vivante. Et je ressentais une immense joie, non une joie qui fait bondir ou éclater de rire, mais une joie faite de paix, une paix profonde, profonde.

Ensuite mon âme se mit à vivre une scène : je vis Jésus tout vêtu de blanc. Je ne voyais pas comme on voit d'habitude avec les yeux, car cette fois, il n'y avait pas d'images défilant devant moi. J'emploie le verbe voir parce que je n'ai pas d'autre mot. Au lieu de dire : je voyais Jésus, je devrais dire : je « vivais » Jésus.

Oui, je vécus cette scène, profondément, sans la voir avec des images. Mais c'était beaucoup plus profond, plus merveilleux. Je voyais non avec la vue, mais avec la vie.

Et voilà que Jésus vêtu de blanc se présentait debout. Il y avait autour de lui un petit groupe de gens. Jésus restait là. Les personnes qui étaient autour étaient des amis, et le regardaient. Jésus, vêtu de blanc, s'approcha davantage, et s'assit. Alors les personnes qui étaient là l'entourèrent. Les unes étaient debout, les autres assises, toutes le regardaient sans cesse et semblaient en prière. Prière faite de contemplation, prière faite d'un regard qui ne quitte pas l'être aimé.

Quant à moi, j'étais à genoux par terre, aux pieds de Jésus, tout près. Je restais là longtemps, longtemps auprès de Jésus. Lui restait là sans bouger, il semblait se plaire et se complaire en cet endroit où il était entouré et aimé.

Jésus était heureux ! Oui, c'est cela, Jésus était très heureux, c'est son Cœur qui était consolé.

Alors je vis ensuite la même scène se reproduire en de nombreux autres endroits différents.

Jésus arrivait, debout, rayonnant dans sa robe blanche, au milieu d'un groupe qui le regardait et l'aimait. Puis Jésus s'approchait, entrait au milieu du groupe comme on entre dans une maison, puis s'asseyait au milieu d'eux. Et là, il restait longtemps, longtemps.

Mon âme était habitée par une joie merveilleuse, une paix très profonde.

Pendant tout le temps où je vécus cela, une phrase était déposée en mon âme et gravée en elle ; et cette phrase gonflait, gonflait comme le levain dans la pâte. Et cette phrase allait éclater partout de par le monde, dans tous les petits groupes où Jésus était présent.

Présence vivante.

Jésus présent avec tant de force!

Jésus vit maintenant, dans le présent.

Le présent est sa marque vivante. Lorsque Jésus se présente, ce moment-là seul compte et ce moment-là, c'est comme s'il existait depuis toujours, et c'est comme s'il ne connaîtrait jamais de fin. Voilà la phrase qui était déposée en mon âme par la Présence vivante :

Jésus vient...

Puis, beaucoup plus tard :

Parmi nous.

En même temps il y avait :

Je viens parmi vous.

Jésus et Je sont confondus. J'avais déjà remarqué cela auparavant : JE et JÉSUS ou bien : JE SUIS, c'est un seul et même mot.

Quelle certitude extraordinaire, que ce *Je viens parmi vous.* Comme Jésus augmente ma foi si faible. Comme il me fait vivre la paix, lorsque j'en ai le plus besoin!

Je suis dans la solitude

Je fus transportée tout entière (avec mon corps et avec mon âme), dans une immense chapelle. Elle était très belle. Tous les murs et le plafond étaient peints de peintures fort ravissantes. C'était une multitude de médaillons dans lesquels étaient représentés les saints du ciel. Il y en avait beaucoup, beaucoup.

Posée contre le mur du fond, une immense croix dorée toute sculptée. Elle était impressionnante et si belle que je m'arrêtais en extase devant elle. Cette croix m'attirait comme si elle renfermait une force irrésistible. Je l'aimais sans mesure. En l'admirant et en la contemplant, je me sentais attirée en elle...

Je restais là de longues heures car dans la croix, je savais qu'il y avait l'Amour vivant. Je ne le voyais pas mais je percevais sa présence, par la force qui m'attirait et aussi par l'éblouissement de lumière émanant de la croix. La chapelle était dans l'obscurité et dans un grand silence. Seule, sur le mur du fond, la croix projetait sa lumière.

Je fus saisie d'angoisse à cause de cette solitude de l'Amour vivant en croix. Il n'y avait personne, personne dans cette chapelle pour venir lui tenir compagnie. C'est pourquoi je ne me lassais pas de rester devant lui, tout près, m'approchant tout près de la croix.

Au fur et à mesure que j'approchais, la croix d'or devenait de plus en plus immense, et moi, j'étais petite, vraiment toute petite. Mais je ne cessais de la regarder, de la contempler, de l'aimer, gardant les yeux fixés vers là-haut, où se trouvait l'Amour vivant. Je comprenais qu'il avait besoin d'une âme qui l'aime, lui seul, à la folie, et qui ne cesse de le contempler. J'étais cette âme qui désire de toutes ses forces (bien que ne pouvant encore le réaliser que faiblement) le contempler, lui, Amour vivant, sans cesse et sans cesse. Dans cette contemplation, c'est à la croix que, sans cesse, il m'amène.

En même temps que cet amour qui montait de mon âme, j'étais saisie d'une grande souffrance à cause de la solitude dans laquelle la terre le laisse.

Je voyais bien que là-haut, il avait tous les saints du ciel. Mais lorsqu'il se penche vers sa terre bien-aimée, comme il se trouve seul! Même lorsqu'il se penche dans son Église, dans cet espace que lui-même s'est réservé sur la terre.

Ah! voyez-vous, l'Église, si elle n'est qu'édifice matériel, s'il n'y a pas dedans des âmes qui prient et qui aiment, elle est vide et triste; elle ne contente pas Jésus mais l'attriste infiniment. Arrêtez de bâtir des maisons et de poser pierres sur pierres. Mais plutôt, remplissez les églises d'âmes qui prient et qui aiment, gardant sans cesse leurs yeux posés sur le Roi de gloire.

De la croix d'or, sortit sa voix bien-aimée. Il me dit :

La solitude

Je tressaillis car je la ressentais avec une extrême angoisse. Puis il reprit :

Je suis...
dans la grande solitude

Je suis. Comme il dit cela! On voit bien que c'est son Nom, car il le dit en prenant tout son temps, toute son Éternité. Son *Je suis* ne finit pas lorsqu'il le prononce.

Bouleversée d'amour et de souffrance, je restais là tout près, très près de la croix, très petite, mais dans une immense contemplation d'amour. Je priais de toutes mes forces afin que la prière emplisse l'église vide.

La Présence vivante

Pendant tout le chapelet, ce mardi soir, dans une famille, la Présence vivante se tint là, très vivement, très fortement. Elle se tenait en mon âme, la possédant tout entière, l'emplissant d'une brûlure d'amour forte comme un feu.

Pendant quelques instants, plongée en sa Présence vivante, je vis mon âme (ou du moins ce qui se passait au-dedans de moi). Il y avait un espace. Cet espace était sans limites, sans contours. Au-dedans de cet espace, brillait une petite lumière. La petite lumière brillait, exactement comme la lampe d'un sanctuaire. Elle éclairait l'espace, lui donnait vie, force et tendresse, et le brûlait d'amour. La petite lumière, je l'aimais de toutes mes forces car elle voulait dire que Jésus vivant était là. Je le savais, car il y avait sa vie en moi.

Toujours plongée dans la prière, je remerciais de toutes mes forces Jésus vivant, de venir réaliser ces paroles de Vatican II, disant que toute famille chrétienne doit être un sanctuaire *(A.A. 11)*.

Je voyais bien que Jésus vivant réalisait cela, qu'il voulait être cette lampe, cette lumière de feu et d'amour qui brûle au cœur de toute âme et de toute famille chrétienne.

Aussi, lorsque tout fut fini et qu'après le chapelet, quelqu'un me dit : « Aujourd'hui, on a prié sans le Saint Sacrement », je fus très étonnée, je dois dire, je fus peinée. Je regardais avec insistance le petit autel, les petites lampes qui brillaient et je lui dis que je l'aimais, car je savais qu'il était là.

Je partis ensuite en voiture. Je n'eus pas le temps de m'ennuyer. Je n'étais pas seule. Voilà que la Présence vivante se fit sentir, forte, immuable. Je me mis à lui parler : « Je vous remercie d'être là, lui dis-je, vous avez pris possession de mon âme, comme je suis heureuse ! »

C'est moi qui suis heureux !

me répondit-il en souriant.

Et je le vis surgir. Il était comme un Roi, se promenant dans son Royaume. Et son Royaume, en ce jour, c'était un sanctuaire, c'était cet espace sans limites, au milieu duquel brillait la petite lampe. Je le voyais se promener partout où il voulait. Il allait et venait à son aise. Il avait l'air si heureux!

Oh! comme je suis heureux
de pouvoir prendre possession de mon Royaume

s'écria-t-il, comme quelqu'un qui voit enfin la réalisation d'un événement qu'il attendait.

C'est ma demeure. J'en ai pris possession,

insista-t-il encore. « Comment pouvez-vous dire cela, lui demandai-je ? Comment ne pas vous lasser dans une demeure où se trouvent tant d'obstacles pour vous ? : mon incessant état de péché, mes indifférences, mes inattentions, ma misère tout entière. Vous rencontrez tout cela dans la demeure. Elle n'est pas digne de vous. Mes continuels péchés vous chassent. Vous devez avoir souvent envie de partir. »

La voix s'éleva majestueuse :

Un Roi ne part pas de son Royaume...

Un grand silence, c'était un grand serment, solennel.

Ce serait trahir... Je suis fidèle...
Seule la révolte de ses sujets pourrait l'en chasser...
Le Roi aménage son Royaume,
il l'arrange, il l'améliore.

Alors, je le vis à l'œuvre en mon âme. Il avait beaucoup, beaucoup de travail en effet, pour arranger et améliorer. Il s'affairait. On aurait dit qu'il transportait des objets pour les changer de place, puis qu'il nettoyait, secouait. Puis, il se penchait pour soulever des choses très lourdes et les sortir de là. Je voyais vraiment qu'il se donnait beaucoup de mal, et j'étais toute confuse car je me sentais parfaitement inutile. Mais je le laissais faire. Et puisqu'il était là, j'étais heureuse.

Alors, je souriais, je souriais de bonheur, d'un vrai bonheur profond, du bonheur de sa Présence. Alors, il cessa de s'affairer. Il posa sur moi son regard de tendresse et me dit :

Nous sommes heureux tous les deux...
Moi en toi, toi en moi.

Puis je ne le vis plus, mais je restai en sa Présence. Je pensais à la révolte qui peut chasser Jésus d'une âme. Il y a la révolte qui est haine. Mais il y a aussi la révolte qui est suffisance, contentement de soi, indépendance. C'est l'orgueil d'Ève : croire que l'on est grand par soi-même, capable de réaliser beaucoup de choses. Alors que l'on n'est capable de rien et que c'est Dieu qui fait tout.

Il faut beaucoup se méfier de cette révolte-là, de cette forme d'orgueil qui guette les âmes. L'orgueil spirituel est un fléau qui guette toute âme qui veut s'acheminer vers Jésus. Il est très répandu et se cache fort bien, souvent sous des apparences sympathiques et séduisantes.

Je voudrais dire aussi combien c'est important et merveilleux de rendre Jésus heureux. Voyez-vous, nous, il nous rend heureux, au prix de sa vie. Et nous, nous pouvons le rendre heureux en le laissant nous prendre, nous posséder, nous saisir pleinement. Le bonheur de Jésus, c'est de faire de notre âme sa demeure, d'y installer son Royaume. Voir Jésus heureux, c'est beaucoup plus merveilleux que d'être heureux soi-même. Nous devrions souvent penser à lui en un amour prévenant, tout faire pour le rendre heureux.

J'ai vu Jésus vivant

C'était dans la nuit. Je vis Jésus comme s'il était en chair et en os. Ce n'était pas Jésus glorieux, dans sa robe blanche. C'était Jésus, le fils de Joseph. Il était vêtu d'une robe de lin, couleur ficelle. Ses cheveux châtain clair tombaient sur ses épaules. Il avait aux pieds des sandales avec une seule lanière sur le dessus du pied. Il était assis sur un mur de pierre, il semblait las, comme harassé par une longue journée. Il attendait quelqu'un.

Lorsqu'il me vit, il se leva et s'avança lentement. Je me trouvai à ses pieds mais j'étais tellement petite que j'arrivais au bas de sa robe. J'étais à peu près à la hauteur de sa cheville. Pour me voir il dut se pencher.

Je crus qu'il allait me prendre dans ses bras, me soulever et m'emporter. Mais il n'en fut rien. Il me regarda mais me laissa sur la terre. Je désirais de toutes mes forces toucher au moins le bas de sa robe, espérant être emportée en lui. Je ne pus même pas faire ce geste tant j'étais petite et faible.

Je me mis à souffrir terriblement. Je désirais tant le rejoindre, me jeter en ses bras. Mais c'était impossible. Mon impuissance ne me le permettait pas. Toujours penché vers moi et posant son regard de tendresse sur ma petitesse, il me dit :

Va dire... à toute la terre :
« J'ai vu Jésus vivant...
J'ai vu Jésus. »

Ces mots en même temps s'inscrivirent en mon cœur. Ils prirent tout l'espace de mon âme et y demeurèrent la nuit entière.

Depuis, en ma prière, lorsque je vais l'adorer dans le

Très Saint Sacrement, je murmure ces mots qui sont ses propres mots : *J'ai vu Jésus...* Il disait cela comme un poème, et ces mots si simples reviennent sans cesse en mon âme comme le plus beau des poèmes : *J'ai vu Jésus.* Je crois que je ne pourrai jamais plus lui adresser de prière plus douce et plus tendre que celle-ci. Mon âme la murmure en se souvenant de l'amour et de la tendresse qui s'écoulaient en ces mots : *J'ai vu Jésus.*

Il disparut et je me retrouvais seule et toute petite sur la terre immense. Je devais parcourir toute cette terre pour y crier son amour, mais comment ferai-je dans cet état de faiblesse? La terre était sombre, impressionnante et très grande. J'étais posée sur elle parce que Jésus vivant avait voulu m'y laisser. C'était une grande souffrance pour moi car mon vrai pays n'était pas là. Mon vrai pays, c'est l'espace infini de l'amour éternel. Mais je ne pouvais encore le rejoindre sauf en de courts instants où mon Père du ciel, selon sa volonté, m'y attirait et m'y laissait aller et venir librement.

Je vis qu'ainsi posée sur la terre et en dépit de ma faiblesse et de la grande solitude qui m'entourait, je disais et je criais les paroles de Jésus vivant. Mais ces paroles tombaient dans le néant. Je ne voyais rien ni personne. Ma souffrance augmentait car je criais dans le désert et personne n'entendait rien.

Je ne comprenais pas pourquoi Jésus vivant m'avait posée là ni pourquoi il m'avait demandé de passer ma vie à m'exténuer en vain. Car c'était bien cela : posée toute petite sur cette terre de misère, je disais, je criais et même je m'époumonais. Mais aucune oreille n'était là pour prêter attention aux paroles de Jésus. Alors ma souffrance devint intense. Cependant, plus je parlais dans le désert, plus je me donnais de mal, plus je *disais* et redisais pour obéir aux désirs de Jésus vivant.

Je vis que, dans cette aventure, ayant jeté toutes les forces vives de tout mon être, je finis par me briser, par *éclater*. Ainsi se réalisait ce que m'avait promis la voix : *Tu mourras éclatée d'amour*.

Oui, je sus que cela serait vrai, mais qu'en cette mort, enfin il m'attirerait en sa ressemblance, lui le *grand éclaté d'amour*, comme il s'est lui-même nommé.

Le temps pendant lequel j'étais étrangère sur cette terre et accomplissant la tâche que Jésus m'avait confiée, me parut extrêmement long. Je vis la souffrance immense que je devais connaître. Je vis que je devais clamer et proclamer le nom de Jésus. Et qu'en même temps je serais détestée, rejetée, isolée.

Lui m'envoyait dans le monde pour dire au monde :

Jésus est vivant,

Jésus est là,

Jésus est parmi nous.

C'est cela seul qui comptait. Il fallait que j'accomplisse la tâche que désirait tant son Cœur. Ni les ténèbres, ni l'échec, ni la solitude ne m'en empêcheraient.

Jésus au milieu des siens

J'étais dans une immense église, vide, sombre et froide. Le tabernacle était très loin, sur un autel au fond de l'église. J'entendis : « clac ». Le prêtre venait de refermer le tabernacle après y avoir pris la sainte réserve pour la communion.

Jésus vivant *derrière les barreaux*, était à nouveau enfermé jusqu'au soir. Alors, il se fit une vive lumière. Je me retrouvais dans un très beau paysage. C'était une colline presque désertique dont le sol était fait de terre et de cailloux. Plus bas, dans le lointain, on apercevait un lac. Puis, à l'opposé du lac, quelques arbres qui devaient être des eucalyptus.

J'aimais beaucoup ce paysage simple, dépouillé mais d'une grande beauté (ressemblant aux paysages du Maroc). Un soleil de plomb dardait, il faisait très chaud. On était si bien sous ce soleil, dans cette lumière.

Je vis alors Jésus vivant arriver. Il était vêtu de sa robe blanche. Il vint s'asseoir sur une grosse pierre assez haute. J'étais assise par terre à ses pieds.

Autour de moi, des hommes, des femmes et des enfants assis aussi par terre et disposés en forme de cercle autour de Jésus, l'écoutaient. Ils l'écoutaient tous très attentivement. Personne ne bougeait. Tous avaient le regard fixé sur lui. Leurs cœurs buvaient les paroles de son Cœur, car Jésus enseignait. Il parlait de Dieu, son Père. Il parlait du Royaume. Nous étions autour de lui, tous très heureux.

Ensuite Jésus se leva puis alla vers un autre cercle de personnes un peu plus loin.

Je vis alors, parsemés sur la colline, de nombreux cercles formés de personnes assises par terre. Toutes restaient silencieuses, recueillies. Elles attendaient la venue de Jésus. Alors, je vis Jésus aller de l'un à l'autre. Il se tenait parmi eux, partageant son temps entre tous.

Ainsi, Jésus était au milieu des siens répartis en *petites poignées disséminées,* en petits groupes.

Je compris que c'est ainsi que Jésus veut désormais se tenir. Il veut être au milieu des siens, partout où ils se rassemblent par petites poignées. Jésus en a assez de ces grands édifices de pierre dans lesquels il est enfermé. Ces maisons de pierre sont vides, froides et sombres, elles sont mortes. Jésus veut des maisons de prière, des Maisons d'adoration dans lesquelles il vive et où l'on vive de sa présence. Jésus veut des maisons vivantes contenant des autels vivants.

Je veux être Roi de tous les cœurs

C'était le soir très tard. J'étais épuisée par le voyage, la chaleur et je fus tentée de m'endormir sans prier. J'aurais voulu me laisser tomber sur mon lit et ne plus bouger.

Mais la Présence vivante m'en empêcha. Je ne voyais rien mais je sentais une force, une Force vivante très grande qui m'attirait.

Je tombais à genoux devant Jésus Hostie et je priais. C'est alors que je vis Jésus couronné. Il était fatigué, accablé, debout, appuyé contre une colonne qui semblait le soutenir. Son visage était couronné d'épines mais ce qui me frappait très fortement, c'était sa tristesse.

Le visage de Jésus couronné laissait transparaître une profonde tristesse, un profond *délaissement.* Il était affligé parce qu'il était seul dans sa souffrance.

Je ne pouvais détourner mes yeux de son visage et soudain, mon âme trop attirée vers lui ne put s'empêcher de s'échapper pour le rejoindre.

Mon âme s'envola vers son visage et entra tout entière dans sa tristesse. C'était par amour que mon âme se laissait absorber en sa tristesse, par désir de le consoler comme une mère court vers son enfant qu'elle voit tout triste et plein de chagrin parce qu'il est seul et délaissé.

Personne ne m'aime,

dit-il, comme pour déverser son immense peine en mon âme. Et je le vis encore plus triste, plus peiné. On aurait dit qu'il avait envie de pleurer.

« Je vous aime ! » m'écriai-je de toutes mes forces.

Je vis bien, en criant cela, la petitesse de mon amour en face de l'immensité de son désir, mais cet amour avait beau être bien petit, je voulais quand même le lui dire. Et puis, je n'avais même pas réfléchi. Ce cri était sorti comme un jaillissement de mon âme.

Alors lui, Force vivante, si accablé, se redressa. Il n'avait plus besoin de s'appuyer contre la colonne pour tenir debout comme s'il venait de retrouver une force nouvelle. Il s'avança, se penchant légèrement en avant, pour que je l'entende bien :

Comment peux-tu ?
me dit-il presque tout bas.
Je suis si repoussant.

« Vous me rendez si heureuse, lui dis-je, pleine d'amour pour lui.

Ainsi tu ne crains pas d'aimer ce visage... défiguré ?

Il hésita à dire ce dernier mot, comme quelqu'un qui hésite à parler de sa laideur bien qu'il la connaisse, mais cela lui fait mal d'en parler.

Tandis qu'il parlait de son visage défiguré, je vis des torrents de Sang ruisseler sur chacune de ses joues. J'entrais dans les torrents de Sang. Mon âme les adorait et s'en abreuvait.

« J'adore le précieux Sang qui coule sur ce visage tant aimé », lui dis-je très tendrement.

Parce que tu adores mon précieux Sang,
je vais te montrer les gouttes que j'ai versées pour toi,
rien que pour toi,
du haut de la Croix.

Je vis Jésus en Croix. Trois gouttes tombèrent de son Cœur, comme trois perles précieuses. Elles tombaient très lentement, si lentement que j'avais le temps d'entrer en contemplation dans chacune. C'était une merveille.

Ce sont des joyaux très précieux
qui, sans cesse emplissent mon calice, me dit-il.

En même temps, je vis un calice splendide, resplendissant d'or, posé sur la nappe blanche immaculée d'un autel. Je voyais que les perles de Sang tombaient encore en ce moment même, pour moi, et qu'elles continueraient sans cesse d'emplir le calice.

« De tels joyaux pour un si petit grain de poussière. » J'étais aussi confuse, aussi embarrassée qu'une pauvre misérable et poussiéreuse sur le bord d'un chemin, recevant d'un roi somptueux de splendides joyaux.

Je restais longtemps dans la prière et la voix vint m'y retrouver.

Je t'ai retenue auprès de moi,

me dit-il, comme pour s'excuser de m'avoir fait veiller malgré ma fatigue.

Je ne répondis pas mais je souris parce que j'étais bien heureuse qu'il m'ait retenue auprès de lui et il le savait.

Je me suis montré à toi couronné,
parce que... je suis Roi

continua-t-il comme s'il tenait décidément à expliquer pourquoi il m'avait retenue auprès de lui.

« Vous êtes le Roi de mon cœur », lui dis-je très tendrement. Vous êtes celui qui a épousé l'espace de mon âme et qui y a pris toute la place.

Je veux être Roi de tous les cœurs,

me dit-il avec une grande ardeur.

Le Sang de la Source et le Cœur ouvert de Jésus

Mes apôtres bien-aimés, je les rassemble
dans la prière et dans l'amour,
pour qu'ils entendent le chant de la Source.

C'est la voix d'amour qui me dit ces paroles. Je les entendis alors que je l'avais vu arriver, lui, l'Amour vivant, précédé de sa lumière de gloire.

Dès qu'il parla du chant de la Source, j'entendis des chants extraordinaires. Ce n'étaient pas des chants comme on les entend d'habitude. C'était un murmure ravissant, si fin qu'on aurait dit du cristal, répétant sans cesse :

Moi je t'aime d'un grand amour,

venait de la Source. Et savez-vous ce qu'était cette Source ? Je la vis et j'en fus stupéfaite à cause de sa beauté, de sa force et de son torrent d'amour. Voici ce que je vis :

Jésus était en croix. Sa tête était penchée vers sa terre d'amour. De son Cœur ouvert et béant qui prenait toute la place, (on aurait dit que le Cœur occupait tout le haut du corps de Jésus), de ce Cœur blessé jusqu'au plus profond, jaillissait, resplendissante, la Source. Elle était transparente comme de l'eau pure et comme le plus beau cristal du monde. En même temps, elle avait des reflets étincelants de lumière. Elle était faite de rouge et d'or, mais elle était toujours transparente et c'était surtout la lumière éblouissante qui dominait.

La Source jaillissait du Cœur ouvert de Jésus, qui était en même temps le centre de la Croix. Elle partait en un flot majestueux qui tombait sur la terre. La terre était très loin en bas, très bas, dans les ténèbres. Je ne voyais qu'une teinte sombre, très en bas, à mes pieds. Je n'étais pas sur la terre, j'étais au pied de la Croix, j'étais attirée par la Source dans un éblouissement de lumière et d'amour. La Croix était au-dessus de moi. Je levais la tête pour voir le Cœur ouvert. J'étais à peu près entre la terre et le ciel, je me sentais légère. J'entrais dans une grande joie à cause de la Source car l'heure est venue où elle va arroser le monde. Mais en même temps, mon cœur se serrait de douleur car cette Source qui coule pour tous les hommes, beaucoup n'en entendent pas le murmure.

Merveille extraordinaire à côté de laquelle beaucoup passent. Je voyais la terre, je l'aimais d'un grand amour et la Source me faisait pénétrer dans les sentiments du Cœur ouvert, éclaté d'amour pour nous. Joie, amour infinis, mais tristesse déchirante pour tous ceux qui n'entendent pas la Source.

La terre : il y a sur la terre d'amour des carreaux noirs et des carreaux blancs. Le Sang de la Source coule pour tous les carreaux, qu'ils soient noirs ou qu'ils soient blancs. Le Sang inonde tout. Les blancs entendent le murmure de la Source d'amour et de lumière. Les noirs ne peuvent voir ni entendre, pourtant la puissance de la Source est extraordinaire.

Pendant tout ce temps, j'éprouvais un très grand amour pour le Sang de la Source, ce Sang qui nous lave et nous pardonne et que Jésus désire qu'on adore.

Le Corps de Jésus : un tabernacle ouvert

A l'Élévation, je vis, à la place de l'Hostie, Jésus en croix.

Je le vis comme j'avais vu Marie sur l'autel, la veille

de l'Assomption, c'est-à-dire pas comme une personne humaine que l'on voit en chair et en os, mais comme une forme transparente et presque irréelle, mais cependant vue nettement, puisque je voyais le Corps de Jésus en croix, son visage penché en avant.

Je vis son côté ouvert, et à travers l'ouverture, je vis son Cœur qui ressemblait à une Hostie immaculée, étincelante de lumière.

Le côté ouvert de Jésus laissait apercevoir ce qu'il y avait dedans, et dedans, c'était son Cœur qui était une Hostie.

L'ouverture du côté se faisait de plus en plus grande, me laissant voir tout ce qu'il y avait à l'intérieur. C'était comme un voile qui se déchirait. Son Corps très saint n'était qu'une écorce faite pour cacher le trésor secret placé au-dedans.

Ce trésor, c'est son Cœur donné en Hostie vivante.

Puis le Corps de Jésus devint un tabernacle. L'ouverture du côté était la porte ouverte du tabernacle. La porte ouverte permettait de voir l'Hostie cachée au-dedans et de l'adorer. Tout l'intérieur du tabernacle (ou du Corps de Jésus) resplendissait d'une blancheur immaculée, éblouissante de lumière.

Je fus attirée à l'intérieur de cette lumière, perdue dans son Cœur sur la croix, et dans son tabernacle : ce qui était tout un.

Je sus que je pourrais ouvrir la porte de son tabernacle, comme il ouvrait à mes yeux la porte de son Cœur, afin de pouvoir l'adorer.

En même temps, la compréhension intérieure me disait ceci :

« Son Cœur ouvert est une Hostie de lumière ».

« Son Corps est le tabernacle ouvert ».

Je vis à ce moment que Jésus en Croix se penchait vers moi et qu'il me saisissait, m'emmenait à l'intérieur de son Corps tabernacle. (*Je veux te faire pénétrer en ma présence,* m'avait-il dit à Lourdes.)

Il me donnait dans cet échange, le tabernacle ouvert et la lumière de gloire qui s'en échappe.

Il se donnait à moi dans l'adoration de l'Hostie, sans mur ni voile. La porte ouverte du tabernacle, c'était l'ouverture de son côté transpercé.

Le coup de lance qu'il avait reçu sur la Croix préfigurait le don de l'Hostie immaculée livrée à l'adoration. Son Corps ouvert, comme la porte ouverte du tabernacle, laissait voir l'Hostie.

Lorsque le Corps de Jésus prit la forme d'un tabernacle, je vis le tabernacle recouvert par Marie. Marie était posée au-dessus du tabernacle. Elle le recouvrait tout entier de son manteau de Reine, immaculé, de sa robe de mariée. Au-dessus du tabernacle était posée une couronne blanche, ravissante. Marie est l'Épouse royale.

Ainsi, la prière de Marie au pied de la Croix, enveloppait le Corps dépouillé de son Fils.

Marie continue d'envelopper pour toujours ce Corps très saint dans ses tabernacles, le recouvrant de son amour de Mère et d'Épouse.

Marie continue de le cacher en ses tabernacles, comme elle l'a caché en elle à la Visitation. C'est pourquoi l'Église veut qu'un tabernacle soit toujours recouvert d'une robe blanche.

Cependant, à ceux qui l'adorent, Jésus veut se révéler comme à Élisabeth et à Jean-Baptiste.

Chaque âme qui prie et qui aime devient l'âme épouse, comme Marie, l'âme qui entoure et recouvre de son amour le Corps immaculé de Jésus, l'âme qui l'habille de sa robe de mariée, afin de le cacher aux cœurs indifférents ou aux cœurs qui l'offensent.

Dans l'Eucharistie, Jésus nous introduit dans le

secret nuptial et maternel qui le relie à Marie, et par elle à l'Église, et à chacun de nous, à chacune de nos âmes si du moins celles-ci éprouvent le désir de prier et d'aimer.

Adorons l'Eucharistie : c'est le Cœur de Jésus en Croix ; son Cœur caché dans l'écorce de son Corps, ce Corps très saint qu'il veut bien entrouvrir pour nous, comme il entrouve ses tabernacles par les mains de ses prêtres, et bientôt par les mains données, sacrifiées, ensanglantées, les mains de celles qu'il aura choisies pour être les servantes : les servantes du Seigneur, perdues en lui dans l'adoration de son Corps et de son Sang, mais se rendant en hâte vers leurs frères, pour leur *porter* Jésus.

Fais connaître mon Cœur ouvert

Dans la nuit, et par deux fois au moins, je fus emmenée dans le Cœur ouvert. C'était merveilleux : j'étais dans une demeure, toute faite de lumière. Dans cette lumière, je voyais nettement l'ouverture du Cœur, au milieu et vers le haut. C'est vrai que Jésus me l'avait souvent promis. Chaque fois que je lui ai demandé quelle maison j'habiterais, la voix répondait :

La maison de mon Cœur.

Alors, comme il l'a dit, il m'a emmenée dedans. Vous savez, dans la maison de son Cœur, c'est beau comme dans le palais d'un Roi. C'est très grand. On peut s'y promener indéfiniment sans jamais s'y ennuyer, parce que tout y est sans arrêt nouveau. On n'a jamais fini d'explorer l'intérieur. Et puis ce qui est sans cesse nouveau, c'est l'éclat de la lumière. Dès que l'on fait un pas pour se promener il y a un éclatement de lumière, une sorte de jet de lumière. Alors on s'arrête de marcher, et on reste là, extasié, regardant cette lumière.

Dans le Cœur ouvert, j'étais habillée en servante, comme le jour où le Roi m'avait ramassée dans le désert et emportée dans ses bras. J'étais petite, toute petite, mais en même temps je prenais toute la hauteur du Cœur ouvert. Et quand je ne me promenais pas dedans, je me tenais debout sans bouger, et toujours du côté gauche. J'étais heureuse, heureuse parce que j'étais entourée, enveloppée d'amour et de tendresse. Et parce que cette place à gauche, debout dans le Cœur ouvert, nul ne pourrait me la ravir.

La voix d'amour parla, mais lorsque tout fut éteint et que je n'étais plus dans le palais. J'étais revenue sur la terre. Alors il y eut ces paroles :

Fais connaître à mes enfants
mon Cœur ouvert.

Puis une seconde fois :

Fais connaître à tes enfants
mon Cœur ouvert.

Mes enfants, et tes enfants, c'étaient les mêmes. Pour tous ces enfants inconnus, une fois de plus, la voix d'amour mettait en mon cœur, un très grand amour.

Le Bouquet de Jésus et de Marie

Le soir, nous disions le chapelet dans notre petit oratoire. C'est une grande grâce de pouvoir prier en famille ; une grâce plus grande encore que Jésus habite réellement en notre maison. J'offrais tout... dans l'attente de ce qu'il veut encore.

Au cours du chapelet, mon corps connut une sorte de *sommeil* étrange. On aurait dit qu'une chape de plomb le recouvrait. Et pendant ce temps, mon âme fut emportée, emmenée, et jetée, plutôt fondue, absorbée en un espace où il n'y avait que l'infini de Dieu, que l'amour de Dieu. Oui, en ce lieu-là j'étais plongée directement en un amour sans fin, où régnait une lumière qui imprégnait l'âme de paix. La paix, c'est beaucoup plus fort et beaucoup plus grand que la joie. La paix est un repos délicieux de l'âme. L'âme est dans l'unité plénière car elle est plongée, et beaucoup plus que cela, elle est perdue en la lumière de Dieu, en son amour.

Mon âme resta en ce lieu de délices, perdue en son Dieu de gloire jusqu'à ce que la douce présence de Marie se fasse sentir. Je me sentis brusquement posée à terre et j'eus un sursaut tant le choc fut rude.

Je continuais à réciter mon chapelet. Je vis Marie toute revêtue de blanc. Elle portait l'Enfant dans ses bras. Soudain l'Enfant disparut de ses bras. Je vis alors un splendide bouquet, qu'elle portait. Elle se pencha vers moi, me rendit le bouquet, et le déposa à mes pieds. Le bouquet était splendide. C'était une immense corbeille dans laquelle toutes les fleurs étaient disposées avec beaucoup de goût. La corbeille était longue et étalée. La multitude de fleurs qui se courbaient gracieusement étaient toutes de couleur pâle : bleu, rose et blanche.

Au centre de la corbeille, je vis un lys, un splendide lys blanc. Je me souvins que ce lys était auprès de la servante du Seigneur telle que je m'étais vue un jour, priant dans ma maison, à côté de l'église sombre et vide. Je regardais le lys si beau; bientôt je ne vis plus que lui ; il se transforma ensuite en une autre fleur qui me sembla une rose mais dont la couleur était rose très foncé, presque rouge. Cette fleur était très ouverte ; ses pétales étaient tout étalés et son pistil chargé de graines. La voix douce de Marie, me dit (avec un grand élan d'amour) :

Je t'apporte ce bouquet.

Un grand silence... J'étais bouleversée. « Vous ici ! » m'écriai-je intérieurement. Puis toute confuse je demandais : « Et pourquoi me gâter tant ? »

Parce que tu pries mon Enfant.

C'était si délicieux ce cadeau de Marie, que je ne pouvais rien dire ; je restais là, dans la reconnaissance, l'action de grâces. Tout cela me parut si réel que je me penchais, pensant pouvoir toucher le bouquet et le trouver là en réalité ; mais il n'en fut rien. Ce bouquet n'était qu'une image. Il était resté invisible... et pourtant ! Comment expliquer que ces choses invisibles sont plus réelles que ce que l'on touche avec les sens ?

Un moment plus tard, auprès du tabernacle, et comme sortant de lui, je vis la nuée de lumière. Puis, dedans, le visage de Jésus crucifié. Oh ! il était si douloureux et si souffrant. Il ressemblait au visage du Saint Suaire vivant. Il me dit tout tristement et plein d'angoisse :

Mon seul bouquet fut ce roseau...

Je vis le roseau, auprès de son visage. Il le tenait en ses mains mais la tige du roseau était très haute et le roseau arrivait à la hauteur de son visage. Je tombais dans une grande souffrance.

Et ce buisson d'épines... ajouta-t-il

Je vis alors sa tête toute recouverte d'épines, toutes enchevêtrées et tellement serrées qu'elles cachaient une partie de son visage. C'était quelque chose d'affreux à voir. Il souffrait tellement qu'il baissait la tête et ne pouvait plus bouger du tout. Il était pris dans les épines.

Je suis l'Agneau pris dans les épines,
l'Agneau d'Abraham,
l'Agneau du buisson d'épines...

Un grand silence.

Je suis l'Agneau couronné d'épines...
Les mains des hommes
ont déposé les épines les unes après les autres.
J'ai été lié par les péchés.

Je vis alors son visage couronné d'épines se pencher au-dessus de l'univers. De chaque épine, partait un rayon de lumière merveilleux, un rayon éblouissant qui perçait les ténèbres et descendait jusqu'à terre. Je vis que, de chaque épine, partaient en flots resplendissants des torrents de gloire, qui étaient les torrents de grâces. La gloire de Jésus crucifié se répandait en grâces infinies sur tout l'univers. Je compris que c'est à partir de sa souffrance que nous est projetée sa gloire. Et la gloire de Jésus ressuscité se traduit pour nous les hommes, en torrents de grâces, que nous recevons à profusion si du moins nous tournons notre regard et notre cœur vers Jésus crucifié.

Ensuite, je fus emportée sur le chemin du Calvaire. Je me vis en train de gravir péniblement un chemin étroit tout pavé d'énormes cailloux irréguliers. Je peinais terriblement pour avancer et je me sentais accablée. Il me dit :

Il faut passer par le chemin de Croix...
C'est par ce chemin-là
que je donne toutes mes grâces.

Je vis alors que c'était de chaque peine de Jésus, de chaque blessure, de chaque souffrance que s'échappaient comme des traits de lumière, des rayons de gloire qui se déversaient en grâces sur les hommes. Je compris qu'il me faisait gravir ce chemin pas à pas, dans la souffrance de l'incertitude, de l'impuissance radicale à réaliser matériellement et visiblement ses volontés. J'acceptais, je continuais à poursuivre le chemin si rude et pénible car je savais que c'est par sa souffrance que nous serait donnée sa gloire de ressuscité. Je savais qu'un jour, il se révélerait, nous donnant la possibilité d'accomplir son œuvre, comme il le voudrait.

Marie et l'Agneau

Dans l'espace où parfois je suis emportée, je vis Marie, habillée de bleu, assise sur un beau fauteuil sculpté. Le fauteuil reflétait la lumière. Marie avait un voile blanc sur la tête. Elle semblait très recueillie et son beau visage empreint de douceur montrait qu'elle était en adoration. Je restais ainsi auprès d'elle qui m'introduisait toujours et de plus en plus, dans la prière d'adoration.

Son visage sembla fixer quelqu'un. Son visage soudain sembla être fixé en quelqu'un. Je regardais attentivement et je vis, sur les genoux de Marie, l'Agneau.

C'était un tout petit Agneau, tout nouveau-né. Sa petitesse était touchante, sa blancheur était immaculée. Mes regards se fixèrent aussi sur lui, ils se fixèrent en lui. L'Agneau n'était pas tourné vers

Marie mais il regardait l'espace tout entier. Dans sa fragilité, il veillait sur tout l'univers.

L'Agneau pouvait veiller sur l'univers parce qu'il avait trouvé les genoux de Marie, comme on trouve un lieu de repos. Marie ne bougeait pas, mais pas du tout, pour ne pas l'effrayer. Elle avait décidé de passer tout son temps sans bouger, toute fixée en l'Agneau, pour être son lieu de repos.

De temps en temps, Marie avançait ses mains blanches immaculées pour caresser l'Agneau. De sa caresse elle ne le touchait pas mais semblait seulement l'effleurer légèrement, délicatement.

Je vis ensuite l'Agneau s'affaisser soudain. Ses pattes avant pendirent, sans vie, et sa tête retomba sur les genoux de Marie. Une profonde blessure dans son cou laissait échapper un flot de Sang.

La douleur de Marie fut immense. Elle avança ses deux mains pour soutenir le corps mort de l'Agneau et je vis dans ce geste, au-delà de la douleur, un respect, une délicatesse, un amour immense. Elle me dit :

Au-delà de la douleur,
c'étaient l'émotion, le respect et l'adoration
qui m'emplissaient tout entière
pour porter le Corps immaculé.
Les mains qui porteront l'Enfant
seront des mains consacrées.
Elles porteront l'Enfant dans l'adoration.

Le regard de l'Agneau

L'Agneau était tout nouveau-né. Il semblait très fragile. Lorsqu'il me regardait avec ses yeux de tendresse sans cesse fixés sur moi, je voyais qu'il avait besoin que je m'occupe de lui. Je devais le soigner, le bercer dans mes bras. Je devais le nourrir, je devais faire attention à ce qu'il ne se salisse pas. Il était si blanc et si beau!

L'Agneau était pour moi exactement comme un tout petit enfant, un nouveau-né. J'étais sa mère. Je l'aimais comme aime une maman. Sa vie dépendait entièrement de moi. Si je le privais de soins, il allait mourir. Je le regardais sans cesse, inquiète de lui comme on est inquiète d'un tout petit, mais dans un grand amour. Il attendait tout de moi. J'étais bouleversée.

Cependant, un instant distraite je regardais autour de moi. Je ne fixais plus les yeux sur lui, je ne vivais plus en union avec lui. J'étais repartie à la surface de moi-même. Alors je l'entendis qui bougeait. Il voulait se lever et partir sans que je le voie. Je ressentis une violente angoisse et le regardais vite à nouveau. Alors il se coucha tout près de moi, mais dans son regard il y avait une si grande tristesse! Je le suppliais de ne plus avoir peur. Je lui promis de ne plus jamais partir, de ne pas détourner mes yeux de ses yeux, de le soigner, l'aimer et le protéger.

Je voyais sa fragilité, sa dépendance d'amour. Je le voyais lié par mon amour. Il était en mon pouvoir, je pouvais le rendre heureux ou malheureux. Il dépendait de moi qu'il reste bien portant et sans tache. Il était si fragile! Si je ne le regardais plus, il allait être blessé, ou sali, et ce serait à cause de moi. Si vous saviez tous les soins qu'il lui faut à mon Agneau!

Il lui faut tous les soins d'une mère qui vient d'avoir un nouveau-né. Cela veut dire des soins incessants. Et quand on lui a consacré sa vie, on n'a pas le droit de détourner la tête un seul instant. Si tous les consacrés savaient le mal qu'ils lui font avec leur indifférence, leurs agitations, leurs préoccupations pour tout, sauf pour lui...

J'aimais tant mon Agneau! En le regardant je comprenais que, puisque Dieu est Amour, Dieu est fragile. Oui, Dieu dans sa toute-puissance est fragile. Dieu est vulnérable parce qu'il n'est qu'amour. Il dépend entièrement de ceux qu'il aime. Si nous ne l'aimons pas, nous le blessons sans cesse.

Aucune puissance, aucune gloire ne m'ont autant attirées que la fragilité de l'amour de l'Agneau en cette nuit de Pâques... L'Agneau est en mon cœur. Jamais plus personne ne pourra l'en déloger. Partout *je le porte avec moi*. Vous savez, je ne peux pas le laisser seul un instant, sinon il s'en irait et se perdrait. Alors désormais il est partout avec moi : lorsque je fais un geste, lorsque je dis une parole, je me demande s'il est heureux.

Mon Agneau, mon Agneau vivant a pris la place de mon cœur, et jamais, jamais plus je ne pourrai être séparée de lui.

L'Agneau, c'est Jésus tendrement aimé, c'est son Cœur d'amour. Mais il me dit aussi qu'il était *chacun de ceux qu'il approchait de moi*. Je sentis qu'il me confiait des *enfants, beaucoup d'enfants* dont désormais je devrais prendre soin avec autant d'amour que je voulais prendre soin de lui-même.

Cette scène dura très longtemps. L'Agneau voulait me faire comprendre son mystère d'amour et il essayait de me faire entrer en ce mystère, pour que je puisse aller ensuite le vivre. Il me montrait ce qu'était son amour, et ce qu'était l'amour des autres, de tous les enfants qu'il me donnait.

CHAPITRE III

Le Père du ciel

Dieu, mon Père

Un voyage

Pendant la nuit, la Présence vivante vint auprès de moi. Je la sentais auprès de moi et n'eus pas de crainte lorsqu'elle me fit descendre au fin fond de mon âme. La descente au fin fond de mon âme, c'est une angoisse extraordinaire... je me sens transportée ailleurs, et pourtant mon corps reste là où il est. J'effectue une descente vertigineuse au fin fond d'un puits, d'un abîme. Et là, dans le dénuement le plus complet, je rencontre Dieu.

Cette fois-ci, la descente s'effectua à folle allure et dans le noir le plus complet. Seulement, pour la première fois, je n'eus pas peur, parce que la Présence vivante se faisait sentir. Lorsque le *voyage* fut terminé, je me trouvais dans une sorte de grande pièce creuse, un peu plus grande que la dimension de mon corps. J'étais étendue les bras en croix. J'étais baignée dans une lumière très douce. Je ressentais très vivement une pauvreté extrême. Mon âme était pauvre et nue devant Dieu. Ma misère de créature qui n'est rien devant son Tout-Puissant m'apparaissait dans son infinité. Dieu est infini en sa puissance et en son amour. Mais notre misère est infinie devant lui. Notre rien est infini devant son tout. Au fond de l'abîme je n'étais rien, rien devant lui. Mais je l'attendais. Dans la plus grande pauvreté, mon âme lui cria : « Je donne ma vie en sacrifice. »

Alors il se passa une chose extraordinaire. Je vis la nuée de tendresse au-dessus de moi et le visage de Dieu, mon Père, se pencha vers moi. Je ne vis pas ses traits. Je vis seulement le visage comme recouvert d'un voile de lumière, mais je vis à ses cheveux blancs qu'il était le Père. Je lui criais : « Dieu, mon Père ! »

Et lui, se penchant vers moi, ramassa mon rien du fond de l'abîme. L'âme pauvre et nue qui gisait par terre, les bras en croix, était comme ramassée et attirée vers le haut. Un amour extraordinaire me saisissait et me portait vers lui, Dieu, mon Père. Alors de sa nuée de tendresse, partit, comme une flèche enflammée, un trait de lumière. Le trait de lumière se précipita sur mon âme et la traversa.

Mon corps que je voyais toujours étendu, les bras en croix, était écrasé de souffrance... de souffrance et d'amour. L'amour était si fort que j'étais dans la joie, bien qu'écrasée de souffrance. Dans cette souffrance-là, le Père du ciel était penché vers moi, me ramassait, me portait et me remontait vers sa lumière.

« Dieu, mon Père ! »

Ce cri, qu'il mit lui-même en mon âme, jamais je ne pourrai l'oublier. Car c'est toujours au fin fond de l'abîme, au fin fond de la misère et de la pauvreté, c'est au plus profond de mes péchés que mon Père du ciel est venu me chercher, me ramasser, me prendre comme une boule qu'il pétrit en ses deux mains de tendresse et à laquelle il donne vie. Et notre rien, qui était au fin fond de l'abîme, dans le noir, devient une boule de feu qui vit et qui aime, en ses mains.

Lui, Dieu, mon Père, a transpercé mon âme d'une flèche de lumière que je porte désormais en moi, comme gravée au-dedans de moi. Mon âme seule a été transpercée. Pourtant, j'ai souffert comme si mon corps lui-même avait été traversé du trait de lumière.

Quand tout fut fini, j'éprouvais un désir extrême de pauvreté et de pénitence. Dieu, mon Père, en cette nuit, m'a emportée dans la pauvreté, et je l'aime cette pauvreté, d'un grand amour.

Dieu, mon Père, est là, partout, qui me poursuit, me guide et me promène. Il me promène en lui, dans sa lumière. Il se promène en moi, dans le néant de mon âme. Il fait ce qu'il veut. Il m'appelle à aimer. Il met en mon cœur le désir de son Royaume dès ici-bas. Il met en mon cœur, les désirs de son Cœur. Il n'y a plus rien d'autre en mon cœur que son désir à lui. Son désir de répandre la lumière et l'amour sur la terre. Rien ni personne ne pourra m'en détourner. Pourtant, les hommes pensent à tellement de choses, sauf aux désirs du Cœur de Dieu.

Les désirs du Cœur de Dieu, je prie de toutes mes forces pour qu'ils soient plantés en l'âme des prêtres et pour que rien ni personne ne passe jamais avant.

Dieu, mon Père, donnez-nous des prêtres qui n'aient au cœur rien d'autre que les désirs de votre Cœur.

La tendresse du Père

Pour la première fois de ma vie, j'ai vécu de très près, j'ai connu vraiment la tendresse de Dieu le Père.

Lorsque les cieux se sont entrouverts et qu'il est apparu sur son char de feu, j'ai éprouvé avec un immense émerveillement, une grande crainte (toute faite d'un amour fort, profond). Mais ensuite, lorsque je l'ai vu et accompagné, si je puis dire, dans sa promenade à travers toute la terre (la haute montagne représentant la terre – tout le reste étant l'univers –), alors, depuis ces instants, mon cœur a fondu de tendresse pour ce Père si proche, si aimant, si tendre pour les hommes. Comment dire combien j'ai éprouvé (je veux dire : connu et vécu) la médiation de Jésus entre le Père et nous, les enfants du Père.

Jésus nous traduit la tendresse du Père. Toute la tendresse qui est en Jésus a été puisée dans le Père. Mais Jésus nous transmet cette tendresse de façon à ce que nous puissions la recevoir et l'accueillir avec notre nature humaine si fragile. La tendresse du Père est si éclatante, si majestueuse, si puissante qu'elle ne peut pas nous être donnée directement. C'est trop fort, trop puissant pour nous. Il nous faut la médiation de Jésus fait Homme afin que cet amour immense, infini, soit mis à notre portée. Et Jésus n'a de cesse de nous amener au Père, de nous préparer, de nous introduire à cette rencontre. Lorsqu'il a dit : *Je suis la voie,* c'était exact. Jésus est la voie par laquelle nous pénétrons en la demeure du Père, en sa Présence, en son Amour. Ainsi, en cette nuit des cieux ouverts, j'ai pu parler à mon Père du ciel comme je parle à Jésus vivant et lui dire que je l'aime.

Il ne faudrait pas croire que ces images et ces paroles dans lesquelles je suis emportée soient une vie irréelle, imaginaire, ou encore une fuite dans un monde de rêve. Il ne s'agit vraiment pas d'une aventure de conte de fées qui laisse après coup le lecteur un peu rêveur et déphasé, voire déçu d'être retrempé dans sa vie de tous les jours après avoir imaginé un roman. Un roman est irréel, un conte de fées aussi.

Les images dans lesquelles je suis emportée sont vie. Il y a dedans la vie divine qui me saisit et me prend toute en son amour, corps et âme (même si parfois mon corps reste comme une enveloppe inerte).

En tout cas, lorsque cette vie d'amour, en Dieu, a fini de se dérouler, je ne reste pas rêveuse ni déçue, ni mélancolique comme une jeune fille trop romantique. Bien au contraire, je désire avec une grande force prendre la vie à bras-le-corps. La vie d'amour en Dieu, telle qu'il me la fait connaître dans ces moments où il me transporte en lui, fait de moi une vivante. Il en est de même pour toutes les âmes qui vivent de la vie d'union à Dieu.

Jésus Hostie et son Père font de nous des vivants. Nous sommes des vivants, parce que je l'ai vécu en vérité, et je le vis chaque fois que je suis reposée sur terre, après avoir été jetée en l'Amour vivant. Comment dire, comment crier à tous les humains que la vraie vie est là, avec Dieu, en Dieu ?

Entretien avec mon Père du ciel

Je me trouvais très haut dans l'espace où habite le Père du ciel. J'étais *montée* auprès de lui car j'avais un grand désir de le voir et de lui faire une petite visite après les événements de ces jours-ci. Je désirais tout simplement m'entretenir avec lui.

Je m'avançais jusqu'à son trône qui se trouve en haut des trois marches. Le trône, en cet instant, n'était pas le char de feu, sinon je n'aurais pas pu m'en approcher. C'était toujours le trône splendide du Père mais il ne faisait que diffuser une lumière assez douce pour me permettre d'approcher.

Je me retrouvai donc en bas des trois marches. Mais comme j'étais petite, vraiment toute petite, je ne pouvais, en bas des trois marches, voir le Père. Alors je m'enhardis et je montais d'abord une marche puis, comme je ne voyais toujours pas mon Père du ciel, je fis un grand pas et me retrouvais sur la deuxième marche puis, encore un grand pas m'amena au seuil de la troisième marche. C'est alors que je vis que le trône était vide. J'attendis alors, toute tendue vers le Père et avant même qu'il n'arrive, je l'aimais infiniment, l'appelant de tous mes désirs. Il ne se fit pas prier car je le vis arriver presque aussitôt. Il venait de l'autre extrémité de son espace. Il était vraiment très occupé. Il avait beaucoup à faire. Il s'assit dans son fauteuil comme quelqu'un qui, épuisé, s'y laisse tomber. Il retira la couronne d'or qui était sur sa tête et la posa à côté de son fauteuil. Il laissa pendre ses deux bras de part et d'autre des bras de son trône de lumière, comme quelqu'un qui vient prendre quelques instants de repos. Il poussa un profond soupir et c'est alors qu'il me regarda. Il aurait pu ne pas me voir tellement j'étais petite. C'était vraiment une grande chance. Lorsqu'il me vit, il eut l'air tout content :

Mon enfant, je suis content de toi.

me dit-il avec conviction et avec un sourire si bon et si affectueux que j'en oubliai toute ma timidité.

« C'est vrai ? » lui demandai-je, ravie.

Il se pencha alors vers moi :

Continue à servir mon Fils.
C'est ma plus grand joie.

« C'est aussi la mienne, lui répondis-je. Je suis heureuse comme jamais aucune créature humaine n'a pu l'être.

Je suis comblée de joie, ô mon Père!

Mon Père du ciel, j'ai confiance en vous.

Je voudrais toujours venir,

tout vous dire,

tout jeter en votre Cœur de Père.

Mais je n'ai pas souvent le temps de remonter jusqu'à vous », ajoutai-je un peu tristement.

Je voyais que mon âme ne pouvait pas toujours être *remontée* dans l'espace du Père. Cela lui prendrait trop de temps. Elle devait souvent et plus souvent qu'il ne lui plaisait, rester dans son corps, sur la terre.

Pourtant, quelle force elle puisait dans cette confidence, cet entretien affectueux avec le Père!

« Souvent je parle avec votre Fils », repris-je presque comme pour m'excuser de ne pas venir plus souvent lui rendre visite à lui, Père très bon.

« Votre Fils est plus proche » lui expliquai-je. « Il vient souvent sur la terre », ajoutai-je encore, toute heureuse. (Oh! bien sûr, je sais qu'on *n'explique* rien au Père du ciel. Il sait tout. Mais même s'il *sait*, il aime beaucoup qu'on le lui dise. Il est heureux qu'on lui parle ainsi en lui disant tout.)

Le Père du ciel comprenait. Il acquiesçait avec un sourire merveilleux, très affectueux. Il comprenait si bien!

C'est exprès qu'il avait envoyé son Fils sur la terre. C'était pour rendre plus accessible aux hommes tout l'amour contenu dans l'espace infini de son Cœur de Père.

Alors je continuais à bavarder avec le Père, puisqu'il se reposait encore dans son grand fauteuil et qu'il avait l'air tout heureux de m'écouter, comme un bon grand-père tout heureux d'écouter le petit enfant qui lui parle.

« Vous savez, je ne trouve pas toujours votre Fils sur la terre. Quelquefois il n'est pas là. Il me semble alors que la terre est toute vide...

Oh ! aidez-moi, mon Père du ciel, lorsque votre Fils n'est pas là. Protégez-moi spécialement lorsque l'Ennemi vient rôder. Si je ne peux pas remonter jusqu'à vous et si votre Fils n'est pas là, l'Ennemi peut me prendre. Je suis si faible... » (Je pensais à la peur affreuse, mystérieuse. J'en frémissais encore.)

Je t'enverrai Marie, me dit mon Père du ciel.

Je le regardais comme pour être sûre, très sûre.

Je te le promets, dit-il, comme un Père qui rassure son enfant, avec une tendresse infinie.

Lorsque l'Ennemi rôdera,
je t'enverrai toujours Marie.

Je lui souriais. Il me souriait. Oh ! comme j'étais bien auprès de mon Père du ciel !

Le Cœur ouvert du Père

Je vis une chose très belle se dérouler devant moi. Il y avait des familles, des époux, je pense, car je voyais hommes et femmes côte à côte. Ils formaient une grande assemblée et ils priaient, le visage levé vers le ciel. Alors du milieu d'eux surgit un enfant. Il se posa au-dessus d'eux mais il venait de sortir de leur prière. Il était tout habillé de blanc. On lui donnait à peine deux ans. Ses cheveux blonds (on aurait dit de l'or, ou plutôt de la lumière), s'entourèrent d'une auréole blanche.

Les parents chrétiens disaient dans une grande ferveur leur chapelet. Ils priaient avec Marie. Alors l'Enfant Jésus tendit ses deux petits bras vers le ciel.

Il priait, il suppliait. Avec Marie, il portait la prière des parents chrétiens à son Père. Ses bras et ses mains s'élevaient dans un grand élan d'amour vers le ciel. Portée par cet élan, je ne pus m'empêcher de lever la tête.

Alors je vis une sorte de nuage dans lequel il y avait un immense trône. Sur le trône, était assis le Père du ciel. Je ne vis pas distinctement son visage. Je le devinais seulement car je ne voyais qu'une nuée dorée à la place du visage, rehaussée d'une auréole de lumière.

Le Père était habillé comme l'Enfant, d'une robe blanche semblable. Le Père, toujours assis, se penchait en avant. Il vit sa terre d'amour, les parents qui priaient avec Marie, et les bras levés de son Enfant. Il y avait une multitude d'anges qui soutenaient la nuée dans laquelle était le trône. Ils étaient tellement serrés qu'ils formaient eux-mêmes la nuée.

Alors le Père au Cœur d'amour tendit ses mains et précipita de chaque côté des anges sur la terre. Ceux qu'il précipitait, pour qu'ils aillent se placer parmi les parents chrétiens, avaient tous une immense trompette. Je crus comprendre que cette trompette leur était nécessaire pour annoncer aux parents chrétiens ce qu'ils avaient à annoncer de la part du Père du ciel. Ils étaient messagers et devaient annoncer à la terre le Cœur d'amour du Père.

Puis je ne vis plus ni les anges, ni les parents qui priaient, je vis seulement le trône qui était dans la nuée, prendre la forme d'un Cœur, un Cœur immense mais qui était ouvert tout en haut et dans lequel le Père au Cœur d'amour faisait entrer tous les cœurs de tous les hommes de sa terre d'amour.

Le Cœur était comme une immense poche, pouvant contenir à l'infini tous ceux que le Père au Cœur d'amour attirait en lui.

Le Père du ciel est un Père au Cœur d'amour.

Le Cœur ouvert de Dieu

Dans le Saint Sacrement, je vis, à la place de l'Hostie, le Cœur ouvert, c'est-à-dire que l'Hostie avait la forme du Cœur ouvert. A l'intérieur du Cœur ouvert, se tenait le Père des cieux. Au-dessus de sa tête, et s'en échappant sous forme d'une traînée de lumière, il y avait comme deux ailes faisant penser à la Colombe, puis la traînée de lumière s'échappait vers le haut du Cœur, se précipitant dans l'ouverture du Cœur, comme l'eau se précipite dans le lit du ruisseau.

La traînée de lumière qui était l'Esprit-Saint, s'en allait ensuite de part et d'autre du Cœur, formant une couronne de lumière. Et de la couronne de lumière, ruisselaient des gerbes d'étincelles qui descendaient sur la terre. La terre était une masse sombre, disposée comme une boule dans d'épaisses ténèbres. La lumière s'échappant du Cœur ouvert semblait encore plus éclatante, au-dessus de la masse des ténèbres.

Ainsi, regardant encore le Cœur ouvert, j'assistais à la vie palpitante de la Trinité tout entière et une, rassemblée dans le Cœur vivant de Jésus. Le Cœur vivant de Jésus, son Cœur de chair, était habité par le Père et le Père était uni au Cœur de façon aussi intime que la chair est unie au sang.

Le Cœur vivant de Jésus tenait sa vie palpitante, de la vie même du Père, car le Père habite dans le

Cœur de Jésus. Et le Père, envoyant sans cesse sa force de vie et sa tendresse d'amour au cœur de chair, fait jaillir l'Esprit qui, s'échappant par l'ouverture du Cœur, peut aller se répandre sur la terre. La terre d'amour de Jésus est recouverte par les flots jaillissants de l'Esprit échappé du Cœur ouvert, dans lequel sans cesse, habite le Père. Le Cœur ouvert de Jésus n'aurait pas de sens, s'il n'était habité par le Père. Et ce Cœur vivant, qui est le Cœur même de Dieu, ne pouvait pas être un Cœur fermé. Car le Cœur de Dieu ne peut se satisfaire en lui-même. Le Père se complaît en son Fils par l'Esprit, mais cette complaisance ne peut s'arrêter là, parce que Dieu est Amour. Et cet amour divin étant par définition infini, ne pouvait faire autrement que de se projeter, en éclatement d'amour, sur une œuvre inventée par le Père, le Fils et l'Esprit tout ensemble, et qui est leur terre d'amour.

Ah! oui, le Cœur vivant de Jésus ne pouvait contenir toute la force d'amour provenant du Père, et projetée par l'Esprit. Alors, le Cœur vivant s'est ouvert, parce qu'il a éclaté d'amour, et il a laissé se déverser en flots puissants les torrents, éblouissants de lumière, et inondant d'amour, qui proviennent du Père, et qui circulent grâce à l'Esprit.

L'amour, jailli du Cœur du Père, passe par le Cœur ouvert de Jésus. Le Père ne peut répandre tout son amour sur sa terre bien-aimée, que parce que le Cœur de Jésus est ouvert, éclaté d'amour.

Les étincelles, jaillissant des gerbes de lumière, sont projetées sur la terre, et déposées dans les âmes, afin de les éclairer, de leur donner vie, de les enflammer, afin que les âmes prennent feu. Certaines âmes reçoivent beaucoup d'étincelles parce qu'elles s'ouvrent. D'autres n'en reçoivent qu'une. D'autres, enfin, restent dans le noir, parce qu'elles ne veulent pas s'ouvrir pour recevoir l'étincelle.

Le Cœur du Père

« Mon Dieu, que voulez-vous ? »

Ma fille... écoute
Je veux que tu me fasses connaître.
Je veux que tu fasses connaître mon Père, le Cœur de mon Père

« Oh ! mon Jésus, je n'y comprends plus rien. Je croyais que c'était votre Cœur que vous m'aviez fait connaître. Vous savez bien : le palais merveilleux. »

Je suis moi-même dans le Cœur du Père.
Je t'ai attirée.
Je t'ai épousée.
Je t'ai fait pénétrer dans mon palais.
C'est le palais de mon Père.
Que crois-tu ?
Je ne suis pas seul dans l'espace.
Je suis retourné d'où je viens,
au cœur du Cœur de mon Père.
Comme un Roi très aimant
peut faire pénétrer l'épouse de son cœur
en la demeure de son père,
ainsi je t'ai amenée en ma demeure,
C'est le palais de mon Père.
Ici tout lui appartient.
Tout est à lui.
Il m'a tout remis.
Je dispose du palais comme je le veux.

Mais rien ne se fait qui n'ait été voulu par lui.
Comme je t'ai amenée en la demeure de mon Cœur, la demeure de mon Père,
ainsi j'amènerai chacun des miens.
Aucun homme ne pourra pénétrer en la demeure de mon Père,
si ce n'est moi qui l'y ai amené.
Seule l'âme épouse de mon Cœur
pourra pénétrer avec moi en la demeure du Père.
Ainsi le Père m'a remis le trône.
(Il me montra le trône resplendissant.)
Je disposerai chacun de vous
à la place qui lui revient dans le palais.
C'est pourquoi je vous ai dit :
« Je vais vous préparer une place ».

J'ai beaucoup à faire.
Vous serez comme les perles autour du joyau.
Chacune sera emplie de bonheur
quelle que soit sa place dans la demeure.
Tu sais les salles opaques ou transparentes...
Chacun verra selon les yeux de son âme.

Le Cœur de mon Père sera votre habitation éternelle.
Vous pourrez dans la lumière, sans aucune ombre, contempler sans cesse le trône : le joyau au cœur du palais. Et vous serez dans la joie.
Voilà pourquoi maintenant
avant de vous ramener tous
en la demeure de mon Cœur,
votre demeure éternelle,
je veux vous la faire connaître.
Les hommes de tous les temps
seront tous rassemblés en mon Père.
Ils doivent désormais connaître

leur demeure unique et éternelle
afin de vivre dès maintenant
dans le désir d'y prendre place.
Ceux qui auront connu
La demeure dès ici-bas,
y seront plongés plus avant
et avec une joie incomparable.

Je désire que tous les hommes
prennent place en la demeure de mon Père
comme j'y prends place depuis toujours
et avant toujours.
Mon Père est l'avant-début et l'après-fin.
Il est votre commencement et votre aboutissement.
Il a conçu et prévu chacun de vous.
Il vous attend au grand retour.

Quand on a trouvé l'Époux,
on doit lever les yeux vers le Père.
Les âmes épouses ne pensent pas toujours
à regarder le Père.
Or toutes les richesses de mon Cœur viennent de lui.

Je veux que tu fasses connaître
les trésors de mon Père,
les richesses inépuisables de sa demeure.
Nul ne peut connaître tout cela
si je ne l'y ai introduit.
Mais l'âme qui m'a découverte face à face,
doit aller plus loin.
Dans un amour ouvert au Père,
elle doit en scruter toutes les richesses.
Elle doit aimer le Cœur du Père
car c'est de là que je suis sorti.
Et c'est là que je suis retourné.

De même, chaque créature humaine
est sortie du Cœur de mon Père,
et elle y retournera.
Avec une inlassable patience et une ardente hâte,
mon Père désire que je rassemble
tous les hommes en sa demeure;
que je les dispose autour du trône.
Son Royaume ne sera pas achevé
tant que ce jour ne sera pas arrivé.
Mon Cœur a hâte de contempler
le Royaume éternel en son achèvement.
Rassembler tous les hommes en son Cœur,
les disposer selon son amour,
c'est cela le Royaume éternel de Dieu.
Dieu règnera alors. Il règnera sans fin.
Je gouvernerai le Royaume,
car mon Père m'a fait prendre place sur le trône.
Je pourrai aimer sans fin.
Je serai aimé à la perfection.
Ma puissance et ma gloire éclateront sans fin.
Ce sera mon gouvernement d'Amour.
Ainsi lorsque je t'ai dit que je suis Roi d'Amour,
ce n'était pas une image, c'est une réalité sans fin.

Nous devons désirer prendre place en la demeure du Père. Pour cela, il faut d'abord contempler Jésus.

Marie a sans cesse désiré
la demeure de mon Père,
c'est pourquoi elle y a été introduite sans attendre.

« Mais pourquoi révéler ces secrets ? »

Dis, dis aux hommes la beauté et les délices de ma demeure.
Il faut qu'ils connaissent la lumière,
l'amour et le bonheur
que je leur ai préparés
afin qu'il les désirent,
afin que tous puissent prendre place en la demeure.
C'est en mon Cœur, que vous serez.
Je veux vous faire connaître votre demeure.
Vous pourrez sans cesse contempler le joyau :
l'Homme-Dieu,
le louer, l'adorer.

« Ô Dieu, mon Dieu vivant!
Aidez-nous.
Apprenez-nous à contempler votre visage couronné d'épines et de gloire.
Apprenez-nous à contempler votre Cœur dépouillé de tout et si riche en miséricorde.
Apprenez-nous à contempler le Cœur de Dieu, notre Père du ciel... débordant d'amour. »

Le Cœur du Père, c'est le Cœur ouvert de Dieu de toute éternité. Cœur du Père ouvert pour le Fils. Cœur du Fils ouvert pour les hommes. Mais les deux Cœurs ne font qu'un et le Cœur du Père est ouvert lui aussi pour les hommes.

Cœur ouvert pour répandre lumière et amour, mais aussi Cœur ouvert pour accueillir en lui tous les hommes.

– « Est-ce bien le Cœur du Père qui est ainsi ouvert ? Est-ce bien le Cœur du Père du ciel que je peux ainsi contempler ? Pourquoi ne s'est-il pas révélé plus tôt dans l'Église ? Depuis toujours ».

Je ne peux plus supporter
d'être un Dieu si lointain.
Je suis proche, si proche des hommes.
Je chéris chacun d'eux à l'infini,
l'entourant de mes deux bras et le choyant.
Le temps est venu de dévoiler la tendresse
qui déborde de mon Cœur.
Le monde a besoin d'un Père
qui se penche sans cesse vers lui,
qui lui tende les bras à tout instant.
Je suis ce Père qui chérit chacun de vous, à l'infini.
Je ne peux plus attendre,
car la tendresse qui déborde de mon Cœur
veut se déverser en flots impétueux
dans le cœur des hommes.

Je veux leur faire connaître dès à présent,
la lumière et l'amour dans lesquels ils vivront pour toujours,

C'est en mon Cœur que sera le royaume éternel.

Tous les hommes de tous les temps
prendront place pour toujours en mon Cœur.
Ils seront disposés comme des perles précieuses
autour du joyau, comme je te l'ai dit.
Tous seront en mon Cœur,
comme mon Fils bien-aimé est en mon Cœur.
Lui le joyau, l'Homme-Dieu, est au cœur de mon Cœur.
C'est lui que j'ai envoyé pour me faire connaître.

Avant de l'envoyer à nouveau
afin qu'il vous ramène tous en moi,
je veux par lui vous faire connaître davantage
mon Cœur de Père.

Le jardin de mon Père

Pendant le grand silence de la nuit, en prière devant le Saint Sacrement, dans notre petit oratoire, je fus saisie, puis emportée. J'étais auprès de Marie. Je la voyais devant moi debout, habillée de blanc, toute simple. J'étais heureuse.

Puis je vis Marie-Madeleine. Je la reconnus pour l'avoir déjà vue. Je la vis d'abord habillée comme au temps de sa vie coquette et dissipée. Elle avait une longue robe très voyante, avec plein de volants, et très décolletée. Je la vis occupée à sa toilette et à sa beauté : elle se coiffait, et tout en peignant ses beaux cheveux, elle versait sur sa tête un parfum de grand prix, contenu dans un vase sculpté de toute beauté. Elle se procurait ce parfum très rare pour le verser sur ses cheveux et pour s'embellir. Au fur et à mesure qu'elle versait le parfum, je voyais ses cheveux de plus en plus beaux, et son orgueil de plus en plus démesuré. Elle était tellement contente d'elle.

Une fois cette scène terminée voici que je la vis, courant sur une route. Elle était cette fois-ci toute simple, habillée comme Marie, très simplement. Elle portait avec précaution, en ses deux mains, le beau vase sculpté dont je l'avais vue se servir pour ses soins de beauté.

Elle entra, toujours en courant, dans une maison et là, sans rien demander à personne, elle se précipita vers Jésus, assis sur une sorte de banquette très basse disposée le long du mur. Jésus semblait se reposer. Il était appuyé contre le mur, et il avait allongé ses pieds, comme quelqu'un qui est las d'avoir trop marché. Marie-Madeleine se jeta à genoux aux pieds de Jésus.

Le parfum très rare et très cher que jusqu'alors elle

faisait venir de loin exprès pour elle, voilà qu'elle le versait sur les pieds de Jésus et pour la dernière fois de sa vie, elle trempa ses beaux cheveux dans le parfum. Mais en même temps, elle essuyait les pieds de Jésus : Marie-Madeleine signifiait par là la fin d'une vie, pour une autre vie nouvelle qu'elle désirait commencer.

Lorsque Marie-Madeleine eut finit de verser tout le parfum sur les pieds de Jésus, elle posa le vase ravissant aux pieds de Jésus, le lui offrant. Elle voulait encore montrer par là que jamais plus elle ne se servirait de ce vase; sa vie ancienne dont elle était le centre, était à jamais terminée. Jésus, à qui elle offrait non seulement le parfum mais aussi le beau vase, serait désormais le centre de sa vie. Elle lui abandonnait tout. Avec le vase, elle lui jetait tous ses péchés, contenus dans le vase. Elle jetait tout en la miséricorde de Jésus qui l'avait recouverte tout entière, comme elle recouvrait les pieds de Jésus de ses cheveux.

Elle lavait les pieds de Jésus des larmes de son repentir, mêlées au parfum, mais elle savait très bien qu'en ces mêmes instants, c'était Jésus qui lavait et embaumait son âme. Oui, Marie-Madeleine était lavée de ses péchés mais elle était en même temps embaumée de l'amour de Dieu et de sa miséricorde. Les plaies horribles dont le péché avait marqué son âme étaient pansées, soignées et plus que cela, inondées de l'amour bienfaisant et rayonnant de l'Agneau qui allait être livré; car la tendresse de Jésus pour le pécheur qui se repent a un parfum inégalable qui revêt l'âme d'une joie exquise.

Ce n'est vraiment pas sans raison que cette scène s'est déroulée juste avant que l'Agneau ne soit immolé sur la Croix.

Cette miséricorde infinie qui vient au secours de la

misère des hommes, Jésus nous l'a méritée sur la Croix.

Cela, Marie-Madeleine le comprit dans un grand saisissement car voici ce qui se passa : Marie-Madeleine étalait le parfum sur les pieds de Jésus, puis de ses cheveux, elle essayait de sécher ce qui était en trop. Elle n'arrivait guère à ses fins car les larmes du repentir qui coulaient en torrents de ses yeux, se mêlaient au parfum et inondaient tout.

A ce moment, je vis les pieds de Jésus tout recouverts de meurtrissures. Une multitude de petits filets de sang recouvraient ses pieds qui devinrent tout abîmés, horribles à voir. C'est à cet instant que Marie-Madeleine comprit : elle comprit la tendresse de Jésus pour elle. Elle comprit que c'est le Sang de Jésus versé pour elle, qui lui valait cette miséricorde si exquise, si délicate. L'amour de Dieu qui pardonne est délicat. Dieu ne fait pas de reproche, il n'insiste pas sur nos fautes, il ne veut même pas que nous revenions dessus. Il veut tout oublier et dans la délicatesse de son amour il veut aussi que nous oubliions. Car revenir sur les fautes passées, serait gâcher l'élan d'amour qui nous relie à Dieu, et troubler la paix de l'âme que la miséricorde infinie vient nous apporter comme le plus beau des présents.

Marie-Madeleine comprit donc en cet instant tout le sens de la passion de Jésus. Elle devina combien il allait souffrir et, dans une douleur extrême, ses pleurs redoublèrent. Elle ne pleurait plus ses péchés. Elle pleurait pour Jésus. Elle entrait en compassion, c'est-à-dire qu'elle entrait en la souffrance même de l'Homme-Dieu venu livrer son Corps et verser son Sang pour l'humanité pécheresse.

Marie-Madeleine, en ces instants, se mit à aimer le précieux Sang de Jésus. Elle en connaissait le prix.

Son cœur désormais serait attaché à son Seigneur, pour toujours.

En voyant les pieds ensanglantés de Jésus, j'entrais dans une profonde souffrance. Je vis alors Jésus se mettre debout, et me présenter ses deux mains : ses mains étaient ensanglantées comme ses pieds.

C'était si douloureux à voir que la souffrance se fit encore plus grande, plus profonde, cette souffrance sans fond de l'agonie, de l'abandon, de la Passion où une angoisse extrême étreint tout l'être, prêt à défaillir.

Dans ces moments, je ne suis maintenue en vie que par la force de l'Amour vivant, car la violence de la souffrance est trop grande pour être supportée par notre nature humaine si fragile.

La voix me dit alors :

Tes mains seront meurtries
comme les miennes l'ont été...

Je vis alors mes deux mains ouvertes, dans un geste d'offrande, les paumes vers le ciel, et assemblées comme si elles portaient quelque chose. Elles étaient dans un état pitoyable, toutes meurtries, et recouvertes d'une multitude de filets de sang qui formaient comme un réseau, et le sang tombait goutte à goutte au-dessous de mes mains.

Je souffrais terriblement et j'entrais dans une grande angoisse. La frayeur me saisit.

Alors la voix s'empressa d'ajouter comme on s'empresse de rassurer un enfant qui s'effraye :

mais elles porteront des fruits... beaucoup de fruits.

Je vis alors mes deux mains assemblées et ouvertes pour l'offrande, recouvertes d'un beau feuillage. Le feuillage se couvrit aussitôt de fruits : c'étaient d'énormes raisins rouge sombre, couleur de sang. Chaque grain était énorme, tout rond, mûr et prêt à éclater tant il était gonflé de jus. Les feuilles de vigne étaient belles et frémissaient dans le vent léger qui venait frôler mes mains. (Les raisins et la vigne signifient l'amour de son Sang.)

Mes mains s'emplissaient de raisins, encore et toujours plus. Le raisin était très lourd à porter, et j'en sentais le poids. La voix continua :

Ton corps tout entier sera meurtri...

Je vis alors mon corps tout entier, comme mes mains un instant auparavant. Mon corps était défiguré, horrible, tout recouvert d'un réseau de petits filets de sang. La voix précisa :

Il sera recouvert de mon Sang.

Oh! m'exclamai-je horrifiée et plongée dans une grande souffrance.

Alors la voix s'empressa encore plus d'ajouter :

Mais il sera recouvert de la vigne de mon Père,
il sera recouvert de gloire!

Alors je me vis debout, au milieu d'un splendide champ de vigne. Auprès de moi, un pied de vigne, plus grand que les autres, avait poussé. Il était haut comme une grande personne. Il tendit ses branches vers moi, comme quelqu'un qui tend les bras. Les branches m'enlacèrent, et m'entourèrent. Mon corps tout entier était recouvert de splendides feuilles larges et d'un beau vert. Je restais sans bouger là-dessous, prise pour toujours par la vigne, enserrée en elle. Puis la voix me dit encore :

Dans la vigne de mon Père, tu seras très belle.

Je me vis alors, dans la vigne. Je m'y promenais à mon aise. Je regardais les beaux plants de vigne, solides et bien portants. Cela me réjouissait le cœur. C'était l'été. Un soleil chaud et délicieux m'inondait, une brise légère et rafraîchissante venait frôler mes joues. Je riais. La voix me dit :

Tu seras très heureuse.

Alors le soleil m'inonda encore plus. Tout le champ de vigne, qui s'étalait à perte de vue, fut éclaboussé de lumière.

Une lumière éblouissante m'entoura, semblant me porter. Je pouvais me déplacer – sans bouger – comme je voulais, à travers l'espace infini de la vigne. C'était la vigne de mon Père ! La vigne du Père qui m'avait introduite dans son royaume, comme l'épouse de son fils. C'était aussi ma vigne. L'espace infini et la lumière éblouissante me comblaient...

Cependant, tout à coup, quelque chose m'arrêta... C'était un chagrin immense.

M'étant promenée longtemps à travers la vigne, dans l'espace et la lumière, je n'avais pas rencontré celui que, sans le dire, je cherchais sans cesse.

Je vis soudain que ma tenue ravissante était devenue une tenue de deuil : j'étais en deuil, c'était évident. Mon cœur surtout, je le sentais bien, était en deuil, tout éploré.

Je vis alors, non loin de moi, au bout de l'allée dans laquelle je me promenais, une terrasse. Je m'avançais vivement vers cette terrasse et de là, je dominais l'univers tout entier. J'étais à une hauteur vertigineuse qui me permettait de voir tout l'univers, comme si j'étais très haut, dans le ciel, en avion. Me penchant au bord de la terrasse, pour mieux voir, je fus éblouie par un éclat de lumière si fort que je dus fermer les yeux.

Je sus que mon Amour vivant était là. Je l'avais enfin trouvé. Alors je lui dis tout doucement la cause de mon chagrin :

« Même si je suis très heureuse, chez votre Père, je vous chercherai, je vous voudrai tout près de moi... »

Un grand silence. J'insistais timidement, car je ne voulais pas faire de peine à mon Père du ciel, ni à l'Amour vivant qui m'avait amenée là :

« Je ne serai pas... très heureuse si vous n'êtes pas là ! »

Tu pourras me rejoindre,
chaque fois que tu le voudras,

me dit-il très tendrement.

Lorsque tu te seras promenée
dans l'espace ensoleillé du jardin de mon Père,
tu pourras venir me retrouver à tout instant.

Je vis alors une belle petite maison blanche, à côté de la terrasse où je me trouvais. Je sus que la maison était celle de l'époux, la mienne aussi, et que, sans cesse, il m'attendrait dans la maison :

« Vous serez dans la maison ? » lui demandai-je, pour être plus sûre de ne pas me tromper, et plus sûre de l'y trouver.

Je serai toujours dans le sanctuaire

me dit-il avec force et majesté. Il y avait dans sa voix, une grande certitude, une grande vérité. Il annonçait en même temps cela avec majesté.

Je pensais alors aux Maisons sanctuaires, sur la terre. Vous savez, les Maisons d'adoration que le Cœur de Jésus désire tant. Mon âme bondit de joie : « Alors, j'y viendrai, m'écriai-je tout heureuse, comme je viens ici, dans l'oratoire » (je me vis sur la terre dans mon petit oratoire).

« Je viens très souvent, et tout le temps, je vous aimerai et vous adorerai... »

Il y eut un grand silence pendant lequel mon cœur encore désirait très fortement autre chose.

« Mais... pourtant », lui dis-je encore.

Il se pencha vers moi pour entendre, m'encourageant à continuer. Il voulait tout savoir. Toujours en deuil, je scrutais l'univers, de la terrasse qui bordait la vigne de mon Père. La Présence vivante était là dans sa splendeur de gloire, et sa lumière venait de se pencher vers moi plus tendrement. Mais ce que je désirais de toute mon âme et de toutes mes forces, je ne le voyais toujours pas.

Alors n'en pouvant plus, et emplie d'un amour trop fort que je ne pouvais plus contenir, je lui criais très fort, de toute la force de mon amour :

« Je vous veux Jésus vivant, Jésus, Fils d'Homme. »

Oui, c'était lui que je voulais. Je désirais le voir auprès de moi, revêtu de sa robe blanche, comme il se montre à moi si souvent sur la terre, et vivant, marchant sur les chemins, parcourant les routes, ou encore m'expliquant, me disant tout ce qu'il faut faire.

La Présence vivante avec sa lumière éblouissante, la nuée de gloire, tout cela ce sont des merveilles que Dieu nous donne. Mais rien, vraiment rien ne peut égaler la Présence réelle, véridique, humaine et divine à la fois, du Fils de Dieu fait Homme.

« Jésus, Fils d'Homme ! »

Comme j'aime à le prier et l'adorer sous ce nom. Il est Fils de Dieu, dans toute sa splendeur, mais tellement Fils d'Homme, dans sa présence auprès de nous, sa présence tellement humaine, palpable, saisissable, *réelle* : il n'existe pas de meilleur terme.

Ce Jésus vivant est l'époux véritable de mon être tout entier, qu'il a *saisi* en lui, pour toujours.

Lorsque je lui lançai ce cri d'amour « Jésus, Fils d'Homme », voilà qu'il me recouvrit de sa joie et de sa tendresse. Son amour infini s'écoulait en mon être tout entier, et il me souriait. Il était bouleversé, ému de tendresse. Il me dit, très doucement :

Tu sais bien que là où est mon Père
là aussi, moi, je suis.

Je sentis en même temps qu'il me donnait un ordre ! Oh ! comme c'est mal dit. Les mots humains n'existent pas pour parler de tout cela. En réalité, ce n'est pas un ordre que l'on reçoit de Jésus. Mais tout à coup, une force puissante envahit l'âme (et le corps), l'être tout entier, le poussant à faire la volonté, le désir, de Jésus vivant.

Je fis donc ce qu'il désirait. Je m'en allai rejoindre le Père. Pour cela je traversai le champ de vigne qui montait, montait. Puis je ne vis plus ni terre, ni allées, ni vigne. Je me trouvais dans l'espace éternel de Dieu, là où il n'y a plus rien, que la nuée de lumière.

Je vis, en haut de l'espace, le char en feu dans lequel se trouve le trône du Père. Je m'avançais plus lentement. Je n'osais plus trop me précipiter comme je me précipite parfois dans les bras de l'Amour vivant. Je me sentais intimidée. Alors, je vis Marie. Elle était debout, au pied du char en feu, tout comme elle était debout au pied de la Croix. Sa présence m'encouragea.

J'avançais, et me plaçais tout contre elle. Elle étendit son bras droit et me plaça sous son manteau. J'osais alors lever la tête vers le Père. Je vis trois marches, comme les trois marches d'un autel. Dans une lumière éblouissante, je voyais le visage du Père, sans en voir les traits. Il était assis dans son char de feu, revêtu d'une robe blanche. Regardant sa robe blanche, je vis son cœur tout béant, grand ouvert. De son cœur ouvert s'échappa l'Agneau immolé. Une voix puissante me dit :

Tes mains immolées porteront l'Agneau.

Mes deux mains étaient étendues, assemblées et les paumes ouvertes vers le ciel, dans ce geste où l'on reçoit mais où l'on offre en même temps (le geste de Marie lors de la présentation au Temple).

L'Agneau était immolé, sans vie. Je le vis jaillir du Cœur du Père et se poser dans mes deux mains. J'étais dans une profonde souffrance, parce qu'il était inerte, sans vie. Dès qu'il se posa en mes mains, voilà qu'il reprit vie. Je le regardais. Je l'aimais tant. Alors, il se rassembla, se roulant en boule. Ses pattes étalées, toutes raides, se remirent droites.

Roulé en boule dans mes bras, il vint se blottir tout contre moi. Sa laine blanche et chaude me réchauffa. Il réchauffa mon cœur, et, de mes bras, se précipita dans mon cœur. Il y entra, comme on entre chez soi, car mon cœur s'était ouvert, pour le laisser entrer.

Ainsi, l'Agneau, dès que je le porte, devient vivant. Il bondit de joie, et se précipite en mon cœur. Là, petite boule, toute blanche (comme l'Hostie), il devient enfant, enfant tout nouveau-né. Oui, l'Agneau Hostie, passant par mon cœur était devenu enfant, enfant tout nouveau-né.

Alors, ce que je portais, dans mes deux mains ouvertes, c'était l'Enfant. C'était un beau bébé, ravissant, tout petit, tout nouveau-né. Il était blotti dans mes bras comme une petite boule toute chaude. Puis il se posa en mes deux mains toujours tendues en geste d'offrande. Puis il resta là. Alors je m'en allai à travers le jardin de mon Père en portant l'Enfant. Je le montrai à tous dans une immense joie afin que tous l'admirent et l'aiment et se réjouissent avec moi.

Ainsi, je n'étais pas séparée de mon Jésus, Fils d'Homme. Ainsi, je ne suis pas séparée de lui. Je porte l'Enfant sans cesse et pour toujours, et sans que cela n'ait jamais de fin. Voilà la destinée que le Père du ciel m'a assignée. Je veux la remplir et la remplirai car c'est sa volonté sur moi.

La voix me dit :

Ce que tu as fait sur la terre, tu le feras aussi dans le Royaume de mon Père.

Ces paroles merveilleuses restent à tout jamais en mon cœur. Quel enseignement riche elles contiennent ! La vocation que nous réalisons sur la terre, nous continuerons à la réaliser et à la vivre pleinement au ciel. Là sera toute notre joie. Ce que nous faisons sur la terre en correspondance avec la volonté de Dieu sur nous, nous continuerons à le faire et à le vivre pleinement dans le Royaume du ciel. Cette vérité est d'une grande beauté. Nous comprenons que la vie du ciel nous permettra de nous réaliser, de nous épanouir en plénitude. Nous comprenons aussi une fois de plus, la parfaite *continuité* qui existe entre notre vie de la terre et notre vie du ciel. Dans notre vocation, nous vivrons au ciel comme nous avons vécu sur la terre.

Vivons bien sur la terre, tout près de Jésus, tout contre sa croix, blottis au creux de son Cœur, afin de nous retrouver au ciel, non pas très loin de lui, perdus dans une foule immense, mais proches, tout proches, au cœur même de son Cœur battant d'amour.

L'espace infini du Père

La Présence réelle me manque tellement. Je pense sans cesse à lui, dans notre petit oratoire et c'est ce qui me presse de rentrer. Pourtant, je ne suis pas seule. Sa Présence vivante ne me quitte pas. Partout où je vais, il est là. Il me poursuit de sa Présence. J'allais me recueillir dans ma chambre afin d'être plus à lui. Le grand silence de la campagne favorise la prière. Le silence est la prière la plus vraie. A genoux dans ma chambre, je fus saisie. Mon âme fut prise par une force extraordinaire et comme arrachée de terre. Elle s'envola quelque part, haut, très haut vers le ciel, et se trouva dans un espace infini, flottant au-dessus de l'univers. Tout l'univers était dans la pénombre, comme dans une belle nuit splendide, une nuit bleutée.

Mon âme respirait à grands traits. Sa joie était incomparable car elle était dans une liberté extraordinaire qu'aucune expérience humaine ne pourra décrire. Cette liberté provenait de ce que l'âme avait tout l'espace pour elle, elle pouvait s'y promener, aller et venir, elle pouvait aimer partout à son aise, aussi grandement qu'elle le voulait.

Alors, dominant tout l'univers, et enveloppant tout l'espace, mon âme vit le Père, le Père du ciel. Il était splendide et majestueux. Il se tenait debout, dominant tout l'espace. Je me souviens que je ne pouvais pas voir sur quoi reposaient ses pieds, car ils ne reposaient sur rien. Le Père n'avait pas de limites. Je ne me souviens plus non plus de quelle couleur était sa robe. Je crois que je ne vis pas comment il était revêtu.

Je vis seulement, non pas son visage, car je ne distinguais pas de traits, mais sa tête. Je voyais des cheveux resplendissants d'or et formant un éclat de lumière au-dessus de sa tête. Les traits de son visage m'étaient voilés par une nuée de lumière, et pourtant, je ne saurais dire comment, je vis des traits semblables en tout point à ceux du Fils. Le visage du Père est le même que celui du Fils, cela, je l'ai déjà perçu précédemment. Son visage m'attirait en sa tendresse ; une bonté extraordinaire attirait mon âme auprès de lui, et mon âme voletait dans l'univers, s'approchait de plus en plus de la face du Père, mais restant cependant à une distance infinie.

Lorsque je pus détacher les yeux de mon âme de sa bonté infinie, je vis ses épaules recouvertes d'un somptueux manteau d'or, fait de lumière. Les deux bras du Père étaient étendus et englobaient tout l'univers, recouvraient tout l'espace. Le manteau d'or en même temps s'étalait, formant un fond d'or dans la nuit bleutée. Mon âme émerveillée devant ce spectacle extraordinaire s'arrêta de voleter. Elle était comme paralysée, le souffle coupé devant tant de beauté. Elle n'existait plus. Elle fut emportée, happée, et noyée en la beauté du Père.

C'est tout, je crois, ce que je vis. Pourtant, il me semble avoir vécu encore bien des choses ; avoir vécu une vie toute entière, interminable, et si riche que je ne pourrais rien en traduire avec des mots. Ce que je vécus le plus fortement, c'est d'avoir été prise, accaparée, happée dans le manteau d'or du Père. Mon âme y disparut, comme un enfant disparaît dans les bras de son père, s'y jetant avec force, et s'y perdant, car son père, de ses grands bras, l'a enlacée. Ainsi mon âme resta enlacée en la tendresse du Père, s'y trouvant bien pour toujours, et croyant que cette vie-là ne finirait jamais.

Cependant je fus reposée sur la terre car mon Père du ciel voulait que j'y parle de l'âme : l'âme, cet espace si précieux, parcelle de l'espace infini qu'est le Père. Il voulait que je dise la ressemblance extraordinaire entre chaque âme, posée dans un corps, et son âme, l'âme du Père, qui est le Père lui-même. Ainsi mon âme reposée sur la terre, ne fut pas triste, elle n'était pas séparée du Père, mais elle faisait désormais partie intégrante de lui. Elle était une miette d'espace, sortie de l'espace. Pendant que mon âme s'était promenée dans l'espace du Père, et qu'elle avait contemplé sa beauté, elle entra dans une compréhension intérieure que je vais essayer de dire avec des mots.

Ce n'est pas la voix qui a parlé. C'est ce que l'âme comprenait au fur et à mesure qu'elle contemplait le Père.

Une âme est un espace. L'âme du Père est l'espace infini, l'espace de tout le ciel, sans commencement ni fin. Notre âme est l'espace de son amour. Certaines âmes sont étriquées, elles ne prennent jamais d'espace.

Le Père nous a créés à son image. Il nous a donné un peu de son espace. Lui, le Père, prend tout l'espace, de tous les temps. Il attend que nos prenions tout l'espace de son amour. Il est là, les deux bras grands ouverts, recouverts d'un manteau de lumière. Il englobe tout. Il enveloppe toute l'éternité. Que nous le voulions ou non, nous sommes en lui car nous n'existons (c'est-à-dire, nous ne détenons un espace) que parce qu'il nous a donné une part de son espace. Notre âme est un espace qui doit prendre son envol, c'est-à-dire le plus de place possible, afin de rejoindre et pénétrer le plus grandement possible l'espace d'amour du Père, et afin d'envelopper en son espace le plus grand nombre possible de ses frères.

Les saints ont pris beaucoup d'espace. Ils continuent à en prendre, sur la terre, comme au ciel, même après la mort de leur corps. Nous savons par expérience que quelqu'un qui a de la personnalité, prend de la place en ayant une influence autour d'elle, auprès des autres. Cette personne occupe l'espace. Ainsi en va-t-il de notre âme.

Notre âme doit s'ouvrir à l'espace de Dieu, afin de l'emplir le plus possible, de le connaître, de s'y développer, de s'y dérouler tout entière, de s'y épanouir, comme un enfant, un vrai fils de roi, disposerait du palais de son père. L'enfant aurait grand tort s'il grandissait sans jamais parcourir du haut en bas, et d'un bout à l'autre, le palais de son père, et combien il se rétrécirait lui-même s'il restait recroquevillé, dans un coin sombre et rabougri sans jamais en bouger. En prenant connaissance du palais (de l'espace) l'enfant prend connaissance de son père, tout comme l'âme qui est un espace prend connaissance de l'espace qu'est Dieu. En parcourant l'espace du palais, l'enfant prend connaissance de la vie de son père ; il participe à tout ce qui se passe dans le palais de son père, par là même il connaît davantage son père et l'aime pour tout ce qu'il est.

Ainsi notre âme, sortie de l'âme du Père, est-elle faite pour se retourner vers lui, se jeter en lui, se développer, s'épanouir, et se confondre jusqu'à se perdre en l'espace infini de son amour.

Présente-moi, oh ! présente-moi au Père

Je voudrais dire quel rôle nous avons à jouer, quelle est notre mission, notre travail merveilleux qui est travail d'enfantement, travail de mère. Il s'agit de donner la vie, non la vie charnelle mais la vie spirituelle. Il s'agit d'enfanter des âmes à Dieu. Il s'agit de présenter les âmes à Dieu, non pas quelques âmes, mais toutes les âmes du monde.

Puisque les âmes ne prient plus, puisqu'elles ne s'offrent pas à Dieu et ne se présentent pas à lui, il faut des âmes qui soient là. Il faut des âmes qui soient présentes à la place des autres. Il faut des âmes qui soient posées devant Dieu, présentes devant sa face, pour l'adorer et lui dire :

« Ô Père, par ton Fils,
voici des âmes.
Je te les présente
car elles ne savent pas
se présenter elles-mêmes. »

Il faut rester devant Dieu pour lui présenter les âmes, toutes les âmes du monde qui ne se présentent pas elles-mêmes. Notre tâche est immense. C'est un labeur écrasant. Mais il s'agit d'être là tout simplement, de ne pas s'enfuir, de ne pas se dérober à cette tâche. La présence de notre âme devant Dieu nous permet de lui présenter qui nous voulons, à notre gré. Et c'est avec amour que le Père du ciel se penche vers l'âme qui en présente une autre, comme c'est avec amour que le Père s'est penché vers Marie, lorsqu'elle lui a présenté toutes les âmes du monde, en lui présentant Jésus.

Car il ne faut pas s'y tromper : la Présentation de Jésus au Temple, c'était la préfiguration de l'Église tout entière, présentée au Père du ciel. En présentant Jésus au Père, Marie présentait et sauvait toute l'humanité. C'est d'ailleurs dès cet instant que Marie a reçu le glaive de douleur et qu'elle est devenue Mère de l'Église. C'est bien avant la Croix que Marie a réellement reçu le glaive en son cœur. C'est en ce jour de la Présentation.

Jour d'offrande,
l'offrande ne se fait pas sans souffrance.

Être présent à Dieu, dans l'adoration, pour lui présenter toutes les âmes du monde, pour les porter devant lui. C'est bien un travail de silence et d'offrande.

Être présent, vivre le présent, maintenant, immédiatement, dans le Cœur de Dieu, car Dieu est immuable, présent. Le passé et le futur nous échappent. Le présent est, lui, un don merveilleux que Dieu dépose en nos mains et en notre cœur. C'est maintenant, là, devant Dieu, devant les autres, que nous pouvons aimer.

Que faisons-nous, nous les hommes, de tout ce temps présent qui nous est donné ?

Foin du passé qui est mort, et qu'importe le futur qui nous est inconnu ! Soyons présents à Dieu, devant Jésus Hostie. Exposons-nous à son amour. Jetons-nous en son Cœur.

En mon âme sans cesse, Jésus murmure :

Présente-moi, oh ! présente-moi au Père.

En présentant Jésus, je présente toute âme à Dieu, à mon Dieu.

Le Père du ciel et l'Agneau

Je vis le Père du ciel, marchant sur une route, comme un pauvre pèlerin. Il descendait du ciel, jusqu'à la terre, en passant par le chemin d'amour.

C'était la première fois que je voyais quelqu'un descendre le chemin d'amour. Mais lui le Père du ciel, évidemment, ne pouvait parcourir le chemin que dans ce sens puisqu'il se trouve toujours tout en haut du chemin.

Voilà qu'aujourd'hui, il avait décidé de descendre sur la terre, en empruntant ce chemin qu'il a lui-même jeté entre ciel et terre, pour les relier l'un à l'autre.

Le Père du ciel était vêtu d'une grande cape sombre,

qui recouvrait ses épaules. Il avait dans les mains un grand bâton de pèlerin, ou de berger, qui l'aidait à marcher. Il ressemblait à un pauvre mendiant. Il n'y avait personne pour l'accueillir tout alentour, ni même pour jeter un seul regard sur lui car tout était désert, sombre et vide. Il était comme un étranger, arrivant sur cette terre.

Mais voilà qu'ayant un peu avancé sur ce chemin descendant, il s'arrêta. Sur la route, à ses pieds, j'étais en prière, et je le contemplais.

Mon cœur se désolait de le voir si pauvre et si seul. Je ne voulais plus qu'il soit ainsi, pauvre et seul. Alors, je lui criais mon amour, je lui disais que je l'aimais.

Il se pencha vers moi, ouvrant tout grand ses bras, et ce fut un éclatement de joie. La cape sombre qui recouvrait ses épaules fut rejetée en arrière. Sa robe blanche resplendissante m'éblouit, et vint éclairer mon chemin.

Je me vis alors entourée d'une multitude innombrable d'enfants. Ils étaient derrière moi, se pressant de toutes parts, disposés légèrement en demi-cercle. Tous ensemble ils occupaient toute la largeur du chemin d'amour, et même débordaient largement sur les bas côtés. Ils recouvraient le chemin d'amour jusqu'en bas, jusqu'à la terre.

J'étais toute petite, mais ils étaient encore plus petits que moi, ce qui est normal puisque c'étaient mes enfants. Et cela me permettait de les mettre tous dans mon grand burnous que j'avais ouvert tout grand et étalé pour eux. Ils ne bougeaient pas. Ils étaient vraiment très sages, même les plus petits, mais je crois que c'est parce qu'ils aimaient leur Père du ciel; ils le contemplaient; ils l'adoraient; ils le regardaient tous avec un grand amour, et pleins de joie.

Mon Père du ciel se pencha encore un peu plus vers moi, avec une grande tendresse. Il me dit :

Ma toute petite,
maintenant que je t'ai trouvée sur ma route
je ne te quitterai plus.

Je te donnerai beaucoup d'enfants,
une multitude d'enfants...

L'alliance que j'ai scellée avec toi,
est une alliance d'amour pour toujours.

J'exultais de joie car je comprenais qu'il y aurait une multitude d'âmes d'adoration, que l'ordre des Laïcs consacrés rassemblerait.

Plus tard, je vis le Père du ciel qui était descendu jusqu'à terre. Il était assis sur une grosse pierre, et il cachait son visage dans ses mains. Je ne savais s'il dormait, ou s'il se reposait des fatigues de son voyage.

Je pleure, me dit-il,

en relevant tout doucement la tête. Je vis en effet de grosses larmes sur son visage. Il avait l'air accablé de chagrin.

« Oh! pourquoi pleurez-vous ? », lui demandai-je désolée.

J'aurais voulu deviner, et lui venir en aide, mais je ne comprenais pas. Je voyais bien que la terre était sombre, vide, et désolée et je devinais que ce désert glacial était pour quelque chose dans son chagrin. Mais il précisa lui-même :

Je leur ai amené mon Agneau
mais ils n'en veulent pas.
Ils ne le regardent pas.

Ah! voilà le grand mot lâché : regarder l'Agneau. Voilà le motif du grand accablement, de l'immense chagrin du Père. Il a voulu nous apporter lui-même l'Agneau. Il est venu jusqu'à terre pour cela. Et les hommes ne *regardent pas l'Agneau.*

Je voyais bien que l'Agneau, c'est Jésus Hostie. Car je vis en cet instant, l'Agneau posé sur les épaules du Père, entourant presque son cou, les pattes avant reposant sur une épaule, les pattes arrière sur l'autre épaule. La laine de l'Agneau tout nouveau-né était blanche immaculée comme le pain d'Hostie. Puis, comme le Père s'était assis sur cette grosse pierre, l'Agneau descendit des épaules de son Père, et se tint debout sur ses quatre pattes. Comme personne ne le regardait, il s'apprêtait à partir sans bruit.

Il allait quitter cette terre où il n'était pas reçu, comme quelqu'un qui entre dans sa propre maison et qu'on ne voudrait pas recevoir. Son chagrin est si grand qu'il préfère se retirer sans bruit, sans que personne ne s'en aperçoive. Mais à cet instant, son regard rencontra le mien. Il n'avait pas pu me voir jusqu'alors car j'étais vraiment trop petite, aux pieds du Père du ciel. Cependant, ayant compris le chagrin du Père, je m'étais approchée sans bruit, et très timidement de l'Agneau qui, maintenant posé à terre, avait la taille d'un grand Agneau. Il m'impressionnait, c'est sûr, mais je le regardais avec tant d'amour, qu'il resta comme immobilisé, paralysé.

L'Agneau ne pouvait plus quitter la terre, à cause du regard d'amour posé sur lui.

L'Agneau qui n'est autre que Jésus Hostie, a besoin qu'on *le regarde.*

Pendant que je regardais sans cesse l'Agneau, il s'était avancé tout doucement et se tenait auprès du Père. Il se blottit même contre lui. Alors, en un seul regard, je pouvais contempler à la fois le Père et l'Agneau. L'Agneau finit par se blottir complètement dans le Père. Je le voyais prendre toute la place dans le Père; le Père et l'Agneau n'étaient plus qu'un. Je pouvais les aimer, les adorer en un seul et même amour.

Il faut à Jésus Hostie des âmes d'adoration : des âmes qui le contemplent avec amour, un amour fort et incessant, un amour qui jamais ne se détourne de lui.

Et c'est la plus grande joie du Père du ciel, que de voir ces regards d'amour posés sur son Agneau, ces âmes d'adoration fixées pour toujours en l'adoration de Jésus Hostie.

Ne laissons pas Jésus s'enfuir de sa terre. *Il est venu chez les siens, et les siens ne l'ont pas reçu.* Mais adorons-le et faisons-le adorer. Portons, portons partout l'adoration de Jésus Hostie et déversons ce désir d'adoration par toute la terre.

CHAPITRE IV

Je te demande l'adoration

L'adoration proposée aux foules

Très souvent ces temps-ci, je me trouvais en pensée avec Marie debout devant la Croix ou debout devant le tombeau. Voilà que cette nuit, je me trouvais vraiment moi-même devant la Croix. Un voile sur la tête, une robe jusqu'aux pieds, je restais debout sans bouger, regardant sans cesse la Croix devant moi.

Je souffrais d'une grande douleur faite d'angoisse, de consternation. Incapable de comprendre mais acceptant de ne pas comprendre, le cœur atteint d'une blessure extrêmement profonde.

La Croix était surélevée devant moi et je devais lever la tête pour la regarder. Je ne voyais que la Croix. (Je ne voyais pas Jésus dessus.)

Étant restée longtemps à la contempler, je baissais la tête pour prier. Je vis alors à mes pieds une foule innombrable. Ils avaient tous la tête baissée, l'air triste et attendaient. Ils attendaient la prière. C'est pour eux que j'étais là à prier

à aimer

à souffrir.

J'étais là à la place de Marie, comme elle et avec elle.

Comme une enfant à laquelle une maman, obligée de s'absenter un instant, confie sa place. L'enfant remplace alors sa maman avec beaucoup d'amour car elle sait la confiance qui lui a été faite. Et lorsque la maman revient, elle est émerveillée de voir que tant d'amour a été mis dans la tâche confiée à l'enfant. L'amour de la mère et celui de l'enfant grandissent.

L'amour de Marie enveloppe notre amour, mais grandit à la mesure de notre amour.

Ainsi nous, les enfants des hommes, nous avons ce pouvoir immense de faire grandir le Cœur de Marie. Il suffit que nous déposions une petite goutte de notre petit amour dans son Cœur très grand, et son Cœur très grand se met à grandir immensément et le nôtre, entraîné, avec lui. (La foule qui attendait la prière me fit penser à la foule triste devant laquelle je priais, un grand chapelet dans les mains, et pour laquelle le Seigneur m'avait demandé avec tant de tendresse : *Aide-les à prier.*)

Lorsque à nouveau je levai la tête pour voir la Croix, voilà qu'au centre de celle-ci vint se poser une grande Hostie. Cette Hostie était transparente, comme l'eau d'un lac sans fond ; de tout son pourtour jaillissaient des rayons d'une lumière éclatante ; de là s'échappait un amour immense que recevait mon cœur.

Des adorateurs, pour qu'éclate l'aube nouvelle

Dans le grand silence de la nuit, Jésus est venu. Je ne l'ai pas vu. J'ai reconnu sa tendresse. Il était tout près, très près de moi dans l'Hostie si belle. Après m'avoir emmenée dans l'adoration, il me dit :

Pourquoi crois-tu que je me montre si souvent à toi dans l'Hostie ?

Un grand silence...

Pourquoi crois-tu que j'attire ton cœur dans l'adoration de mon Cœur ?

La réponse était inscrite au fond de mon cœur. Plus exactement, Jésus me la dictait au fur et à mesure qu'il parlait.

Le désir d'adoration n'est pas pour moi seule. Jésus ne me le dépose au fond du cœur que pour que je puisse transmettre aux autres ce même désir. Et puis Jésus dans son grand amour est trop délicat pour oser demander. Il pose seulement la question. Il propose, il ne dit pas : j'ai besoin que l'on m'adore... Il dépose ce désir au fond de nous-même, puis il attend notre geste d'amour.

Jésus ne demande pas.

Il attend.

Il attend d'être adoré en vérité.

Il attend que nous posions sur l'Hostie vivante notre regard d'amour, comme il pose sur nous son regard de tendresse.

Le Père a besoin d'adorateurs, de vrais adorateurs pour qu'éclate l'aube nouvelle.

Adoration du Corps et du Sang

Pendant la nuit, et durant fort longtemps, je restais en adoration. En effet, devant moi et un peu surélevées, je voyais deux Hosties posées l'une à côté de l'autre : une Hostie blanche entourée d'un cadre rouge, une Hostie rouge, rouge vif, entourée d'un cadre blanc.

Elles étaient très belles toutes les deux. J'adorais le

Corps de Jésus quand je regardais l'Hostie blanche, j'adorais le Sang de Jésus quand je regardais l'Hostie rouge.

Dans mon adoration j'aurais voulu crier au monde qu'il faut adorer et le Corps et le Sang de notre Agneau :

celui qui nous regarde avec tant de tendresse;

celui dont la robe est si blanche, et que nous tachons parfois du rouge de nos péchés;

celui que nous désaltérons en l'aimant, en le priant, en l'adorant et en le portant aux autres.

Ces images m'imprègnent tout entière et je voudrais les crier au monde. C'est une vraie souffrance de retomber dans ce monde préoccupé de tant d'autres choses que de l'adoration de l'Agneau.

La passion : c'est bien l'amour et la souffrance mêlés. Amour et souffrance faits de patience et d'attente envers cette humanité qui s'affaire, les yeux baissés vers la terre et ne pouvant alors voir l'Hostie parce qu'elle est toujours surélevée. Il faut lever les yeux et le regard pour rencontrer le regard de l'Agneau de tendresse.

Je te demande l'adoration

Pendant le chapelet dans une famille, j'étais recueillie en Jésus. Et voilà que j'entendis sa voix. Il m'appelait :

Ma fille..., ma fille...

Cet appel était plein de tendresse, mais comme l'appel de quelqu'un qui a besoin de quelque chose. Je ne répondis pas tout haut mais je disais au plus profond de moi : « Oui, Seigneur. » Et j'écoutais.

Il continua :

Je désire être là.

« Être là, dans l'Hostie ? » Je posais cette question car depuis un moment, je désirais tant sa présence dans le Saint Sacrement.

Oui... Oui...
Être présent partout.

Ah ! alors je compris comme en un éclair. « Être présent partout. » Cet appel d'amour semblait monter du fond de l'abîme. C'était un appel venu de très très loin ; si longtemps contenu ; si profond dans le Cœur de Jésus ; appel exprimé avec une force extraordinaire, mêlée presque de timidité. C'est à peine si Jésus ose exprimer ce qu'il désire avec tant de force.

L'amour est timide, c'est vrai, très timide. Il voudrait que l'on devine, plutôt que d'avoir à demander. Ah ! si l'on pouvait deviner les désirs de Jésus ! Comment n'ai-je pas deviné plus tôt ? Jésus avait déjà dit :

C'est parmi vous que je veux être.

Il m'avait si souvent montré l'Hostie pour que je l'adore, et le calice aussi. Et je n'avais pas compris. C'est partout que Jésus veut être adoré. Non seulement dans les chapelles, dans les églises, mais aussi dans les familles. Partout où l'on prie, partout où se trouve un prêtre. La voix reprit :

Ma fille, ma fille,
Je te demande l'adoration,
c'est l'adoration que je désire.

Ah ! cette demande, faite avec tant de tendresse, et tant de force, jamais je ne pourrai l'oublier. Jamais personne au monde ne pourra enlever ce désir d'adoration de mon cœur, car c'est Jésus lui-même qui l'y a déposé.

Le calice déborde pour emplir les cœurs

Au début du chapelet, j'entendis sa voix, la voix d'amour, me dire :

Le temps est venu
de me sortir des tabernacles.

Puis un moment après :

Il faut que le calice déborde...

Je crus comprendre par là qu'il fallait que le Sang sorte du calice, comme l'Hostie du tabernacle, pour être exposé, adoré, pour se répandre sur la terre, la purifier, et la brûler d'amour.

Je me sentais bouleversée, comme chaque fois que la voix a quelque chose à confier. C'est un secret qui pénètre au plus profond du cœur, et le fait brûler d'un grand amour.

Dans le train, fermant les yeux pour me reposer, je fus emportée dans l'adoration. Je vis devant moi le visage de Marie. Sa tête était recouverte d'un voile blanc. Son visage était levé vers le haut, ses yeux regardant fixement vers le ciel, dans une attitude de prière et d'adoration. Je contemplais ce beau visage, si beau... il ressemblait beaucoup au visage de Notre-Dame de Fatima tel qu'il est représenté sur les images ou photos. Mais là, le visage était vivant.

Après un long moment, mes yeux quittèrent ce

regard de Marie comme avec difficulté et regret mais autre chose m'attirait très fort. Alors je regardais vers le haut comme Marie. Et voici que je vis la grande Hostie, toute blanche. Je tombais en adoration dedans, j'étais dans un bonheur immense. L'adoration m'avait tellement manquée ces jours-ci en voyage. Je remerciais le Seigneur de me l'apporter ainsi dans le train.

La grande Hostie ne tenait pas toute seule en l'air, comme d'autres fois. Mais elle était portée par une multitude de mains. Ces mains étaient très belles : les doigts étaient longs et fins, d'une blancheur éclatante, dignes de porter l'Hostie. Les avant-bras que je voyais aussi étaient recouverts d'une aube blanche. Les mains étaient toutes sous l'Hostie, la portant du bout des doigts avec une extrême délicatesse. Je voyais d'autres mains blanches approcher, puis se poser sous l'Hostie pour la porter. Il y eut une foule de mains, tant de mains que certaines se retiraient pour en laisser d'autres approcher. C'était un mouvement permanent pour porter l'Hostie, et il y avait des mains blanches partout autour de l'Hostie. L'Hostie était très belle, très épaisse. On devinait qu'elle contenait quelqu'un qui vivait dedans.

J'étais émerveillée et bouleversée. L'image disparut, je restais en adoration, et en action de grâces. Alors je vis un calice. Le calice était en or. Il était merveilleux. Son pied était très haut avec une boule au milieu, et la coupe très large. Je trouvais le calice très beau mais j'étais triste parce que je ne voyais pas le Sang à travers. Alors aussitôt, comme pour répondre à l'immense désir de mon cœur, je vis l'Hostie blanche venir se poser au-dessus du calice. Puis l'Hostie s'ouvrit en deux, exactement comme le Cœur ouvert, c'est-à-dire qu'elle était ouverte à partir du haut, profondément, mais pas jusqu'en bas. Dès que l'Hostie s'ouvrit, le Sang se mit à jaillir. Il jaillissait de l'ouverture et de tous les bords de l'Hostie, et tombait dans le calice. On aurait dit que l'Hostie pleurait. Elle pleurait des larmes de Sang.

La même scène que tout à l'heure se reproduisit, c'est-à-dire que le calice était porté par une multitude de mains.

Je tombais à nouveau en adoration dans le Sang, et cette fois le bonheur que j'éprouvais était tout rempli de souffrance. Je souffrais pour l'Hostie qui saignait ainsi.

« Pourquoi, pourquoi faut-il que votre Sang se répande ainsi, ô mon Jésus ? »

Le temps est venu pour mon Sang
de se répandre sur la terre.
Puis : *Il faut que mon Sang*
inonde les hommes de mon Amour...

Je voyais toujours l'Hostie ouverte et le Sang coulant dans le calice, et cela me faisait souffrir parce que je voyais l'Hostie ouverte souffrir.

« Oh ! pourquoi, pourquoi tant de souffrance ? » La voix d'amour répondit :

C'est l'éclatement d'amour.

Alors je tombais plus profondément dans l'adoration du Corps et du Sang. Je comprenais qu'il fallait passer par l'éclatement d'Amour, c'était une nécessité. La voix d'amour dit :

Tu vas me prier, tu vas m'adorer.

« Oh ! Jésus, vous savez bien que je le fais déjà ! »

On aurait dit que l'Hostie vivante était heureuse. Mais il fallait davantage, encore bien davantage adorer le Corps et le Sang.

Ah ! je sais maintenant que je passerai ma vie sur la terre à essayer de répandre l'adoration par le cœur et par la voix des prêtres qui voudront bien entendre. Puis j'ajoutais :

« Prier, adorer, mais que faire encore ?

- *Tu vas me faire une maison...*

- Une maison ?

- *Une maison d'amour.*

- Une maison d'amour ? (Je ne comprenais pas.)

- *Oui, une maison de prière et d'amour.*

- Qu'y aura-t-il dans cette maison ?

- *Des Prêtres...*

- Que feront-ils ?

- *Des prêtres qui enseignent*

- Et les laïcs alors ?

- *Les laïcs du Cœur ouvert de Jésus.*

- Que feront-ils ?

- *Ils prient et ils aiment.* »

Alors je vis en même temps une image : il y avait de nombreux prêtres, habillés en soutane noire et revêtus d'un surplis blanc. Autour des prêtres qui étaient rassemblés comme en un noyau central, il y avait une couronne de laïcs. Les laïcs encerclaient le noyau de prêtres et formaient autour d'eux un cercle fait de prière et d'amour.

Je continuais à poser des questions : « Mais les prêtres enseignent (j'en voyais un très grand nombre) et il n'y a personne pour les écouter ! » (Je pensais à l'assistance fidèle mais maigre des conférences hebdomadaires.)

La voix d'amour dit :

« *Ils viendront.*

- Quand viendront-ils ?

- *Dans mon règne d'amour.*

- Ah ! ce sera peut-être dans longtemps, dis-je, un peu tristement.

- *Bientôt.*

Ce bientôt était fort comme l'espérance. C'était une certitude. Puis il reprit :

- *Des foules viendront!*

C'est l'éclatement d'amour sur le monde,

Ma fille, tu sais bien, le volcan d'amour!...

Je me sentais éclatée d'un grand amour. La voix continuait :

- *Ma fille, ma fille, rappelle-toi...*

Alors me reviment ces deux phrases :

- *Je suis le grand éclaté d'amour...*

- Ah! oui, mon Jésus, je me rappelle cela. Votre amour et votre souffrance. Ah! tant de souffrance!

- *Et toi, tu mourras éclatée d'amour...*

C'était comme s'il ne voulait pas que je m'attriste sur sa souffrance à lui. Mais il m'emmenait aussitôt avec lui dans la sienne.

- Ah! oui, je me rappelle aussi, lui dis-je.

Il répondit : *Il faut que tu passes à travers la croix.*

Je vis que la croix n'était qu'un passage, pour aller à la gloire.

- C'est si doux cet entretien, mon Jésus. Mais parfois, vous n'êtes pas là!

- *Je suis toujours là...*

- Je ne vous sens pas toujours.

- *C'est ta foi que je veux.*

- Quand même, si souvent je suis seule.

- *Je suis toujours avec toi.*

- Vous me laissez dans la nuit!

- *Oh! ma fille.*

Je vis que le Cœur de Jésus était attristé, plein de tristesse, une tristesse profonde parce que je doutais de sa Présence. Je lui dis de toutes mes forces et parce que c'était vrai :

- Mon Jésus, j'ai confiance en vous!

Ah! si vous aviez vu son Cœur. C'est comme si je venais de l'arroser d'un torrent délicieux. C'était un ruissellement de tendresse sur son Cœur. Je compris combien cette invocation « j'ai confiance en vous » lui était nécessaire et pleine de consolation. Il me dit :

-*Ma fille! c'est si doux à mon Cœur...* »

Et tout s'arrêta sur cette vision de son Cœur ruisselant de tendresse et consolé, grâce à la confiance...

Que Jésus me donne davantage de foi et de confiance en lui, et en ceux qui m'aiment.

Calix sanguinis Mei

Dans la nuit, voici que je vis devant moi un calice merveilleux. Il était sans doute en or, car il brillait et éclatait de lumière. Je levais les yeux pour le voir. Il était, ou plutôt semblait être, entre la terre et le ciel.

Je vis que le calice était plein jusqu'au bord d'un Sang rouge vermeil, d'un très beau rouge. Bien qu'il soit rempli à ras bord, le calice ne débordait pas. Mais j'assistais soudain à un éclatement extraordinaire. Le Sang jaillissait en jets puissants, se précipitant en torrents impétueux et rouges vers le ciel. On aurait dit une source puissante jaillissant soudain du sol, ou mieux encore, un geyser jaillissant d'un volcan.

Il y avait deux torrents s'élevant vers le ciel. Ils étaient entourés d'une multitude de fines gouttelettes de Sang, s'élevant aussi vers le ciel. Je ne sais pourquoi c'étaient ces gouttes de Sang qui m'attiraient le plus, et que je me mettais à aimer d'un amour très vif et très profond. Je ne pouvais en détacher mes yeux.

J'entendis alors ces paroles prononcées avec une très grande force :

Calix Sanguinis Mei

Et puis il y eut comme un fracas extraordinaire, un coup de tonnerre. Tout était dans les ténèbres très sombres, sauf le calice scintillant. En même temps que l'amour qui brûlait mon cœur, je ressentais une grande souffrance. Cette souffrance était provoquée surtout par les paroles qui s'imprimaient dans mon cœur comme si on les inscrivait à l'aide d'un poignard : *Calix Sanguinis Mei.* Je souffrais profondément aussi à cause des ténèbres, et à cause des gouttelettes de Sang.

Alors je vis le Cœur ouvert. Je fus aussitôt entraînée dans l'émerveillement, et je sortis de la souffrance. En même temps que je sortais de la souffrance, je sortais des ténèbres, et j'étais entraînée dans la lumière du Cœur ouvert. Ah! quel émerveillement.

Au-dessus des torrents de Sang s'élevant vers le ciel, voici le Cœur ouvert blanc comme l'Hostie, et éclatant de lumière comme le calice qui brillait dans les ténèbres. Et le Cœur ouvert éclairait tout autour de lui. Il resplendissait tellement de lumière, qu'il y avait une couronne de lumière qui l'entourait, diffusant sa lumière tout alentour.

S'échappant de l'ouverture centrale du Cœur, un torrent de lumière s'en allait, en une traînée majestueuse, jusqu'au Père. Et le Père, le visage empreint d'une immense bonté, se penchait légèrement en avant, exactement comme Jésus, du haut de la Croix, se penche vers sa terre d'amour.

Le Cœur du Père recevait avec une immense reconnaissance le Sang de Jésus, répandu chaque jour sur les autels et passant par le Cœur ouvert, c'est-à-dire l'Hostie. Pour pouvoir remonter de la terre jusqu'au ciel, si haut, si haut, il fallait une force extraordinaire. Cette force était la force d'amour et de lumière, jaillissant du Cœur ouvert de Jésus, et véhiculée par l'Esprit-Saint.

Je voyais à nouveau, en cette immense image reliant la terre au ciel, palpiter la vie des Trois Personnes divines :

Jésus (Sang et Hostie)
l'Esprit,
le Père.

Dans le Saint Sacrement hier, c'étaient :

le Père,
l'Esprit,
l'Hostie (Jésus).

Alors, mon âme entra dans une sorte d'immensité que je ne pourrai jamais décrire. Je sentais mon âme monter, par un courant invisible, monter très haut, vers le haut, vers le Père. Oh ! je n'allais pas tout là-haut, jusqu'à lui, mais je pouvais le voir. Et je le voyais parce que, dans son grand amour, il se penchait.

Dans cette image, et dans les paroles de l'Amour vivant : *Calix Sanguinis Mei*, je voyais que le Cœur ouvert de Jésus était le lien entre le Père et les hommes, et aussi entre les hommes et le Père. Lien sans lequel nous ne pouvons recevoir l'amour du Père. Et à l'inverse lien sans lequel nous ne pouvons faire remonter notre amour vers le Père. Car notre amour si pauvre, si faible, a absolument besoin de la force jaillissante du Cœur ouvert de Jésus, et de son geyser de Sang, pour remonter vers le Père.

Dans un profond bouleversement, mon âme brûlait de reconnaissance pour le Cœur ouvert de Jésus vivant.

L'amour et la lumière jaillissant de son Cœur ouvert sont le véritable arc-en-ciel, celui qui permet à la terre de rejoindre le ciel et au ciel de rejoindre la terre.

Jésus, le fruit du Père

Mon Amour vivant m'entraîna dans l'amour de son Sang. Il le fit comme toujours, avec tant de tendresse et de délicatesse que, ce qui pourrait paraître rébarbatif ou même repoussant, devenait pour moi, extrêmement attirant.

Le Sang de Jésus, il faut l'avoir connu et vu pour l'aimer. Il faut l'avoir vu couler de son Corps très saint pour désirer en être baigné, inondé, afin de disparaître en lui. Une âme ne peut être sauvée que si elle accepte d'être immergée, noyée dans le Sang de Jésus. C'est à ce seul prix que l'âme est débarrassée de son péché, car, anéantie dans le Sang de Jésus, elle ressuscite glorieuse avec l'Amour vivant. Et ce n'est plus l'âme qui vit, c'est Jésus vivant qui vit en elle.

J'explique très mal cet amour du Sang de Jésus qui m'attirait et dans lequel je désirais entrer tout entière. J'entendis la voix d'amour qui disait :

Jésus n'est pas un mémorial.

(Et je voyais une pierre qui ressemblait à une tombe.)

Jésus est fruit

Et comme je ne comprenais pas bien (je trouvais ce mot curieux), la voix répéta :

Jéus est fruit
Jésus est fruit

Alors, mon âme toute joyeuse s'écria, comme si elle avait compris : *Fruit de tes entrailles, ô Marie!*

Je vis l'Amour vivant, tout heureux, déposer un sourire en mon âme. Quelle bienfaisante douceur je reçus alors! Mais je n'avais pas encore compris tout ce que l'Amour vivant voulait dire. Alors la voix répéta, avec grande insistance :

Jésus est fruit

Et cette fois, comme pour me faire comprendre la signification de ce mot étrange, je vis un fruit devant moi. Ce fruit ressemblait à un raisin gigantesque, un raisin de la taille de la grande Hostie du prêtre. Ce raisin se présentaient devant moi comme suspendu tout seul entre ciel et terre, de la même façon que souvent m'étaient apparues le calice ou l'Hostie.

Puis de ce grand raisin rouge, je vis tomber goutte à goutte, le Sang de Jésus. Oh! comme il était beau ce Sang versé. Je vis que le raisin était ouvert, presque jusqu'en bas, comme le Cœur ouvert, et c'était par l'ouverture que sortaient les gouttes de Sang.

Puis je vis aussi que le raisin était pressé, broyé, par une main invisible qui n'était pas un étau mais une main d'amour. Le raisin était le fruit que l'on presse pour en faire jaillir les gouttes d'un Sang qui sauve. Et la voix d'amour, pour m'expliquer tout à fait à qui appartenait cette main invisible qui presse, qui broye et qui donne, ajouta :

Jésus est fruit

Puis, comme en réponse au cri de mon âme : *Fruit de tes entrailles, ô Marie*, la voix ajouta, en insistant beaucoup, comme si j'avais oublié l'essentiel :

Fruit du Père

Ah! voilà donc le secret livré tout entier : Jésus est Fruit du Père.

Jésus est sorti du Père, comme le fruit sort de l'arbre. C'est le surcroît, c'est le don, c'est ce qui jaillit de la vie. Le fruit jaillit forcément de celui qui porte la Vie. Et ce fruit n'est pas fait pour pourrir. Ce fruit est fait pour être donné, pour être mangé, et pour ainsi à son tour, donner vie.

Jésus est vraiment fruit du Père, non pas au sens figuré, mais au sens propre. Jésus nous est donné gratuitement, sans autre motif que par débordement de vie. Ce débordement de vie, c'est l'Amour. L'Amour dont est fait, dont est pétri le Père, car le Père n'est qu'Amour. Il n'est que vie. Comment peut-il faire autrement que de porter du fruit ? Or le Père porte ce fruit, celui qui est fruit par excellence, c'est-à-dire fait pour être donné, mangé, et donner vie.

A ce fruit, le Père a donné le nom de Jésus. Et Jésus n'est pas seulement fruit de tes entrailles, ô Marie, mais Jésus est d'abord fruit du Père, fruit du cœur ouvert du Père.

Nous devrions bien penser à cela lorsque nous disons notre « Je vous salue, Marie ».

Jésus n'est fruit des entrailles de Marie, que parce qu'il est fruit du Père. Ah! quelle merveille que ce fruit sorti du Cœur de Dieu! Fruit véritable et non pas symbolique, puisque nous le mangeons réellement. Il nous est donné comme un fruit que l'on offre pour rassasier et abreuver à la fois!

Quand comprendrons-nous que cela est réalité vivante, et non pas image ni symbole ?

Jésus, fruit du Père, tous les jours à notre disposition pour laver, nourrir et sauver notre âme. Gouttes de sang jaillies du raisin ouvert et pressé par la main du Père qui, dans un geste d'amour, nous donne son fruit, le fruit d'Amour du Cœur de Dieu!

Pendant tout ce temps, contemplant le raisin ouvert et les gouttes de Sang versé, j'étais attirée dans ce

Sang. Le Sang était rouge vermeil, d'une grande beauté, et mon seul désir était de disparaître en ce Sang, de devenir inexistante, de devenir goutte de Sang.

Ces gouttes sorties du raisin, c'était le Sang. La voix d'amour l'appela dans un cri d'adoration :

Sang versé !

Sang versé de Jésus, je désire n'être plus que toi. Je désire disparaître en toi.

La nuit suivante, la voix d'amour revint et elle me dit :

Jésus n'est pas un point mort du passé...
Jésus est vie
Jésus est vigne

Ah ! si je disais cela à qui que ce soit : « Vous savez, Jésus est fruit, » ou bien : « Jésus est vigne, » il se moquerait bien de moi et il aurait raison... en apparence. Car c'est seulement en écrivant que je comprends un peu mieux.

Jésus désire se faire connaître davantage. Cela, je le lui demande souvent dans la prière : « Fais-toi connaître à moi... »

Alors Jésus se fait connaître exactement comme il le faisait de son temps. Il parle peu et il emploie surtout des images. C'est sa façon à lui car les mots sont limités, tandis que les images sont sans limites, elles traversent tous les obstacles et peuvent pénétrer au plus profond de notre âme, pour l'en imprégner. Intelligent ou sot, riche ou pauvre, cultivé ou ignorant, chacun peut saisir l'image à la dimension de la grâce reçue de Dieu et de l'amour qu'il laisse entrer en son âme.

Et puis aussi, en se faisant connaître davantage, Jésus a voulu me faire aimer son Sang, à l'infini.

Mais s'il m'y emporte, c'est pour y emporter les autres, c'est pour y emporter les âmes de tous les hommes qui doivent être sauvés. Il faut faire aimer le Sang de Jésus à toute la terre, car c'est son Sang qui sauve les âmes. Et il y a urgence, car beaucoup d'âmes se perdent. L'urgence est grande et beaucoup de chrétiens somnolent... Confort, aises, habitudes sont les rois. Ce n'est pas Jésus, leur Roi d'Amour. Ah! si l'on pensait aux âmes qui ont tant besoin d'être sauvées, on sortirait vite du sommeil de l'indifférence.

En entendant les mots : *Jésus est vigne*, je me trouvais dans un champ, tout ensoleillé, et couvert de vignes. Tout à coup, le pied de vigne qui était devant moi se mit à grandir. Ses feuilles étaient grandes et vertes. Ses branches s'étalèrent à droite et à gauche comme deux grands bras. C'étaient deux grands bras vivants. Ils formaient une croix dont les feuilles s'agitaient doucement dans le vent et semblaient se pencher vers la terre avec tendresse.

La vigne était vivante. Elle était en forme de croix. Elle se penchait avec tendresse vers la terre et elle étendait ses branches de plus en plus loin à l'infini.

Alors, je fus saisie par l'amour du Sang versé. C'était le vin, c'était le Sang tout à la fois, versé de la vigne vivante sur la terre des hommes. Les gouttes tombaient rouge vermeil, d'une beauté extraordinaire.

Adoration du Sang

Oui, c'est ce Jésus-là, Jésus crucifié et couronné d'épines qui me saisit. On aurait dit que, surgissant de la Croix, comme s'il en était délié par enchantement, il fondit sur moi, et se planta tout en moi-même. Ce n'est pas seulement mon cœur, mais tout mon corps et tout mon esprit, qui en furent imprégnés, saisis.

Je l'aimais si intensément que c'était une brûlure en tout moi-même.

Je ne pus le quitter. Pendant la nuit, je me levais pour prier. Puis le matin, à l'aube, je fus emportée dans l'adoration.

Il y avait devant moi une grande Hostie d'une blancheur éclatante. Je vis dans l'Hostie, se dresser une Croix immense. Puis sur la Croix, Jésus couronné. Sa tête se penchait vers la terre en un geste de grand amour. Longtemps, je l'adorais ainsi.

Puis de son côté transpercé, se mit à jaillir un torrent de Sang qui allait se répandre je ne voyais pas où, mais au pied de la Croix, au bas de l'Hostie, là où il y a la terre. Le Sang jaillissait non pas comme un filet qui coule d'une plaie, mais en un torrent jaillissant avec une grande force et décrivant un arc de cercle. Du torrent, giclaient des multitudes de gouttes qui allaient se répandre un peu partout.

Je fus alors emportée dans l'adoration du Sang très précieux, Sang jaillissant en source de vie, Sang étincelant en source de lumière.

Quand on est devant l'Hostie, il faut se rappeler qu'il y a Jésus en Croix nous donnant encore à l'heure actuelle, dans le moment présent, son Corps et son Sang, et son amour débordant en torrents de lumière et d'amour.

Tout cela fut si saisissant que j'en demeure imprégnée, comme médusée, *saisie*, je ne peux trouver de meilleur mot. Il y a un changement radical, total en moi-même, comme si ma vie venait de changer du tout au tout. Il y a une *conversion* de tout moi-même qui s'est opérée à mon insu. Je ne peux plus vivre comme avant.

D'abord, la Croix fichée, plantée en moi, avec Jésus sur la Croix, Corps et Sang, je transporte tout cela en moi à tout instant, ne pouvant m'en séparer. Le mouvement, l'élan d'adoration vers l'Hostie portant Jésus crucifié ne me quitte pas.

Il est celui que j'adore sans cesse.

Il est celui auquel je murmure mon amour à tout instant.

Il est celui que je transporte partout parce que je ne peux le quitter, et parce qu'il ne me quitte pas.

Il est celui qui me conduit sur un chemin qui n'est qu'amour.

Je garde les yeux, et le cœur, fixés sur lui. Ainsi, je ne peux me tromper de chemin, car c'est lui qui me montre le chemin. Et bien plus! c'est lui le chemin : il est le chemin d'amour.

Les étapes à franchir pour entrer en contemplation

Devant le Saint Sacrement exposé, je combattais âprement, avant d'entrer en adoration. Cela m'est déjà arrivé bien des fois, car il n'y a pas toujours la grâce de Dieu qui vient nous saisir d'un seul coup. Ce combat n'est pas étrange. Il est dû aux distractions de toutes sortes, à l'agitation qui envahit notre esprit sans cesse, aux confrontations avec les autres et avec nous-même, au trop peu de détachement vis-à-vis des créatures, et vis-à-vis des événements.

Il faut, pour entrer dans la paix véritable de l'âme, ne pas craindre de rester sans bouger, dans le silence. Il faut en même temps implorer l'aide de Marie immaculée afin qu'elle rende notre âme limpide et calme. Et il faut lui demander le détachement de tout et de tous.

C'est elle qui peut nous aider à couper, à larguer les amarres, à laisser à terre toutes ces préoccupations terrestres afin de nous envoler un tout petit peu au moins, vers notre Dieu.

Notre âme a besoin de cet envol, pour être envahie par son Dieu. Il faut qu'elle se situe au-delà de tout le visible, de tout le sensible, de tout l'extérieur qui n'est que la surface de nous-même.

Il est indispensable de franchir cette première étape pour entrer dans l'adoration. C'est l'étape la plus facile.

Mais il en est une autre, bien plus éprouvante, et bien plus douloureuse. Je la rencontrais ce jour-là, d'emblée. C'est un écueil de l'âme, écueil dangereux car il peut mener au désespoir; écueil qu'il faut connaître afin de pouvoir le contourner.

Depuis le matin, je m'étais trouvée face à face à ce sombre rocher, qui m'apparaissait de plus en plus redoutable. Et là, dans l'adoration, il était là qui m'empêchait de voir mon Dieu : c'était l'angoisse de ma misère. Cet écueil-là est, chose curieuse, en même temps un chemin indispensable, mais un obstacle redoutable à l'adoration.

Or, ce vendredi-là, la grâce me fut donnée de savoir comment m'en servir. Cette grâce se présenta sous la forme d'une force, une force très puissante qui, au beau milieu de la bataille que je livrais pour ne pas me fracasser contre l'écueil sombre et redoutable, saisit mon âme blessée, fatiguée et épuisée. La force saisit donc mon âme à pleines mains, et la déposa avec fermeté, là, devant moi, aux pieds de mon Dieu. Là, mon âme resta un certain temps dans le silence.

Elle déposait sa misère aux pieds de son Dieu. Honteuse, confuse, elle aurait voulu disparaître, ne pas exister. Pleurant amèrement sa misère, elle leva tout à coup les yeux vers son Dieu, exposé là, dans cette Hostie si humble.

Alors, l'ordre de la voix lui revint en mémoire :

Contemple-moi
en mon divin Cœur...
Plonge-toi dedans.

Je me laissais faire, ne pensant même plus à ma misère déposée à terre; je me laissais entraîner, happer en son Cœur. Et là mon âme toute pleine de joie parfaite s'écria : « Le Cœur de mon Dieu est si grand, qu'il me prendra bien dedans! » Alors, il se mit à me parler. C'était le cœur à cœur, mon cœur perdu en son Cœur.

Avant de redire ses paroles qui me paraissent un peu mystérieuses, je voudrais me pencher vers les âmes qui désirent prier et adorer. Je voudrais pouvoir leur dire plus clairement, et en résumé, les secrets de l'âme :

– Avant d'entrer en adoration, il faut déposer aux pieds de notre Dieu, toute notre misère.

– Il faut ensuite lever les yeux vers lui pour ne plus regarder que sa miséricorde.

– Il faut enfin le contempler en son divin Cœur, en se laissant plonger dedans.

Quand je considère ma misère, je suis dans un tel état d'angoisse que je ne peux en rester là, sinon cela me conduirait au désespoir, au moins au découragement. Alors, je dois en détourner mes pensées, pour ne plus regarder que la miséricorde. Il est bien salutaire de voir sa propre misère. Il faut que les âmes le sachent. Car c'est cette démarche seule qui peut amener à la douce humilité. En constatant sa réelle misère l'âme petit à petit perd ce qu'elle a de raideur, et de superbe (l'orgueil, toujours si dissimulé).

Cependant, il y a tout au bout de ce chemin-là, un autre piège du Vilain. Notre misère est si immense qu'elle est comme un gouffre sans fond. Si alors nous voulons voir le fond du gouffre, nous allons nous pencher sur le bord et nous risquons fort de tomber dans ce gouffre noir du désespoir comme quelqu'un qui serait pris de vertige, et attiré par le vide. En effet, le gouffre est sans fond car notre misère n'a pas de limites. Tomber dans le gouffre ne servirait à rien, car nous n'en trouverions pas le fond, et nous serions perdus. Alors, il vaut mieux se retourner à temps vers la miséricorde qui là-haut brille comme une lumière.

Ah! si le prêtre savait combien il peut être précieux en de tels cheminements. Bien souvent, lui seul pourra empêcher l'âme de tomber dans le gouffre. Encore faut-il qu'il soit là pour tirer par la veste celui qui serait saisi de vertige et voudrait se précipiter dans le vide. Le prêtre doit être là, le doigt tendu vers la lumière, afin d'amener l'âme à contempler la miséricorde de son Dieu. Le prêtre doit être, plus que toutes les âmes, celui qui adore et contemple, chaque jour, afin qu'ébloui par la lumière, il puisse à tout instant, en porter un rayon à chaque âme.

Il faut prier pour que les prêtres soient des adorateurs, en esprit et en vérité.

« Contemple-moi en ma Sainte Face »

A la chapelle, pour un moment d'adoration, je commençais par me prosterner devant le tabernacle et je priais ainsi : « Je viens vous contempler ô mon Amour vivant en votre divin Cœur. »

La voix se fit entendre aussitôt, la voix qui parle au cœur, directement sans paroles, elle me dit :

Contemple-moi
en ma Sainte Face.

Je restais silencieuse et pour obéir à la voix, j'essayais de me représenter le visage tant aimé de Jésus crucifié. Malgré la tendresse que j'éprouvais pour ce visage, j'étais attirée par le divin Cœur, je désirais me plonger en lui comme la voix m'avait amenée à le faire il y a quelques jours. Alors, je dis tout cela à Jésus crucifié :

« Votre divin Cœur m'attire tant, lui dis-je. C'est pour moi un ravissement, un bonheur ineffable. C'est vous-même qui me l'avez fait connaître.

Ô palais merveilleux
Ô abîme de joie
Royaume éternel ! »

Ainsi, les noms que le divin Cœur de Jésus s'était lui-même donnés me revenaient en mémoire et je les aimais infiniment car ils étaient une réalité.

« Oh ! ne m'empêchez pas de plonger en votre abîme de joie » suppliai-je en m'adressant à la Sainte Face. Malgré mes supplications, je voyais qu'il ne m'exauçait pas. Son doux visage couronné se mettait à ruisseler de Sang.

Alors, je lui demandais : « pourquoi, pourquoi ? » La voix répondit :

En mon divin Cœur
tu es directement plongée en ma gloire.
En ma Sainte Face, tu es plongée en mes douleurs,
tu parcours avec moi le chemin de mes souffrances.
Je veux que tu t'unisses à mes souffrances...

Un grand silence. Mon cœur pendant ce temps, adhérait tout entier au désir exprimé par la Sainte Face. J'aimais d'un grand amour ces deux ruisseaux de Sang qui coulaient de ses yeux si souffrants.

Puis la voix reprit :

Tu auras beaucoup à souffrir.
Avant d'entrer dans la gloire,
il te faudra parcourir ce chemin de souffrance.
Ta souffrance ne vaut rien sans ma souffrance.
C'est ma souffrance qui sauve.
Unis ta souffrance à ma souffrance.

La voix se tut. Je restais en silence, pour contempler le visage bien-aimé.

En scrutant le visage, je voyais en effet que je parcourais avec lui un immense chemin, le chemin de la Passion. On lisait tout le déroulement de ce qui s'était passé :

l'effroyable agonie,
la cruelle flagellation,
les si rudes épines et le Sang jaillissant de toutes parts,
l'épuisement du portement de Croix,
l'atroce douleur de l'éclatement du Corps en Croix.

Tout, tout y était et encore plus. Il me faudrait des pages pour décrire la détresse morale, le désarroi devant l'indifférence et l'abandon. Oh! Jésus! visage bien-aimé.

Je compris aussi profondément en un éclair jaillissant, comme jamais je ne l'avais compris, que ma souffrance ne valait rien, parce que je ne vaux rien.

Lui seul nous sauve.
Lui seul est rédempteur.

Notre souffrance doit être offerte et unie à la sienne, pour être rédemptrice.

Je compris aussi que la contemplation de son saint visage m'aiderait beaucoup à supporter la souffrance sur cette terre. Et je lui promis de souvent contempler ce saint visage.

C'était un mardi, le jour des mystères douloureux. Je désirais être plus fidèle à méditer ces mystères-là le mardi et le vendredi.

Je sus aussi profondément que sur la terre, pour s'unir à Jésus, il faut s'unir à sa souffrance. La vie de gloire, le palais merveilleux, le jardin de délices ne seront que pour la vie sans fin. Jésus parfois nous les fait pressentir afin que nous sachions ce qu'est la vraie vie, la vie de gloire. Mais la terre nous réserve la souffrance. Il faut passer par là. C'est la voie étroite que propose Jésus crucifié.

L'adoration du précieux Sang et le sacrement de pénitence

Je lisais en haut, devant le tabernacle, les lectures de la messe du jour, comme je le fais chaque matin. Ce sont des instants incomparables. Lorsque je fais ces lectures devant le tabernacle, il se passe vraiment quelque chose. L'Amour vivant vient, il me saisit et ouvre mon âme à la compréhension des Écritures. J'ai lu bien des fois les Écritures en d'autres endroits. Jamais comme aux pieds de Jésus Hostie, je n'ai saisi, compris. C'est comme si quelqu'un me faisait pénétrer dans les paroles, à l'intérieur, pour m'en faire comprendre le sens secret, caché, mystérieux; cette signification révélée aux petits et aux humbles.

Ce vendredi, l'Évangile de saint Luc retraçait la guérison du lépreux. Ce passage me recouvrit tout entière. Voilà qu'avec le lépreux, j'étais toute recouverte de la lèpre, et je me précipitai moi-même vers Jésus vivant tombant la face contre terre.

« Seigneur, si tu le veux, tu peux me purifier. » Et là se fit en mon âme le déroulement clair et vrai de toutes mes fautes, de tous mes péchés. J'en faisais l'aveu à Jésus vivant et appelais sur moi sa miséricorde. Alors à l'instant même, il me dit : *Je le veux, sois purifiée.*

Je me sentis comme baignée dans une eau pure et fraîche et toute légère. Je levais alors les yeux. Jésus était là, posé devant moi, revêtu de sa robe de lin. Mais de ses mains, de ses pieds, de son visage, on aurait dit de tout lui-même, coulaient des flots de Sang. Ce Sang me recouvrait toute, me baignait complètement, car j'étais toute petite, minuscule, à genoux aux pieds de Jésus. Il y avait comme un manteau de miséricorde. Je fondis en larmes. Je pleurais, pleurais, comme une fontaine qui ne peut plus s'arrêter. Je regrettais à cet instant de n'avoir pas les grands cheveux de Marie-Madeleine pour essuyer les pieds de Jésus, car je les trempais de mes larmes qui se mêlaient à son Sang. Le repentir, fait d'un amour très vif pour la miséricorde qui vient sauver la misère, envahissait toute mon âme. Les larmes ne faisaient qu'exprimer ce repentir et cet amour.

La voix se mit à parler, avec une tendresse infinie :

Ma fille... ma fille bien-aimée...
je t'ai tirée de la misère et du péché.
Sans cesse je te délivre de la lèpre du péché.
Tu sais, toi spécialement, le prix de mon Sang.
Tu as expérimenté ma miséricorde.
C'est pourquoi, c'est à toi que je veux confier
la mission d'adorer mon précieux Sang,
de l'aimer; de le faire aimer.
Mon sang a recouvert toute la terre pour la sauver...
Je veux que l'adoration de mon précieux Sang
se répande par toute la terre.
Aime mon très précieux Sang, adore-le.
Je ferai le reste.

Puis la voix parla plus bas pour me dire avec ferveur mais en secret, son amour :

Ma fille, fille de mon cœur,
oh ! si tu savais quel amour j'ai pour toi !
Jamais tu ne pourras en mesurer l'étendue.

Mon âme était confondue, perdue en lui. Puis la voix reprit d'un ton plus solennel, comme quelqu'un qui annonce un grand événement, un événement très cher, merveilleux :

Par cette adoration [l'adoration du précieux Sang]
je parviendrai à introduire mon amour
dans les cœurs les plus fermés,
même dans des cœurs de pierre...

Mon âme, intérieurement, lui demandait comment il ferait. Alors il eut un sourire de tendresse, presque un peu malicieux. Il m'expliqua comment il ferait mais il ne fallait le dire à personne car il s'introduirait presque par surprise dans les cœurs les plus durs. Il me montra un gros caillou tout hérissé de piquants ; et au-dessus une jolie source ruisselante, tombant goutte à goutte sur le caillou. Les gouttes, à force de tomber doucement et patiemment, parvinrent à former une fissure dans le caillou. Alors l'eau se précipita dans la fissure ; le caillou s'ouvrit ; il fut inondé et gorgé d'eau pure de la source ; le caillou devenait un cœur ; c'était une âme qui était sauvée.

Tu comprends, reprit-il, en secret,
je m'infiltrerai dans les âmes.
Je m'y déverserai...
Je les emplirai de mon amour...
J'installerai en elles mon Royaume...

Devant tant de prodiges, tant d'inventions de son amour, mon âme restait confondue, submergée, anéantie. J'aimerai, j'adorerai son précieux Sang. Pour ceux qui ne sont pas passés par des instants pareils, je dois dire que l'âme ne peut en aucune façon ressentir la moindre parcelle d'un sentiment d'orgueil. Ceux qui diraient cela, n'ont pas, de cette façon du moins, été anéantis, *confondus*, par l'amour de Jésus, par son Sang très précieux coulant à flots; par sa miséricorde. Lorsque l'âme est cofondue, elle est toute relative à l'Amour vivant; elle est toute perdue en lui; elle n'a pas d'existence propre; elle ne tient son être que de lui. Elle ne voit même plus, en ces moments-là, l'espace sans contours que parfois Jésus vivant lui montre comme sa demeure chérie, son Royaume étincelant. Mais l'âme se voit anéantie, encore une fois sans existence propre. Il n'y a plus qu'un élan d'amour qui se trouve en Jésus vivant lui-même.

Avant de partir, la Présence vivante me fit une seconde recommandation. C'était une insistance pleine de tendresse, comme le cœur d'une mère qui rattrape son enfant sur le seuil de la porte afin de lui donner un dernier conseil avant son départ : ce conseil est le plus important. L'enfant doit l'emporter dans son cœur. La voix dit :

Ma fille, ma fille chérie...
Je t'ai donné la joie d'être sauvée...
Donne-moi la joie d'être aimé!

Mon âme dit oui en acquiesçant de toutes ses forces.

Vous comprenez, il voulait être rassuré. Il voulait que je promette de ne pas oublier la mission qu'il m'avait confiée. Il nous sait, nous les hommes, si oublieux. Et puis, il m'avait dit son amour d'une façon si merveilleuse, si infinie; il désirait que je l'assure d'une petite miette d'amour, au moins une petite miette parce qu'un pauvre grain de poussière ne peut guère rien donner de plus. Mais si pauvre et petit que ce soit, cela ferait la joie de Jésus.

Après tout cela, je lus la fin de l'Évangile de saint Luc. Je compris que le sacrement de pénitence y était expliqué par Jésus, prévu par lui.

Lorsque la lèpre quitta le malade, Jésus lui ordonna de ne le dire à personne. Cela veut dire que l'aveu des péchés est strictement personnel, confidentiel. Puis Jésus ajouta : *Va plutôt te montrer au prêtre.* C'est au prêtre qu'il faut faire l'aveu des péchés que, dans sa miséricorde, Jésus nous a donné de reconnaître. Mais il a fallu la préparation, le travail avant. Nul ne peut aller se confesser si d'abord, dans le silence et dans la prière, devant Dieu, il n'est tombé à terre pour demander d'être purifié.

Puis enfin, dernier temps du sacrement : *Donne, pour ta purification, ce que Moïse a prescrit.* C'est la réparation, la conversion, la pénitence dûe pour concrétiser notre repentir, notre désir de changer de vie.

Puis enfin : le témoignage. Oh ! Merveille. A-t-on parfois pensé au témoignage d'une âme libérée du péché, purifiée de sa lèpre. L'âme court alors crier les merveilles de Dieu et sa miséricorde, elle peut témoigner. Elle va montrer à tous son visage rayonnant.

La joie de l'Eucharistie : une vraie fête

Lorsque je reçus Jésus vivant, les battements de son Cœur se firent sentir et en même temps la joie fondit sur moi. Ce fut une joie intense, profonde, mais en même temps douce et sereine qui s'empara de mon âme.

Elle se posa d'abord sur moi comme si une colombe se posait sur ma tête. Puis elle fondit en moi comme un trait violent, mais un trait de bonheur qui *s'infiltra* dans tous les coins et recoins de mon âme, y déposant la joie d'une fête.

C'était une fête, une vraie fête des noces. La joie nuptiale est celle-ci : c'est la joie de Dieu qui emplit une âme.

Et si l'on me demandait ce que je préfère parmi toutes les grâces que Dieu nous donne, je crois bien que je choisirais sans hésiter la grâce de recevoir Jésus en la sainte Eucharistie car il n'y en a pas de plus grande tant que nous sommes sur cette terre.

L'Hostie blessée

La barque qui saigne

J'implore Jésus vivant de me donner sa force et sa lumière pour écrire ces lignes. Si telle est sa volonté, il ne peut manquer de venir à mon aide.

Je souffrais d'être rentrée à la maison et de ne pas avoir retrouvé Jésus Hostie. Je ne peux plus vivre sans lui. Sa Présence m'est aussi nécessaire que l'air que l'on respire.

Pendant la nuit, il vint combler mes désirs. Je sentis sa Présence vivante qui se tenait devant moi. Et je vis l'Hostie, la grande Hostie éclatante de lumière et plus blanche que neige. Posée au-dessus de moi, comme surélevée, je levais les yeux pour l'adorer. Mon cœur aussi s'était élevé, envolé vers l'Hostie pour la rejoindre et se perdre en elle.

Après l'avoir adorée dans une grande joie, je fus plongée dans une profonde souffrance. Je vis alors l'Hostie blessée. Une ouverture béante laissait s'écouler des gouttes de Sang. Je crois que je vis trois gouttes s'écouler. Mais ces trois gouttes me semblèrent une multitude innombrable, parce qu'avec elles se déversait la souffrance infinie du Cœur de Jésus. J'entrais dans une si grande souffrance à cause de sa souffrance, que j'étais glacée d'effroi.

Je crus être placée à cet instant dans la nuit du Calvaire avec Marie. Car Marie était là, et si je n'avais ressenti sa douce présence, je n'aurais pu rester ainsi à contempler l'Hostie blessée.

La voix bien-aimé me dit, tendre et douloureuse, avec une angoisse inexprimable :

Je saigne.

Oh ! je voyais si bien ce Sang tant aimé, couler par l'ouverture béante. Je sentis qu'il m'attirait dans l'adoration du précieux Sang. Adorer son Corps et son Sang.

Son Corps très saint,

Son Sang très précieux.

Je savais qu'en faisant cela, je répondais au plus cher désir de son Cœur. Répandre cet amour intense de son Corps très saint et de son Sang très précieux ! En répandre l'amour très fervent à travers toute la terre, propager en tous lieux l'adoration du très Saint Sacrement exposé, visible à tous les yeux, ouvrir les tabernacles afin de re-donner Jésus au monde, afin de le livrer enfin à l'adoration de tous les cœurs. Oh ! du moins si je ne peux rien faire de tout cela, impuissante que je suis à rendre aux aveugles le désir de voir et aux sourds le désir d'entendre, je peux au moins dans le secret de mon âme, l'adorer de toutes mes forces et de toute mon âme, et lui crier que je l'adore.

Mais je voudrais pouvoir aussi crier cela à toute la

terre. Lui-même ne m'avait-il pas donné cela comme toute première consigne :

Allez crier mon amour à toute la terre.

Ah ! cet amour de l'Eucharistie, cet amour très concret de Jésus Hostie adoré dans son Corps et dans son Sang, quand pourrai-je donc le déverser dans les cœurs et aller le crier à toute la terre ? Je suis si lasse d'attendre.

Les larmes coulent toutes seules chaque fois que je prie. Ce ne sont pas les larmes des yeux, mais celles du cœur, celles d'un cœur qui souffre parce que le Cœur très aimant de Jésus n'est pas aimé. Mon sort n'est pas plus enviable que celui d'une prisonnière que l'on a jetée au fin fond d'une prison noire et que l'on a bâillonnée afin qu'elle ne parle pas, et qu'elle n'importune personne de ses appels.

Seigneur Dieu, j'étouffe et me meurs d'angoisse du fond de cette prison, dans une nuit profonde et glacée où la solitude de mon âme ajoute encore à mes tourments.

Vraiment, mon Dieu vivant, pourquoi venez-vous vous pencher vers moi et me dire : *J'ai besoin de toi*, alors qu'en même temps je suis réduite à la plus totale impuissance, entourée d'aveugles, de sourds et de muets qui passent et repassent auprès de moi dans la plus froide indifférence qui glace mon cœur et tous mes os ? Oh ! Dieu, mon Dieu, quand viendrez-vous me délivrer de ce sort si peu enviable ?

Cependant si c'est dans cette nuit du Calvaire que vous voulez me garder, j'y demeure avec joie, car au fin fond de cette nuit de douleur je vous sais et je vous sens proche, si proche, plus proche encore que dans toutes les lumières et les grâces que vous donnez quand vous voulez. Votre Présence très vivante est plus réelle et plus vraie dans la douleur que dans la joie, aussi est-ce bien dans la souffrance que je trouve ma joie.

Je ne veux pas me défaire de la souffrance si c'est vous qui m'avez mise dedans. Je ne veux pas la secouer ni m'en échapper. J'y veux rester tout entière, avec vous, puisque vous y êtes. J'y veux rester pour prier et supplier pour toutes les âmes en danger de se perdre, comme Marie votre Mère m'en a fait la demande.

Mais alors, du fin fond de ma nuit de souffrance aimée et acceptée avec joie, du moins, écoutez, doux Cœur de Jésus, amour de mon cœur, la prière qui s'élance vers vous. Penchez-vous, mon Amour vivant, vers ceux qui doivent transmettre les désirs de votre Cœur, donnez-leur des yeux pour voir eux-mêmes, des oreilles pour entendre, une voix forte comme le tonnerre afin qu'elle se fasse entendre à toutes les extrémités de la terre, un cœur de feu pour aimer et faire aimer votre très sainte Eucharistie comme jamais elle n'a été aimée, un cœur de missionnaire qui vous porte à travers toute la terre.

Après l'Hostie blessée, je vis une barque sur la mer. La barque était ravissante. Je la reconnaissais. Je l'avais déjà vue avec Pierre et les pauvres pêcheurs, au bord du lac. La barque était exactement comme l'Hostie. Je veux dire d'une blancheur immaculée et éclatante de lumière. J'entrais dans un grand ravissement et je me mis à l'aimer comme j'aimais l'Hostie.

Puis, à nouveau, j'entrais dans une grande souffrance et je vis à cet instant, la plaie béante, dans le flanc droit de la barque; et de l'ouverture, s'échappaient les gouttes de Sang. Les gouttes de Sang tombèrent dans la mer.

Je pleurais aussi des larmes douloureuses comme des gouttes de sang qui allèrent rejoindre les autres dans la mer, car j'étais tout au bord du rivage et la barque était auprès de moi, me dominant de sa grande taille mais m'attirant avec une force irrésistible, comme la force de Jésus vivant. Et j'étais petite sur le rivage, toute petite, minuscule comme chaque fois que je rencontre Jésus vivant. Je savais qu'il était là, dans la barque, et qu'il était la barque même pour qu'elle soit si resplendissante et immaculée. C'est pourquoi je restais là, à la regarder et à l'aimer, bien que la souffrance fut grande.

La voix bien-aimée reprit :

Mon Église saigne comme j'ai saigné
au jour de ma Passion.

Et le Sang s'écoulait du flanc ouvert de la barque. J'étais comme écrasée par une souffrance que je ne puis décrire. Je pensais à l'adoration du Corps et du Sang de Jésus parce que c'est le désir du Cœur ouvert. Mais je souffrais et je saignais avec lui, parce que je n'avais pas pu transmettre cet amour-là à son Église. Mes pleurs inondaient tout, rejoignant son Sang très précieux qui n'arrêtait pas de couler. Écrasée de souffrance, épuisée, je crus perdre la vie au fur et à mesure que les larmes épuisaient mon corps. Mais avec une grande force et une grande persuasion, la voix me disait :

Écris! écris! et crie!

Ah! je ne voulais plus écrire. Je ne le pouvais plus. Et mon Amour vivant qui sait tout, savait bien cela. Mais il fallait bien qu'il revienne lui-même me donner cet ordre pour que je retrouve la force de le faire.

Les désirs de Jésus vivant : qui les a entendus ne peut les oublier, ni même les retarder.

Tarde-t-on à ouvrir la porte à celui que l'on aime et qui frappe à la porte ? Le fait-on attendre très longtemps, dans la nuit et le froid, avant de lui ouvrir, sous prétexte que l'on a beaucoup à faire dans sa maison ? Est-ce aimer que d'agir ainsi ? L'être aimé le sait bien. Il comprend bien qu'il n'est pas très aimé ni attendu. S'il dérange tant que cela, c'est qu'il n'y a pas de place pour lui. On lui préfère d'autres amis ou d'autres occupations. Il baisse la tête, il est tout triste. Où pourrait il aller ? Oh ! nulle part ailleurs parce que c'est là qu'il aime, c'est là qu'il désire entrer. Et il aime tant que malgré sa souffrance et son cœur tout endolori, son cœur plein d'Amour qui ne peut pas se manifester, malgré cette souffrance béante qui le fait saigner, il attend. Il attend le bon vouloir des hommes. *Heureux les hommes de bonne volonté.*

Tout fut fini. Je ne vis plus rien, ni l'Hostie, ni la barque.

Je restais là, avec une profonde souffrance et je crus que j'avais fini de vivre. Je ne savais pas très bien si j'étais dans la mort ou dans la vie, mais si par hasard je vivais, j'étais comme un objet qui venait d'être rejeté, inerte, sur le rivage. Je ne pouvais sortir de la souffrance et me voyais parfaitement inutile.

Alors la voix vint souffler en moi, comme pour me redonner vie. Je sentis mon corps se réchauffer et reprendre des forces, comme une noyée (noyée dans les larmes et dans le Sang) et qu'on vient ranimer. Dans ce souffle plein de tendresse, je compris ceci, c'est la voix intérieure qui parlait :

J'ai beaucoup de choses à te révéler
sur mon Eucharistie.
Je veux me servir de toi pour faire connaître
et aimer mon Eucharistie,
pour dévoiler une part de ses mystères insondables.

Il y a l'Église qui souffre et qui saigne. C'est Jésus qui souffre et qui saigne en chacun de ses membres blessés ou persécutés.

Mais il y a aussi l'Église qui est debout au pied de la Croix. Il y a Marie et avec elle, toutes les âmes qui reçoivent les dernières gouttes d'eau et de Sang.

Il y a le sacerdoce, chargé de recueillir les gouttes. Marie et le sacerdoce sont là pour recueillir les gouttes de Sang, pour les adorer, pour les distribuer en torrents de grâce à toutes les âmes. Marie ne prend pas, ne garde pas pour elle. Elle donne. Elle donne au sacerdoce.

Le sacerdoce peut ne pas prêter attention. Mais le sacerdoce tout dévoué à Marie a le cœur tout ouvert à ses propositions. Il ne laisse pas perdre les gouttes s'échappant du Cœur ouvert. Il se précipite. Il les recueille très précieusement. Il les adore. Il les donne à adorer aux âmes qui se meurent partout de soif et de manque d'amour, afin que les âmes reprennent vie. Le sacerdoce n'a pas le droit de passer indifférent, ni même de retarder l'heure. Le sacerdoce ne peut continuer à passer auprès du bon Samaritain qui se meurt, sans même tourner la tête.

Jésus se meurt d'amour, agonisant sur le bord de nos routes. Jésus attend de son Église qu'elle regarde, se penche, recueille son Sang afin qu'il ne soit pas perdu. Jésus attend de ses prêtres qu'ils donnent. Après avoir su voir et regarder, qu'ils ne referment pas leurs mains. Mais qu'ils distribuent à profusion ce que lui-même donne à profusion. Ainsi, à leur tour, dans l'espace infini du ciel, ils recevront comme ils auront distribué.

Par ailleurs, Jésus désire révéler une part du mystère insondable de son Eucharistie.

Dans la prière, il m'apparut de façon évidente que

c'était tout naturel. C'est tout naturel parce qu'en ce moment l'Église vit sous le règne de Marie. L'avènement de notre pape Jean-Paul II en est le signe. L'Église découvre Marie de plus en plus, elle approfondit et augmente sa connaissance et son amour pour la Mère de Dieu. Or, Marie est intimement liée à Jésus Hostie, à l'Eucharistie.

Si Marie est de plus en plus aimée, de plus en plus celle qui règne vraiment en nos cœurs, Jésus en même temps se dévoile de plus en plus dans son mystère eucharistique. Il y est caché comme il était caché en Marie. En nous faisant davantage connaître et aimer sa Mère, il nous approche en même temps davantage du don inexprimable de son Amour qui est l'Eucharistie. Il ne pouvait nous la révéler davantage, son Eucharistie, sans l'amour de Marie, car ce mystère est trop grand.

Il nous faut la douce présence de Marie pour nous y amener humblement, discrètement, silencieusement. Car le mystère de l'Eucharistie lui ressemble beaucoup : il est tout caché, caché au secret du Cœur de Jésus, caché en son Cœur à elle et caché au plus secret de notre cœur aussi, lorsque Jésus avec Marie nous en approche.

La volonté de Dieu et l'Ennemi

En ce soir il y eut une profonde joie : la joie d'avoir accompli la volonté de Dieu.

Cette joie s'empara de mon âme et l'envahit tout entière. Elle dura une partie de la nuit pendant que je priais devant le Saint Sacrement. Elle était pour moi comme l'acquiescement de Dieu aux événements qui s'étaient déroulés en ce jour.

On aurait dit que le ciel tout entier s'emparait de mon âme pour y chanter et danser de joie. La joie était scellée à mon âme, elle y imprimait et gravait sa marque.

Mon Dieu, mon Père du ciel était très présent à cette joie. Sa sainte volonté était faite. « Que ta volonté soit faite ! » C'était le cri de joie et l'exultation de toute mon âme. Et c'est vraiment là la joie parfaite que de pouvoir s'écrier vers notre Père du ciel : « Que ta volonté soit faite ! », lorsque notre être tout entier participe lui-même à l'accomplissement de cette volonté divine.

L'âme qui est dans la volonté de Dieu son Père du ciel est une âme comblée. Mon âme était comblée et elle ne cessait de le dire et de le chanter à son Dieu.

Fort avant dans la nuit, j'allais me reposer. Dès que je m'allongeai, je ressentis une peur terrible, inexplicable. Je crois pouvoir dire que jamais de ma vie encore je n'avais ressenti une peur semblable, profonde, effrayante. Cette peur m'écrasait comme si elle allait détruire tout mon être.

Malgré une grande fatigue je ne pouvais m'endormir. L'Ennemi rôdait autour de moi. L'Ennemi, ce n'était pas une idée ni une abstraction, ni un fruit de l'imagination. Bien que je ne vis rien, c'était comme *quelqu'un* qui s'agitait, qui allait et venait, rôdant autour de moi pour saisir le moment favorable qui lui permettrait de m'atteindre. L'Ennemi ne pouvait pas *m'aggriper* car j'avais appelé à mon secours Jésus vivant dans l'Eucharistie. Jésus Hostie était là en mon âme. Je le gardais en moi comme on garde un trésor précieux tout contre son cœur et que l'on est prêt à le garder ainsi au prix de sa vie. Mais il me fallait une très grande intensité d'amour, il me fallait une force inexprimable car l'Ennemi contenait une force puissante en lui : la haine. La haine venait déferler sur moi comme la vague la plus forte d'un raz de marée. L'amour de Jésus Hostie fixé à mon âme opposait à la vague de haine un rempart indestructible. Mais si cette force d'amour avait diminué un tant soit peu d'intensité, une fissure dans le rempart aurait permis à la haine de s'infiltrer et de me saisir. Il ne fallait pas, il ne fallait vraiment pas que je me détourne un seul petit instant de l'amour. Je restais fixée en l'amour, en l'amour de cette Hostie tant aimée, tant adorée parce qu'elle contient Jésus vivant, parce qu'elle n'est que son revêtement nuptial, l'habit qui le recouvre tout entier.

Ce fut une grande bataille, une bataille où chacun mesura sa résistance : la haine contre l'amour. Je ne connais pas de plus grande bataille que celle-là.

Oh! ce n'était pas pour rien que l'Amour vivant m'avait revêtue de son armure quelques jours auparavant et m'avait annoncé que j'irais livrer bataille, une bataille sans merci. (Cette bataille n'en est qu'à son début.)

Au lever du jour enfin, ce fut la délivrance. Je ressentis un grand calme et je vis entrer dans ma chambre l'Enfant. L'Enfant était d'une grande beauté. Il avait deux ans, pas plus et il était si adorable qu'en le voyant j'entrais dans un grand ravissement. Il s'approcha de mon lit et s'avança jusqu'à l'endroit où reposait ma tête. Il n'était pas plus haut que le lit et arrivait juste à la hauteur de ma tête. Il avança l'une de ses petites mains potelées qu'il posa avec une grande douceur sur mes cheveux qu'il caressait légèrement.

J'étais si heureuse qu'il soit là que je voulus le lui dire : je voulais aussi lui crier tout mon amour. Mais il m'en empêcha. Il mit un doigt sur sa bouche comme quelqu'un qui fait *chut* pour que l'on se taise.

Je suis venu sans faire de bruit, me dit-il tout bas, comme s'il fallait encore se méfier de l'Ennemi. *Je te garde... tu peux dormir en paix.*

Je m'endormis aussitôt comme une bienheureuse mais je garde en mon âme les traits de son visage. L'Enfant blond et bouclé si ravissant était l'Enfant Dieu car la force et la tendresse qui émanaient de son visage étaient celles de l'Amour vivant.

L'âme d'adoration

L'âme d'adoration
aimée de Jésus,
sera dans les mains de Jésus...

L'âme d'adoration,
aimée de Jésus,
sera dans les mains de Marie.

Ces paroles étaient répétées sans cesse, comme un doux poème. Les phrases revenaient les unes après les autres, se répétant à l'infini au fond de mon âme et l'emplissant tout entière, comme des vagues qui viennent d'étaler doucement sur le sable.

Ce murmure tendre et inlassable berçait mon âme qui se laissait faire comme un enfant bercé par des mains qui l'aiment. Et mon âme, comme cet enfant tout petit, était bercée par les mains de Jésus, bercée par les mains de Marie.

Lorsque tout fut fini, je compris que *chaque âme d'adoration* était chaque membre de l'Ordre.

Je me mis à aimer infiniment ces mots-là, parce qu'ils sortaient du Cœur de Jésus.

Ainsi les membres de l'Ordre s'appellent les *âmes d'adoration.* C'est tellement plus beau ! Et cela dit tellement ce que Jésus veut de ces laïcs consacrés : qu'ils soient des *âmes d'adoration*. Quelle vocation merveilleuse! Mais comme il faut demander à Marie d'être véritablement ces âmes-là.

Pendant que la voix me disait ces paroles, et qu'elle me prenait en ses mains, je sentis qu'il y avait une protection : mon être tout entier, caché au creux des mains de Jésus, au creux des mains de Marie, était protégé. Il y avait là une protection spéciale pour l'âme d'adoration, protection que je reconnus comme une promesse; comme l'alliance plusieurs fois renouvelée et scellée entre Jésus vivant et mon âme jetée dans l'adoration. Je sus alors que cette alliance s'étendait à chaque âme d'adoration.

Jésus-avec-Marie veillerait sur chacune, l'entourerait, la cacherait au creux de ses mains, là où rien ni personne ne pourrait lui faire de mal.

Ainsi Jésus dans l'Évangile, dit que les brebis qui sont dans ses mains, personne ne les lui *arrachera.*

Une âme d'adoration est dans les mains de Jésus, et personne ne peut lui arracher cette âme car elle a choisi la meilleure part, elle a choisi le seul lieu du monde où aucun mal ne peut lui être fait.

Puisse-t-il y avoir beaucoup d'âmes d'adoration qui se blottissent dans les mains de Jésus, dans les mains de Marie!

Les mains revenaient inlassablement se poser dans mon cœur et me dire qu'elles prenaient une place importante, centrale, dans l'Ordre d'adoration.

Les mains qui offrent.

Les mains qui portent Jésus Hostie.

Les mains déchiquetées qui souffrent.

Mais des âmes d'adoration faites pour porter Jésus, sur la terre et dans le ciel.

Destinée merveilleuse, que je ne connais pas encore

tout entière, mais que je porte en mon cœur comme un trésor précieux, jusqu'à ce que Jésus vivant veuille bien l'en faire sortir au grand jour.

L'amour d'adoration

Jésus, revêtu de sa robe blanche, la tête couverte d'un voile blanc court retenu par un turban de couleur sombre, marchait sur un chemin de terre, poussiéreux.

Il faisait très chaud. Un soleil de plomb dardait sur la route. Jésus semblait bien fatigué; harrassé même. Il s'arrêta de marcher, pour s'asseoir sur un mur de pierre, très bas, qui bordait la route.

Lorsqu'il s'assit, il me vit. J'étais là, toute petite, sur le bord de la route, avec lui. Je l'avais suivi, sans faire de bruit, sur le chemin. Personne n'avait pu me voir. Il n'y avait que lui.

De chaque côté du chemin, le paysage était désertique, brûlé par le soleil, et s'étendait à perte de vue.

Voyant Jésus si fatigué, j'étais profondément désolée, ne sachant que faire pour le réconforter. J'étais restée sur le chemin, à quelques pas de lui et n'osant m'approcher davantage, alors qu'il venait de s'asseoir sur le mur de pierre.

A vrai dire, j'étais fort embarassée car je l'avais suivi jusque-là, sur le chemin, trottinant derrière lui, presque dans ses pas, mais croyant qu'il ne me voyait, ni ne m'entendait. J'étais heureuse, parce que je le suivais. Peu importaient la chaleur et le désert. Je voulais simplement l'accompagner... jusqu'où? Je ne m'étais même pas posé la question. Mais je ne lui avais pas demandé si je pouvais ainsi le suivre. Or voilà que maintenant, en s'asseyant sur le mur de pierre, il s'était retourné, et il m'avait vue... J'étais toute confuse et ne savais que faire.

J'avais beau être petite, vraiment toute petite, il me voyait sur ce chemin, puisque tout était désert, tout alentour. Oh ! que faire dans une situation pareille ? Pourvu qu'il ne soit pas fâché que je l'aie suivi jusque-là !

Je ne bougeais pas, mais pas du tout, de crainte de l'importuner, et de le fatiguer davantage. Je le regardais sans cesse, de plus en plus bouleversée de le voir si fatigué ; et au fur et à mesure que je le regardais, mon amour pour lui grandissait. Je l'aimais vraiment de plus en plus.

Je suis las

me dit-il enfin, après m'avoir regardée longuement, et dans un profond silence.

Il y avait une tendresse inexprimable dans cette plainte. C'était comme une confidence que l'on fait à quelqu'un que l'on aime.

Oui, à travers cette plainte, je me sentis aimée, infiniment ; mais en même temps, plus petite et plus inutile que jamais, incapable que j'étais de lui apporter un quelconque réconfort.

Alors ce fut lui qui me dit comment faire :

Viens me parler

me demanda-t-il, sur un ton qui implorait presque. C'était une demande humble, si humble, tendre, presque hésitante.

C'était lui qui se faisait petit devant moi. Oh ! était-ce possible ? Il proposait. Il semblait dire :

Veux-tu ? Veux-tu bien ?
Accepterais-tu de venir me parler ?

Alors, je courus jusqu'à lui, en tendant les bras. En un instant, je l'avais rejoint. Arrivée auprès de lui, je joignis mes mains, comme pour la prière, et je posais mes mains jointes sur ses genoux, les bras toujours tendus. J'arrivais à peine à faire ce geste, tellement j'étais petite. Mais je restais ainsi, toute tendue vers lui, dans ce geste de prière : c'est ainsi qu'il me voulait. C'est tout ce qu'il voulait de moi.

« Je viens vous parler d'amour », lui dis-je tout doucement. Je regardais toujours son visage y cherchant une réponse. Était-ce cela qu'il voulait ? Était-ce là le remède à son immense lassitude, à son accablement ?

Alors, je vis un bonheur ineffable sur son visage. Oui, sur cette terre déserte, il n'y avait personne pour lui parler d'amour.

Mais ce n'était pas tout. Au fur et à mesure que je contemplais son saint visage, j'étais attirée, j'entrais tout entière dans l'adoration de ce visage tant aimé.

« Je viens vous parler de l'amour d'adoration », lui dis-je, de toutes les forces de mon âme.

Tandis que je prononçais ces paroles, je disparus, je disparus tout entière dans cet amour d'adoration, dans l'adoration de son saint visage, dans la lumière qui irradiait de son visage, comme une étincelle qui tombe et retombe sans cesse dans un brasier ardent pour y disparaître, mais pour y puiser en même temps une vie nouvelle, d'une force incomparable, et qui la dépasse infiniment.

Mon âme en adoration est cette étincelle qui tombe et retombe dans le brasier pour s'y perdre, mais pour ressurgir en feu dévorant, toujours renouvelé et sans cesse plus puissant.

Les âmes d'adoration, toutes rassemblées, pourront embraser la terre de ce feu de lumière et d'amour que Jésus est venu apporter, mais qu'il est las de ne pouvoir encore allumer à son gré.

La fête de tous les saints

En cette fête de la Toussaint, mon âme pleine de joie, s'apprêtait à contempler les mystères glorieux.

« La fête de tous les saints ! » m'écriai-je toute joyeuse en m'adressant à lui, présent dans le tabernacle.

La voix s'éleva :

C'est aussi la fête de mon Sang,

me dit-il douloureusement mais avec une très grande force. Puis il continua pour m'expliquer :

J'ai versé mon sang en abondance
pour tous les saints du ciel et de la terre.
Pour les sanctifier, j'ai dû verser mon Sang.
Mais en échange, mon Sang,
qui coulait dans leurs veines,
ils l'ont versé pour la multitude.

A travers mes saints, je verse encore mon Sang.
Ce sont eux qui continuent mon œuvre de salut,
en répandant leur Sang qui est le mien,
pour sauver les âmes.

Je déverse mon Sang sur la terre
en passant par mes saints.
Tous les saints ont versé mon Sang,
de manière visible ou invisible.
Ce ne sont pas seulement les martyrs
qui me permettent de verser mon Sang
sur la terre,
ce sont tous ceux qui souffrent avec moi
pour la rédemption du monde.
Ils ne versent pas leur Sang
de manière visible aux yeux des hommes,

mais ils le versent intérieurement,
goutte à goutte, en épuisant leur vie.
Ainsi je vois leur martyre non sanglant
qui pourtant arrose la terre et sauve les âmes.
Ce fut ce que vécut Marie, Reine des martyrs.

C'est pourquoi, en cette fête de tous les saints,
je désire d'un grand désir,
que tu adores mon précieux Sang.
Cette fête de tous les saints est la fête de mon Sang.

Je vis alors les reliques tout en or, telles qu'elles étaient posées sur le grand autel dans la basilique Saint-Pierre de Rome. Les reliques resplendissantes d'or transpiraient des torrents de sang. Tout était rouge et or. L'autel était revêtu de rouge et d'or. C'était splendide.

Rouge et or, ce sont mes couleurs, reprit la voix.
Le rouge de ma douleur,
l'or de ma gloire.
La souffrance et la gloire intimement liées
en mon Eucharistie.

Lorsque tu me contemples douloureux,
vois en même temps la gloire que reflète ma douleur.
Lorsque tu me contemples glorieux,
vois ma souffrance cachée au cœur de ma gloire.

Dans l'Eucharistie, je suis en même temps
Jésus douloureux et Jésus glorieux.
C'est ainsi que j'aime à y être contemplé.

L'amour d'adoration

J'étais en prière, dans notre oratoire. J'adorais Jésus Hostie. Voici que le visage douloureux de Jésus vint se poser devant moi. Il prenait toute la place. Je ne voyais plus que lui.

Très souvent ces temps-ci, c'est le visage douloureux qui se présente ainsi à mon adoration. Ce n'est plus l'Hostie ni le calice qui sont là devant moi, pour que je les adore, mais le visage douloureux de Jésus. Son visage pleure des larmes de sang et en est tout inondé. Mais son visage reflète une lumière d'une blancheur immaculée, une lumière de gloire, cependant assez douce pour que je puisse la contempler.

Dans ces moments-là, j'adore son saint visage, mais en même temps, son Sang précieux, et de mon âme s'échappe ce cri : « J'adore votre saint visage. »

Et en lançant ce cri, mon âme aime encore plus. L'amour augmente à chaque instant, d'une mesure infinie, lorsque mon âme est plongée dans l'adoration. Il y a une avancée incessante dans l'amour d'adoration, une avancée d'une force extraordinaire qui donne à l'âme l'impression de pénétrer sans cesse plus avant dans le mystère de l'amour : cet amour qu'est la Personne vivante de son Dieu.

Cette pénétration, cette progression dans l'amour, je ne devrais pas appeler cela *une avancée* de l'âme, c'est plutôt une course folle, une course éperdue dans laquelle l'âme sent bien qu'elle est saisie par une force toute-puissante, une force capable de lui faire traverser tout l'espace infini de l'amour, comme une fusée traverse l'espace.

Mais dans ce voyage à travers l'amour, il n'y a pas de fin. Il n'y a pas de terme au voyage. Aussi ne devrais-je pas dire que l'âme *traverse* l'espace infini de l'amour. Il est plus exact de dire que l'âme est introduite en cet espace, y pénètre, y est tout entière baignée et que là, elle va toujours plus avant dans la connaissance de l'amour.

Mais cet amour est mystère insondable, et l'âme n'a jamais fini de connaître le mystère de l'amour, l'âme n'a jamais fini de faire le tour de l'amour. Peut-on faire le tour de l'amour ?

Se promenant dans l'espace infini de l'amour, l'âme découvre cet amour, de plus en plus, à chaque instant. Ainsi, l'espace de l'amour est toujours nouveau. Dans l'adoration, l'âme vit d'une vie sans cesse nouvelle et extrêmement riche. Saisie par la force même de l'Amour vivant, c'est en l'Amour vivant lui-même qu'elle est emportée.

Je crois bien que l'amour d'adoration nous fait connaître dès ici-bas la vie à laquelle nous sommes tous appelés et destinés, et dont nous vivrons dans le ciel.

La vie du ciel n'est pas réservée à l'au-delà, si je puis dire. Cette vie éternelle dans l'amour infini de notre Dieu, nous pouvons la vivre dès ici-bas, sur la terre, si nous nous laissons entraîner dans l'amour d'adoration.

Ce qui est bien dommage c'est que l'on attende toujours la vie *future*, comme on l'appelle, ou encore *l'autre vie*, pour pénétrer dans le mystère de l'Amour vivant. Or, l'Amour vivant nous propose son mystère, sur cette terre même. Il nous le propose, au moyen de son Eucharistie. Il nous propose d'en vivre par son Eucharistie, ce trésor si précieux qu'il nous a laissé en dépôt sacré, sur sa terre. Il nous a fait ce don pour que, dès ici-bas, nous puissions pénétrer et vivre dans l'espace infini de son Royaume d'amour; et là, l'y rejoindre, lui, Amour vivant, à tout moment.

Là où je suis, je veux que vous soyez aussi.

Cette parole, Jésus vivant la réalise pleinement pour nous, dès l'instant présent.

Je vis alors mon âme en prière d'adoration.

Le saint visage emplissait tout l'espace de mon âme. Je vis, et je compris en même temps que, dans l'âme en prière, c'est Jésus qui prie :

Jésus douloureux, le visage inondé de son Sang.

Et Jésus glorieux, tout à la fois, le visage inondé de sa lumière de gloire.

Ce saint visage, si douloureux et si glorieux, emplit toute l'âme en prière d'adoration. C'est Jésus, à genoux sur le sol, comme au moment de l'agonie, qui se penche vers sa terre, pour l'offrir, dans un immense don, au Père.

Le Père, devant tant d'amour, devant un amour si parfait en même temps que si puissant, se penche, à son tour, vers la terre. De ses deux bras de tendresse, il entoure le saint visage de son Fils, et, ce faisant il entoure l'âme en prière d'adoration, cette âme en laquelle sans cesse son Fils peut s'offrir à lui. Ses deux bras forment un cercle de lumière, une Alliance vivante qui enlace le saint visage pour le prendre, le saisir, le soulever de terre et l'amener jusqu'à lui.

L'Alliance vivante est l'Esprit qui relie sans cesse le Père au Fils et le Père et le Fils ensemble, à l'âme.

Je vis en même temps et au fur et à mesure que se déroulait toute cette compréhension, se poser au-dessus du saint visage, comme deux ailes blanches, d'un blanc immaculé, irradiant la lumière de gloire. Ces deux ailes blanches ressemblaient à deux bras de tendresse. Ces deux bras de tendresse entouraient le saint visage, formant autour de lui une auréole de lumière, une Alliance vivante.

Les deux bras de tendresse, dont les mains jointes se rejoignaient sur la terre, se saisirent du saint visage, et tout en même temps, de mon âme en prière, s'en emparant dans une étreinte inexprimable :

Je t'enlace,

entendis-je, avec une force toute-puissante. Et dans cette force il y avait la présence des trois Personnes divines :

– Le Père, aux bras de tendresse.

– Le Fils, au saint visage.

– L'Alliance, en anneau de lumière, et, dans les trois, l'âme en prière d'adoration.

La Trinité tout entière vivait en l'âme d'adoration. Le Père se penchait pour enlacer, de son Alliance vivante, l'âme du Fils; l'âme de l'enfant en prière, posée là, sur la terre.

Dans cette étreinte indescriptible, le ciel était relié à la terre, et la terre au ciel, dans une même force, une même puissance d'amour, qui faisait se pencher le ciel, et se soulever la terre. Ciel et terre se rejoignaient en une fusion d'amour qui les rassemblait, les unissait pour toujours.

On pourrait encore dire, en d'autres termes que, dans une âme en prière d'adoration, la Trinité est là. Le Fils prie en l'âme et s'offre au Père.

Le Père, attiré par cet appel de l'âme, se penche et enlace son enfant, de l'Alliance vivante, qui sans cesse le relie au Fils, dans un enchaînement d'amour inépuisable.

Je vis alors à nouveau le visage, le visage de Jésus, ce visage douloureux et glorieux à la fois.

« J'adore votre saint visage », lui répétait inlassablement mon âme, car elle sentait que c'était cet appel incessant à l'adoration de son saint visage qui lui était lancé, l'attirant tout entière.

Je vis alors Marie revêtue de blanc. Elle portait dans ses bras un Agneau nouveau-né. L'Agneau était revêtu d'une laine blanche immaculée. Marie le contemplait avec amour, comme on contemple son enfant nouveau-né. J'étais prise dans cet amour de

Marie pour l'Agneau, et je le contemplais moi aussi, avec un amour sans cesse accru, au fur et à mesure que je le regardais. Il était si beau, l'Agneau de Marie, que mon âme ne pouvait s'en détourner un seul instant.

Agneau nouveau-né, immaculé, dans les bras de Marie immaculée. Comme ils allaient bien ensemble! Marie était faite pour porter l'Enfant; et l'Enfant se laissait porter parce que c'est là, dans les bras de Marie qu'il voulait être...

Puis Marie, portant l'Agneau, disparut à mes regards.

Je vis alors Jésus, revêtu de sa robe blanche. Il portait en ses bras un agneau à l'âge adulte. Il penchait vers l'agneau son visage empreint d'une grande douleur, car il voyait que l'agneau serait immolé.

Je vis alors, entourant Jésus, une multitude d'agneaux. Jésus était Pasteur de beaucoup d'agneaux. C'étaient les agneaux au milieu des loups.

Jésus me montrait les agneaux, tous ces agneaux qui formaient comme une foule innombrable se pressant autour de lui.

Puis il m'emmena dans un autre lieu. C'était une plaine immense brûlée par le soleil. Jésus à nouveau se tenait debout, au milieu d'une foule immense. La foule était composée, non plus d'agneaux, mais d'êtres humains, hommes et femmes, qui se pressaient autour de Jésus. La foule s'étendait à perte de vue, comme la plaine immense.

Jésus vivant me fit comprendre que cette scène se déroulait juste avant sa Passion. Il me dit :

Il y avait une foule de monde
ce jour-là...
Tous ceux qui voulaient marcher
à ma suite.

Je vis que j'étais dans la foule, perdue au milieu de cette foule et en outre, si petite, tellement plus petite que tous les autres, que je risquais à tout moment d'être étouffée, écrasée. Une seule chose me distinguait des autres : j'avais un voile blanc, court, sur la tête, un voile d'une blancheur de neige. Presque enfouie dans cette foule, je ne quittais cependant pas Jésus des yeux, et restais sans cesse tendue vers lui, désirant le rejoindre malgré tous ces gens, hommes et femmes, qui m'en séparaient.

Jésus continua à me parler comme s'il était tout proche de moi, et qu'aucun obstacle ne le gênait. C'était comme si soudain, il n'y avait plus personne entre lui et moi.

Je t'ai vue dans cette foule
au milieu du monde.
Je t'ai vue
parce que tu étais la plus petite.
Tu aurais pu être perdue,
au milieu d'eux.
[Oh! je savais que c'était si vrai!]
Mais je ne te quittais pas des yeux.
Parfois tu semblais disparaître
au milieu de cette foule
qui te pressait de toutes parts.
Mais moi je te voyais,
et je te retrouvais toujours
parce que tu avais un voile blanc sur la tête,
comme une enfant qui va faire
sa première communion,
ou comme une mariée qui attend son époux.
Sans cesse, tu tendais les bras vers moi.
Plus tu risquais d'être étouffée par la foule,
plus tu tendais les bras vers moi
dans un immense élan d'amour...

Tu m'aimais... d'un amour fou.
Tu n'aimais que moi.

Je me vis en cet instant, toute petite. J'étais enfin arrivée jusqu'auprès de lui, à ses pieds, et là, je tendais encore les bras vers lui, me hissant sur la pointe des pieds, comme un enfant qui est trop petit et qui essaye d'être un tout petit peu plus grand pour qu'on le voie, et le prenne dans les bras. Mais il n'en fut rien. Je restais à terre, désespérément, dans ce geste d'attente et de supplication, les bras tendus vers Jésus vivant. Il poursuivit :

Tu aurais voulu
que je te soulève de terre,
que je te retire du monde.
Mais je ne le pouvais pas,
car jamais plus je n'aurais pu
te reposer sur la terre.
J'aurais trop pleuré,
et tu aurais trop pleuré.

Quand je prends quelqu'un
en mes bras et contre mon Cœur,
je ne peux plus jamais
le déposer sur la terre.
Je t'aurais ainsi gardée
avec moi pour toujours.
Il fallait que tu restes sur la terre,
au milieu du monde.

Il y eut là un immense et long silence. J'entrais dans une profonde souffrance, la souffrance de rester sur la terre, au milieu du monde, alors que j'aspirais tant à rejoindre Jésus vivant. Mais en même temps, il y avait une profonde joie : la joie d'accomplir ma mission, d'être là où Jésus vivant voulait que je sois, posée sur la terre, au milieu du monde. Sa volonté était claire, et je vivais pleinement cette joie incomparable d'être dans sa volonté.

Jésus continua à me parler à voix plus basse, comme quelqu'un qui veut dire un secret, une confidence que les autres ne doivent pas entendre.

Et moi, je devais partir
pour prendre ma Croix,
me dit-il.
Je devais être seul
pour la porter.

Tu vois, ma toute petite, me dit-il encore plus tendrement, comme pour me faire mieux comprendre :

La Croix nous séparait.

Il y eut un long et profond silence pendant lequel je saisissais ces paroles mystérieuses qui m'apparaissaient dans une grande clarté intérieure.

Lorsque j'eus pénétré assez longtemps dans ce mystère de séparation, Jésus reprit :

La Croix nous séparait
pour un temps.
Le temps que je la porte
jusqu'en haut du chemin.

Je vis alors Jésus se séparer de la foule, et s'en aller, seul...

Je compris alors, dans une clarté bouleversante, ce qu'était le mystère de la Croix à porter dans le monde.

Suivre Jésus, sur le chemin de Croix, tout en restant dans le monde, cela impliquait une souffrance spéciale.

Il y avait là une voie distincte des autres, un appel spécial de Jésus, qu'il essayait de me faire comprendre. Toute la difficulté est de l'exprimer comme il le désire.

En voyant Jésus se séparer de la foule et s'en aller seul, pour s'engager sur le chemin de Croix, je resentis son immense solitude.

Je compris que dans le monde, au milieu du monde, c'est la Croix qui nous sépare du monde, nous met à part dans la souffrance pour suivre Jésus. Il n'y a personne au monde qui puisse être avec nous, dans cette solitude du chemin de Croix sur lequel on s'engage, lorsque l'on veut marcher à la suite de Jésus. Personne, si ce n'est Marie immaculée, dont l'âme peut toujours implorer la présence bienfaisante.

« Que ta douce présence nous protège à tout jamais. »

Celui qui veut marcher à la suite de Jésus quitte le monde, non pas en s'en retirant, mais en s'en détachant par une séparation intérieure. Il y a une distance de séparation qui s'établit entre l'âme en marche, à la suite de Jésus, et les autres, ceux qui forment la foule du monde.

La Croix nous sépare des autres, y compris des êtres qui nous sont les plus chers, et ce n'est pas là la moindre douleur.

La mise à part pour Jésus, tout en restant dans le monde, se fait avec la Croix, dans la souffrance, dans une souffrance d'abandon. L'âme est abandonnée de tout et de tous, pour pouvoir n'être plus qu'avec Jésus, à sa suite, pleinement, totalement. Car personne n'a jamais pu suivre Jésus, que totalement. Personne n'a jamais pu marcher sur le chemin de Croix chargé, encombré d'armes et de bagages. On ne peut s'engager sur le chemin de Croix que dépouillé de tout, séparé de tous, comme Jésus l'a été : à l'agonie d'abord, séparé de ses amis qui dormaient, puis à la flagellation et au couronnement d'épines, dépouillé de ses vêtements, de la dignité même de personne humaine.

Ce chemin-là est vraiment un chemin de séparation d'avec tout et tous ; un chemin d'une solitude sans précédent, solitude totale, entière. Car c'est dans cette solitude-là que l'on s'achemine vers le Royaume, vers l'amour infini et sans limite du Père du ciel.

Mais je saisis, en ces instants, plus encore : si la Croix nous sépare des autres, au plein milieu du monde, la Croix nous sépare même de la Présence vivante !

Oh ! c'est une chose terrible à dire. Et le seul fait d'y penser me fait frémir, car en effet, c'est la plus grande souffrance que puisse connaître une âme. Car le mystère de séparation, qui est le mystère de la Croix, est fait de cette souffrance-là.

Oui, la Croix nous sépare du monde, mais elle nous sépare même de Jésus, Présence vivante, pour un temps : le temps d'avancer dans la nuit de la foi.

L'âme qui veut marcher à la suite de Jésus s'engage parfois hardiment sur le chemin de Croix, pensant qu'il est là sur ce chemin, et croyant que la Présence vivante sera toujours là, forte, rassurante, pour l'accompagner et même la porter s'il le faut. Or, l'âme à la suite de Jésus, rencontre très vite la souffrance de séparation. La Croix sépare l'âme de la Présence vivante.

L'âme parcourt seule le chemin de Croix. Elle le parcourt du moins en se croyant seule, sans voir ni entendre Jésus, Présence vivante. L'âme chemine seule, dans une immense souffrance faite de solitude et d'abandon.

C'est le temps de la grande épreuve.

Ils sont sortis de la grande épreuve.
Ils ont lavé leur robe dans le Sang de l'Agneau.

Oui, c'est notre grande épreuve à nous, dans cette voie ordinaire du monde. C'est notre façon à nous de laver nos robes, de nous purifier dans le Sang de l'Agneau en traversant la grande épreuve de la nuit noire des ténèbres, une nuit qui nous entoure d'une souffrance de mort, la souffrance de séparation. C'est la nuit qu'il nous faut traverser, avant l'entrée dans la gloire.

« Je prendrai le même chemin que vous, avec la Croix » dis-je à Jésus, comme en une prière de demande et de supplication en même temps que d'ardent désir de le suivre.

Mais... en haut du chemin, souffrirai-je autant que vous ?

Tout mon être frémissait.

Il ne me répondit pas.

Je restais dans un noir profond.

Je viendrai te chercher
pour entrer dans la gloire, me dit-il.
Je pourrai enfin te saisir,
pour toujours.
Je serai toujours avec toi,
même si tu ne le sais pas.
Rappelle-toi toujours
mon saint visage.
Adore-le sans cesse.
Offre tout pour le salut des âmes
parce que c'est le but
du chemin de Croix.

Un long silence, pendant lequel j'entrais dans la souffrance de la Croix. La voix reprit :

Je savais que sans cesse,
tu chercherais ma Croix,
et qu'un jour, tu la prendrais,
pour me rejoindre...
Nul ne peut me rejoindre,
si ce n'est par la Croix...
Je savais que ton âme
serait fixée dans l'adoration
de ma Croix,
parce que, dans l'adoration de ma Croix,
tu découvres mon saint visage.
Mon saint visage,
je l'ai déposé en ton âme,
lorsque tu me regardais
en me tendant les bras,
et que je ne pouvais te prendre.
J'ai imprimé mon saint visage
en ton âme,
et je l'y ai laissé pour toujours.
L'espace de ton âme
ne contient que mon saint visage.
Il en est empli.
Tu portes en toi mon saint visage
partout où tu vas.
Porte-le comme une mère
porte son enfant.
Oh! ma fille...

Et ici la voix se fit pressante, insistante, pour dire avec force :

Adore, adore
mon saint visage.
Donne cet amour d'adoration
à beaucoup d'âmes.

Ton amour d'adoration

touche mon Cœur à l'infini.
C'est l'exquise délicatesse
de l'amour qui s'exprime.
C'est un amour irremplaçable
et il ne m'en est pas de plus précieux.
C'est la gloire de mon Père
que d'être adoré en son Fils.
Il me faut une multitude d'âmes d'adoration
pour que la terre soit renouvelée,
pour qu'elle devienne une terre Immaculée.

CHAPITRE V

Le royaume

Le Royaume

Cette phrase revenait sans cesse en moi. Elle a chanté toute la nuit en mon cœur, c'était ceci :

Le Royaume est dans mon cœur.
Oui, le Royaume est dans mon cœur.
Il chante, et il danse
comme un soleil qui brille et qui chauffe.

Le Royaume est là, le Royaume est en nous. Il est en nous, si nous laissons nos cœurs s'ouvrir à l'Amour, à l'Amour vivant qui vient, qui est là, comme il le dit lui-même.

Je suis là.
Mais si vous n'ouvrez pas vos cœurs,
je ne peux pas entrer,
je ne peux pas installer le Royaume en vos cœurs,
je ne peux pas installer le Royaume
sur ma terre d'Amour.
Et je suis l'Amour qui ne peut pas aimer.
C'est terrible.

C'est une souffrance affreuse,
l'Amour qui ne peut pas aimer.
Ah! je vous en supplie, ouvrez vos cœurs.
Ne tardez plus.
Dans un cœur ouvert, je peux entrer,
je peux aimer, je peux installer mon Royaume.

Mon Royaume installé dans un cœur,
c'est un soleil éclatant
qui vous brûle tout le cœur,
qui vous l'éclaire tout entier,
qui vous le chauffe et le réchauffe;
c'est une lumière éblouissante
qui nous saisit tout entier.
En un mot, mon Royaume c'est Moi
qui prends toute la place.

Laissez-moi entrer!
Laissez-moi aimer en vous!
Laissez-moi prendre toute la place.
Et c'est moi qui vous convertirai,
qui vous changerai, qui vous transformerai.
Avec votre cœur ouvert, plein de mon Royaume,
vous deviendrez soleil d'amour,
éclairant toute âme qui passera par là.

Allez, allez, mes enfants
Allez crier mon amour à toute la terre.
Allez dire que je suis là,
que mon Royaume est là, en vous,
en chacun de vos cœurs ouverts.

A tout cet amour brûlant qui était là, je dis ceci : « Mon Jésus, je ne rêve que de cela, que de votre Royaume. C'est mon unique souci. Mais je ne peux en parler à personne. Tout est un obstacle : les événements et les gens. »

Alors la voix intérieure me répondit ceci :

Mon Royaume passe à travers toutes ces choses,
et tous ces gens.

Puis, plus tard :

Toi, toute petite...
garde ton cœur ouvert...
plein de mon soleil.

Son soleil, c'était son Royaume. Je le voyais bien. Son Royaume installé en un cœur c'était un soleil, une lumière éclatante, prenant toute la place.

Le palais du Roi

Ton Cœur, Seigneur, est devenu ma demeure.

Ma demeure d'amour.

Je me voyais en effet dans son Cœur. J'étais toute petite, minuscule. Son Cœur était immense. Il était éclairé d'une immense clarté. J'étais posée au fond de son Cœur, comme au fond d'un gouffre dont les parois immenses m'entouraient. Je levais les yeux mais ne voyais pas le haut des parois. J'étais descendue trop au fond.

J'étais si bien dans une immense clarté, inondée de chaleur et d'amour, éclatante de joie.

Quelle immense demeure, son Cœur ! Un palais merveilleux, le palais du Roi qui m'avait déposée là.

Je me mis à marcher, tout doucement. Je désirais connaître tout le palais. Au fur et à mesure que j'avançais, la demeure grandissait. Il n'y avait plus aucun mur, aucune paroi. C'était impressionnant et merveilleux. Ma joie grandissait à chaque pas.

« Je ne pourrai plus jamais sortir de ton Cœur, Seigneur d'Amour. »

Plus jamais.

« Jamais je ne pourrai en faire le tour. »

On ne peut pas faire le tour de l'Amour.

« Mon " Je suis là ", pour toujours, au fond de ton Cœur ! »

Ma fille d'amour.

Tout son Cœur pour dire ces derniers mots se penchait vers moi, m'entourait de toute sa jalousie d'amour, me gardait et me serrait tout au fond de lui avec toute sa force et sa tendresse.

Pour la première fois, il n'y avait plus l'entière liberté ressentie jusqu'ici. Je n'étais plus libre de dire oui ou non à son amour. Ce n'était plus *si tu veux.* Non, je ne suis plus libre. Je lui ai trop dit, et de toutes mes forces, que j'étais à lui, à lui seul.

Je suis à lui. Je n'ai plus d'autre voie. Il est venu me prendre, pour toujours. Je suis sa prisonnière.

Prisonnière d'amour
au fond de ton palais sans fond
au fond de ton palais sans fin.

Tu as comblé mes désirs, Seigneur d'Amour, au-delà de toute espérance !

Il n'y a pas d'autre joie
Il n'y a pas d'autre vie pour moi que d'être, au fond de toi.

Dans la chaleur de lumière et d'amour de ton Cœur, pour toujours je demeure tout au fond de toi. Jamais, jamais plus, je ne pourrai sortir de ton Cœur. La joie est si grande d'habiter dans ton Cœur, que je me sens mourir d'amour. La vie se retire de moi. C'est ton Cœur d'amour qui vit pour moi.

Il m'a prise, enveloppée, absorbée. Je n'ai plus de vie à moi. C'est toi qui vis à ma place.

Mon « Je suis là », quand on te donne tu prends tout. Dépêche-toi de me prendre avec toi dans le ciel. Déjà, je ne peux plus vivre sur la terre, tant mon désir de toi est grand.

Ma toute petite,
moi, je te désire d'un grand désir dans mon ciel.
Mais j'ai besoin que tu répandes
ton désir d'amour sur ma terre.

Le lac sans fond

Il y avait une plaine désertique, un soleil brûlant, au milieu : un puits.

Je me penchai au-dessus du puits. Il était à sec ; je ne voyais pas d'eau dedans. Je me penchais davantage, espérant voir le fond du puits. Je ne voyais pas de fond.

Es-tu pour moi ce puits sans fond ?

me demanda la voix de tendresse.

« Je ne sais pas Seigneur. Vous seul pouvez savoir ce que je suis pour vous. »

Alors je vis un lac splendide. Il était en forme de cercle, comme le puits. L'eau du lac était parfaitement transparente. La surface de l'eau était calme et lisse, tellement lisse qu'on aurait dit un miroir.

A nouveau, je me penchais au-dessus du lac. J'admirais cette eau si belle et je disais : « Que c'est beau. » Je me penchais encore, cherchant à voir le fond du lac, puisque l'eau était si transparente. Mais le lac n'avait pas de fond. Plus on regardait l'eau, plus elle était profonde, profonde. Mais toujours aussi transparente.

En admiration devant tant de beauté, je dis : « Je voudrais bien, Seigneur, être transparente comme l'eau du lac, mais à quoi cela servirait-il si je ne vous trouve jamais ? J'aurais beau descendre toujours plus avant dans cette eau, où vous trouverai-je puisque le lac n'a pas de fond ? Dans ce lac sans fond, dites-moi Seigneur où vous êtes ? »

Il y eut alors un torrent qui jaillit avec une grande violence, se déversant dans le lac. L'eau du torrent sortait d'une pierre ravissante finement ciselée. Elle ne troublait aucunement la surface du lac qui restait toujours aussi lisse.

« Ainsi Seigneur, vous êtes le torrent d'eau vive. Vous remplissez sans cesse le lac. Comme je désire alors être ce lac sans fond ! »

Je restais ainsi avec cet immense désir.

Tout à coup, le lac se rétrécit gardant toujours sa forme de cercle. Il devint un calice. Le calice était plein à ras bord de l'eau transparente et toujours aussi belle.

Alors le Seigneur se tint devant le calice. Il était très grand et revêtu de sa tunique de lin. De son côté percé jaillit soudain le torrent d'eau qui alla remplir le calice. Le calice ne débordait jamais. Pourtant le torrent était impétueux. La surface de l'eau dans le calice restait toujours aussi lisse, ressemblant parfois à une Hostie.

Je vis cela pendant longtemps. Puis le torrent d'eau devint un torrent de lumière. C'était tellement beau que je ne pouvais en détacher mes yeux. Le torrent de lumière partait aussi du côté percé de Jésus.

Je regardais à la fois le Seigneur, dont je ne voyais

pas distinctement le visage, mais qui était dans toute sa majesté, et le torrent de lumière. J'étais attirée dans la lumière et dans l'amour qui s'en échappait. Je ne pouvais pas résister à cet amour-là. J'étais emportée dedans.

La demeure de l'Amour vivant

L'Amour vivant habite le silence. Il paralyse ma langue et ma voix. Il me parle à l'intérieur de l'âme. Désormais, je n'ai plus rien à dire dans la prière. C'est lui qui habite mon âme. Il vit dedans. Dès que je me mets en prière, je sens sa présence en mon âme, sa présence qui vit et qui agit. Car la Présence vivante n'est pas inerte, immobile. C'est Jésus qui vit, qui bouge si l'on peut dire.

Il se promène dans l'âme. Il y habite comme on habite une maison. Alors il ne reste pas inactif. Il fait sans cesse le tour de sa demeure. Il va partout. Il occupe tout. Il s'installe et prend ses aises, comme un roi qui occupe son palais. Il voit tout, inspecte tout et regarde tout. Il ne laisse pas un recoin dans l'ombre. Ah! oui, ceci est très important. L'âme toute seule est vide et néant. Mais habitée par son Roi (car l'âme est faite pour le Roi) voilà qu'elle est toute illuminée. Elle est pleine de lumière, parce qu'il transporte avec lui toute sa lumière à l'intérieur de l'âme. Et la lumière qui éclate de lui inonde tout, même les coins et les recoins. Et cela c'est une grande joie pour l'âme, une grande douceur, car elle se voit toute éclairée de l'intérieur.

Autant la souffrance est grande lorsque l'âme se voit noire et néant, autant la voie est merveilleuse lorsque l'Amour vivant, se promenant dans l'âme, l'éclaire tout entière car le voilà qui est venu sortir l'âme des ténèbres pour lui donner la lumière. Et l'âme, ce pauvre espace noir et vide, devient alors un palais merveilleux.

L'Amour vivant s'installe

Dans la matinée, en allant étendre mon linge dehors, je fus soudain *envahie* par sa Présence. Je le vis fondre sur moi, et s'installer en mon âme. Il me happa tout entière. Il n'y avait plus que lui, qui prenait toute la place. Il n'y avait plus moi en train d'étendre mon linge. Il y avait lui, Amour vivant. Il était là, et prenait possession de l'âme, comme il voulait. Je ressentis une union profonde. J'étais unie à lui, comme l'âme est unie au corps. Il n'y avait plus que lui. Il venait de me jeter toute vivante, en son amour.

Oh ! le désir de me jeter à ses pieds, devant son tabernacle, car le tabernacle était là, en moi ; il venait de l'installer. Mais ce désir de le rejoindre, en son Église ! Comme il est fort ! Comme mon âme, unie à lui, désirait voir des centaines d'âmes en adoration devant lui, jetées à ses pieds ; perdues en lui ; ne vivant que de son amour et de sa tendresse. Des âmes folles de Dieu ! comme on est amoureux, fou de quelqu'un ! Ah, mon Dieu, donnez-en à votre Église des âmes comme cela !

Ah ! quel désert que cette Église où il n'y a plus de fous de Dieu...

Mon Amour vivant, gardez-moi folle de vous, dussé-je n'avoir que des ennemis sur cette écorce de terre.

Le trône de gloire

La plénitude de sa Présence

L'après-midi, pendant l'adoration du très Saint Sacrement je tombais d'un seul coup dans la prière. La grâce inondante ruisselait de toutes parts.

J'appelais de toutes mes forces sa Présence. Oh! pas sa présence sentie, visible. Je n'y pensais pas. Ce que je désirais, c'était pénétrer dans le mystère. Je lui criais mon désir : « Je désire d'un grand désir pénétrer en votre mystère de l'Eucharistie. »

Et mon esprit se mit à faire des efforts pour essayer d'aller le rejoindre, pour plonger en lui.

La voix se fit entendre, douce, si douce :

Pourquoi t'en vas-tu si loin ? (Un grand silence...)
Si loin de... là où je suis!

« Et où êtes-vous ? » lui demandai-je bien vite, mais très doucement aussi pour ne pas l'effrayer.

Alors il me montra... Il me montra où il était. Il tourna mes regards en moi-même, et je vis ce qui se passait à l'intérieur. Je vis mon âme. Du moins je crois que c'est cela. Mon âme ou mon cœur, c'est pareil. J'aime mieux parler de l'âme, parce que le cœur c'est l'affectif, l'humain. Le cœur s'attache alors que Jésus nous veut détaché. L'âme est détachée. Elle est toute spirituelle. Elle ne peut contenir que Jésus vivant.

Mon âme c'était un espace. Une immense pièce, sans limites, et sans contours. A l'intérieur, je vis un trône splendide, tout en or. Le trône était entouré de panneaux d'or qui le fermaient sur trois côtés et recouvert d'un plafond d'or. Tout l'intérieur était tapissé de rouge. Pour arriver au trône, il fallait monter trois marches. Elles étaient recouvertes d'un tapis rouge, et le tapis rouge recouvrait toute la salle du trône. Des rideaux d'or entouraient la salle. Je cherchais Jésus vivant. Comme le trône était entouré de panneaux d'or, je ne le voyais pas. Pourtant je le savais présent. Alors je me penchais, et m'approchais. Je vis en haut des trois marches, et posée sur le trône, mais à la hauteur de ce qui aurait été le visage, une Hostie. C'était une grande Hostie, d'une blancheur éclatante. Alors le trône me parut être un ostensoir. Puis, ce fut à nouveau le trône, et Jésus vivant habillé de blanc, assis sur le trône. Mais cela fut très rapide, comme l'éclair. Ce fut l'Hostie qui reprit sa place sur le trône. Alors celui-ci me parut être un tabernacle.

Puis Jésus revint, mais il était presque caché, comme l'Hostie en l'ostensoir. « Vous êtes sur votre trône de gloire » m'exclamai-je, émerveillée.

Je trône en ton cœur

me dit-il. Il semblait ravi, enchanté. Il m'avait préparé une somptueuse surprise. Il semblait si fier de dire :

Je trône en ton cœur.

Je l'adorai. Puis je lui dis : « Quand je vous vois en mon cœur, je ne vous vois jamais comme le Christ souffrant. »

Je suis le Christ rayonnant, me dit-il,
rayonnant de gloire et de majesté lorsque je trône en un cœur.
Ma fille, ma fille, c'est là, vois-tu, mon Royaume.
C'est le Règne que je suis venu annoncer.
Mon Royaume n'est pas de ce monde...
rappelle-toi. Il ne le sera jamais!
Mon Royaume est dans les cœurs.
C'est mon Royaume de gloire.
A toi, je montre déjà ce qu'est le Royaume.

Et je compris là qu'il me faisait une grande grâce, une grande faveur car c'est amoureusement, avec cet amour plein de force et de tendresse, que la voix dit la dernière phrase.

Je continuais à l'adorer, en regardant le trône de

gloire. Mais sentant que je ne correspondais pas à la grâce de sa Présence, je lui dis désolée : « Je m'éloigne si souvent de votre Présence. »

Alors, on aurait dit qu'il souriait, d'un sourire d'amour et de tendresse :

Ma fille,
dit-il presque avec ferveur et empressement,
ton cœur est souvent avec mon Cœur.

Il y avait une reconnaissance exquise dans ces paroles. On ne peut imaginer la délicatesse du Cœur de Jésus ! C'est une délicatesse extrême, infinie. Ah ! quel modèle pour l'amour, pour tous les amours de la terre ! Il voulait dire encore quelque chose, mais il osait à peine. Je restais sans bouger, attentive.

Je voudrais, me chuchota-t-il...

« Oh ! dites-moi ce que vous voudriez » suppliai-je. Alors il s'enhardit un peu :

Je voudrais... te faire parvenir
à la plénitude de ma Présence...
Je suis présent dans les cœurs.

Alors là ce n'est plus la voix qui parla. Je fus entraînée dans une compréhension intérieure de sa Présence et de son Règne. Je peux essayer de redire avec des mots ce qu'il me fit vivre, et je voudrais tant pouvoir le dire comme il faut parce que c'est très important pour lui, pour le faire connaître.

Être présent : c'est laisser le passé et l'avenir. C'est être tout entier, dans le temps présent. C'est être disponible, à tout instant.

Jésus présent dans un cœur.

Jésus présent dans l'Eucharistie, c'est Jésus livré à tout instant, prêt, disponible, offert, ouvert, accueillant, donné, livré, mangé. C'est la Présence, le don parfait à celui qui le désire, en tout temps, à tout instant. Notre charité doit être modelée sur ce don incroyable, entier et parfait.

Après m'avoir ainsi fait vivre sa Présence (c'est très difficile à expliquer mieux que cela), la voix remplie de regret, me dit :

On ne sait pas ce que signifie ma Présence...

Un très grand silence. Puis avec une très grande force, la voix majestueuse ajouta :

C'est un Règne.
C'est une plénitude de vie et d'amour.

Alors cette fois, il m'entraîna en plein dans l'Hostie (moi qui essayais tout à l'heure de la rejoindre par mes propres forces !) et il me fit vivre la plénitude de sa Présence, de son Règne en l'Eucharistie.

C'est quelque chose de si extraordinaire que je ne pourrai jamais le dire avec des mots. J'étais emplie. Mon âme était pleine de lui. C'était une *Plénitude*, je ne peux rien trouver de mieux que ce mot-là.

En un instant, je saisis le peu de conscience qu'ont les humains devant l'Hostie consacrée qui contient cette plénitude. Tant d'âmes reçoivent le Corps et le Sang du Christ et sont remplies de sa plénitude sans du tout s'en rendre compte, sans faire cas de sa Présence, de son Règne en elles ! Je ne puis dire l'immensité de l'amour qu'il y a en sa Présence. Jésus règne réellement dans l'Eucharistie, mais bien peu perçoivent ce Royaume-là.

Le Règne,
La Présence...

Deux mots qui nourrissent mon âme, et que je ne pourrai cesser de méditer, de contempler, car ils font partie de son Eucharistie.

Je ne sais combien de temps il me laissa vivre en la plénitude de son Eucharistie. Mais tout à coup la voix me dit tendrement :

Tu as assez vu mon trône de gloire.

« Oh ! ne partez pas tout de suite. Pas si vite » le suppliai-je.

Je ne peux rester,

me dit-il, et je le sentais pressé, comme quelqu'un qui doit vite s'en aller de peur d'être vu.

Je dois rester... caché.
Je ne pourrai venir au grand jour,
qu'après l'éclatement.

« L'éclatement ? » questionnai-je.

C'est comme la branche qui porte en elle le bourgeon,
et le laisse poindre, m'expliqua-t-il.
Lorsque le bourgeon jaillit,
la branche éclate pour le laisser poindre,
et la branche souffre car elle enfante.
Ainsi, ne pourrai-je me montrer,
qu'après l'éclatement d'amour.
Toute vie est engendrée dans la souffrance,
dans l'éclatement d'amour.

(Je pensais à la mort et à la résurrection. A Jésus en croix qui m'avait dit : *Je suis le grand éclaté d'amour.* Je compris que la résurrection est un éclatement de vie.)

« Oh ! Restez quand même », suppliai-je encore.

Tu dois croire sans voir

me dit-il, comme une dernière consigne.

« Oh ! bien sûr. Je crois même lorsque je ne vous

vois pas. Mais je ne peux m'empêcher de vous chercher sans cesse. Montrez-vous plus souvent... »

Il partit. Je repris mon chapelet interrompu. Je ne me rappelais plus quels mystères je méditais. Mais je regardais l'ostensoir et l'idée de Jésus couronné me frappa. L'Hostie me semblait couronnée de gloire (je ne voyais rien du tout. C'est seulement une pensée qui me vint, s'imposant à mon cœur). Je ne pouvais méditer que cela.

Alors, ce fut un ravissement, Jésus couronné de gloire, Jésus couronné d'épines. C'était tantôt son visage, tantôt l'Hostie immaculée entourée d'épines, puis entourée de rayons de gloire.

Puis je fus entraînée encore je ne sais où. Ce n'était plus ni son visage, ni l'Hostie. Mais ses deux mains jointes, et reliées à hauteur des poignets, par une couronne d'épines, puis par une couronne de rayons de lumière. J'avais déjà vu ses mains déchiquetées. Et je fus frappée de les voir là, au milieu du mystère de l'Eucharistie.

« Ah ! pourquoi à nouveau vos mains ? » lui demandai-je.

Parce que les mains traduisent ce qu'il y a dans un cœur. Je voudrais que tu le dises à mes prêtres.

Je comprenais combien il fallait que les mains d'un prêtre soient blanches et pures et immaculées pour pouvoir bénir, toucher l'Hostie immaculée, consacrée. Et pourquoi il fallait le sacrifice de leur vie ; une vie pure, sainte, transparente.

Les mains d'un prêtre auront à souffrir, comme son cœur. Elles seront déchiquetées, entourées d'épines, mais dès ici-bas, sur l'autel, recouvertes de gloire. Ah ! cela vaut bien le sacrifice, le sacrifice de toute une vie, à l'image de Jésus.

Il faut des mains jointes pour la prière, des mains de laïcs qui prient pour les prêtres, et qui veuillent bien elles aussi être déchiquetées et recouvertes d'épines. (Je me souviens de la souffrance lorsque j'avais eu les mains jointes, entourées de barbelées.)

Je repris encore mon chapelet. La voix me dit :

Je sais que tu découvres beaucoup ma Mère
dans les mystères joyeux.
Je veux que tu la découvres dans les mystères glorieux.

« Comment ferai-je ? »

La voix dit, comme si elle me dictait quelque chose :

Premier mystère glorieux :
l'éblouissement de Marie...

Alors je fus entraînée dans l'éblouissement. La voix m'expliquait tendrement, comme on explique à un petit enfant :

Tu sais, elle était comme à l'Annonciation.
Elle m'attendait.
Elle me désirait de tout son être, dans le silence.
Lorsqu'elle me vit, elle fut éblouie.

Puis la voix me laissa dans l'éblouissement. Je demandais sans paroles (car je ne pouvais parler) comment j'aurais connaissance des autres mystères. Il me répondit sans paroles, qu'il me les dirait les uns après les autres, mais séparément, et quand le moment serait venu.

Puis il dit à nouveau avec sa voix :

Ma Mère t'amènera à ma gloire.
C'est elle qui te dira comment faire,
pour vivre de ma Présence.
C'est elle qui amène à moi.
C'est encore elle qui ramène à la vie.

Elle apprend à mettre en pratique,
à vivre ce que tu as découvert en ma Présence.
C'est elle qui t'amène davantage à ma gloire
Mais c'est encore d'elle dont tu as besoin,
pour vivre de ma Présence,
pour mettre en pratique
ce que tu vois, et ce que tu entends.
C'est pourquoi je veux que tu connaisses ma Mère
dans les mystères glorieux.

Installe mon Royaume dans les cœurs

Pendant la messe, dans la basilique Saint-Pie X, à Lourdes, perdue au milieu de cette foule immense, bouleversée par tant de ferveur, et par la beauté de ce peuple de Dieu si divers mais si uni, je fus saisie par la voix. Elle me prit, me mit à part, tout en me laissant le bonheur de rester au milieu de cette foule innombrable et me dit :

Je n'installerai jamais mon Royaume sur la terre.
Ma fille, comprends bien cela...

Il me laissa un long silence pour me pénétrer de ces paroles. Je les laissai s'enfoncer en mon cœur. Il reprit :

A quoi servirait de l'installer, la terre passera!

Encore un long silence. Je compris que tout rêve de royaume temporel du Christ était illusoire. Certains croient encore qu'il y aura un règne spécial du Christ sur la terre. Jésus voulait bien dire que cela n'existerait jamais.

La voix reprit, avec tant de tendresse, que je tressaillis; et puis je croyais qu'elle avait fini de m'instruire et qu'elle était partie.

De même, je ne veux pas que tu t'installes.
Ce que je veux de toi,
c'est que tu installes mon Royaume dans les cœurs.

La voix de tendresse insista encore :

Je veux régner dans les cœurs.

La tendresse était forte, impérieuse. Puis il termina, sur un ton de supplication :

Ma fille, aide-moi, aide-moi.

Il appelait à l'aide, vraiment, comme quelqu'un qui n'en peut plus. Mon cœur bondit pour aller vers lui, et lui répondre. Oh ! comme j'aurais voulu l'aider en effet, mais je me voyais bien incapable et démunie de tout.

« Comment vous aiderai-je ? » lui demandai-je suppliant à mon tour. J'en suis incapable. C'est vous qui devez m'aider. »

Il me répondit avec force :

Mon aide : tu l'as.

C'était vrai. J'avais son aide, surtout de façon très *visible*, très sensible je devrais dire, durant chacune de ces journées du congrès [1]. Il me conduisait où il voulait. Il me parlait quand il le voulait même au milieu des foules car lui, sait faire silence, et mettre à part, dans n'importe quelles conditions. Son aide ne m'avait jamais manquée, même dans les circonstances les plus difficiles et les plus éprouvantes.

Il partit. Je restais bouleversée, au milieu de la foule. Le Royaume dans les cœurs ! Le Royaume de Jésus Eucharistie. Son Royaume intérieur n'étant

1. Il s'agit du Congrès eucharistique qui s'est déroulé à Lourdes en juillet 1981.

autre que sa Présence eucharistique, sa Présence réelle avec son Corps et son Sang, au plus profond de chacun de nous. Sa joie est de trôner en notre cœur, d'y prendre toute la place, de s'y installer comme chez lui et d'y gouverner en Maître et Seigneur. Non pas comme un maître autoritaire, mais un maître qui est l'Époux : celui vers qui l'on a les yeux fixés, et dont on écoute la voix. La voix toujours si tendre, mais qui retentit avec une extraordinaire force parce qu'elle est la voix de celui que l'on aime ; l'Unique auquel notre cœur s'est attaché pour toujours.

Le jardin de délices

Plongée dans la nuit, jetée au fond du gouffre noir, j'implorais Marie, ma Mère, de me venir en aide. La souffrance était profonde et je l'offrais pour le salut des âmes comme me l'avait proposé la voix. Mais la souffrance profonde du glaive de douleur qui perce le cœur, je ne pouvais la vivre sans Marie et je le lui dis. Je pouvais accepter, offrir, mais je ne pouvais pas vivre cette brisure du cœur sans elle, sans sa présence constante à mes côtés.

Après une nuit de prière, de souffrance et de larmes aux pieds de Jésus Hostie, je reçus du ciel une consolation dont mon âme avait grand besoin. Et je la reçus avec d'autant plus de délices que la souffrance était forte.

La Présence vivante se trouva soudain auprès de moi. Il était là, avec toute sa force et sa tendresse, et bien que je ne le vis pas, je le savais présent. Mon âme sortit du gouffre noir et fut posée auprès de lui, attirée par la force de sa présence.

Je vis sa main et son bras recouvert de la longue

manche blanche de sa robe immaculée. Il étendit son bras et je vis qu'il tenait en sa main trois clés, assemblées autour d'un anneau. Avec l'une des trois clés, il s'avança pour ouvrir la serrure d'une porte. La porte était très haute, mais très étroite et toute noire.

Je compris que la porte était recouverte de la nuit noire en laquelle j'étais plongée et que, lorsqu'il voudrait bien l'ouvrir, je verrais enfin un peu de lumière.

Mon âme aspira très fort à sortir des affreuses ténèbres pour entrevoir la lumière, et à cet instant, *la main* de Jésus vivant tourna la clé dans la serrure et la porte s'ouvrit pour me laisser passer.

Il fallait être toute petite pour entrer par cette porte, et très mince. J'entrais en remerciant le ciel de m'avoir faite si petite, sinon je n'aurais pas pu passer.

Tandis que j'entrais la voix me dit :

Je t'ouvre la porte... la porte de mon Cœur.

Je me trouvais alors dans un jardin de délices. C'est ainsi que, ravie, je l'appelais aussitôt. L'intérieur de son Cœur, c'est un jardin de délices, c'est un lieu ravissant. Lorsqu'on y pénètre, on entre dans ce ravissement auquel on ne peut donner que ce seul nom de *délices.*

En son Cœur, l'âme et le corps, car j'étais là tout entière, se trouvent dans un état de délices. Mais en plus de cet état, je voyais où j'étais.

Je venais de pénétrer en un jardin sans fin. Le sol était jonché d'une herbe courte et fraîche, mais l'herbe n'était pas verte. Elle était revêtue d'une sorte de blancheur reflétant la lumière. On aurait dit qu'un produit ravissant revêtait tout le sol. Ce n'était pas une poudre comme de la neige, cela ressemblait plus à une sorte de miel doré et je crus voir la manne céleste.

Mon âme était dans les délices. On eut dit qu'elle

était abreuvée d'un lait immaculé et nourrie d'un miel doré. Elle ressentait une onde fraîche qui la parcourait tout entière, l'imprégnait de l'amour et de la tendresse qui circulent sans cesse dans le Cœur de Jésus vivant.

J'étais heureuse, très heureuse. Cependant, dans ce ravissement, je fus un instant étonnée, car dans le jardin de délices, je vis que j'étais seule, je veux dire qu'il n'y avait pas d'autre créature humaine. Alors la voix me dit :

N'entre pas ici qui veut.
C'est un enclos secret.
L'Époux y amène l'épouse.
Il ne la montre à personne.
Il la garde pour lui.

Alors, j'osais avancer plus avant dans le jardin, car je venais de comprendre qu'il était tout à moi.

Jésus vivant, dans son amour sans fin, son amour royal, me faisait un don de Roi. Il me donnait le jardin tout entier, sans aucune restriction, j'étais sûre d'être l'épouse, seule aimée de lui, et mon bonheur augmenta à l'infini.

Je regardais avec enchantement le jardin, et je vis devant moi trois immenses et splendides arbres. « Oh ! les arbres », m'écriais-je stupéfaite d'émerveillement.

Chaque arbre avait un tronc puissant et rassurant, puis, les branches formaient au-dessus du tronc une énorme boule de fleurs blanches. Il n'y avait que des fleurs blanches sur chacun des arbres, de petites fleurs composées de nombreux pétales d'une blancheur immaculée. Ces arbres étaient splendides.

Je compris qu'ils étaient trois comme la Trinité, et qu'ils représentaient l'inverse des trois racines du mal, ils représentaient les trois détachements. La voix me dit :

Ce sont les arbres de Marie immaculée
toutes les grâces de mon Cœur passent par elle.
C'est elle qui donne chaque fleur ou chaque pétale.
Elle les jette sur la terre.
Elle en jonche les âmes.

Je vis les fleurs et les pétales tomber en une danse joyeuse sur la terre. La voix reprit :

Pour toi, Marie n'a pas eu besoin d'envoyer des fleurs.
Elle m'a envoyé te chercher.
Je t'ai amenée directement dans mon jardin.

Alors je vis, en un ravissement extrême, toutes les fleurs blanches à la fois. Je crus les recevoir toutes en même temps en mon âme. C'était une vraie fête, un réjouissement ineffable, une noce céleste à laquelle Marie était présente.

(Je comprends désormais pourquoi Marie était présente aux noces de Cana. Marie est toujours présente aux noces de son Fils, l'Époux, avec l'âme épouse. C'est Marie, sa Mère, qui envoie Jésus, son Fils, chercher l'épouse.)

Elle m'a envoyé te chercher.

Je n'oublierai jamais ces paroles entendues dans le Cœur même de Jésus, ce Cœur qui s'est ouvert pour me montrer son jardin de délices. J'étais l'épouse comblée de toutes les fleurs blanches du jardin de délices.

Alors, mon âme s'en alla promener à l'infini, dans le jardin. Mon âme parcourait Son Royaume, le Royaume de son Cœur qu'il venait de m'ouvrir et de me livrer tout entier, à moi seule. Cependant, après être restée très longtemps dans le jardin, mon âme revint vers la maison.

Oui, j'ai oublié de dire qu'à l'entrée de son Cœur, lorsque l'on pénètre dans le jardin des délices, on voit tout de suite, sur la gauche, une grande et belle maison. Cette maison est une chapelle et c'est exactement pareil dans le jardin de Marie.

Je revins donc vers la maison. Je désirais de toutes mes forces y entrer pour retrouver l'Époux car je savais qu'il s'y trouvait.

La maison ressemblait à une église. Elle était surmontée d'une grande croix de pierre. La porte avait la forme d'un porche et je vis alors, se présentant devant le porche, de longues files de gens qui, lentement et silencieusement, entraient dans l'église. La voix me dit :

Entrer dans ma maison,
c'est entrer en mon église.
Tu y trouves ma présence,
(c'est-à-dire) l'amour de ton Dieu.

Et comme mon âme avait soif des âmes et criait son amour pour elles, la voix en même temps continua :

Tu y trouveras la présence des autres,
(c'est-à-dire) l'amour des âmes.
Dans l'amour de ma présence,
tu puises l'amour des âmes.

(L'apostolat le plus fructueux peut être invisible.)

La joie des noces

Pendant la nuit, la Présence vivante vint me saisir. Elle s'annonça d'abord et je la vis arriver de loin. Puis elle se tint debout devant moi. J'étais emportée en son amour, emportée en la plénitude de son adoration.

Adorer : c'est se laisser emporter en la plénitude de l'amour de Dieu, en la plénitude de sa Présence.

Puis soudain je vis Jésus vivant. Il sembla surgir du halo de lumière de la Présence vivante.

Jésus était splendide.

Il était vêtu entièrement d'or. Il avait une robe d'or, avec une ceinture d'or, et sur ses épaules, une cape d'or recouvrait la robe. Il avait aux pieds des sandales en or. Je ne vis rien sur sa tête, il avait seulement ses cheveux châtain clair tombant sur ses épaules.

Jésus se tenait devant une église qui ressemblait à une *maison*. Lorsque je le vis surgir du halo de lumière, il sembla surgir en même temps, hors de l'église par un grand portail de bois à double battant, dont un battant était grand ouvert.

Il restait là, debout, majestueux devant son église, tout en haut des marches. En effet, l'église était perchée en haut d'une infinité de marches.

Je me trouvais en bas des marches toute petite, minuscule, et comme une pauvre, vêtue comme une servante. Cependant, dès que Jésus se présenta, je sus que j'allais le rejoindre, car il avait posé sur moi son regard, et il m'attirait tout entière en sa force et en son amour.

Je devais lever la tête très haut pour ne pas détacher mes yeux de lui parce que j'étais toute petite, et aussi, parce que les marches qui me séparaient de lui étaient extrêmement nombreuses.

Je ressentis très fortement ma pauvreté, ma faiblesse, et aussi la distance qui me séparait de lui. Mais la pensée que je ne pouvais pas le rejoindre ne m'effleura pas un seul instant. Je savais qu'il m'aimait. Il était celui que j'attendais sans cesse. Il était l'unique amour de mon cœur, la préoccupation incessante de toutes mes pensées, l'objet constant de tous mes désirs.

J'étais toute tendue vers lui,

mon Jésus Amour,
mon Jésus Prêtre.

Oui, c'était bien lui, le prêtre parfait que j'attendais. Car tout ainsi revêtu d'or, il m'apparaissait dans la splendeur et la magnificence du prêtre qui se tient debout devant son église, ouvrant tout grand la porte de son église, au pauvre qui attend.

Alors, je le vis, dans sa splendeur de prêtre, m'ouvrir tout grand ses bras.

Ne pensant ni à la pauvreté de mes haillons, ni à la faiblesse de ma minuscule petitesse, ni à la hauteur impressionnante des marches, je me précipitais.

Je me mis à gravir les marches les unes après les autres, ne marchant pas, mais courant plutôt et me déplaçant à une vitesse vertigineuse. Je montais ainsi sans aucune difficulté parce que j'étais happée, attirée irrésistiblement par la force de son amour.

Rien n'existait, que lui, et j'allais le rejoindre. J'étais comme une amoureuse qui court se jeter dans les bras de celui qu'elle aime.

Au fur et à mesure que je grimpais les marches, voilà que je grandissais. De minuscule que j'étais en bas des marches, je me vis de la taille d'une enfant, puis lorsqu'il vint me rejoindre, et qu'il ne restait plus que trois marches, j'avais la taille d'une femme, d'une mariée.

De même, au fur et à mesure que je gravissais les marches, je vis que mes vêtements changeaient.

Je me vis d'abord en petite fille habillée d'une robe blanche courte, m'arrivant aux genoux.

Puis arrivée à peu près au milieu de cet immense escalier, je me vis habillée d'une robe blanche descendant jusqu'à mes pieds. Cette robe blanche prit un éclat plus blanc ; j'avais une ceinture blanche. Mais je ressentis très fortement que pour lui, je n'étais pas assez belle. Alors, grimpant encore quelques marches, toujours en courant, je vis que ma robe blanche fut recouverte d'une autre robe de mousseline blanche, d'un blanc splendide. La robe de mousseline blanche s'étala jusqu'à mes pieds et se mit à grandir, formant derrière moi une traîne splendide qui recouvrait toutes les marches. Sur mes cheveux se posa un voile de mousseline blanche qui retomba sur mes épaules, et forma une grande cape blanche allant jusqu'à terre.

Alors mon Jésus Prêtre, ses deux bras toujours grands ouverts ne put attendre sans bouger, sur le parvis de son église.

Il s'avança à son tour, précipitamment. Il descendit trois marches en courant et comme j'arrivais à cet instant précis, il me saisit, m'entoura de ses deux bras revêtus d'or, me cacha dans sa cape d'or, et me serra sur son Cœur.

Je vis ma robe blanche et sa cape d'or se mélanger.

Il me dit, avec une force et un amour qu'aucun mot humain ne peut traduire :

J'épouse mon épouse.

Je fus envahie, enlacée, submergée par son amour. Le blanc et l'or mêlés formaient une harmonie splendide. Ma traîne blanche resplendit plus belle encore, à côté de sa cape étincelante d'or.

Je me perdis en lui, attirée tout entière en son Cœur. Je vis que je n'existais plus, mon âme fondue en son âme, mon cœur fondu en son Cœur.

Cependant, je le voyais toujours, lui, Jésus Prêtre revêtu de sa cape d'or splendide et s'échappant de sa cape, la traîne blanche de l'épouse, recouvrant les marches de son église.

Lorsque je me perdis en lui, il y eut une joie indicible, indescriptible. Il y eut un enlacement de joie, lui en moi, moi en lui pour toujours. Il m'avait saisie. Il ne me lâcherait plus, je le savais car il était mon bien-aimé, et il avait fait de moi son épouse.

Il m'enlaçait et, serrée sur son Cœur, j'en percevais tous les battements, j'en entendais tous les secrets. Il me berçait, comme on berce un petit enfant, comme on berce aussi l'épouse de son cœur.

Rien ni personne ne pourrait jamais nous séparer, lui de moi, ni moi de lui, car ces épousailles, c'est lui qui les avait décidées, dans l'amour de son Cœur. La joie qu'il m'a donnée ne fut pas la joie d'un instant : c'est une joie immuable.

Elle est là.

Elle demeure en mon cœur.

Elle s'y est installée.

Elle s'y étale comme une mer infinie, prenant tout l'espace d'amour qu'est mon âme.

Cette joie, il me l'a donnée, en cadeau de noces, et nul ne pourra me la ravir. C'est une joie faite de paix, de sérénité, de bonheur souverain. Une joie de l'âme établie en son Dieu, et comblée de son amour éternel.

Explications de Jésus en haut des marches, à la rencontre de l'épouse :

Jésus se précipite à notre rencontre.

La porte de son église est toujours ouverte. Il nous introduit dans son Église.

Les marches : c'est le chemin d'amour, avec les degrés à gravir.

Les épouses de Jésus devront gravir ces marches du détachement. Jésus nous revêt lui-même de sa blancheur. Il nous transforme, de pauvre en riche, de petit en grand. Les noces humaines ne sont qu'une comparaison, une approche des noces célestes.

Les époux, au lieu de s'arrêter aux noces terrestres, devraient comprendre que leur créateur leur donne un moyen de le connaître, de le rencontrer.

Chaque âme aime Dieu d'un amour d'épousailles.

Introduite dans la maison du Père, introduite par l'Époux, le Père regarde l'âme avec tendresse et l'aime.

L'âme en prière

Dans le grand silence de la nuit, je priais devant le Saint Sacrement.

Je fus emportée là-haut, très haut, sur cette montagne où je me retrouve parfois, posée, pour adorer; une montagne si haute qu'elle rejoint presque le ciel, une montagne où l'âme peut adorer son Dieu, tout à son aise, sans obstacle ni entrave, dans la plus grande liberté, dans le plus grand silence et dans l'immensité.

La terre est *au-dessous.*

Il n'y a plus que l'espace immense de l'amour infini, qui enveloppe toute l'âme et dans lequel l'âme peut se mouvoir librement.

La voix de l'Amour vivant me dit, avec une ardente tendresse :

Quand je prie en une âme
le ciel et la terre se rejoignent.
Toute la tendresse de mon Père
se penche vers la terre,
toute l'âme en prière s'élance vers le ciel,

attirée par mon Père.
Et elle élève, avec elle, toute la terre.

Je compris alors que l'Amour parcourt à une vitesse vertigineuse l'immense distance qui sépare le ciel de la terre et la terre du ciel.

Les hommes savent calculer la vitesse de propagation de la lumière. Ah! s'ils savaient mesurer la vitesse de propagation de l'amour. Elle lui est bien supérieure; elle est égale à celle de la prière. L'énergie contenue dans une âme en prière est si puissante qu'elle peut se propager à travers l'espace infini de l'amour, comme l'éclair se propage à travers l'espace infini du ciel.

L'âme en prière déploie une énergie si puissante qu'elle a le pouvoir de relier la terre au ciel. La fusée spatiale n'effectue que bien partiellement et avec combien de contingences, ce que l'âme en prière peut effectuer en l'espace d'un instant et tout à fait librement.

Pendant que se déroulait la compréhension de ces choses, je voyais le Père se pencher du ciel, vers la terre; et l'âme en prière s'élever, de la terre vers le ciel, pour se rejoindre en un ineffable enlacement, en un éternel embrassement.

Lorsque j'emploie les termes : voir, entendre ou comprendre, il faut préciser qu'en réalité, l'âme n'a aucunement besoin de ces intermédiaires que sont les sens (de la vue et de l'ouïe) ou des facultés (de compréhension, intelligence ou raisonnement).

L'âme *vit* tout simplement.

L'âme *vit* de la vie même de l'Amour vivant, qui se déverse directement en elle.

Voir, entendre et comprendre ne sont que des

comparaisons; des termes que j'emploie parce qu'il n'en existe pas d'autres. Ce qui se passe, c'est plus exactement comme si l'âme voyait, entendait et comprenait tout à la fois.

En fait, l'âme *saisit* directement toutes choses, dans une vue et une compréhension totales, dans un présent absolu, dans un espace infini à travers lequel elle peut se mouvoir dans une liberté souveraine.

Les sens et les facultés sont attachés à notre corps. Ils ne sont que des intermédiaires indispensables et bienfaisants quand nous sommes revêtus de notre corps, mais parfois véritables entraves pour l'âme attirée vers son Dieu. Alors parfois, sans façon, l'âme leur fausse compagnie.

L'Amour vivant attire l'âme si fort, qu'il ne veut plus d'intermédiaire entre lui et elle. Alors, il la saisit à pleines mains; la sort de l'écorce de son corps, et l'emmène dans l'espace infini de son amour : c'est son Royaume. Et dans ce Royaume, l'âme *vit*, elle vit sans entrave aucune, elle vit dans l'immense liberté pour laquelle elle est faite. Elle perçoit et saisit tout d'un seul coup.

Plus exactement encore : l'âme absorbe ce qui l'entoure, elle s'en laisse pénétrer; elle épouse pleinement l'amour infini qui l'environne tout entière, comme l'air que l'on respire, ou comme l'espace dans lequel on se déplace.

L'âme vit enfin de la vie même de l'Amour vivant, de l'amour de son Dieu.

L'âme est un espace

Mon âme, je la voyais comme un lieu, un endroit qui n'a pas de contours précis. La définition la plus exacte de l'âme, d'après les images que j'en ai vues est celle-ci : l'âme est un espace. L'âme par elle-même n'est rien. Elle est sans existence. Elle est une espace vide, béant et cet espace prend vie lorsque le regard du Père du ciel se pose sur lui. L'âme prend tout l'espace qu'on lui donne. Elle prend tout l'espace à l'intérieur du corps, si le corps veut bien le lui donner. Si le corps prend trop de place, l'âme est toute petite, rabougrie. La matière écrase l'âme.

Si le corps se détache de lui même, il laisse de plus en plus de place à l'âme qui peut grandir, s'épanouir. Et enfin, l'âme détachée du corps est libre de s'étendre de façon démesurée, illimitée selon l'ouverture plus ou moins béante qu'elle laisse au regard de Dieu. C'est le regard de Dieu sur l'âme qui donne sa vie à celle-ci, mais aussi sa mesure et sa dimension. Si l'âme est fermée, elle reste rabougrie. Si l'âme consent à s'ouvrir afin que le regard de Dieu la pénètre, l'éclate à ses dimensions à lui, alors elle s'étend, comme l'amour de Dieu.

Une âme ne peut s'ouvrir qu'au prix d'une profonde souffrance. L'âme qui s'ouvre passe par l'éclatement :

Je suis le grand éclaté d'amour.

Éclatement exactement semblable à la pointe du glaive qui pourfend le cœur. L'âme ouverte est l'âme qui se laisse « éclater » par la douleur du glaive.

Le jardin de Marie

Je viens de passer une nuit merveilleuse dans le jardin de Marie. Pourrais-je jamais le décrire tel qu'il est, ce jardin de Marie immaculée, la Mère qui veille sur l'Enfant.

Voici : je me trouvais dans un jardin, tout clôturé de hauts murs, faits de terre rouge, comme on en voit au Maroc. Je ne voyais les hauts murs que sur deux côtés du jardin. Un troisième côté était le mur d'une chapelle. La chapelle donnait directement sur le jardin. Le quatrième côté, le côté du fond du jardin était sans limites, il y avait un chemin par lequel l'âme pouvait s'en aller rejoindre Jésus vivant : c'est pour cela qu'il n'y avait pas de mur de ce côté-là. Le jardin ressemblait à une sorte de désert : le sol était en terre battue, et parsemé de petits cailloux. Au milieu du jardin, un rond-point ou plus exactement un massif arrondi, dans lequel poussaient quelques fleurs jaunes et rouges. Plus loin, au fond du jardin et comme poussant au milieu du désert, quelques fleurs jaunes et rouges aussi. Lorsque mon regard se posait sur une fleur, mon âme ressentait délices et consolation.

Je compris – parce que la voix me l'expliquait au fur et à mesure – que le jardin de Marie, c'est le jardin de l'âme. L'âme qui prie avec Marie traverse un désert. C'est dans le désert que l'âme, un jour, rencontre son Dieu. Mais au milieu de l'épreuve du désert, qui est dépouillement total, l'âme rencontre quelques consolations : ce sont les fleurs jaunes ou rouges, par-ci, par-là. Par l'intercession de Marie immaculée, l'âme qui veut se perdre en Jésus, reçoit des grâces de consolation, de réconfort, selon ses besoins. Ces grâces sont indispensables à l'âme, comme la rosée l'est à une plante.

Après avoir ainsi pris connaissance du jardin de l'âme, je me trouvais toute petite, mais debout, aux pieds de Marie. Marie était assise sur un banc de pierre, accolé au mur de terre rouge du jardin. Marie tenait en ses bras l'Enfant. Mes yeux étaient fixés sur l'Enfant, attirés par lui.

Marie ne regardait que lui.

Mon âme ne regardait que lui.

Et pendant ces instants extraordinaires de bonheur et de contemplation, la voix se fit entendre, douce, très douce, et elle m'expliquait ceci :

Le jardin de l'âme, c'est le jardin de Marie.
L'âme qui prie Marie me berce, me soigne, m'entoure comme Marie le fait.

Je voyais Marie bercer, soigner, entourer l'Enfant de ses bras. J'étais dans un grand ravissement car de façon réelle, mon âme soignait, berçait entourait l'Enfant, saisie d'un très grand amour pour lui. Je restais longtemps dans le jardin de délices, comme une mère avec son enfant, toute perdue en Marie, avec son Jésus Enfant.

Puis la voix me tira de ce bonheur sans mélange, pour m'emmener vers la Croix. La voix dit ceci :

Ta prière entoure mon visage crucifié de ses deux mains.

Le visage de Jésus crucifié se posa devant moi, proche, très proche, comme si j'allais pouvoir embrasser ce beau visage, comme j'aurais embrassé le visage de l'Enfant. Ce ne fut pas un baiser comme un baiser humain que mon âme déposa sur le beau visage crucifié. Mais les deux ailes de mon âme entourèrent le visage, comme deux bras entourent un Enfant. Elles caressèrent le visage, mais d'une caresse légère, légère, et pure, comme l'est l'esprit. Mon âme vit alors le visage si douloureux, s'apaiser, se détendre, comme s'il venait d'être recouvert d'un baume qui apaiserait sa souffrance.

L'âme qui prie et qui s'élance vers Jésus avec amour, en passant par les bras et le cœur de Marie, cette âme-là soulage, console et apaise les douleurs du Crucifié. Puis la voix continua à m'entraîner vers la Croix. Elle dit :

Dans le jardin de Marie, la Croix est cachée.
Je la dévoile petit à petit...
Lorsque la Croix fait peur, Marie la recouvre.

Au fur et à mesure que ces paroles se déroulaient, je fus entraînée au fond du jardin de Marie, du côté où il n'y avait pas de limites. Il y avait là un bosquet d'arbres verts très touffus. Un coup de vent surgit, et vint secouer les branches des arbres. Un bouquet d'arbres se pencha très fortement, s'inclinant sur le côté.

Alors je vis, dans l'espace laissé libre : la Croix. C'était une grande croix de pierre (dans le jardin tout était en pierre, comme le banc de Marie) les bras de la croix étaient arrondis. Je fus saisie, et bouleversée car je n'avais pas deviné la présence de la croix, derrière les arbres. Maintenant que je la voyais, à découvert, j'étais entraînée dans une grande souffrance. Je ne pouvais détourner mon regard de la Croix.

Puis les arbres se penchèrent encore. Je vis la Croix tout entière, aucune partie n'en était cachée à mes regards. Tout à coup, le vent s'apaisa. Mais avant même que les arbres ne se soient redressés pour cacher la Croix, je vis Marie. C'était elle qui, un instant auparavant encore, était assise sur le banc de pierre, portant son Enfant dans ses bras. Elle vint se placer debout devant la Croix. Elle devint si grande qu'elle cacha toute la Croix, la recouvrant tout entière.

Lorsque la Croix fait peur, Marie la recouvre.

Oui, Marie est là, sur le chemin d'une âme attirée par Jésus, dans la souffrance de la Croix. Marie est là qui cache la croix lorsque l'âme souffre trop, et ne peut plus, à elle seule, supporter la souffrance. C'est seulement par Marie, par sa douce présence, que nous pouvons approcher de la Croix.

Il faut aussi se rappeler que « dans le jardin de Marie, la Croix est cachée... » c'est-à-dire qu'il y a toujours la Croix dans l'espace d'une âme (dans le jardin de l'âme) qui prie Marie. On ne peut pas prier avec Marie sans être amené à l'amour de Jésus Enfant, et de Jésus en Croix.

La Croix est bien cachée dans le jardin d'une âme ; c'est-à-dire qu'une âme peut-être amenée à s'unir profondément à la Croix de Jésus, et à ses plaies, sans que cela se sache, sans que cela se voie. Marie est la Reine des martyrs, celle qui a souffert le plus intensément, de la souffrance même de Jésus. Et pourtant, aucun signe extérieur, ni visible, ni apparent n'est venu révéler cette souffrance aux hommes. Tout s'est passé en son cœur ; intérieurement, et ce fut le glaive de douleur. C'est la souffrance que Jésus m'a promise.

Tout au début, la voix m'a promis le glaive de douleur. Peut-être bien que, dans le jardin de mon âme, tout comme dans le jardin de Marie, la Croix de Jésus restera *cachée*. Croix plantée au cœur du jardin de mon âme, présente, vivante, mais invisible aux regards humains.

Ce que j'ai souffert tous ces derniers temps, m'a fait comprendre aussi toutes ces choses. Aucune souffrance physique ne pourra atteindre l'intensité de la souffrance du cœur et de l'âme broyés, déchirés, jetés dans un abîme plus profond que celui de la mort. Combien de fois ces derniers temps, dans l'angoisse extrême de la souffrance sans fond, ai-je désiré que le Seigneur Dieu, dans sa bonté, vienne reprendre ma vie.

Ainsi, dans le jardin de Marie, la Croix est cachée,

et elle ne nous est dévoilée que petit à petit. Ces paroles sont si vraies! Je ne peux les expliquer mieux. Il suffit de les lire et relire tout doucement, et d'en faire la prière de notre âme avec Marie qui, remplie de l'Esprit-Saint, nous fait comprendre toutes choses.

Mais, si la Croix est bien plantée, au cœur du jardin de Marie, qui est aussi le jardin de notre âme, il faut dire aussi que le jardin est un délice de paix. Oui, dans le jardin de Marie règne un silence extraordinaire fait de prière, de contemplation, d'adoration de Jésus Enfant, et de paix. Une paix joyeuse, sereine et calme, une paix qui est repos infini, ravissement de l'âme qui goûte au bonheur d'être en l'amour éternel, l'amour de son Dieu.

Le désert
Les cailloux
Les quelques fleurs
Le jardin clos mais ouvert sur un côté
La chapelle, ouverte sur le jardin de l'âme
Le banc de pierre
Marie portant Jésus Enfant
L'union de l'âme au visage de Jésus crucifié
La paix faite de silence, d'adoration, et de repos en l'amour éternel
La Croix cachée, mais bien vivante
La Croix dévoilée, petit à petit, à l'âme qui veut suivre Jésus...
Et puis... l'allée qui n'a pas de fin.

Voici en effet, que, tout au bout du jardin, du côté qui n'avait pas de limites, je vis s'étendre devant moi, un chemin de terre, bordé d'herbes. Ce chemin semblait surgir du ciel, le ciel que j'apercevais loin, très loin, se penchant vers la terre et la rejoignant. Comme s'il venait de sortir du ciel, cet espace sans limites, Jésus vivant surgit, posant un pied sur le chemin de terre, puis s'y engageant en marchant à vive allure. Il était revêtu de sa robe blanche. Son visage était un visage douloureux, mais il était entouré d'une auréole de lumière. Il portait sa Croix, posée sur son épaule.

J'étais posée, toute petite, à l'autre extrémité du chemin de terre, à l'endroit où le chemin rejoignait le jardin de Marie, et y aboutissait. J'attendais Jésus avec sa Croix. Je le voyais arriver à grands pas. Il se pressait et marchait très vite car il avait un très long chemin à parcourir. Je voyais qu'il n'en pouvait plus ; il respirait avec peine comme quelqu'un qui a couru trop vite, et qui ploie sous un fardeau. Je souffrais profondément de le voir ainsi épuisé. Mon cœur était désolé. Mais j'étais si petite, si faible que je ne pouvais lui être d'aucune aide ; et puis je ne pouvais avancer, car une force très grande m'avait posée dans le jardin de Marie. Je ne pouvais bouger de l'endroit où j'étais posée.

Alors, ce fut lui qui fit tout. Ce fut lui qui venait à moi.

Je porte ma Croix...

s'écria-t-il assez fort pour que je l'entende, parce qu'il était encore loin, sur le chemin, entre le ciel et le jardin de Marie.

Mon cœur désolé ne pouvait rien dire mais était entré en une grande compassion. Comme pour répondre à mon désir, que je ne pouvais exprimer, il s'écria :

Je te la donne.

Il souleva la Croix très lourde de dessus son épaule, et me la tendit de ses deux bras.

« Je la prends ! » lui répondis-je car mon âme était partie dans la Croix, l'avait rejointe, s'était perdue en elle, sans attendre que mon corps, comme paralysé, se décide à bouger. Ce corps, décidément, est bien difficile à remuer. Comme Jésus vivant était déchargé de sa Croix, il étendit ses deux bras, et me montra ses mains ensanglantées. Il me les présentait et mon âme les contemplait.

Mes mains ensanglantées, me dit-il.

« Je les veux », m'écriai-je.

A cet instant, mon âme fut absorbée en ses plaies, en les plaies de ses mains ensanglantées.

Plus tard, mon âme fut posée devant son visage, son visage couronné, marqué de la plaie béante au milieu du front. Il m'emmena dans l'adoration de son visage, ce visage sur lequel est marqué tout le récit de sa Passion. Sans paroles, il me demanda si je le voulais aussi, si je voulais bien entrer en la compassion de son visage.

Mon visage couronné, me dit-il.

« Oui, je suis prête », lui répondis-je, car déjà mon âme était partie rejoindre son visage douloureux, se perdre en la plaie si douloureuse du front.

Je ne sais plus ce qui se passa pendant un très long temps, car ce fut comme une nuit. Je n'existais plus, ni corps, ni âme. J'étais jetée en un abîme qui n'a pas de nom et qui est souffrance infinie, sans limites et sans fond, fait de nuit noire, et pire que cela : d'une sorte de néant.

Je ne sait comment dire car les mots me manquent beaucoup plus que pour exprimer ce qui est grâce, bonheur, ravissement.

Lorsque je fus tirée de cette inexistence, je me retrouvais toute petite, dans le jardin de Marie, toujours posée sur le chemin de terre qui est le chemin de

Croix. A nouveau, je vis Jésus vivant sur le chemin. Il était cette fois beaucoup plus proche de moi, mais comme je réclamais sa venue avec une plus grande ferveur encore, une plus grande intensité, comme pour répondre au désir de mon cœur, il s'écria :

J'arrive avec ma Croix et il courait presque.

Mais il y avait en moi encore un grand désir, une grande attirance et j'osais le lui exprimer : « Et la plaie de votre Cœur ? lui demandai-je timidement. Je la veux. C'est ma préférée. Ne l'ai-je pas assez aimée, contemplée ?

Chaque jour, je l'embrasse.

Chaque jour, je pose sur elle mon oreille, pour entendre les secrets de votre Cœur.

C'est en elle que je voudrais pénétrer, me blottir.

On y est à la source,
A la source de l'Église,
Avec l'Eau et le Sang,
Avec Marie et saint Jean. »

La plaie de mon Cœur, il faut la demander à Marie.
Elle seule peut en disposer, car c'est elle qui l'a reçue,
alors que j'étais mort, me dit Jésus vivant.

Alors, toute petite, je me tournais vers Marie. Elle était là, debout, auprès de la croix de pierre, plantée en son jardin :

Ma fille, me dit-elle de sa voix très douce,
tu as aimé les secrets de son Cœur.
Tu ne peux tous les connaître.
Mais il t'en livrera d'autres,
que tu ne connais pas encore.
Garde ton oreille tout près de son Cœur ouvert.
Garde tes lèvres tout contre la blessure de son Cœur...

CHAPITRE VI

Marie et l'Église

C'est Moi : je suis Jésus avec Marie

La barque Église

Pendant la nuit, mon âme fut transportée dans les hauteurs. Je l'avais sentie enveloppée des deux mains d'amour, et emportée très haut. Mon âme était dans une grande souffrance car elle était cet espace vide et noir qui est néant. Transportée par l'Amour vivant hors de mon corps et très haut, mon âme éprouvait un désir extrêmement vif de la lumière. Elle était désireuse d'être éblouie par la lumière de gloire, et souffrait des tortures inouïes d'être dans le noir, et de ne pas voir l'Amour vivant dont elle désirait tant s'approcher. Mon âme *savait* sa présence mais ne la voyait pas.

Après un certain temps – que je ne peux pas déterminer – de ces tortures de l'âme, je vis l'espace noir s'entrouvrir et... le visage de Jésus crucifié. Ce visage tant aimé, couronné d'épines. Il se montra l'espace d'un instant, comme en un éclair, et comme pour me rappeler sa présence, comme pour donner à mon âme la certitude qu'il est là, même dans ce noir.

Je fus comme étourdie et essoufflée car, transportée un instant dans la joie merveilleuse de voir son visage tant aimé, mon âme se retrouva très vite dans le noir. Alors, malgré elle, elle se mit à gémir. Elle désirait trop fort le voir, pour ne pas se plaindre et elle ne cessait de lui crier à lui, Amour vivant, son désir très vif de le voir.

Mon âme dans le noir lui cria à nouveau son désir d'être perdue en son amour mais aussi en sa souffrance. C'est Jésus crucifié, couronné d'épines qu'elle aime et qui l'attire aussi en lui. L'âme ne peut pas aimer Jésus glorieux tout seul. Elle est obligée d'aimer Jésus douloureux, crucifié et couronné, parce que c'est ainsi qu'il vit dans l'âme.

Lorsque mon âme eut longtemps appelé vers lui, voilà qu'il répondit à ses désirs. Je vis bien qu'il ne pouvait faire autrement que d'accéder à ces demandes. C'est comme s'il ne pouvait pas résister à ces appels d'une âme qui le désire, lui, l'Unique.

Alors l'espace vide et noir de mon âme fut comme un écran qui se déchira violemment avec un fracas et une violence (plus qu'une force) très grande. Et mon âme put voir alors ce qui se passait sur la terre. Mon âme était très haut, en altitude, et elle regardait à ses pieds.

Au-dessous, comme vu d'avion, elle voyait un très beau rivage, et une mer immense. La mer était très calme, aucune ride sur l'eau, et elle étincelait de lumière. A partir du rivage et jusqu'au milieu de cette mer illimitée, je ne voyais que des récifs, d'un noir impressionnant.

Non loin du rivage et entre les récifs, je vis une barque. Elle était petite et fort jolie ; c'était une petite barque de pêcheurs. Soudain, je vis s'élever au milieu de la barque, une voile très blanche. Cette voile était très grande pour la barque. Elle ne bougeait pas.

Tout à coup, dans le grand silence et dans le ravissement de ce splendide paysage, mon âme fut saisie par un coup de vent extraordinaire. Je vis la voile s'enfler et j'entendis un claquement; c'était le claquement du vent dans la voile. Cela fit un très grand bruit; et surtout, mon âme, bien que là-haut, fut saisie par ce souffle de vent et le ressentit très violemment. Ce vent avait une force extraordinaire et une violence d'amour dont elle fut elle-même surprise, étourdie.

Et voilà que dans la voile et à sa place, se dressa d'un seul coup, majestueux et plein de force, Jésus de gloire. Il était revêtu de sa robe blanche qui se confondait avec la voile de la barque, et aussitôt la voile se mit à resplendir de lumière.

Avec une force extraordinaire, mon Amour vivant éleva les yeux et, s'adressant à mon âme toujours là-haut, il lui cria :

C'est moi!

Mon âme était toute pantelante. Elle était terrassée par la force qui l'avait envahie. Il ajouta :

Je suis ton guide...
Je suis...
Jésus avec Marie!

Et avec ces paroles-là, ce fut la tendresse qui l'emporta sur la force. Mon âme, bien que très faible, abaissa encore ses yeux vers la barque. Elle vit Marie, assise au gouvernail. Marie était toute revêtue de blanc. Elle me tournait le dos car elle regardait vers le large. En revanche, je voyais très bien Jésus de gloire, car il était dans la voile et dans le vent, regardant vers Marie et aussi vers mon âme tout là-haut.

Je voyais bien que, dans ce calme impressionnant, c'était lui la force qui fait avancer. Marie dirigeait. Et la petite barque était la barque de mon âme, dans sa vie de passage sur la terre.

Était-elle aussi la barque de l'Église ? Cela je ne peux avoir la prétention de le dire, je ne le sais pas. Je sais seulement, j'ose à peine le redire ici, que l'âme qui aime Jésus avec Marie est une âme-Église ainsi que Jésus me l'a fait comprendre si profondément il y a peu de temps. Alors mon âme, lorsqu'elle aime, elle aime Jésus, mais elle aime en même temps très fortement l'Église, elle voudrait, elle si petite – mais elle voudrait quand même d'un grand désir – remettre Jésus dans l'Église et l'Église en Jésus, afin qu'il y prenne toute, toute la place, comme il la prend dans l'âme.

L'âme et l'Église ont tant de ressemblance ! Elles avancent ici-bas dans la nuit de la foi. Et elles ne peuvent vivre qu'emplies de la lumière de l'Amour vivant, plongées dans la prière et l'adoration, profondément unies à Jésus.

Jésus de gloire qui est aussi
Jésus crucifié
et toujours Jésus avec Marie.

Ainsi *ma* petite barque contenait Jésus avec Marie : la force qui pousse et la douceur qui dirige. Elle était dans une grande joie mais pourtant toute tremblante. Tremblante car elle voyait ces innombrables récifs tout noirs, partout dans la mer si belle. De ses yeux, mon âme montra tout cela à Jésus. Alors il y eut un très léger sourire sur son visage de lumière, comme si depuis toujours il *savait*. Alors, levant encore la tête, il cria à mon âme :

Ne crains pas...
je te conduirai
à travers tous ces récifs.

Il dit cela avec la même très grande force qu'il avait déployée depuis le début. Mon âme était fondue d'amour et d'anéantissement...

Puis tout disparut. Mon âme resta là-haut encore longtemps, mais à nouveau dans le noir et toute douloureuse, comme terrassée par la violence d'amour qui venait de la frôler.

Lorsque mon âme retrouva mon corps, il était comme impotent, abattu et inerte. Lorsque mon âme est ainsi posée à nouveau dans mon corps, je reviens à moi mais dans un sursaut brusque, parfois douloureux. L'âme qui revient sur la terre n'atterrit pas en douceur. C'est presque toujours brutal, ce contact avec le corps, comme l'avion qui touche le sol. Je ne comprends pas pourquoi, étant donné que le pilote est si plein de tendresse, mais on dirait qu'il n'est plus là au moment de la chute et que l'âme fait comme elle peut pour reprendre sa place dans le corps.

Celui-là, ce pauvre corps, est comme une écorce inerte, et toute paralysée, inutile et bête lorsque l'âme s'en va pour se promener ailleurs. Mais on ne peut pas lui en vouloir, car revêtus de cette carapace, nous pouvons marcher et courir à la place de l'Amour vivant.

Le berceau Église

Jésus aime son Église, infiniment. Il a donné sa vie pour elle. Aussi, dans la prière, l'Église devient pour moi, Personne vivante. L'Église est comme un berceau, un berceau dans lequel le Seigneur désire nous rassembler tous.

Marie veille sur ce berceau, comme une mère veille sur ses enfants. Elle connaît tous ses enfants. Elle les aime tendrement. Elle les désire tous unis dans l'amour.

Marie recouvre l'Église tout entière. Elle l'englobe.

Marie est Mère,
L'Église est Mère.

Aimer l'Église, c'est aimer Marie, car l'Église est en Marie. Aimer Marie, c'est aimer l'Église car Marie est Église.

J'aime Marie et j'aime l'Église. J'aime prier avec Marie, pour l'Église. Marie me donne son Cœur de Mère, pour aimer l'Église, pour aimer chacun de ses enfants qui sont dans son Église, pour aimer ceux qui n'y sont pas encore, pour les rassembler tous dans le même berceau dont Jésus, sur la Croix, lui a donné la garde.

En Marie, Mère,
je prie notre Mère Église,
je prie en l'Église et pour elle.

Mère Église : deux mots simples mais qui vivent en moi, et me suffisent pour prier des heures. C'est dans la prière, devant le tabernacle, qu'ils me sont devenus si vivants.

Lorsque une âme est en prière, elle est une petite Église, Église miniature peut-être, mais Église vivante.

Marie élargit mon cœur. Elle me donne beaucoup d'enfants à aimer. Elle me donne le désir d'en aimer encore davantage. Chaque fois que je le peux, avec elle, par la prière, je mets dans le berceau Église, un enfant de plus. Je les aime infiniment ainsi tous rassemblés, et ma joie est de veiller sur eux tendrement.

La présence de Marie au pied de la Croix m'est devenue familière. C'est elle qui m'a montré ce grand berceau dans lequel elle place avec précaution chacun de ses enfants. Mais avec elle, je sais aussi quelle douleur représente la mise au monde de chacun d'eux.

Marie, vous, de toutes les créatures, la plus riche en

douleurs, ne permettez pas que la douleur m'arrête dans ma tâche de mère, à accomplir auprès de vous.

Aime mon Église

La Présence vivante me poursuivit toute la nuit. Elle ne me laissa pas en paix, tant que je ne me mis pas à aimer son Église, comme elle me le demandait. Ce n'était pas la voix que l'on entend, mais la voix intérieure, la voix de l'âme qui disait et répétait à mon âme :

L'Église
L'Église
Aime mon Église
Je veux te donner l'amour de mon Église...

Ces mêmes mots étaient sans cesse dits et répétés, faisant grandir en moi un amour brûlant pour l'Église de Jésus, son Église.

En même temps je voyais en mon âme une église très grande, obscure et vide. Mon âme était plantée au milieu de cette église-là, dans le noir et l'abandon. Et dans cet amour de l'Église déposé par l'Amour vivant, mon âme désirait remplir l'église vide, la voir remplie de la lumière de gloire de l'Amour vivant ; et la voir remplie d'âmes, de beaucoup d'âmes qui aiment et qui prient.

A qui dirai-je ce désir infini de l'Amour vivant, de voir son Église redevenir vivante ? Que puis-je faire pour lui plaire et réaliser ses désirs ? Que mon âme souffre, seule, dans cette nuit et cet abandon ! Mon âme souffre dans l'Église, avec l'Église, et pour l'Église, car elle sent un lien très très fort entre elle et l'Église, un lien si fort que c'est une destinée commune.

Préparons-nous des Églises

Dans le silence de la nuit, je fus transportée au dehors, devant une église. Cette église était très simple, avec un toit pointu surmonté d'une croix. Je la regardais attentivement. Devant l'église, voici que je vis un lys. Il était immense. Au cœur du lys, se mit à pousser un pistil. Le pistil au lieu d'être jaune, commc normalement pour un lys, était noir. Il grandissait, grandissait de façon effrayante et devenait de plus en plus noir. Il m'effraya tant que je détournais la tête un instant. Cet affreux pistil allait gâcher tout le lys. Je me mis à prier ne pouvant rien faire d'autre. Et je regardais à nouveau le lys. Le pistil noir avait disparu. A la place il y avait une belle et imposante bougie, elle était allumée et illuminait tout le lys. Mon cœur sauta de joie et je ne pouvais plus détourner mes yeux de la lumière ni du lys. Alors entre l'église et le lys éclairé, je vis la voix d'amour qui passait et repassait sans cesse sur un chemin en disant :

Préparons-nous des Églises
préparons-nous des Églises.

Le lys au pistil noir, c'est l'Église noire, sombre et déserte, qui se meurt. La bougie, c'est l'Église nouvelle.

Tu apporteras une lumière nouvelle à mon Église,

m'a dit la voix récemment. C'est en ce moment que Jésus prépare lui-même des Églises, les Églises domestiques.

La barque de Pierre

Pendant la nuit, je fus transportée dans un paysage désert, mais splendide. Je me trouvais au bord d'un lac dont l'eau était limpide et très calme, sans aucune ride. La surface de l'eau resplendissait d'une douce clarté, agréable à contempler. Tout autour du lac, une plaine désertique s'étendait, mais dans le lointain on apercevait de splendides montagnes.

Tout n'était là que prière et silence, paix et calme. Je demeurais longtemps en cet endroit et je savais que c'était là la vie que Jésus voulait pour moi. J'étais profondément heureuse. Devant moi, je vis soudain un homme qui me parut très pauvre et d'une grande bonté. Il était vêtu d'une robe très simple, couleur de ficelle, comme celle que porte Jésus vivant. Il avait une ceinture de corde autour de la taille. Des cheveux jusqu'au cou et un collier de barbe entouraient son visage.

J'étais à ses pieds, devenue toute petite. Il me regardait avec bonté et se mit à m'instruire. Il me parla longtemps, très longtemps et bien que je ne puisse aucunement me rappeler ses paroles, je sais qu'elles enseignèrent directement mon cœur. Ses paroles pénétraient directement en mon cœur pour le former et l'éclairer. Je sentais que mon cœur était vide et n'avait aucune connaissance. Et c'est cette connaissance que lui, Pierre, me donnait en m'instruisant. Je crois pouvoir dire qu'il me parla toute la nuit de l'autorité et de l'amour et puis encore de l'amour et de l'autorité. Je ne saurais rien dire d'autre et encore puis-je me tromper car encore une fois, ce n'étaient pas des paroles humaines comme on en a l'habitude. C'étaient des paroles qui pénétrèrent directement au fond du cœur. Cet entretien me fut très doux et apaisant, rassurant. Je me sentais aidée.

Puis, voilà que l'aube se mit à poindre. Le lac était de plus en plus éclairé, et les montagnes dans le lointain devenaient plus nettes. Je compris que Pierre allait partir... J'étais si bien, si rassurée en sa compagnie! Oh! comme j'aurais voulu qu'il continue à me parler avec tant d'assurance, et tant de bonté. Alors toute petite que j'étais, et seulement parce que j'étais toute petite, je me permis ce geste si familier que font parfois les tout-petits enfants : j'avançais ma main et timidement, j'attrapais le bas de sa robe, et me mis à serrer très, très fort. C'était sans paroles, mais je voulais lui dire que je l'aimais, et lui dire aussi que je ne voulais pas qu'il parte. Il se mit à sourire, sourire si gentiment en me regardant. Et loin de me reprocher mon geste, j'entendis la voix dire :

Reste accrochée à Pierre.

Puis Pierre disparut. Je me trouvais désemparée, au bord du lac. Je regardais d'abord ma main, toute vide. Je ne pouvais plus serrer la robe de Pierre dans ma main, encore moins celle de l'Amour vivant. Qu'allais-je devenir, dans ce désert ?

Alors me tournant à nouveau vers le lac, pour contempler sa merveilleuse clarté, je vis une jolie barque posée sur le lac. Elle était profonde, avec des bords renflés, relevée vers l'avant et vers l'arrière. Sa forme était trapue, très solide, mais élégante avec ses bords presque en demi-cercle. De l'avant relevé partait une grosse corde. La grosse corde allait de la barque au rivage. Sur le rivage, une énorme pierre autour de laquelle était enroulée la corde. Je voyais que la barque était retenue fermement grâce à la corde, et à la pierre, si belle, posée sur le rivage.

J'admirais la barque, longuement. Mais je restais hésitante sur le rivage, ne sachant ce que je devais faire. Je restais auprès de la pierre ne la quittant pas du regard. Alors la voix dit :

Amarre-toi à la barque de Pierre.

L'arche – Le nouveau déluge

« Viens adorer mon précieux Sang! »

J'entendis dans le silence de la nuit, trois coups qui ressemblaient à trois coups de tonnerre. Ces trois coups étaient frappés au-dessus de moi, sur le plafond de ma chambre. Je crus qu'il y avait quelqu'un dans la chambre au-dessus de la nôtre, qui frappait sur le sol : toc, toc, toc. Quelqu'un, assurément, voulait se faire entendre. Intriguée, j'écoutais.

La voix, forte elle aussi, comme un tonnerre, me cria :

Je t'appelle!

Je me retournais dans mon lit car je me sentais bien fatiguée et n'avais pas envie de me lever. Puis en même temps, je me disais : « Oh! voilà que je rêve. J'ai cru que les trois coups cognés au plafond étaient pour moi. J'ai dû me tromper. Je vais me rendormir bien tranquillement. » Impossible de me rendormir, évidemment. *Je t'appelle* s'était instantanément incrusté en mon cœur et les mots étaient si vivants qu'ils ne pouvaient faire bon ménage avec le sommeil. C'étaient deux mondes trop différents.

Un certain temps s'écoula ainsi, l'espace d'une demi-heure peut-être. Puis la voix, si forte, mais si tendre (cette fois je la reconnus sans hésitation) m'appela encore, mais en disant cette fois :

Viens... adorer mon précieux Sang.

Alors je me levais en hâte, et courus jusqu'à l'oratoire. La voix continuait :

Le Sang qui coule dans mes veines,
dans les veines de l'Hostie, ici présente.

Alors je fis ce qu'il me demandait. J'adorais son Sang très aimé. Je savais que son Sang coulait dans l'Hostie, réellement, comme dans les veines de son Corps. L'Hostie est son Corps et dedans, il y a les veines, comme dans un corps. Et dans les veines circule son Sang très précieux. Oh ! comme l'Hostie devint plus précieuse et plus vivante à mon cœur, lorsque je me représentais les veines contenant son précieux Sang. Je l'adorais alors de tout mon être.

Il m'emporta, je ne sais plus très bien à quel moment, dans un lieu désert que je vais essayer de décrire, mais il me semble que ce n'est pas facile car il me fit pénétrer dans le mystère de sa Présence. Il s'agit d'un lieu étrange si je puis dire, un lieu mystérieux qui est un désert habité par sa seule Présence. Je fus d'abord posée sur le sol du désert. Le sol était fait de sable humide, comme si la mer venait de se retirer. Sur le sable, de petites rides parallèles s'étendaient à l'infini (on voit cela sur certaines plages, ou dans le désert.) Il n'y avait pas de limites. Le désert s'étendait à l'infini. Le sol de ce désert reflétait la lumière. C'était très beau. Le ciel était tout fait de lumière. J'assistais au lever du jour, à un jour naissant, à une aube nouvelle.

Je me vis toute petite, minuscule, posée sur ce sable. Je levais la tête, attirée par la force de sa Présence. Je savais qu'il était là. Je ne le vis pas lui-même, en personne, le Roi, le Prêtre, ou l'Époux, selon la façon qu'il choisit pour se faire connaître et se présenter à moi.

Mais je vis une barque. Une sorte de barque immense. Elle était splendide, toute faite de lattes de bois, avec des bords très galbés, et l'avant et l'arrière relevés formant une sorte de volute. J'avais déjà vu exactement la même barque avec Pierre, le pêcheur, sur la plage; la barque était alors accrochée à un anneau sur le sable et la voix m'avait dit : *Reste accrochée à la barque de Pierre...*

Seulement, cette fois-ci, dans la barque se trouvait une maison. Cette maison prenait tout le centre de la barque. Elle était elle aussi toute faite de bois et avait un joli toit à deux pentes, comme un chalet de montagne. Je voyais la porte, et les volets de bois tout ouverts. Par les ouvertures, je voyais s'échapper de la maison une lumière éclatante, éblouissante. Je compris que Jésus habitait dans la maison et qu'il l'avait envahie de sa Présence vivante. Plus j'étais attirée par sa Présence, plus je me sentais petite au pied de la barque et de la maison (en moi-même, j'appelais cela l'arche). Au fur et à mesure que je devenais de plus en plus minuscule, voilà que mes pieds qui reposaient jusqu'alors sur le sable humide, étaient maintenant trempés et caressés par de petites vagues qui petit à petit recouvraient le sable. Chose curieuse, mes pieds n'étaient pas recouverts par l'eau, mais ils flottaient dessus. Cependant, je sentais combien le sol devenait fluide, mouvant, sous mes pieds. Plus aucun appui ferme ou sûr ne me soutenait. Je regardais autour de moi et au loin. Le sol du désert était devenu une mer douce et calme, qui s'étendait à l'infini. Plus aucune parcelle de sol ferme. J'eus l'impression que les petites vagues qui me léchaient les pieds, allaient m'entraîner loin de l'arche. Alors je regardais encore. J'aurais voulu être happée, emportée dans l'arche, être à l'abri dans la maison où il habitait. Mais c'était impossible pour moi si petite, de me hisser dans la barque, si haute et aux bords si renflés. Je n'avais aucun moyen de pouvoir entrer dedans.

Je vis à cet instant, des amarres. Les amarres me semblèrent accrochées à l'angle de la maison (non pas aux rebords de la barque), puis elles allaient se planter dans le sol humide. Elles étaient ravissantes car elles n'étaient pas faites de gros câbles sombres, mais de laine. Oui, les amarres (j'en vis trois), étaient faites de laine immaculée. Et cette laine reflétait la lumière. Je pensais à la robe de Jésus, qui est toute aussi blanche. Pleine de joie, j'avançais mes deux mains afin de saisir l'amarre pour m'y accrocher. Mais une force irrésistible m'en empêcha. Ce fut une lumière, un halo de lumière de la forme d'une Personne, qui se plaça entre l'amarre et la minuscule petite créature que j'étais. Alors je compris comme en un éclair, et mon âme toute bouleversée s'écria : « La laine, c'est la laine de l'Agneau ! »

Alors, la compréhension intérieure me le confirma. Les amarres étaient faites de la laine de l'Agneau. L'arche que je voyais, c'était la Cité sainte. La Cité sainte était faite de la barque de l'Église. Et la barque elle-même était emplie de maisons. Les maisons des familles où habite sa Présence vivante.

La Cité sainte était la Cité du ciel. C'est la demeure éternelle, qui n'existe que là-haut. Cependant le Dieu Tout-Puissant avait décidé de poser, pour un temps, sa Cité sainte sur la terre. Cette Cité était comme une arche flottant sur les eaux. Elle ne pouvait en aucun cas, s'installer, s'enraciner sur la terre. Elle était toute attirée par la force d'en-haut. Elle ne pouvait reposer légèrement sur le sol terrestre que grâce à l'extraordinaire présence des amarres. Les amarres qui relient la Cité sainte à la terre : c'est l'Agneau. C'est lui, le lien, le fil, qui relie le ciel à la terre. Il habite dans l'arche, dans la barque plutôt, qui est l'Église, car telle est la demeure que Dieu son Père lui a donnée. Et dans la barque, l'Agneau n'habite pas n'importe où. Il habite dans la maison, dans une maison aux portes et aux volets ouverts, pour laisser diffuser sa lumière.

Au fur et à mesure que j'étais emmenée dans cette compréhension intérieure, je ressentais une grande souffrance. C'était un arrachement, un détachement. C'était l'abandon. Sa Présence m'avait retiré tout appui terrestre. Il n'en voulait aucun pour moi. Il me voulait toute seule, détachée de tout, en face de sa Présence. En même temps que l'extraordinaire attirance de sa Présence, c'était une grande souffrance... je ne peux pas mieux expliquer pourquoi. La lumière intérieure me dit (me fit comprendre plutôt) ceci :

Ma Présence est dans l'arche.
Nul ne peut pénétrer dans le mystère de ma Présence.
Seul, moi, je peux vous y faire pénétrer.
J'y fais pénétrer les couples que je choisis
(comme Noé a choisi un couple de chaque espèce)...
Ma Présence est tout. Elle envahit tout.

Mon âme alors s'élança de toutes ses forces vers la maison, pour le rejoindre. Mais je vis bien que mes efforts étaient vains. J'étais trop petite, et sans forces. Alors, il me fit comprendre que c'est lui qui faisait tout. On aurait dit que la voix intérieure souriait. Elle me dit ceci :

Je te saisis, toute petite...
Je te veux détachée de tout

(sous-entendu : sinon, je ne pourrais pas te prendre, t'emporter en ma Présence, te saisir par mon amour). Je compris alors pourquoi je ressentais cette souffrance d'arrachement, de détachement, d'abandon, presque une angoisse d'être sans aucun lien avec les appuis terrestres. La voix intérieure poursuivait :

Sans appui terrestre...

Un grand silence, puis :

moi et moi seul!
et toi (toute petite) face à ma Présence.

et je crus comprendre encore :

toi, dans le face à face avec moi!

Je compris que rien d'autre ne pouvait exister entre nous deux. Je ne devais jamais rien mettre, ni personne entre lui et moi, car il ne le voulait pas. Il ne pourrait pas me saisir en sa Présence s'il y avait un quelconque obstacle entre lui et moi qui l'en empêche. Et puis je crus très vite m'être trompée, car la Bible nous dit que le face-à-face avec Dieu est impossible puisque notre fragile nature humaine ne pourrait le supporter, et que nous en mourrions si cela arrivait. Alors, je ne sais pas très bien. Pourtant c'était comme un ordre, une conduite que j'avais à tenir pour qu'il me saisisse et me fasse pénétrer en sa Présence. Peut-être Jésus médiateur, caché en son Eucharistie, nous permet-il ce face-à-face qui n'est pas possible avec Dieu son Père du ciel ? Je ne sais pas. Je dis peut-être là de grosses bêtises. Et pourtant, il m'a semblé que c'était cela, pendant ce temps où j'étais emportée.

Puis, je ne sais plus exactement comment se déroulèrent les choses. Il me sembla que je restais longtemps au pied de l'arche, toute tendue vers sa maison, vers sa Présence. Je souffrais terriblement à cause du désert, à cause de la solitude, de l'abandon, à cause de l'insécurité, de l'incertitude. Je voyais l'arche reposer sur l'eau qui scintillait de lumière, j'entendais le léger clapotis de l'eau ; je voyais que mes pieds ne reposaient eux aussi que sur cette eau si mouvante et fluide. Je les sentais trempés, et je ne pouvais pas savoir comment je restais ainsi posée sur cette mer sans limites. Je ressentais très fortement ma fragilité, ma petitesse, l'instabilité de mon existence, je voudrais pouvoir dire l'inexistence de mon existence.

Dans cette situation si précaire, tout mon être tendu vers la Présence vivante attendait tout de lui. Je n'existais que parce qu'il était là et que sa Présence même me donnait vie, me soutenait. J'attendais qu'il m'emporte enfin en sa Présence. Je souffrais terriblement de cette attente. Il me semblait qu'il me faisait attendre très très longtemps dans cet état de dépouillement total, de détachement. Puis enfin, je fus emmenée en son adoration, en sa Présence même. Je ne peux pas dire si c'était dans sa maison, dans la barque ou dans les deux à la fois, dans l'arche pour leur donner un nom d'ensemble. Je ne sais s'il y avait encore les amarres pour nous maintenir sur la terre, ou si nous étions là-haut dans la Cité sainte. Je ne sais plus ce qui se passait.

Je me souviens qu'un moment, il me reparla de son Sang très précieux, me trempant complètement en son Adoration. Ce n'étaient plus seulement mes pieds, mais tout moi-même qui étais toute trempée en son très précieux Sang, afin de pouvoir l'adorer. J'entendis la voix. Elle dit :

Mon Sang est le nouveau déluge...
Pas un déluge qui fait périr...
Un déluge qui sauve et purifie.

Je crus comprendre alors par une suite d'images que son Sang recouvrait toute la terre, *telle une nappe*, une nappe d'eau comme celle sur laquelle reposait l'arche. Son sang serait répandu pour laver et purifier ; ainsi la terre tout entière serait ensuite revêtue d'une belle nappe blanche immaculée. Son Sang déversé à profusion se répandrait en torrents de miséricorde pour sauver toutes les âmes ; la détresse et l'infamie étant trop grandes sur la terre, il ne lui restait plus que ce moyen : se déverser en torrents de miséricorde par le moyen de son très précieux Sang. Une écluse allait s'ouvrir, pour laisser passer les torrents. Il l'ouvrirait lui-même afin d'en submerger toutes les âmes ; tous les habitants de cette terre qu'il aime tant, sa terre d'amour qu'il a épousée en lui ouvrant son Cœur.

Il m'emmenait dans des torrents d'amour pour son très précieux Sang et je me laissais emporter comme un fétu de paille sur un rapide. Je fis un immense voyage sur toute la terre, que je voyais d'un seul coup d'œil. J'étais saisie d'amour moi aussi pour toute cette terre si belle, si aimée. Je la vis toute revêtue d'une nappe d'eau, étincelante de lumière, comme habillée d'un habit neuf, somptueux, immaculé, toute semblable à une jeune mariée. Et la Présence vivante reposait au-dessus de la nappe des noces qu'avait revêtue sa terre, sa belle terre d'amour.

Ensuite, je me trouvais dans la rue pavée d'un petit village. De part et d'autre, des petites maisons blanches et basses, à terrasses comme en Afrique du Nord. C'était le village de Nazareth. Je vis Marie, toute habillée de blanc, qui se tenait debout, auprès de la porte de l'une de ces maisons. Chaque porte était entourée de deux montants en bois, et surmontée horizontalement d'une poutre de bois. Marie levait légèrement la tête, regardant vers le haut de la porte. Elle me montrait quelque chose. Je regardais aussi. Je vis sur le linteau surplombant la porte, une croix rouge. Cette croix avait été peinte sur le bois (le bois de la porte qui représentait le bois de la croix) avec le Sang très précieux de Jésus.

Auprès de Marie, et un peu en retrait, se tenait Jésus. Il était habillé de sa robe blanche qui reflétait la lumière. Marie se tourna vers la porte. Elle la montra à Jésus, et je vis qu'elle allait entrer dans la maison. Cependant, avant qu'elle n'entre, la voix m'expliqua ceci :

Pas une goutte de mon Sang
n'est donnée autrement que par Marie.
C'est Marie qui a reçu et recueilli
les trois dernières gouttes de Sang,
échappées de mon Cœur ouvert, après ma mort.

Les gouttes s'échappèrent en effet comme une surabondance, un don ultime et très précieux, surajouté aux autres dons; un don que l'on n'attendait pas, qui est le surcroît.

C'est Marie qui les donne sans cesse à l'Église,
qui les déverse, qui les distribue.
C'est elle qui connaît les besoins de ses enfants.
Elle me les indique. Alors je viens. J'entre,
et je déverse les torrents de ma miséricorde.
Ainsi j'entrerai dans les maisons
marquées de la croix de mon très précieux Sang.
C'est Marie qui marque les maisons
de mon très précieux Sang.
C'est elle qui me fait connaître les maisons
où l'on m'adore.
Ces maisons, je les sauverai.
Je les recouvrirai de ma miséricorde.

Puis je vis Marie entrer, elle ouvrit la porte de la maison et entra dans la pièce principale. Là au fond de la pièce, je vis un autel. L'autel de pierre était recouvert d'une nappe blanche.

La voix continua :

Dans les maisons, je veux des autels vivants.
C'est-à-dire des cœurs qui s'offrent en holocauste,
qui s'immolent et qui mêlent leur sang au mien.

Un grand silence. Marie se tenait près de l'autel. Je regardais l'autel et la nappe blanche. Mon cœur se déversait en offrande sur la nappe de l'autel. Jésus n'était pas encore entré dans la maison. Mais je l'entendis. Il me dit :

Je vais bientôt passer.
C'est l'heure de la Pâque.

Puis tout fut fini. Je ne vis plus rien. Je restais en adoration devant le tabernacle. Longtemps après, avant que je ne me retire, la voix me dit :

Aujourd'hui, prie et aime
en union avec mon précieux Sang.
Seul l'amour peut renverser tous les obstacles.

Je pensais à Rome, à la demande d'adoration du précieux Sang. je crus comprendre qu'il fallait beaucoup prier pour l'obtenir.

Le précieux Sang sera révélé par l'Église

Le plus précieux de l'amour de Jésus
sera révélé par l'Église.

C'est par ces paroles que je fus réveillée. Je répétais plusieurs fois la phrase pour la savoir par cœur, et j'allais vite l'écrire. C'était la voix, celle que l'on entend comme une parole humaine et qui retentit aux oreilles, la voix forte comme un tonnerre mais tendre comme une brise légère.

Une fois que j'eus écrit la phrase, je pensais que c'était une suite à la nuit précédente, où Jésus Eucharistie avait fait alliance avec moi, dans son Sang, et où il avait parlé du trésor de son Cœur ouvert déversé en flots de grâces sur les hommes.

Le plus précieux de l'amour de Jésus : je me rappelais que, selon ses propre paroles, c'était son Sang versé en abondance, à cause d'un amour fou et impétueux, Sang versé pour sauver tous les cœurs, même les plus endurcis. Le plus précieux de l'amour de Jésus, c'est ce don de son Sang. C'est le mystère des noces de Cana qui arrive à son achèvement. C'est le secret de son amour infini, contenu en son Cœur divin. C'est l'éclatement de ce Cœur qui s'ouvre pour laisser déborder *le meilleur*, le plus *précieux*, le don de son Sang très précieux qui se répandra sur tous.

Ce Cœur ouvert, c'est l'Eucharistie. En l'Hostie sainte se trouve son Corps très saint et son Sang très précieux. Et plus que cela : l'Hostie sainte et immaculée n'est autre que son Cœur ouvert, le Corps contenant le très précieux Sang.

Lorsque nous recevons l'Hostie, c'est son Cœur que nous recevons. Et son Cœur contient tout son sang. Et son Cœur s'ouvre en un immense geste d'amour, pour déborder et nous inonder tout entier. C'est ainsi que nous sommes purifiés, lavés tout entier dans le Sang de l'Agneau chaque fois que nous communions.

Ainsi Jésus Hostie peut se donner à l'infini, et tout entier, car son Cœur peut aimer sans partage une multitude de cœurs, sans en être pour autant aucunement amoindri, bien au contraire. Nous pouvons en faire l'expérience à notre minuscule échelle. Si nous aimons les autres, si nous sommes disponibles, sans partage, sans mélange, nous aimons davantage, notre zèle augmente, notre charité aussi, et nous pouvons donner encore plus.

Ainsi en est-il du Cœur infiniment parfait de Jésus, qui ne cesse de se donner et de se re-donner, dans un élan qui va sans cesse s'augmentant jusqu'à la fin des temps.

Chaque fois que nous communions, nos robes sont lavées dans le Sang de l'Agneau qui nous pénètre, coule en nos veines et nous régénère. Mais quelle souffrance il a fallu pour qu'il puisse ainsi se donner à nous, au plus intime de nous-même, depuis la sueur de Sang de l'agonie, en passant par la flagellation où le don de son Sang qui ruisselle de toutes parts est si frappant pour les pauvres pécheurs qui ont été tirés de leur misère; par le couronnement où il veut dire que son royaume n'est nulle part ailleurs qu'à l'intime des cœurs; par le chemin de Croix où à chacune de ses chutes il donne un peu plus de son Sang, ce Sang très précieux qui tombe sur les durs cailloux du chemin, comme il veut maintenant se déverser sur les cœurs de pierre. Il veut nous montrer que même les cœurs endurcis comme des cailloux, il les arrosera de son Sang, jusqu'à cet horrible supplice de la croix où il veut racheter tous nos membres et nous dire que nos pieds ne doivent courir que pour le service du Royaume, et nos mains ne doivent avoir que la seule liberté de bénir, et jusqu'à l'ultime don de son Cœur ouvert qu'il ne voulut découvrir qu'à la fin, le plus précieux est pour la fin. Mais encore faut-il être là au pied de la croix, à contempler. Sinon, nous ne pourrons saisir l'immensité du don précieux, le joyau, le trésor qu'il veut nous découvrir, et nous donner à profusion.

Je compris encore, lorsque les paroles furent dites, que l'Amour vivant approuvait notre projet d'en référer à l'Église. C'est elle qui en tirera à son tour *le plus précieux* selon ce qu'elle jugera bon.

J'ai toujours eu ce sentiment très vif que tout ce qui m'était dit ou montré, n'était pas pour moi, mais bien pour tous, pour tous les cœurs. Tout au début d'ailleurs j'avais entendu ces paroles bouleversantes :

Allez crier mon amour à toute la terre!
Allez dire à ma terre d'amour : Je suis là!

Je n'oublierai jamais ces paroles-là. Mais comment faire pour aller crier son amour à toute la terre. Oh! au début j'étais prête à monter sur les toits pour dire qu'il est là! Mais ce n'était pas cela qu'il fallait faire. Il fallait se taire d'abord, puis souffrir, prier et aimer. Et maintenant, c'est à l'Église de crier l'amour de Jésus, partout et en tous lieux. Je ne suis qu'un relais et je continuerai de l'être tant qu'il le voudra. Il lui fallait sur la terre une oreille qui entende et qui redise ce qu'elle avait entendu. C'était tout simple. Il veut toujours se servir de nous tant il nous aime. Il nous permet ainsi d'entrer en son amour. Oh! quelle chance d'être ainsi saisie dans son plan d'amour. Mais je sais qu'un jour, je me tairai car je serai broyée lorsque le temps sera venu. Mais l'Église aura reçu ce qu'elle devait recevoir. Le service des transmissions aura été assuré. C'est l'Église qui criera l'amour de Jésus, comme à Cana, comme à la Croix. C'est l'Église qui révèlera le plus Précieux de son amour. Et lorsque l'Église révèlera ces secrets, Marie sera là, réunissant pour toujours les noces de Cana et les noces de la Croix.

L'Église est notre Mère.

L'Église est ma Mère.

Je l'aime infiniment comme j'aime Marie.

C'est en elle, c'est au cœur de l'Église que je désire déverser les secrets du Cœur de Jésus, parce que c'est son désir à lui, et parce que j'épouse son désir de tout mon cœur. L'Église est son Épouse. Je me laisse faire, puisqu'il est l'Époux, et je m'en remets totalement à elle, ma Mère Église, ma Mère tendrement aimée, faite pour recevoir tous les secrets de l'amour de Jésus.

CHAPITRE VII

L'ordre

SERVANTES DU SEIGNEUR

La terre en forme de cœur

La terre se trouvait devant moi : c'était une énorme boule aplatie aux deux pôles, comme on la décrit dans les livres de géographie. Elle était tout entourée de ciel, et je la voyais tout entière, comme posée dans l'univers. J'étais moi aussi *posée* devant.

La grosse boule devint très belle, toute parsemée de fleurs de toutes les couleurs. Les fleurs étaient resplendissantes, brillant comme autant de petites lumières. Petit à petit, la boule prit la forme d'un cœur immense s'aplatissant un peu à droite et à gauche, s'amincissant vers le bas. Cette Terre-Cœur se mit ensuite tout doucement à s'entrouvrir vers le haut, au milieu, exactement comme s'était ouvert le Cœur d'Amour. Toute la terre était un immense cœur ouvert. Ainsi achevée, l'Amour vivant vint se placer au-dessus d'elle, désirant d'un immense désir venir prendre place dans l'ouverture du cœur et la posséder tout entière. Cependant l'Amour vivant ne bougea pas, resta au-dessus de la terre, la regardant avec une tendresse extrême. Une voix si profonde et si forte que je craignis que toute la maison ne soit réveillée, dit ces paroles :

Satan veut empêcher l'ouverture éclatante de la terre.

Les cinq continents

Jésus en Croix se penchait vers la terre. A ses pieds je vis une immense boule resplendissante de lumière. C'était la terre, sa terre d'amour.

La boule se mit à tourner, lentement, lentement. Je vis les cinq continents défiler les uns après les autres. Leurs formes ressortaient nettement, leur lumière étant plus vive que la lumière des mers, plus atténuée. Je vis avec quelle tendresse Jésus était penché sur sa terre. Il me faisait entrer dans sa tendresse. Avec lui, je me mis à aimer tour à tour d'une grande tendresse, chaque continent.

Quand la terre eut fait son tour complet pour qu'on la voie bien, elle se mit à tourner vite, de plus en plus vite. Elle était si belle ! Elle alla à une vitesse vertigineuse. Je ne voyais plus qu'une boule de feu, projetant des étincelles de lumière.

L'appel : « servante du Seigneur »

Je ne dormis pas de la nuit. Toute la nuit la voix d'amour me parla. Jésus était là. Toute la nuit fut un appel.

Dans le silence de la nuit, je disais au Seigneur tout mon amour. J'étais extrêmement unie à lui, éprouvant un grand amour.

Je devins de plus en plus petite, anéantie. J'existais de moins en moins. Je sentais qu'il vivait, lui, de plus en plus en moi. Alors je disparaissais. Je le sentais approcher.

Puis ce fut un immense appel. J'étais entièrement tournée vers lui, dans une grande attente. Il m'appelait si fort. Jamais je n'ai ressenti l'appel de manière aussi forte. Cela dura très longtemps. Jésus voulait quelque chose.

Alors à nouveau je me tournais vers Jésus, attendant sa venue. Je désirais sa venue de toutes mes forces. Mon cœur était dans un état d'ardent amour, d'attente. Ne pouvant plus attendre je lui dis :

« Parle, Seigneur, ta servante t'écoute. »

Je vis alors le visage de Jésus, très proche, très distinct. Je ne l'avais jamais vu aussi nettement. Il resta ainsi très longtemps. Son regard d'amour était posé sur moi. Mais dans sa grande tendresse il y avait beaucoup de tristesse. Il souffrait. Je comprenais qu'il voulait demander quelque chose.

Je cherchais, je le regardais sans cesse, essayant de comprendre. Avec lui, j'aimais et je souffrais. Dans le grand silence il me dit :

Je t'attendais.

Il dit cela sur le même ton exactement qu'il avait dit :

Ma fille,
moi je t'aime
d'un grand amour.

Il y avait une tendresse infinie. Je fus bouleversée. Ces deux mots : *Je t'attendais*, s'imprimèrent en moi au plus profond, en ce qu'il restait de moi car j'étais anéantie. Je ne le vis plus... J'entendis alors :

Tu es servante du Seigneur.

Puis des images se déroulèrent : j'étais dans une pièce petite, mais très jolie, très brillante de propreté. J'étais à genoux sur un prie-Dieu. A ma gauche il y avait un lys blanc aussi haut que moi. On aurait dit un petit arbre. Sur le prie-Dieu, à genoux, je voyais tantôt Marie immaculée, tantôt moi. Elle me montrait ce que je devais faire.

J'étais habillée de cette jupe froncée, de la couleur d'un bleu de travail, comme une servante. J'avais sur la tête une sorte de couronne blanche en tissu, avec un voile court. Je portais ce voile pour prier. Mais pas le reste du temps. Le reste du temps, à l'image de Marie, je m'activais dans la maison, je sortais de la maison pour aller en « visitation » ou rendre service. Mais les plus longues heures de mon temps, c'étaient la contemplation et l'adoration. J'étais perdue en adoration.

La petite pièce où Marie et moi nous nous trouvions était un petit oratoire. Il y avait le Saint Sacrement. La voix d'amour dit :

Il faut que la femme cesse
de vouloir être maîtresse du monde
pour se faire servante du Seigneur.

A genoux en adoration, l'un des murs de mon joli petit oratoire devint transparent comme une vitre. Je vis, à travers la vitre, des églises vides et noires comme les ténèbres.

Dans une église, belle mais très sombre, je voulus entrer, cherchant le Saint Sacrement pour l'adorer. Je ne pus pas entrer, l'église étant fermée. Je vis à nouveau l'intérieur de l'église. J'essayais de scruter les ténèbres. Il n'y avait qu'un gouffre noir. Jésus n'était pas dans l'église, j'étais pleine d'effroi. Alors dans l'oratoire je me mis à prier de plus belle. Je vis ensuite des monastères. Ils étaient vides et noirs comme les églises. Je ressentis une sorte de désespoir, d'angoisse immense.

Le petit oratoire s'emplit de lumière. Marie priait. Je compris que la lumière repartirait des demeures chrétiennes. Les époux chrétiens en prière allaient redonner au monde des prêtres, des religieux. La voix d'amour dit :

Il y aura des ménages chrétiens
comme il n'y en a jamais eu.

Je demandai : « Comme les premiers chrétiens ? »
Un long silence...

Comme la Sainte Famille.

Pendant que la servante du Seigneur priait, il y eut tout le temps la présence de saint Joseph et de l'Enfant. Sa compagne de tous les instants était Marie, qui, tantôt priait à la place de la servante, tantôt avec elle. Et puis, si, il y eut quelqu'un d'autre qui vint voir la servante, ce fut le curé d'Ars.

Il s'avança en soutane noire, avec un surplis blanc. Il avait à la main une lampe tempête. La lampe était toute peinte en noir. Dedans brillait une lumière. C'était la lumière dans les ténèbres.

Il vint se mettre à genoux à côté de moi et pria longtemps avec moi. Puis il me tendit sa lampe tempête. Ne comprenant pas ce qu'il voulait, je le regardais. Il insistait, me tendant la lampe. Je finis par la prendre dans ma main droite. Il m'aida à la porter en soutenant mon bras car la lampe était très lourde. Puis il me montra qu'il fallait tendre le bras pour que la lampe soit toujours devant moi et que la lumière me guide. Puis avec moi il se pencha vers l'église fermée et complètement sombre qui était devant nous à travers le mur transparent de notre oratoire. Alors la lumière de la lampe tempête se mit à éclairer l'église. Il me dit que je continuais sur la terre ce qu'il avait fait : prier et donner sa vie en sacrifice pour les prêtres. Il me demanda de continuer à prendre sa suite. Il me montra que la lumière viendrait du mariage chrétien, que les servantes du Seigneur en prière, repeupleraient les églises, que leur prière redonnerait au monde des enfants prêtres.

Par le mariage consacré, la chrétienté refleurira. Les ménages chrétiens enfanteront dans la sainteté. Leurs modèles ce seraient les saints Époux qui ont engendré dans la sainteté, la prière et le sacrifice de leur vie, ceux qui ont engendré Jean-Baptiste, Marie, puis Jésus. Trois modèles de sainteté, le plus pur étant Marie et Joseph.

Un mariage consacré au Seigneur, vécu dans la chasteté, dans la grande pauvreté, dans la prière d'adoration, et dans le service de Dieu et des hommes.

L'appel au bord du lac

Jésus vivant était au bord d'un très beau lac. Jésus était habillé de blanc, mais comme transparent. Je le voyais très nettement car j'étais tout près de lui, mais je n'aurais pas pu le toucher si je l'avais voulu car il était comme impalpable dans sa blancheur éclatante et douce à la fois.

Je pensais que c'était Jésus glorieux. Son visage dont je distinguais les traits ressemblait à celui du Saint Suaire, mais en beaucoup plus beau, à cause de l'expression de tendresse.

Il y avait les apôtres autour de Jésus. Tous, ils étaient aussi habillés de blanc. J'étais parmi eux.

Au cours de la journée, Jésus les avait appelés un

par un. Et je savais ce que cela voulait dire, car je ressentais en moi-même cet appel profond, profond, auquel on ne peut résister. Il avait dit : *Viens, et suis-moi...* et je l'avais suivi ; c'est pourquoi j'étais là, au bord du lac. Et dès que l'on suit Jésus, il nous emmène, il nous *embarque*. Il ne nous laisse pas un instant inoccupé...

La voix dit, comme si elle poursuivait une histoire déjà commencée :

Et le soir même, Jésus monta dans sa barque
et il s'en alla...
et ils le suivaient
mais ils ne savaient pas où il allait...

Je restais là, brûlant de suivre Jésus, mais ne sachant comment faire, désemparée et tiraillée entre cet appel brûlant de tendresse, et cette impossibilité de savoir comment faire, ni où aller.

Plus tard, je compris que Jésus voulait que je le suive, sans savoir ni comment faire, ni où aller, parce que c'est la voie qu'il choisit pour ceux qu'il appelle, afin qu'ils cheminent dans la confiance et dans un total abandon.

Les pauvres pécheurs

Ce jour-là je fus saisie alors que je lisais auprès du Saint Sacrement un passage de l'Évangile sur l'appel des premiers apôtres.

Je me trouvais donc souvent auprès du *lac*, ce lac sur le rivage duquel j'avais déjà rencontré Pierre lorsqu'il m'avait dit : *Reste accrochée à la barque de Pierre.*

Est-ce le lac de Capharnaüm ? Si j'avais la grâce de

pouvoir aller en Terre sainte, sûrement je pourrai répondre à cette question, car ce beau paysage est gravé en mon cœur. Je vis le rivage. Je vis la barque sur le lac. Je vis les montagnes dans le lointain. Je vis sur le rivage une petite poignée d'hommes pauvres, mal vêtus. Ils se donnaient de la peine, sur le rivage, allant et venant, s'occupant des filets.

Je ne me souviens de rien d'autre. Seulement, je vis avec les yeux intérieurs, que ces hommes étaient exactement comme leur apparence extérieure l'indiquait, de pauvres pêcheurs. Ce n'était pas pour rien que Jésus les avait choisis entre tous, parce qu'ils avaient ce métier de *pêcheur*. Ce n'était pas un jeu de mot : c'était une réalité très forte et très profonde. Leur cœur, leur âme était une âme de pauvre pécheur et c'était sur eux précisément que toute la miséricorde de Jésus vivant allait se déverser. Pauvres pêcheurs de par leur métier, leur situation, leur état de vie, ils étaient aussi intérieurement pécheurs et combien plus profondément encore ! Ils attendaient sans le savoir, comme toute l'humanité désolée, que la miséricorde de Dieu prenne forme d'homme, en Jésus *qui sauve*, et vienne les appeler, les mettre à part, les faire monter en lieu sûr, en la barque, afin de les sortir de leur misère.

Pauvres pécheurs, je compatissais si fort à leur sort, que je me voyais pauvre pécheur au milieu d'eux, sur le rivage, attendant, avec une immense espérance.

Comme j'attendais sur le rivage pauvre pécheur avec les pauvres pécheurs, dans une grande souffrance mais attirée par une forte attente qui était déjà l'espérance, la voix vint me chercher. On aurait dit qu'elle avait prié, à travers toute une humanité, et qu'elle avait couru comme lorsque l'on cherche quelqu'un que l'on ne trouve plus. Puis tout à coup, m'apercevant sur le rivage avec les pauvres pécheurs, elle s'était précipitée puis posée sur moi. Je la reçus comme on reçoit une lumière. Elle m'avait cherchée, mais moi, je l'attendais. Elle me prit et ne me lâcha plus. Je veux dire que je ne sentais plus la misère, ni la pauvreté du pécheur. Je fus revêtue de la force de la miséricorde. Sa voix tant aimée me dit :

Comme aux premiers temps,
ce sont les pauvres pécheurs
que je viens chercher,
pour en faire des apôtres.

Les enfants... je te les confie

A la chapelle, à la fin de la messe, alors que nous étions en train de prier la Sainte Vierge, je sus que Jésus était là, car il y avait la force extraordinaire de sa Présence vivante. Mais il était triste, très triste et la voix dit :

C'est un grand désastre sur le royaume de France.

« Mon Seigneur ! » (J'étais bouleversée de sa tristesse...) Il continua :

Toutes ces familles dévastées !

« Oh ! »

Les enfants... ce sont les pauvres, les petits pauvres !

Un grand silence.

J'étais si bouleversée de ce grand désastre, j'en ressentais une peine si profonde que les larmes coulaient. Et ma peine la plus grande était, avec l'abandon de ces enfants, la grande tristesse de l'Amour vivant. Je ne savais que faire pour le consoler. Il ajouta :

Je te les confie.

Plus bouleversée encore par cette phrase, par la confiance de l'Amour vivant, et voyant que ces enfants étaient innombrables, je me demandais en moi-même : « Où les mettrai-je ? » Alors un cri sortit du fond de mon cœur vers l'Amour vivant : « Mettez-les en mon cœur ! »

La voix dit :

Ton cœur en éclatera...

« Cela ne fait rien, pourvu que leurs âmes soient sauvées ! »

L'appel de Dieu

Seigneur, mon Dieu, il y a un feu si brûlant en moi, que mon cœur ne peut plus le contenir. Ce feu est un appel d'amour. C'est un feu descendu du ciel et qui me pousse à aller crier l'Amour du Dieu vivant, à toute âme qui vit sur terre, et qui veut bien l'entendre.

Dans cet appel d'amour il y a une descente dans le silence, le grand silence de Dieu qui est au fond de mon âme et dans la petitesse. Je deviens le jouet de ses mains de tendresse, de sa providence. Il me mène par les épreuves et par les souffrances ; il me mène par le cœur tout broyé jusqu'à sa grande joie qui est tressaillement de vie. Et ce désir de vie d'amour, en lui et en les autres, est si fort que mon cœur en éclate.

Jésus, toi, le Crucifié, le grand éclaté d'amour, je te reconnais bien là, Présent, car c'est par tes chemins que tu me mènes.

Et l'amour est si fort en mon cœur que je ne peux plus écrire. C'est devenu comme un dégoût pour moi. Quoi ! transmettre à du papier inerte ce tressaillement de vie, cette force de résurrection qui éclate de Jésus éclaté d'amour ? Non, c'est *dire* la vie, c'est la crier à toute la terre, que je désire...

Comment taire tant de secrets d'amour, alors que des milliers d'âmes meurent de non-amour : des jeunes surtout, des enfants, de grands enfants, si tendrement aimés de Dieu et de mon cœur de mère plongé dans le Cœur de Marie, seule vraie Mère, Mère Église rassembleuse. Marie prend mon cœur, et mon cœur pleure avec le sien, car c'est grande pitié sur la terre!

Marie Mère
Marie Église
me prend tout entière, et me pousse à rassembler ses enfants, tous ses enfants pour leur crier l'amour du Cœur de Jésus. Ses enfants les plus pauvres, vous savez : les estropiés, les aveugles et les boiteux, ceux qui meurent sur le bord du chemin sans que personne ne s'en soucie. Les fils de riches, ceux à qui Dieu avait tout donné, les *gens bien* de ce monde, les chrétiens de toujours, ceux-là n'ont pas le temps d'entrer au festin. Alors, il faut aller chercher les pauvres, les plus pauvres. Ce sont ceux-là que mon cœur aime, ce sont ceux-là que je sens de plus en plus proches, car Dieu en mon cœur creuse, creuse, afin de m'attirer en la sainte pauvreté.

Le dépouillement de la crèche, le dépouillement de la Croix me sont de plus en plus proches. J'en suis amoureuse. Le mot n'est que faible.

Je n'entends parler qu'appartements, maisons, millions, bien-être et ce me sont désormais des mots très étranges. Ce ne sont pas les mots de l'Évangile, aussi ils ne sont plus miens.

Dépouillée comme Jésus à la crèche, à la Croix, quel honneur! Je le laisse faire. Il saura bien me dépouiller toute, à sa façon. Je désire tant être toute comme lui, pauvre, pauvre.

Marie était pauvre.

L'Église doit être pauvre!

Je creuse en ton cœur...

En entrant dans la chapelle, le Saint Sacrement était déjà exposé. La voix dit :

Je suis là...
Je t'ai appelée...
Et je t'appelle encore...
Même quand tu crois que je pars, je suis encore là...
Sans cesse je me penche vers toi.

Je vis alors le Père du ciel se pencher vers moi. Se pencher est un bien pauvre mot. Je vis ce mouvement, plein d'une tendresse extraordinaire, où Dieu, dans le ciel, se penche vers les hommes. Il les regarde, il les enveloppe de son regard de tendresse. C'est la même attitude que celle de Jésus en croix qui se penche vers le monde.

Tandis qu'il se penchait ainsi, je vis le Père du ciel très occupé, affairé, je pourrais dire.

« Oh ! que faites-vous ! » lui demandai-je, très intriguée.

De mon Cœur ouvert, je sème en ton cœur ouvert..
Je sème les germes des Maisons d'adoration.
J'ai beaucoup de travail !

La voix reprit :

J'ai dû creuser, creuser en ton cœur,
afin d'avoir assez de place.

J'étais toute confuse, car je voyais en effet combien mon cœur était dur à creuser, et combien je donnais de peine à mon Père du Ciel.

Il devait creuser, de ses deux mains, comme on creuse une citrouille, pour n'en laisser que l'écorce. Dans ma confusion, je lui dis très humblement :

« Je sais, cela fait bien mal quand vous creusez. »

J'étais profondément bouleversée et peinée en voyant mon cœur si peu prêt à recevoir tout ce qu'il voulait y déverser. Alors je voulais bien accepter qu'il creuse. Mais cela, c'est bien douloureux, je le sais par expérience. Pour faire toute la place à Dieu en notre cœur, il faut cependant accepter d'être creusé par la souffrance.

Je le voyais penché, et travaillant de ses deux mains au plein milieu de mon cœur. On aurait dit qu'il mettait en terre des plants. Je voyais plein de petits plants.

Le Père du ciel était vraiment très occupé. C'est un Père toujours à l'œuvre. Le cœur des hommes lui donne beaucoup de travail, beaucoup de peine.

En voyant les plants, je lui demandais :

« Cela en fait beaucoup ? »

Il répondit :

Une multitude.

« Alors vous n'aurez jamais fini de creuser en mon cœur ? »

J'étais saisie d'angoisse en pensant à la souffrance et ma question était douloureuse. Sa voix me répondit :

Ce qui jaillit de mon Cœur a-t-il une fin ?

Il y eut encore un grand silence. Mon âme criait tout son amour à son Dieu, pour son amour sans fin. Il reprit :

Si tu veux...
Je creuserai jusqu'à ton dernier souffle...
Veux-tu ?...

Il me demandait la permission, avec une tendresse infinie, de poursuivre son œuvre, d'achever son travail. Je fis « oui », avec la tête, et avec tout le dedans de mon cœur (car je ne pouvais plus parler, j'étais trop bouleversée).

Je savais qu'il me faudrait souffrir humblement, patiemment. Et je ressentais la souffrance présente et profonde, très profonde. Mais cela était recouvert d'une immense joie. C'est dans cette souffrance que je retrouvais le mieux l'amour de mon Dieu, que je lui était le plus unie, le plus proche. Et ma joie était complète.

Et puis il y avait une force extraordinaire, la force de l'amour, un élan jaillissant vers l'extérieur, par l'ouverture du cœur. C'était comme une colonne de lumière qui jaillissait de mon cœur tout douloureux, et qui voulait se répandre. Je crus comprendre que cette colonne de lumière signifiait l'extension des Maisons d'adoration, leur multiplication en tous lieux de par le monde.

L'Ordre

La voix me réveilla en pleine nuit et me dit ces paroles très nettement :

Je veux un Ordre d'adoration...
des adorateurs laïcs,
chez eux, dans leurs maisons.

Des adorateurs de ma Présence vivante,
des adorateurs du Père,
en esprit et en vérité.

Lorsque la voix dit : *Ma Présence vivante*, la Présence vivante me saisit. Elle fondit sur moi, comme un aigle sur sa proie, elle fit irruption en mon âme, l'envahit tout entière et y demeura. Combien de temps demeura-t-elle ainsi en mon âme ? je ne sais, mais il me semble que je passais tout le reste de la nuit avec elle.

Le lendemain matin, je me hâtais et montais prier devant le tabernacle. Là, la voix surgit à nouveau. Elle continua comme si la conversation ne s'était pas interrompue depuis la nuit. Il y avait dans la voix un immense désir de son Cœur, un désir impétueux et tendre. Oh! comme la voix avait du mal à contenir tant d'amour!

Des Maisons d'adoration,
des maisons où l'on adore Jésus vivant.

C'était un ordre et un désir violent et fort, tendre et plein d'amour.

Je ferai éclore moi-même les graines que j'ai semées :
l'ordre des Laïcs consacrés, je l'établirai.

Tu pourras offrir...

Pendant la nuit, je fus saisie et emportée dans une église. L'église était grande, sombre et vide. Je me trouvais à l'autel. L'autel était tout entouré d'un halo de lumière, la lumière merveilleuse de l'Amour vivant. Devant cet autel reflétant la lumière, mon cœur ressentait un amour brûlant. Oh! beaucoup plus que cela. Mon cœur brûlait tout entier d'un amour aussi fort que la lumière dont resplendissait l'autel. L'autel était recouvert d'une nappe blanche resplendissante, comme la robe blanche de Jésus vivant.

J'étais vêtue d'une aube très blanche, debout devant l'autel, comme le serait un prêtre pendant sa messe. Devant moi, sur l'autel, une patène en or resplendissait de lumière; sur la patène une Hostie rompue. Je pris de mes deux mains jointes l'Hostie rompue, et l'élevais vers le ciel. Je fis ce geste parce qu'une force mystérieuse m'y obligeait, élevant mes mains, malgré moi, vers le Père. En effet, dès que j'élevais l'Hostie rompue, je vis en levant les yeux, la tendresse du Père. Il y avait, tout là-haut, au-dessus de l'Hostie, la nuée de lumière dans laquelle se trouve toute la puissance de tendresse du Père. Et le Père se penchait vers l'Hostie avec une tendresse infinie.

Je ressentais alors très fortement ma faiblesse. Mes bras levés, pour élever l'Hostie rompue vers le Père, tremblaient. Ils tremblaient non pas de peur, mais d'un amour trop grand, d'une conscience aiguë de la pauvreté de mon être en face de la force d'amour du Père. Je me sentais saisie tout entière par cette force, et je la laissais faire en moi. Je la laissais agir, car c'était la force du Père qui m'avait amenée à l'autel, et qui m'avait saisie tout entière afin que je puisse faire ce geste, d'élever dans mes mains le pain rompu.

La voix se fit entendre, forte, majestueuse, toute-puissante. Elle tombait en mon être tout entier, et la tendresse du Père s'inclina un peu plus vers l'Hostie et vers moi :

Tu ne pourras pas consacrer
Tu pourras offrir à Dieu
M'offrir au Père...

Je ne vis plus dans la patène, que des miettes d'Hostie. J'adorais chaque miette. Chacune avait une beauté extraordinaire, mystérieuse, chaque miette était vivante. Je crus voir chacune battre d'amour, exactement comme lorsque je ressens les battement du Cœur d'amour à la communion. J'entrais dans une profonde adoration des miettes. Je vis que je prenais chacune d'elles avec un grand respect, car il fallait beaucoup de miettes pour tous les hommes. Je comprenais qu'il ne fallait rien gâcher car chaque miette était précieuse et je n'en avais pas beaucoup. J'avais un grand désir de donner les miettes vivantes aux hommes, comme j'avais donné les boules de pain sur la place publique. Cependant je ne vis rien d'autre. Tout s'éteignit, et je me retrouvais seule en prière, dans ma chambre.

La lueur dans l'église sombre

A l'aube, je priais devant le Saint Sacrement. Je fus saisie, et transportée tout entière dans une église. L'église était grande, vide et sombre. Il y faisait même nuit noire. Je me vis, habillée de blanc : une aube blanche et un voile blanc court sur la tête. J'étais en haut des trois marches de l'autel. J'avais, dans les mains, un grand cierge blanc. Le cierge s'alluma. Je tendis les bras, le tenant devant moi, et me mis à descendre les marches de l'autel. J'avançais très lentement comme en une procession très solennelle, bien que je fusse seule. Au fur et à mesure que j'avançais, l'église s'éclairait, plutôt la lueur de la bougie éclairait l'église.

Puis je dus m'arrêter de marcher. Devant moi venait de se poser un grand pupitre en fer forgé noir, et dessus, un immense tableau représentant le visage du Saint Suaire. Ma bougie allumée éclaira le visage bien-aimé, et je restais là, pour l'éclairer, et pour le contempler, toute bouleversée.

« Vous ici ! » m'écriai-je de toutes mes forces, dans la joie de le voir, dans une joie douloureuse à cause de son visage si souffrant. Alors sa voix se fit entendre. Il me dit :

Tu apporteras une lumière nouvelle à mon Église

Je restais là très longtemps, trop saisie pour pouvoir bouger, ni parler. Il reprit :

Tu feras aimer... mon visage crucifié...

Je tombais dans une grande souffrance tandis qu'il prononçait : *mon visage crucifié.* Alors voulant comprendre, et voulant aussi le consoler, je posais une question, car comment ferai-je pour faire aimer son visage crucifié ? « Vous voulez dire : votre visage en l'Eucharistie ? » lui demandai-je. Car une fois il m'avait expliqué qu'en l'Eucharistie son visage douloureux, crucifié, et son visage ressuscité étaient intimement unis.

Oui, me répondit-il très lentement et avec solennité. Puis il prononça chacun des mots suivants très lentement et solennellement aussi, comme pour me faire bien comprendre et pour me dire que cela avait beaucoup d'importance :

Tu feras aimer mon Eucharistie,
comme jamais elle n'a été aimée.

Lorsque je me vis éclairant le visage de Jésus crucifié avec ma bougie, je me rappelais très fortement le curé d'Ars avec sa lampe tempête auprès de moi, en servante, et devant l'église noire et vide. Dans cette église noire et vide, à nouveau éclairée de cette faible lueur, la présence du curé d'Ars à mon côté, se fit ressentir très fortement.

L'ordre des Laïcs consacrés

Je priais devant le tabernacle. La voix me dit, avec une grande tendresse, et comme si elle récitait une poésie :

Un jour, ton Ordre verra le jour...

Un grand silence pendant lequel mon âme toute tremblante écoutait de toutes ses forces. Ce n'est pas *mon Ordre* disait-elle en elle-même sans oser le formuler, car déjà une fois Jésus vivant l'avait reprise à ce sujet en parlant de l'œuvre. Je n'ai pas *d'Ordre* disait l'âme. Et voilà qu'en cet instant, elle comprit un petit peu l'attitude d'âme de Marie à l'annonce de l'Ange. Marie avait dit : *Je ne connais point d'homme... Comment cela se fera-t-il ?* Ce n'était ni un doute, ni un manque de confiance. Cela voulait dire qu'elle-même n'était capable de rien, qu'elle ne pouvait rien. Aussitôt l'ange lui avait répondu : *L'Esprit-Saint fera toutes choses.* Oui bien sûr, ce n'était pas elle, Marie, qui pouvait réaliser quoi que ce soit. Mais seulement la puissance de Dieu. Lorsque Marie sut cela, elle put dire oui, tout de suite. Ainsi la voix sembla aller au devant de mes questions. Je n'avais pas d'Ordre à moi que je puisse appeler *mon Ordre* et je ne voyais pas comment cela pouvait se faire. Et même un jour s'il se faisait, s'il *s'établissait* comme le dira la voix, ce ne sera jamais mon Ordre, mais l'Ordre de Jésus vivant, l'Ordre établi de par sa seule volonté.

Ainsi la voix venant au-devant de la réponse de mon âme « je n'ai pas d'ordre » dit vite, comme avec empressement :

L'ordre des Laïcs consacrés.

Encore un grand silence pendant lequel mon âme s'ouvrait tout entière à ces paroles. Puis la voix dit avec force et tendresse :

Je l'établirai.

Mon âme poussa un immense soupir de soulagement. Elle comprenait, elle acceptait, elle disait oui, car enfin si Jésus vivant voulait établir l'Ordre, il l'établirait lui-même sans nul doute. Mon âme ne craignait plus, car par elle-même elle ne pouvait rien.

Mais Jésus vivant pouvait tout. C'est lui qui *ferait*, c'est lui *établirait*.

Mon âme médita ce mot *établir* et se mit à l'aimer beaucoup. Elle comprit que Jésus vivant avait choisi un mot merveilleux. C'était beaucoup plus beau que *fonder*. Quand on fonde, on creuse des fondations (c'est déjà douloureux, la Présence de Jésus vivant qui creuse une âme) et on commence. Mais lorsqu'on *établit*, on ne laisse pas la construction se terminer sans en prendre soin, on achève, on rend stable, on fait en sorte que cela *tienne*.

Lorsque mon âme eut fini de se réjouir en ces paroles *je l'établirai*, la voix reprit : *Auparavant*... Un léger silence qui fut comme une hésitation, lorsqu'on s'arrête parce que l'on a une nouvelle grave à annoncer à quelqu'un et qu'on ne sait comment l'exprimer sans faire souffrir.

... Tu devras passer
par la nuit du calvaire
et la nuit du tombeau.

La Présence vivante resta encore là quelque temps comme pour me soutenir, car mon âme était entraînée sur un chemin étroit, fait de très grosses dalles de pierres toutes inégales sur lesquelles mes pieds butaient à chaque pas. Il faisait nuit noire. Je ne voyais rien, sauf une grande croix de bois qui, à quelques pas au-dessus de moi, avançait péniblement sur le sol cahotique. Mes yeux étaient fixés sur la croix.

Puis je ne vis plus rien, qu'une nuit noire encore plus épaisse, et tout disparut.

Je me retrouvais à genoux devant le tabernacle. Je ne faisais rien. Je ne priais pas. J'offrais. Je demandais à Jésus vivant d'avoir pitié de moi, de me donner la force pour la nuit du calvaire, et surtout pour ce qui était pire, la nuit du tombeau que je ne connaissais pas.

Mon Église est grande ouverte

Jésus vivant, revêtu de sa robe blanche, apparut soudain. Il était là debout devant moi : il sembla surgir de l'intérieur d'une église. Je vis en effet une église, très belle, inondée, éclaboussée de lumière. En l'église, il n'y avait qu'une lumière vive, éblouissante.

Jésus vivant se tenait à la porte de l'église, mais à l'intérieur, tout contre le montant gauche de la porte. En ses deux mains tendues vers l'avant, comme en un geste d'offrande, il me tendait une boule de pain.

Au bout d'un moment, sur la boule de pain, se posa une grande Hostie blanche, immaculée. Jésus vivant me présentait l'Hostie. Il avait posé sur moi son regard de tendresse et ne me quittait plus. Sur moi, toute petite, était posée une force, un amour incomparables.

Mais alors, je peux dire qu'en cette nuit-là, ce fut la gloire qui recouvrit tout. Oui, je peux presque dire que la tendresse fut recouverte par la gloire, une gloire faite de majesté et de victoire, une gloire triomphante.

Jésus Eucharistie se présentait dans toute sa gloire, et son Église était une Église de lumière éclatante et splendide.

Mon Église est grande ouverte, me dit-il.

Je compris que c'était à *tous* qu'il venait apporter le salut, l'entrée en son Église resplendissante de lumière, *par le pain qu'il me tendait,* ce pain qu'il voulait donner sans compter, cette Hostie immaculée qu'il présentait en ses deux mains.

Le repas partagé dans la barque

Je priais devant le Saint Sacrement.

Je fus saisie et emportée dans ce beau paysage que j'aime tant, auprès du lac.

Je vis la barque au bord du lac.

Je me vis toute petite, sur le rivage, habillée en servante. Je regardais la barque, parce que j'étais attirée par sa Présence. Et ce ne fut pas seulement sa Présence vivante, mais lui vraiment, que je vis. Il était assis, revêtu de sa robe blanche, à peu près au milieu de la barque, sur l'un des petits bancs placés dans la barque. Il regardait devant lui, les yeux levés au ciel. Je crus qu'il priait.

Je voulus le rejoindre. Je m'avançais, les pieds dans l'eau, et tendais les bras pour atteindre la barque. Mais j'étais si petite, que je n'y arrivais pas. Alors j'avançais encore, mais le rivage descendait brusquement, j'avais de l'eau jusqu'aux genoux, ma jupe de servante était toute trempée. Comme je m'enfonçais dans l'eau, la barque me parut encore plus grande, et moi plus petite. Je ne parvenais pas encore à atteindre les parois renflées et hautes de la barque, et si j'y étais parvenue, je n'aurais pas pu m'y hisser. Cela m'était impossible. J'étais dans une grande souffrance, et je tendais toujours mes mains vers la barque en un geste d'attente, de désir et de supplication.

Il y eut alors un trait de lumière, tout comme ces traits que l'on voit tomber des arcs-en-ciel. Le trait de lumière était blanc comme neige et resplendissant comme l'or. Il venait de la robe blanche de Jésus et se posa en un faisceau sur tout moi-même (ce n'était pas difficile, j'étais si petite). Ce trait de lumière m'envahit, me saisit et m'absorba. Je ne vis plus rien : ni le lac, ni la barque, ni la servante. Mais lui. Il n'y avait plus que lui, sa lumière et son amour. Il me dit :

Un jour, je te prendrai dans ma barque.

Je le vis à nouveau. Il était toujours assis à la même place. Mais cette fois, il avait tourné son visage et il posait son regard sur moi. Il assembla ses deux mains jointes, en un geste d'offrande et en même temps cela ressemblait à une coupe plate, une assiette. Dedans, je vis une multitude de poissons, qui remuaient et frétillaient dans ses mains. Il les regarda. On aurait dit qu'il les connaisait tous. C'étaient ceux qu'il avait pêchés et sauvés. Il les tenait entre ses mains, et c'était sa nourriture, sa vie.

Lui le pêcheur, avait besoin des poissons.

Je sus que j'étais parmi ceux-ci. Il me dit encore :

Tu mangeras à ma table.
Tu partageras le même repas que moi.

Puis dans ses mains assemblées, je ne vis plus les poissons, mais une boule de pain. La boule de pain était ouverte vers le haut, à moitié rompue. Elle ressemblait au Cœur ouvert et à l'Hostie.

Il reprit avec une grande force :

Je te donnerai... mon pain de vie!

Je vis alors ce qu'était son pain de vie. La boule de pain qu'il tenait devant lui, de ses deux mains assemblées, c'était son Cœur : son Cœur ouvert, l'Eucharistie.

Ce qu'il promettait de me donner était un trésor inestimable, ce qu'il avait de plus précieux, de plus cher, ce qui faisait sa vie même, ce qui était sa vie : son Cœur.

On aurait dit que son Cœur jaillissait, projeté hors

de lui-même. Sur sa robe blanche, à hauteur de sa poitrine, il tenait à deux mains son Cœur ouvert, en forme de boule de pain rompu, et la boule de pain était une hostie.

Son Cœur. Le pain. L'Eucharistie. Un seul et même don pour sauver et nourrir.

Pour sauver en hissant dans la barque ceux qui sont incapables d'y monter.

Pour nourrir de son pain, ce qui est la suprême joie pour des enfants.

Je compris que ces paroles étaient reliées à la scène dans laquelle je me trouvais sur une place où il y avait beaucoup de passants, et je distribuais de petites boules de pain à ceux qui en voulaient.

Jésus me faisait don de son pain de vie, afin que je le redonne à beaucoup d'autres. C'était son désir de faire connaître et aimer son Cœur; de faire connaître et aimer son Eucharistie. Il me le dit d'ailleurs ensuite. Je comprenais bien que ce don n'était pas pour moi (seule) mais bien pour tous les autres, tous ceux qui attendent.

Je ne le vis plus. La barque était vide. Mais à l'arrière cette fois, j'étais assise. Je ne sais pas comment j'étais entrée dans la barque. Une force m'y avait mise et posée. J'étais au fond, à l'arrière, auprès du gouvernail. J'étais habillée en servante. Je ne voyais rien ni personne. Cependant j'étais rassurée, je me sentais à l'abri. Il y avait une force extraordinaire qui était dans la barque. Je n'avais qu'à me laisser conduire. Mais je me sentais très intimidée. Heureusement que j'étais toute petite et à l'arrière. Comme je ne savais pas ce qu'il fallait faire et que je me sentais inutile, je joignis les mains, et je priais.

Je sentis alors la douce présence de Marie. Ah! je n'étais plus seule, plus si seule, désemparée dans cette grande barque. Elle était là auprès de moi, et me souriait.

Tout fut fini, et je me retrouvais dans notre petit oratoire. J'étais comme du plomb et mes yeux se fermaient tout seuls tellement je me sentais comme écrasée par quelque chose de très lourd. C'était mon corps qui était si lourd. Je compris alors le terme qui est dans l'Évangile, lorsque l'on décrit les apôtres *appesantis*. Je demandais à Jésus de garder lui-même mes yeux ouverts, afin que je puisse veiller encore en cette nuit du Jeudi saint. Je n'avais pas le pouvoir de faire obéir ce corps trop lourd malgré tout mon désir, et je compris tellement bien le sommeil qui recouvrit les apôtres. Je crus que j'allais faire comme eux. Mais ce fut la voix qui m'en empêcha. A nouveau, elle me saisit : *Reste avec moi!* demanda-t-il avec une tendresse infinie. Puis il ajouta, avec précaution et plus bas : *Je t'aime tant!*

Alors je le vis. Il était là, présent, debout auprès de moi. Il me sembla très grand parce que j'étais toute petite et à genoux à ses pieds.

Revêtu de sa robe blanche, il porta son Cœur en ses deux mains. Son Cœur ressemblait à une boule de pain. Je vis la boule de pain, entrouverte à la place du Cœur, et à moitié emplie de vin.

Oh! c'était splendide.

Splendide ne va pas. C'était indescriptible : cette boule de pain à moitié emplie de vin était en même temps une Hostie, à moitié emplie de Sang. Je compris à l'instant comment en son Corps, en l'Hostie, nous recevions en même temps le Sang, puisqu'il est au-dedans. Je compris aussi que son Cœur était l'Eucharistie.

Voici mon Cœur, me dit-il avec une grande majesté.

Je me servirai de toi
pour faire connaître et aimer mon Cœur.

Je vis le Cœur ouvert, en l'Hostie. En disant ces paroles, Jésus levait les yeux au ciel. Il priait son Père du ciel. Il lui parlait. C'est pourquoi il parlait avec tant de majesté. Je le vis alors, comme s'il était posé entre terre et ciel. J'étais toute petite, en servante, sur la terre. Au-dessus, tout là-haut je voyais une nuée de lumière et la Présence du Père du ciel se penchant vers nous. Il y eut alors un trait de lumière gigantesque comme le trait de lumière qui était tout à l'heure sorti de Jésus pour venir me rejoindre hors de la barque, mais cette fois le trait de lumière était immense; il *reliait* le Cœur de Jésus au Père du ciel.

Puis le trait se jeta sur moi. Je vis la servante toute petite, tendant les deux bras et il se passa quelque chose d'impossible, d'inoubliable. On aurait dit que la scène de la barque avait préparé celle-ci.

Tout à l'heure je tendais les bras pour monter dans la barque et comme c'était impossible, un trait de lumière (une flèche de feu pourrait-on dire) s'était abattue sur moi et m'avait élevée, emportée, posée dans la barque.

Cette fois, le trait de lumière me *relia*, m'emporta jusqu'au Cœur de Jésus. La flèche de feu partait de mes deux mains tendues, allait se poser sous le Cœur de Jésus, et c'étaient mes deux mains assemblées, en un geste sans fin d'offrande et de prière à la fois, qui *portaient* le Cœur de Jésus.

Le Cœur de Jésus était une boule de pain entrouverte, c'était une Hostie blanche et immaculée, rayonnante de lumière et à moitié emplie de vin.

Les deux mains assemblées de la servante présentaient ce Cœur au Père du ciel. La voix me dit :

Un jour, tu présenteras toi-même mon Cœur au Père... C'est ma plus grande gloire qu'une créature humaine me présente au Père.

Puis il continua, comme pour m'expliquer :

Le don du Père, mon sacrifice,
qui est aussi le sien... t'a plu...

(Je pensais à Abraham offrant Isaac. Le père souffrant autant, sinon plus, que le fils. Ainsi, pour le Père du ciel donnant son Fils : la souffrance est infinie.)

A toi, toute petite créature qui es sur la terre
Mon Père s'en réjouit infiniment.
Pour une seule créature qui aime et adore mon Cœur,
mon Père aurait fait le même don.

Puis tout s'effaça. Je me retrouvais posée à terre. Je voudrais préciser que pour porter en mes deux mains le Cœur de Jésus, je fus hissée, soulevée de terre par le trait de lumière; c'est ce qui me permit de rejoindre Jésus que je voyais très haut dans le ciel, j'aimerais mieux dire dans l'univers revêtu d'une ravissante teinte bleu nuit.

Tout mon être, tendu vers le haut, fut emporté par la lumière. C'est ainsi que Jésus voudrait voir les âmes : toutes tendues vers lui, cherchant à le rejoindre.

Lorsqu'une âme adore l'Eucharistie, son amour pour le Cœur de Jésus retourne aussitôt au Père car c'est Jésus lui-même qui retourne cet amour au Père. Et le Père se réjouit infiniment de ce que le sacrifice de son Fils n'ait pas été inutile.

Les mains de Jésus

Je vis, et je sentis mon corps porté par une multitude d'anges. Ils m'avaient prise comme j'étais, c'est-à-dire allongée dans mon lit. Ils n'avaient pas voulu me réveiller et me portaient avec beaucoup de précautions. J'étais enveloppée de tendresse et de joie. Une prière immense et fervente montait de leurs cœurs, dans des chants qui ressemblaient à des psaumes.

Je voyais cette scène dans une immense lumière. Le haut de mon corps était ouvert, comme une écorce. On ne voyait qu'un cœur, fait de lumière. Ce cœur priait sans cesse dans une grande ferveur, avec tous les anges.

Je n'étais plus sur la terre, je voyais bien que j'étais portée très haut, très haut, mais je ne sais pas où. Les anges me portaient toujours, sinon je serais tombée, mais ils avaient posé mon corps sur une immense route de lumière, qui avait la forme *d'une croix.*

La grande souffrance de mon cœur était transformée en un immense chant de joie et de gloire. Alors mon cœur qui pouvait voir, puisque l'écorce de mon corps était ouverte, mon cœur vit la tendresse du Père.

La tendresse du Père, nul ne peut la décrire, car elle se vit. Oui, j'ai vécu la tendresse du Père. Je la sentais présente, palpitante, toute vivante dans le halo de lumière resplendissante, très haut, au-dessus de moi.

Les anges me reposèrent avec une immense douceur dans mon lit. Je m'y retrouvais un instant étonnée. Mais je me mis à prier. Je vis devant moi les deux mains de Jésus. Il les tendait vers moi. Ses deux mains étaient d'une blancheur immaculée. On aurait dit deux Hosties. Elles n'avaient pas l'aspect de mains humaines. On les aurait dites faites de pain d'Hostie. Je compris que Jésus avait vraiment donné sa chair à manger.

Je voyais aussi qu'il y avait dans ses deux mains une grande souffrance et un grand désir d'amour.

Jésus désirait qu'on le reçoive dans l'Hostie. Pour cela, il m'appelait. Ses deux mains étaient tendues en un geste d'appel, de supplication et de don. Jésus attend qu'on vienne à lui. Il est Hostie vivante. Il me demande de le dire au monde.

Il désire que nous vivions dans la tendresse du Père, dans l'adoration. Il désire de vrais adorateurs du Père sur la terre.

Dans la nuit, je vis sa Présence vivante se tenir auprès de moi. Puis dans la lumière de sa Présence, je vis son Cœur. Son Cœur avait la forme d'une Hostie ouverte, immaculée, blanche comme neige, et rayonnante de lumière.

De cette Hostie incomparable, je vis surgir deux mains. Elles étaient blanches, immaculées, et les avant-bras étaient recouverts des manches de sa robe blanche. Ses deux mains avaient un geste d'offrande, les paumes ouvertes vers le ciel.

J'adorais son Cœur.

J'adorais l'Hostie.

J'adorais ses mains sorties de l'Hostie, et ne faisant qu'un avec elle.

Je sentis à cet instant qu'il prenait mes mains, les attirant en les siennes afin de les rendre semblables aux siennes. Je n'avais plus mes mains, mais les siennes, resplendissantes, immaculées.

J'offre mes mains à tes mains.
Je te donne mes mains pour m'offrir au monde.
Tes mains seront consacrées pour me porter au monde.

Je ressentis alors comme une marque, un sceau posé en mes mains.

Puis je restais là comme figée dans une grande souffrance car sa Présence vivante avait disparu. Je restais seule, dans la contemplation de ses mains ensanglantées et si douloureuses qu'il m'avait souvent montrées.

L'Église est ouverte

Je me trouvais devant une église. J'étais au dehors, debout, devant l'église que j'admirais. La beauté de l'église m'attirait, elle resplendissait d'une blancheur immaculée. Je voyais que cette église était grande ouverte : il n'y avait pas de porte et l'ouverture était très large.

La voix résonna toute joyeuse mais aussi majestueuse, comme quelqu'un qui annonce une grande nouvelle :

La porte de l'Église est ouverte
pour qu'y entrent les laïcs de mon Cœur

Les femmes dans l'Ordre

Les femmes dans mon Œuvre d'Amour

J'étais allée prier devant le Saint Sacrement. Dans l'église, si belle, de X., la chapelle du Saint Sacrement est la chapelle du Sacré-Cœur. Un beau vitrail représente sainte Marguerite-Marie priant au pied de la Croix. Je me mis à prier avec elle.

Ma prière était une prière de souffrance, de mort intérieure. Mon impuissance à réaliser les volontés de Dieu me faisait souffrir profondément. Pourquoi, mais pourquoi venait-il dire ses paroles si précieuses à une femme si ordinaire, insignifiante, perdue entre mille autres, incapable de vivre ses désirs si souvent et si fortement exprimés ?

Pourquoi ce Dieu tout-puissant ne s'adressait-il pas directement aux prêtres, eux qui ont tout pouvoir. Les prêtres ont tout pouvoir pour réaliser les volontés de Dieu, ils ont aussi tout pouvoir sur les âmes. Ils peuvent transmettre, ou ne pas transmettre, peut-être ne jamais transmettre l'amour qui sort à flots continus du Cœur de Jésus.

Ah ! pourquoi ne suis-je pas prêtre ? Ou plutôt pourquoi Jésus vivant ne fait-il pas entendre sa voix directement aux prêtres afin de leur donner la compréhension et le désir si fort de parler à temps et à contretemps, le désir de convertir, de faire vivre et revivre les âmes en leur donnant le pardon et le pain de vie ? Pourquoi, Jésus vivant, vous adressez-vous à une femme, faible entre toutes, et pauvre, si pauvre, si dénuée de toute possibilité sur tous les plans : spirituel, humain, matériel ?

Que pouvais-je faire, réduite ainsi à l'impuissance ? Telle était ma prière. Une fois de plus, du fond de tout mon être, j'appelais au secours. J'appelais Jésus vivant, j'appelais le sacerdoce sans lequel je gisais dans la mort.

L'âme enfermée dans le tombeau et dont elle ne peut sortir que par la puissance de Jésus ressuscité, puissance qu'il a remise jusqu'à la fin des temps entre les mains et dans le cœur du sacerdoce ! L'âme enfermée dans le tombeau souffre d'une souffrance de mort ! Et l'âme qui est passée par là préférerait mille fois la mort physique car enfin, l'âme pourrait s'envoler, libre de son écorce auprès de Jésus vivant. Tout moi-même appelle la mort comme une suprême délivrance, une suprême joie, une suprême grâce qui me serait faite. L'heure de ma mort sera une heure de joie, tant désirée, tant attendue.

La voix soudain, jaillit de Jésus en Croix, sur le vitrail. Elle se précipita sur moi comme une flèche et s'y posa. Elle répondit à ma prière, pour me faire comprendre ce qu'elle voulait de moi, ce qu'elle voulait de la femme. L'inutilité apparente ne devait pas m'amener à me dérober. Cependant, voyant mes larmes et ma mort intérieure, Jésus en Croix venait m'expliquer, me réconforter :

Il a fallu une femme
pour me mettre au monde, me dit-il.
Il me faut des femmes
qui remettent au monde... l'Amour!
L'Amour : c'était lui puisqu'il s'appelle ainsi :
Je suis l'Amour!
Comme il me faut des Prêtres
pour poursuivre mon œuvre.

Cachées, ces femmes
se relaient dans la suite des temps...

(Sainte Marguerite-Marie sembla sortir du vitrail, tout en sortant de sa prière profonde. Elle me sourit, puis reprit sa place, immobile, au pied de la Croix.)

Elles sont aussi indispensables à mon œuvre d'Amour,
que le sont les prêtres.

La femme et le Cœur du Christ

Je vis le corps de Jésus en Croix, mais son corps était déjà mort, figé, et blanc comme un cadavre.

Au pied de la croix, je me vis à genoux recouverte d'une grande cape bleue. Mon visage était posé sur les pieds de Jésus en Croix que j'embrassais.

Dans mon chagrin de le voir mort, je répandais des

flots de larmes qui inondaient ses pieds. Puis de mes longs cheveux qui tombaient sur mes épaules, j'essuyais ses pieds trempés.

Alors la voix s'éleva, la voix avec des paroles, la voix forte, distincte, d'une infinie tendresse : *Tu me laves les pieds,* dit-elle. Il y avait dans ces mots un remerciement d'une extrême délicatesse et je fus bouleversée jusqu'au fond de l'âme. Je restais là, en contemplation devant ces pieds que je voulais laver, essuyer, parfumer, embaumer.

Il y avait un amour extraordinaire en mon âme pour ce corps très saint, amour fait d'un très grand respect.

Alors la voix intérieure se déroula en moi et me dit à peu près tout ceci. Pendant ce temps-là j'étais toujours en contemplation devant la Croix :

Seule, une femme m'a lavé les pieds...
Seule la femme a ce privilège, dans la suite des temps...

Je vis Marie-Madeleine au pied de la Croix, réellement. Plus exactement je me vis en elle : elle et moi, nous ne faisions qu'une seule et même femme. J'étais aussi réellement présente au pied de la Croix, embrassant les pieds de Jésus, que Maris-Madeleine le fut, il y a deux mille ans. Il n'y avait pas de différence. Il n'y avait aucune distance de temps entre le moment que vécut Madeleine embrassant les pieds de Jésus, et moi, maintenant en l'instant présent.

C'est moi qui ai lavé les pieds à mes apôtres,
continua la voix.
Aucun d'eux ne m'a lavé les pieds.
Entre le cœur de la femme et moi il y a ce lien direct.
Le cœur de la femme a un contact direct avec mon Cœur.
La femme est la servante de mon Cœur.
La servante de son Maître et Seigneur.

Marie-Madeleine m'a lavé les pieds
comme le fait une servante pour son seigneur.
Toi aussi, tu me laves les pieds en servante du Seigneur.
En acceptant d'être celui qu'on lave,
j'ai accepté de porter le péché.
Ainsi la pécheresse n'a pas été humiliée.
Mais elle a aimé.

Je suis devenu le pécheur en face de l'Amour.
Lorsqu'elle (la pécheresse) a reçu mon Amour
et moi, sa misère,
je lui ai donné ma misère d'Homme-Dieu
et... d'Enfant crucifié!
Elle m'a donné l'amour et la compassion de son cœur.
Elle a saisi, par amour,
ce que mes apôtres ne parvenaient
pas à saisir par compréhension.
Elle a su que j'allais souffrir ma Passion,
et mourir sur la Croix, à cause du péché.
C'est pourquoi sa douleur fut si grande.

Lorsqu'elle a lavé mes pieds,
elle a vécu le sacrifice,
comme j'allais le vivre au cours du repas.
Elle a su que l'Heure était venue.
Elle l'a vécue avec moi...
Ce fut la grande consolation de mon Cœur!
et je me mis à aimer d'un fol amour
l'humanité pécheresse...

Aussi, je voudrais te dire
la grande responsabilité de la femme,
elle qui a reçu la meilleure part :
c'est la femme qui a l'initiative,
parce qu'elle saisit directement, par amour.
L'homme est plus lent à croire.

Il se laisse influencer, entraîner.
La femme qui fait le mal, entraîne l'homme au mal.
Ainsi Ève a entraîné Adam.
La femme qui aime, élève toute l'humanité vers le haut.

Ainsi Marie a gardé saint Jean
dans la fidélité, dans l'espérance et dans l'amour...
au pied de la Croix.
Marie a gardé tous les apôtres
jusqu'à leur départ en mission.
Elle les a aidés, encouragés, guidés,
dans leur vie missionnaire.
Marie, en étant la servante humble
et silencieuse *des apôtres,*
a donné naissance à toute *l'humanité nouvelle :*
mon Église !

Si le cœur de la femme tombe dans la perversité,
elle pervertit toute l'humanité.
Le cœur de la femme devrait être
un cœur saisi d'amour pour moi !
car... je suis l'Amour !
Aucun autre amour ne pourra combler son cœur.

Le sacrement du pardon

Tout fut fini, et je me retrouvais à genoux sur le tapis, mais avec une grande souffrance. Une souffrance intérieure qui était celle éprouvée au pied de la Croix, mais souffrance mêlée d'une joie profonde car mon cœur avait été mêlé au Cœur de Jésus en Croix.

Il venait d'y avoir *un échange de cœurs*, il avait pris mon cœur de misère, il m'avait fait goûter à l'exquise tendresse de son Cœur d'Amour.

J'étais dans la joie immense de la pénitence et du pardon, dans la profondeur immense de la contrition et de la purification. Une pluie ruisselante inondait mon âme et la purifiait tout entière.

Je saisis en cet instant, l'extraordinaire échange qui se fait entre celui qui pardonne et celui qui est pardonné, entre le maître et le serviteur, entre le confesseur et son pénitent.

On ne sait plus, à la fin, quel est le plus humble entre celui qui tend les pieds afin d'être lavé, et celui qui étend ses mains afin de laver et d'essuyer.

Oh ! quel échange que celui qui se fait dans le sacrement du pardon, où amour et misère s'entrecroisent, se mêlent et s'épousent, pour s'épanouir en profonde humilité !

Cette belle humilité, la seule qui soit, le véritable vêtement sans tache, la robe immaculée de l'âme.

En cet échange, Marie est là ! Elle est présente au pied de la Croix, au pied de chaque croix, comme au cœur de chaque pardon.

Dès qu'une âme reçoit le pardon de Jésus en Croix, Marie, présente au pied de la Croix, s'avance, et présente à l'âme sa robe immaculée afin de l'en revêtir.

La joie du pécheur pardonné, c'est la joie de Marie, présente au pied de la Croix, priant et souffrant pour attirer le pardon de son Enfant crucifié, en l'âme de chacun de ses enfants.

Un cœur de femme

Je passais presque toute ma journée auprès de lui, en prière devant le tabernacle. J'avais prié aussi une partie de la nuit. Il m'appela, mais je ne sais plus quel nom il me donna. Son ton de voix était profondément douloureux, épuisé, accablé.

Vois-tu, me dit-il, *personne n'a pu veiller,*
en ces heures de souffrance.
Seul un cœur de femme, le Cœur de Marie, ma Mère,
m'a soutenu, a veillé et prié.
Il me faut des cœurs de femmes, dans la suite des temps,
pour veiller et prier dans le silence.
C'est ainsi qu'elles construisent l'Église.
C'est ainsi que je les associe à mon œuvre de rédemption.

Gardiennes du sanctuaire

Alors que je méditais les mystères douloureux, Jésus me ramena à Marie. C'était la présentation au Temple.

Je voyais Marie, Joseph et l'Enfant au bas des marches du Temple. Joseph regardait sans cesse et Marie et l'Enfant. Il était tout contre Marie. Il la soutenait par le bras, il était plus grand qu'elle, il semblait la recouvrir de tendresse et de discrétion à la fois. La voix s'éleva, forte, majestueuse :

Me porter.
Marie, ma Mère m'a porté en ses bras, Enfant,
au Temple.
Elle m'avait d'abord porté en elle.
C'est le privilège d'une mère de porter son enfant.
Son époux est là, auprès d'elle,
pour la protéger, la garder.
Il protège et garde aussi l'enfant.
Mais c'est sa Mère qui le porte.

C'est encore Marie
qui a porté mon Corps descendu de Croix.
Elle m'a porté en ses bras. (Un grand silence...)

Je ne t'ai pas encore dit
que Marie m'a porté après ma mort.

Elle m'a porté en mon Eucharistie,
elle a donné mon Eucharistie en ses mains consacrées.
Elle m'a porté en secret dans les maisons,
partout où mes apôtres ne pouvaient pas aller.
Elle m'a porté aux saintes femmes,
elle m'a porté aux amis de Béthanie.
Marie, épouse et Mère,
était gardienne du sanctuaire.
Douce et humble,
pure et chaste
pauvre et bonne,
Marie était très bonne.
(Il insista en disant ces paroles : *Marie était très bonne.)*
C'est ainsi que je veux que tu fasses.
Les mains consacrées des femmes[1]*,*
épouses et mères, me porteront.
Elles me porteront partout
où mes prêtres ne pourront pas aller.
Elles seront dans leurs maisons,
gardiennes du sanctuaire.

On ne peut s'empêcher de penser ici à Vatican II qui appelle la famille : *Le sanctuaire de l'Église à la maison* ou encore : *l'Église domestique.*

Un grand silence...

Et les maris, alors ? demandai-je.
Les maris travaillent, me répondit-il.
Ils gagnent leur vie pour leur épouse
et pour leurs enfants.
Ils les protègent, ils en prennent soin.
Ils sont justes et humbles comme saint Joseph.

---

1. Il est clair qu'il ne s'agit pas ici de mains consacrées comme le sont celles des prêtres. Les mains bénies des femmes qui portent l'Eucharistie sont des mains « consacrées » par le fait même qu'elles portent le Christ, le Dieu vivant lui-même. *(cf. p 251 : « Tu ne pourras pas consacrer, mais offrir. »)*

Ils ne peuvent pas me porter ainsi,
sinon ils ne travailleront plus.

Je veux donner à mon Église
des servantes du Seigneur,
épouses et mères qui me porteront,
comme Marie m'a porté.
Je veux continuer ce que Marie a commencé.
Je veux remettre dans mon Église
ce que Marie lui avait apporté
il y a deux mille ans :
ses mains consacrées pour me porter.

L'Évangile

Aimez-le, comme vous aimez Jésus lui-même, car Jésus est au-dedans de l'Évangile. Chaque lettre de l'Évangile est vivante. Chaque parole de l'Évangile est rayonnement de lumière et d'amour projeté par la personne même de Jésus vivant. L'Évangile est attaché à la personne même de Jésus, comme partie intégrante. Il fait corps avec Jésus personne vivante.

L'Évangile est projection de lumière, irradiation d'amour provenant de la personne même de Jésus. Jésus, ne pouvant contenir en lui-même toute la lumière et tout l'amour dont il vit, qui sont son essence même, projette cette lumière et cet amour en lettres vivantes, en paroles de lumière et d'amour, de clarté et de chaleur, en paroles de soleil, dansant et chantant comme la joie du ciel.

Les paroles de l'Évangile sortent de Jésus lui-même, sont projetées hors de lui, pour être vues et entendues par le monde, pour être proclamées aux quatre coins de sa terre d'amour. Les Paroles vivantes ne sont pas faites pour être tues, ni cachées, ni enterrées et devenir mortes. Les Paroles vivantes sont faites pour être criées à la face du monde, pour y être jetées comme un feu de lumière et d'amour qui se propagera à travers toute sa terre d'amour.

Ah non! nous n'avons pas le droit de nous taire, nous les *témoins*, les apôtres bien-aimés.

Écoutons la voix bien-aimée. Regardons-là, puisqu'elle s'inscrit en lettres d'or sous nos yeux. Laissons-nous faire par elle.

L'Évangile

Je ne voyais rien, mais je savais que cette Présence vivante, c'était Jésus, le Jésus de gloire, revêtu de sa robe blanche comme neige.

Il était là, tout simplement, prenant toute la place en moi, prenant tout l'espace de mon âme. Je ne vivais plus, je n'existais plus, je ne vivais que par lui. Et sa vie me remplissait de tendresse. Il y avait une tendresse extraordinaire qui se déversait de ce Jésus de gloire, mon très-aimé, et qui m'emplissait toute.

En même temps que sa tendresse, se déversaient des paroles. Ses paroles étaient toutes de tendresse et d'amour, mais elles se résumaient toutes en ce seul mot :

l'Évangile – l'Évangile.

Il me venait une tendresse extraordinaire pour l'Évangile car c'était la Parole de l'Amour vivant, la Parole de mon Jésus de gloire. Sa seule et unique Parole :

l'Évangile...

Il me parla toute la nuit de l'Évangile. Il ne m'en parla pas du tout avec des mots humains. Il m'en parla en actes, c'est-à-dire en vie. Il déversait en moi tout l'amour et toute la force de son mot unique :

Évangile.

Il me disait qu'il l'aimait, et je lui disais qu'avec lui je l'aimais. Alors, il n'y avait plus qu'un amour, un seul amour : le sien. Amour revêtu d'une force indescriptible, pour la Parole unique qu'il me disait et répétait :

Évangile – Évangile

Puis, cette nuit d'Évangile se termina par une phrase dite avec des mots qui ressemblent aux mots humains. Voici ce que j'entendis se déverser dans mon âme avec des paroles dites par la voix de mon Amour vivant :

L'Évangile est dans votre cœur

Ah ! oui, bien sûr, c'est lui-même qui l'avait mis là, dans notre cœur. Puis encore, après un grand silence d'amour et comme presque toujours une seconde fois :

L'Évangile est sur vos lèvres
dans votre prière

Alors mon âme se mit à bondir de joie. C'était un encouragement, une approbation. Mais c'était aussi une indication et je vois là quelque chose de très important. D'abord, je sus que la prière n'est véritable prière, que si notre cœur est conquis par l'Évangile, que si nous sommes décidés à devenir pauvres, humbles, détachés de tout, à devenir disciples de Jésus, en totalité, jusqu'à devenir dépouillés de tout sur la Croix.

Je sus aussi que de notre prière devait sortir la proclamation de l'Évangile. Avoir les Béatitudes dans le cœur, les désirer, en être dévorés à l'intérieur, c'est aussi les proclamer. Nous devons proclamer, annoncer l'Évangile.

Allez porter l'Évangile!

J'entendis la voix bien-aimée. Je l'entendis avant même qu'elle vienne me parler. Elle m'entretenait de chose si douces et si tendres que j'étais attirée dedans. Je ne me souviens plus de ces choses mais je crois que ce devait être des choses de l'amour, des paroles d'amour, car je vivais dedans. J'étais dans la voix bien-aimée, au-dedans d'elle. Je ne me rappelle plus ce qu'elle me disait. Je ne me rappelle plus ce que je lui disais. Peu importe, j'étais au-dedans d'elle, et elle était au-dedans de moi.

Alors, dans ce grand amour, je la vis, ma voix bien-aimée. Je la vis avec mes yeux s'inscrire en lettres d'or au-dedans de moi, et devant moi. Les lettres chantaient et vivaient comme une lumière de soleil. Voici ce qu'elles disaient :

Mes enfants allez, allez me porter
Allez porter l'Évangile.

L'Évangile : la voix insista sur ce mot. Le mot Évangile résonna indéfiniment, scintillant et dansant comme une lumière vivante. Ah! les lettres vivantes, comme elles sont attirantes dans leur lumière et dans leur amour!

La tristesse et la laideur d'une lettre morte qui tombe dans un trou noir et va rejoindre le gouffre de la mort et des ténèbres! La joie d'une lettre vivante! Si les chrétiens voulaient bien regarder en face les lettres vivantes dites par la voix d'amour, combien leur cœur deviendrait illuminé, ensoleillé!

Alors la voix prit le mot Évangile entre ses deux mains de tendresse, puis elle déposa ce mot tout entier au fond de moi-même. Je vis le fond de moi-même, l'intérieur de mon cœur, le mot Évangile y entrait comme un bloc, tout entier, les lettres étaient soudées les unes aux autres. Pas une ne faisait mine de se détacher des autres. L'Évangile c'était un bloc soudé, indestructible, bloc de lumière et d'amour dont rien ne pouvait être touché.

Je le recevais en plein cœur comme on reçoit un bloc d'amour, mais aussi un bloc de souffrance. Les deux mains de tendresse enfonçaient le mot Évangile au plus profond de moi-même. Ce fut très profond, comme dans un puits sans fond. Et je souffrais beaucoup, tout le temps que le mot pénétrait en moi si profond dans le puits dont je ne voyais pas le fond.

La dimension d'une âme, c'est immense, c'est infini, comme l'Amour lui-même. Une âme qui se laisse faire, l'amour peut y pénétrer, y entrer, y vivre, s'y promener partout bien à l'aise, sans se heurter à des limites. L'âme ouverte à l'amour est à la dimension même de l'amour : sans fond, et sans fin. L'amour se reconnaît en elle. C'est sa demeure. L'amour s'y installe et y demeure sans fin car il n'y a pas de fin en l'âme. L'amour est à l'aise dans l'âme qui aime, car cette âme est à la mesure même de l'amour, c'est-à-dire sans mesure.

Soyons des âmes ouvertes à l'amour. Soyons des âmes sans mesure, et nous recevrons ce bloc vivant d'amour et de lumière qu'est Jésus vivant. Nous recevrons comme en lettres vivantes le bloc d'amour et de lumière qu'est l'Évangile.

Jésus vivant, l'Évangile en lettres vivantes : c'est

tout un. C'est une seule et même réalité. C'est une seule et même Personne vivante.

Jésus lui-même se définit comme l'Évangile vivant.

Les missionnaires du Cœur ouvert de Jésus

Les missionnaires du Cœur ouvert de Jésus

J'ai retrouvé pendant le silence de la nuit mon Dieu d'Amour, celui qui se penche vers moi et me fait vivre. Il s'était saisi de mon âme et lui parlait. Voilà ce qu'il répéta pendant des heures :

Les missionnaires du Cœur ouvert de Jésus
Les missionnaires du Cœur ouvert de Jésus
Les missionnaires du Cœur ouvert de Jésus.

Je voudrais pouvoir écrire ces mêmes mots pendant des pages et des pages, car cela arriverait peut-être à exprimer un tout petit peu de cet *appel* profond que je vivais. Car la voix de l'Amour vivant est comme un *appel*, une grande force irrésistible qui pousse notre âme, qui lui donne envie de se secouer, de prendre un bâton de pèlerin et de parcourir le monde en criant de tout son amour : *les missionnaires du Cœur ouvert de Jésus !*

Ces mots sans cesse répétés, je me mettais à les aimer, à les désirer. Je voulais répéter aux quatre coins du monde que j'aimais d'un amour inexplicable ces missionnaires du Cœur ouvert de Jésus, et les aimant, je les appelais de toutes mes forces. Je les cherchais. Ma voix qui répétait était comme un écho. Il fallait appeler aux quatre coins du monde pour qu'ils existent et prennent vie.

Ces missionnaires-là, je vous assure, ils sont gravés

profond en mon âme ! et je ne pourrai plus les oublier. Mon âme les porte, les désire, les aime... C'est peut-être tout ce que Jésus veut pour le moment. Je ne cherche rien d'autre, je ne sais rien mais je les garde en mon âme pour qu'ils soient prêts le jour où Jésus voudra les en faire sortir.

Aux quatre points cardinaux

Dans le Saint Sacrement exposé, je voyais quatre prêtres revêtus d'une soutane noire et d'un surplis blanc. Ils se tournaient le dos, partant chacun en un point opposé : les quatre points cardinaux. Puis de temps à autre, je les voyais défiler deux par deux, les mains croisées dans leurs grandes manches blanches. Puis je vis notre Saint-Père le pape Jean-Paul II, puis encore les prêtres qui défilaient.

Priant devant le Saint Sacrement, je vis une image très belle. Il y avait deux mains étendues, comme lorsque le prêtre prie à la messe. Dans chacune des mains, voici que se mirent à tomber du ciel une multitude de cœurs de lumière. Ces cœurs ressemblaient à de très grosses gouttes de lumière ayant une forme de cœur. Les cœurs de lumière tombaient au creux de chacune des mains blanches, si blanches ! Les mains ouvertes pour recevoir, recevaient les cœurs.

Dès que les cœurs arrivaient dans les paumes des mains si blanches, les mains se penchaient légèrement et offraient les cœurs de lumière. Les cœurs tombaient sur la terre, s'y répandant à profusion.

Quand ce fut fini, je vis que les deux mains si belles étaient brûlées et blessées. C'était la blessure de lumière et la brûlure d'amour faites par les cœurs de lumière. Les mains étaient percées de plaies très profondes comme celles de Jésus en Croix.

Je souffrais pour ces mains si belles et si blessées. Mais je voyais que les mains ne pouvaient être autrement que blessées d'amour et brûlées d'amour, pour distribuer les cœurs de lumière aux hommes de l'obscure terre.

Je vis ensuite que les mains aux plaies ouvertes étaient entourées d'une couronne de lumière. La couronne était très belle. Les mains formaient elles-mêmes comme un cœur blessé, brûlé et ouvert, entouré de la couronne de gloire faite de lumière et d'amour. Je compris que les prêtres blessés de lumière et brûlés d'amour pour répandre le Cœur ouvert de Jésus sur la terre, recevraient la couronne de gloire, autour de leurs mains si saintes.

Les vêtements en lambeaux

Je me trouvais sur un chemin plein de lumière. Jésus était à côté de moi. Nous ne marchions pas. J'avais les mains jointes et je priais. Je priais sans cesse, de toutes mes forces. Je priais parce que j'aimais. Je ne pouvais cesser d'aimer Jésus tout près de moi; je ne pouvais cesser de prier. Prier, c'est aimer, c'est la même chose.

L'immense désir de prier et d'aimer qui était en moi, venait de lui. C'est lui qui déversait en moi sa tendresse infinie. Je n'étais là que pour la recevoir. J'étais tendue vers lui dans un mouvement d'amour qui n'émanait que de lui. Je n'étais dans une prière constante que pour répondre à son amour. Il remplissait mon cœur avec le sien, complètement. Ce n'était pas moi qui priais, qui aimais, c'était lui, en moi. Il n'y avait d'ailleurs plus de moi, je n'étais rien. Il y avait lui. Je crois qu'il est resté là, très longtemps, dans une grande lumière... Comme je comprends l'éternité !

Voilà qu'il y eut soudain devant moi, un immense tas d'habits, tout déchirés, en loques. Des habits blancs, et des habits noirs. J'étais étonnée, me demandant ce que faisait ce tas d'habits sur le chemin. Je regardais mieux, et il me sembla que les habits noirs étaient des soutanes, mais tellement déchirées et abîmées qu'elles étaient méconnaissables. Je restais un peu surprise et mon attention s'était un instant détournée de la prière.

Prie, ma fille, prie !

me dit Jésus. Sa voix m'était familière.

Je me remis à prier, avec le Cœur de Jésus, avec l'Amour de Jésus. Cette prière enveloppa et recouvrit le tas d'habits. Des morceaux qui étaient séparés, se rapprochèrent. Les déchirures se raccommodèrent. Puis il y eut une ravissante aube toute blanche. Elle était brodée autour du cou, et autour des manches ; puis une autre, et encore une autre. On ne voyait plus que des aubes blanches. Que c'était beau ! J'étais dans un vrai ravissement... Mais voici que la petite croix de bois que je porte se mit à grandir. Elle m'arriva à la taille et se mit à s'incruster dans ma chair, comme dans de la cire. Je me mis à souffrir terriblement. Je voyais la croix enfoncée en moi, comme si elle était devant moi. Ainsi posée, elle alla se placer sur les aubes, devenant plus grande encore, et les recouvrant toutes comme la prière avait tout à l'heure recouvert les habits en lambeaux.

Au pied de la Croix, je lave ma robe

Pendant le silence de la nuit, je fus emportée sur une colline, au pied de la Croix.

Je vis Jésus en Croix, reflétant la lumière étincelante de blancheur, qui l'accompagne partout où il est.

Puis je me vis au pied de la Croix.

J'étais à genoux par terre.

Devant moi, étalée sur le sol, une robe blanche, qui n'était plus très blanche mais bien gris sale, et qui ressemblait à une grande aube. C'était ma robe, et je voulais la laver. A genoux sur le sol, je frottais de toutes mes forces avec de l'eau, du savon, et une brosse. Mais rien à faire. J'avais beau frotter avec une grande ardeur, la robe était toujours grise. Ma bonne volonté évidente n'y faisait rien. Mon labeur restait inefficace.

Je ruisselais de sueur, tant j'étais fatiguée. Aussi m'arrêtai-je un instant de brosser, et j'essayai d'essuyer mon visage, de l'un de mes bras; je repoussais les immenses boucles blondes qui s'échappaient de mes cheveux très épais, attachés en arrière, comme lorsque j'étais petite. Puis ne sachant plus comment m'y prendre, je poussai un gros soupir, relevant la tête.

Alors je vis, debout, de l'autre côté de la Croix, Marie.

Elle me souriait.

Elle était vêtue de la même robe blanche que celle que j'essayais de laver pour moi. Mais sa robe était d'une blancheur immaculée, ravissante.

Son sourire, toujours posé sur moi, me fit comprendre ce que je devais faire.

Je me levais, ramassais ma robe lamentable et lui

en tendis un côté. Je tenais toujours l'autre côté. La robe ainsi étendue formait une nappe étalée au pied de la Croix; Marie la tenait d'un côté, moi de l'autre.

A ce moment, des gouttes de sang tombèrent une à une, du corps de Jésus en Croix, sur la robe.

Inutile de faire quoi que ce soit. Chaque goutte de sang en tombant, s'étalait sur la robe, formait une auréole qui devenait blanche resplendissante. La robe devenait, comme par enchantement, blanche, toute blanche.

Je ne vis pas la fin de la scène. Je veux dire que je ne vis pas la robe toute nettoyée, ni prête à revêtir, comme celle de Marie.

Je restais ainsi au pied de la Croix. Marie souriait. Je lui souriais mais je ne pouvais détacher mes yeux des gouttes de sang, que j'adorais.

Le prêtre et le sacrement de pénitence

A un prêtre ami

Le prêtre devrait être attaché à son confessionnal comme Jésus est attaché à la Croix. Plus un prêtre donne le sacrement de pénitence, plus il grandit en sainteté, et plus il est sûr de voir s'ouvrir toutes grandes devant lui les portes du ciel.

Qu'est-ce qui est important pour un prêtre? Lui demandera-t-on compte de ses activités, lorsqu'il arrivera au ciel, en présence de Dieu? Non. Il lui sera demandé : As-tu été un bon prêtre? As-tu exercé ton sacerdoce? C'est-à-dire, as-tu déversé la miséricorde de Dieu dans les âmes? Chaque fois que tu as confessé, tu as délivré une âme. Tu lui as permis d'aller recevoir Jésus dans l'Eucharistie. Tu lui as ouvert le ciel. Et pour cela, tu seras sauvé.

Regardez, regardez la bonté qui émane du visage d'un prêtre. Elle est proportionnelle au temps qu'il passe dans son confessionnal.

Que d'âmes se perdent parce qu'elles ne trouvent pas sur leur route un prêtre attaché à son confessionnal. Les prêtres ont perdu la sainteté parce qu'ils ont quitté leur confessionnal.

Dites-vous bien que tout ce que vous faites, et qui n'est pas ordonné au sacrement de pénitence ou à l'Eucharistie, est du temps perdu. Temps perdu pour Dieu, pour votre âme, pour les âmes.

A quoi servira d'avoir couru, acheté, vendu, organisé, rangé... toutes choses qui concernent des objets inanimés, alors que votre vie de prêtre est consacrée aux âmes, exclusivement au soin des âmes.

Vous, prêtres, qui rappelez aux laïcs leur devoir d'état, pourquoi si souvent oubliez-vous ce qui est beaucoup plus qu'un devoir d'état : votre sacerdoce. Écouter les âmes et sans cesse les ramener à Dieu par la pénitence et l'Eucharistie, voilà toute votre vie. Tout le reste est voué au néant. Les prêtres sont sans cesse tentés de se réduire eux-mêmes à l'état laïc. Ils font toutes choses que les laïcs peuvent faire. Et ils oublient d'user de leur sacerdoce : ils ne confessent pas, ou si peu...

CHAPITRE VIII

Marie et les Maisons d'adoration

Les Maisons d'adoration

Je vis devant moi un anneau. C'était une alliance toute blanche. L'alliance se posa sur une route d'une extraordinaire blancheur, la même blancheur que l'anneau.

De cette belle route qui était juste devant moi, des routes transversales, toutes blanches aussi, se dessinèrent. Le long de ces routes transversales, il y avait des rangées de maisons en forme de tentes. On aurait dit que ces maisons étaient faites d'or. Elles étaient resplendissantes. La porte de chaque maison était ouverte. Par les portes ouvertes, je voyais l'intérieur des maisons. L'intérieur était tout rouge, comme un feu embrasé, et sur ce fond rouge, je vis une Hostie d'une grande blancheur, surmontée d'une croix de lumière.

Je compris que Jésus était présent dans chaque maison. L'anneau blanc qui était toujours au beau milieu de la grande route blanche, vint se planter devant la première maison. Il y resta un bon moment comme s'il avait choisi cette maison, et comme s'il voulait montrer qu'elle était sienne. Puis il se décida à entrer dans le feu d'amour et partit se confondre avec la blancheur de l'Hostie.

Les Maisons blanches

Pendant la nuit, je fus emportée par un vent, ce vent puissant, assez puissant pour emporter quelqu'un où il le veut; et en même temps doux, très doux, aussi doux qu'une caresse pleine de tendresse. C'est ce même vent de force et de tendresse qui une fois m'emmena, comme dans un fauteuil pour visiter tout l'univers; et ce même vent aussi m'emporta très haut pour voir sur la mer la barque contenant Jésus avec Marie.

Cette fois le vent m'emporta tout entière, corps et âme; et je me retrouvais au-dessus d'un océan sans fin. J'étais comme posée sur l'eau, mais un peu surélevée au-dessus de l'eau : ainsi mes pieds n'étaient pas mouillés. A côté de moi, à ma droite, je vis une barque toute simple, une vraie barque de pêcheurs. Debout dans la barque un prêtre vêtu tout de blanc, et sur la tête une petite calotte blanche. C'était le Saint- Père, et je crus que c'était le nôtre, Jean-Paul II, mais cela je ne peux pas du tout l'affirmer, car je ne vis pas les traits de son visage. Son visage était recouvert d'une sorte de lumière diffuse, qui m'empêchait d'en voir les traits avec précision. Je vis seulement que de la lumière diffuse, s'échappait une bonté immense qui me bouleversait tout entière.

Il tendit son doigt afin que je regarde devant moi. Alors là-bas à l'horizon, tout au bout de l'océan qui reluisait d'une merveilleuse clarté, je vis défiler les continents. Je vis des rivages et des rivages immenses, comme si je les voyais d'avion. Et sur les terres qui défilaient devant mes yeux, des multitudes de petites maisons blanches. On aurait dit que toute la terre en était recouverte ; et elles arrivaient jusqu'au bord du rivage, comme trempant leurs pieds dans l'océan de lumière. Elles étaient si mignonnes, toutes blanches, d'une blancheur éblouissante, et si touchantes, serrées les unes contre les autres comme des maisons vivantes qui s'aiment très tendrement ; et si accueillantes avec leurs portes ouvertes (ou plutôt sans portes) pour dire à qui le voulait d'entrer, que je restais stupéfaite devant tant de beauté et tant d'amour.

Les hommes sur la terre, s'aimaient-ils donc désormais aussi tendrement que le montraient ces petites maisons pleines de tendresse, et ouvertes à tous. L'amour de Jésus Hostie, tout vivant à l'intérieur des maisons, l'amour pour les autres s'échappant par les portes ouvertes, voilà enfin que la terre d'amour avait compris. La terre que Jésus aime tant et vers laquelle sans cesse il se penche, cette terre unique entre toutes, car le Seigneur de l'univers l'a choisie elle seule pour y déposer ses créatures très aimées, la voilà enfin recouverte des petites Maisons, pleines de prière et d'amour, que Jésus attend. La voilà enfin bâtie selon le rêve du Cœur ouvert de Jésus !

J'étais tout entière si bouleversée de joie que je ne pouvais pas parler. Mais mon âme poussait des cris de joie.

La lampe de Marie

Je ne pouvais pas dormir. Je priais. Je fus emportée dans un pays délicieux, je me trouvais dans une très grande joie. J'étais devant une petite maison, toute blanche, qui n'avait pas de porte. Devant la maison, il y avait un petit mur bas, sur lequel était posé une lampe. Cette lampe ressemblait à une petite veilleuse à huile, comme celles que l'on voit parfois auprès des tabernacles.

Devant la maison, il y avait un paysage qui me ravissait. C'était une colline, toute plantée d'oliviers. Un soleil éblouissant inondait tout cela. Je me tenais auprès de la porte de la maison. Je regardais la lumière de la lampe dont je ne pouvais détacher mon regard. Je désirais de toutes mes forces entrer dans la petite maison blanche. Mais je n'osais pas. Je savais que c'était la maison de Jésus Enfant, à Nazareth. Et je savais que l'Enfant était dans la maison.

Je vis tout à coup, venant du jardin ensoleillé, Marie, debout devant moi. Elle était sortie de la maison pour faire des courses, et elle revenait. Elle était vêtue d'une robe bleue et sa tête était recouverte d'un voile blanc retenu par un bandeau autour de la tête. Elle souriait, souriait infiniment en me regardant. Elle regardait la lampe et puis me regardait à nouveau en souriant encore plus.

J'éprouvais une infinie douceur. C'est la douceur de la présence de Marie; très différente de la tendresse pleine de force dans laquelle je suis saisie lorsque c'est Jésus vivant qui vient.

Mon âme aurait voulu parler à Marie, si belle et si douce. Mais mon âme ne pouvait pas parler avec les paroles habituelles. Cependant, Marie comprit les questions que mon âme lui adressait. Pourquoi me montrait-elle cette lampe avec tant d'insistance, et pouvait-elle me dire elle-même son nom? Car pour l'instant, j'étais bien certaine qu'elle était Marie. Mais lorsque tout cela serait fini, je n'aurais plus aucune certitude... je ne serai plus sûre de rien.

Alors, manifestant une joie extraordinaire, elle s'écria en se tournant tout à fait vers moi :

C'est ma lampe...
C'est la lampe de Marie.

Puis aussitôt, elle se pencha, et souffla très fort sur la flamme de la lampe. Mais la flamme ne bougea pas, et ne s'éteignit pas. Alors elle se redressa et se mit à rire, d'un si joli rire, léger, léger... Mon âme était dans une grande joie.

Alors, elle tendit le bras vers la colline plantée d'oliviers. Elle fit venir un souffle ; une sorte de vent très puissant, mais doux comme une caresse. Je sentis le vent sur mon visage ; le vent passa comme une trombe sur la flamme de la lampe. La flamme ne vacilla pas et ne s'éteignit pas...

Alors, Marie me regarda encore en souriant, avec une voix sans paroles (mais avec les paroles qui vont droit au fond de l'âme et s'inscrivent directement dedans). Elle me dit :

Tu vois...
Ma lampe jamais ne s'éteindra.

Alors mon âme dans un grand ravissement lui cria : « C'est la lampe de Jésus Enfant ! »

Elle me fit aussitôt signe que oui avec la tête, et toutes les deux, nous nous tournâmes vers l'entrée de la maison ; vers cette entrée toujours ouverte puisqu'il n'y avait pas de porte. Mon âme tomba dans un immense recueillement, dans l'adoration. Et je vis que Marie adorait. Nous adorions ensemble celui vers lequel nous étions si fort attirées, et qui était à l'intérieur de la maison.

La lampe qui ne s'éteint jamais à l'entrée de la maison signifie que Jésus Enfant habite à l'intérieur de la maison et que toujours, toujours il sera là. Jamais, jamais personne ne pourra éteindre la lampe qui indique sa Présence. Je sentais très fortement la Présence de Jésus vivant dans la maison. Je partageais le bonheur de Marie. Elle savait, entièrement, combien est infinie la joie de la Présence de l'Enfant Dieu dans sa maison...

Je ne sais combien de temps je restais en adoration ainsi auprès de Marie. Je ne peux le dire... J'aurais désiré que ce soit sans fin.

Je fus tirée de cette adoration par la voix de Marie. Elle me dit très lentement, d'un ton très solennel mais plutôt en appuyant sur chaque mot comme quelqu'un qui annonce une grande nouvelle :

Ma lampe
sera dans ta maison

Cette fois, elle ne souriait pas ni ne riait. Mais elle m'annonçait une nouvelle. Ces mots tombèrent en mon cœur, et je vis que je les gardais comme un dépôt très précieux, comme un trésor que l'on doit garder jusqu'au jour où on pourra le donner à tous...

Marie me confiait ses paroles et son secret. C'était le secret de sa maison; le secret de toute sa vie à Nazareth, le secret de sa joie et de sa paix. Son Jésus Enfant, lumière qui ne s'éteindrait jamais, elle seule l'adorait en secret dans sa maison. Et elle désirait que ce secret se perpétue dans d'autres maisons, des maisons dans lesquelles on adorerait son Enfant.

Je baissais la tête, bouleversée par les paroles de Marie...

Jamais je n'aurais osé ni n'aurais pu entrer dans la maison habitée par l'Enfant, si Marie ne m'y avait pas conviée. Elle seule pouvait m'introduire en la maison; vous savez la maison, la seule que je cherche, sa maison à lui; la maison où règne son Cœur.

Alors, comme pour me sortir de ce bouleversement profond dans lequel j'étais entrée, Marie me montra sa joie.

Elle se dirigea vers les oliviers sur la colline ensoleillée. Elle se pencha et ramassa une grande corbeille plate qu'elle avait déposée au pied d'un olivier en revenant tout à l'heure de ses courses au village. Elle plaça la corbeille sur sa tête, comme le font les femmes africaines. La corbeille était emplie de petits pains ronds en forme de boules, mais plates.

Alors je lui demandai : « C'est du pain que vous avez ramené de vos courses ? » Elle me regarda en souriant infiniment, et elle me dit :

Tu sais bien...
c'est le Pain vivant.

« Ah ! oui... je les reconnais, les boules de pain ! » (Et je me rappelais la scène où, sur une place où passait beaucoup de monde, j'offrais des boules de Pain vivant à ceux qui le voulaient bien.)

Porter Jésus,
le donner.

Donner le Pain vivant à ceux qui viennent dans la maison, ou à ceux qui habitent autour...

Alors je souriais aussi à Marie car j'étais heureuse avec elle. Elle se mit alors à rire, comme tout à l'heure, et dans une grande joie, elle se mit à danser devant moi. C'était merveilleux : elle dansait de joie et c'était un ravissement indescriptible. Elle chantait et de temps à autre, tapait dans ses mains.

Puis elle déposa par terre, avec une grande délicatesse, la corbeille de Pain vivant.

Elle continua sa danse autour de l'olivier le plus proche de la maison. Elle avait sur sa tête une autre grande corbeille plate et vide. Et au fur et à mesure qu'elle dansait, de petits rameaux d'oliviers se détachaient de l'arbre, tombant dans la corbeille et l'emplissant. D'autres rameaux qui ne tombaient pas dans la corbeille, devenaient d'une blancheur éclatante et tournoyaient dans le soleil. Ils ne tombaient pas à terre mais formaient une *pluie* de ravissantes fleurs blanches qui prenaient la forme d'une croix (avec quatre pétales blancs, d'une blancheur éclatante comme la neige et comme la lumière).

Jésus me remet la lampe : « Tu me porteras »

Je vis une maison semblable à une tente, comme les maisons que j'avais vues alignées le long des routes blanches. Cette maison semblait posée en plein désert, un désert comme celui dans lequel j'avais rencontré le Roi d'Amour.

De la maison, je vis Jésus sortir. Il était habillé en servant du Seigneur, avec le voile blanc court sur la tête, retenu par une couronne. L'habillement de Jésus ressemble beaucoup à celui des habitants du désert. Jésus tenait à la main une lampe ressemblant aux lampes à pétrole d'autrefois.

J'étais à genoux devant lui, toute petite, minuscule. Il me tendit la lampe. De cette lampe, je vis montant vers le ciel, une flamme d'amour toute rouge, et une flamme de lumière, faite d'or. En haut des deux flammes n'en formant plus qu'une, se trouvait l'Hostie toute blanche.

Jésus se pencha vers moi et me remit la lampe. J'étais bouleversée, saisie d'amour et je restais longtemps en adoration devant lui. J'attendais qu'il m'explique, qu'il me dise ce que je devais faire de cette lampe. Comme il ne disait rien, je lui dis : « Mon Seigneur, que dois-je faire ? »

Il répondit :

Mon enfant, d'âge en âge
tu proclameras mes merveilles

Mon bouleversement se fit encore plus profond, bouleversement de joie inexprimable. Les paroles pénétraient au plus profond de mon cœur. Je lui demandai encore : « Mais où et comment, Seigneur, pourrai-je proclamer vos merveilles ? »

Il me dit :

Tu me porteras.

En même temps qu'il disait ces paroles, il m'expliqua que Marie, première servante du Seigneur, avait porté l'Enfant. A l'image de Marie, il désirait d'un grand désir que je le porte au monde.

Porter l'Enfant au monde
porter l'Enfant-Jésus
porter Jésus Hostie
le redonner au monde.

Pour cela, il faut à Jésus Enfant, Jésus Hostie, des servantes du Seigneur.

L'Annonciation

Les servantes du Seigneur

Voilà que dans la prière, je fus *saisie*, et dans ce saisissement il y avait une grande joie ; une sorte de ronde joyeuse, de danse de joie comme celle de Marie l'autre jour devant sa maison de Nazareth. Je me trouvais cette fois à l'intérieur de la petite maison blanche de Nazareth, et je voyais Marie prosternée à terre, dans une totale adoration. Elle était toute pleine de lumière ; habitée par la lumière qui rayonnait tout autour d'elle formant un halo. Saisie tout entière en cette lumière divine, elle adorait, adoration profonde, infinie, pleine d'un si grand amour et d'une si grande ferveur que je tombais avec elle dans cette prière intense.

Et la voix pendant ce temps disait avec une grande douceur :

Je suis la servante du Seigneur.
Je suis la servante du Seigneur...

Voici les servantes du Seigneur
Telles que je les désire,
Telles que je les rassemble.
Habitées par ma Présence,
Emplies de la lumière,
Elles vivent dans la prière
et dans l'adoration
là où elles sont;
dans leur maison.
Elles prient dans le secret;
dans le silence.
Elles m'aiment, en me suivant
sur le chemin d'amour;
c'est ainsi qu'elles repeupleront mes églises.

La voix dansait en mon cœur, répétant avec une douceur immense toujours ces mêmes choses. Pendant ce temps, je *comprenais* et je voyais avec mes yeux, comment la servante du Seigneur était habitée par la lumière, la lumière de l'adoration, de Jésus vivant, de l'Eucharistie et, étant ainsi toute habitée de lumière, elle la rayonnait et la diffusait autour d'elle.

Je comprenais aussi que la seule chose qui comptait, c'était la vie d'union à Dieu. L'âme unie à Jésus vivant, à son Cœur plein d'amour : c'est tout ce qu'il désire. Jésus vivant ne recherche que cela sur la terre. Il appelle avec une force extraordinaire, avec un amour fou, chaque âme à se jeter en lui, à s'unir à lui pour toujours. Jésus cherche l'âme qui l'aime, afin de l'attirer en des épousailles merveilleuses. Épousailles qui ne déçoivent jamais, car elles sont sans fin, totales, inépuisables.

Je comprenais la signification des lampes, ces petites lampes brillant un peu partout à travers la ville, telles que je les avais vues la semaine précédente, en entrant dans la chapelle, et se présentant à moi, comme une immense fresque vivante. De ces petites lampes à huile, comme celle qui était devant la maison de Marie à Nazareth, il y en avait de nombreuses à travers la ville. Chacune était si petite, si discrète, si humble. Mais la si petite flamme était tellement vaillante et forte, qu'aucun vent ni aucune force humaine ne pouvait l'éteindre.

Oui, c'est bien cela *la lampe de Marie*. C'est tout simplement la lumière de gloire de Jésus vivant dans l'Hostie ; c'est une lumière qui ne peut se comparer à aucune lumière humaine. Elle a une force et une douceur qui attirent l'âme, irrésistiblement.

La voix continuait d'expliquer (sans paroles) qu'il fallait qu'il y ait sur la terre, des servantes du Seigneur, afin de poursuivre et de perpétuer la mission de Marie. Il faudrait, jusqu'à la fin des temps, des servantes du Seigneur, qui désirent porter l'Église en leur cœur, dans la prière et dans l'adoration.

Puisque l'Église est épouse du Christ, la servante du Seigneur unie à Jésus est aussi l'épouse de son Cœur. L'Église ne restera vivante que s'il y a des âmes de prière et d'adoration, habitées par Jésus vivant.

Marie est la servante par excellence. C'est elle, et elle seule qui porte l'Église. Mais elle a besoin sur la terre de petites servantes, en chair et en os, qui continuent à porter ce qu'elle porte en son Cœur, au ciel.

Les petites servantes pourront porter en leur cœur, partout où elles sont, la petite lumière de Jésus vivant, qui jamais ne s'éteindra. Ainsi la terre qui lui appartient à lui, Jésus, sera sa terre d'amour. Ce sera sa terre d'épousailles. Il pourra s'y précipiter, avec toute la force et toute la tendresse de son amour, car il y aura sur cette terre-là, des âmes épouses, des âmes unies à lui, dans la prière de l'adoration, et qui l'appellent de toute la force de leur être. Ces petites âmes-là, ce sont ses âmes Hosties vivantes, habitées et consumées de sa lumière d'amour.

Nous avons besoin de ces âmes-là pour repeupler l'Église.

La lumière qui diffuse autour de chaque servante du Seigneur, c'est la lumière de l'adoration. Tout l'apostolat de la servante du Seigneur est l'apostolat de la prière et de l'adoration; c'est l'amour de Jésus vivant dans l'Eucharistie. La servante du Seigneur, emplie de la lumière vivante du Saint Sacrement, n'aura de cesse de la porter aux autres. Diffuser, diffuser partout l'amour de la prière et de l'adoration, l'Amour de Jésus présent dans l'Eucharistie. Diffuser cela partout, partout où c'est possible.

L'autel du sacrifice et la Sainte Famille

Pendant la prière, le tabernacle était ouvert. Nous pouvions voir et adorer Jésus Hostie.

Voilà qu'au milieu du chapelet, il se passa quelque chose : d'abord je fus *saisie*, je veux dire par là emportée dans un lieu qui n'est ni sur la terre, ni au ciel, mais où il n'y a que lui, que sa Présence. Je ne vis plus Jésus Hostie. Mais voilà que le tabernacle n'avait plus de fond. Quelqu'un l'avait enlevé, comme on enlève un écran qui boucherait la vue.

Je vis alors le ciel, un ciel bleu, d'une luminosité éclatante. Je compris que j'étais transportée ailleurs. Je regardais. J'étais dans la scène qui se déroulait sous mes yeux.

Je vis la petite maison blanche de Nazareth, exactement la même que celle des moments joyeux de la vie de Marie. La maison blanche resplendissait de lumière. Puis je vis l'entrée. Comme il n'y a pas de porte, on peut voir, en restant devant l'entrée, ce qui se passe à l'intérieur. C'est ce qui se produisit. Je me trouvai devant l'entrée. Il fallut que mes yeux s'habituent à la pénombre qu'il y avait à l'intérieur de la maison ; au début, je ne voyais que l'obscurité comme lorsqu'on vient de l'extérieur très ensoleillé, et qu'on entre dans une pièce sombre. Puis petit à petit, je distinguais les murs nus et blancs, le sol en terre battue. Au milieu de la pièce, je vis une table de bois sombre. Marie arriva, elle tenait en ses bras une nappe blanche. Elle s'affaira autour de la table ; je vis qu'elle essayait d'étendre la nappe blanche sur la table. Elle mit beaucoup de temps à faire cela. Elle avait du mal à déplier toute la nappe, et à l'étendre de tout son long. Cela semblait lui être difficile.

La voix me dit :

Tu vois, c'est Marie
qui prépare l'autel...

Je vis alors que la table n'était plus une table de bois. Je vis à la place un autel de pierre, en pierre brute. L'autel était en haut de trois marches. La nappe que Marie essayait tout à l'heure de disposer sur la table, vint se poser sur l'autel de pierre, et le recouvrir.

La voix ajouta (parce que la phrase n'était pas finie) :

...l'autel du sacrifice

Un grand silence.

Toi aussi, tu dois préparer l'autel, continua la voix.

Je ne peux pas habiter une maison sans autel.
Je ne veux pas d'un autel de pierre.
Je veux... un autel vivant.

J'étais tellement dans les images qui se déroulaient devant mes yeux, que je crus être dans l'autel de pierre que je voyais toujours, dans la petite maison blanche de Nazareth. Je me sentais impliquée, comme faisant partie de l'autel du sacrifice. J'entrais dans une grande souffrance, faite d'angoisse, comme à l'approche d'une terrible épreuve : « J'aurai donc tant à souffrir ? » demandai-je à Jésus vivant.

Tu ne pouvais me recevoir ici
sans participer à mon sacrifice.

Alors je vis une autre image, une autre scène. Le tabernacle était toujours sans fond, et la maison n'avait plus de murs. Je voyais toujours les images comme entourées d'un cadre d'or : c'étaient les contours du tabernacle. Exactement comme un tableau, mais un tableau vivant, entouré d'un cadre d'or.

Cette fois, je ne vis plus l'autel du sacrifice, mais la Croix, plantée au sommet d'une colline. Au pied de la Croix, il y avait un groupe de personnes, mais je ne distinguais pas bien. Je ne vis pas qui, ni combien. Seulement, je me retrouvais moi-même au pied de la Croix. Je souffrais tellement que je ne pouvais tenir debout sans appui. Je sentis que j'allais défaillir. Alors je me sentis empoignée par une grande force. Je me retrouvais appuyée contre la Croix, pouvant tenir debout parce que je l'enlaçais de mes deux bras, et je l'embrassais.

Je m'appuyais tant sur la Croix, le visage contre elle, que j'entrais dedans, faisant partie d'elle et que je disparus. Ma douleur était immense.

« Puisque vous me demandez tant, dis-je à Jésus vivant, je vous demande... »

Par ta demande, tu ajoutes encore à ton sacrifice. Tu connaîtras le glaive de douleur. Rappelle-toi...

Lorsque tout fut fini, je me retrouvais à genoux, sur le tapis. Le chapelet était fini. Je pleurais à grosses larmes, et essuyant mon visage tout mouillé, je compris que je venais de traverser en vérité la souffrance. Le Saint Sacrement était encore exposé. Il y eut encore quelques chants, et quelques prières.

Comme pour me réconforter, Jésus Hostie m'emmena à nouveau dans une scène délicieuse. Je vis à nouveau, à travers le tabernacle sans fond, la petite maison de Nazareth. Devant la maison, assis sur un banc de pierre, je vis Joseph et Marie. Ils étaient assis l'un tout contre l'autre, comme deux époux qui s'aiment. Ils ne bougeaient pas. Ils semblaient prier profondément l'un et l'autre dans un très grand recueillement. Ils étaient chacun vêtus d'une robe blanche qui semblait refléter une douce lumière. Tout à coup, dans ce bouleversant silence, je vis l'Enfant sortir de la maison en courant. Il était aussi vêtu d'une robe blanche, reflétant la lumière. Il semblait avoir environ sept ans. Voyant ses parents assis, il s'élança, tendant ses deux bras en avant, encerclant Marie de son bras droit, Joseph de son bras gauche. Il reposa sa tête sur leurs deux visages assemblés, et s'agenouilla devant eux.

Dans cette scène émouvante, je voyais combien il étaient *unis* tous les trois, et combien ils s'aimaient.

L'autel vivant

Tard le soir, je priais dans l'oratoire. A droite du tabernacle se trouve la statue en bois de la sainte Vierge tenant l'Enfant dans ses bras. L'Enfant regarde sa Mère.

Je venais de lever la tête. Mon regard était posé sur la statue. Quelqu'un venait de m'y attirer. Ce regard de tendresse qui se pose parfois sur mon âme et dont je ne peux plus me détacher. Le visage de l'Enfant venait de se tourner vers moi. Il s'animait. Je voyais sa tête blonde et frisée. Comme il était beau! Il se mit à me parler :

Dès mon plus jeune âge,
alors que j'étais encore en ses bras,
j'ai tourné mon regard vers toi. Je t'ai vue...
Après elle, il me fallait
d'autres cœurs de mères pour me porter.
Marie est l'autel qui me porte.

Je vis Marie au pied de la Croix, portant en ses bras le Corps mort de Jésus. Une nuit j'avais vécu cela. Ce fut terrible. Je portais Jésus mort en mes bras. J'aimerais relire aussi ce que j'ai vécu en ces moments. Peut-être comprendrais-je mieux ce que Jésus veut de moi.

La voix continuait :

Elle porte mon Corps
qui sera donné en nourriture.

Marie portant Jésus en ses bras, ressemblait bien à un autel vivant.

Il me faut des cœurs de mères
qui me portent comme Hostie;
des mères Hosties, des âmes Hosties.

Je saisissais intérieurement tout ce que cela voulait dire. C'était immense.

Porter Jésus : ce n'était pas seulement le porter comme à l'Annonciation ou comme à la Visitation. Mais c'était encore l'offrande de Jésus dans les bras d'une mère : la présentation au Temple qui s'achève à la Croix.

Ce n'est pas pour rien que le Corps mort de Jésus a été remis à Marie, en ses bras, avant l'ensevelissement. C'est pour nous faire comprendre que Marie a été l'autel vivant. Elle a reçu en ses bras et en son cœur transpercé le Corps mort de son Fils. Elle a accepté qu'il soit donné en nourriture à tous les humains.

Auprès d'elle se tenait saint Jean. Ce don aux hommes de Jésus Hostie, ne peut se faire qu'avec le prêtre. C'est pourquoi Marie porte en son cœur le sacerdoce, très fortement. Il lui a fallu, pour accepter le sacerdoce en son cœur, un immense amour.

Marie acceptait au pied de la Croix que le Corps mort de son Enfant devienne nourriture pour tous. Marie acceptait en même temps que le sacerdoce fasse de son Enfant une victime sans cesse renouvelée jusqu'à la fin des temps. Et il fallait que le prêtre qui ferait, de façon incessante, de son Enfant une victime, devienne lui-même son Enfant. Il fallait qu'elle l'accepte en son cœur, et qu'elle l'aime, comme son propre fils. Et voilà ce que fut la messe. Et voilà que, depuis le pied de la Croix, Marie est présente à chaque messe, car elle doit, à chaque fois, accepter que, par les mains du prêtre, son Fils soit victime.

Nul ne pourra jamais savoir l'étendue de l'amour de

Marie, pour être allé jusqu'à ce point. Amour infini pour accomplir la volonté du Père. Amour infini pour sauver l'humanité.

C'est cela porter Jésus. C'est porter Jésus et le sacerdoce avec lui. Ils sont inséparables.

Me prier, m'adorer, me porter. Cela va très loin.

Lorsque j'eus pénétré en tous ces mystères, la voix continua :

Beaucoup d'âmes ont bien voulu être victimes
comme moi.
Peu d'âmes veulent bien me porter.
Je cherche des âmes qui veuillent me porter.
Il me faut des autels vivants qui me portent,
comme Marie m'a porté.
Quand Marie me porte,
elle me présente au Père,
elle me donne aux frères.
C'est Marie qui me donne mon Corps d'Homme;
C'est Marie qui donne mon Corps aux hommes.

Maisons d'adoration

Je fus éveillée par la Présence vivante. Mon âme était attirée en elle par une force mystérieuse et à laquelle il est impossible de résister. Emplie de sa présence, voilà que je me mis à aimer d'un amour immense les *Maisons d'adoration.* C'était Jésus vivant qui déversait cet amour dans mon âme.

Les Maisons d'adoration étaient déversées dans mon âme comme autant de gouttes très précieuses. Elles défilaient et, les unes après les autres, je les aimais. Chaque Maison d'adoration était comme une goutte de cette grâce inondante qui ruisselle parfois en mon âme lorsque je prie.

Maison d'adoration
Maison d'adoration

Ces mots se répétaient à l'infini et m'imprégnaient tout entière.

« Mais pourquoi des Maisons ? » finis-je par demander. « Pourquoi des Maisons d'adoration ? » (Je pensais aux églises dont Jésus vivant pouvait se servir pour en faire des lieux d'adoration.)

Jésus vivant me répondit très distinctement :

Les Maisons d'adoration seront mon refuge au milieu des remous du monde déchaîné.

Un grand silence.

Je vis une mer démontée, déchaînée et de-ci de-là de petits îlots battus par les vents. Sur chaque îlot : une petite maison blanche et sans porte.

Les Maisons d'adoration seront des îlots de salut.

« Le salut des âmes ? » demandai-je toute heureuse.

Le salut de mon Église.

La maison dans la barque

Je priais devant Jésus Hostie. Je vis tout à coup une mer immense. La mer était déchaînée.

Sur la mer il y avait une fort jolie barque. J'étais dans la barque. Je vis que je reposais au fond de la barque comme au fond d'un berceau. La barque ressemblait à un berceau. J'étais dedans, paisible et sereine. J'étais heureuse.

Pourtant, tout autour de la barque, de hautes vagues écumantes s'élevaient sur la mer grise et sombre et retombaient dans un grand fracas. La petite barque berceau était secouée, secouée, mais au fond de la barque, je riais.

J'étais en sûreté, rien ne pouvait faire couler la barque. J'étais heureuse, heureuse comme quelqu'un qui échappe à un naufrage et qui est sûr d'être sauvé. Je ne craignais rien.

Sauvée, sauvée !

Ces mots retentissaient en mon âme et emplissaient toute la barque.

Je vis alors *la maison* posée dans la barque.

C'était sa maison : la maison de Jésus.

La Présence vivante était dans la maison.

Je la voyais car la maison resplendissait de lumière et l'éclat de la lumière qui jaillissait de la maison emplissait toute la barque.

« Jésus habite la maison », m'exclamai-je dans une grande joie.

C'est dans la maison que j'habite,

me dit la voix avec une grande force et une grande tendresse comme pour confirmer ce que je voyais.

Alors je regardais la maison avec un grand amour. La maison n'avait pas de porte. J'étais attirée irrésistiblement par cette maison car sa maison était aussi ma maison. La sienne et la mienne étaient la même. Je ne désirais qu'une chose : rejoindre la Présence vivante qui était dans la maison. Alors je fus attirée dans la maison comme par un aimant. Je fus happée par la maison, emportée en elle et ce fut bien facile puisque la maison n'avait pas de porte, rien ne m'empêcha d'y entrer.

Ainsi, dans la barque, Jésus vivant avait choisi une maison pour y habiter.

J'aimais sa maison qui était aussi ma maison.

A vrai dire, il ne pouvait faire autrement que

d'habiter dans cette maison-là car la maison prenait toute la place dans la barque.

La barque ressemblait toujours à un berceau ballotté par les flots. Jésus vivant reposait paisiblement dans le berceau.

Marie – l'Alliance – le précieux Sang

C'était la saint Jacques. En priant devant le très Saint Sacrement, nous avons remarqué que saint Jacques fut le premier apôtre martyr. Nous l'aimons beaucoup. Ce fut lui aussi qui évangélisant l'Espagne, se trouvait un jour si découragé que la Sainte Vierge lui apparut pour le réconforter. Ce dut être une des toutes premières apparitions de Marie après son Assomption. Aussi, nous nous sommes mis de tout notre cœur sous la protection de saint Jacques, priant aussi Marie de nous venir en aide chaque fois qu'il le faudrait, comme elle l'a fait pour cet apôtre si attachant.

Je suis allée prier seule ce soir-là, tard dans la nuit, dans notre petit oratoire. La voix de Jésus vivant dans l'Eucharistie me dit beaucoup de choses sur son Cœur, des choses qui me semblent être des secrets de son amour, secrets qui m'ont bouleversée et dont je ne peux plus détacher mes pensées ni mon cœur. D'abord, la voix sortit toute joyeuse du tabernacle et déversa ceci en mon cœur :

Ma fille, ce jour est un jour de joie.

Je compris qu'il était très heureux. C'était donc un jour de joie pour lui aussi. Mais pour nous, combien plus ! Nous nous croyions au paradis. Je lui répondis :

« Seigneur, je ne suis pas digne. Et pourtant, vous

nous faites cette grâce immense de venir habiter parmi nous.

Ma joie est parfaite.

Ma reconnaissance est débordante.

Ici, vous serez adoré autant qu'il sera en notre pouvoir. Mais, donnez à nos cœurs les dimensions de votre Cœur, sinon, nous ne pourrons ni ne saurons. »

Je continuais à prier et j'avais le cœur lourd à cause des soucis. La voix me dit :

Lorsque le démon tend des pièges,
c'est à Marie, ma Mère qu'il faut s'adresser.
Elle sait très bien les déjouer.
Marie, ma Mère a promis de te conduire
à travers les écueils.
Elle tiendra sa promesse.

Je sentis à nouveau, de façon très vivante, la douce présence de Marie. Voilà que j'étais partie à Lourdes chercher Jésus Eucharistie. J'en revenais avec Marie.

Ma fille, dit Jésus Eucharistie, *ma fille,*
aujourd'hui, je te donne ma Mère, totalement.
Marie est pour chacun des enfants des hommes,
la Mère parfaite, complète, totale.
Tu auras grand besoin d'elle.
Elle t'accompagnera partout,
comme elle a accompagné saint Jacques,
les premiers apôtres et l'Église naissante.
Elle ne te fera jamais défaut.

Après un long silence, Jésus Hostie dit encore : *Ma fille, je ne puis te donner plus !*

Je vis en même temps, posé au-dessus de moi et obligée de lever la tête pour l'adorer, un calice merveilleux, étincelant d'or. Le calice se mit à déborder. Je vis d'abord des gouttes de Sang qui en tombaient de toutes parts, en pluie fine. Puis, très vite, ce fut un torrent. La voix continua :

Le calice déborde. C'est mon Cœur qui déborde
d'amour pour toi et pour les tiens.
Je répandrai un torrent de grâces
sur tous ceux qui viendront prier avec toi.
Parole du Seigneur tout-puissant.
Par ces paroles, je scelle une alliance avec toi.

En même temps que ces dernières paroles étaient dites, et comme pour bien m'affirmer ce qu'il disait, voici ce que le Seigneur tout-puissant me montra :

Je vis une alliance d'or, entourant le torrent de Sang qui débordait du calice avec une force impétueuse. L'alliance était d'une grande beauté, étincelante comme le calice. Tout le torrent se rétrécissait pour passer par elle, mais il reprenait ensuite sa dimension, au sortir de l'alliance, et s'élançait, jaillissant de toutes parts, et laissant s'échapper des multitudes de gouttelettes. L'alliance était un anneau d'or assez large. Le devant de l'anneau comportait un triangle d'or.

Je compris que l'alliance était scellée avec la Très Sainte Trinité, dans le Sang de l'Agneau.

Je compris que désormais il m'unissait à lui, en tout, et pour tout.

J'étais au pied du torrent. Je voyais l'alliance toute proche. Je ne voyais pas cette scène de l'extérieur. J'étais dedans et je la vivais. Jamais, jamais je ne pourrai exprimer *l'amplitude*, la grandeur de ce qui se passa alors. C'est quelque chose qui dépasse l'entendement humain. L'alliance était si forte que mon cœur s'y attacha, y resta collé, s'incrusta dedans. Elle fait désormais partie de moi-même. Je disparus ensuite dans le torrent de Sang qui s'en allait se jeter sur la terre.

Plus tard, je vis à nouveau le calice merveilleux d'où débordait le Sang. Puis une Hostie immaculée en forme de cœur, se posa sur le calice.

Depuis que le Très Saint Sacrement est dans la maison, chaque jour j'ai vu auprès de l'Hostie se poser le même calice merveilleux, et j'ai vu le très précieux Sang en couler. Ce fut à chaque fois avec des images différentes. Mais ce qui me frappe, c'est que Jésus Hostie semble bien vouloir rappeler avec insistance qu'il faut adorer, en même temps que son très Saint Corps, son très précieux Sang qui nous sauve.

Puis, Jésus vivant parla à nouveau, avec une grande ferveur, avec une très forte insistance et une grande émotion :

Ah! comprends-tu, me dit-il en se penchant vers moi,
comprends-tu combien je t'aime?
et combien, par toi, je veux sauver les cœurs.
Ma tendresse pour les cœurs des hommes est infinie.
Mon Cœur n'en peut plus de les attendre.
Ils ne viennent pas à moi.
Alors, le calice déborde.
Mon Cœur déborde d'amour
et s'écoule en torrents de grâces
pour ruisseler sur les cœurs.
Je veux les sauver malgré eux.
Je n'ai plus d'autre moyen.
C'est l'ultime recours de mon amour.
Mon Cœur s'ouvre pour laisser déborder
ce Sang Précieux qu'il contient.
C'est le Sang de la souffrance et du don.
C'est la dernière démarche.
J'ai gardé le plus précieux pour la fin.

Je remarquai que Jésus emploie ce terme de « précieux » pour parler de son Sang. Il confirme l'appellation de l'Église, « le précieux Sang ».

J'ai gardé le meilleur pour la fin,
comme à Cana. Comprends-tu, ma fille ?
C'est le miracle de Cana,
le mystère des noces qui s'accomplit et s'achève :
« Il a gardé le meilleur pour la fin. »
Ainsi, ai-je donné tout ce que j'ai pu donner,
de l'amour de mon Cœur.
Mais ils n'ont pas compris.
Alors, comprends-tu, toi, enfin ?
Comprends-tu, toi que j'aime ?...
Fais-leur comprendre !
(C'était un ordre.)
Mon Cœur n'en peut plus de ne pas être aimé.
Alors il s'ouvre et déborde
en torrents ruisselant de Sang.
Mon Sang précieux veut recouvrir tous les cœurs
afin de les sauver malgré eux.
Puisqu'ils ne viennent pas à moi,
je viens à eux.
Je viens à leur rencontre.

Je voyais combien c'était vrai car le torrent de Sang s'en allait avec fougue se répandre sur la terre. C'est lui qui court rejoindre les cœurs des hommes.

Et je n'ai pas trouvé d'autre moyen que celui-ci :
ouvrir mon Cœur et le laisser déborder.
Recouvrir de mon Sang
s'écoulant en torrents de grâces, tous les cœurs.
C'est l'ultime don.
Il n'y en aura pas d'autre,
car nous allons vers la fin.
Et je serai allé jusqu'à l'extrémité du Don.

Je recouvrirai de l'amour de mon cœur,
tous les cœurs, même les cœurs de pierre.
Ils deviendront des cœurs vivants
et s'ouvriront à mon amour.
J'établirai mon Règne dans tous les cœurs
et tous seront sauvés.
Veux-tu m'aider ?
Dis, le veux-tu ?

Je ne pouvais pas répondre avec des paroles, mais mon âme tout entière lui cria : « Oui ». Et pour qu'il comprenne bien, je hochais la tête en signe d'acquiescement. Alors, il m'avertit :

Tu ne seras pas mieux traitée que moi.
Je te demanderai tout,
jusqu'à la dernière goutte de ton sang.
Ton cœur s'ouvrira tout entier,
jusqu'au don total.
Il ne te restera plus rien.
Le veux-tu ?

Il me posait la question pour la troisième fois, mais il connaissait la réponse par avance, car c'est lui qui l'avait inscrite au plus profond de mon âme. Je n'eus pas besoin de répondre car mon être tout entier adhérait à son amour et se perdait en lui.

Le manteau de l'Immaculée

C'était au petit matin. Je dormais encore, lorsque je fus entraînée ailleurs. Je me trouvais devant un paysage splendide. J'étais sur le seuil d'une maison et devant moi un jardin sans limites s'étendait. Il était légèrement en pente. Tout était recouvert de neige. Mais une neige étincelante.

Cela faisait comme un vrai tapis, comme une robe ravissante, une robe de mariée. Le jardin s'élevait en pente douce. Et en haut de la légère colline qu'il formait, il y avait un bouquet d'arbres, tout vert et très touffu. Les feuillages frémissaient dans le vent. Ces arbres si bien portants et si vivants, dans le paysage de neige, étaient d'une grande beauté. Mes yeux se reportèrent sur la robe de neige.

Pas une trace de pas, pas une égratignure. Même pas les traces de pattes d'un oiseau. C'était si splendide que je restais là, saisie, stupéfaite.

« Oh ! la neige », m'écriai-je. « Je n'ai jamais vu cela ! » (Je voulais dire : je n'ai jamais vu tant de splendeur.)

C'est le manteau de l'Immaculée

me dit la voix. « Recouvre-t-il ma maison ? » demandai-je, en désignant la maison toute blanche dont je venais de sortir.

Sur la maison en laquelle j'habite,
sur l'âme en laquelle je vis,
Marie dépose son manteau immaculé.

« Oh ! » m'écriai-je de joie en voyant ma maison si blanche. En effet, je la vis toute recouverte de la robe de mariée. Jésus me dit :

La maison de Nazareth, c'était sa maison...
C'est toujours en la maison de Marie que j'habite.

Alors, comme il habitait en la maison de Marie, et puis aussi ressentant le froid glacé du dehors, j'entrais dans la maison. J'étais heureuse. Je ne puis dire à quel point ma joie était grande. Je fus saisie d'amour en entrant dans cette maison, car j'y trouvais le silence, le grand silence qui est toujours celui de Jésus. Je le lui dis, pleine de joie :

« Le silence de Nazareth », m'écriai-je, ravie.

Le silence de la Croix! me répondit-il presque aussitôt. Ma joie s'évanouit d'un seul coup. Je fus trempée dans la souffrance.

« La Croix approche-t-elle tant, que vous m'en parliez à tout instant ? » lui demandai-je toute triste.

La Croix est proche.
Elle est attachée à toi
comme la vie est attachée à ton corps.
« Hou là là ! », fis-je.
Ma fille, ma fille chérie!
Tu le sais bien. Mon Corps est attaché à la Croix.
Mon Corps est un Corps en Croix.
Comment veux-tu que le corps de l'un de mes disciples
ne soit pas un corps en Croix?
Mon Corps mystique : l'Église,
est en Croix jusqu'à la fin des temps.

Puis je vis les deux bras de Jésus liés dans son dos. Ils étaient liés au niveau des poignets. Je voyais que Jésus portait sa robe en lin, couleur de ficelle. Au-dessous des poignets, je vis les deux paumes des mains. Elles étaient déchiquetées, ensanglantées. C'était horrible, insupportable à voir.

Je pensais aux mains des prêtres qui sont faites pour bénir et pour consacrer le Corps de Jésus. Je priais beaucoup pour eux. C'est pour que leurs mains puissent bénir et consacrer que les mains de Jésus ont tant souffert.

Puis je me demandais pourquoi Jésus me montrait cette souffrance si terrible de ses mains. (Déjà une fois je les avais vues ainsi.) Alors, comme s'il venait au-devant de mes désirs, il m'expliqua. C'était la suite d'hier soir.

Marie, l'autel vivant qui le porte. Et Jésus qui

cherche des autels vivants, des cœurs de mère qui portent, à la suite de Marie.

Tu vois, je ne puis rien, me dit-il.
(Bien sûr, ses mains étaient solidement liées.)
Il faut quelqu'un qui m'accompagne jusqu'à la Croix...
(Marie l'avait porté en elle
sur tout le trajet du Calvaire,
afin qu'il aille jusqu'au bout.)
Et qui me porte en ses bras, au pied de la Croix,
Le veux-tu ? Veux-tu me suivre ?... Veux-tu m'aimer ?...

J'étais tombée dans une telle affliction que je ne pouvais répondre. Jamais aucune âme ne peut répondre oui devant tant de souffrance. Mais lui peut répondre pour nous. Alors, à ce moment-là, il faut le laisser répondre. C'est ce que je fis.

J'adhérais de tout mon être à ses paroles. Je me laissais entraîner par sa force, c'est lui qui m'entraînait en tout ce chemin, c'est lui qui décidait de tout pour moi.

Je le sais, tu le veux, me dit-il.

« Donnez-moi la force. Donnez-moi les grâces », implorai-je du fond de l'abîme de souffrance. Mais il me quitta.

J'habiterai dans ta maison

Je me trouvais sous un immense porche de pierres toutes sculptées. Le porche donnait sur un jardin sans fin, dont je ne voyais pas les limites. Le jardin était une merveille de beauté, plein de fleurs de toutes les couleurs, et resplendissantes de lumière. Le jardin lui-même était éclairé d'une lumière éclatante. Je m'avançais sous le porche en allant vers le jardin. Un concert merveilleux se fit entendre. Des voix accompagnées de musique très douce. Les voix chantaient :

J'habiterai dans ta maison.

Cela ressemblait un peu à l'air du cantique : « Qui habitera dans ta maison, Seigneur ? Qui reposera sur ta montagne ? »

Ce sont deux phrases que j'aime spécialement car quand on aime quelqu'un, on l'emmène habiter dans sa maison. Saint Jean, quand Marie lui fut donnée, *la prit chez lui* aussitôt.

Et puis aussi, le Seigneur, lorsqu'il nous aime, il nous emmène à l'écart, loin des foules, sur sa montagne. Là, en secret, il peut dire son amour.

J'habiterai dans ta maison.

Cette simple phrase dura pendant des heures. J'étais dans une joie immense car c'est vraiment mon seul et plus grand désir : habiter dans la maison du Seigneur. J'espère de toutes mes forces que dès ici-bas, le Seigneur me donnera cette grâce immense d'habiter dans une maison où se trouvent son Corps et son Sang présents dans l'Hostie. C'est seulement là, près de lui vivant en toute réalité, que je suis bien ; il peut me parler et moi, lui répondre.

CHAPITRE IX

La famille

La Sainte Famille du Ciel

Je restais tard dans la nuit auprès de Jésus vivant, tant ma joie était grande. Je voyais en l'Hostie Marie portant l'Enfant en ses bras. L'Enfant était blotti tout contre elle, reposant sa tête sur l'épaule et tout contre le cou de sa Mère. Il y avait une attitude de tendresse extraordinaire.

Plus tard, je vis le Père du ciel portant aussi l'Enfant en ses bras. Il ne le portait pas du tout comme Marie, contre lui. Mais, de ses deux bras tendus, il semblait le présenter, le donner au monde. Et dans ce geste il y avait une force d'amour très grande.

Je fus happée, entraînée dans l'amour de cette Sainte Famille du ciel. Je croyais faire partie moi aussi de cette Famille-là, tant j'étais prise dans l'élan d'amour qui les unissait tous.

Lorsque je ne vis plus rien, je quittais Jésus Hostie fort tard dans la nuit et à regret. Mais mon âme était rassasiée, comblée de joie, la joie d'amour de la Sainte Famille du ciel présente en l'Eucharistie.

Jamais plus je n'aurai faim, jamais plus je n'aurai soif, car Jésus vivant a pris possession de moi.

Je m'endormis ainsi, ou crus m'endormir car l'adoration se poursuivit en mon âme. Il n'y eut pas de différence entre l'adoration endormie ou l'adoration éveillée. Car dans mon sommeil je fus éveillée, saisie par la Présence vivante. Je sus qu'il était là, prenant toute la place en mon âme envahie d'une vive lumière. Puis je vis devant moi une grande Hostie blanche comme neige et resplendissante de lumière. Mon âme fut emportée dans l'adoration de cette Hostie. Il n'y avait plus aucune distance entre l'Hostie et l'âme car mon âme était en l'Hostie et l'Hostie était en mon âme.

Je pouvais l'adorer fortement, profondément car je pénétrais en elle comme on pénètre en un palais resplendissant de lumière.

La Présence vivante m'inondait, m'enveloppait, je n'existais plus. Il n'y avait plus que la Présence vivante partout et qui emplissait l'espace, l'espace infini de l'âme perdue en Dieu.

Marie et la divine Famille

Je priais dans l'oratoire. Je priais longtemps. La Présence vivante s'annonça. Je sus qu'elle allait arriver. Je vis le halo de lumière s'approcher, s'approcher si près que je fus perdue dans la lumière de gloire.

Je vis alors son visage! Le visage de Jésus douloureux, ce visage tant aimé. Je le contemplais longtemps, afin de pouvoir lui dire mon amour.

Je vis couler tout doucement sur ses deux joues, deux petits ruisseaux. Ce n'étaient pas les torrents de sang. C'étaient deux ruisseaux de larmes. J'eus un doute ne sachant pas vraiment si c'étaient des larmes ou du sang. Je vis alors Jésus porter ses mains à ses yeux, et essuyer ses yeux, comme quelqu'un qui essaye de contenir ses pleurs, et d'essuyer ses larmes.

« Vous pleurez ? » lui demandai-je, désolée.

Je pleure parce que les hommes ne m'aiment pas.

Je tombais dans une grande affliction. Je ne savais que faire pour le consoler.

« Je vous aime ! Je vous aime tant ! » lui cria mon âme de toutes ses forces. « Venez vous consoler auprès de moi. »

Ses pleurs s'arrêtèrent. Il s'approcha de moi, car il voulait me parler tout bas, comme en secret.

Mon visage est repoussant !
Ma tête est recouverte d'épines !
Je ne suis pas celui que l'on aime.
Qui pourra m'aimer ainsi ?
Quand les hommes verront-ils
à travers mon visage douloureux,
le visage du Ressuscité ?

« Lorsque vous viendrez, pour votre retour glorieux » lui répondis-je. « Hâtez-vous. Oh ! hâtez votre retour dans la gloire, Jésus de mon cœur ! »

Son visage changea soudainement. Le visage si désolé, si douloureux se transforma en visage glorieux.

Je suis Jésus ! Le Roi de gloire !

m'annonça-t-il, comme on annonce une grande nouvelle. Il était heureux, triomphant, majestueux. Mais le triomphe et la majesté n'entamaient en rien la tendresse humble et douce, l'amour discret et délicat qui se reflète sur son visage. Lorsque l'on parle de triomphe, à propos de Jésus, c'est un triomphe de bonheur, c'est une joie qui atteint la perfection, c'est un épanouissement de bonheur qui atteint sa plénitude.

L'amour triomphant de Jésus n'est pas dominateur, c'est un amour qui atteint sa plénitude.

C'est l'amour des Béatitudes : « Bienheureux ! » Et Jésus dans sa tendresse déverse en nous un peu de ce bonheur plénier, sans mélange.

Je le vis alors avec une couronne d'or sur la tête. La couronne d'or retenait un court voile qui recouvrait tout son visage. Il était revêtu de sa robe blanche. Quelle beauté somptueuse, dans sa simplicité. Le voile était transparent à mes yeux. Je voyais tous les traits de son visage, pouvant ainsi le contempler dans sa joie de Ressuscité, dans son bonheur plénier de Jésus de gloire.

Et voilà qu'il m'expliqua pourquoi il était ainsi vêtu, le visage recouvert d'un voile.

Je suis l'Époux qui visite chaque âme,
comme je visite ton âme.
Mais je ne peux me montrer à tous,
c'est pourquoi ce voile me recouvre.
Je ne peux montrer ma gloire à toutes les âmes.
Il faut qu'elles veuillent bien me recevoir...
(Un grand silence)
Je suis Jésus le Ressuscité !

« Que voulez-vous que je fasse ? » m'écriai-je aussitôt. Car tandis qu'il se nommait *le Ressuscité*, j'entendais un immense appel, un appel grand et vaste comme le monde, un appel à le suivre, à l'aimer, un appel à tout quitter pour ne vivre que de lui, et lui seul.

Ma fille, ma fille, je t'appelle !
J'ai besoin de toi pour aimer l'Eucharistie.
Je suis Jésus douloureux et glorieux en l'Eucharistie.
Je veux être aimé en l'Eucharistie
douloureux et glorieux,
glorieux et douloureux à la fois.
J'ai besoin de toi pour faire aimer l'Eucharistie.
C'est la force de ma Résurrection

– par la grâce de ma mort –
qui me vaut de pouvoir faire irruption dans les âmes,
de pouvoir y surgir, moi, Jésus, le Ressuscité.
C'est parce que je suis retourné dans le Cœur de mon Père,
que je peux être projeté dans les âmes,
par la force de l'Esprit-Saint.
L'amour échangé de façon incessante,
entre le Cœur du Père et le Cœur du Fils,
est projeté au-dehors par l'Esprit-Saint.
Il est projeté dans les âmes qui l'accueillent.
Moi, l'Amour vivant, celui qui parle,
je prends possession des cœurs de chair.
J'en prends possession,
en y amenant le Cœur de mon Père, en lequel je suis,
par la force de l'Esprit qui jaillit à tout instant de la vie.
Ainsi, nous venons tous les Trois
habiter l'âme que j'épouse.
C'est la divine Trinité qui prend possession de l'âme,
et qui en fait sa demeure.

Je vis alors, en un spectacle grandiose et inexprimable, la Très Sainte Trinité. Le Fils, en robe blanche, était debout devant le trône du Père : ce trône à trois marches qui ressemble à un autel et à un char de feu. Le trône était tout en or et envoyait des rayons éblouissants dans tout l'espace infini qu'est l'amour de Dieu (on appelle aussi cet espace le ciel, plus couramment).

Au-dessus du Père, deux ailes d'une blancheur immaculée, deux ailes vivantes qui sans cesse prenaient la forme de deux langues ou de deux larmes de lumière, recouvraient de leur blancheur et de leur lumière le trône contenant le Père et le Fils. Une pluie inondante s'écoulait sans cesse des deux ailes immaculées, allant recouvrir le Père et le Fils tout entiers. Mais la lumière de gloire qui sans cesse s'échappait du Père et du Fils rayonnants, remontait dans l'espace infini, entourant sans cesse d'une nuée de lumière, les deux ailes immaculées.

J'assistais avec un ravissement extraordinaire, à la vie palpitante, incessante, sans cesse en mouvement, de cette divine famille. J'étais saisie dans l'amour qui s'en échappait et se déversait à profusion dans l'espace infini, atteignant l'espace de mon âme.

Je vis alors, situé un peu plus bas que le trône du Père, et à la hauteur du Fils, un siège ravissant (on pourrait dire aussi un trône si on n'avait pas vu le trône du Père). A côté du trône du Père, ce siège-là paraissait être un fauteuil ravissant tout ciselé. Ce fauteuil n'était pas tout en or comme le trône du Père : il était en bois doré.

Sur ce ravissant fauteuil sculpté, était assise Marie. Elle était habillée d'une robe bleue. Elle portait un voile blanc très long qui recouvrait ses épaules et sa robe. Le voile était retenu par un ruban d'or qui faisait le tour de son front. Marie était ravissante. Elle souriait. Elle semblait très, très heureuse, et très à son aise car elle était chez elle, dans sa famille.

Oui, me dit la voix, *Marie aussi habite en l'âme,*
avec la divine Trinité.
Marie est toujours présente, aux côtés de la Trinité.
Elle fait partie de la divine Famille.
Elle est ma Mère,
celle qui m'a donné un corps de chair;
je suis son enfant.

Les fruits de Marie

Je vis alors Jésus ressuscité, devenir Jésus Enfant. C'était un Enfant de sept ans environ. Et Marie se mit à jouer avec l'Enfant. Ils riaient tous les deux : Marie avait, sur ses genoux, une jolie corbeille d'osier. Elle emplissait sans cesse cette corbeille, de beaux fruits. Ces fruits étaient des raisins : des raisins blancs et des raisins noirs.

Ces raisins étaient si beaux, si énormes que chaque grain blanc ressemblait presque à une pomme, et chaque grain noir à une grosse figue. Marie s'amusait à disposer joliment, dans sa corbeille, les grains blancs, et les grains noirs. De temps en temps, elle se baissait légèrement et faisait rouler par terre un fruit blanc. Alors l'Enfant courait, en souriant, rattrapait le fruit qui roulait à toute allure, puis le prenait en ses deux petites mains. Alors, il ne souriait plus. Il prenait un air sérieux et grave, puis je le voyais marcher longtemps, longtemps; il descendait un chemin qui allait vers la terre. Au bas de ce chemin, il y avait un autel. Sur l'autel était posé un calice transparent.

L'Enfant déposait alors avec une précaution infinie, le grain de raisin dans le calice. Puis il se hâtait de revenir auprès de Marie. Marie, le voyant arriver, lui lança cette fois un fruit noir. L'Enfant le rattrapa adroitement en ouvrant ses deux mains vers le ciel. Ses deux mains assemblées et ouvertes, en geste de demande et d'offrande, reçurent le beau fruit envoyé par Marie.

Marie souriait.

La même scène se reproduisit avec l'Enfant qui avec un air grave, alla déposer le beau fruit mûr dans le calice transparent.

Marie et l'Enfant jouèrent longtemps. Mais comme la corbeille débordait de fruits (les fruits, ce sont les dons, ou encore les grâces pour les hommes), Marie se hâta de plus en plus. Elle faisait rouler des fruits de toutes parts, ou les envoyait à l'Enfant, qui les ramassait tous, et les déposait dans le calice.

Alors le calice se mit à déborder. Ce n'étaient plus des fruits, mais le Sang que le calice ne pouvait plus contenir.

Le calice déborde, mais Marie ne cesse pas de donner des fruits. Et Jésus Enfant ne cesse pas de prendre les fruits, et de les déposer dans le calice.

Alors je vis Jésus ressuscité, revêtu de sa robe blanche, étendre ses mains sur le calice, comme pour l'empêcher de déborder. Mais le calice débordait. Les mains de Jésus furent recouvertes d'une épaisse nappe de Sang; le Sang semblait bouillonner et formait une mousse qui s'échappait de toutes parts, passant pardessus les bords du calice, passant aussi entre les doigts de Jésus dont les mains étaient toujours posées sur le calice. Jésus vivant me montra alors ses mains tout ensanglantées. Mon âme bouleversée souffrait profondément :

Mes mains ne peuvent empêcher le calice de déborder,
me dit-il.
Mon Sang déborde de toutes parts
de mon Cœur ouvert
qui ne peut plus le contenir.
Mon amour est débordant.
Mon Sang coule à flots, sur la terre, sur les âmes.
Mon Sang va recouvrir les cœurs,
afin qu'ils deviennent des cœurs vivants,
des cœurs purifiés qui prient et qui aiment.
Mes mains ne peuvent retenir tant d'amour.
Il me faut des mains, sur la terre,

qui recueillent les fruits de mon amour,
qui recueillent mon précieux Sang pour l'adorer.
Des mains qui s'offrent en holocauste,
pour recueillir les gouttes de mon précieux Sang,
et pour les déverser à ceux qui se meurent,
par manque d'amour, faute d'être abreuvés.
Je te donne mon amour.
Je te donne mon précieux Sang.
Je te donne Marie, ma Mère,
pour fonder l'Ordre, l'œuvre de mon Cœur ouvert.

Jésus - Marie - Joseph

Pendant la messe, alors que le prêtre venait de consacrer le pain et le vin, l'Hostie prit la forme de l'Enfant.

Jésus Enfant, tout nouveau-né, emmaillotté de blanc, reposait sur un petit lit de paille. Chaque brin de paille était un rayon éblouissant de lumière.

De part et d'autre de l'Enfant, se trouvaient Marie et Joseph. Ils étaient debout, Marie à gauche de l'Enfant, saint Joseph à droite. Dans un geste d'une immense tendresse, Marie se pencha au-dessus de l'Enfant et reposa sa tête au creux de l'épaule de Joseph. Joseph légèrement penché aussi au-dessus de l'Enfant, rejoignait Marie et la dominait de sa taille plus haute, semblant la protéger.

Joseph et Marie, rassemblés par l'amour de l'Enfant, formaient tout autour de lui une *alliance, un anneau* éblouissant de blancheur, une blancheur immaculée qui irradiait une lumière tendre et forte tout alentour. Jésus immaculé était tantôt l'Enfant, tantôt l'Hostie.

L'amour des trois : Jésus, Marie, Joseph formait une

alliance immaculée qui était personne vivante, Esprit vivant déposé sur la terre par amour pour les hommes.

Je ne saurais dire la tendresse inexprimable qui était à la fois murmure, jaillissement, source et gémissement, et qui sans cesse s'échappait de l'alliance pour se déverser en flots impétueux sur la terre, l'en inonder et l'en abreuver. Terre tant aimée qui, par l'amour jaillissant de l'alliance, allait devenir terre d'amour!

Jésus, dans l'atelier de Joseph

Il y avait devant moi un calice, plein à déborder. Je le contemplais pendant longtemps, lorsqu'il commença à déborder. Il s'emplissait sans cesse de sang ou de vin. Il débordait goutte à goutte. De tous les côtés des gouttes tombaient, les unes après les autres, lentement. Les gouttes tombaient du bord parce que le calice était trop plein. Mais elles venaient aussi des parois. Le calice transpirait des larmes de sang. C'étaient des larmes en effet, plutôt que des gouttes. A chaque larme qui transpirait, ou à chaque goutte qui tombait, je souffrais intensément. Le calice était vivant. Je vivais avec lui et je souffrais avec lui. C'était une souffrance de grande angoisse.

Jésus transpirait des gouttes de sang au jardin des Oliviers. C'est ce que je partageais le plus, et le plus longtemps.

Ce furent ensuite les gouttes de sang dues à la couronne d'épines. Celles-là coulaient du front et venaient dans les yeux.

Je crus être moi-même le calice. Du moins, il n'y avait plus de moi. Il n'y avait plus de différence entre ce calice vivant et moi-même. J'étais tout entière dedans. Je vivais ce qu'il vivait. J'étais complètement attirée dedans.

Sortant de cette sueur de sang, je parvins à lever ma main jusqu'à mon front pour l'essuyer. Ce geste fut très difficile à faire. Je réalisais alors qu'il n'y avait rien sur mon front. Revenue à moi-même, je me demandais s'il s'était vraiment passé quelque chose.

Alors la voix de tendresse me fit cette demande :

Es-tu prête ?

« Oui, Seigneur, vous le savez, c'est déjà accepté. »

Je revis le calice et les gouttes et je dis : « Prête à entrer dans cette souffrance-là ?... Il faut que vous me prépariez encore, Seigneur. Je suis prête à accepter, pas encore prête à vivre cette souffrance. »

Je viendrai te préparer, dit-il très tendrement.

Il me montra alors comment il préparait. Je le vis, lui, vêtu de sa tunique de lin, un genou en terre. Sous son bras droit, il tenait serré tout contre lui une grande planche de bois posée à terre. Il travaillait dans l'atelier de Joseph, son père de la terre. Il était très jeune (vingt ans peut-être, pas plus). Joseph lui avait donné cette planche de bois à raboter. Au lieu de se servir du rabot qui était dans sa main droite, il se mit à caresser très doucement de sa main gauche, la planche.

Il pensait à sa Passion. Il pensait qu'il préparait le bois de la Croix. Il aimait infiniment ce bois. Mais il commença à entrer dans une grande angoisse. Chaque fois qu'il travaillait le bois dans l'atelier de Joseph, il pensait à la Croix. Cette pensée ne le quittait pas. Il souffrait énormément, mais aussi il apprenait jour après jour, à aimer le bois de la Croix.

C'est pour cela que son père de la terre était menuisier : c'est pour que Jésus puisse se préparer depuis son plus jeune âge, au bois de la Croix. Il ne s'est pas passé une seule journée dans l'atelier de Joseph, sans que Jésus souffrit d'une grande angoisse à la pensée de sa Passion.

Je le vis, pensant plus intensément alors à sa Passion. Regardant toujours avec beaucoup d'amour la planche de bois qu'il préparait lui-même, il fut obligé de s'appuyer sur la planche et ferma les yeux. Il pensait que plus tard, il ne pourrait pas s'appuyer sur la planche, mais qu'au contraire, la Croix pèserait de tout son poids sur son épaule. Il savait qu'il tomberait sous ce poids dans la même position que maintenant, un genou en terre, avant de rouler par terre.

Joseph, à quelques pas de là, travaillant debout auprès d'une table, ne se doutait aucunement de tout ce qui se passait.

Jésus me regarda. Je compris que c'est ainsi qu'il me préparerait : pendant longtemps dans le silence – lui gardant le silence – et dans le secret (tout étant ignoré de tous). Il m'apprendrait à aimer la souffrance, à la vouloir par amour. Je sus que cette préparation était déjà commencée. Mais cette nuit, il me demandait si je voulais bien aller plus loin. Il me montrait – avec le calice vivant – jusqu'où il voulait m'emmener. C'était seulement si je voulais bien. Si j'avais dit non, il ne serait plus jamais venu. Il ne nous prend pas en traître. Il nous montre de quoi il s'agit puis il attend que nous acceptions. Il ne fait rien sans notre acceptation, rien sans nous.

Pour entrer dans son amour et dans sa souffrance, il faut notre oui, lui fait le reste. La force, c'est lui qui la donne.

Saint Joseph et l'Enfant

Pendant le chapelet de midi au pied du tabernacle, voici ce que je vis pendant la présentation au Temple : saint Joseph marchait sur le chemin du Calvaire, un chemin étroit, caillouteux, qui montait. Saint Joseph portait sur ses deux bras tendus, l'Enfant qui le regardait, lui faisant vis-à-vis. On aurait dit que dans ce geste, de ses deux bras tendus, saint Joseph offrait l'Enfant. L'Enfant était blond et bouclé, on lui aurait donné deux à trois ans. L'Enfant portait en ses deux bras une grande croix qui allait jusqu'à terre. La croix ne reposait absolument pas sur les bras de saint Joseph. Cependant ce dernier en supportait le poids. Il semblait avancer péniblement en souffrant, alors que l'Enfant semblait lui sourire comme se sentant très léger.

Je pensais en cet instant que l'affection très grande, et la délicate tendresse de son père de la terre, avait soutenu par la pensée, de façon très effective, Jésus, en des moments très douloureux de son chemin de Croix, et qu'aussi, en offrant Jésus au Temple, Joseph avait été très étroitement associé à la douleur du Cœur de Marie annoncée par Siméon. Joseph avait su que l'Enfant souffrirait sur le chemin de Croix ; son cœur spécialement aimant et tendre en avait été bouleversé d'angoisse.

Lorsque Joseph souffrait profondément en son cœur pour l'Enfant, Jésus le savait. Oh ! la souffrance des trois, associée ! Le père, la Mère et l'Enfant ; ce n'était qu'une seule et même offrande. Et pour me faire comprendre cela, voici ce que je vis.

Joseph était debout, à l'entrée de sa petite maison de Nazareth. Il songeait. Son cœur était saisi de douleur à la pensée de la croix que porterait l'Enfant.

Alors je vis l'Enfant. Il venait de la colline. Il s'avançait vers la maison. Il regarda son père et reconnut la souffrance. Alors, l'Enfant se mit à courir, et vint se jeter dans les bras de son père. Il entoura de ses deux mains le cou de son père, l'obligeant à se pencher un peu, afin de pouvoir l'embrasser.

Je vis le baiser du père et de l'Enfant. Ce n'était pas un baiser comme on fait d'habitude en posant sa joue contre le visage de celui que l'on aime. L'Enfant ne posa pas vraiment son visage. Il s'arrêta à quelques centimètres du visage de son père, et alors s'inclina, dans un profond respect. Mais l'élan d'amour était là, plus fort que tous les embrassements les plus fougueux.

Une tendresse extraordinaire s'échangea entre les deux : le Fils et le père de la terre, le père de la terre et le Fils.

En méditant les mystères du rosaire, il faut aussi penser à saint Joseph. C'est un modèle profond et merveilleux pour les familles chrétiennes. Il y a l'amour délicat et tendre de son cœur très sensible. Il y a l'offrande de l'Enfant Dieu au Père du ciel, avec la douleur du cœur transpercé car Joseph n'est pas resté indifférent à la douleur de Marie; il y a toute la volonté et toute l'affection du père qui porte en son cœur la souffrance destinée à l'Enfant. Et, dans les mystères douloureux, il y a la tendresse merveilleuse du père de la terre qui aide l'Enfant, le Fils, à porter et à supporter la Croix, et à marcher.

Saint Joseph doit aussi être un modèle pour les pères de la terre qui sont pères spirituels. Un père spirituel est fait pour aider l'enfant à porter; il est fait pour porter avec l'enfant. C'est saint Joseph qui ressentait tout le poids de la Croix, lorsqu'il portait l'Enfant au creux de ses bras, en le regardant avec tendresse. Il endossait la souffrance, il ne la fuyait pas.

Le père spirituel qui fuit d'une façon ou d'une autre, qui ne regarde pas, ou ne veut pas voir la peine, la souffrance, l'épreuve, le deuil et les larmes de l'âme qu'il a accepté de prendre en charge, manque à son rôle et passe à côté de ce que le Seigneur lui a confié. Aucun prêtre digne de ce nom ne peut échapper à la Croix, encore moins celui qui se veut ou se dit père des âmes qu'il doit enfanter toujours et sans cesse davantage à la vie divine.

La pauvreté. La souffrance de Joseph

Je me trouvai soudain dans la petite maison blanche de Nazareth. Je vis Joseph y entrer.

Il s'assit, épuisé, sur un banc de bois. Il regarda la table de bois qui était devant lui. Cette table était vide, désespérément vide. Il aurait voulu pouvoir y poser du pain et des olives. Mais il n'avait rien. Il songeait aux différents travaux qu'il avait faits. Mais personne n'était venu le payer. Il aurait dû réclamer un peu d'argent à ceux qui lui en devaient. Mais il ne pouvait pas : ils étaient si pauvres à Nazareth, tous si pauvres. Quel était le moins pauvre qui pourrait donner au plus pauvre ?

Joseph pourtant ne ménageait pas sa peine, et avait un grand souci du travail bien fait. C'est toujours avec amour qu'il travaillait le bois. Mais la table était vide.

Il appuya ses deux coudes sur la table, et mit la tête entre ses mains. Il resta ainsi longtemps, et il soupira si fort que je crus qu'il pleurait.

Ensuite, je le vis joindre ses deux mains : il priait, priait en implorant le ciel. Alors, il pensa à Marie tenant l'Enfant en ses bras. Ils allaient arriver à la maison, et ils n'auraient rien à manger.

Cette seule pensée le fit souffrir si cruellement qu'il se leva et ce qu'il n'osait pas faire, il le fit : il partit mendier. Il partit demander un peu de pain à ceux pour lesquels il avait fourni un travail. Mais cette demande lui coûtait tellement, qu'il se sentait humilié comme un mendiant. Il souffrait de la souffrance terrible de tous les pères qui ne peuvent donner ce qu'il faut à leurs enfants pour qu'ils mangent chaque jour.

Cette misère était une épreuve très grande pour la foi de Joseph : puisque Marie et l'Enfant lui avaient été confiés, pourquoi la Providence ne l'aidait-elle pas à subvenir à leurs besoins, lui le père nourricier si désireux de remplir sa tâche ? Comment pouvait-il se trouver dans un abandon aussi total ?

Son amour très grand pour Marie et pour l'Enfant, et aussi la prière adressée au Père du ciel lui donneraient toujours le courage de poursuivre. Joseph pria beaucoup durant toute sa vie. Il priait dans le silence de la maison de Nazareth, il priait surtout le Père du ciel car il n'ignorait pas ce lien très spécial qu'il y avait entre le père de la terre et le Père du ciel à cause de l'Enfant et de Marie.

Ce lien existe aussi entre chaque père de la terre et le Père du ciel. Les pères de famille devraient davantage se confier à leur Père du ciel qui leur a donné une tâche très spéciale ici-bas.

A la pensée de Marie et de l'Enfant, Joseph se leva et je vis qu'il se dirigeait vers le dehors inondé de lumière (la maison n'avait pas de porte). Il allait demander du pain. Il était vêtu comme on l'est en Palestine, avec une djellabah, et un voile sur la tête, retenu par un ruban autour du front.

Je vis ensuite une autre scène. C'était pendant la nuit de la Nativité. L'Enfant venait de naître et Marie qui le tenait en ses bras, ne savait où le poser. Elle promena ses regards partout, et ce ne fut qu'avec une immense peine qu'elle se décida à poser son tout-petit sur la paille de la mangeoire. En voyant les barreaux de bois, elle pensa à Joseph qui savait si bien travailler le bois, et sa pensée alla vers le berceau qu'il avait préparé avec tant d'amour, mais qui était resté dans la petite maison de Nazareth. Elle regarda Joseph, et lui comprit ce à quoi elle pensait. Marie voyait la belle poutre en bois, si large, que Joseph avait creusée pour en faire un berceau pour l'Enfant. Joseph avait travaillé avec tant de soin à ce berceau : le bois sombre en était tout lisse et reluisant. Marie aurait tant désiré y déposer l'Enfant.

Tous les deux avaient le cœur noyé de chagrin devant tant de pauvreté et de dureté pour le tout petit Enfant de Dieu.

Éternel enlacement : Trinité – Alliance

En prière devant le Saint Sacrement, le visage de Jésus vivant vint se poser devant moi. Sa tête était recouverte d'un voile blanc immaculé retenu par un ruban d'or autour de son front.

Je fus envahie d'une joie sans pareille. Mon âme, plongée dans la prière, était comme un brasier qui flambait d'un amour crépitant et étincelant. Jésus vivant me dit :

Je veux embraser ton âme de notre ardent amour.

Alors il me montra ce qu'est l'ardent amour de la Trinité, leur ardent amour.

Je vis le Père du ciel assis sur son trône de feu. Sur les genoux du Père était posé l'Enfant nouveau-né, tout emmailloté de blanc, l'Enfant immaculé. La tendresse du Père pour l'Enfant était indescriptible.

Dans un élan d'une force incomparable, les deux bras du Père que je vis comme deux bras de lumière, vinrent entourer l'Enfant. Ainsi l'Enfant était dans l'amour du Père comme dans un anneau de lumière qui l'encerclait, le portait, le soutenait et le protégeait. La voix me dit :

L'enlacement du Père et du Fils est immuable.
Sans cesse le Père enlace le Fils.

Les deux bras du Père comme un anneau de lumière autour du Fils, de l'Enfant immaculé. Quelle splendeur d'amour !

Je les vis longtemps ainsi. Puis je vis que l'Enfant nouveau-né grandissait. N'étant plus emmailloté et ses bras étant devenus libres, il jeta ses deux bras recouverts de sa robe blanche immaculée autour du cou du Père.

Les deux bras de lumière de l'Enfant formèrent à leur tour un anneau immaculé allant du Fils vers le Père.

Dans cet enlacement incomparable, les bras du Père et les bras du Fils ne formaient plus qu'un seul et même anneau de lumière immaculée qui les entourait tous les deux en un seul. L'anneau de lumière autour d'eux était vivant. Il portait sans cesse l'amour du Père vers le Fils et l'amour du Fils vers le Père. Il contenait et transportait une vie puissante.

Cet anneau vivant est Alliance, Alliance éternelle entre le Père et le Fils, entre le Fils et le Père. Cette Alliance est Esprit, Esprit du Père transporté dans le Fils, Esprit du Fils transporté dans le Père. Cette Alliance est un seul et même Esprit qui unit.

Cette Alliance qui encercle le Fils sur les genoux du

Père, encercle tous les hommes de tous les temps contenus dans le Fils, car le Fils emmailloté s'est fait chair. Il s'est fait créature humaine emmaillotée dans notre chair.

Dans le Fils emmailloté, le Père tient sur ses genoux toute l'humanité qu'il encercle de ses deux bras, qu'il entoure de son Alliance.

L'Alliance entre le Père et l'humanité, toute contenue dans le Fils emmailloté, ne pourra jamais être brisée ni même fissurée, ni même atteinte d'aucune façon en aucun endroit du cercle de lumière. Car l'Alliance est une Personne vivante qui est Esprit et la vie de l'Esprit est d'unir.

Le Père est Source, Origine.

Le Fils est Verbe, Parole de vie.

L'Esprit est Alliance, Unité.

La vie de l'Esprit est d'unir, la vie du Fils est de parler, de déverser la Parole sur la terre, dans toutes les âmes.

La vie de l'Esprit est d'unir. L'Esprit vivant unit sans arrêt le Père au Fils et le Fils au Père et c'est une activité extraordinaire, incomparable, un *travail* que nulle créature humaine ne peut se représenter. Dans ce travail il y a une force de vie, une puissance de vie qui provient sans cesse de la Source qui est le Père et du Verbe qui est le Fils. Et l'Esprit vivant projette sans cesse la Source dans le Verbe et le Verbe dans la Source. Et ce qui jaillit sans cesse de la Source et du Verbe mélangés, c'est l'Esprit d'Amour, Esprit vivant qui unit sans cesse le Père dans le Fils, le Fils dans le Père, le Père et le Fils dans les homme tous contenus dans le Fils. L'Esprit vivant jaillit sans cesse de la Source et du Verbe comme les flammes crépitantes jaillissent sans cesse d'un brasier ardent, éclairant le brasier lui-même et permettant de le voir.

Les flammes de l'Esprit vivant permettent de voir le brasier. Ce sont elles qui portent et transportent la chaleur, l'amour et le feu tout entier contenus dans le brasier.

Et dans ce travail incessant, l'Esprit unit sans cesse le Père et le Fils aux hommes, dans une Alliance immuable, éternelle. L'alliance de l'homme et de la femme sur la terre n'est que le reflet de l'Alliance du Père avec les hommes. Notre Père du ciel revient nous dire qu'il veut sceller une Alliance avec nous car c'est nous les hommes qui voulons sortir de l'Anneau de lumière, nous échapper de l'Alliance.

Le Père et le Fils assemblés se penchent vers nous, nous redonnent l'Anneau, nous redonnant cette Alliance qu'est l'Esprit vivant et qui sans cesse est chargé de nous unir au Père et au Fils.

Échange de vie, échange d'amour entre le Père et le Fils, sans cesse projetés par l'Esprit dans les hommes. Enlacement d'Amour entre le Père et le Fils, scellé par l'Esprit, englobant tous les hommes.

Esprit vivant,
Anneau de lumière,
Alliance éternelle,
Je t'adore.
Je te crie mon ardent amour,
je veux être et rester dans l'Alliance
que tu as toi-même scellée
entre le Père, le Fils et mon âme.

L'arbre de vie

La Sainte Famille au Cœur de Dieu

C'était à la maison, pendant la prière devant le Saint Sacrement exposé. Je fus saisie, et emportée ailleurs. Je ne vis plus la pièce dans laquelle nous priions, ni Jésus Hostie.

Mais je me trouvais soudain dans un paysage désertique. C'était une plaine immense. Devant moi (au lieu de Jésus Hostie) se trouvait un arbre. Un arbre splendide. Son tronc d'abord, attira mon attention. C'était un tronc très robuste, énorme, solide. Puis je levais un peu les yeux. Je vis le feuillage c'était celui de l'olivier, (de petites feuilles vert gris), le feuillage remuait légèrement, comme s'il y avait un peu de brise. Il faisait bon et doux. Je ressentais une joie profonde. Qu'il faisait bon vivre dans cette plaine immense, devant un bel arbre. La voix me dit, majestueuse :

Je suis l'arbre de vie.

D'un seul coup je compris pourquoi je me sentais aussi heureuse.

J'étais comme en paradis.

C'était le paradis sur terre. L'arbre de vie, c'était Dieu lui-même. En me trouvant en présence de cet arbre, je me trouvais en présence de Dieu, en présence du mystère de vie. Je ne pouvais toucher au mystère de vie, je ne pouvais en approcher car Dieu était là, qui détenait ce pouvoir mystérieux de la vie, non seulement qui le détenait, mais qui le tenait en lui-même. Puisqu'il est la vie, lui seul peut la donner (personne ne peut la prendre, même pas la toucher, encore moins la cueillir).

J'étais donc toujours en présence de *l'arbre*, mais ne pouvant ni bouger, ni respirer.

J'étais dans une crainte profonde, pas la crainte qui est peur, mais une crainte faite d'un amour d'adoration. J'étais paralysée, comme momifiée par cet immense respect que provoque en l'âme l'amour d'adoration. C'est un amour si profond qu'il nous saisit entièrement, âme et corps, et que nous ne pouvons plus rien faire d'autre, que d'attendre ses volontés.

Je vis les branches de l'arbre, couvertes de feuillage, se multiplier et devenir très abondantes. C'était comme une forêt foisonnante. Puis les branches se couvrirent de petites fleurs blanches, très fines, très légères, ravissantes. Les fleurs étaient si nombreuses qu'elles se mirent à recouvrir totalement le feuillage et les branches.

Je ne vis plus qu'une immense boule faite de fleurs blanches, et les branches étaient si chargées, qu'elles tombaient jusqu'à terre.

C'était une splendeur.

Je voyais toujours le tronc, énorme, solide, rassurant.

Puis, voilà que remuées par la brise légère et douce, les petites fleurs blanches se mirent à voltiger, certaines se détachaient, allaient se poser au pied du tronc. Puis là, toutes amoncelées, elles formèrent une source vive, radieuse, jaillissante d'écume blanche, impétueuse; la source devenue un ruisseau, puis un torrent coula avec une force immense. Je voyais bien que l'eau du torrent était faite de la multitude des fleurs blanches qui étaient emportées par le courant, et l'eau était d'une lumière immaculée.

Le torrent s'en alla couler très loin dans la plaine. Comme il n'y avait aucun obstacle, ses eaux s'étalaient partout alentour pour aller fertiliser tout le sol. Les petites fleurs blanches étaient si jolies ainsi, répandues par toute la terre, que j'étais prise d'un grand amour pour elles toutes. Elles étaient si fines, si humbles, si pures, transparentes, immaculées, et reflétant la lumière. Ce spectacle dura longtemps. Les petites fleurs se détachaient de l'arbre de vie, pour aller porter la vie par toute la terre. Mais l'arbre était toujours recouvert d'autant de fleurs blanches, et toujours aussi chargé.

Je compris bien que c'était la Présence toute-puissante qui était en l'arbre, qui donnait vie à toutes ces fleurs blanches (les âmes), je voyais en même temps que lui, et lui seul, le Dieu tout-puissant, permettait à chaque petite fleur blanche de se détacher pour aller rejoindre le torrent. C'est sa Présence toute-puissante qui donnait à chaque fleur la force de vie, pour qu'elle puisse aller voltiger jusqu'à la source, et rejoindre le torrent. Personne au monde ne pouvait se permettre de cueillir une seule fleur. Faire cela, c'était vouloir prendre le mystère de vie. C'était porter atteinte à la vie, et pénétrer aussitôt en l'inverse de la vie, qui est mort.

Je voyais en même temps que les fleurs blanches étaient toutes *les âmes qui prient*.

La voix me fit comprendre intérieurement que, par la prière, nous donnions vie à une multitude d'âmes qui, une fois mûres, se détacheraient de l'arbre pour aller former un grand fleuve qui fertiliserait toute la terre.

Je compris une fois encore que le Seigneur tout-puissant voulait indiquer qu'il y aurait une descendance innombrable, faite d'âmes de prière. Cette prière était la prière avec Marie, auprès de Jésus Hostie, car les fleurs étaient immaculées comme Marie, et comme l'Hostie.

Je ressentais une force extraordinaire. C'était la force des âmes de prière qui allait inonder toute la terre.

Oh! que ce paysage était beau et comme j'aurais voulu y vivre toujours. Je vis une fois encore le tronc (ce tronc qui une fois – tout au début – m'avait indiqué les trois détachements, et qui s'était ouvert pour me montrer la Sainte Famille s'enfuyant en Égypte).

Maintenant, dans un plus grand ravissement encore la voix me dit :

Je te fais pénétrer en la vie trinitaire

Je vis alors le tronc s'ouvrir par le milieu. L'intérieur du tronc était fait d'une lumière éblouissante que je ne pus d'abord supporter. Je fermais les yeux. Je vis alors, toujours dans la lumière (mais plus tamisée) une image ravissante.

Il y avait un triangle de lumière qui semblait posé telle une auréole, sur une tête dont je ne voyais pas les traits. Je voyais seulement une lumière resplendissante. Puis, comme prise dans la tunique faite d'or qui recouvrait les épaules du Père, Marie assise, comme blottie, à la hauteur du Cœur de Dieu, et portant, en ses deux bras légèrement repliés, l'Enfant. Je restais longtemps, très longtemps saisie d'admiration, en cette vie trinitaire. Je les voyais vivre devant moi, car ils n'étaient pas figés comme le serait une statue. Mais chacun reflétait un amour plein de force et de vie. Cet amour me saisissait pleinement, me jetant en la force de vie qui surgissait de l'arbre.

La lumière de Dieu, contenant Marie et Jésus était comme contenue en une niche, située à l'intérieur du tronc. Et à l'extérieur de cette niche, de cette cavité de lumière, se tenait saint Joseph. Il était debout, tout contre la lumière et la reflétant. Il se penchait légèrement vers Marie et Jésus dont il ne détachait pas le regard.

Ainsi, en la vie trinitaire et au Cœur de Dieu se trouvait la Sainte Famille.

Le Seigneur tout-puissant me faisait comprendre qu'en son Cœur de Dieu, il y avait un amour de prédilection pour la Sainte Famille, pour la famille qui prie, et que cette famille-là fait partie de la puissance de vie qui est sienne.

Je voudrais pouvoir mieux expliquer : les familles chrétiennes doivent redonner vie à des âmes qui prient.

La création nouvelle, plus belle qu'avant

La souffrance de la nuit ne m'avait pas quittée. Pendant l'audience du Saint Père qui était une grande grâce, je crus pourtant défaillir.

L'après-midi, je voulus me reposer un peu. Ce fut impossible. Alors *ce fut dans la souffrance, que je trouvais ma joie*, ainsi qu'un jour la voix me l'avait dit.

Je vis tout à coup, en moi-même, comme en un éclat de lumière. Un grand rouleau de parchemin se déroulait sous mes yeux, me faisant comprendre petit à petit tout ceci.

C'était la voix du Créateur qui se faisait entendre, la voix du Père du ciel – non pas la voix sonore avec des paroles humaines, mais un éclat de lumière qui me faisait comprendre directement de lui à moi ; un éclat de lumière jailli de son Cœur et qui perçoit les profondeurs de mon cœur.

Je veux laisser jaillir de mon Cœur de Père,
une création nouvelle.
Une création qui vive de l'amour de son Dieu,
unie à lui, imprégnée de sa Présence.
La terre, c'est ma terre d'amour.
Chaque fois que les hommes y installent le désordre,
moi, je restaure l'ordre, plus beau qu'avant.
Je veux reprendre ma création
dans le creux de ma main.
Je veux la remodeler.

(Je le voyais, comme un sculpteur
qui sculpte avec amour
une boule de pâte à modeler.)

Vois-tu, ma fille, ma création,
je la referai, plus belle qu'avant.
L'amour de mon Cœur de Père
veut se répandre sur les hommes.
Je les aime d'un grand amour.
Mon amour s'enflamme et devient un brasier ardent.
Mon amour est comme l'amour d'un père pour ses enfants,
il va s'amplifiant au fur et à mesure
que se multiplient ses enfants,
au fur et à mesure que se déroule leur vie.

Moi, je ne peux plus contenir
l'amour de mon Cœur de Père.
Ma terre, je l'aime d'un grand amour.
J'ai décidé d'y planter l'arbre de vie
celui que je t'ai montré.
L'arbre de vie que tu as vu,
est plus beau que l'arbre du paradis terrestre.
Ma création nouvelle sera plus belle
que celle d'Adam et Ève.

Je veux mettre ma marque sur la famille tout entière, parents et enfants.
Je poserai sur leur front un sceau de feu.
Le feu de ma lumière et de mon amour.
Je les mettrai à part.
Je les consacrerai.
Je les veux tout à moi, ne vivant que pour moi.
Ma fille, ma fille : si tu savais
l'ardent désir de mon Cœur.

Je viens tendre la main aux hommes.
Je viens les remettre au creux de ma main de tendresse.
C'est pourquoi j'ai conclu une alliance avec toi.
J'ai déversé en ton cœur
le brûlant désir de mon Cœur.
Je viens jeter une Alliance nouvelle
entre le ciel et la terre.
Ma terre, l'objet de tout mon amour.
Si je n'avais pas aimé ma terre d'un si violent amour,
lui aurai-je donné le joyau de mon Cœur :
mon Fils bien-aimé ?
C'est l'alliance d'amour scellé dans le Sang de mon Fils que je veux établir.
Et je l'établirai pour toujours.

Ma fille, ma fille.
(La voix disait cela avec une ferveur immense, ardente, brûlante qu'aucun mot humain jamais, ne pourra traduire.)
Cours donc jeter l'amour de mon Cœur
à toute la terre.
Rappelle-toi : ce fut mon premier cri,
lorsque mon Cœur parla à ton cœur.
Aime-moi, aide-moi.
Va crier mon amour à toute la terre !
Va dire à ma terre d'amour :
Je suis là. Oui, je suis là,
pour établir un monde nouveau : le monde de l'amour.
J'établirai un Ordre nouveau bâti sur l'amour.
Je viens renverser le désordre et déverser mon ordre.

Je veux poser ma main sur mon peuple :
le peuple de mes fidèles,
le peuple de ceux qui m'aiment.
Je les garderai.
Je les inonderai de ma lumière.
Je les recouvrirai de mon amour.
Ils seront mon peuple d'amour.

Voici que l'éclat de lumière s'est éteint. Le rouleau du parchemin a cessé de se dérouler. Mais il reste en mon cœur un appel puissant : l'appel du Cœur de Dieu, imprégné de la brûlure de son amour.

Dans cet appel, je désire d'un grand désir voir se réaliser la consécration du laïcat, ce laïcat englobant la famille tout entière (parents et enfants).

Quelle force sera assez puissante pour faire surgir une si vaste entreprise, si ce n'est la force de Dieu ? Ce Dieu d'amour qui est :
mon Père et votre Père,
mon Dieu et votre Dieu !

Une société nouvelle bâtie sur la prière et sur l'amour : le laïcat consacré.

La Cité sainte

Pendant la nuit, je fus emportée sur une colline aux pentes douces. La colline était très belle car son sol reflétait la douce lumière de la Présence vivante. Au haut de la colline, et entourant tout le sommet, des murs en grosses pierres grises se dressaient comme les remparts d'une citadelle. A l'intérieur des remparts, des constructions s'élevaient plus hautes que ceux-ci : il y avait donc une ville tout entière avec un édifice central qui ressemblait à une église d'Orient : un dôme arrondi, entouré de créneaux, le tout aussi en grosses pierres grises.

De l'intérieur des remparts, s'élevait une lumière très vive, la lumière de gloire. Je compris que Jésus vivant était présent dans cette cité. Mon âme fut emplie d'un grand amour, tout attirée par cette lumière, et mon âme adorait.

Puis, tirée de cette adoration, voilà que je posais les yeux sur la colline. Je vis un spectacle qui me réjouit. La colline était peuplée d'un monde fou. Il y avait partout, sur le sol de lumière, *des hommes et des femmes qui travaillaient.* Je les voyais tous à l'œuvre, et je commençais à les détailler. Leurs habits étaient tous différents et colorés. Je me souviens d'une femme en corsage blanc et jupe verte, qui lavait du linge à genoux devant de grandes bassines, une autre femme habillée d'un tissu rouge provençal et un châle sur la tête, était devant un évier et lavait la vaisselle, je vis un homme en bleu de travail avec des outils à la main et qui semblait se hâter pour aller à l'usine, un autre encore qui creusait des sillons pour labourer le sol, un autre en vieux pantalon gris informe qui taillait ses vignes...

Il y avait encore des multitudes de métiers représentés, mais je ne me souviens plus. Ah si ! j'ai beaucoup remarqué l'ébéniste ou le charpentier, je ne saurais dire, qui rabotait avec tant de soin et d'amour, une grosse poutre de bois... les autres détails, je ne saurais les redire. Je sais seulement que l'on aurait pu comparer tout ce monde au travail, à certaines crèches très belles où de nombreux santons représentent toutes sortes de professions. C'était là une véritable crèche vivante et je compris qu'il y avait là une très grande intuition, une annonce du peuple de Dieu tout entier représenté autour de Jésus vivant.

Pendant que je voyais tous ces hommes et toutes ces femmes travailler, mon âme avait la conviction profonde qu'elle voyait devant elle *les laïcs consacrés*, tous ceux qui adoreraient la Présence vivante de Jésus, et en vivraient, dans leur travail, dans leur vie de tous les jours. Mon âme se réjouissait. La voix disait, de façon incessante, comme une psalmodie :

Ils viennent tous de la Cité sainte.

Je voyais qu'ils avaient tous adoré Jésus vivant dans la Cité sainte, là-haut, dans sa demeure, et que, partis au travail pour la journée, *ils conservaient la Présence vivante en leur cœur*, ils en vivaient, jusqu'au soir où ils rentraient dans la demeure, et où, à nouveau, ils adoraient. Ils avaient tous des visages joyeux, heureux. Ils étaient tous dans la lumière et dans l'amour de la Présence vivante. Ils étaient tous aimés de l'Amour vivant. Ils étaient le peuple de Dieu, son peuple aimé et sauvé.

Les Familles chrétiennes

Vous êtes de ceux qui ont été éclairés par la Croix

Pendant le chapelet devant le Saint Sacrement, je fus emportée dans un paysage. J'étais sur le sommet d'une colline. Il faisait sombre. Je vis la Croix se planter sur le sommet de la colline. Puis la Croix fut inondée de lumière. Je vis alors que Jésus était sur la Croix. La lumière qui émanait de lui fut si vive qu'elle s'échappa en un large faisceau qui alla éclairer le sol. Je vis alors au pied de la Croix, une foule innombrable. Il y avait des parents avec leurs enfants ; il y avait des enfants de tous les âges, de toutes les tailles. Il me sembla qu'il n'y avait là que des familles et des familles très nombreuses. Je voyais les époux se tenir par la main ou par le bras, et les enfants tout autour d'eux. Je voyais les détails de leur coiffure ou de leur habillement. Ils étaient tous habillés comme des personnes du xxe siècle, des personnes comme nous. Les messieurs avaient un costume plutôt chic, les enfants étaient bien coiffés et bien propres. Les familles ressemblaient à celles qui vont à la messe le dimanche. Ils étaient tous au pied de la Croix, dans une attitude d'adoration, de contemplation. Ils étaient attirés, fascinés par le faisceau de lumière qui les englobait tous. Ils étaient tous saisis par l'amour intense de Jésus en Croix.

Soudain, les rayons de lumière tombèrent en gouttes fines d'abord, puis en pluie torrentielle. C'était une pluie de grâces. « La grâce inondante », comme j'aime à l'appeler car elle ruisselle sur tout l'être.

Mais tout à coup, je fus plongée dans une grande souffrance. Les gouttes de lumière étaient des gouttes de Sang, qui ruisselaient de Jésus crucifié. Ils en étaient tous inondés, recouverts. Je vis qu'ils étaient tous sauvés, rachetés par l'amour de Jésus en Croix qui donnait tout son Sang.

La souffrance s'apaisa. Le torrent de Sang disparut pour faire place à nouveau au faisceau de lumière. De la foule innombrable qui était toujours au pied de la Croix, je vis un père de famille, en costume gris, avec une chemise blanche, se détacher un peu de la foule pour s'approcher plus près de la Croix. De ses deux bras tendus, il présentait à Jésus crucifié son petit enfant (deux ans environ), qu'il tenait en ses bras. Son épouse était à sa gauche. Ce geste était un don très beau. Mon âme était ravie devant ce don.

Jésus en Croix, lui, voyant cela, n'y tint plus. Il se pencha, sembla se détacher de la Croix, se recroquevilla tout entier.

Le petit enfant, offert par le père de famille, disparut dans la lumière de la Croix, et, dans le même mouvement, Jésus en Croix, devenu petit Enfant, se précipita, dans un impétueux élan d'amour, dans les bras du papa qui avait donné son enfant.

Jésus Enfant se blottissait dans les bras du père, puis je le vis se précipiter comme une flèche se précipite sur sa cible, au creux du cœur du père. Là, il entra et y fit sa demeure. Des bras qui l'avaient reçu, il se précipita dans le cœur. Pendant que se déroulait cette scène, la voix me disait :

Vous êtes de ceux qui ont été éclairés par la Croix.

Ainsi, je compris qu'au moment où un père de famille tend son enfant pour le donner à Dieu, Jésus crucifié lui-même redevient Enfant et se place lui-même dans les bras, puis au creux du cœur du père qui lui offre son enfant.

Ainsi, un enfant est remplacé par l'Autre ! On gagne au change ! Celui qui donne la chair de sa chair reçoit en échange Jésus vivant. Jésus Enfant vient habiter au cœur d'une famille qui a donné son enfant à Dieu.

Comme il faudrait que toutes les familles sachent cela, qu'elles connaissent cet échange merveilleux, ce don que Jésus nous fait de lui-même !

CHAPITRE X

Le Chemin d'amour

Le Chemin d'amour

Je me trouvais à nouveau devant la terre. Elle n'était pas belle cette fois. C'était une immense boule sombre. Au-dessus de la terre, une sorte de nuage... non, pas exactement. Plutôt un brouillard très blanc et très fin : une nuée. Derrière cette nuée blanche : le Père. L'amour du Père penché sur la terre. Le regard d'amour du Père, désirant d'un immense désir attirer la terre à lui. Douleur d'amour inexprimable, gémissante de tendresse.

Je restais ainsi très longtemps, complètement perdue dans cette douleur d'amour. J'aurais tant voulu pouvoir consoler le Père vivant derrière la nuée. Bouleversée de sa souffrance d'amour, je ne pus m'empêcher de demander à la tendresse vivante qui me montrait tout cela : « Mais pourquoi ? Pourquoi attend-il ainsi de venir nous prendre tous, puisqu'il nous désire d'un si grand désir ? »

Regarde !

Je levais à nouveau la tête. Posée sur la terre, il y avait une immense échelle métallique, une échelle double. Cette échelle montait jusqu'à la nuée blanche. Au pied de l'échelle, sur la terre, une multitude d'hommes. Une multitude qui passait et repassait sans même regarder l'échelle. Puis quelques hommes virent les barreaux du bas de l'échelle. Je ne voyais d'ailleurs plus que deux ou trois barreaux du bas de l'échelle. Tous les autres étaient effacés, inexistants pour les hommes.

Quelques-uns essayaient de grimper. Ils retombaient aussitôt, dans une dégringolade effrayante. Ils n'avaient pas le courage d'aller plus haut. D'autres, plus rares, arrivèrent à grand-peine jusqu'aux deuxième et troisième barreaux. Là, levant la tête vers le haut, et saisis de crainte, ils s'enfuirent, se pressant de redescendre.

Tu vois, le Père attend le retour des hommes.

Je me trouvais à nouveau noyée dans la douleur d'amour. Ainsi, les hommes n'étaient pas prêts à accueillir le Père! Le Père attend, et c'est sa grande douleur.

Alors une voix éclatante dit :

C'est la Passion du Père.

Je fus saisie et emportée dans une angoisse extrême, l'angoisse d'amour du Père.

En contemplant la Passion du Père, je comprenais que les hommes n'étaient pas prêts à accueillir le Père. S'ils ne sont pas prêts, c'est parce qu'ils ne savent pas qui est le Père. Même parmi les hommes de bonne volonté, ceux qui grimpent le plus haut, il y a une frayeur, une crainte qui les empêche d'aller jusqu'au Père.

Or le Père est un Père vivant, un Père vivant d'amour. Il n'est qu'Amour. Sa puissance ne vient que de son amour. C'est son amour qu'il faut aimer, sa puissance d'amour. Le Père souffre que nous ne l'aimions pas d'amour.

Si les hommes savaient la grande douleur d'amour du Père, ils ne seraient pas saisis de frayeur devant lui. Le Père souffrant devient plus petit et plus humble que le plus petit d'entre nous. Lui, source de tout amour, il descend jusqu'à ce point extrême de petitesse où il attend humblement et dans le silence, l'amour des hommes.

Le voyant si faible et si douloureux dans son amour pour nous, je me précipitais en courant dans la direction de la nuée blanche. Reposée sur la terre sur mes deux pieds, j'étendis les bras qui, devenant immenses, arrivèrent jusqu'à la nuée, et je me laissais tomber dans son amour en criant de toutes mes forces : « Père ! »

Comment dire ce que j'éprouve depuis ce moment ? C'est encore le début d'une autre vie. Il me semble que tout est changé. Je ne peux plus prononcer ce mot de « Père » dans la prière, sans être bouleversée d'amour. Le Créateur n'est plus un Dieu lointain. C'est le Père qui est là, aimant, souffrant, attendant chacun de nous dans le même mouvement de tendresse que celui de son Fils, tendresse vivante.

Quand les hommes de la terre sauront-ils et comprendront-ils si personne ne le leur dit ? Il faudrait leur dire que l'échelle entre ciel et terre est *le Chemin d'amour* tracé par le Père afin que les hommes puissent le rejoindre, lui, le Père de tendresse qui leur tend les bras et leur ouvre son Cœur.

Le silence de Jésus

Jésus était debout, au milieu d'une pièce circulaire. Il était vêtu de sa tunique en lin, la même que celle qu'il portait lorsque je l'avais vu tomber pendant le chemin de Croix.

Tout autour de la pièce, des sortes de stalles en bois en forme de cercle aussi. Dans les stalles, des hommes à l'air sévère : j'ai cru que c'étaient des juges. Ils accusaient Jésus. Je ne voyais que leurs visages, et leurs bustes vêtus d'une sorte de blouse blanche. Ils disaient sans cesse du mal de Jésus ; l'accusaient de toutes sortes de péchés horribles. Ils voulaient sa mort et étaient pleins d'une haine qui les rendaient affreux.

J'étais assise tout près de Jésus, sur un petit banc, car je ne voulais pas le quitter. Les juges devenant trop méchants, je ne pouvais plus me taire, et lorsqu'ils proféraient une accusation je leur disais : « Ce n'est pas vrai, vous savez bien que ce n'est pas vrai. »

Mais ils n'entendaient rien. Ils étaient tous contre Jésus. Alors n'y tenant plus, je me levais, m'approchais de Jésus et lui dis : « Vous voyez bien, ils ne m'écoutent pas parce que je ne suis rien. Mais vous, ils vous écouteront. Dites-leur qui vous êtes. » Jésus ne me regarda pas. Il avait les yeux baissés à terre. Malgré son immense tristesse, il se mit à sourire. Mais il ne dit rien. Les menaces et les accusations se poursuivant, je revins tout près de lui et lui dis : « Je vous en prie, dites-leur qui vous êtes. »

Comme il se taisait toujours et que les juges décidaient de sa mort, je me jetais à genoux à ses pieds et lui dis : « Je vous en supplie, dites-leur qui vous êtes, vous l'Innocent. Ils ne le savent pas. » J'étais inondée de larmes, et je souffrais terriblement.

Alors Jésus posa son regard sur moi. Ce regard d'amour qui attire irrésistiblement. Quand on l'a rencontré, jamais, jamais on ne peut l'oublier. Je vis aussi très nettement son visage pour la deuxième fois, comme au chemin de Croix. Je voulais encore lui parler, pensant : « Pourquoi ne dites-vous rien ? Vous êtes celui qui aime. »

Mais Jésus me fit signe de me taire en mettant un doigt sur sa bouche, comme lorsque l'on dit *chut* à quelqu'un. Ses mains étaient pourtant liées dans son dos, mais il libéra sa main droite comme si elle n'était pas attachée, puis la remit dans son dos aussitôt après m'avoir fait signe de garder le silence. Pendant qu'il faisait ce geste, il me regardait toujours avec une tendresse infinie. Je me sentis perdue dans cette tendresse et je disparus dedans. Je n'étais plus rien. Je n'existais même plus. Il ne restait plus que lui, l'Amour vivant, entouré de lumière.

Lorsque tout fut fini, je restais envahie, plutôt saisie par la force du silence, de l'amour et de la souffrance mêlés tout ensemble, indissociables. Tant de force et de tendresse si intimement mêlées !

Moi qui désire parfois tant crier à la face du monde que Jésus est tendresse vivante, voilà qu'il m'avait montré combien il y avait davantage d'amour dans le silence et la souffrance voulus, acceptés par amour. Le silence est prière d'amour.

On prie lorsque l'on aime.

On ne peut pas aimer sans désirer prier.

On ne peut pas aimer sans rencontrer aussitôt la souffrance. Et avec Jésus, pas n'importe quelle souffrance, mais la Croix plantée dans notre chair et dans notre cœur. Cette souffrance-là est comme l'amour : elle nous prend tout entier.

Pendant toute cette scène, j'aimais Jésus d'un grand amour. Je l'aimais parce qu'il m'aimait. Je savais cela. Je savais que lui seul avait mis dans mon cœur cet amour brûlant, le sien. Je savais que ce n'était pas moi qui pouvais aimer, mais uniquement lui qui aimait en moi. Aussi, comme bien souvent dans la prière, je n'osais même pas dire : « Je vous aime. » Je lui disais seulement en moi-même : « Vous m'aimez, vous êtes celui qui aime. » Et petit à petit, je n'existais plus. Il n'y avait plus de moi. Il n'y avait plus que lui. N'avoir plus du tout de *moi*, dans la vie de tous les jours, comme il faut que je le lui demande dans la prière !

En même temps, je souffrais terriblement de voir Jésus maltraité. Je souffrais aussi, et peut-être plus, de ce que les juges ne savaient pas qui était Jésus. C'était terrible de ne pas pouvoir leur dire. Mais le silence et la souffrance avaient plus de poids. Je le compris lorsque le regard d'amour se posa sur moi. Il était suppliant et voulait dire : *Je t'en prie, il faut te taire*. Cela dépassait tout de même ma compréhension. Mais Jésus ne voulait pas d'autre attitude. Alors je n'avais plus rien à dire, ni à faire. Je n'avais qu'à recevoir son regard d'amour, et me laisser emporter dedans. D'ailleurs, à cet instant, toute souffrance disparut, y compris celle que j'éprouvais un instant auparavant, me disant : « Jamais, jamais, je ne pourrais supporter d'être séparée de lui. »

Misère et Miséricorde

Comme j'ai souffert aujourd'hui de ma misère !
Ce jour m'a paru si long !
Comme je te ressemble peu, Seigneur !

Toi qui es là, Amour vivant, m'habitant tout entière. Qu'est-ce que je fais de toi ?

Chacun de mes gestes, chacune de mes paroles est l'inverse de toi.

Tu es l'Amour,

Tu es le Silence.

Comment peux-tu venir habiter une misère aussi misérable ? Faut-il que tu aies si peu de maisons où aller habiter, Seigneur... pour entrer dans une masure aussi délabrée ? N'as-tu pas d'autre abri que celui où se rassemble toute la misère du monde ?

Aujourd'hui, toute la misère du monde était sur moi rassemblée. Ah oui, je sais ! Tu n'as pas pu trouver de demeure plus misérable que la mienne, parmi toutes les créatures, et c'est pour cela que tu es venu. Toi, toujours le plus petit, le plus pauvre, le plus délaissé.

Tu as porté sur toi toute la misère du monde. Et cela t'a coûté la vie. Ta vie, si sainte, si précieuse. Et tu souffres d'une souffrance jamais finie, dont aucun de nous ne pourra jamais faire le tour.

Mais sais-tu, Amour tant aimé, que la misère souffre elle aussi ; qu'elle souffrira tant que tu souffriras ? La misère souffre d'être portée par toi. Elle souffre de te faire souffrir. La misère pleure d'être la misère, elle pleure d'être le péché, elle ne peut rien faire d'autre, que d'être misère, elle ne peut rien faire d'autre que de crier sa peine, de n'être que cela.

Elle ne peut rien faire d'autre que de tendre les bras vers toi pour se jeter dans ta miséricorde.

Alors moi, la misère, je cours, je me jette dans tes bras, je me laisse tomber, je me laisse porter. Et toi, miséricorde vivante, tu me prends dans tes bras, tu essuies mes pleurs, tu consoles mon cœur.

Il n'y a pas d'autre voie, pas d'autre salut pour nous les hommes. Judas a vu sa misère, il n'a pas vu ta miséricorde. Je t'en supplie, Seigneur, que jamais, jamais plus, aucun homme n'oublie de se jeter dans ta miséricorde.

Laisse-toi aimer

Comment prier

Devant le Saint Sacrement, je priais comme je pouvais. En fait je donnais seulement ma pauvre présence au Seigneur, car mon cœur était broyé, empli de cette souffrance profonde qui, en ce moment, m'enveloppe tout entière : souffrance de renonciation, de détachement, d'abaissement, qui rejoint le rien, le néant; souffrance d'abandon, de séparation. Mon être tout entier est comme une toute petite barque très fragile qui a bien voulu quitter le rivage. Petite barque qui n'a pas décidé par elle-même de quitter le rivage connu et sûr, car elle est bien trop petite et craintive devant la mer immense.

Seulement un beau jour, sur la toute petite barque, est venu le souffle puissant de l'amour de Jésus, qui lui a dit :

Va!

Et la petite barque s'en est allée, sans réfléchir, parce qu'elle n'a pas pu résister au souffle d'amour si tendre et si fort à la fois. Elle s'est laissée faire, tout simplement.

Seulement, voilà : maintenant, la toute petite barque de mon âme est en pleine mer. A l'horizon, aussi loin que le regard puisse se porter, aucun rivage, aucune terre connue ni inconnue, rien, rien... Alors, devant l'immensité qui ne finit jamais, la petite barque se sent de plus en plus petite, de plus en plus perdue, de plus en plus inutile et impuissante, incapable de quoi que ce soit, radicalement impuissante devant l'inconnu qui l'entoure, réduite à néant face à l'infini et aux forces extraordinaires en même temps qu'invisibles qu'il contient. La toute petite barque n'a plus qu'à se laisser faire, sans savoir, sans comprendre, sans choisir, sans préférer, sans désirer car ses désirs sont vains. Elle ne sait même pas si un jour à nouveau, elle sera menée vers un autre rivage, dans un port sûr et tranquille où elle pourra trouver le repos. Son seul repos est devenu le creux du Cœur de Jésus, là où l'on peut poser sa tête et son cœur, et s'enfouir blottie dans l'Amour.

C'est ainsi que mon âme, mon cœur et mon corps se présentaient devant le Saint Sacrement.

Alors la voix d'amour vint se poser sur mon cœur tout douloureux, tout brisé, tout réduit à néant, et elle me dit très distinctement, mais comme en secret, avec une tendresse inouïe qui donna un instant souffle de vie au rien que j'étais devenue..., la voix d'amour me dit, au creux de l'oreille, et au creux du cœur :

Laisse-toi aimer

Puis ce fut comme une vague qui revenait frapper la toute petite barque. La voix revint et ce fut comme une supplication, impérative, forte, criant la tendresse, mais presque douloureuse en même temps :

Ô ma fille toute petite...
je t'en supplie,
laisse-toi aimer!

Mon cœur en déluge de pleurs et de joie n'en peut plus de tant de tendresse.

Le grain de poussière

Dans la chapelle, après avoir communié, j'entendis la voix, qui parla tout haut. Elle dit : *Tu vas devenir un petit grain de poussière sur ce tapis.* Je me retournais gênée, comme si quelqu'un venait de me parler fort devant tout le monde. Et puis, non, c'était lui qui venait de passer là.

Mon âme se mit à bondir de joie car le petit grain de poussière correspondait à son désir profond. Quel bonheur ! Un petit grain de poussière qui sur ce tapis, au pied du tabernacle peut dire et chanter la gloire de Dieu ! Du moment que le petit grain de poussière est là, en sa chapelle, à ses pieds, il est heureux.

Un petit grain, aimé de son Dieu, et qui voltige dans la lumière, pour danser et chanter devant lui. Y a-t-il un plus heureux sort ?

Petit grain de rien,
aimé de son Dieu,
jeté en lui,
disparu en lui,
pour n'être plus rien.
Pour n'être plus qu'en Dieu.

« Vous ne m'aurez pas toujours avec vous... »

La tendresse vivante m'enveloppait tout entière. J'étais *bercée* par des mains de tendresse et plongée dans un bonheur que je ne pourrais décrire.

Puis soudain je me trouvais sur une route de lumière, avec deux autres femmes. Nous étions habillées toutes les trois de la même façon, avec des vêtements qui me parurent des vêtements de deuil, ou de pénitence, couleur de la cendre. Notre tête était recouverte d'un petit voile court de la même couleur grise. Mon cœur était en deuil. Je le sus, à l'extrême désolation que je ressentais. Je crus être veuve ; mais veuve de l'Époux, celui qui vient prendre mon cœur et tout moi-même quand il le veut. Les deux femmes qui marchaient en toute hâte sur la route de lumière étaient les deux sœurs : Marthe et Madeleine. Elles étaient dans la même désolation que moi, car leur cœur était empli de l'amour de l'Époux... Mais l'Époux s'en allait. Il venait de passer sur le même chemin que nous. J'avais reconnu sa Présence vivante au souffle de vent. Mon âme avait été balayée, suffoquée par la même bourrasque de vent, pleine de force et de tendresse que l'autre nuit au-dessus de la barque de Jésus avec Marie.

Jésus venait de passer là, et nous voulions le rattraper. Nous voulions le voir et rester avec lui. Mais l'Amour vivant voulut apprendre à mon âme que sur cette terre de douleur, il resterait insaisissable. Il était déjà tellement loin sur le chemin de lumière, qu'on ne le voyait plus. Alors je me mis à courir comme une folle, avec les deux autres femmes. Et tandis que je courais sans parvenir à le rattraper, j'entendis la voix, pleine de tendresse :

Vous ne m'aurez pas toujours avec vous...

Je vis qu'il était impossible de saisir l'Amour vivant ici-bas, impossible de le retenir pour soi-même. Notre âme ne le possèdera pleinement que là-haut. Notre âme ne peut que brûler d'un désir d'amour toujours plus grand. Cette course éperdue pour atteindre Jésus de gloire permet d'augmenter sans cesse en nous le désir de sa Présence.

Je compris en même temps que l'impossibilité de

posséder Jésus pleinement ici-bas, sur ce chemin de la terre, c'était pour quelque chose de très grand, de beaucoup plus grand, c'est pour un don total aux autres : ces autres que Jésus aime infiniment, autant qu'il aime notre propre âme. Ce don aux autres est aride, difficile. Il nous fait passer par la Croix ; mais il n'y a pas d'autre voie pour posséder en plénitude l'Amour vivant dans le ciel. Jésus crucifié est mort pour tous les hommes, avant de connaître la gloire ; et voilà qu'il fait passer chaque âme par ce même chemin. Il a demandé à Marie ce grand don aux autres. Il l'a demandé à Madeleine.

Et mon âme, toute déçue de n'avoir pu le rejoindre, connut une grande souffrance. Mais en même temps voilà que comme goutte à goutte, elle se mettait à regarder les autres ; à les aimer non pas de par elle-même, mais parce que la force vivante l'y poussait. Le désir de Jésus insaisissable, était là. Il poussait mon âme, qui ne pouvait résister, à regarder les autres ; à me tourner vers eux, à déverser en leur âme la brûlure d'amour que je ressentais.

Et la voix intérieure, celle qui crie dans le silence, jaillit de mon âme et dit :

Mais vous aurez toujours les autres avec vous...

Les autres : les pauvres, comme il est dit dans l'Évangile.

Pendant le chapelet devant le Saint Sacrement ce soir, je comprenais que chaque *autre* est un *pauvre.* Un pauvre selon Jésus, car il y a toujours une pauvreté dans un cœur d'homme. Pas un cœur de ces pauvres hommes qui ne cache quelque part une blessure profonde, une souffrance. L'autre est toujours le pauvre, et il faudrait toujours pouvoir s'approcher de lui en se montrant le plus pauvre de tous. Ainsi, il ne souffrirait pas.

Donne-moi tout dans la joie

La voix me dit :

Donne-moi tout, dans la joie... même tes péchés.

La miséricorde était si grande qu'il n'y avait aucun reproche, seulement de la tendresse. Il n'y a pas plus merveilleux que cette miséricorde-là.

Je vais dire une énormité, mais... je plains ceux qui sont « vertueux ! » ceux qui n'ont jamais eu à se faire pardonner comme j'ai eu toute ma vie à le faire. Ah ! oui, là-haut, *nous nous glorifierons de nos faiblesses,* car l'Amour vivant sera venu au secours des plus grandes et nous pourrons dire jusqu'où il nous a aimés !

Le point de la rencontre

Je fus emmenée dans le désert. C'était le jour. Il y avait une lumière éclatante. Je marchais harassée. J'avais déjà parcouru une grande distance à pied et je désirais m'arrêter tant j'étais fatiguée. Mais je voyais devant moi la même distance encore à parcourir. Et je compris que cette marche-là serait beaucoup plus pénible, parce que déjà mes forces déclinaient.

Marquant la fin de ma marche, je vis jaillir du sable un cours d'eau. Ce cours d'eau traversait le désert, comme une ligne horizontale. Au-delà du cours d'eau, le désert s'étendait encore à l'infini.

J'avais très soif, et j'aspirais à avoir un peu de cette eau que je voyais au loin. Mais il fallait que j'accomplisse encore toute cette longue marche avant d'y arriver. J'entendis la voix de l'Amour vivant. Il me dit :

Tu dois marcher jusque-là.
Là est le point de la rencontre,
de ta Rencontre avec moi.

Et comme pour bien m'assurer que c'était lui, et qu'il serait là, au rendez-vous promis, je le vis. Il se tenait debout au bord du cours d'eau ; il était revêtu de sa robe blanche, étincelante de gloire. Et la lumière inondant le désert se fit encore plus éclatante. Il semblait se pencher pour m'attendre et pour me recueillir dans ses bras, légèrement tendus vers l'avant, dans le geste d'un père qui se penche, les bras en avant afin que son tout petit enfant, harassé, qui accourt vers lui, puisse se laisser tomber en lui.

Il se pencha encore, recueillant au creux de sa main un peu de cette eau fraîche qu'il gardait pour moi. Ma soif se fit plus grande mais je vis qu'elle ne pourrait être étanchée que lorsque j'aurais atteint le point d'eau. Ce point de la rencontre, comme l'a appelé l'Amour vivant. Ce sera le point d'eau vive ; là où la soif sera à jamais étanchée. Le point de la rencontre, si semblable à celui du Puits de Jacob.

J'avais si soif de l'Eau éternelle, du jour de la Rencontre où je serai pour toujours avec l'Amour vivant. Mais son désir, sa volonté est que je marche encore à travers le désert...

Je voudrais pouvoir, comme la Samaritaine, appeler les autres à sa rencontre. Et je sais que, comme elle le fut, je suis déjà la servante inutile, la femme abandonnée dans le désert, afin de ne rencontrer personne d'autre que lui, avec un cœur débordant d'amour mais qui ne peut pas aimer, car il n'y a que le désert.

La douce humilité

Il faut une grande patience avec soi-même, pour combattre un défaut et déraciner le mal. Patience pour s'engager sur la voie d'humilité et s'y enfoncer en s'y perdant. Se perdre dans l'humilité comme on se perd en l'amour de Dieu.

Il faut combattre jour après jour, sans se lasser, sans croire que l'on changera tout de suite. Ainsi on ne se découragera pas au moment des chutes, mais on repartira vaillamment et humblement.

La vertu de force n'appartient qu'aux humbles. C'est par la douce humilité que l'on connaît la liberté intérieure, et donc la force, car la douce humilité est la marque de la vraie maîtrise de soi. Elle est la seule victoire véritable. Victoire sur soi-même. Victoire sur les autres qu'on ne juge pas mais que l'on aime.

L'humilité est faite d'abandon et de confiance.

Cette voie-là seule mène à la vraie charité.

La Montée vers le ciel

Le décollage et l'atterrissage de l'âme

J'avais prié tard la veille au soir, auprès du Saint Sacrement. J'étais si heureuse d'être auprès de lui, que ce fut une profonde action de grâces... A quatre heures du matin, je fus réveillée par un amour fou qui s'était saisi de moi. J'aimais Jésus vivant en l'Eucharistie et il emplissait mon cœur, il m'envahissait tout entière. En l'Eucharistie c'était son visage de Jésus crucifié que je voyais, que je contemplais. Il se présentait devant moi, avec son visage douloureux, et je le regardais. Mon âme ne pouvait faire autrement que de le regarder en l'aimant, car il était là, posé devant elle, pour lui donner le temps de le voir, le contempler, le regarder, l'aimer. La contemplation : un saisissement de l'âme, tout entière attirée vers son Dieu. L'âme ne peut plus se détacher de son Dieu, car il l'a prise en son amour.

Je me souviens que je me laissais faire, profondément. Je me sentais saisie, de plus en plus, et emportée en une force d'amour que l'on ne peut pas décrire humainement. Mon être tout entier était envahi par une force extraordinaire qui prenait une place de plus en plus grande. Il ne restait plus rien de moi-même que l'écorce de mon corps, lourde comme une coquille de plomb. Mais dedans, c'était le grand dépouillement. Un immense dépouillement très douloureux. Jésus vivant avait pris toute la place. Alors la force extraordinaire de l'Amour vivant me prit toute et me projeta, me lançant à une allure vertigineuse dans un espace, un espace sans fin et sans limites.

Je souffris intensément comme je n'avais jamais encore souffert, jamais autant. Dans l'étreinte folle qui me saisissait, je ressentais une immense souffrance faite à la fois d'angoisse et d'arrachement. Je m'arrachais à la terre et je décollais, exactement comme un avion décolle du sol. Mais dans cette course vertigineuse, je ne savais où j'allais aboutir, alors une angoisse extrême me prenait, une angoisse si forte que je crus que j'allais mourir. Oui, en réalité en cette nuit, mon corps traversa la mort, et il souffrit d'une souffrance de mort, tandis que mon âme fut emportée et alla se jeter dans l'Amour vivant.

Pendant que tout cela se passait, voici ce que je vis très précisément. Après avoir vu le visage de Jésus crucifié, en l'Eucharistie, je fus emportée et me trouvais sur une route, une immense route bordée d'arbres et de verdure. Je ne voyais pas la fin de la route. Je fus alors entraînée à une vitesse vertigineuse sur cette route.

Je vis au bout de la route et comme un peu surélevé, Jésus vivant revêtu de sa robe blanche. Il était entouré d'un halo de lumière. Tout au bout de la route, au bout de la course vertigineuse, il m'attendait, étendant ses deux bras :

Au bout de la route, il y a l'Amour vivant!

me dit la voix.

Alors, je me laissais emporter tout à fait. Je laissais à terre la souffrance d'arrachement, la peur, l'angoisse extrême, et à cet instant je quittais le sol de la route, et je fus happée, emportée, élevée au-dessus de la route. J'allais rejoindre l'Amour vivant qui était là.

Alors je ne vis plus rien pendant quelque temps. Ce fut beaucoup plus que cela. Je venais d'être jetée tout entière dans les bras grands ouverts de l'Amour vivant, l'Amour ressuscité! Mon âme venait d'être jetée, emportée, plongée directement en son Amour. Je ne voyais plus rien. Mais je vivais en lui. Je vivais dans un espace infini d'Amour. J'étais en l'Amour.

Je n'aime pas du tout cette première personne, et ce *je* que je suis obligée d'employer. Je devrais dire à chaque fois *mon âme*, ou encore l'âme saisie par Dieu. Mais ce serait long à écrire. J'ai déjà si peu de temps pour écrire. Je voudrais pouvoir sans cesse écrire les merveilles de mon Dieu.

Je restais longtemps en l'Amour vivant. Mon âme était fondue en lui; mon âme était collée à la sienne comme deux Hosties qui seraient collées ensemble, réunies pour n'en faire plus qu'une. Oui, en cet amour de fusion, il y avait l'amour de l'Hostie, l'amour de l'Eucharistie que nous recevons, et qui fond en nous. Je me promenais en son amour. J'allais où je voulais. Je me promenais au-dessus de tout l'univers comme en un palais merveilleux. J'étais dans un grand ravissement, et ce mot est beaucoup trop faible. Car le ravissement n'exprime pas la fusion, la totale fusion d'amour en laquelle je venais d'être emportée et perdue, perdue en lui.

Je l'aimais et il m'aimait. Il m'avait prise et déposée en sa demeure. Il aimait à m'y voir demeurer. Cette demeure était éternelle, elle n'avait ni limites, ni fin dans le temps. Pourtant, je vis qu'il allait ramener mon âme sur la terre. Il me prit tout doucement, et me fit quitter l'espace infini de son univers. Il m'approcha de la terre, doucement, tout doucement. Je vis à nouveau les arbres et la verdure, et la route d'où j'avais décollé tout à l'heure.

Alors je me mis à souffrir mais infiniment plus qu'au décollage. Oh! oui, en ce matin de l'Ascension, l'atterrissage sur la terre fut terrible, très douloureux. Jamais je n'ai autant souffert au moment du retour sur la terre, et je crois que je ne pourrais pas oublier. J'en suis encore tout effrayée. Il prit pourtant bien des précautions pour m'amener jusqu'à la terre. Lorsque je vis la route, de très haut, et arrivant au-dessus à une vitesse vertigineuse, je crus que j'allais mourir en me fracassant sur le sol. Alors, devant mon angoisse, la force me retint. Elle me promena d'abord sur un chemin plein d'herbes, au sommet d'une colline. Puis je vis que la colline surplombait la route sur laquelle je devais atterrir. Tout doucement, je me laissais glisser du haut de la colline. Malgré cela, lorsque j'arrivais en bas, sur le sol de la route, je ressentis un choc extrêmement douloureux. Je fus jetée sur le sol, et je crus être cassée en mille morceaux. Tout mon corps me faisait souffrir, comme si tous mes os étaient brisés.

Je me retrouvais toute pantelante sur mon lit, dans ma petite chambre. J'étais épuisée. Mais j'avais connu la joie du ciel. J'avais en moi cette joie. La journée tout entière me parut lourde, lourde à vivre pour mon corps que je portais tel une loque fatiguée. Mais au-dedans il y avait la joie, une joie d'union à Dieu, mais une joie faite d'une profonde souffrance parce que l'âme veut s'échapper vers son Dieu, mais le corps lourd comme un plomb, la retient à la terre.

A la messe, en recevant le Corps et le Sang de Jésus à la communion, les battements de son Cœur d'amour me saisirent tout entière. L'Hostie vivait, son Cœur battait lentement, longtemps. Il prit son temps, se faisant sentir très fortement! J'allais partir en lui, être entraînée en son amour, lorsqu'il fallut s'en aller, quitter l'église comme tout le monde. Oh! comme on est bousculé après la communion. On ne peut pas vraiment vivre de sa Présence car la messe se termine trop vite. Est-ce qu'on ne pourrait pas inventer quelque chose pour que la messe ne se termine pas avec la communion? Mais qu'il y ait encore un temps de prière favorisant l'action de grâces.

Heureusement, je pus rentrer vite et me réfugier seule dans ma chambre, avant d'aller plus tard rejoindre les autres pour le repas.

Lorsqu'on est emporté dans l'Amour vivant, il faut se laisser faire. Mais il faut pour cela avoir une confiance éperdue en lui. Il faut accepter de se jeter en son amour, de se laisser jeter en son amour, de se laisser jeter en un espace infini, inconnu. En cet espace on connaît le ravissement et les délices d'une joie profonde. Mais il a fallu d'abord passer par une sorte de mort. Sans l'amour, sans la confiance éperdue, on a peur de ce passage. Il faut aimer éperdument, follement. L'âme qui se laisse emporter est exactement comme l'avion qui décolle et qui s'arrache au sol pour voler très, très haut. Mais l'âme s'envole sans *l'appareil* du corps, sans la carcasse de l'engin qui reste inutile au sol. L'engin a seulement servi à prendre de la vitesse, mais il s'est arrêté au bout de la piste laissant l'âme s'envoler, car elle a acquis assez de vitesse et elle est alors saisie par la force de l'Amour vivant qui l'emporte en lui. L'atterrissage est encore plus délicat, exactement comme il l'est pour un pilote d'avion. Le vol dans les hauteurs est merveilleux. Mais le retour sur terre, le contact avec le sol est très dangereux, et très douloureux.

L'union à Dieu : la confiance

En cette nuit-là, j'eus très nettement conscience – comme je ne l'avais jamais eue – du *départ en Dieu*. Je ressentis tout ce qui se passait au moment où il venait me chercher et m'emporter. Je m'en souviens encore comme d'un moment terrible, car la souffrance fut extrême, la souffrance d'un arrachement douloureux comme la mort. En somme, une épreuve très profonde à traverser avant d'être jetée directement en Dieu.

Je sus qu'il venait me chercher car sa Présence vivante était là, auprès de moi. Sa présence était si forte qu'elle ne pouvait me laisser telle quelle, immobile ou indifférente. Sa présence contient une telle force qu'elle vient vous happer, vous emporter et vous absorber en elle.

Mais cette nuit-là – y eut-il résistance de ma part, ou n'étais-je pas prête ? je ne peux savoir. – Avant d'être emportée en sa Présence vivante, je ressentis une souffrance infinie. Avant de le rejoindre, j'étais mise en face d'un choix. Je ressentais toute la liberté extraordinaire laissée à l'espace d'amour qu'est mon âme. Il fallait, pour le rejoindre, qu'elle accepte le grand arrachement. Mon âme devait se dépouiller de tout ce qui l'attachait à la pauvre écorce de son corps. Et, au moment de ce grand dépouillement, l'âme devait accepter d'être emmenée dans l'espace infini mais encore inconnu d'elle.

Mon âme pourtant aspirait de toutes ses forces à rejoindre l'Amour vivant. Mais il y avait encore une distance entre elle et lui, une distance comparable à celle d'un puits sans fond ou d'un gouffre sans fin dans lequel il fallait se jeter sans rien savoir, sans rien voir, en croyant même qu'en se jetant dans le puits sans fond elle courait à sa propre perte.

En acceptant ce saut dans l'inconnu, l'âme devait faire une *confiance* totale, absolue, sans limite à son Père du ciel qui viendrait lui tendre les bras et l'emporter en lui, au moment voulu. Mon âme savait que, dans la descente vertigineuse dans le puits sans fond, elle se roulait en boule pour devenir boule de feu, *entre les mains de son Père bien-aimé.*

Cependant, chaque fois que cela arrivait, mon âme devait renouveler ce même acte de foi, j'aime mieux dire : ce même acte de *confiance*, confiance totale et absolue en l'amour de son Père qui l'a créée et qui ainsi s'est engagé pour toujours, par une promesse ineffaçable, à la porter, à la tenir en ses deux mains comme un trésor précieux qu'on ne peut laisser tomber sous peine de le livrer à la mort.

L'amour du Père du ciel pour chaque âme ne peut cesser un seul instant car c'est son amour qui sans cesse nous donne vie. Sans cesse il porte chacun de nous au creux de ses mains jointes comme une mère porte son nouveau-né pour le regarder et l'admirer.

Ainsi ai-je vu mon Père du ciel *porter* Jésus Enfant en ses deux mains.

Oui, c'est bien cela : notre Père porte chacun de nous en son amour aussi fortement qu'il a porté Jésus Enfant et aussi fortement qu'il porte encore son Fils bien-aimé.

Notre vie dépend en tout de son amour. Or, il ne peut nous retirer un seul instant son amour car il a conclu avec chaque âme une alliance éternelle. Cette alliance, il ne s'en détourne jamais, jamais. Il faut le croire toujours et toujours, spécialement lorsque l'âme est jetée dans le noir, dans l'épreuve, au bord du gouffre ou de la mort.

Lorsque mon âme eut délibéré et accepté de toutes ses forces le grand arrachement, elle se trouva directement en Dieu. Pour accepter d'être arrachée, je me souviens que mon âme fut aidée, soutenue, encouragée par le *sacerdoce*. Mon âme se tourna vers le prêtre auquel elle demanda *la permission* d'être emportée. S'il n'y avait pas eu cette permission, cet encouragement du sacerdoce, mon âme aurait eu peur. Elle n'aurait peut-être pas osé dire *oui*. Alors avec le *oui du prêtre*, le oui de *l'Église bien-aimée*, l'âme partit. Elle partit en s'écriant : Dieu... Dieu. C'était un cri d'amour, le cri de l'enfant qui se jette dans les bras de son Père.

Mon âme n'existait même plus, elle avait pris la dimension de l'espace infini de Dieu. Elle se mouvait en cet espace dans une joie incomparable, elle était comblée de délices, ravie en son Dieu. Mon âme avait rejoint le Cœur de son Dieu. Elle vécut là un temps infini.

Cependant la volonté de Dieu fut de la replacer sur la terre, dans l'écorce de son corps. Lorsque mon âme vit qu'elle allait être replacée dans l'écorce, elle souffrit terriblement. Cette enveloppe était si gênante, si étroite, une vraie prison. Cependant, elle accepta avec amour car sur la terre il y avait les autres âmes, dans les autres écorces et il fallait aller leur crier ce grand cri d'amour : Dieu... Dieu.

Il fallait aller leur crier :

« Préparez-vous à rejoindre l'espace infini de l'Amour éternel. Préparez-vous à vous jeter avec confiance dans le Cœur grand ouvert de votre Père du ciel. »

L'Espérance tout au long du Chemin d'amour

En prière devant le Saint Sacrement, la voix s'éleva. Elle chantait et dansait de joie, et me donna ces paroles comme consigne de vie :

Joie et amour tous les jours!
Espérance... jusqu'au bout du chemin.

Cette consigne est liée au Chemin d'amour, elle est liée à la fondation de l'Ordre, elle est donnée comme principe de vie à ceux qui seront dans l'Ordre.

En même temps que les paroles étaient prononcées, je fus saisie et posée sur un chemin qui monte : c'est le Chemin d'amour.

Je me mis à avancer d'un pas rapide sur le chemin. J'avançais dans la joie et dans l'amour parce que la voix déversait en mon âme cette joie et cet amour.

Lorsque je me trouvais déjà très engagée sur cette montée, je ressentis une grande fatigue et je crus que je ne pourrais pas continuer à gravir la pente.

Je vis alors à ma droite et tout le long du chemin, une corde solide et épaisse, posée de-ci, de-là sur des piquets qui la soutenaient. La corde formait une rampe allant du bas jusqu'au haut du chemin. Je m'en approchais aussitôt et je saisis la corde à pleines mains. La corde, c'était l'espérance. Je ressentis aussitôt un grand réconfort. Il y avait dans la corde une force mystérieuse et, parce que je l'avais saisie à pleines mains, cette force extraordinaire contenue dans l'espérance s'infiltra en moi et se mit à parcourir tout mon être. C'était comme un courant électrique, un courant de lumière qui, venant de la corde espérance, se propageait à une allure folle et avec une très grande force, en tout moi-même.

La force de l'espérance venait au secours de ma faiblesse, pour monter sur le Chemin d'amour où se trouvent, d'étape en étape les pancartes :

JOIE et AMOUR tous les jours

SILENCE
PAUVRETÉ
OBÉISSANCE
OFFRANDE

ESPÉRANCE tout au long du chemin.

En haut du chemin : la nuée de gloire.

Il nous faudra toujours suivre l'indication Joie et Amour. Si par hasard, un sentier, coupant le Chemin d'amour, se présentait à nous, et si l'on y voyait par exemple une pancarte : *Silence*, mais que ce silence ne soit pas baigné dans la joie et dans l'amour, alors bien vite il nous faudrait quitter ce sentier trompeur.

Car sur le chemin que Jésus vivant trace pour nous, missionnaires du Cœur de Jésus, ou servantes du Seigneur, le silence ne peut se vivre que dans la joie et dans l'amour.

De même pour la pauvreté,
pour l'obéissance,
pour l'offrande.

Quant à l'espérance, elle sera toujours la cordée qui nous relie à Jésus vivant, lui qui nous attend en haut du chemin, dans la nuée de gloire et qui nous relie les uns aux autres. L'espérance est notre force. Nous devons l'empoigner à pleines mains et ne pas la lâcher.

En ces jours de la fondation de l'Ordre, la joie dominait. Cependant, dans cette joie, des épreuves intérieures très grandes étaient là comme le signe de la croix de Jésus, bien vivante au cœur de la joie.

Je sus que Jésus vivant m'apportait et en même temps me demandait l'espérance. Cette belle lumière de l'espérance, je ne pourrai plus l'oublier et je demande à Jésus vivant, avec sa grâce, de ne jamais m'en détourner.

En ces instants si importants, Jésus vivant venait me présenter la corde *espérance*, comme on présente à quelqu'un un cadeau très précieux. Mais il ne me la présentait pas à moi seule. Il la présentait et la posait bien solide sur le bord du chemin, à tous ceux et toutes celles qu'il appelait à parcourir à sa suite son beau Chemin d'amour.

L'accueil de Marie : à la crèche, à la Croix

C'est toujours Jésus vivant qui conduit ma prière. Je ne décide jamais si je vais prier de telle ou telle façon. Je ne prévois rien et d'ailleurs, je n'y pense pas. Mais c'est lui, toujours lui, qui vient me chercher. Dès que je me tiens en sa présence, il vient et m'entraîne dans sa prière.

Ce dimanche soir, il était fort tard et je commençais à dire les mystères douloureux. Toujours dans ma prière de la nuit, ce sont les mystères douloureux dans lesquels je veux le rejoindre, afin de ne pas le laisser seul dans la souffrance.

Mais cette nuit-là, ce fut impossible. Jésus vivant ne voulait pas que je le rejoigne dans sa douleur. Je le compris bien. Alors, j'arrêtais, j'arrêtais ma pensée, ma volonté, je restais là, en attente.

Je traversais le grand silence de la nuit. Je fus plongée dans un désert rude, sombre et froid, immense aussi. Puis tout à coup, une lueur resplendissante. L'Enfant était posé là, à mes pieds, tout emmailloté de blanc. Il reposait dans une mangeoire tapissée de paille. L'Enfant immaculé reflétait la lumière, la lumière de gloire faite d'une blancheur qui éblouit plus que toutes les lumières du monde.

Marie était au pied de la mangeoire en face de l'Enfant, comme on serait en face du Saint Sacrement exposé. Elle était prosternée à genoux, le front contre terre. Elle adorait l'Enfant.

Oh! la prière de Marie! l'adoration de Marie! Mon âme reconnut ce qu'elle désirait tant et tant, ce à quoi elle aspirait de toutes ses forces. Mon âme venait de trouver ce qu'elle voulait, elle courut se prosterner aux côtés de Marie, elle *tomba* dans l'adoration de l'Enfant, avec Marie. La voix de l'Amour vivant vint me retrouver au fin fond de l'adoration. Elle se posa sur moi et me dit :

Je veux que tu adores l'Enfant de la crèche.

Mon âme s'épanouit de joie. L'adoration dans laquelle j'étais était celle qu'il voulait. C'est lui qui m'y avait amenée puis entraînée. La joie incomparable que j'éprouvais ne peut se décrire. Il y avait la joie d'adorer Jésus Enfant avec Marie, mais il y avait aussi la joie de réaliser son désir au fur et à mesure qu'il me l'exprimait. Joie immense d'être dans la volonté même du Cœur de Dieu.

Je restais longtemps dans l'adoration de l'Enfant de la crèche. J'y restais tant qu'il lui plut. Je me plaisais et me complaisais en la blancheur immaculée de l'Enfant et j'y trouvais à chaque instant un plus grand ravissement.

Il arriva un moment où je relevais la tête. L'Enfant était toujours là, il n'avait pas bougé. Je cherchais Marie du regard. Elle n'était plus prosternée à genoux. Je fus très étonnée. Je regardais bien, croyant avoir mal vu.

Marie était debout au pied de la mangeoire de bois comme elle sera plus tard debout au pied de la croix de bois.

Une sorte de compréhension intérieure se déroula alors en moi, comme se déroulerait un rouleau de parchemin sur lequel toutes choses seraient écrites. C'était en même temps la voix intérieure, sans parole, qui m'expliquait toutes choses. Voici ce que je compris :

Ce n'est pas seulement par courage
que Marie, ma Mère s'est tenue debout
à la crèche comme elle se tiendra debout à la Croix.
A la crèche, Marie s'est tenue debout
pour pouvoir, dans son adoration de l'Enfant,
accueillir les enfants des hommes,
car la plus grande joie de Marie,
c'est de voir les enfants des hommes
s'approcher de l'Enfant.
La plus grande joie de Marie,
c'est d'accueillir les enfants des hommes.
Alors, elle est là, tournée vers eux,

debout pour les accueillir de son sourire.
Elle leur ouvre tout grand ses bras
et les enveloppe de son grand manteau immaculé.
Ainsi, ils sont présentables devant Dieu.
Marie met en sa prière, en son adoration,
les enfants des hommes, ses enfants.

Pendant que se déroulaient ces explications, voici ce que je vécus : j'étais un petit berger de la taille d'un enfant de douze ans. J'étais dans le désert froid et sombre de la colline de Bethléem.

Au plein cœur de la nuit j'avançais avec précaution vers l'entrée d'une grotte car une force mystérieuse m'y attirait. Il se passait quelque chose dans cette grotte ou plutôt il y avait quelqu'un dont la tendresse extraordinaire, venue jusqu'à moi, m'attirait. Il n'y avait pas de porte, pas de fermeture à l'entrée de cette grotte, (comme les maisons, comme les tabernacles, comme les cœurs qui doivent être tout ouverts, sans portes ni fermetures, ni barrières). C'était bien commode car on pouvait entrer même lorsque l'on n'était qu'un pauvre petit berger.

Je passais la tête à l'entrée de la grotte, timidement, très timidement. Je marchais sur la pointe des pieds pour ne pas me faire remarquer. Mais Marie me vit. J'étais fascinée, attirée par ce que je voyais : une lumière resplendissante de blancheur. Puis à travers la lumière et comme si mes yeux s'y habituaient petit à petit, je vis l'Enfant. Il était immaculé, tout emmailloté de blanc. Il reposait sur de la paille dans une mangeoire. Je continuais à m'avancer, tant la force irrésistible m'attirait. Mais plus je m'approchais, plus la lumière de l'Enfant m'éclairait et plus ma confusion augmentait car je me voyais telle que j'étais : un petit berger très pauvre et très sale et vraiment pas présentable. Alors je m'arrêtais. Je ne pouvais vraiment plus avancer. J'étais désolée parce que la tendresse immense qui jaillissait de la lumière immaculée de l'Enfant m'attirait toujours davantage.

Alors Marie s'avança. Elle vint au-devant de moi comme le ferait une maîtresse de maison attentionnée. Elle me tendit sa main, prit la mienne et m'attira avec douceur au pied de la crèche devant l'Enfant, à l'endroit même où je l'avais vu en entrant.

Je m'aperçus alors que je n'étais vêtue que d'une peau de mouton très sale et que j'étais pieds nus. J'éprouvais une très grande confusion devant tant de pauvreté et de misère mais je ne pouvais rien y changer. Ce qui me désolait, plus encore que ma tenue sommaire, c'était mes cheveux : je les vis très bouclés et épais mais sales. Il y avait même des brins de paille ou d'herbe dedans parce que j'avais dormi par terre sur la colline. Je rougissais de honte, n'osant pas m'approcher si près. Mais Marie fit un geste que je n'oublierai jamais.

De sa main droite elle enleva les brins d'herbe qui étaient dans mes cheveux, puis les doigts écartés, elle passa sa main dans mes cheveux comme pour les peigner et les remettre en ordre. C'est ainsi que font toutes les mamans du monde lorsque leur enfant échevelé accourt auprès d'elle et qu'il faut dire bonjour à quelqu'un. Alors la maman, bien vite, passe sa main dans les cheveux de son petit pour qu'il ne soit pas trop ébouriffé. Dans ce geste parfois machinal d'une mère, il y a toujours beaucoup de tendresse. Car, même si le petit n'est pas très beau, sa maman en est fière et elle l'aime tel qu'il est.

Dans le geste de Marie je sentis une tendresse si grande que j'en fus toute bouleversée. Alors je me laissais vraiment faire. Elle me regardait en souriant. Elle étendit ses deux bras et entrouvrit ainsi sa grande cape devant elle et me cacha dedans. La voix me dit :

Je veux que tu m'adores avec le cœur de ma Mère,
je veux que tu te mettes en Marie
pour m'adorer, pour me contempler, pour m'aimer.

Alors je ne sais plus ce qui se passa parce qu'à nouveau je tombais dans l'adoration. On ne voit plus rien quand on adore parce qu'adorer, ce n'est pas regarder de l'extérieur mais c'est se *jeter dedans*, c'est se perdre jusqu'à disparaître en l'être aimé, qui est l'Amour.

Dans l'Eucharistie on ne peut pas adorer avec des pensées abstraites puisque c'est Jésus vivant qui est présent.

Jésus Homme, Jésus fils d'Homme, Jésus Homme-Dieu.

Aussi nous amène-t-il à l'adorer dans sa divinité mais toujours en même temps dans son humanité.

C'est dans un moment précis de sa vie d'homme que Jésus nous emmène. C'est ainsi qu'il désire être adoré. C'est seulement ainsi que nous pouvons adorer Jésus joyeux, Jésus douloureux ou Jésus glorieux, en tel instant précis. Et il a même ses préférences selon les jours, selon la liturgie de l'Église. A nous d'être attentifs et dociles aux préférences de son Cœur.

C'est très important pour aimer toujours davantage Jésus en son Eucharistie que d'aimer Jésus fils d'Homme.

En cette période de la Nativité, aimons et adorons Jésus, l'Enfant de la crèche. Aimons-le en nous mettant en Marie. Jésus, en cette nativité, nous fait connaître le cœur de sa mère. Puisque l'Évangile ne nous a pas révélé ces secrets-là, l'heure est venue où Jésus veut les révéler.

Marie, dans son adoration, ne se retirait pas de la vie du monde. Au contraire, elle y faisait face. Elle était toute tournée vers les enfants des hommes, prête à les accueillir pour les amener à l'Homme-Dieu. Ainsi doit être notre adoration. La vie d'adoration d'une servante du Seigneur doit être modelée sur celle de Marie.

La prière ne nous enferme pas.

La prière nous ouvre à Dieu et aux autres.

La prière est accueil : accueil de Dieu, accueil des autres.

Marie ne s'est pas retirée dans un ermitage. Mais voici les étapes que le Seigneur son Dieu lui a proposées : le grand silence de Bethléem, puis, le grand détachement. Le départ sur les routes qui conduisent en pays étranger, sans même savoir s'il y aura un retour. Le danger de toutes parts et l'insécurité : le froid, la faim et le dénuement. C'était la grande pauvreté. Puis la maison de Nazareth, la maison où Marie allait vivre. Mais après Bethléem, après l'Égypte, Marie voit cette maison avec d'autres yeux. C'est Jésus lui-même qui va faire de la maison de Nazareth non pas un ermitage, non pas un monastère mais une Maison d'adoration.

Cette maison sera Maison d'adoration. Silence et pauvreté seront ses marques. Prière et adoration sans cesse renouvelées devant la présence de Jésus fils d'Homme.

Marie passe des heures auprès de l'Unique, son Unique. Elle se *perd* dans la prière et dans l'amour, elle s'y jette tout entière. Mais Marie est attentive aux besoins des siens, les enfants des hommes. Elle assume ses responsabilités, elle ne s'en détourne pas, elle s'active, elle se hâte.

Oh ! comme je voudrais être désormais celle qui ne vit que de cette vie-là, la vie de Marie dans sa Maison d'adoration. Être celle qui donne non plus seulement de son superflu, mais bien de son nécessaire parce qu'elle donne à celui qui est devenu pour elle l'Unique, l'Unique nécessaire. Personne d'autre ne lui est nécessaire sauf lui, l'Unique... et lui, enverra les autres quand il voudra, comme il le voudra.

Devenir comme la pauvre veuve de l'Évangile ou comme la veuve de Sarepta. Oui, ce sont ces femmes-là que Jésus veut pour l'aimer. Ce sont ces servantes qu'il attend. C'est cette servante-là que je veux être.

Être celle qui n'a plus que ses deux sous à lui donner ou plus que son peu de farine et d'huile et qui, ensuite, n'aura plus qu'à mourir parce qu'elle lui aura tout donné.

Ce sont ces femmes-là que Jésus veut pour l'adorer. Il ne s'agit pas de s'occuper de lui lorsque l'on n'a vraiment plus rien d'autre à faire; mais bien plutôt de s'occuper de lui de façon incessante dans la vie de tous les jours, en lui faisant une confiance absolue.

Si nous lui donnons tout : tout le temps, toutes les forces qu'il nous fallait pour nos affaires du monde, alors, lui prendra toute notre vie en main. Lui se chargera de tout conduire. Il guidera chacun de nos actes. Il nous dira que faire et comment le faire.

C'est lui qui nous enverra auprès de tel ou tel pour l'aimer. Il nous donnera chaque jour l'huile et la farine pour faire le pain de ce jour. Il nous donnera la force de ses sacrements et de son amour pour accomplir la tâche de ce jour.

Ce n'est pas nous qui déciderons de cette tâche mais lui seul. Cela demande une confiance absolue. Ne pas prévoir par soi-même mais le laisser nous dicter ses volontés à chaque instant. Il nous faut l'abandon qui est confiance éperdue en son amour.

L'adoration de Marie, debout au pied de la Croix

Marie, debout, non pas seulement par courage mais pour accueillir les enfants des hommes.

Marie *perdue* en la souffrance.

Elle l'endosse.

Elle la prend en elle.

Elle se laisse emporter en la souffrance.

Elle est en la souffrance du Cœur de Jésus.

Elle ne la voit pas de l'extérieur.

Elle tombe dedans.

C'est ainsi que nous devons adorer Jésus présent en l'Eucharistie. Marie adore Jésus en Croix. Elle est perdue en cette contemplation et si elle ne bouge pas, si elle ne s'enfuit pas, c'est qu'elle est la seule à s'être laissée emportée dans la vraie prière qui est adoration.

Elle est là *en extase*, ravie en Jésus. L'*extase* de Marie ne l'a jamais retirée du monde, mais son cœur est saisi, pris, jeté en celui de Jésus. Marie s'est laissée faire. Elle est entrée dans la souffrance de Jésus. Elle ne l'a pas regardée de l'extérieur. C'était impossible pour elle qui aimait, de rester à l'extérieur. Elle est entrée comme on entre dans sa demeure.

Elle est entrée tout entière dans le Cœur de Jésus, sa demeure. Elle restait là, au pied de la Croix, au cœur des mystères douloureux qui devenaient siens. Mais elle restait debout comme une maîtresse de maison vigilante, prête à accueillir tous ceux qui se présentent. Marie est toujours debout, prête à ouvrir les bras, à sourire, à accueillir tous les enfants des hommes. Elle a compris que Jésus, son Enfant, portait en lui tous les enfants des hommes. Alors, son cœur de mère s'étend à l'infini pour eux tous, ses enfants.

Quelle merveille pour un cœur de mère que d'avoir

tant d'enfants! Et comme Marie est la Mère parfaite, elle a pour enfants tous les enfants des hommes. Quelle merveille de grâce et de bonheur!

Mon cœur de mère se mettant en Marie comme Jésus me le demande, désire d'un grand désir avoir beaucoup, beaucoup d'enfants pour les mettre dans le beau berceau préparé avec tant d'amour, le berceau immaculé, le berceau Église.

Quel bonheur extraordinaire sur la terre et au ciel que tous ces enfants si tendrement aimés. Ah! on pourra les aimer sans mesure.

Le premier enfant de Marie, celui qui lui est donné pour entrer dans la contemplation avec elle, c'est le prêtre. Le prêtre est donné comme premier enfant à Marie au pied de la Croix. La vie du prêtre est liée à la Croix. La vie du prêtre est liée à Marie.

Le prêtre doit se mettre en Marie, se laisser envelopper de son grand manteau, et là, Marie lui apprendra à adorer. Le prêtre doit se mettre dans le cœur de Marie, elle le jettera directement en la présence de Jésus. Le prêtre devrait être le modèle de contemplation pour les âmes, amener les âmes à la contemplation comme Marie les y amène.

Il faut que le prêtre se laisse faire par Marie et puis, qu'il accepte de faire comme elle : debout à la crèche, debout à la Croix pour entrer dans l'adoration, pour entrer dans la souffrance de Jésus fils d'Homme et pour y entrer comme un bon pasteur, avec beaucoup d'âmes.

Entrer en l'adoration, entrer en la souffrance, Jésus y appelle des femmes à la suite de Marie. Ces femmes ramèneront les prêtres au pied de la crèche, au pied de la Croix.

Elles prieront et se sacrifieront afin de ramener les saint Jean effrayés ou en fuite.

Adoration – Visitation.
Vie des servantes du Seigneur.
Vie du sacerdoce dans le monde.
Il nous faut des prêtres qui adorent avec le cœur de Marie. Il nous faut des prêtres qui courent après les âmes en visitation, avec la hâte de Marie.

La montagne de l'agonie

Je priais, devant le Saint Sacrement, dans l'oratoire. Je souffrais profondément, de cette souffrance mystérieuse et que je n'ai jamais pu décrire, ni définir, mais qui, maintenant je crois le savoir, n'est pas une souffrance humaine. Aucun motif humain ne peut me plonger dans cette angoisse profonde, dans cette nuit noire de l'abîme où plus rien n'existe, que la solitude, le froid glacial et l'abandon.

Reconnaissant cette souffrance mystérieuse, et ne cherchant plus à l'expliquer, je me laissais emporter dedans; l'offrant à Dieu mon Père, comme je me laisse emporter dans la lumière de gloire de l'Amour vivant.

Je ne sais pas combien de temps je restais ainsi plongée dans la souffrance. Je participais aux ténèbres dans lesquelles est plongée l'humanité qui ne connaît pas la lumière. De toutes mes forces, je désirais la lumière et je l'appelais, afin qu'elle vienne éclairer toute la terre, cette terre que Jésus aime tant et qu'il appelle sa terre d'amour.

Tout à coup, je vis, au-dessus de moi, comme un voile qui se déchirait brusquement, dans un grand claquement de vent. Les ténèbres dans lesquelles j'étais plongée, venaient de s'entrouvrir. Je vis la nuée de lumière jaillir des ténèbres, les repoussant de part et d'autre comme on repousse deux rideaux sombres.

La lumière m'éclaira très vivement. Je vis que j'avais été transportée sur la montagne de l'agonie, cette haute montagne qui se trouve entre ciel et terre, et d'où l'on voit l'univers tout entier, d'un seul coup d'œil. Montagne aride, déserte, solitaire, où il n'y a aucun être vivant, ni aucune plante : il y a seulement un gros caillou. C'est sur ce caillou que Jésus vivant repose sa tête lorsqu'il prie, en agonie.

En cette nuit, éclairée par la lumière, je vis que j'étais en prière sur la montagne, le front appuyé sur le caillou. Il faisait très froid. C'était la solitude du désert, la solitude où Dieu aime à emmener l'âme qu'il veut séduire.

Là, je lui parlerai au cœur.

A cause du jaillissement soudain de la lumière, je levais la tête. Je vis un spectacle extraordinaire : le regard de Dieu éclairait la montagne, et les faisceaux de lumière qui tombaient de part et d'autre de la montagne, s'en allaient éclairer la terre.

Je ne voyais pas les traits du visage du Père du ciel.

Mais, dans la nuée, je voyais son regard, posé sur moi, et qui attirait mon regard. Je ne pouvais détacher mes yeux de lui, attirée dans son espace éternel, et je crus qu'il allait m'y emmener pour toujours tant cette attirance était forte, irrésistible.

Mais il en avait décidé autrement. Je sentis qu'une force extraordinaire me retenait sur la montagne, le front contre le caillou dur et froid, dans la prière, dans l'intercession.

Je vis alors le Cœur du Père s'entrouvrir. Il s'entrouvrit brusquement, comme tout à l'heure le voile qui s'était déchiré à travers les ténèbres. De l'ouverture béante du Cœur, des torrents de lumière se précipitèrent sur la terre.

Les torrents de lumière formaient comme les faisceaux d'un phare qui éclaire à travers la nuit sombre. Les faisceaux de lumière tombaient sur la terre, mais en des lieux très précis. Puis ensuite, les faisceaux balayaient, inondaient certaines parties de la terre.

Je voyais que je devais rester plongée dans la souffrance, sur la montagne, parce que les faisceaux de lumière n'éclairaient pas encore la terre tout entière.

Je sentais la souffrance immense, pesante, rude, austère, ingrate, terrible pour mon corps et pour mon âme. Mon corps était figé, paralysé, comme un prisonnier enchaîné, le front contre le caillou.

Il ne pouvait plus changer de position, ni se mouvoir ailleurs, tant que l'Amour vivant n'en avait pas décidé autrement.

Quant à mon âme, elle était à l'agonie. Elle ne savait plus si elle vivait. Elle était jetée dans le gouffre noir de l'abandon et son angoisse était extrême.

Parce que tu entres en agonie, me dit la voix,
le regard de mon Père se pose sur la terre.
Tu intercèdes pour les hommes,
comme j'ai intercédé pour eux.
Il me faut des âmes, pour poursuivre ma mission
jusqu'à la fin des temps.
J'ai besoin d'âmes qui se relaient,
dans la suite des temps.

Sur la montagne, dans le désert,
aucun obstacle entre le regard de Dieu et ton âme...

Ton âme en agonie entrouvre le Cœur du Père.
Les faisceaux de lumière qui s'en échappent,
se répandent de part et d'autre, sur la terre.
Nul ne saura le pouvoir d'une âme en prière,
sur le Cœur du Père...

Une âme en prière, dans la souffrance de mon agonie!
Par l'intercession de cette âme,
une multitude d'âmes
sont inondées de lumière, à travers les ténèbres.

Pendant que se déroulaient ces paroles, je voyais la terre, très sombre. Seule la lumière, projetée du Cœur ouvert du Père, l'éclairait.

Je restais encore très longtemps, dans la souffrance, sur la montagne de l'agonie.

Le jardin des Oliviers

Je priais dans notre petit oratoire, le front appuyé sur le sol. Je méditais les mystères douloureux comme j'aime le faire au pied de Jésus Hostie, pendant le grand silence de la nuit.

Sans m'en apercevoir, je fus transportée sur une colline toute plantée d'oliviers. Je me trouvais au jardin des Oliviers. J'y arrivais sans bruit, sur la pointe des pieds. Il faisait nuit noire et je frissonnais car il faisait froid. Mais c'était mon cœur surtout qui était glacé d'effroi. Là-bas, dans le lointain, au milieu des oliviers, je voyais une lueur : c'était la lumière qui annonce la Présence vivante. Attirée par la lumière, je continuais à avancer sans bruit, dans la nuit, et pourtant, l'angoisse m'étreignait.

M'étant approchée, je vis alors Jésus vivant. Il était vêtu de sa robe blanche, à genoux sur le sol. Devant lui était posé un gros caillou, c'est tout ce qu'il avait comme prie-Dieu.

Son visage et ses bras étendus étaient d'une blancheur immaculée et tout son être reflétait la lumière. Autour de son visage, une auréole immaculée formait un cercle de lumière.

Jésus priait son Père du ciel.

Il priait les bras étendus, les mains ouvertes vers le ciel en un geste d'offrande, de don et de supplication. L'offrande était si parfaite que les mains de Jésus élevées vers le ciel rejoignaient la tendresse du Père qui, de sa Nuée vivante, se penchait vers son Fils. L'un et l'autre ne formaient plus qu'Un, rassemblés en une seule prière d'offrande : offrande parfaite allant de la terre au ciel et du ciel à la terre. Jésus était aspiré en la tendresse du Père et le Père laissait s'écouler sa tendresse en l'offrande de son Fils.

Cette extraordinaire union de la terre et du ciel coûtait à Jésus des larmes de Sang. Je voyais en effet, du visage de Jésus, s'échapper des gouttes de Sang. Ces gouttes ressemblaient à des larmes qui tombaient en pluie fine sur le sol. Les gouttes étaient très distinctes les unes des autres. Je les voyais tomber comme si chacune était seule. Chaque goutte en forme de larme ressemblait à une perle précieuse reflétant une lumière immaculée, cette même lumière dont était revêtu Jésus.

Chaque goutte qui s'échappait du visage de Jésus provoquait en mon âme une immense douleur mais en même temps, c'est avec un immense amour fait d'émerveillement que je contemplais chacune de ces gouttes. C'étaient des perles si précieuses, si resplendissantes de beauté, des joyaux ciselés, pour chaque homme, avec un amour infini.

Devant tant d'amour mais aussi tant de douleur, j'entrais dans une souffrance de plus en plus profonde, souffrance faite de solitude, d'abandon, d'angoisse extrême. Perdue dans cette souffrance, il n'y avait plus de *moi*, je n'existais plus. J'étais en Jésus, à genoux par terre dans le jardin des Oliviers. La douleur m'accablait tellement que je posais mon front sur le gros caillou qui se trouvait devant moi. La voix vint me chercher pour me tirer du fond de l'abîme de souffrance. Ce fut au prix d'un grand arrachement et d'un violent effort que la voix put me dire :

En toi, je m'offre au Père.

Ces paroles si réconfortantes me sortirent de l'abîme de souffrance pour me reposer sur la terre. A genoux dans mon petit oratoire, ou à genoux dans le jardin des Oliviers, je ne sais, je vis debout, tantôt auprès de moi, tantôt auprès de Jésus en prière, l'ange de la Consolation.

L'ange ressemblait à un très jeune homme et il était tout vêtu de blanc. Il était d'une grande beauté et je ne pouvais détacher mes yeux de lui. Le seul fait de sa présence était un réconfort extraordinaire. Je savais que, si je ne le voyais plus, j'allais retomber dans l'abîme de souffrance. Alors, je gardais mon regard fixé sur lui et il m'apporta un peu de la tendresse du Père du ciel. Il sembla se pencher légèrement vers moi en un geste de réconfort et de tendresse qui me consola. Je ressentis un grand apaisement, une sérénité infinie, car je sus alors que l'abîme de souffrance était regardé avec une tendresse infinie par mon Père du ciel.

Je me mis à aimer l'ange de Consolation parce qu'il était auprès de Jésus et il ne le quitta plus jusqu'à la fin.

Comme je voudrais dire à tous ceux qui entrent dans la souffrance, que ce soit à travers les épreuves de cette vie terrestre ou plus directement à travers la volonté du Père du ciel, de penser à l'ange de Consolation, de l'aimer, de l'appeler au secours. Lui qui a su consoler Jésus, saura bien nous consoler.

L'ange de Consolation : aimons-le, prions-le, appelons-le dans nos détresses.

Lorsque tout fut fini, je restais longtemps en prière afin de permettre à Jésus vivant de continuer à s'offrir au Père.

« Oh ! offrez-vous, offrez-vous tant que vous voudrez, offrez-vous en moi, au Père ! », lui disait mon âme.

Alors je le vis et le sentis faire irruption en mon âme. Une force extraordinaire s'empara de moi comme un vent violent qui s'engouffre dans une maison aux portes ouvertes. La Force vivante prit toute la place en moi, elle était majestueuse, éclatante de lumière. Jésus vivant prenait toute la place en mon âme et s'y promenait à son aise comme un roi se promène dans son palais. Lorsqu'il eut pris possession de tout son Royaume, je le vis heureux, vraiment resplendissant de bonheur (heureux comme un roi ! : je compris pleinement le sens de ce terme). Il se tenait debout, revêtu de sa robe blanche immaculée, les bras étendus, les mains ouvertes vers le ciel, le visage tendu vers son Père du ciel.

Jésus en prière.

Jésus en offrande parfaite, s'offrait à son Père du ciel.

C'était là le sommet, l'achèvement absolu, total, complet de sa mission.

Jésus est né, a vécu, a souffert, est ressuscité pour amener chaque homme au Père. Jésus ne peut accomplir cette œuvre que par son offrande parfaite. Mais Jésus ne peut également accomplir cette œuvre qu'à travers nous, en nous.

Aussi son bonheur est-il parfait, sa joie est-elle complète lorsqu'il peut prendre place en une âme et, en elle, s'offrir au Père.

Chacun de nous doit être offert par Jésus à notre Père du ciel. Telle est la volonté – il vaudrait mieux dire le désir passionné – du Père plein de tendresse qui se penche vers nous, nous tendant les bras pour nous amener à lui. Mais nous ne pouvons rejoindre, atteindre ce Père du ciel qu'en passant par les bras étendus de Jésus qui, par ce geste d'offrande parfaite, nous élèvent de la terre jusqu'au ciel.

Ainsi lorsque je vis Jésus en moi s'offrir à son Père du ciel, mon âme fut en même temps projetée dans un élan extraordinaire vers le haut, vers la tendresse du Père. Elle la rejoignit pour se perdre en elle dans un état de bonheur si grand, si *réjouissant* (je ne peux trouver de meilleur terme), qu'aucune comparaison humaine ne pourra jamais traduire.

Le chemin du Calvaire

Je me trouvais sur le chemin du Calvaire. Il montait en pente raide et était tapissé de gros cailloux inégaux. De part et d'autre du chemin, les murs de hautes maisons se dressaient. C'est au milieu du monde qu'était tracé ce chemin.

Je vis Jésus, vêtu de sa robe blanche, sa Croix sur l'épaule. Il était en bas du chemin et devait le gravir. Son regard plein d'angoisse mesurait la peine et l'effort qu'il allait lui falloir pour parcourir le chemin. Mais, le plus douloureux, c'était la foule qu'il fallait traverser.

En effet, de part et d'autre du terrible chemin, une foule dense se pressait, toute l'humanité sans exception était là : il y avait ceux qui se moquaient, ceux qui méprisaient, ceux qui haïssaient, ceux qui injuriaient et... le pire, le plus gros de la troupe, c'étaient les indifférents. Ils étaient venus là pour faire comme les autres, pour passer le temps ou par curiosité malsaine, et pour la plupart, ils bavardaient étourdiment.

Jésus, déjà épuisé, accablé, défiguré, aurait voulu se cacher. Il lui était extrêmement douloureux d'avancer au milieu de cette foule qui le regardait. Mais il était venu dans le monde pour sauver le monde et c'est au milieu du monde qu'il devait gravir le chemin du Calvaire. Alors, pour eux, il avança. Chaque pas lui demandait un immense effort. Il avançait lentement, courbé sous le poids de la Croix, butant sur les gros pavés du chemin. Lorsqu'il arriva à peu près à mi-hauteur du chemin en pente, n'en pouvant plus, il s'arrêta et mit un genou en terre sur ce sol qui était son seul appui. On aurait dit qu'ainsi il essayait de reprendre des forces pour poursuivre sa marche. Il ne bougeait plus du tout. Je me demandais s'il priait ou bien si la vie s'était retirée de lui. Saisie d'une inquiétude extrême, je m'avançais. Je l'avais suivi à quelque distance sans qu'il me voie. Je ne pouvais rien faire pour lui. Mais je désirais être auprès de lui. Je ne le voyais que de dos puisque j'étais restée derrière lui. Mais maintenant qu'il ne bougeait plus, craignant le pire, je voulus m'avancer jusqu'à lui.

Je m'approchais. Je désirais d'un grand désir voir son visage. Une force extraordinaire me faisait avancer, m'attirrait jusqu'à lui. C'était la force d'un appel puissant, profond, immense.

Jésus m'appelait à entrer dans sa souffrance, à entrer dans son amour pour toute l'humanité.

Jésus désirait être aimé, non seulement il le désirait mais il en avait besoin.

Jésus avait besoin d'un cœur plein d'amour et de compassion pour reprendre des forces et pouvoir poursuivre ce chemin si douloureux du Calvaire.

Jésus avait eu avec lui un cœur de femme pour l'aider à poursuivre sa route : c'était le cœur de Marie. La rencontre avec sa Mère sur le chemin du Calvaire avait été décisive, vitale pour lui. Marie, en regardant Jésus, était entrée en adoration, entrée en compassion, entrée pleinement dans sa souffrance. Elle était entrée en même temps dans l'amour infini de Jésus pour toute l'humanité et grâce à cet amour-là, Marie avait vraiment, réellement aidé Jésus à sauver toute l'humanité.

Jésus venait me lancer ce grand appel : il lui fallait, à la suite de Marie, des cœurs de femme qui veuillent bien entrer en sa souffrance, dans l'adoration de son Corps et de son Sang. Il lui fallait des cœurs de femme qui entrent dans son amour immense pour toute l'humanité afin de lui permettre à lui, Jésus, d'achever son œuvre de Rédemption, de mener à bien la tâche de Sauveur du monde qui lui avait été confiée par le Père, de l'accomplir jusqu'au bout.

Jésus peut-être, allait s'arrêter en route, épuisé, accablé, si aucun cœur de femme n'était là auprès de lui pour l'aimer, pour le consoler, pour le réconforter. Dans cette rencontre, il allait retrouver les forces nécessaires pour poursuivre et pour avancer sur le chemin.

Au beau milieu de la foule moqueuse, haineuse ou indifférente, en plein milieu du monde, il fallait à Jésus un cœur de femme qui veuille bien prendre la suite de Marie, poursuivre sa mission à elle d'adoration, de compassion. Jésus me lançait ce grand appel, ardent, suppliant, fervent. Au milieu du bruit du monde, il lui fallait des âmes de silence, d'adoration, de contemplation, pour lui permettre de poursuivre son œuvre de Rédemption, pour l'aider, l'accompagner, pour être toujours auprès de lui, sur les routes du monde, sur le chemin du Calvaire et jusqu'au pied de la Croix.

Pour répondre à ce grand appel qui m'attirait tout

entière, je me penchais vers Jésus pour voir son visage et l'adorer. Sa tête était baissée vers le sol dans une attitude d'accablement. Mais lorsque je m'approchais, me penchant tout doucement vers lui, il releva son visage. Je le vis alors... face à face... mais cela dura l'espace d'un éclair car aussitôt son visage vint se ficher, s'imprimer en mon cœur comme il s'était imprimé sur le voile de Véronique. Son visage était en mon cœur, il y prenait toute la place et c'est là que je pus le contempler sans fin et que je le contemple encore.

En cet instant précis où le visage douloureux de Jésus se précipita en mon âme, il me fit comprendre plus profondément encore qu'auparavant le lien très spécial, très fort, très direct qui relie son Cœur au cœur de la femme. C'est parce que Véronique l'avait aimé d'un grand amour en entrant dans sa souffrance, que Jésus avait imprimé son visage en son cœur et, en signe de sa présence réelle, ineffaçable, sur son voile.

Alors mon âme, de toutes ses forces, adhérait, recevait ce lien direct entre le Cœur de Jésus et mon cœur. Mon cœur voulait rester relié au Cœur de Jésus pour toujours, mon cœur voulait battre au même rythme que le sien. Rien ni personne ne pourrait rompre ce lien parce qu'il avait été tissé par l'amour même du Cœur de Jésus.

Contemplant toujours le visage douloureux, je vis s'en échapper trois gouttes. Ces gouttes étaient resplendissantes de beauté et bien que ce soient des gouttes de Sang, elles étaient d'une blancheur immaculée. Ces trois gouttes allèrent se poser puis s'infiltrer en l'une des personnes qui étaient là sur le bord du chemin. Puis je vis que trois autres gouttes, tout aussi resplendissantes, allèrent à leur tour s'infiltrer en une autre personne, puis encore trois autres gouttes... et ainsi de suite, indéfiniment. Jésus était toujours un genou en terre sur le chemin du Calvaire et sa Croix sur l'épaule.

Jésus ne quitterait pas le chemin du Calvaire tant qu'il n'aurait pas versé sur chaque être humain, du début jusqu'à la fin des temps, ces trois gouttes de Sang.

Trois gouttes pour chaque être humain, trois gouttes qui correspondent aux trois racines du mal plantées dans notre corps, dans notre cœur et dans notre esprit. Trois gouttes qui nous permettent d'accéder aux trois détachements indispensables pour entrer dans l'espace infini de l'amour de Dieu.

Voyant tomber ces trois gouttes indéfiniment, voyant leur blancheur immaculée transformer le cœur des hommes en des cœurs immaculés, j'entrais dans l'adoration de ce Sang si précieux que personne au monde ne pourra jamais assez aimer... et je me perdis dedans.

En parcourant le chemin du Calvaire, Jésus s'est penché sur chaque être humain pour y verser trois gouttes de son Sang.

Les uns après les autres, ces êtres tant aimés, il les a regardés, il les a arrosés de son Sang pour les sauver.

Le puits de Jacob

Il y avait devant moi une grande Hostie que j'adorais. Je ne la quittais pas des yeux, attirée par elle comme cela se produit toujours lorsqu'elle vient ainsi devant moi. Je me souviens que je l'aimais infiniment, jusqu'au moment où l'attrait, l'attirance fut si grande que je me trouvais emportée dans l'Hostie.

Ce fut comme si tout moi-même était transporté

dans l'Hostie. Ce fut un élan que rien ne peut décrire, un élan d'amour et de souffrance, un immense arrachement. Tout mon être était pris tout entier, comme soulevé des profondeurs de la terre, pour arriver jusque dans l'Hostie que je ne pouvais voir qu'en levant la tête.

De la joie ou de la souffrance, je ne peux dire ce qui fut le plus fort. Je sais que tout se passa dans un immense gémissement et que lorsque je fus reposée sur la terre, je gémissais encore.

Une fois arrivée dans l'Hostie, j'étais toute petite, au pied d'une colline. En haut de la colline, un jardin ravissant plein de fleurs avec une maison tout en pierres. Au milieu du jardin, un puits. Une femme revêtue de grands voiles blancs était penchée au-dessus du puits. Elle cherchait à voir s'il y avait de l'eau au fond. Je ne vis pas les traits de son visage, mais elle semblait faire un effort, comme si elle ne voyait rien.

En bas de la colline, j'étais dans une grande joie et je m'écriais : « Le puits de Jacob ! »

Et je me mis à courir de toutes mes forces parce que je savais que Jésus attendait au bord du puits. Je ne le voyais pas, je devinais seulement sa Présence. La montée fut rude jusqu'au puits. J'y arrivais très fatiguée mais je regardais de tous côtés, cherchant Jésus. Il venait de partir. Je ressentis une déception très violente, mais j'entendis aussitôt ces paroles pleines de tendresse :

J'ai puisé l'eau pour toi.

Je vis, suspendu au-dessus du puits, un seau en bois. Je regardais. Le seau était plein d'une eau claire et fraîche. J'avais très, très soif, mais je ne me décidais pas à boire car cette eau, aussi belle fut-elle, ne remplaçait pas Jésus que je cherchais et pour lequel j'avais couru si fort. Alors en mon cœur s'incrivent ces phrases :

Je ne te laisserai pas seule,
tu peux boire à longs traits.

Je crus comprendre aussi que la Présence de Jésus, je ne pouvais prétendre la trouver ailleurs que dans l'eau vive, dans les sacrements. Parfois, je désire si fort dans la vie de tous les jours, retrouver sa Présence réelle, physique presque, comme je la ressens dans la nuit. Et je me désole devant ce grand vide.

Il me dit, lui, qu'il a puisé l'eau pour moi. Je vis combien il y avait d'amour dans ces paroles, d'amour plein de délicatesse et de prévenance, mais aussi d'amour qui avait beaucoup souffert pour aller puiser l'eau au fond de ce puits sans fond, d'amour humble, très humble, qui allait au-devant de mes désirs, qui connaissait les besoins de mon âme et les prévenait.

Lui, Jésus, Serviteur,
Il m'avait servie !
Il avait mis de l'eau plein le seau et même l'eau débordait. Et il était parti. Il n'avait pas attendu que je puisse le remercier.

Jésus nous aime d'un amour de prévenance. Il est l'exemple le plus parfait de ceux qui veulent servir.

Je restais là, très longtemps devant le seau qui débordait. Et mon cœur débordait de reconnaissance. Et j'étais dans une grande joie. Tout cela se passa à l'intérieur de l'Hostie.

Ce fut dans un grand gémissement et une grande souffrance que je dus quitter l'eau vive et le puits de Jacob.

« Je ne te retirerai pas du monde... »

Devant le Saint Sacrement exposé, j'étais comme dans un havre de paix. Je disais à Jésus vivant que là seulement était la vraie vie, et ma vie était auprès de lui, à ses pieds. Je lui disais mon épuisement. Je lui disais aussi le vide ressenti dans l'agitation du monde.

Je désirais prier, prier, et attendre dans le silence.

Alors, la voix se fit entendre à l'intérieur de mon âme. La voix sans paroles, qui jaillit soudainement comme une source jaillirait de terre. Elle est silencieuse cette voix, mais impérieuse et forte comme un éclair de lumière. Les deux premières phrases furent très nettes. C'était un ordre qui prenait toute la place en mon âme :

Je ne te retirerai pas du monde.
Tu dois faire front.

Un grand silence. Puis la voix se fit douce comme un murmure, le murmure d'une source, un murmure plein de tendresse :

Je veux que tu montres aux hommes,
que c'est dans leurs occupations que je prends ma place.
(Je savais qu'il prenait toute la place.)
C'est pour cela que je t'ai dit :
c'est parmi vous que je veux être.
Dans leur agitation, ils peuvent me réserver une place :
me prier, m'adorer. Puis ensuite me porter.
C'est dans le monde qu'il me faut
des âmes contemplatives.
Des âmes qui me portent.
Ainsi, je serai partout.
Je serai partout au milieu de vous...

La voix avait l'air si heureuse en disant ces derniers mots. Elle bondissait de joie.

Oui, c'est le grand désir de Jésus d'être avec nous, parmi nous, au milieu de nous. On ne peut aimer sans être avec, au milieu.

Alors, ne le délaissons pas, ne le laissons pas de côté, isolé, dans l'oubli, l'indifférence ou la froideur. Mettons-le avec nous, au milieu de nos vies.

CHAPITRE XI

Le grand retour

Le retour glorieux de Jésus

Pendant l'adoration, alors que je regardais l'Hostie exposée, mes yeux furent emplis de lumière et je fus obligée de les fermer. Je vis alors une image très belle.

Une colombe toute d'or et très grande, déployait ses ailes très haut dans le ciel. D'elle, partaient des rayons de lumière comme des flèches de feu. A l'intérieur de la lumière, je vis Jésus, revêtu d'une robe blanche resplendissante de lumière. Ses deux pieds étaient posés sur une nuée blanche qui l'emmenait où il voulait. L'Esprit-Saint amenait Jésus vers la terre.

Je compris que Jésus n'avait décidé ni du jour, ni de l'heure. Mais c'est l'Esprit-Saint qui, sur l'ordre du Père du ciel, avait été chercher Jésus dans le Cœur du Père, et l'en avait fait jaillir, afin qu'il revienne chercher tous les hommes et afin que lui-même, l'Homme-Dieu, les ramène tous dans le Cœur du Père.

Je voyais cela très nettement car Jésus glorieux avait l'air de se laisser faire. Il se laissait visiblement conduire par la colombe qui l'emmenait où elle voulait, dans le faisceau de ses rayons. Bien qu'habillé de gloire, le visage douloureux de Jésus me frappa. C'était

Jésus glorieux, mais crucifié qui revenait sur la terre, chercher tous les hommes.

Avant d'arriver sur la terre, il y avait un très long voyage à faire. Je veux dire qu'il s'écoula beaucoup de temps et voici ce que je vis pendant ce temps. Je ne vis pas Jésus ni sa nuée blanche sous ses pieds, se poser sur la terre, mais des milliers d'hommes, debout. Leurs visages étaient tendus vers le ciel d'où ils voyaient tomber la lumière. On aurait dit des ruisseaux de lumière qui les inondaient de la tête aux pieds. Ceux dont les visages étaient angoissés, affolés, sombres comme la masse de la terre elle-même, devenaient radieux losqu'ils recevaient les torrents de lumière. Ils s'écriaient : « Sauvés, sauvés, nous sommes sauvés ! »

Des multitudes et des multitudes criaient cela, d'une voix forte. C'était la délivrance.

Jésus, sur sa nuée blanche, restait au-dessus de la terre. Devant cet extraordinaire spectacle, j'étais saisie d'un intense désir de voir Jésus se poser sur la terre. Je vis aussi son regard glorieux et douloureux, ce regard de tendresse qui ne vous quitte plus. Il regardait tous les hommes...

Alors je vis combien il les aimait; je vis combien il voulait laisser le temps à l'Esprit-Saint d'en sauver encore et encore. Il n'y a pas de mots humains qui puissent dire ce qu'étaient ces torrents, ce ruissellement qui s'écoulait sur les hommes, les sauvant tous. C'était un débordement de lumière, inondant et purifiant. Alors les âmes étaient sauvées. (J'ai déjà vu quelque chose qui ressemblait à ce ruissellement-là dans le purgatoire.)

L'Esprit-Saint se hâtait, dans une hâte d'amour, et l'œuvre – le travail – était immense. Jésus, de son regard doux et humble, aimait tous les hommes. (Voilà, voilà le travail qui se fait en ce moment sur la terre. Cela c'est moi qui le pense. La voix ne m'a rien dit.)

Mais je vis, je crus comprendre, dans cet extraordinaire et saisissant spectacle, que toute décision était prise par le Cœur du Père.

Jésus sort du tombeau

Il se passe des choses extraordinaires,
au ciel et sur la terre,

s'écria Jésus vivant, tout joyeux.

Je fus tirée du fin fond de ma prière par cette exclamation de joie. Je regardais alors devant moi et je vis Jésus vivant s'échappant avec une grande force d'un tabernacle :

Je sors vivant des tabernacles!

Le tabernacle était ouvert en deux. Il avait éclaté par le haut. Jésus vivant se tenait là, debout, à la place du tabernacle. C'était Jésus de gloire, revêtu de sa robe blanche.

Puis, à la place de Jésus vivant, je vis ensuite un ostensoir splendide. Dans l'ostensoir, une Hostie immaculée. Jésus vivant, revêtu de sa robe blanche, était allé se cacher dans l'Hostie.

Au pied de l'ostensoir, je vis deux époux à genoux, en prière. Ils étaient profondément recueillis. Ils adoraient Jésus vivant.

Je me montre à l'adoration
et à l'amour des foules, dit-il.
Je surgis hors des tabernacles,
comme j'ai surgi de mon linceul,
hors du tombeau.

Je vis que le tabernacle était le tombeau recouvert d'un linge blanc : le linceul. La ressemblance entre les deux était exacte.

Je me montre à tous,
Je suis vivant avec tous,
Je suis vivant, au milieu de tous.
Je suis heureux! s'écria-t-il avec force.
Je sors vainqueur et glorieux du tabernacle.
Je suis Jésus de gloire.
Je porte une palme à la main.

Je le vis, drapé dans une belle robe blanche. Il était assis sur un trône d'or. Sur sa tête, était posée une couronne de lauriers dont les feuilles épaisses lui recouvraient le front. Au creux de son bras, une immense palme :

C'est la palme de la paix et de la réconciliation,
me dit-il.

Puis je ne vis plus rien. Tout disparut.

Je pensais que Jésus vivant était venu annoncer, comme déjà réalisé, ce qu'il suscite petit à petit dans les cœurs : *ouvrir les tabernacles. L'adorer partout, et en tous lieux. Le donner aux foules qui l'attendent.*

C'est parmi vous que je veux être.

Pour Jésus, ce désir est déjà réalisé. Quelle espérance est donc contenue dans ces cris de joie ! Car nous ne voyons rien. Mais lui voit et lui sait comment il réalisera les désirs si ardents qui débordent de son Cœur.

Je suis derrière les barreaux

Je priais le soir devant le Saint Sacrement. Je vis devant moi la façade sombre d'un bâtiment qui ressemblait à une prison. Un mur épais était percé d'une ouverture sans fenêtre mais fermée par deux rangées de solides barreaux noirs.

Deux mains étaient accrochées aux barreaux, les serrant très fortement et exprimant par là l'angoisse indicible de celui qui était enfermé à l'intérieur de ces murs. Mon regard fut attiré par les mains, ne pouvant plus s'en détacher. Puis, levant un peu plus les yeux, je vis, derrière les barreaux... son visage. C'était le visage douloureux, infiniment douloureux de Jésus, mon Bien-Aimé, Jésus souffrant toute sa Passion car sur son visage défiguré ruisselait deux torrents de sang. J'entrai dans une intense souffrance. Mon âme se mit à pleurer avec lui, elle pleurait des torrents de sang.

Je suis encore derrière les barreaux, me dit-il. *Viens!*

Oh! comme son appel fut pressant, déchirant. Qui pourrait résister à un tel appel?

Viens me délivrer, presse-toi.

Il y eut un grand silence. Je le regardais, je le contemplais, je l'aimais. Dans mon amour j'envisageais tout ce qui pourrait me permettre de le délivrer, sans aucun retard et en toute certitude. Ce n'est pas commode de délivrer le prisonnier enfermé au-dedans de murs si épais et derrière de si solides barreaux. Que pouvait ma pauvre faiblesse devant de tels obstacles? Ma force était l'amour qui m'attirait en lui. Mes armes étaient celles de la liberté que m'offrait l'espace dans lequel je me déplaçais comme je voulais.

Mais mon angoisse était extrême car, pour délivrer mon prisonnier bien-aimé, je devais aller réveiller le « sacerdoce qui dort ». Et mon âme sait par expérience quelle immense montagne il y a là à déplacer.

Le sacerdoce voudrait-il se hâter ? Connaîtrait-il un jour la hâte de Jésus vivant qui veut sortir de derrière les barreaux pour aller au secours des âmes ?

Presse-toi, dit-il encore.
Je compte sur toi pour me faire sortir.

Appel si impérieux qu'il est impossible de le laisser de côté ni de l'oublier un seul instant. Mon devoir, ma seule tâche est de tout mettre en œuvre pour le délivrer comme il me le demande.

Je vis encore son visage plus douloureux, plus souffrant. Le sang coulait à flots si bien que mon âme tout entière en gémissait. Comment rester dehors en liberté sans rien faire alors que le prisonnier bien-aimé souffre tant au-dedans ?

Puis je ne vis plus son visage mais à nouveau ses mains accrochées aux barreaux. Puis, voici qu'à travers les barreaux il me tendit ses deux mains. Je les vis, blanches et immaculées dans un geste de don et d'offrande, mais aussi dans ce geste de quelqu'un qui implore, qui attend de recevoir. Ses deux mains immaculées me suppliaient. Elles attendaient une réponse à son appel. Elles semblaient dire : *Veux-tu ?*

Puis, les deux mains immaculées si resplendissantes de beauté, devinrent deux mains tout abîmées, déchiquetées, puis elles se transformèrent en deux ruisseaux de sang. Puis il y eut un grand silence profond comme la mort. Mon âme fut plongée dans une nuit sombre, froide, lugubre, interminable. A la fin de cet immense silence, il me dit :

Je suis dans un caveau.

Je compris que dans cette prison, dans ce caveau, il était au tombeau. Jésus vivant est enfermé dans les tombeaux des tabernacles comme il a été enfermé au tombeau, derrière une grosse pierre après sa mort.

Il m'a annoncé il y a quelques jours qu'il surgirait vivant et glorieux des tabernacles comme il a surgi hors de son tombeau. Mais je comprenais en cet instant que ce serait difficile. Je comprenais qu'il voulait se servir de moi pour arriver à ses fins.

L'Ordre qu'il a préparé avec tant de ferveur, de hâte et d'amour est tout simplement fait pour venir le délivrer, pour l'aider à sortir du tombeau des tabernacles où il est enfermé.

Puisque les prêtres le gardent enfermé et prisonnier, Jésus vivant demande aux laïcs de le délivrer. Les prêtres manquent à leur tâche lorsqu'ils gardent enfermé dans leurs greniers, le Pain de Vie qu'ils devraient distribuer à profusion. Les prêtres ne se soucient pas de toutes les âmes qui meurent de faim à côté des greniers pleins à ras bord où sont enfermées à double et triple tour, toutes les richesses qui nous ont été données sans compter, par la Rédemption.

Jésus, Dieu et Homme, enfermé, ne peut se donner aux âmes qui se meurent. Or, son intention, en inventant l'Eucharistie était d'être tout à tous. Les prêtres n'ont pas fait fructifier ce talent si précieux qui leur était confié. Ils l'ont enfermé, enterré. Et lui gémit de toute son âme car il désire d'un grand désir partir au secours de toute l'humanité. Il lui faut des mains qui l'aiment pour venir le délivrer et lui rendre sa liberté, pour le porter et le transporter partout où il voudra, pour aller au-devant des plus pauvres et des plus délaissés comme il le faisait lui-même durant sa vie publique.

Jésus veut son ordre de Laïcs consacrés, sans aucun retard car le temps presse. Jésus vivant ! aujourd'hui même, en cet instant présent, ce qui est au pouvoir de toute ma volonté et de tout mon amour, je veux le faire sans attendre. Je veux vous dire que votre Ordre est né car, par votre amour, vous m'avez mise dedans.

Le grand retour

Lorsqu'une personne me demande de prier pour elle, c'est comme un sceau apposé en mon âme. Cette personne est posée en ma prière, plantée dedans, elle me permet de répondre à cet immense appel de Jésus vivant, à la prière. Je me sens tout entière là, dans la voie que Jésus veut pour moi.

La prière pour les *autres* m'est une joie.

En cette nuit de silence, je priais pour tel et tel de façon très précise. Mais voilà que je vis mon âme, comme un immense espace, et il y avait encore beaucoup de place dans l'espace, pourtant, la personne pour laquelle je priais en cet instant, prenait la place centrale et je la voyais très bien, toute vivante en mon âme.

Je fus alors transportée au pied de la grotte de Lourdes. Au pied de la grotte, en cet endroit que j'aime tant, je continuais à *prier* et *supplier*.

Je vis alors la statue de la grotte devenir vivante. Marie, tout habillée de blanc se pencha vers moi. Alors, comme si elle craignait que je ne puisse pas l'entendre, elle m'éleva jusqu'à elle. Au lieu d'être à genoux sur le sol, je me retrouvais, toujours à genoux, mais devant elle, au niveau du creux du rocher. J'avais une jupe sombre jusqu'aux pieds, et un voile blanc sur la tête ; mes mains étaient jointes pour la prière.

Avec une grande douceur, Marie me demanda :

Pour qui pries-tu et supplies-tu ?

Je m'enfouis encore davantage dans la prière, et du fin fond de l'immense silence qui emplissait mon âme, je m'écriais avec une ardeur immense : « Pour toute l'humanité. »

Marie eut un sourire radieux : oh ! si radieux que mon âme en prière en fut tout éclairée. Je la vis alors disparaître, comme si elle allait chercher *quelqu'un*.

Elle revint en hâte, et, dans ses bras immaculés, elle *portait l'Enfant*.

L'Enfant était tout emmailloté de blanc. Il était tout petit, tout nouveau-né. Marie se pencha en avant, et me tendit l'Enfant.

Je te l'amène,

me dit-elle en me montrant son trésor si précieux.

Bouleversée, je ne regardais plus que l'Enfant. Je l'attendais, et il m'attendait... Je restais ainsi très longtemps, mais ne sachant si je pouvais le prendre en mes bras. Je regardais Marie. Je voulais la questionner sur ce que je devais faire. Mais je n'eus pas besoin de paroles.

L'Enfant nouveau-né était devenu Jésus ressuscité, revêtu de sa robe blanche. Il était tout contre Marie, la devançant un tout petit peu. Sa robe blanche étincelait de lumière, la lumière de gloire qui l'entourait tout entier.

Jésus ressuscité était majestueux. Il s'avançait vers moi, avec une grande force, et vers l'humanité tout entière pour laquelle je priais sans cesse.

Marie reprit, avec sa voix très douce :

Je l'amènerai au grand retour.

Un grand silence.

Je comprenais que Jésus allait revenir dans sa gloire, tellement il était éblouissant de lumière.

Au jour du grand retour, reprit Marie, *je serai avec lui.*

Et je voyais que Jésus, revenant dans sa gloire, serait :

Jésus-avec-Marie.

Oh ! quelle douceur, quel réconfort que de savoir que Marie notre Mère serait là, auprès de lui, intercédant encore en ces instants suprêmes, pour toute l'humanité, et posant sur elle son regard de Mère qui sauve.

Marie apporte et porte l'Enfant

En cette soirée du 2 février, je méditais, devant Jésus Hostie, la présentation de Jésus Enfant, par Marie et Joseph, au Père du ciel.

Famille humaine et Famille divine sont tellement associées en ce mystère, rassemblées, et même unies par les liens d'une alliance éternelle et indissoluble, que mon âme bouleversée en chantait son émerveillement et sa reconnaissance à notre Père du ciel.

Je vis alors Marie arriver de loin. On eut dit qu'elle descendait du ciel car je la vis comme une étoile d'une blancheur immaculée qui, posée tout là-haut dans l'espace éternel, s'avançait tout doucement, et comme avec précaution, vers la terre.

Au fur et à mesure qu'elle descendait du ciel, je percevais de mieux en mieux ses traits. Elle était vêtue d'une robe blanche immaculée, et un voile blanc recouvrait sa tête. Elle se déplaçait dans un halo de lumière. Lorsqu'elle fut assez proche, je vis qu'elle portait, en ses deux mains assemblées en geste d'offrande, une ravissante corbeille d'osier. Je reconnus la corbeille qu'elle porte dans le ciel sur ses genoux ; la corbeille sans cesse remplie de fruits qu'elle distribue en souriant, à l'Enfant, pour ses enfants : les hommes.

Je compris alors pourquoi en ce jour, elle avançait vers la terre avec tant de précautions : c'est que, dans sa jolie corbeille, il y avait l'Enfant.

Arrivée auprès de moi, mais restant au-dessus de moi (je devais lever la tête bien haut pour la regarder), elle pencha la corbeille vers moi, suffisamment, pour que je puisse contempler à mon aise celui qu'elle portait dans sa corbeille. C'était le tout petit, tout nouveau-né, ficelé et emmailloté de blanc, dans ses langes.

Avec une grande douceur, Marie me dit :

Je te l'apporte.

Visiblement, elle me tendait la corbeille pour que je prenne l'Enfant. Mais malgré le grand désir que j'en avais, je n'osais pas, vraiment pas. Je regardais mes mains. Elles étaient trop faibles, trop fragiles, trop indignes pour porter l'Enfant.

Alors je regardais Marie, en l'implorant. J'étais désolée. Je ne savais que faire, je ne pouvais me résigner à quitter l'Enfant des yeux. Comme pour m'encourager, me rassurer, me réconforter, Marie avança encore un peu plus la corbeille vers moi. Je vis encore mieux, encore plus proche, l'Enfant emmailloté. Je ne voyais que son visage ravissant. Quant à ses mains, ses bras, et même ses épaules, ainsi que ses pieds, ils étaient ligotés, ficelés, et ne pouvaient bouger. L'Enfant me regardait sans cesse, m'implorant à son tour, dans un immense appel. Il se fit encore plus proche, car Marie avança un peu plus près de moi la corbeille. Puis je ne vis plus la corbeille. Il n'y avait plus que l'Enfant emmailloté, reposant sur les deux bras de Marie.

Marie me montrant ses deux bras, recouverts de manches blanches : *Je le porte,* me dit-elle.

Elle me montrait comment il fallait faire. Elle me montrait ses mains immaculées ouvertes pour porter et pour offrir.

Alors soudain le nouveau-né emmailloté devint petit Enfant de deux à trois ans. Il s'assit sur les bras de Marie, et tourné vers moi dans un geste d'extraordinaire tendresse, il me tendit les bras, se pencha vers moi, et se précipita dans mes bras. A vrai dire, ce n'est pas dans mes bras qu'il se précipita, mais dans mon cœur. Des bras de Marie, il se trouva soudain, ses deux petits bras tendus en avant, précipité dans mon cœur. Il s'y engouffra directement, avec hâte et même... violence, comme un petit enfant qui court et se précipite pour se jeter dans les bras ouverts de sa mère.

Jésus Enfant se jeta en mon cœur, je ne vis plus que sa Présence vivante en mon âme. C'était un espace empli de lumière, une lumière faite d'une blancheur éblouissante. Sa Présence vivante emplissait l'espace de mon âme. De sa Présence vivante s'échappaient mes deux bras, recouverts de blanc, tendus en avant pour porter et offrir l'Enfant bien-aimé, celui en qui l'âme tombe en adoration, et que Marie, sa Mère était venue elle-même apporter et porter, au monde qui l'attend.

Pendant que je vécus tous ces instants, il y eut un immense appel : un appel profond, puissant et bouleversant, appel qui bouscule tout, tel un vent impétueux qui balaye tout sur son passage.

Pourrai-je ne pas tendre les bras en réponse au geste si affectueux de Marie, en réponse à l'élan si touchant de l'Enfant ? Pourrai-je ne pas tendre les bras, au risque de laisser tomber l'Enfant, au risque, à tout le moins, de l'attrister infiniment ? Oh ! c'est impossible. Cet appel est si touchant, si fort, si spontané, si attirant ! Il est fait dans un tel élan de tendresse. Quelle mère oserait se détourner de son enfant qui, plein d'amour, se précipite vers elle, les bras tendus ?

L'Enfant me tend les bras. Je veux répondre à son appel, mais, je ne peux y répondre seule.

Sa tendresse infinie demande un amour infini : c'est l'amour d'une multitude de cœurs qu'il lui faut.

En réponse à l'extraordinaire tendresse de son appel, c'est une multitude de bras, recouverts de blanc, qu'il lui faut, pour le porter et pour l'offrir, à la suite de Marie. C'est en des bras de mère que Jésus Enfant veut venir se blottir. Il veut s'installer en beaucoup de cœurs, en beaucoup de maisons, en beaucoup de familles.

Jésus Enfant – Doux Jésus – Jésus de mon cœur.

Je vous aime tendrement, je vous aime avec la multitude des cœurs de mères qui voudront vous porter, vous offrir sans cesse, sur la terre et dans le ciel.

Le Cavalier de l'Apocalypse

Toute la nuit fut comme une suite de ce que j'avais vécu au cours de la journée dans la barque.

Je me trouvais dans un beau paysage. Devant moi s'étalait la mer, d'un joli bleu et reflétant une douce lumière.

Sur la mer, la jolie barque de Jésus. Assis dans la barque, Jésus vivant revêtu de sa robe blanche immaculée. Il était à quelque distance du rivage et ramait seulement de la main droite, pour faire tourner la barque et s'approcher du rivage.

Je me prépare à accoster, me dit-il.

Je voyais le rivage. C'était une plage de sable fin, resplendissant de blancheur.

« Quand pourrez-vous accoster ? » lui demandai-je.

J'avais hâte qu'il arrive au rivage, d'autant que je le voyais beaucoup peiner, comme s'il ne pouvait pas faire avancer davantage la barque.

Je débarquerai lorsque la terre sera immaculée.

« Comment le pourra-t-elle ? », lui demandai-je.

Lorsque les Maisons d'adoration
seront parsemées sur toute la terre,
elles l'habilleront d'un manteau immaculé.
C'est Marie qui prépare les Maisons d'adoration
et les recouvre de son manteau.

Je vis alors la terre, cette terre que Jésus aime tant, recouverte de son manteau immaculé. Oh ! quelle splendeur !

C'était un tapis de neige, une neige très fine et resplendissante de blancheur, qui recouvrait toute la terre.

Cet immense champ de neige ressemblait aussi à un désert dont le sol serait fait de lumière, une lumière éblouissante de blancheur.

La terre était à la fois ce champ de neige et ce désert de lumière et ce spectacle splendide m'immobilisait dans un ravissement sans mélange. J'étais heureuse, heureuse.

Puis il y eut tout à coup un grand fracas et dans un éclat de tonnerre, la voix retentit :

Le Cavalier de l'Apocalypse, entendis-je.

On aurait dit que Jésus vivant venait de se présenter. Il donnait son nom.

Je le vis arriver au grand galop, sur un cheval fougueux. Jésus vivant était revêtu de sa robe blanche. Sa robe blanche était éblouissante de lumière. Jésus vivant était debout, les pieds dans les étriers. Il tenait les rênes de son cheval très serrées, afin que le cheval puisse galoper de plus en plus vite. Le cheval arriva à folle allure sur le champ de neige. Jésus ressemblait à un chef victorieux, resplendissant de force et de gloire, qui vient prendre possession de sa terre. Il me dit :

Revêtu de ma tunique immaculée,
j'enfourcherai mon cheval noir.

C'est vrai. Son cheval était noir. Cela formait un contraste saisissant entre la terre immaculée et sa tunique immaculée, visiblement. Jésus domptait le cheval noir plein de fougue et le menait où il voulait. C'était comme une bête, pleine de force, mais matée et obéissant à une plus grande force que la sienne.

Jésus vivant continua :

J'arriverai comme un conquérant
qui vient prendre possession de ses terres.

Je le vis à nouveau, dressé sur son cheval comme un conquérant revenant victorieux d'une grande bataille.

Je viendrai prendre possession des cœurs.
Je les ravirai.

Je fus alors *ravie* en lui, je veux dire prise, emportée, absorbée en sa tendresse et en sa force.

Il me dit alors, en me prenant sur son cheval et en me serrant tout contre son Cœur, dans son manteau immaculé :

Toi, mon épouse, tu seras avec moi
dans cette course éperdue.

« La course des cœurs »!, lui dis-je toute heureuse, blottie en son Cœur.

Je veux rayonner,
je veux resplendir dans les cœurs.
Je serai... resplendissant de gloire.

« Oh! hâtez votre retour de gloire », le suppliai-je.

Il dépend de toi de le hâter.

« Moi, si faible, si misérable, comment pourrais-je hâter votre retour ? »

J'étais si désolée de ma misère que des larmes coulaient sur mes joues. Il me sembla que je restais longtemps dans ma misère, mais je sentais que j'étais portée dans son Cœur, par sa Miséricorde.

Après un long silence il vint me chercher là où j'étais, blottie dans son Cœur. Il me prit en ses deux mains assemblées qui formaient comme un berceau. J'étais si petite, si minuscule que je tenais en ses deux mains. Il me parla comme on parle à un tout-petit, pour le consoler :

Tu me porteras,
me dit-il avec une immense tendresse.
Tu me cacheras dans la barque.

Je vis à nouveau la barque sur la belle mer bleue, à quelque distance du rivage. La barque ressemblait à un berceau. Dans la barque en forme de berceau, Jésus Enfant dormait.

« Mais je croyais que vous débarquiez ? » lui demandai-je. Alors il se pencha vers moi et me dit en secret :

Je suis obligé de fuir ma terre, comprends-tu ?
Je suis obligé de fuir... pour un temps,
comme j'ai fui en Égypte.

Je frémis car je compris qu'il était en danger et que l'on en voulait à sa vie.

C'est Marie, ma Mère, qui m'a emmené.
Elle m'a pris en ses bras.
Elle m'a caché dans son manteau.
Elle m'a porté en secret.

Je vis Marie qui portait l'Enfant dans ses bras. Elle le cachait dans son manteau. Marie était assise dans la barque. La barque était un berceau où pouvait reposer l'Enfant.

Marie regardait l'Enfant tendrement. Elle le contemplait. Elle ne le quittait pas des yeux. Ainsi Jésus désire que nous fassions : que nous le regardions présent dans l'Hostie, que nous gardions sans cesse les yeux fixés sur lui, dans l'adoration.

Alors je vis que je me trouvais aussi dans la barque. A mes pieds un petit Agneau sans défense, fragile, tout nouveau-né, reposait. Je le pris dans mes bras et le caressais doucement. Je le regardais sans cesse, comme Marie regardait l'Enfant. Comme il était beau mon Agneau, revêtu de sa laine immaculée ! Comme il était fragile ! Comme je l'aimais, avec l'immense tendresse d'un cœur de mère !

Je le gardais dans le creux de mes deux mains, comme tout à l'heure Jésus vivant me gardait toute petite, dans le creux de ses mains, contre son Cœur.

Alors j'entendis la voix. Je ne sais si c'est l'Agneau qui me parla ou bien Jésus Enfant, mais c'est tout comme. L'un et l'autre sont la même personne : Jésus vivant.

La voix me dit :

Comme le petit Moïse porté en secret,
par les mains d'une femme,
et déposé en cachette dans un berceau sur l'eau,

(je vis la barque-berceau sur l'eau),
ainsi, tes mains de femme me porteront dans le secret.
Elles me cacheront,
elles me protègeront
jusqu'au jour de mon retour.
Je serai ton Enfant,
tu prendras soin de moi.
Le petit Moïse, c'est moi!
et le berceau sur l'eau, c'est ma barque.
Tu veilleras sur le berceau et sur l'Enfant.

Pendant que Jésus disait ces paroles, je voyais toute la scène se dérouler sous mes yeux. Une femme très jeune et ravissante avançait avec précaution au milieu de hauts joncs. Elle s'avançait vers un fleuve qui coulait au milieu des joncs. Elle avait une cape sur ses épaules et sous sa cape, elle portait dans ses bras, un tout petit enfant qu'elle serrait contre son cœur. Elle l'aimait très tendrement et, à cause de cet amour, elle savait qu'il devait fuir la terre et s'en aller, *pour un temps* dans un berceau, sur l'eau.

Ce berceau, qui était aussi une barque, l'emmènerait sur l'eau, loin de ceux qui sur la terre, en voulaient à sa vie. Dans son berceau il serait caché, protégé jusqu'au jour de son retour, le jour où il pourrait enfin reparaître et se faire connaître. Tout de même, ce départ était bien douloureux et la jeune femme était inquiète. Elle déposa l'Enfant dans le berceau et le poussa doucement, doucement, pour qu'il s'en aille au fil de l'eau. Mais ce qui garda l'Enfant, c'est l'amour de cette femme pour lui, car elle ne cessa pas un seul instant de le regarder (le contempler, l'adorer comme Marie adore l'Enfant).

Même lorsque le berceau dans lequel reposait l'Enfant, s'éloigna à ses yeux, la jeune femme continua de l'aimer et de le contempler en son cœur, et elle gardait ainsi sans cesse les yeux fixés sur lui.

Ainsi, Jésus obligé de fuir sa terre pour un temps, vient demander à la femme de le garder, de le protéger, de l'aimer, de l'adorer, de le contempler sans cesse. Dans cette immense adoration, les yeux fixés sur lui, la femme permettra à l'Enfant de survivre et de surgir au jour de son grand retour.

Quelle destinée merveilleuse que celle de la femme, à cause de ce lien tissé par Jésus Enfant, entre son Cœur et le cœur de la femme, cette femme dont Marie est le modèle parfait et immaculé !

L'éclatement d'amour

Les physiciens nous apprennent que le big-bang est à l'origine de la création. Une petite poignée de matière, d'un poids incomparable, et contenant une énergie extraordinaire a donné naissance à l'univers, dans un formidable éclatement auquel on donne ce nom de big-bang, car on ne sait comment appeler une explosion aussi phénoménale.

Cette découverte extraordinaire du tout début de la création correspond à ce que Dieu révèle lui-même de son Cœur ouvert. Et cette *correspondance* est bouleversante.

C'est dans un immense éclatement d'amour que le Cœur du Père s'est ouvert, depuis toujours, pour engendrer le Fils; et c'est dans un immense éclatement d'amour que le Cœur du Fils s'est ouvert pour engendrer tous les hommes à la vie divine.

Jésus donnant sa vie sur la Croix, dit :

Je suis le grand éclaté d'amour.

Définition étrange que celle-ci, et pourtant tellement exacte, car tout au long de sa Passion c'est vraiment l'éclatement de tout son Corps que Jésus a vécu : éclatement de chaque parcelle de sa peau sous les coups de la flagellation et les épines de la couronne; éclatement de tous ses os sur le bois de la Croix; éclatement de son Cœur ouvert sous le coup de la lance.

L'éclatement d'amour est le phénomène qui donne la vie. Le Père du ciel est comme Jésus :

Le grand éclaté d'amour.

C'est dans cet immense éclatement dû à la puissance sans mesure de son amour, à l'énergie formidable que renferme cet amour, que le Père donne vie au Fils; et à toute sa création.

C'est encore l'éclatement d'amour que Jésus prépare pour revenir sur sa terre, mais cette préparation se fait dans les gémissements et dans la souffrance car *Satan veut empêcher l'ouverture éclatante de la terre,* l'ouverture de tous les cœurs à l'amour de Dieu, et le retour de tous les hommes au Père.

Marie prépare les âmes d'adoration

Je vis la terre recouverte d'une neige immaculée. C'était splendide.

Venant du rivage, Jésus vivant revêtu de sa robe blanche, voulut poser les pieds sur sa terre. Il le fit avec grande précaution, avançant un pied, puis un autre, tout en relevant légèrement le bas de sa robe, afin qu'elle ne traîne pas dans la neige.

Je pose les pieds sur ma terre immaculée,

me dit-il. Puis, il m'expliqua le sens de ces paroles :

C'est Marie qui prépare ma terre.
Elle la recouvre d'une nappe.

Je vis alors Marie dans une maison. Marie s'affairait autour d'une table. Cette table était un autel. Marie revêtait la table d'une nappe blanche, immaculée. Cela lui demandait beaucoup de soins. La voix continua :

C'est Marie qui prépare la nappe,
la nappe de l'autel.

Je voyais bien que c'était la maîtresse de maison qui préparait la nappe à mettre sur la table.

Ton âme est l'autel vivant
recouvert de la nappe.
Chaque fois que tu me reçois
en l'Eucharistie,
Marie a d'abord préparé
la maison de ton âme.

Je vis alors mon âme : on aurait dit une immense maison, mais sans murs, ni cloisons. Toute la maison était tapissée d'une nappe blanche ravissante, immaculée. Cette nappe blanche ressemblait à la couche de neige qui, tout à l'heure, recouvrait la terre.

Marie elle-même a mis la nappe
sur la table de l'autel.

Alors, Jésus vivant fit cette grande demande. Il y avait dans sa voix, une ardeur très grande, un appel puissant dans lequel je fus attirée tout entière :

Il me faut des âmes préparées par Marie ma Mère.
Des âmes qui soient maisons où l'on m'adore,
des âmes qui soient autels vivants,
autels immaculés pour y offrir l'Agneau immolé
et s'y offrir en agneaux immolés.
Par ces âmes offertes dans l'adoration

en autels vivants,
Marie tisse une grande nappe,
une nappe immaculée
qui recouvrira toute ma terre.
Un jour, le jour de mon retour,
je pourrai poser les pieds
sur ma terre immaculée.
Je ne peux revenir sur une terre boueuse.
Vois :
mes pieds et ma robe sont immaculés.

Je vis à nouveau Jésus vivant devant moi. En se penchant, il me montrait le bas de sa robe et de ses pieds.

Je voyais bien que Jésus, avec son Corps glorieux, ne pouvait revenir sur une terre sale.

Il lui fallait cette nappe, disposée comme un tapis dans une église, ou comme un parterre sur les marches d'un palais, pour que puisse y poser ses pieds, le Roi que l'on attend.

On ne fait pas entrer un roi majestueux, revenant d'une tournée lointaine, par les écuries, ni par une allée boueuse et détrempée.

Tous ceux qui aiment le roi l'attendent et lui préparent un accueil digne de lui.

Jésus glorieux est Roi majestueux, le Roi de gloire, dans la lumière éblouissante de la Résurrection.

Mais il est aussi l'Agneau immaculé : celui qui ne peut plus être sali par la boue du péché. Il a en effet vaincu une fois pour toutes, le péché, sur la Croix. Il ne pourra plus jamais être sali par le péché, ni atteint par l'éclaboussure du mal.

Aussi faut-il à Jésus glorieux une terre immaculée, pour son retour.

Demandons à Marie de préparer nos âmes, de les revêtir de cette nappe immaculée qui nous prépare à recevoir l'Agneau revêtu de sa gloire, et qui prépare la terre tout entière au règne de l'Agneau.

Demandons à Marie :
ces âmes-maisons d'adoration ;
ces âmes-autels vivants
que Jésus appelle,
que Jésus attend
pour préparer son grand retour.

Le règne de l'Eucharistie

Sur une mer splendide et calme, je vis une jolie barque s'approcher du rivage sur lequel je me trouvais. La barque était sur le point d'accoster. La barque était ravissante, relevée vers l'avant, toute en bois et couleur du bois naturel car elle n'était pas peinte. Debout dans la barque, se tenait Jésus glorieux. Jésus était revêtu de sa robe blanche et entièrement entouré d'une auréole de lumière qui envoyait des rayons éblouissants tout alentour. La splendeur de Jésus immaculé, dans sa robe étincelante de blancheur, et dans sa lumière éblouissante de gloire, était sans comparaison aucune avec tout ce que l'on peut voir de plus resplendissant sur la terre.

Je vis, dans cette gloire, qu'il y avait quelque chose de plus que d'habitude. Jésus était majestueux. Le blanc et l'or dont il était revêtu le rendaient semblable à un Roi, et dans son attitude tout entière, il y avait une majesté incomparable. Jésus était Roi souverain venant prendre possession de sa terre, debout dans sa barque Église.

Je suis Jésus triomphant, me dit-il.

Dès qu'il eut prononcé ces paroles, je ne vis plus Jésus triomphant, dans sa majesté, mais je vis Marie debout dans la barque, et portant l'Enfant. L'Enfant était ravissant, revêtu d'une petite robe nouée à la taille par un fil d'or. L'Enfant tendait les bras vers la terre sur laquelle il désirait venir, dans un immense élan d'amour.

C'est Marie, ma Mère qui prépare
le jour de mon retour,
sur ma terre d'amour.
Comme l'Esprit jailli du Cœur du Père
m'a précipité en Marie, sur la terre,
de même, l'Esprit de la Nouvelle Pentecôte,
me précipitera, par Marie, sur la terre,
pour mon grand retour.

C'est par Marie et par l'Eucharistie
que se fera mon retour.
Marie installe le règne de l'Eucharistie sur ma terre.
Marie a porté en elle mon Corps et mon Sang
afin que la terre tout entière
puisse un jour me porter.
Il faut que la terre tout entière
porte mon Corps et mon Sang, en l'Eucharistie.
Il faut à ma terre,
des âmes qui acceptent de me porter
comme Marie m'a porté.

En préparant les Maisons d'adoration,
Marie, ma Mère, prépare le règne de l'Eucharistie.
Je t'avais dit : « Je veux régner dans les cœurs,
je veux que tu installes mon Royaume dans les cœurs. »
Mon règne dans les cœurs :
c'est le règne de l'Eucharistie.
Je suis vivant en l'Eucharistie,
avec mon Corps et avec mon Sang,
comme j'ai été vivant en Marie,

et dans les bras de Marie.
C'est pourquoi Marie, ma Mère,
est tellement liée à l'Eucharistie.
Le règne de Marie, dans l'Église
a annoncé le règne de l'Eucharistie.

(Je pensais au Congrès eucharistique qui a eu lieu à Lourdes, à l'initiative de notre Saint-Père, tout à Marie. Quels signes merveilleux!)

Je veux des âmes eucharistiques
c'est-à-dire des âmes d'adoration sur la terre.

Je suis Jésus glorieux,
et je ne peux revenir que dans la gloire.
Il faut que la terre tout entière
soit prête à me recevoir dans la gloire.
C'est la terre tout entière qui sera changée
en salle du festin des noces.

Les Maisons d'adoration vont préparer elles-mêmes,
la salle du festin.
A elles toutes, elles étendront
une immense nappe blanche sur la terre.
C'est la nappe que Marie prépare
pour chaque Maison d'adoration;
chaque âme d'adoration dans la maison.
Mais la nappe sera sans couture,
car Marie rassemblera elle-même toutes les nappes,
de toutes les maisons
pour en recouvrir toute la terre...

J'étais bouleversée de tant de tendresse; stupéfaite de tant de splendeur et mon âme ravie de joie disait sa reconnaissance infinie à Jésus avec Marie.

Tout ce qui m'était dit se déroulait en même temps à mes regards, et la nappe blanche tissée dans les Maisons d'adoration par les soins de Marie, était une splendeur. Je ressentais cela comme une grâce immense; une grâce bouleversante que Jésus me faisait, comme un cadeau immense, en me disant et me montrant toutes ces choses. Il me dit d'ailleurs, à cet instant :

Ma fille, je te fais une grande grâce,
en te livrant ces secrets :
les secrets de mon amour,
les secrets de mon retour.
Ce sont les secrets de l'Église.

Puis il continua, comme s'il avait interrompu un instant, une histoire commencée.

... De même, Marie prépare aussi les aubes blanches,
pour en revêtir tous les hommes.
Vois-tu, Marie, ma Mère, se hâte,
afin de pouvoir revêtir tous ses enfants,
sans exception, de l'aube blanche des noces.

Il faut que les âmes d'adoration,
par leur vie de prière et d'offrande,
méritent des aubes blanches
à tous ceux qui ne se soucient pas de moi.
Tu seras revêtue d'une aube blanche,
pour me porter, et pour m'offrir.
Mais je voudrais que beaucoup d'autres que toi,
portent la même aube blanche.

Je voudrais que l'amour de mon Eucharistie
soit si grand, que les âmes d'adoration
projettent tout autour de leur maison,
ma lumière immaculée,
afin que cette lumière
atteigne les âmes, beaucoup d'âmes.
Il ne faut jamais désespérer
pour une âme en danger de se perdre.

Il faut intercéder pour elle.
Ma fille...
(son appel était immense, suppliant),
Intercède, je t'en supplie!

Oh! Jésus qui nous supplie, nous les pauvres humains!

Intercède pour toutes les âmes.
Ne cesse pas de tendre les bras,
vers Moi.
Ne cesse pas d'implorer mon amour,
ne cesse pas de demander mon retour.

De même que Marie a hâté l'heure;
de même, les âmes d'adoration
hâteront l'heure de mon retour.
Marie m'a porté, Enfant,
elle m'a porté, à la Croix.
Comment pourrais-tu penser
qu'elle ne m'ait pas porté
tout le reste de sa vie, en l'Eucharistie?
Aussi n'y a-t-il rien d'étrange
à ce que je viens te demander
à la suite de Marie.

Il y eut un grand silence; un silence immense parce qu'il me fallait le temps de contempler toutes ces choses, de les faire miennes, de les mettre en mon cœur, et de les épouser afin d'en vivre.

« Vous reviendrez avec Marie, dans la barque Église? », demandai-je après un très long temps. Je voyais toujours la barque Église sur la belle mer calme; j'éprouvais un immense amour pour la barque et, en la contemplant, j'étais entrée dedans.

Un marin peut-il venir accoster sans sa barque?,
me dit-il.
Je ne peux revenir sur la terre
que dans mon Église.

« Avec la permission de l'Église ? », demandai-je encore.

Et en cet instant, je comprenais clairement que Jésus vivant ne pourrait débarquer que lorsque son Église le voudrait bien.

Alors j'éprouvais une immense angoisse ! C'était une grande interrogation, et Jésus vivant comprit le sens de ma question. Puisque les Maisons d'adoration devaient préparer son retour, il fallait qu'elles puissent être dans la barque Église afin d'intercéder pour les âmes, d'implorer son retour et de hâter l'heure.

Les Maisons d'adoration ne pouvaient faire partie de ce plan de débarquement sans être dans la barque.

Les Maisons d'adoration
seront dans l'Église

me dit-il, lentement et solennellement d'une voix majestueuse mais surtout heureuse, oh ! si heureuse ! Et il partit.

Je restais dans une joie inexprimable.

La joie de Jésus.

La joie de l'Église.

Il faut que l'Église appelle le retour de Jésus, comme le fait la liturgie de la messe : « Nous attendons que tu viennes. »

Il faut que l'Église prépare le retour de Jésus ; qu'elle aide Marie à faire les préparatifs.

Les Maisons d'adoration font partie du plan de Jésus, pour son grand retour. *C'est une grande grâce,* selon les paroles mêmes de Jésus, que de le savoir.

La nouvelle Pâque

Il me faut des saints apôtres
pour fonder mon Église nouvelle
Je veux une Église nouvelle
plus belle qu'avant!
Une Église qui prépare la Cité sainte,
La Jérusalem du ciel.

L'Église, mon Épouse, ne périra pas. Sur la terre, l'Église est ma demeure. Elle est l'Épouse sainte en laquelle je demeure, comme je demeure en mon Corps.

Mon Église est véritablement
Le corps qui m'abrite.
Elle est le Corps qui m'abrite depuis 2 000 ans.
Elle continuera de m'abriter, pour toujours.
C'est en mon Église que je vivrai éternellement.

De même que je suis revêtu pour toujours de mon corps glorieux,
de même l'Église, mon Épouse, me revêtira pour toujours,
dans l'espace de mon Père.
Ce sera mon Église glorieuse, l'image de mon Corps glorieux.
Elle ne connaîtra plus ni tache, ni épreuve, ni souffrance, ni tristesse.

Mon Église nouvelle ressuscitera dans la gloire
comme mon corps est sorti glorieux du tombeau.

Je remonterai mon Église au Père, comme je suis remonté aux cieux.

Et je la lui présenterai.

Ce sera ma joie et ma gloire qu'elle soit
Belle, et Sainte, et Resplendissante;
Qu'elle plaise à mon Père, qu'il y entre.
Qu'il y prenne place, et qu'il en fasse sa demeure,
pour toujours!

Ainsi l'Épouse du Fils plaira au Père, et le Père s'avancera vers elle en lui tendant les bras:

« Mon enfant! »

Ainsi encore, la demeure qui aura abrité le Fils sur la terre plaira au Père, et sera digne de s'étendre à l'infini, dans l'espace du ciel, toujours et pour toujours.

L'Église, mon Épouse
L'Église glorieuse
s'étendra aux dimensions infinies de l'espace du Père.

Le Royaume tout entier de mon Père
sera l'Église:
demeure somptueuse
du Père, du Fils et de l'Esprit, avec Marie.

demeure somptueuse
de tous les hommes, dans le Fils.

Il me faut des saintes femmes
Il me faut des saints apôtres
pour faire les préparatifs de la
Nouvelle Pâque:
Cette Pâque éternelle où tous seront rassemblés
Pour le festin des noces.

Table des matières

V. – LE ROYAUME

VI. – MARIE ET L'ÉGLISE

VII. – L'ORDRE

SERVANTES DU SEIGNEUR

LES FEMMES DANS L'ORDRE

L'ÉVANGILE

X. – LE CHEMIN D'AMOUR

XI. – LE GRAND RETOUR

Aux éditions
Le Sarment-FAYARD

«Je suis la vigne et vous êtes les sarments.»

Jésus

Des livres
au service de l'Évangile

Collection DES CHRÉTIENS

La surabondance du Royaume

Série **Des Chrétiens/Vérité**

(Enseignement de la foi)

Amour et fécondité, *René et Marie Sentis*
Les animaux, nos humbles frères, *Jean Gaillard*
Au cœur de l'amour, *Marie-Dominique Philippe*
L'enjeu du renouveau charismatique, *Yves Jehanno*
Les quatre piliers de la catéchèse, *René Marlé*
Le mariage, mystère trinitaire, *Alex et Maud Lauriot-Prévost*
L'étoile du matin, *Père Marie-Dominique Philippe*
Mon père et ma mère, *Raymond-Marie Tchidimbo*
La famille chrétienne, *Collectif*
Jésus, juif pratiquant, *Frère Ephraïm*
La vigne et les sarments, *Pierre Coughlan*
Les pèlerins du chemin de l'espérance, *F.-X. Nguyen Van Thuan*
Le chemin de l'espérance, à la lumière de la Parole de Dieu et du Concile, *F.-X. Nguyen Van Thuan*

Série **Des Chrétiens/Spiritualité**

(Vie spirituelle et prière)

L'art d'être disciple, *Père Nicolas*

Les sommets de l'amour, *Marie-Thérèse Huber*

Car toujours dure longtemps, *Père Nicolas*

Pain de vie, pain des pauvres, ou l'arbre à pain, *Pascal et Marie-Annick Pingault*

Le corps brisé, *Jean Vanier*

Laisse-Moi le trouver, *Paulette Boudet*

Le psautier Notre-Dame, *Paul Cneude*

Au cœur du «Gloire à Dieu», *Alain Quilici*

Le mystère de l'Amour vivant, *Marie-Benoîte Angot*

Le Corps de Dieu où flambe l'Esprit *, *Daniel-Ange*

Le Sang de l'Agneau où guérit l'univers **, *Daniel-Ange*

Marthe Robin, une femme d'espérance pour le XXIe siècle, *Jacques Pagnoux*

Série **Des Chrétiens/Bienheureux du Seigneur**

(Biographies de ceux qui nous précèdent dans le Royaume de Dieu)

Dom Grammont, abbé du Bec-Hellouin, *Alain M. de La Morandais*

Le Viêt-nam des martyrs et des saints, *Guy-Marie Oury*

Tibet, «Mission impossible», *Jean Espinasse*

Franz Stock, aumônier de l'enfer , *René Closset*

Stéphane, le capitaine à l'étoile verte, *Paul Dreyfus*

Claire d'Assise, *Marco Bartoli*

Raoul Follereau-Fraternités spirituelles, *Jean d'Alançon*

Saint Martin de Tours, *Dominique-Marie Dauzet*

Série **Des Chrétiens/Nos Frères**

(Témoignages contemporains, conversions, ...)

Les pluies de l'arrière-saison, *Frère Ephraïm*

Déjà les blés sont blancs, *Frère Ephraïm*

Le mouvement *Communion et Libération*, *Luigi Giussani*

Découvrir ton visage, *Odile Ceyrac*

La parole est aux petits, *Communauté de Berdine/Henri Catta*

Un mois pour un miracle, *Nicole Echivard*

Fioretti du pain de vie, *Pascal et Marie-Annick Pingault*

J'ai rencontré des hommes heureux, *Michel Dagras*

Quitte ton pays..., *Alice Steinitz*

Une femme blessée, *Susan M. Stanford*

J'étais voyant... maintenant je vois, *Michel Berrette*

L'éternel quotidien, *Luc Lannoye*
À l'amour qui t'entraîne ..., *Françoise J. Mirland*
Pierres de gué, *Paulette Boudet*
Pépites bibliques, *Étienne Brot*
Un évêque chez les Papous : Alain de Boismenu, *Georges Delbos*
L'Opus Dei, un chemin de sainteté, *Guiseppe Romano*

Série **Des Chrétiens/D'âge en âge**

(Sujets historiques, vie de l'Église)

Les missions étrangères de Paris, *Jean Guennou*
Nous mourons de te voir, *Georges Delbos*
La Chine sans muraille, *Jean Charbonnier*
Le Mouvement Eucharistique des Jeunes, *Ludovic Laloux*
La forêt des stèles, *Jean Charbonnier*
La Nouvelle-Calédonie ancienne, *Claude Rozier*
La cathédrale de la rizière, *François Ponchaud*
L'Asie des grandes religions, *Jean-Marie Bosc*
Renouveau de l'Église : les communautés nouvelles, *Pascal et Marie-Annick Pingault*
L'ordre des Trinitaires, *Roseline Grimaldi-Hierholtz*
Carmel, horizon 2000, *Marie-Michel*
Une aventure bénédictine, *Sophie Hasquenoph et Dom Hadelin Van Erck*
Les frères prêcheurs, autrement dits Dominicains, *Guy Bedouelle et Alain Quilici*

Série **Des Chrétiens/Lieux Saints**

(Pélerinages, lieux spirituels)

Guide pour Compostelle, *Jeunes Chrétiens Services*
Notre-Dame du Laus et Benoîte Rencurel, *Robert Pannet*
Une tombe sur la colline vaticane, *Colette Bavoillot-Laussade*

HORS COLLECTION

Mission : un avenir chrétien pour l'Europe, *J.C.S.*
L'enceinte concentrationnaire, *Jérôme Lejeune*
Construire sa personnalité, *Pascal Ide*
Dans le grand matin du monde, *Théodossios-Marie de la Croix*
Le sida et les jeunes, *Patrick Dixon*
La France au quotidien, *Fondation Raoul Follereau*
Guide des difficultés de la vie quotidienne, *Pierre Descouvemont*

PRINCIPAUX COLLABORATEURS D'EPHATA

PRIÈRES DU MATIN ET DU SOIR

Frère EPHRAIM

INTRODUCTIONS

Étienne DAHLER
Cardinal Gabriel-Marie GARRONE
Dom Guy-Marie OURY

HOMÉLIES

Frère DOMINIQUE
Père Gérard DUFOUR
Fernand DUMONT
Père Michel GITTON
Père Pierre GONTIER
Père Jean-Rodolphe KARS
Père Mansour LABAKY
Frère MARIE-MICHEL
Dom Patrick OLIVE
Père Thomas PHILIPPE O.P.
Abbé PIERRE
Père Gabriel PRIOU
Père Alain QUILICI O.P.
Père Dominique REY
Père SAMUEL-BERNARD
Frères de la communauté de TAIZÉ
Père François de VORGES

MÉDITATIONS

Père Denis BAUDOT
Père Jacques BRAUX
Monseigneur CHARLES
Père DANIEL-ANGE
Cardinal Albert DECOURTRAY
Père Pierre-Marie DELFIEUX
Nicole ÉCHIVARD
Frère FRANCOIS
Père Jacques HALLAIRE S.J.
Père André LECOQ
Cardinal Jean-Marie LUSTIGER
Mgr Albert-Marie de MONTLEON
Institut NOTRE-DAME DE VIE
Père Marie-Dominique PHILIPPE
Abbé PIERRE
Docteur Fernand SANCHEZ
Jean VANIER

SANCTORAL

Frère ISAIE et frère PIERRE-MARIE
Charlotte CHAUNU

Cet ouvrage a été réalisé par la
SOCIÉTÉ NOUVELLE FIRMIN-DIDOT
Mesnil-sur-l'Estrée
pour le compte des Éditions Fayard
en février 1997

Imprimé en France
Dépôt légal : février 1997
N° d'édition : 0408 – N° d'impression : 37678
ISBN : 2-86679-171-1

PIPELINE RISK
Management Manual

SECOND EDITION

PIPELINE RISK
Management Manual

SECOND EDITION

W. Kent Muhlbauer

Gulf Publishing Company
Houston, London, Paris, Zurich, Tokyo

Pipeline Risk Management Manual

Second Edition

Gulf Publishing Company
Book Division
P.O. Box 2608 □ Houston, Texas 77252-2608

10 9 8 7 6 5 4 3 2 1

Library of Congress Cataloging-in-Publication Data

Muhlbauer, W. Kent.
Pipeline risk management manual / W. Kent Muhlbauer. — 2nd ed.
p. cm.
Includes bibliographical references and index.
ISBN 0-88415-668-0
1. Pipelines—Safety measures—Handbooks, manuals, etc. 2. Pipelines—Reliability—Handbooks, manuals, etc. I. Title.
TJ930.M84 1996
621.8'672—dc20 95-50873
CIP

Printed on Acid-Free Paper (∞).

Contents

Acknowledgments

The author wishes to express his gratitude to the many practitioners of this risk management technique who have built upon and improved this process.

Preface

When a cross-country pipeline is installed and operated, a hazard that would not otherwise be present is introduced. Society generally accepts that the benefits of this hazard for outweigh the increased risk.

The title of this text implies that pipeline risk is something that should be managed. In order to manage something, we must thoroughly understand it.

While we will most likely never be able to accurately predict all pipeline failures, we can, however, pick out what we believe to be important factors that MAY be contributors to pipeline failures. Analyzing these factors and their interactions will give us insight into the relative potential for a failure.

Risk assessment doesn't have to be a calculation-intensive exercise in probabilistic theory. Such calculations are, after all, based upon probabilities that are of questionable benefit in rare-occurrence scenarios. A false precision is often assigned to numbers that are the result of detailed calculations. In reality, the margin of uncertainty is quite high because of the large number of assumptions required in such analyses.

The approach used in this book is to deviate from strict scientific procedure in building this risk model. In many situations, some risk aspects are based as much upon intuition as upon hard evidence. Rather than being seen as a detraction, the author believes that this approach strengthens the risk management process.

It will be shown in the following chapters that historical data, working experience, and common sense can be combined into a flexible risk management tool. A "tool" is the ultimate objective, here. The most sophisticated analysis that is studied once and then filed away is at best only a means to satisfy an intellectual curiosity. An easy-to-understand, easy-to-modify system of risk assessment can become a part of everyday design, business, and operations decision.

Explanations are provided in this book to describe the reasoning behind the inclusion of the risk contributors and risk reducers. By way of these explanations, the non-pipeline professional can obtain a feel for many aspects of pipeline design, operation, and maintenance. It is hoped that such understanding will help in communications between pipeline operators, regulators, insurers, and other people with interests in this industry.

W. Kent Muhlbauer

Preface to the Second Edition

Some relatively "easy" ways exist to improve the risk picture. Inexpensive, painless activities to implement programs and inject a discipline appear throughout a risk analysis. They were always available, but focusing on them and taking credit for them via a point score seems to finally make them happen.

The risk assessment methodology in this book is no longer the ideas and practices of one group or even one company. It is reflective of the practice of many companies, as well as the ideas and expertise of academia and government regulators. The new user of the methodology will find many ideas directly applicable to his or her needs. The user will find some ideas may need slight modification to accurately reflect a specific situation. An attractive feature of this model is that it can be customized to a large extent to be the most useful tool possible.

Data on pipeline failures are still insufficient to perform a thorough risk assessment using purely statistical concepts. The practical advantages to deviating from strict data-driven protocol seem to outweigh the drawbacks. Pipeline failure data must often come at a high cost—an accident happens. We can benefit from this unfortunate acquisition of data by refining our model to incorporate the new information. Specifically, the item weightings should reflect our best estimation of the importance of the item in terms of its contribution to the risk picture. The more probable and more consequential items should have a greater impact on the point scores.

Introduction

The basic risk assessment technique detailed in the first edition of this book remains substantially unchanged in this second edition. Modelers of pipeline risk who use this second edition will have results directly comparable to modelers who have used the first edition. The second edition does, however, advise the user in incorporating additional risk considerations that are not discussed in the first edition. These additional considerations are designed to be "modules" added to the original, core risk assessment in order to broaden the scope of the assessment, when so desired. In this way, the core assessment is always preserved and remains a consistent component as risk assessment continues to evolve.

Part I of this edition is the basic risk assessment model. Several minor changes from the first edition were made in the basic risk assessment model. These were done to increase readability and better emphasize some points that were not clear enough. Some typographical errors which showed inconsistent scoring were also corrected. In addition, some modifications were made in response to changing technology and the way in which risk management is practiced.

A systematic approach to pipeline risk management is proposed here. This book is organized to serve as a guide for the person or persons who actually perform pipeline risk assessments.

All of the risk evaluation items with their suggested scores are listed on pp. xv–xviii in this Introduction. This list can be used as a checklist for the actual pipeline evaluations and for subsequent data retention or entry into a computer program.

Chapter One explains the reasoning behind the type of risk assessment proposed here. Other forms of risk assessment are listed as well as some concepts of risk assessment in general. Concepts of quality and cost management, as they relate to risk management, are also discussed.

Chapter Two provides the foundation for this risk assessment process. Basic assumptions of this model and the structure of the evaluation process are covered. Sectioning of the pipeline and classifying pipeline activities as attributes or preventions are addressed here.

Chapters Three through Six detail the pipeline activities and environmental characteristics that influence risk. Each chapter corresponds to an index which, in turn, corresponds to a historical cause of pipeline failures. These chapters present suggested scoring for each item and the rationale behind including the item in the risk assessment.

Chapter Seven details the Leak Impact Factor that is the "consequence" part of the risk equation. Product handled, population density, and other factors are combined here to assess the potential consequences of a pipeline failure.

Part II is a response to industry needs to expand and further customize this technique *when it is appropriate to do so.* Because expanding can add more complexity to the model, the benefits should be clear before more risk-assessment costs are incurred.

An overview of the customizing process is given on pages 209–211, and Chapters 8 through 15 detail the optional modules and specific considerations for a broad range of pipeline risk-related issues including the role of leak history, failure modes, sabotage risk, stress in the workplace, cost of service interruption, risk of environmental harm, and customizing the basic model for distribution and offshore pipeline systems.

Part III offers some methodology and guidance on what to do after risk assessment data becomes available. Correct interpretation of measurement data cannot be over emphasized. Many simple statistical and graphical tools can bring data into better focus. Chapter 15 covers some of these. The relationship between costs and pipeline risk is a necessary element of the risk management effort. Chapter 16 addresses this topic.

The appendices are included as reference sections to allow the evaluator to have necessary equations and product information readily available.

Specific examples are included all through the text to assist the reader in understanding the risk scoring system. An overall example is also provided in Appendix E. This overall example ties the risk assessment together in one evaluation of a hypothetical pipeline section.

Disclaimer

The user of this book is urged to exercise judgment in the use of the data presented here. Neither the author nor the publisher provides any guarantee, expressed or implied, with regard to the general or specific application of the data, the range of errors that may be associated with any of the data, or the appropriateness of using any of the data. The author accepts no responsibility for damages, if any, suffered by any reader or user of this book as a result of decisions made or actions taken on information contained herein.

Risk Evaluation at a Glance

(Basic Risk Assessment)

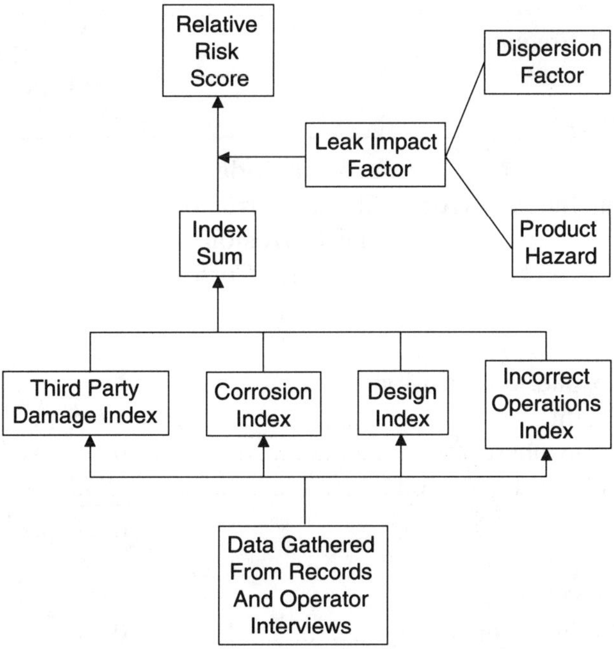

Figure I-1. Basic risk assessment model.

Relative Risk Rating = (Index Sum) ÷ (Leak Impact Factor)

$$= \frac{[(\text{Third Party Index}) + (\text{Corrosion Index}) + (\text{Design Index}) + (\text{Incorrect Operations Index})]}{\text{Leak Impact Factor}}$$

Third Party Index

A.	Minimum Depth of Cover	0–20 pts	20%
B.	Activity Level	0–20 pts	20%
C.	Aboveground Facilities	0–10 pts	10%
D.	One-Call System	0–15 pts	15%
E.	Public Education	0–15 pts	15%
F.	Right-of-Way Condition	0–5 pts	5%
G.	Patrol Frequency	0–15 pts	15%
		0–100 pts	100%

Corrosion Index

Corrosion Index = (Atmospheric Corrosion)	20%
+ (Internal Corrosion)	20%
+ (Buried Metal Corrosion)	60%
	100%

A. Atmospheric Corrosion

1. Facilities	0–5 pts	
2. Atmosphere	0–10 pts	
3. Coating/Inspection	0–5 pts	
	0–20 pts	20%

B. Internal Corrosion

1. Product Corrosivity	0–10 pts	
2. Internal Protection	0–10 pts	
	0–20 pts	20%

C. Buried Metal Corrosion

1. Cathodic Protection	0–8 pts
2. Coating Condition	0–10 pts

3. Soil Corrosivity	0–4 pts	
4. Age of System	0–3 pts	
5. Other Metals	0–4 pts	
6. AC Induced Current	0–4 pts	
7. Mechanical Corrosion	0–5 pts	
8. Test Leads	0–6 pts	
9. Close Interval Survey	0–8 pts	
10. Internal Inspection Tool	0–8 pts	
	0–60 pts	60%

Design Index

A. Pipe Safety Factor	0–20 pts	20%
B. System Safety Factor	0–20 pts	20%
C. Fatigue	0–15 pts	15%
D. Surge Potential	0–10 pts	10%
E. System Hydrostatic Test	0–25 pts	25%
F. Soil Movements	0–10 pts	10%
	0–100 pts	100%

Incorrect Operations Index

A. Design		
1. Hazard Identification	0–4 pts	
2. MAOP Potential	0–12 pts	
3. Safety Systems	0–10 pts	
4. Material Selection	0–2 pts	
5. Checks	0–2 pts	
	0–30 pts	30%
B. Construction		
1. Inspection	0–10 pts	
2. Materials	0–2 pts	
3. Joining	0–2 pts	
4. Backfill	0–2 pts	
5. Handling	0–2 pts	
6. Coating	0–2 pts	
	0–20 pts	20%
C. Operation		
1. Procedures	0–7 pts	
2. SCADA/Communications	0–5 pts	

3. Drug-testing	0–2 pts	
4. Safety Programs	0–2 pts	
5. Surveys	0–2 pts	
6. Training	0–10 pts	
7. Mechanical Errors Preventers	0–7 pts	
	0–35 pts	35%
D. Maintenance		
1. Documentation	0–2 pts	
2. Schedule	0–3 pts	
3. Procedures	0–10 pts	
	0–15 pts	15%
Incorrect Operations Index	0–100 pts	100%

Total Index Sum .... 0–400 pts

Leak Impact Factor

A. Product Hazard (Acute + Chronic Hazards) .... 0–22 points

1. Acute Hazards
   a. N_f 0–4
   b. N_r 0–4
   c. N_h 0–4
   Total ($N_h + N_r + N_f$) 0–12
2. Chronic Hazard, RQ 0–10

B. Dispersion Factor (Spill Score) ÷ (Population Score) 0–6

1. Liquid Spill or Vapor Spill 0–6
2. Population Density 0–4

Leak Impact Factor = (Product Hazard) ÷ (Dispersion Factor)

Relative Risk Score = (Index sum)/(Leak Impact Factor)
= 0–2000 points

PART I

Basic Risk Assessment Model

CHAPTER ONE

Risk and Quality: Theory and Application

The Role of Entropy

One of Murphy's[1] famous laws states that "left to themselves, things will always go from bad to worse." This humorous prediction is, in a way, echoed in the second law of thermodynamics. That law deals with the concept of *entropy.* Stated simply, entropy is a measure of the disorder of a system. The thermodynamics law states that "entropy must always increase in the universe and in any hypothetical isolated system within it" [24]. Practical application of this law says that to offset the effects of entropy, energy must be injected into any system. Without adding energy, the system becomes increasingly disordered.

Although the law was intended to be a statement of a scientific property, it was seized upon by "philosophers" who defined *system* to mean a car, a house, economics, a civilization, or anything that became disordered. By this logic, the concept is universal. It explains why a desk or a garage becomes increasingly cluttered until a cleanup (injection of energy) is initiated. Gases diffuse and mix in irreversible processes; un-maintained buildings eventually crumble; engines (highly ordered systems) breakdown without the constant infusion of maintenance energy.

[1] *Murphy's Laws are a famous parody on scientific laws, humorously pointing out all the things that can and often do go wrong in science and life.*

Another way of explaining the concept is: "Mother Nature hates things she didn't create." Forces of nature seek to disorder man's creations until the creation is reduced to the most basic components. Rust is an example—metal seeks to disorder itself by reverting to its mineral form.

If we indulge ourselves with this line of reasoning, we may soon conclude that pipeline failures will always occur unless an appropriate kind of energy is applied. Transport of products in a closed conduit, often under high pressure, is a highly ordered, highly structured undertaking. If nature indeed seeks increasing disorder, forces continuously act to disrupt this structured process. According to this way of thinking, a failed pipeline with all its product released into the atmosphere or into the ground, or equipment and components decaying and reverting to their original premanufactured states represent the less ordered, more natural state of things.

Whether or not this theory can be scientifically proven, it is a useful way of looking at portions of our world. If we adopt a somewhat paranoid view of forces continuously acting to disrupt our systems, we become more vigilant. We take actions to offset those forces. We inject energy into a system to counteract the effects of entropy. In pipelines, this energy takes the forms of maintenance, inspection, patrolling—protecting the pipeline from the forces seeking to tear it apart!

After years of experience in the pipeline industry, experts have established activities that are thought to directly offset specific threats to the pipeline. Such activities include patrolling, valve maintenance, cathodic protection and all the other items discussed in Chapters 3 through 6. Many of these activities have been mandated by governmental agencies. Where the activity was not deemed to be effective in addressing a threat, it was eventually changed or eliminated. This activity list is being refined on a continuing basis.

A logical risk assessment method should follow these same lines of reasoning. All activities that influence, favorably or unfavorably, the pipeline should be considered—even if comprehensive statistical data on the effectiveness of a particular activity is not available. Industry experience and operator intuition can and should be included in the risk picture. Unfortunately, this approach must, from a practical standpoint, often contain an element of subjectivity. As long as this subjectivity is standardized, however, accuracy in a relative risk assessment is not lost.

But, what is risk? Is risk synonymous with hazard?

We define a hazard as a characteristic or group of characteristics that provide the potential for a loss. Flammability and toxicity are examples of such characteristics.

For our purposes, risk is defined as the probability of an event that causes a loss and the magnitude of that loss. Transportation of hazardous products by pipeline is a risk because of the potential of the hazardous product to cause a loss, if it were to be released. The event of releasing the pipeline contents is referred to as a pipeline failure. By this definition, risk is increased when either the probability of the event increases or when the magnitude of the loss (the consequences of the event) increases. The loss is usually defined in economic terms.

It is important to make the distinction between a hazard and a risk. *We can change the risk without changing the hazard.*

When a person crosses a busy street, the hazard should be clear to that person. Loosely defined, it is the prospect that the person must place himself in the path of moving vehicles that can cause him great bodily harm were he to be struck by one or more of them. The hazard is therefore being struck by a moving vehicle. The risk, however, is dependent upon how that person conducts himself in the crossing of the street. He most likely realizes that the risk is reduced if he crosses in a designated traffic controlled area and takes extra precautions against vehicle operators who may not see him. He has not changed the hazard—he can still be struck by a vehicle—but his risk of injury or death is reduced by prudent actions. Were he to encase himself in an armored vehicle for the trip across the street, his risk would be reduced even further—he has reduced the consequences of the hazard.

The implication of our definition of risk is that the risk is not a static quantity. It can constantly change. Along the length of a pipeline, conditions are usually changing. As they change, the risk is also changing in terms of what can go wrong, the likelihood of the event, and the consequences of the event. Because the conditions also change with time, time becomes an indirect factor in the risk. When we perform a risk evaluation, we are actually taking a snapshot of the risk picture at a moment in time.

As was hinted above, a complete risk evaluation requires that three questions be answered:

- What can go wrong?
- How likely is it?
- What are the consequences?

By answering these questions, the risk is defined.

What Can Go Wrong?

Before we can assess the possible contributors to a pipeline failure, we must first define the failure modes. Simply, failure occurs when any portion of the pipeline system allows significant quantities of product to be released unintentionally. "Significant quantities" is included in the definition to distinguish "failure" from nuisance leaks. Unless the product being transported is extremely toxic, the microscopic leaks around flanges or equipment are considered to be inconsequential (for our purposes here).

Most pipeline systems must contain some pressure. This requires a certain strength in the containing structure. If the structure does not have enough strength, failure occurs. Loss of strength can occur because of loss of material thickness from corrosion or from mechanical damage such as scratches and gouges. Failure also occurs if the structure is subjected to stresses beyond its design capabilities. Overpressure, excessive bending, and extreme temperatures are examples.

The answers to the *What can go wrong?* question must be comprehensive. EVERY possible failure mode and initiating cause must be identified. At this stage, the probabilities associated with the failure events are not considered. Even the most remotely possible failure types must be included here. Complex scenarios involving many interlinked events must also be generated. Unexpected interactions between otherwise safe events are often overlooked when hazards are identified.

A powerful tool to use in identifying the hazards is a Hazard and Operability Study (Haz Ops). In this technique, a team of experts is guided through a series of meetings in which imaginative scenarios are developed and analyzed by the team. The strength of this technique is the thoroughness of the evaluation. See Battelle Columbus [5] for details.

This book uses an "indexing" technique to assess overall risk. The *What can go wrong?* question is addressed by all the items considered in each index. The indexes correspond to historical causes of pipeline failures and the items within each index are those conditions or actions that impact the failure potential. Hazard identification studies (similar to Haz Ops) were used to generate the item list under each index.

How Likely Is It?

Once the hazards have been identified, probabilities of events leading to an accident are calculated. When several events must happen to initiate the accident, the probabilities of the individual events are combined to arrive at the accident probability. This combination of probabilities may be in series or in parallel, depending upon how the events interact.

Ideally, historical event probabilities would be used here. Historical data, however, is not generally available for all possible event sequences. Furthermore, when data is available, it is normally rare-event data—one failure in many years of service, for instance. Extrapolating future failure probabilities from these small databases can lead to significant errors. They also imply a false precision, which is discussed later under *Subjective Risk Assessments.*

Another possible problem with using historical data is the assumption that the conditions remain constant. For example, when historical data shows a high occurrence of corrosion-related leaks, the operator hopefully takes appropriate action to reduce those leaks. History will foretell the future only when no offsetting actions are taken. While an important piece of evidence, historical data alone should not determine failure probabilities.

The historical rate of failures may tell an evaluator something about the system he is evaluating. Figure 1-1 is a graph that illustrates the well-known "bath tub" shape of many failure rates. For many pieces of equipment or installations, there is a high initial rate of failure. This first portion of the curve is called the "burn-in phase" or the "infant mortality phase." Here, defects developed during initial construction cause failures. As these defects are eliminated, the curve levels off into the second zone. This is the constant failure zone and reflects the phase where random accidents maintain a fairly constant failure rate. Far into the life of the component, the failure rate may begin to increase. This is the zone where things begin to wear out as they reach the end of their useful service life. An overall view of the failure data may suggest such a curve and tell the evaluator what stage the system is in and what can be expected.

In this risk evaluation system, the likelihood of an event occurring is addressed by the relative scoring of the items within each index. The score of each item reflects the importance of that item relative to the other items in the index. This importance is based upon general operator experience including historical failure data, near

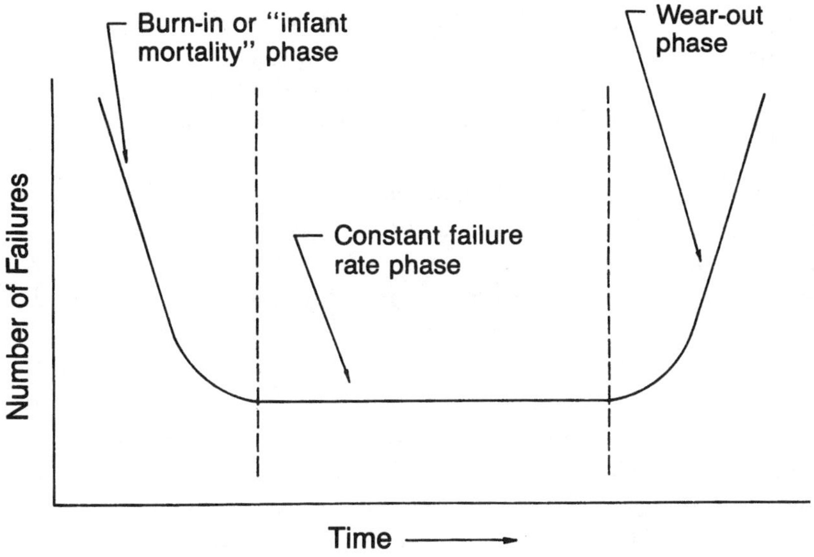

Figure 1-1. Common failure-rate curve (bathtub curve).

misses, and the general knowledge base of the pipeline personnel. Wherever possible, this knowledge base should include experiences from all pipeline operators—not exclusively one company's experiences.

What Are the Consequences?

Inherent in any risk evaluation is a judgment of the consequence factor. We place a value on the consequences of an accident. This then allows us to determine how much we are willing to spend to prevent that accident. Society has only a finite amount of resources to spend on safety and risk reduction. Value judgments as to where resources are to be allocated must involve objective evaluation of the losses that are being avoided by allocating those resources.

Most of the loss components are easy to quantify. In the case of a major pipeline accident (product escaping, perhaps causing an explosion and fire), we could quantify losses such as damaged buildings, vehicles, and other property; costs of service interruption; cost of the product lost; and cost of the cleanup, etc. If lives are lost, however, what value do we place on them? Much has been written on this subject.

There are currently two primary methods used for determining the economic value of a human life. It must be pointed out that this is a "statistical life," not an identified individual. Society has always been willing to spend much more to save an individual in a specific situation—a trapped coal miner, for instance. The statistical life reflects the amount that society is willing to spend to reduce the statistical risk of accidental death by one death.

The first method is the human capital approach in which the value is based upon the economic loss of future contributions to society by an individual. The other approach, willingness to pay, looks at how much an individual is willing to pay (in terms of other goods and services given up) to gain a reduction in the probability of accidental death. Each method has its drawbacks and benefits. While different studies and different federal agencies arrive at different numbers, the EPA implies that $1.5 million is the value of life currently being used. This is the threshold for which substance regulation is determined—regulation is warranted if the cost per life saved does not exceed $1.5 million. Again, this is a statistical life, not a value placed on any identifiable individual [44].

In general, society decides what is an acceptable level of risk for any particular endeavor. What is acceptable for highway traffic deaths is generally not acceptable for pipeline accident deaths, for instance. Many social and economic considerations are thought to influence the human risk tolerance. These are beyond the scope of this text. A main principle, however, is that risk reduction is a cost to society. Society weighs the costs of improved safety in a specific situation against alternate expenditures. Do we spend an extra dollar to spare one traffic fatality every ten years? or do we spend that dollar to feed a hungry child for two days? These types of value judgments help determine the acceptable risk.

An ironic phenomenon may occur in the quest for risk reduction in pipelining. Because most activities are cost-driven, money spent in the name of safety may actually increase the overall risks. For example, if safety-enhancing spending is mandated for pipelines, the increased costs may drive more freight to alternate transportation modes. If these alternate modes are less safe than pipelines, society's risk exposure has actually increased.

Risk Assessment Methods

Battelle Columbus [5] identifies eleven hazard evaluation procedures in common use by the chemical industry. Each has strengths and weaknesses, including costs of the evaluation and appropriateness of an evaluation to a situation. They are listed as:

- checklists
- safety review
- relative ranking
- preliminary hazard analysis
- "what if" analysis
- hazard and operability studies (HAZOP)
- failure modes, effects, and criticality analysis (FMEA)
- fault tree analysis
- event tree analysis
- cause-consequence analysis
- human-error analysis

Formal techniques in use by the pipeline industry include the following:

- **HAZOP.** Hazard and Operability Study is a team technique which examines all possible failure modes through the use of key words prompting the team for input. A strict discipline ensures that all possibilities are covered by the team. When done properly, the technique is very thorough but time-consuming and costly in terms of man hours expended.
- **QRA or PRA.** Quantitative Risk Assessment or Probabilistic Risk Assessment is a rigorous mathematical and statistical technique to numerically determine the absolute accident frequency. This technique is used in the nuclear and aerospace industries and, to some extent, in the petrochemical industry. Final accident probabilities are achieved by chaining the probabilities of individual events such as equipment failure and safety system malfunction. The output of a QRA is useful in that it can be compared to other risks such as vehicle or earthquake fatalities. However, in rare-event occurrences, historical data presents an arguably blurred view. A detailed QRA is perhaps the most expensive risk assessment technique.
- **Fault tree/event tree analysis.** Tracing the sequence of events backwards from a failure yields a fault tree. In an event tree, the process begins from an event and traces all possible subsequent events to determine possible failures. These methods are often a part of other risk assessment techniques.

- **Scenario based.** "Most probable" or "most severe" pipeline failure scenarios are envisioned. Resulting damages are estimated and mitigating responses and preventions are designed.
- **Indexing system.** This is a partially subjective scoring technique in which risk elements are assigned relative weightings and combined into an overall risk score. Advantages of the technique lie in its intuitive nature. In the early stages, however, it requires elements of subjectivity and judgment.

The main concept, or at least the underlying thought process, for many of these methods is illustrated in Figure 1-2. This figure shows the probability of a certain failure-initiation event, possible next events with their likelihood, interactions of some possible mitigating events or features, and finally, possible end consequences. This highly simplistic illustration demonstrates how quickly the interrelationships make such a process unwieldy, especially when all possible initiating events are considered. The probabilities associated with events will also normally be hard to determine. For example, Figure 1-2 implies that for every 600 ignitions of product from a large rupture, one will result in a detonation; 500 will result in high thermal damages; and 99 will result in localized fire damage only. This only occurs after a 1/30 chance of ignition, after a 1/100 chance of a large rupture, or after a once-every-two-year line strike. (Note that these numbers are not "real"—they are used to illustrate a concept only.) In reality, these numbers will be difficult to estimate. Because the probabilities must then be combined (multiplied) along any path in this diagram, inaccuracies will build quickly.

Figure 1-3 shows a simple hazard likelihood and consequence matrix that provides a framework for risk thinking. This model shows the more important risks are those with higher consequences and/or higher probability. While it might be difficult to consider all pertinent factors and their relationships using only this model, it does help crystallize thinking on specific risk issues.

Sometimes called "scenario-based" risk assessments, techniques such as haz-ops, event trees, fault tress are extremely useful in examining specific situations. They can assist in determining optimum valve siting, safety system installation, pipeline routing, and other common pipeline analyses. These are often highly focused applications.

Several of these techniques overlap or are embedded in other techniques. It is sometimes difficult to make distinctions between qualitative

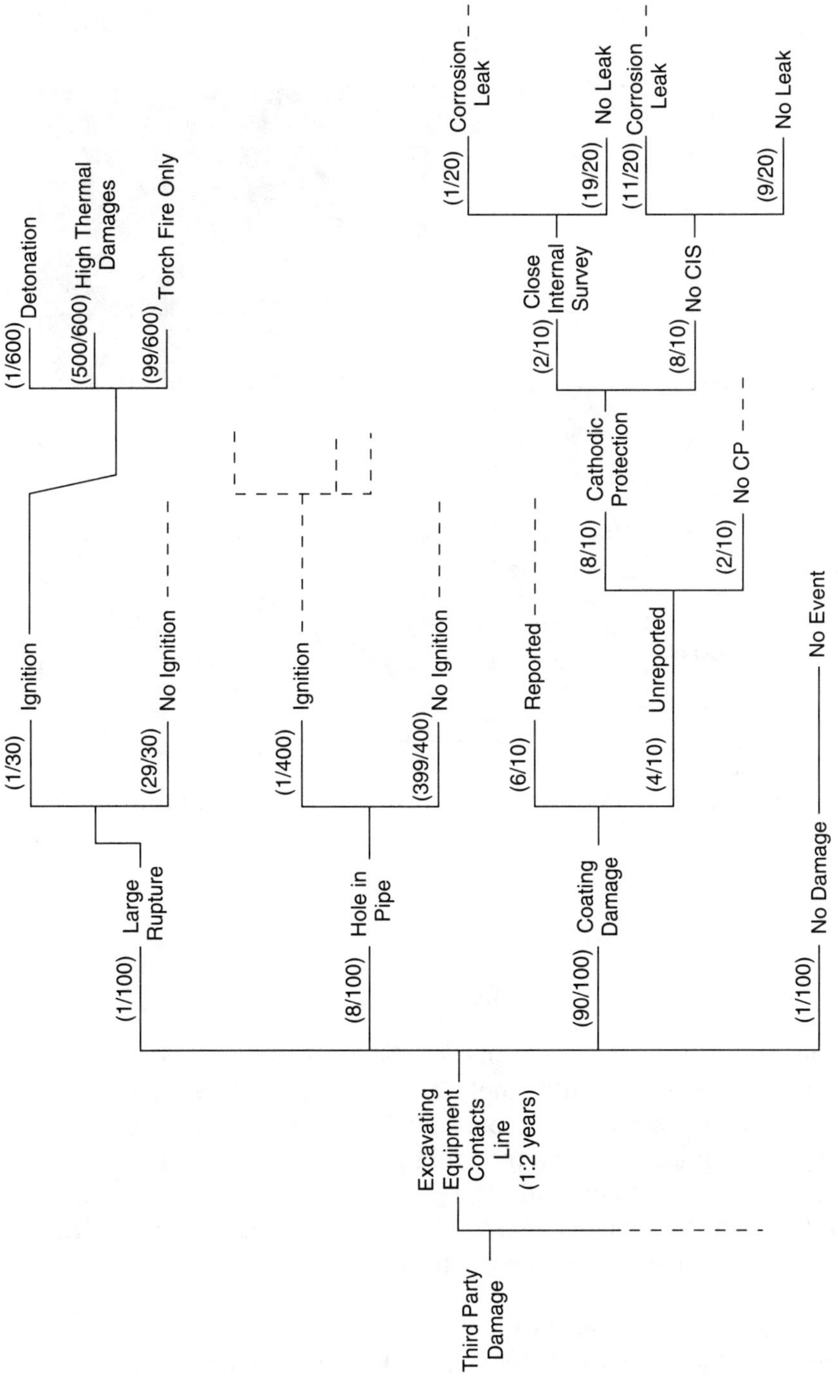

Figure 1-2. An illustration of the risk assessment thought process.

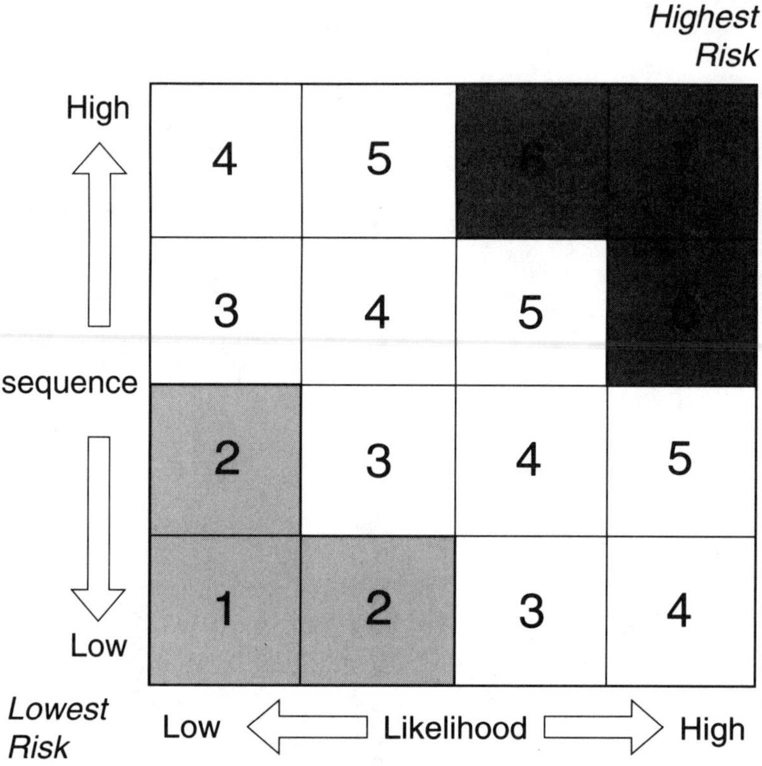

Figure 1-3. Simple hazard-consequence likelihood matrix.

and quantitative analysis in some of these techniques. Most of them use numbers, which would imply a quantitative analysis, but sometimes the numbers are only representations of qualitative beliefs. For example, a qualitative matrix might use scores of 1, 2, and 3 instead of low, medium, and high.

While each has its own strengths and weaknesses, the **indexing** approach is appealing for several reasons:

- immediate answers are available
- low cost analysis (an intuitive approach using available information)

- comprehensive (allows for incomplete knowledge and is easily modified (learns) as data becomes available)
- acts as a decision-support tool for resource allocation modeling

A component of this approach is the subjective risk assessment.

Subjective Risk Assessments

Subjective risk assessments are a special category of risk evaluation techniques, although they overlap many of the above methods. They are done everyday by most of us. A subjective risk assessment occurs when risk is judged not solely upon numerical data. When knowledge is incomplete and opinion, experience, intuition, and other nonquantifiable resources are used, the assessment becomes at least partially subjective.

As operators of motor vehicles, we generally know the hazards associated with driving as well as the consequences of vehicle accidents. At one time or another, most drivers have been exposed to driving accident statistics as well as pictures or graphic commentary of the consequences of accidents. Were we to perform a scientific quantitative risk analysis, we might begin by investigating the accident statistics of the particular make and model of the vehicle we operate. We would also want to know something about the crash survivability of the vehicle. Vehicle condition would also have to be included in our analysis. We might then analyze various roadways for accident history including the accident severity. We would naturally have to compensate for newer roads that have had less opportunity to accumulate an accident frequency base. To be complete, we would have to analyze driver condition as it contributes to accident frequency or severity, as well as weather and road conditions. Some of these variables would be quite difficult to scientifically quantify.

After a great deal of research and using a number of critical assumptions, we may be able to build a system to give us an accident probability number for each combination of variables. For instance, we may conclude that, for vehicle type A, driven by driver B, in condition C, on roadway D, during weather and road conditions E, the accident frequency for an accident of severity F is once for every 200,000 miles driven.

Does this now mean that until 200,000 miles are driven, no accidents should be expected? Does 600,000 miles driven guarantee three accidents? Of course not. All that we know for sure from our study of statistics and probabilities, is that, given a large enough data set, the accident frequency for this set of variables will tend to move towards once every 200,000 miles on average. This may mean an accident every 10,000 miles for the first 100,000 miles followed by no accidents for the next 1,900,000 miles—the average is still once every 200,000 miles.

What we are most interested in, however, is the relative amount of risk to which we are exposing ourselves during a single drive. Our study has told us little about the risk of this drive until we compare this drive to other drives. Suppose we change weather and road conditions to state G from state F and find that the accident frequency is now once every 190,000 miles. This finding now tells us that condition G has *increased* the risk by a small amount. Suppose we change roadway D to roadway H and find that our accident frequency is now once every 300,000 miles driven. This tells us that by using road H we have *reduced* the risk quite substantially compared to using road D (about 50%). Chances are however, we could have made these general statements without the complicated exercise of calculating statistics for each variable and combining them for an overall accident frequency.

So why use numbers at all? Suppose we now make both variable changes simultaneously. The risk reduction obtained by road H is somewhat offset by the increased risk associated with road and weather condition F, but what is the result when we combine a "small risk increase" with a "substantial risk reduction"? As all the variables are subject to change, we need some method to see the overall picture. This requires numbers, but the numbers can be RELATIVE numbers which merely show that variable H has a greater effect on the risk picture than does variable G. Absolute numbers such as the accident frequency numbers used earlier, not only are difficult to obtain, they also give a false sense of precision to the analysis. If we can only be sure of the fact that change X reduces the risk and it reduces it more than change Y does, it is of little further value to say that a once in 200,000 frequency has been reduced to a once in 210,000 frequency by change X and only a once in 205,000 frequency by change Y. We are ultimately most interested in the relative risk picture of change X vs change Y.

The above reasoning forms the basis of the subjective risk assessment. The experts come to a consensus as to how a change in a variable impacts the risk picture, relative to other variables in the risk picture. If real data is available, it is certainly used, but it is used *outside* the risk analysis system. The data is used to help the experts reach a consensus on the importance of the variable and its effects on the risk picture. The consensus is then used in the risk analysis.

The Experts

The term *experts* as it is used here, refers to people knowledgeable in the subject matter. An expert is not restricted to a scientist or other technical person. The experience and intuition of the entire workforce should be tapped as much as is practical.

Experts bring to the assessment a body of knowledge that goes beyond statistical data. Experts will discount some data that does not adequately represent the scenario being judged. Similarly, they will extrapolate from dissimilar situations which may have better data available. Every driver who drives in the combination of variables discussed before, has some expertise. Compensating for poor visibility by slowing down demonstrates a simple application of subjective risk assessment. The driver knows that a change in the weather variable of visibility impacts the risk picture in that the driver's reaction times are reduced. Reducing vehicle speed compensates for the reaction time. While this example appears obvious, reaching this conclusion on the basis of statistical data alone would be difficult.

The experience factor and the intuition of experts should not be discounted merely because they cannot be easily quantified. Normally there will be little disagreement among the knowledgeable when risk contributors and risk reducers are evaluated. If there are differences that cannot be resolved, the risk evaluator can merely have each opinion quantified and then produce an average to use in the assessment.

The Scoring System

The risk assessment technique used in this book is best described as a "scoring system." It is a hybrid of several of the methods listed previously and partially falls into the category of subjective risk assessments. Numerical values (scores) are assigned to conditions on the pipeline system that contribute to the risk picture. The scores are determined from a combination of statistical failure data and operator (expert) experience. The great advantage of this technique is that a much broader spectrum of information can be included—for example, near misses as well as actual failures are considered. The major drawback is the subjectivity of the scoring. Extra efforts must be employed to ensure consistency in the scoring.

As previously mentioned, the score reflects the importance of the item relative to other items. Higher scores mean more importance. More common as well as more catastrophic event items are more important in this sense. So, event probability and consequence are both reflected in the item score. Similarly, more effective preventions are more important—they score higher—than the less effective activities.

The technique of this subjective scoring system is relatively simple and straightforward. The pipeline risk picture is examined in two general parts. The first part is a detailed itemization and relative weighting of all reasonably foreseeable events that may lead to the failure of a pipeline—*What can go wrong?* and *How likely is it?* The second part is an analysis of potential consequences if a failure should occur. This second part addresses the relatively constant *hazard*—its acute and chronic nature. The first part will highlight operational and design options that can change the risk exposure.

The itemization area is further broken into four indexes (Figure 1-4). The indexes roughly correspond to typical categories of reported pipeline accident failures. That is, each index reflects a general area to which, historically, pipeline accidents have been attributed. By considering each item in each index, the evaluator arrives at a numerical value for that index. The four index values are then summed for a total value. This value will be used in the next part when the potential hazards are considered. The individual item values, not just the total index score, are preserved, however, for detailed analysis later.

In the second part, a detailed analysis is made of the potential consequences of a pipeline failure. Product characteristics, pipeline operating conditions, and the line location are considered in arriving at a *consequence factor.* It is called the *Leak Impact Factor* and includes acute as well as chronic hazards associated with product releases. The *Leak Impact Factor is* combined with the index sum (by dividing) to arrive at a final risk score (Figure 1-4).

This technique is repeated for each section of pipeline. The end result is a numerical risk value for each pipeline section. All the information incorporated into this number is preserved for a detailed analysis, if required.

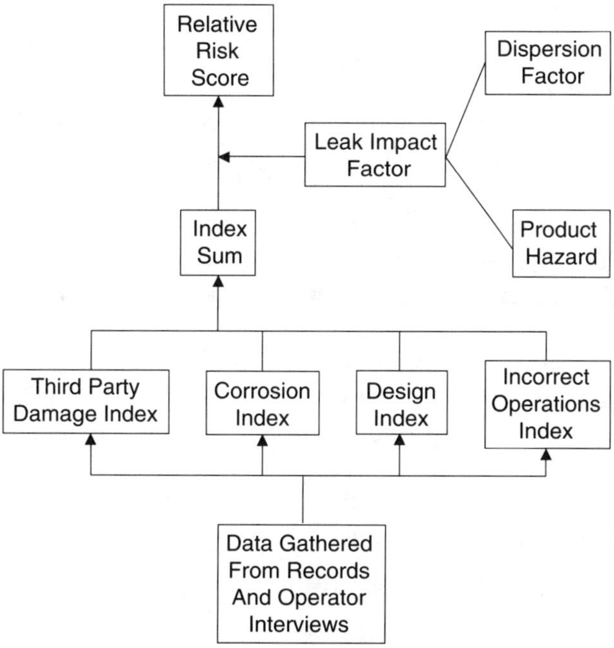

Figure 1-4. Basic risk assessment model.

Quality and Risk Management

Quality is a popular term in today's management and industry circles. It implies a way of thinking and a way of doing business. It is widely believed that attention to quality concepts is a requirement to remain in business in today's competitive world markets.

Risk management can be thought of as a method to improve quality. In its best application, it goes beyond basic safety issues to address cost control, planning, and customer satisfaction aspects of quality. For those who link quality with competitiveness and survival in the business world, there is an immediate connection to risk management. In one sense of the word, the prospect of a company failure due to poor cost control or poor decisions is a risk that can also be managed.

Quality is difficult to precisely define. While several different definitions are possible, they typically refer to concepts such as:

- fitness-for-use
- consistency with specifications
- freedom from defects

with regards to the product or service that the company is producing. Central to many of the quality concepts is the notion of reducing variation. This is the discipline that may ultimately produce the most successful companies. All definitions incorporate (directly or by inference) some reference to customers. Broadly defined, a customer is "anyone to whom you provide a product, service, or information." Under this definition, almost any exchange or relationship involves a customer. The customer drives the relationship because he specifies what product, service, or information he wants and what he is willing to pay for it.

In the pipeline business, typical customers include those who rely upon product movements for raw materials, such as refineries; those who are end users of products delivered, such as residential gas users; and those who are affected by pipelining activities, such as adjacent landowners. As a whole, customers ask for adequate quantities of products to be delivered:

- with no service interruptions (reliability)
- with no safety incidents
- at lowest cost

This is quite a broad brush approach. To be more accurate, the qualifiers of *no* and *lowest* must be defined. Obviously, there are trade-offs involved. Improved safety and reliability may increase costs, and vice versa. Different customers will place differing values on these requirements as was previously discussed in terms of acceptable risk levels.

For our purposes, we can view regulatory agencies as representing the public. The public includes several customer groups with sometimes conflicting needs. Those vitally concerned with public safety vs those vitally concerned with *costs,* for instance, are occasionally at odds with one another. When a regulatory agency mandates a pipeline safety or maintenance program, this can be viewed as a customer requirement originating from that sector of the public that is most concerned with the safety of pipelines.

As a fundamental part of the quality process, we must make a distinction between types of work performed in the name of the customer.

- **Value-added work.** The work activities that DIRECTLY add value, as defined by the customer, to the product or service. By moving a product from point A to point B, value has been added to that

product because it is more valuable (to the customer) at point B than it was at point A.
- **Necessary work.** Work activities that are not value-added, but are necessary in order to complete the value-added work. Protecting the pipeline from corrosion does not directly move the product, but it is necessary in order to ensure that the product movements continue uninterrupted.
- **Waste.** This is the popular name for a category that includes all activities performed that are unnecessary. Repeating a task because it was done improperly the first time is called rework and is included in this category. Tasks that are done routinely, but really do not directly or indirectly support the customer needs are considered to be waste.

Profitability is linked to reducing the waste category while optimizing the value-added and necessary work categories. A risk management program is an integral part of this, as will be seen.

The simplified process for quality management goes something like this: The proper work (value-added and necessary) is identified by studying customer needs and creating ideal processes to satisfy those needs in the most efficient manner. Once the proper work is identified, the processes that make up that work should be clearly defined and measured. Deviations from the ideal processes are waste. When the company can produce exactly what the customer wants without any variation in that production, that company has gained control over waste in its processes. From there, the processes can be even further improved to reduce costs and increase output, all the while measuring to ensure that variation doesn't return.

This is exactly what risk management should do—identify needs, analyze cost vs benefit of various choices, establish an operating discipline, measure all the processes, and continuously improve all aspects of the operation. Because the pipeline capacity is set by system hydraulics, line size, regulated operating limits, and other fixed constraints, gains in pipeline efficiencies are mostly made by reducing the incremental costs associated with moving the products. Costs are reduced by spending in ways that reap the largest benefits, namely, increasing the reliability of the pipeline. Spending to prevent losses and service interruptions is an integral part of optimizing pipeline costs.

The pipeline risk items considered in this book are all either existing conditions or work processes. The conditions are characteristics of the pipeline environment and are not normally changeable. The work processes, however, are changeable and should be directly linked to the conditions. This distinction between conditions and processes is used throughout the text and is described in detail in *Attributes and Preventions* in the next chapter.

The purpose of every work process, every activity, even every individual motion is to meet customer requirements. A risk management program should assess each activity in terms of its cost vs benefit. Because every activity and process costs something, it must generate some benefit—otherwise it is waste. Measuring the benefit, including the benefit of loss prevention, allows spending to be prioritized.

Rather than having a broad pipeline operating program to allow for all contingencies, risk management allows the direction of more energy to the areas that need it more. Pipelining activities can be fine-tuned to the specific needs of the various pipeline sections.

Time and money should be spent in the areas where the return (the benefit) is the greatest. Again, measurement systems are required to track progress, for *without measurements, progress is only an opinion.*

The risk evaluation program described here provides a tool to improve the overall quality of a pipeline operation. It does not necessarily suggest any new techniques, but rather it introduces a discipline to evaluate all pipeline activities and to score them in terms of their benefit to customer needs. When an extra dollar is to be spent, the risk evaluation program points to where that dollar will do the most good. Dollars presently being spent on one activity may produce more value to the customer if they were being spent another way. The risk evaluation program points this out and measures results.

Risk Measurements

At the core of all quality concepts is the need for measurement. *If you don't have a number, you don't have a fact—you have an opinion.* It is always possible to quantify things we truly understand. When we find it difficult to express something in numbers, it is usually because we don't have a complete understanding of the concept.

There exists a discipline to measuring. Before the data gathering effort is started, four questions should be addressed:

1. What will the data represent?
2. How will the values be obtained?

3. What sources of variation exist?
4. Why is the data being collected?

What Will the Data Represent?

In this risk assessment model, the data will represent the relative risk of a section of a pipeline. Inherent in the number will be a complete evaluation of the section's environment and operation. The number will be meaningful only in the context of similar evaluations of other pipeline sections.

How Will the Values Be Obtained?

The data will normally be obtained by an evaluator or team of evaluators who will visit the pipeline operations offices to personally gather the information required to make the assessment. Steps should be taken to ensure consistency in the evaluations. Re-evaluations should be scheduled periodically or the operators should be required to update the records periodically.

What Sources of Variation Exist?

Sources of variation include:

- differences in the pipeline section environments
- differences in the pipeline section operation
- differences in the amount of information available on the pipeline section
- evaluator-to-evaluator variation in information gathering and interpretation
- day-to-day variation in the way a single evaluator assigns scores

Every measurement has a level of uncertainty associated with it. To be correct, a measurement should express this uncertainty: 10 ft ± 1 in, 15.7°F ± 0.2°. This uncertainty value represents some of the sources of variations previously listed—operator effects, instrument effects, day-to-day effects, etc. These effects are sometimes called measurement "noise." The variations that we are trying to measure, the relative pipeline risks, are hopefully much greater than the noise. If the noise level is too high relative to the variation of interest, or if the measurement is too insensitive to the variation of interest, the data becomes less meaningful. Wheeler [55] provides detailed statistical methods for determining the "usefulness" of the measurements.

An evaluator will usually interview pipeline operators to help assign risk scores. Possibly the most common question asked by the evaluator will be "How do you know?" This should be asked in response to almost every assertion by the interviewee(s). Answers will determine the uncertainty around the item, and item scoring should reflect this uncertainty.

If more than one evaluator is to be used, it is wise to quantify the variation that may exist between the evaluators. This is easily done by comparing scoring by different evaluators of the same pipeline section. The repeatability of the evaluator can be judged by having him/her perform multiple scorings of the same section (this should be done without the evaluator's knowledge that he is repeating a previously performed evaluation).

If these sources of variation are high (>10% of the total score of a section, perhaps), steps should be taken to reduce the variation. These steps may include:

- evaluator training
- refinement of the tool to remove more subjectivity
- changes in the information-gathering activity
- use of only one evaluator

Why Is the Data Being Collected?

The underlying reason may vary depending upon the user, but hopefully, the common link will be the desire to better understand the pipeline and its risks in order to make improvements in the risk picture. Secondary reasons may include:

- assure regulatory compliance
- set insurance rates
- define acceptable risk levels
- prioritize maintenance spending
- assign dollar values to pipeline systems
- track pipelining activities

Clearly defining the purpose for collecting the data is of prime importance.

CHAPTER TWO

Risk Assessment Process

Using This Manual

To Get Answers Quick!

This book provides a detailed method of setting up a pipeline relative risk evaluation system. While this topic does fill the pages of this book, the risk assessment tool is not necessarily complex. It can be set up and functioning in a relatively short time by just one evaluator.

A reader need only adopt the standard (suggested) format and point values to begin assessing the risk immediately. The standard format with suggested weightings of all items is shown in *Risk Evaluation at a Glance* (see p. xv). A risk evaluator with little or no pipeline operating experience could most certainly adopt this approach, at least initially. Similarly, an evaluator who wishes to assess pipelines covering a wide range of services, environments, and operators may wish to use this general approach.

For Pipeline Operators

While the approach described above is the easiest way to get started, this tool becomes even more powerful if the user customizes it. The experienced pipeliner should challenge the point schedules—do they match your operating experience? Read the reasoning behind the schedules—do you agree with it? Invite (or require) input from employees at all levels. Most pipeline operators have a wealth of practical expertise that can be used to fine tune this tool to their unique operating environment.

The point here again is to build a useful tool—one that is regularly used to aid in everyday business and operating decision making, one that is accepted and used throughout the organization. Refer to Chapter One for ideas on evaluating the measuring capability of the tool.

Beginning Risk Management

Building the risk management tool takes four steps:

1. Sectioning—Dividing the pipeline system(s) into sections. Section size is dependent upon how often conditions change and upon the cost of data gathering/maintenance vs the benefit of increased accuracy.
2. Customizing—Deciding on a list of risk contributors and risk reducers and the relative importance of each item on the list.
3. Data gathering—Building the database by completing an evaluation for each pipeline section.
4. Maintenance—Identifying when and how changes in risk items occur; updating the database to reflect the changes.

Steps 2 and 3 will most likely be the most costly part of the process. These steps can be time-consuming not only in the hands-on aspects, but also in obtaining the necessary consensus from all key players. The initial consensus often makes the difference between a widely accepted and a partially resisted system. Time and resources spent in Steps 2 and 3 should be viewed as initial investments in a successful risk management tool. Steps 1 and 4 are necessary costs in keeping the tool useful, but should not be very costly to perform.

The risk assessment technique described in this book should become a useful tool for pipeline operators and managers. By providing timely answers to sometimes complicated questions, the tool should become a constant reference point for decision making.

The purpose of the basic risk assessment model is to evaluate the risk exposure to the public and to identify ways to effectively manage that risk.

Basic Assumptions

There are a few underlying assumptions built into this model. The user, and especially, the customizer of this system, should be aware of these.

Independence. Hazards are assumed to be additive but independent. That is, each item that influences the risk picture is considered separately from all other items—it independently influences the risk. The overall risk assessment adds all the independent factors together to get a final number. The final number reflects the "area of opportunity" for a failure because the number of independent factors is directly proportional to the risk.

For example, if Event B can only occur if Event A has first occurred, then Event B is given a lower weighting to reflect the fact that there is a lower probability of both events happening. The risk model does not, however, stipulate that Event B cannot happen without Event A.

Worst Case. The worst case condition for a section governs the point value. For instance, if a 5-mile section of pipeline has 3 ft of cover for all but 200 ft of its length (which has only 1 ft of cover), the section is still rated as if the entire 5-mile length has only 1 ft of cover. The evaluator can work around this by his choice of section breaks.

Relative. Point values are meaningful only in a relative sense. A point score for one pipeline section only shows how that section compares to other scored sections. Higher point values represent increased safety—decreased risk. Absolute risk values are not implied.

Subjective. The example point schedules reflect expert's opinions based upon subjective interpretations of pipeline industry experience as well as personal pipelining experience. The relative importance of each item (this is reflected in the "weighting" of the item) is similarly the expert's judgments.

Public. Only dangers and hazards to the general public are of interest here. Risks specific to pipeline operators and pipeline company personnel are not included in this system.

Weighting. The weightings of the items, their maximum possible point values, reflect the relative importance of the item. Importance is based upon the item's role in risk contribution or reduction. The four indexes are based on equal 0–100 point scales. Because accident history (with regards to cause of failures) is not consistent from one company to another, it does not seem logical to rank one index over another on an accident history basis. No other ranking rationale seems logical, either.

Attributes and Preventions

Because the ultimate goal of the risk assessment is to provide a means of risk management, it is useful to make a distinction between two types of risk components. As stated earlier, there is a difference between the hazard and the risk. We can usually do little to change the hazard, but we can take actions to affect the risk. Following this reasoning, the evaluator can categorize each index item as an attribute or a prevention. The attributes correspond loosely to the characteristics of the hazard, while the preventions reflect the risk impacting actions. Attributes reflect the pipeline's environment, while preventions are actions taken in response to that environment. Both impact the risk, but a distinction will be useful.

The term *attributes* used in this sense may be defined as characteristics that are difficult or impossible to change. They are characteristics of the pipeline system over which the operator has little or no control. Most sections of the risk assessment have attributes. Examples of such items that are not routinely changed, and are therefore labeled attributes, include:

- soil characteristics
- type of atmosphere
- product characteristics
- the presence and nature of nearby buried utilities

The other category, *preventions,* includes actions that the pipeline designer or operator can reasonably take to affect the risk picture. Examples of preventions include:

- pipeline patrol frequency
- operator training programs
- right-of-way (ROW) maintenance programs

The above examples of each category are pretty clear-cut. The evaluator should expect to encounter some gray areas of distinction between an attribute and a prevention. For instance, consider the proximity of population centers to the pipeline. In one of the indexes, this impacts the potential for third party damage to the pipeline. This is obviously not an unchangeable characteristic because a re-route of the line is usually an option. But in an economic sense, this characteristic may be unchangeable due to unrecoverable expenses that may be incurred to change the pipeline's location. Another example would be the pipeline depth of cover. To change this characteristic would mean a re-burial or the addition of more cover. Neither of these is an uncommon action, but the practicality of such options must be weighed by the evaluator as he classifies a risk component as an attribute or a prevention.

Figure 2-1 illustrates how some of the risk assessment items are thought to appear on a scale with preventions as one extreme, and attributes as the other. Depth of cover, for example, is a changeable item, but usually at great expense. It is usually thought to lean more towards an attribute and is labelled accordingly. Some of these items place the attribute and the prevention in one score. That is, the hazard and specific prevention actions for that hazard are combined into a single score for some items. When this is done, the item is labelled according to which aspect, the attribute or the prevention, plays the larger role. A suggested category will be listed with each item in this text.

As with many aspects of this risk program, consistency is much more important than absolute answers. What is deemed to be an attribute for one section should be an attribute for all sections. Only consistency will allow for meaningful risk comparisons.

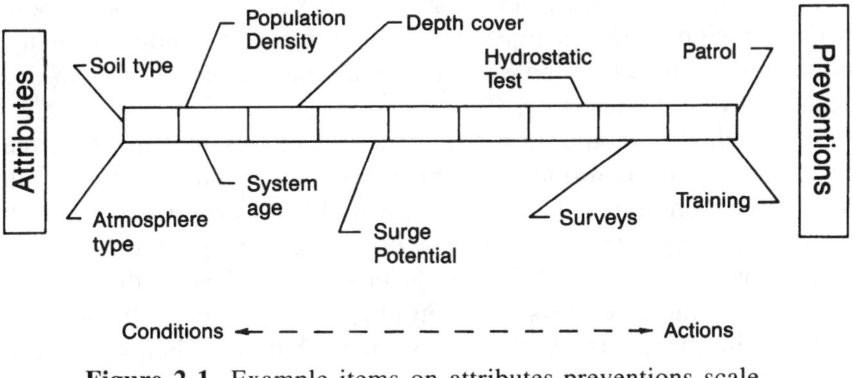

Figure 2-1. Example items on attributes-preventions scale.

The distinction between attributes and preventions is especially useful in risk management policymaking. Company standards can be developed to require certain risk-reducing actions to be taken in response to certain harsh environments. Such a procedure would provide for assigning a level of preventions based upon the level of attributes. The standards can be predefined and programmed into a database program to adjust automatically the standards to the environment of the section—harsh conditions require more preventions to meet the standard.

Sectioning of the Pipeline

It must be recognized that, unlike other facilities that undergo a risk assessment, a pipeline usually does not have a constant hazard potential over its entire length. As conditions along the line's route change, so too does the risk picture change. Pipeliners must consider the additional variable: Which section of pipeline is being assessed?

The risk evaluator must decide upon a criteria to section the pipeline in order to obtain an accurate risk picture. Breaking the line into many short sections increases the accuracy of the assessment for each section, but may result in higher costs of data collection, handling, and maintenance. Longer sections (fewer in number) on the other hand, may reduce data costs but also reduce accuracy, because average or worst case characteristics must govern if conditions change within the section. A random method of sectioning, such as every mile or between block valves, does not take advantage of obvious break points. Randomizing may actually reduce accuracy and increase costs if inappropriate and unnecessary break points are chosen.

The most appropriate criteria for sectioning is to insert a break point wherever significant changes occur. A significant condition change must be determined by the evaluator with consideration given to data costs and desired accuracy.

The evaluator should scan Chapters 3–7 of this text to get a feel for the types of conditions that make up the risk picture. He should note those conditions that are most variable in the pipeline system being studied and rank those items with regard to magnitude of change and frequency of change. This is probably best done with the input of the pipeline operators. The employee input not only helps to ensure completeness of the assessment, but also helps to build employee acceptance of the risk management technique. This ranking will be subjective and perhaps incomplete, but it will serve as a good starting point for sectioning the line(s). An example of a short list of ranked conditions is as follows:

1. population density
2. soil conditions
3. coating condition
4. age of pipeline

In this example, the evaluator(s) foresees the most significant changes along the pipeline route to be population density, followed by varying soil conditions, then coating condition, and pipeline age. This list was designed for an aging 60-mile pipeline in Louisiana, passing close to several rural communities and alternating between marshlands (clay) and sandy soil conditions. Furthermore, the coating is in various states of deterioration (maybe roughly corresponding to the changing soil conditions) and the line has had sections replaced with new pipe over the last few years.

Next, the evaluator should insert break points for the sections based upon the top items on the prioritized list of condition changes for a trial sectioning of the line(s). If the number of sections resulting from this process is deemed to be too large, the evaluator needs to merely reduce the list (eliminating conditions from the bottom of the prioritized list) until an appropriate number of sections is obtained. This trial-and-error process is repeated until a cost-effective sectioning has been completed.

Example 2-1: Sectioning the Pipeline

Following this philosophy, suppose that the evaluator of this hypothetical Louisiana pipeline decides to section the line according to the following rules he has developed:

1. Insert a section break each time the population density along a one-mile section changes by more than 10%. These population section breaks will not occur more often than each mile, and as long as the population density remains constant, a section break is unwarranted.
2. Insert a section break each time the soil corrosivity changes by 30%. In this example, data is available showing average soil corrosivity for each 500-ft section of line. Therefore,

section breaks may occur a maximum of ten times (5,280 ft per mile divided by 500-ft sections) for each mile of pipeline.

3. Insert a section break each time the coating condition changes significantly. This will be measured by the corrosion engineer's assessment. Because this assessment is subjective and based on sketchy data, such section breaks may occur as often as every mile.
4. Insert a section break each time a difference in age of the pipeline is seen. This is measured by comparing the installation dates. Over the total length of the line, six new sections have been installed to replace unacceptable older sections.

Following these rules, the evaluator finds that his top listed condition causes 15 sections to be created. By applying the second condition rule, he has created an additional 8 sections, bringing the total to 23 sections. The third rule yields an additional 14 sections and the fourth causes an additional 6 sections. This brings the total to 43 sections in the 60-mile pipeline.

The evaluator can now decide if this is an appropriate number of sections. As previously noted, factors such as the desired accuracy of the evaluation and the cost of the data gathering and analysis should be considered. If he decides that 43 sections is too many for the company's needs, he can reduce the number of sections by first eliminating the additional sectioning caused by application of his fourth rule. Elimination of these 6 sections caused by age differences in the pipe is appropriate because it had already been established that this was a lower priority item. That is, it is thought that the age differences in the pipe is not as significant a factor as the other conditions on the list.

If the section count (now down to 37) is still too high, the evaluator can eliminate or reduce sectioning caused by his third rule. Perhaps combining the corrosion engineer's "good" and "fair" coating ratings would reduce the number of sections from 14 to 8.

In the above example, the evaluator has roughed out a plan to break down the pipeline into an appropriate number of sections. Most likely, a target section length was in his mind to begin with. As a starting point, one-mile sections MAY be appropriate in many applications. This is the section length used by the Department of Transportation

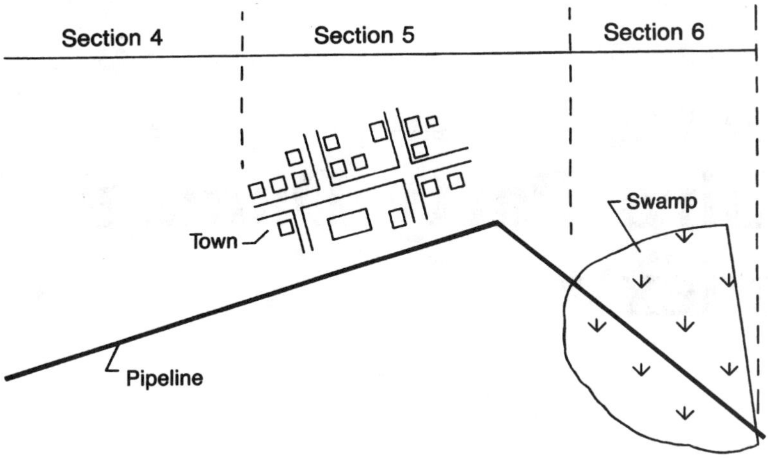

Figure 2-2. Sectioning of the pipeline.

(DOT) in definitions for population density assessments along the pipeline route. Population density, of course, plays a major role in the risk picture. As with the example, however, one-mile or two-mile sections may be too frequent for the purposes of the risk assessment. Again, section length involves a trade-off between accuracy and cost.

Figure 2-2 illustrates a piece of pipeline being sectioned based upon population density and soil conditions.

For many items in this evaluation (especially in the *Incorrect Operations Index)* section lines will not have an impact. Items such as training or procedures are generally applied uniformly across the entire pipeline system or at least within a single operations area. This should not be taken for granted, however, during the data gathering step.

CHAPTER THREE

Third Party Damage Index

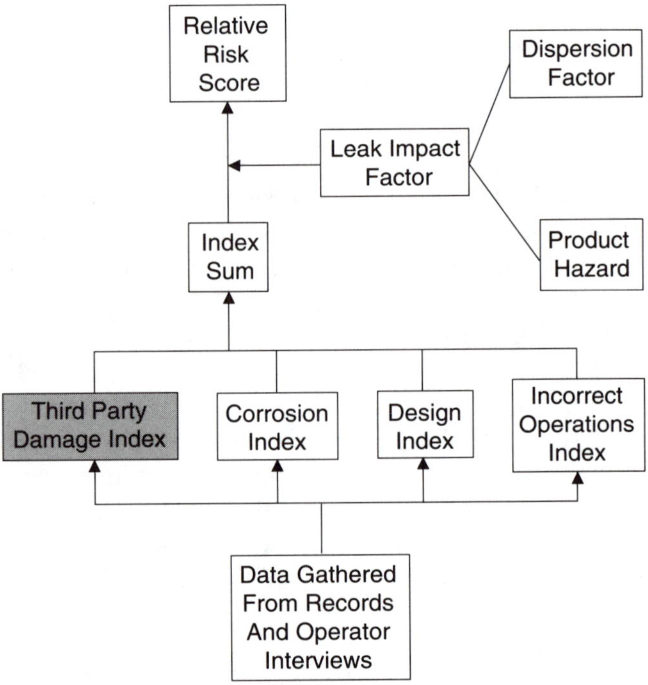

Figure 3-1. Basic risk assessment model.

Third Party Risk

A.	Minimum Depth of Cover	0–20 pts	20%	(p. 35)
B.	Activity Level	0–20 pts	20%	(p. 39)
C.	Aboveground Facilities	0–10 pts	10%	(p. 43)

D. One-Call System	0–15 pts	15%	(p. 45)
E. Public Education	0–15 pts	15%	(p. 48)
F. Right-of-Way Condition	0–5 pts	5%	(p. 50)
G. Patrol Frequency	0–15 pts	15%	(p. 52)
	0–100 pts	100%	

Pipeline operators must take steps to reduce the possibility of damage to their facilities by other people. The extent to which steps are necessary is dependent upon how readily the system can be damaged and how often the chance for damage occurs.

"Third Party Damage" as it is used here, refers to any accidental damages done to the pipe by activities of non-pipeline personnel. Intentional damages are covered in the Sabotage Module, Chapter 9. Accidental damages done by pipeline personnel are covered in the Incorrect Operators Index.

U.S. Department of Transportation (DOT) pipeline accident statistics indicate that third party intrusions are the leading cause of pipeline failure. Forty percent of all pipeline failures between 1971 and 1986 are attributed to third party damages. In spite of these statistics, the potential for third party damage has been one of the least considered aspects of pipeline hazard assessment.

The good safety record of pipelines can be attributed in part to their initial installation in sparsely populated areas and their burial 2.5 to 3 feet deep. Today however, development is threatening to intrude and increase the risk of pipeline failure due to excavation damage.

In the period from 1983 through 1987, eight deaths, twenty-five injuries, and over $14 million in property damage occurred in the hazardous liquid pipeline industry due solely to excavation damage by others. These types of pipeline failures represent 259 accidents out of a total of 969 accidents from all causes. This means that 26.7% of all hazardous liquid pipeline accidents were caused by excavation damage. (See U.S. Dept. of Transportation [53].)

In the gas pipeline industry, a similar story emerges: 430 incidents from excavation damage were reported in the 1984–1987 period. These accidents resulted in 26 deaths, 148 injuries, and over $18 million in property damage. Excavation damage is thought to be responsible for 10.5% of incidents reported for distribution systems, 22.7% of incidents reported for transmission/gathering pipelines, and 14.6% of all incidents in gas pipelines. (See U.S. Dept. of Transportation [53].)

The pipeline designer and, perhaps to an even greater extent, the operator can affect the risk from third party activities. As an element of the total risk picture, the probability of third party damage to a facility is dependent upon:

- the nature of possible intrusions
- the ease with which the facility can be reached by the intruding party
- the activity level

Possible intruders include:

- excavating equipment
- projectiles
- vehicular traffic
- trains
- farming equipment
- seismic charges
- fence posts
- telephone posts
- wildlife (cattle, elephants, birds, etc.)
- anchors
- dredges

Factors that affect the susceptibility of the facility include:

- depth of cover
- nature of cover (earth, rock, concrete, paving, etc.)
- manmade barriers (fences, barricades, levees, ditches, etc.)
- natural barriers (trees, rivers, ditches, rocks, etc.)
- presence of pipeline markers
- condition of right-of-way
- frequency and thoroughness of patrolling
- response time to reported threats

The activity level is judged by items such as:

- population density
- construction activities nearby
- proximity and volume of rail or vehicular traffic
- offshore anchoring areas
- volume of one-call system reports
- number of buried utilities in the area

Serious damage to a pipeline is not limited to actual punctures of the line. As a minimum, a mere scratch on a coated steel pipeline damages the corrosion-resistant coating. Such damage can lead to accelerated corrosion and ultimately a corrosion failure perhaps years in the future. If the scratch is deep enough to have removed even a tiny bit of metal, a stress concentration area (see *Design Index)* could be formed which again, perhaps years later, may lead to a failure from fatigue, either alone or in combination with some form of stress corrosion cracking.

This is one reason why public education plays such an important role in damage prevention. To the casual observer, a minor dent or scratch in a steel pipeline may appear insignificant—certainly not worthy of mention. A pipeline operator knows the potential hazard of any disturbance to the line. This hazard should be communicated to the general public.

A. Minimum Depth of Cover Suggested weighting............ 20%
Attribute

This is the amount of earth cover over the shallowest piece of pipeline—no matter how short that piece may be. Averaging of depths is discouraged. The greatest exposure to potential damage exists where the line has the least amount of cover, regardless of the depth elsewhere. In cases where depth of cover varies, the evaluator may wish to divide the line into sections accordingly.

This item is normally considered to be an attribute because it is not an easily changed condition along the line.

A schedule or simple formula should be developed to assign point values based upon depth of cover:

amount of cover in inches ÷ 3 = point value
up to a maximum of 20 points

So: 42 in. of cover = 42 ÷ 3 points = 14 points
24 in. of cover = 24 ÷ 3 points = 8 points

Points should be assessed based upon the shallowest location within the section being evaluated. The evaluator should feel confident that the depth of cover data is current; otherwise, the point assessments should reflect the uncertainty. (Note that increasing points indicate a safer condition. This is the convention which is used throughout this book.)

Experience tells us that less than one foot of cover may actually do more harm than good. It is enough cover to conceal the line but not enough to protect the line from even shallow earth moving equipment (such as farming equipment). Three feet of cover is the normal amount of cover required by DOT.

The main benefit of earth cover is to protect the line from third party activities that may harm it. Consequently, credit should be given for other means of protecting the line from mechanical damage. A schedule should be developed for these other means. A simple way to do this is to equate the mechanical protection to an amount of additional earth cover.

2 in. concrete coating = 8 in. of additional earth cover
4 in. concrete coating = 12 in. of additional earth cover

Pipe casing = 24 in. of additional cover
Concrete slab (reinforced) = 24 in. of additional cover

For example, by using the example formula above, a pipe section that has 14 in. of cover and is encased in a casing pipe would have an equivalent earth cover of 14 + 24 = 38 in., yielding a point value of 38 ÷ 3= 12.7.

Burial of a highly visible strip of material with warnings clearly printed may help to avert damage to the pipeline (Figure 3-2). Such flagging or tape is commercially available and is usually installed just beneath the ground surface directly over the pipeline. Hopefully, an excavator will discover the warning tape, cease the excavation, and avoid damage to the line. While this early warning system provides no physical protection, its benefit from a risk standpoint can also be equated to an additional amount of earth cover:

Warning tape = 6 in. of additional cover

As with all items in this system, the evaluator should use his company's best experience in creating his schedule and point values. Common situations that may need to be addressed include: rocks in one region, sand in another (is the protection value equivalent?); pipelines under roadways (concrete vs asphalt vs compacted stone, etc.). The evaluator need only remember the goal of consistency and the intent of assessing the amount of existing protection from mechanical damage.

If the wall thickness is greater than what is required for anticipated pressures and external loadings, the extra thickness is available to pro-

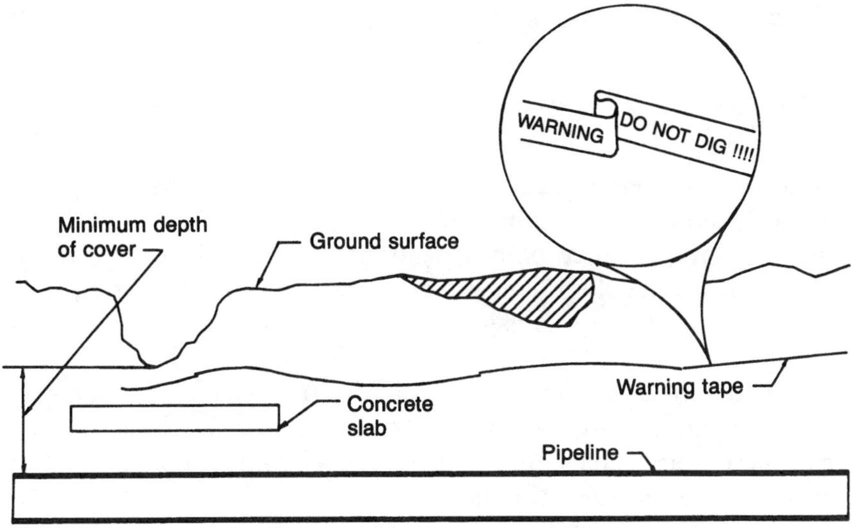

Figure 3-2. Minimum depth of cover.

vide additional protection from external damage or corrosion. Mechanical protection that may be available from extra pipe wall material is accounted for in the *Design Index* section of this book.

In the case of submerged pipelines, the intent is the same. Credit should be given for water depth, concrete coatings, subsea covering of the line, extra damage protection coatings, etc. See also Customizing for Offshore Pipelines, Chapter 14.

A point schedule for submerged lines might look something like this:

Navigable waterways:
Depth below water surface

0–5 ft	0 pts
5 ft-max anchor depth	3 pts
>max anchor depth	7 pts

Depth below bottom of waterway (add these points to the points from depth below water surface)

0–2 ft	0 pts
2–3 ft	3 pts
3–5 ft	5 pts
5 ft-max dredge depth	7 pts
>max dredge depth	10 pts

Concrete coating (add these points to the points assigned for water depth and burial depth)

None	0 pts
Min. 1 in	5 pts

Note that the point scale for concrete coating of offshore pipe is different from that of onshore pipe.

The total for all three point categories may not exceed 20 pts.

The above schedule assumes that water depth offers some protection against third party damage. This may not be a valid assumption in every case—it must be decided by the evaluator. Such schedules might also reflect the anticipated sources of damage. If only small boats anchor in the area, perhaps a large diameter line is in less danger of immediate damage than a small diameter line. In this case, extra points may be awarded for larger diameters. Reported depths must reflect the current situation as sea or riverbed scour often quickly reduces the cover.

The use of water crossing surveys to determine the condition of the line, especially the extent of its exposure to third party damage, indirectly impacts the risk picture (Figure 3-3). Such a survey may be the only way to establish the pipeline depth and extent of its exposure to boat traffic, currents, floating debris, etc. Because conditions can change dramatically when flowing water is involved, the time since the last survey is also a factor to be considered. Such surveys are also considered in the *Incorrect Operations Index.*

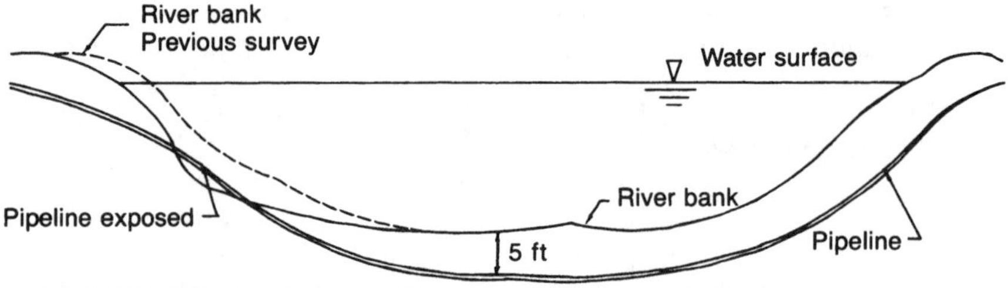

Figure 3-3. River crossing survey.

Example 3-1: Scoring the Depth of Cover

1. In this example, a pipeline section has burial depths of 10 in. and 30 in. In the shallowest portions, a concrete slab has been placed over and along the length of the line. The 4-in. slab is 3 ft wide and reinforced with steel mesh. Using the above schedule, the evaluator calculates points for the shallow sections with additional protection and for the sections buried with 30 in. of cover. For the shallow case: 10 in. cover + 24 in. additional (equivalent) cover due to slab = (10 + 24)/3 pts = 11.3 pts. Second case: 30 in. of cover = 30/3 = 10 pts. Because the minimum cover (including extra protection) yields the higher point value, the evaluator uses the 10 pts score of the pipe buried with 30 in. of cover as the worst case and hence, the governing point value for this section.
2. In this section, a submerged line lies unburied on a river bottom, 30 ft below the surface at the river midpoint, rising to the water surface at shore. At the shoreline, the line is buried with 36 in. of cover. The line has 4 in. of concrete coating around it throughout the entire section.

   Points are assessed as follows:

   The shore approaches are very shallow; although boat anchoring is rare, it is possible. No protection is offered by water depth, so 0 pts are given here. The 4 in. of concrete coating yields 5 pts. Because the pipe is not buried beneath the river bottom, 0 pts are awarded for cover.

   Total score = 0 + 5 + 0 = 5 pts.

B. Activity Level **Suggested weighting 20%**
Attribute

Fundamental to any risk assessment is the "area of opportunity." For an analysis of third party damage potential, the area of opportunity is strongly affected by the level of activity near the pipeline. It is intuitively obvious that more digging activity near the line increases the opportunity for a line strike.

DOT accident statistics for gas pipelines indicate that, in the 1984-1987 period, 35% of excavation damage accidents occurred in Class 1 and 2 locations. (See U.S. Dept. of Transportation [53].) These are the less populated areas. This tends to support the assumption that more population means more accident potential.

Other considerations include high volumes of nearby traffic, especially where heavy vehicles such as trucks or trains are prevalent or speeds are high. Aboveground facilities and even buried pipe are at risk as a vehicle wreck has tremendous destructive-energy potential.

In some areas, wildlife damages are common. Heavy animals such as elephants, bison, and cattle can damage instrumentation and pipe coatings, if not the pipe itself. Birds and other smaller animals and even insects can also cause damages by their normal activities. Again, coatings and instrumentation of aboveground facilities are usually most threatened.

The activity level item is also normally an attribute because a relocation is usually the only means for the pipeline operator to affect it. A relocation is not a routine option.

The evaluator should create several classifications of activity level. He does this by describing *sufficient* conditions to categorize an area into one of his classifications. The following example provides a sample of some of the conditions that may be appropriate. Further explanation follows the example classifications.

High Activity Level Area. (0 points) This area is characterized by one or more of the following:

- Class 3 population density (as defined by DOT CFR part 192)
- High population density
- Frequent construction activities
- High volume of one-call or reconnaissance reports (>2 per week)
- Rail or roadway traffic posing a threat
- Many other buried utilities nearby
- Frequent damages from wildlife
- Normal anchoring area when offshore
- Dredging near the offshore line is common

Medium Activity Level. (8 points) This area is characterized by one or more of the following:

- Class 2 population density (as defined by DOT)
- Low population density nearby
- No routine construction activities that could pose a threat

- Few one-call or reconnaissance reports (<5 per month)
- Few buried utilities nearby
- Occasional wildlife damages

Low Activity Level. (15 points) This area is characterized by *all* of the following:

- Class 1 population density (as defined by DOT)
- Rural, low population density
- Virtually no activity reports (<10 per year)
- No routine harmful activities in the area (Agricultural activities where the equipment cannot penetrate to within 1 ft of the pipeline depth may be considered harmless.)

None. (20 points) The maximum point level is awarded when there is virtually no chance of any digging or other harmful activity near the line.

The evaluator may assign point values between these categories, but should take efforts to ensure consistency.

In each classification of the above example, population density is a factor. More people in an area generally mean more activity; fence building, gardening, water well construction, ditch digging or clearing, wall building, shed construction, . . . the list goes on. Many of these activities could disturb a buried pipeline.

The disturbance could be so minor as to go unreported by the offending party. As already mentioned, such unreported disturbances as coating damage or a scratch in the pipe wall are often the initiating condition for a pipeline failure sometime in the future.

An area that is being renovated or is experiencing a growth phase will require frequent construction activities. These may include soil investigation borings, foundation construction, installation of buried utilities (telephone, water, sewer, electricity, natural gas), and a host of other potentially damaging activities.

Perhaps one of the best indicators of the activity level is the frequency of reports. These reports may come from direct observation by pipeline personnel, patrols by air or ground, and telephone reports by the public or by other construction companies. The one-call systems (these are discussed in a later section), where they are being used, provide an excellent database for assessing the level of activity.

The presence of other buried utilities logically leads to more frequent digging activity as these systems are repaired, maintained, and inspected. This is another measure that can be used in judging the activity level.

Anchoring, fishing, and dredging activities pose the greatest third party threats to submerged pipelines. To a lesser degree, new construction by open-cut or directional-drill methods may also pose a threat to existing facilities. Dock and harbor constructions and perhaps even offshore drilling activities may also be a consideration.

Seismograph Activity. Of special note here is seismograph work or other activities involving underground detonations. As a part of exploratory work, usually searching for oil or gas reservoirs, energy is transmitted into the ground and measured to determine information about the underlying geology of the area. This usually involves crews laying shot lines—rows of buried explosives that are later detonated. The detonations supply the energy source to gather the information sought. Sometimes, instead of explosive charges, other techniques that impart energy into the soil are used. Examples include a weight dropped onto the ground where the resulting shock waves are monitored and a vibration technique that generates energy waves in certain frequency ranges.

Seismograph activity can be hazardous to pipelines. The first hazard occurs if holes are drilled to place explosives. Such drilling can place the pipeline in jeopardy. Depth of cover provides little protection because the holes are drilled to any depth. The second hazard is the shock waves to which the pipeline is exposed. When the explosive(s) is detonated, a mass of soil is accelerated [21]. If there is not enough backup support for the pipeline, the pipe itself absorbs the energy of the accelerating soil mass [21]. This adds to the pipe stresses (Figure 3-4). Conceivably, a charge (or line of charges) detonated far below the pipeline can be more damaging than a similar charge placed closer to the line but at the same depth. An analysis must be performed on a case-by-case basis to determine the extent of the hazard.

As of this writing, pipeline operators have little authority in specifying minimum distances for seismograph activity. Technically, the operator can only forbid activity on the few feet of ROW that he controls. Cooperation from the seismograph company is often sought.

As a component of the risk picture, the potential for seismograph activity near to the pipeline should be evaluated.

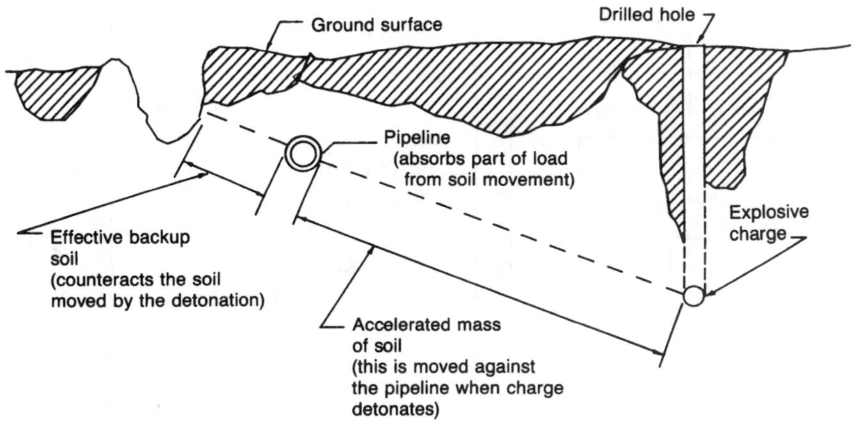

Figure 3-4. Seismograph activity near pipelines.

C. Aboveground Facilities **Suggested weighting .... 10%** **Attribute**

This is a measure of the susceptibility of aboveground facilities to third party disturbance. A governing assumption here is that aboveground pipeline components have a third party damage exposure as do the buried sections. Contributing to this exposure are the threats of vehicular collision and vandalism. The argument can be made that these threats are partially offset by the benefit of having the facility in plain sight, helping to avoid damages caused by not knowing exactly where the line is (as is the case for buried sections). It is left to the evaluator to adjust the weighting factor and the point schedule to values consistent with the company's judgment and experience.

Although this item is generally considered to be an attribute, this is one of the gray areas of the attribute/prevention distinction. While the presence of aboveground components is something that is often difficult or impossible to change, there are many preventive measures that can be taken to reduce the risk exposure. This item, then, combines the changeable and non-changeable aspects into a single point value.

The evaluator should set up a point schedule that gives the maximum point value for sections with no aboveground components. For sections that do have aboveground facilities, point credits should be given for conditions that lessen the risk of third party damage (Figure 3-5) . These conditions will often take the form of vehicle barriers or other barriers or discouragements to intrusion.

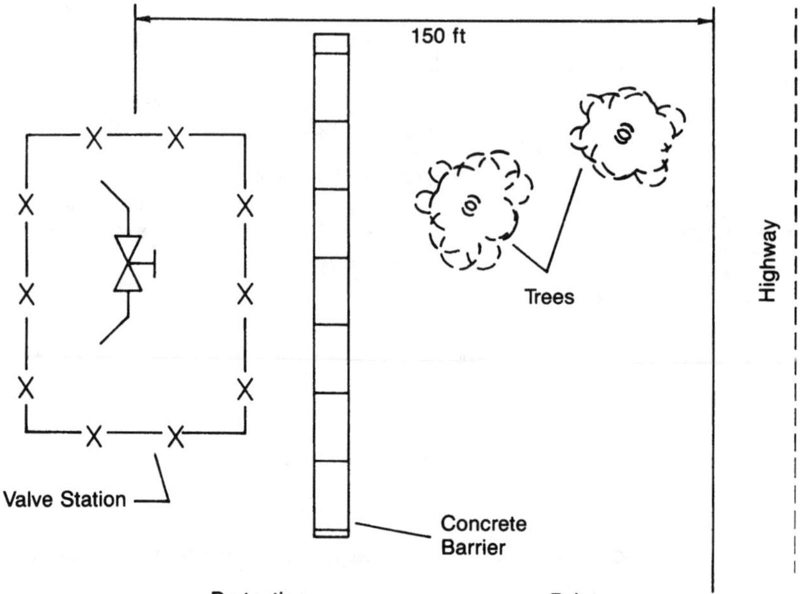

Protection	Points
trees (partial)	2
concrete barrier	4
fence	2
distance from highway	0
signs	1
	9 points

Figure 3-5. Protection for aboveground facilities.

No aboveground facilities .... 10 pts
Aboveground facilities .... 0 pts
plus any of the following that apply
(total not to exceed 10 pts)
Facilities more than 200 ft from vehicles .... 5 pts
Area surrounded by 6 ft chainlink fence .... 2 pts
Protective railing (4 in. steel pipe or better) .... 3 pts
Trees (12 in. diameter), wall, or other substantial
structure(s) between vehicles and facility .... 4 pts
Ditch (minimum 4 ft depth/width) between vehicles
and facility .... 3 pts
Signs (Warning, No Trespassing, Hazard, etc.) .... 1 pt

Credit may be given for security measures that are thought to reduce vandalism (intentional third party intrusions). The example above allows a small amount of points for signs that may discourage the casual mischief-maker or the passing hunter taking target practice. Lighting, barbed wire, video surveillance, sound monitors, motion sensors, alarm systems, etc., may warrant point credits as risk reducers.

D. One-Call Systems

Suggested weighting 15%
Prevention

A one-call system is a service that receives notification of upcoming digging activities and in turn notifies owners of potentially affected underground facilities. A conventional one-call system is defined by the DOT as "a communication system established by two or more utilities (or pipeline companies), governmental agencies, or other operators of underground facilities to provide one telephone number for excavation contractors and the general public to call for notification and recording of their intent to engage in excavation activities. This information is then relayed to appropriate members of the one-call system, giving them an opportunity to communicate with excavators, to identify their facilities by temporary markings, and to follow-up the excavation with inspections of their facilities." Such systems can also be established by independent entrepreneurs.

The first modern one-call system was installed in Rochester, NY, in 1964. As of 1992, there were 88 one-call systems in 47 states and Washington D.C. plus similar systems operating in Canada, Australia, Scotland, and Taiwan. A report by the National Transportation Board on a study of 16 one-call centers gives evidence of the effectiveness of this service in reducing pipeline accidents. In ten instances (of the 16 studied), excavation-related accidents were reduced by 20%–40%. In the remaining six cases, these accidents were reduced by 60%–70%. (see "One-call Systems" [39].)

One-call systems operate within stated boundaries, usually in urban areas. They are the most effective in states that mandate by law that all excavators use the service. Even when the one-call system is voluntary, many major buried utility owners subscribe to the service.

The effectiveness of a one-call system depends upon several factors. The evaluator should assess this effectiveness for the pipeline section being evaluated. A sample point schedule (with explanations following) would be:

Mandated by law .... 4 pts
Proven record of efficiency and reliability .... 2 pts

Widely advertised and well known in community .... 2 pts
Meets minimum ULCCA standards .... 2 pts
Appropriate reaction to calls .... 5 pts

Add points for all applicable characteristics. The best one-call system is characterized by all the above factors and will have a point value of 15 points.

The first category is straightforward. A system mandated by law, especially when non-compliance penalties are severe, will be more readily accepted and utilized. The next two point categories are more subjective. The evaluator is asked to judge the effectiveness and acceptance of the system. The one-call service can often provide data showing numbers of reports in each area covered. This data can perhaps be compared to suspected activity levels in the area. Actual reports that equal or exceed the suspected activity level would be a favorable reflection of the system (or an unfavorable reflection of the estimate?). The degree of community acceptance can be assessed by a spot check of local excavators and by the level of advertising of the system. The evaluator may set up a more detailed point schedule to distinguish between differences he perceives. This detailed schedule could be tied to the results of a random sampling of the one-call system.

Another category in this schedule refers to standards established by the Utility Location and Coordination Council of America (ULCCA) for one-call centers. The evaluator may substitute any other appropriate industry standard. This may overlap the first question of whether the one-call system is mandated by law. If mandated, certain minimum standards will doubtlessly be established. Minimum standards may address:

- hours of operation
- record keeping
- method of notification
- off-hours notification systems
- timeliness of notifications

The last category deals with the pipeline company's response to a report of third party excavation activity. Obviously, reports that are not properly addressed in a timely manner negate the effects of reporting. The evaluator should look for evidence that all reports are investigated in a timely manner. A sense of professionalism and urgency should exist among the responders. Appropriate response may include:

- A system to receive and record notification of planned excavation activity
- Dispatching of personnel to the site to provide detailed markers of pipeline location
- Prejob communications or meetings with the excavators
- On-site inspection during the excavation
- Correction of drawings
- Inspection of the pipeline facilities after the excavation

In awarding points, the evaluator may wish to distinguish between methods of direct line location. Methods may range from the use of a detection device (with verification by physical probing by experienced personnel) to merely sighting between above-ground facilities (a method that often leads to errors). Some pipe materials are difficult to locate on site, and some sites require expensive excavations to precisely locate the line, regardless of the material. Some materials are also susceptible to damage by common probing techniques used to locate the line.

Especially in congested areas, the need to exactly locate the pipeline is critical. Modern locating techniques inlclude instrumentation that can detect buried pipe via electromagnetic signals, impressed electric signals, and ground penetrating radar. These instruments are designed to determine line location and depth. Because they are susceptible to extraneous signals and barriers to signal reception, a degree of operator skill is required. For a variety of situation-specific reasons—such as pipe material, type of cover, and presence of interfering signals—not all pipelines can be located with this instrumentation. In some cases, special wires are inserted into nonconducting pipe materials to aid in line location. These tracer wires or locator wires are susceptible to damage from corrosion, lightning surges, and external forces. Another aide to pipeline location is the installation of small electronic markers that emit discrete radio frequency signals when polled by surface instrumentation [38].

Line locating can also be accomplished by direct excavation and/or prodding (also called probing) using a stiff rod to penetrate the ground and physically contact the top of the pipe. With some pipe materials and coatings, these latter methods risk damage to the pipeline.

Some pipes that are difficult to locate from the surface require expensive excavations for precise locating. This is often the case for lines located beneath concrete sidewalks or roadways, and adjacent to buildings. For these reasons, modern distribution systems often rely heavily on accurate records and drawings to show exact piping locations. This allows for more potential human error, as is discussed in Incorrect Operations Index.

When indirect means of line locating, such as drawings and other reocrds, are used, there is an increased opportunity for incorrect locating. This is due to the human error potential in all phases of the project:

- initial measurements of the line location during installation
- recording of these measurements
- creation of the record documents
- filing and retrieval of the documents
- interpretation and communication of the data from the document

While some pipe movement after construction is possible, this is normally not an important factor in line location to avoid third party damage.

The evaluator may look for documentation or other evidence to satisfy himself that an appropriate number of these most critical actions is being taken.

The points are added to get a value for one-call systems. A section that is not participating in such a program would get zero points.

E. Public Education Program **Suggested weighting............. 15%**
Prevention

Public education programs play a significant role in reducing third party damage to pipelines. It is thought that most third party damage is unintentional and due to ignorance. This is ignorance not only of the buried pipeline's exact location, but also ignorance of the above-ground indications of the pipeline's presence and ignorance of pipelines in general. A pipeline company committed to educate the community on pipeline matters will almost assuredly reduce its exposure to third party damage.

Some of the characteristics of an effective public education program are shown on the following schedule. A relative point scale is included and more explanation follows the table.

Mailouts .... 2 pts
Meetings with public officials once per year....................... 2 pts
Meetings with local contractors/excavators
once per year .... 2 pts

Regular education programs for community groups .... 2 pts
Door-to-door contact with adjacent residents .... 4 pts
Mailouts to contractors/excavators .... 2 pts
Advertisements in contractor/utility publications
once per year .... 1 pt

Add points for all characteristics that apply. The best public education program will score 15 points here.

Regular contact with property owners and residents who live adjacent to the pipeline is thought to be the first line of defense in public education. When properly motivated, these people actually become protectors of the pipeline. They realize that the pipeline is a neighbor whose fate may be closely linked to their own. They may also act as good neighbors out of concern for a company that has taken the time to explain to them the pipeline's service and how it relates to them. Although it is probably the most expensive approach, door-to-door contact is arguably unsurpassed in effectiveness. This is especially true today when pleasant face-to-face contact between large corporations and John Q. Citizen is rare. The door-to-door contact, when performed once per year, rates the highest points in the example schedule.

Other techniques that emphasize the good neighbor approach include regular mailouts, presentations at community groups, and advertisements. Mailouts generally take the form of an informational pamphlet and perhaps a promotional item such as a magnet, calendar, memo pad, pen, rain gauge, tape measure, or key chain with the pipeline company's name and 24-hour phone number. The pamphlet may contain details on pipeline safety statistics, the product being transported, and how the company ensures the pipeline integrity (patrols, cathodic protection, etc.). Most important perhaps, is information that informs the reader of how sensitive the line can be to damage from third party activities. Along with this is the encouragement to the reader to notify the pipeline company if any potentially threatening activities are observed. The other tokens often included in the mailout merely serve to attract the reader's interest and to keep the company's name and number handy.

Mailouts can be effectively sent to landowners, tenants, other utilities, excavation contractors, general contractors, emergency response groups, and local and state agencies.

Professional, entertaining presentations are always welcomed at civic group meetings. When such presentations can also get across a message for public safety through pipeline awareness, they are doubly welcomed. These activities should be included in the point schedule. Any regular advertisements aimed at increasing public awareness of pipeline safety should similarly be included in the schedule.

Meetings with public officials and local contractors serve several purposes for the pipeline operator. While advising these people of pipeline interests (and the impact on THEIR interests), a rapport is established with the pipeline company. This rapport can be valuable in terms of early notification of government planning, impending project work, emergency response, and perhaps a measure of consideration and benefit of the doubt for the pipeline company. Points should be given for this activity to the extent that the evaluator sees the value of the benefits in terms of risk reduction.

Advertising can be company specific or can represent common interests of a number of pipeline companies. Either way, the value is obtained as the audience is made aware or reminded of their role in pipeline safety.

F. Right-of-Way Condition **Suggested weighting 5%**
Prevention

This item is a measure of the recognizability and inspectability of the pipeline corridor. A clearly marked, easily recognized right-of-way (ROW) reduces the susceptibility of third party intrusions and aids in leak detection (ease of spotting vapors or dead vegetation from ground or air patrols) (Figure 3-6).

The evaluator should establish a point schedule with clear parameters. The user of the schedule should be able to tell exactly what actions will increase the point value. The less subjective the schedule, the better, but simplicity is also encouraged. The following example schedule is written in paragraph form where interpolations between paragraph point values are allowed.

Excellent .... 5 pts

Clear and unencumbered; route clearly indicated; signs and markers visible from any point on ROW or from above; signs and markers at all roads, railroads, ditches, water crossings; all changes of direction are marked; air patrol markers are present.

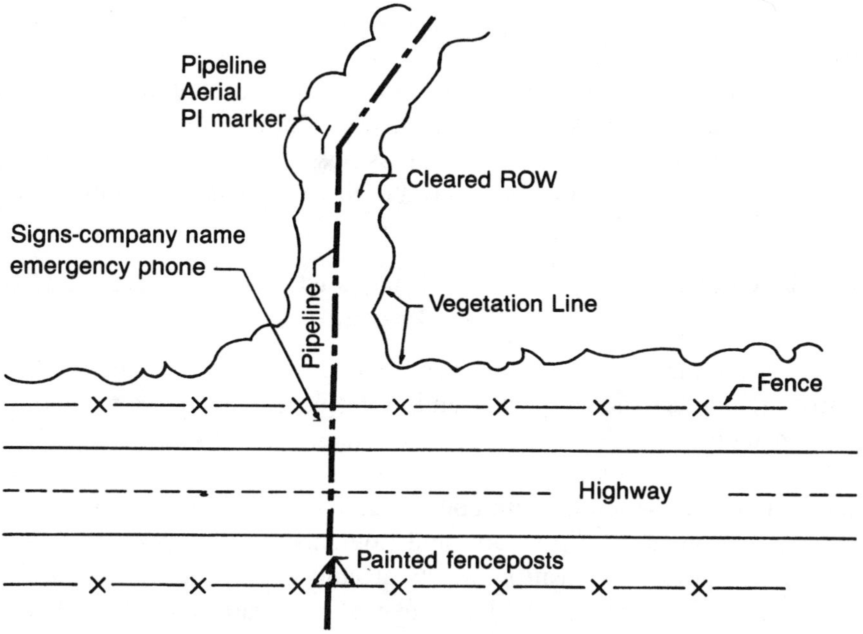

Figure 3-6. Protection for aboveground facilities.

Good .... 3 pts

Clear route (no overgrowth obstructing the view along the ROW from ground level or above); well marked but markers are not visible from every point of ROW or above; signs and markers at all roads, railroads, ditches, water crossings.

Average .... 2 pts

ROW not uniformly cleared; more markers are needed for clear identification at roads, railroads, waterways.

Below Average .... 1 pt

ROW is overgrown by vegetation in some places; ground is not always visible from the air or there is not a clear line of sight along the ROW from ground level; indistinguishable as a pipeline ROW in some places; poorly marked.

Poor .... 0 pts

Indistinguishable as a pipeline ROW; no (or inadequate) markers present.

Select the point values corresponding to the closest description of the actual ROW conditions observed in the section.

Descriptions such as these above should provide the operator with enough guidance to take corrective action. Point values can be more specific (markers at 90% of road crossings......2 pts; at 75% of road crossing......1 pt; etc.) but this may be an unnecessary complication.

G. Patrol Frequency

Suggested weighting............15%
Prevention

Patrolling the pipeline is a proven effective method of reducing third party intrusions. The frequency and effectiveness of the patrol should be considered in assessing the patrol value.

Patrolling becomes more necessary as more third party activities are unreported. The amount of unreported activity will depend upon many factors, but one source (see Bolt and Logtenberg [6]) reports the number of unreported excavation works around a pipeline system in the U.K. to be 25% of the total number of excavation works. This is estimated to be around 775 unreported per year on their 10,400 km system [6]. While unreported excavation does not automatically translate into pipeline damage, obviously the potential exists that some of those 775 excavations will contact the pipeline.

From a reactive standpoint, the patrol is also intended to detect evidence of a leak such as vapor clouds, unusual dead vegetation, bubbles from submerged pipelines, etc. As such, it is a proven leak detection method (see *Leak Impact Factor).*

From a proactive standpoint, the patrol also should detect impending threats to the pipeline. Such threats take the form of excavating equipment operating nearby, new construction of buildings or roads, or any other activities that could cause a pipeline to be struck, exposed, or otherwise damaged. Note that some activities are only indirect indications of threats. A building several hundred yards from the pipeline will not pose a threat in itself, but the experienced observer will investigate where supporting utilities are to be directed. Construction of these utilities at a later time may create the real threat.

The patrol should also seek evidence of activity that has already passed over the line. Such evidence is usually present for several days after the activity and may warrant inspection of the pipeline.

One measure of the patrol effectiveness would be data showing a number of situations that were missed by the observers when the opportunity was there. Indirect measures include observer training and analysis of the "detection opportunity." This "opportunity" analysis would look at altitude and speed of aerial patrol and, for ground patrol, perhaps the line of sight along and either side of the ROW. The opportunity for early discovery lies in the ability to detect activities before the pipeline ROW is encroached.

Note also the ability of certain aircraft (helicopters) to take immediate action to interrupt a potentially dangerous activity. Such interruptions include landing the aircraft or dropping a container containing a message in order to alert the third party.

The suggested point schedule will award points based on patrol frequency under the assumption of optimum effectiveness. If the evaluator judges the effectiveness to be less, he can reduce the points to the equivalent of a lower patrol frequency. This is reasonable because lower frequency and lower effectiveness both reduce the area of opportunity for detection.

Whenever possible, the patrol frequency should be determined based upon a statistical analysis of data. Historical data will often follow a typical rare-event frequency distribution such as Figure 3-7. Once the

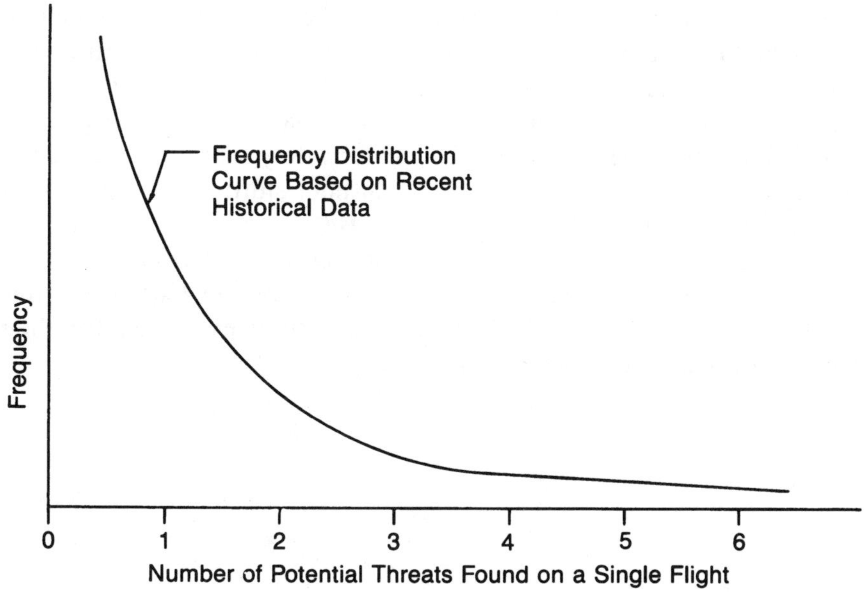

Figure 3-7. Typical patrol data.

distribution is approximated, analysis of the curve will enable some predictive decisions to be made. Because the data will often be rare occurrence events, a management decision of "acceptable risk" will be needed. For example, management may decide that the appropriate patrol frequency should detect, with a 90% confidence level, 80% of all detectable events. This is based on a cost-benefit-analysis. Once this decision is made, the optimum frequency has been defined using the frequency distribution curve of recent data. Frequencies at or slightly above this optimum receive the highest points. Extra points should not be awarded for too much patrolling when the data does not support the benefit of higher frequencies.

An example point schedule is as follows:

Daily	15 pts
4 days per week	12 pts
3 days per week	10 pts
2 days per week	8 pts
Once per week	6 pts
Less than 4 times/month; more than once/month	4 pts
Less than once per month	2 pts
Never	0 pts

Select the point value corresponding to the actual patrol frequency. This schedule is built for a corridor that has a frequency of third party intrusions that calls for an optimum patrol frequency of four days per week. In this case, the evaluator feels that daily patrols are perhaps justified and provide a measurably greater safety margin. Frequencies greater than once per day (once per eight-hour shift, for instance) warrant no more points than daily in this case.

The evaluator may wish to give point credits for patrols during activities such as close interval surveys (see *Corrosion Index).* Routine drive-bys, however, would need to be carefully evaluated for their effectiveness before credit is awarded.

CHAPTER FOUR

Corrosion Index

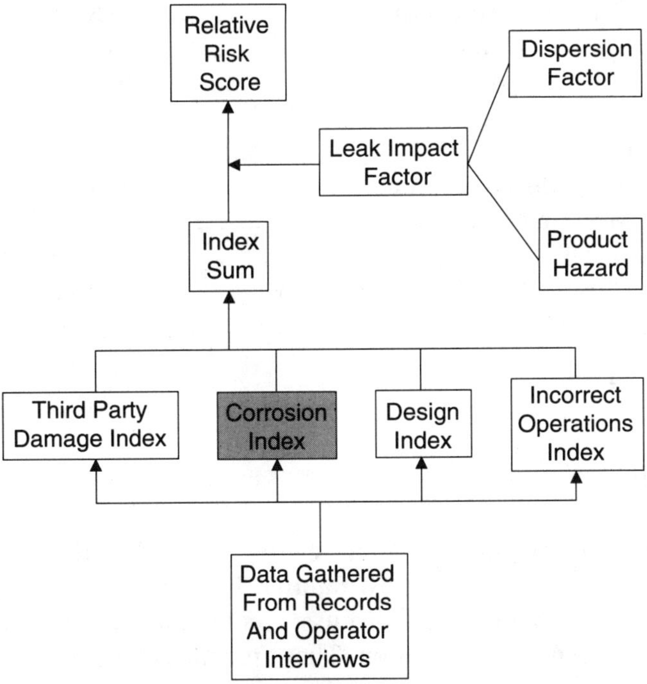

Figure 4-1. Basic risk assessment model.

Corrosion Risk

Corrosion Risk =	(Atmospheric Corrosion)	20%
+	(Internal Corrosion)	20%
+	(Buried Metal Corrosion)	60%
		100%

A. Atmospheric Corrosion		
1. Facilities	0–5 pts	(p. 60)
2. Atmospheric Type	0–10 pts	(p. 64)
3. Coating/Inspection	0–5 pts	(p. 66)
	0–20 pts	
B. Internal Corrosion		
1. Product Corrosivity	0–10 pts	(p. 74)
2. Internal Protection	0–10 pts	(p. 75)
	0–20 pts	
C. Buried Metal Corrosion		
1. Cathodic Protection	0–8 pts	(p. 82)
2. Coating Condition	0–10 pts	(p. 84)
3. Soil Corrosivity	0–4 pts	(p. 90)
4. Age of System	0–3 pts	(p. 92)
5. Other Metals	0–4 pts	(p. 93)
6. AC Induced Current	0–4 pts	(p. 95)
7. Mechanical Corrosion	0–5 pts	(p. 98)
8. Test Leads	0–6 pts	(p. 101)
9. Close Interval Survey	0–8 pts	(p. 104)
10. Internal Inspection Tool	0–8 pts	(p. 105)
	0–60 pts	
	100 pts	

Corrosion

The potential for pipeline failure caused either directly or indirectly by corrosion is perhaps the most familiar hazard associated with steel pipelines. This chapter will discuss common industry practices of corrosion analysis and mitigation. These practices will be incorporated into the risk management model. The complex mechanisms involved in the corrosion process will only be discussed to the extent required for an understanding of the industry practices.

Corrosion comes from the Latin word *corrodere,* meaning "gnaw to pieces." Corrosion, as it is used in this text, focuses mainly on a loss of metal from the pipe. From previous discussions of entropy and energy flow, we can look at corrosion from a somewhat esoteric viewpoint. Simply stated, manufactured metals have a natural tendency to revert to their original mineral form. While this is usually a very slow process, it does require the injection of energy to slow or halt the disintegration. Corrosion is of concern because any loss of pipe wall thickness invariably means a reduction of structural integrity and hence an increase in risk of failure.

Non-steel pipeline materials are sometimes susceptible to other forms of environmental degradation. Sulfates and acids in the soil can deteriorate cement-containing materials such as concrete and asbestos cement pipe. Some plastics degrade when exposed to ultraviolet light (sunlight). Polyethylene pipe can be vulnerable to hydrocarbons. Polyvinyl chloride (PVC) pipe has been attacked by rodents that actually gnaw through the pipe wall. Most pipe materials can be internally degraded when transporting an incompatible product. All of these possibilities should be considered in this index. Even though the focus here is on steel lines, the evaluator can draw parallels to assess his non-steel lines in a similar fashion.

Some materials used in pipelines are not susceptible to corrosion and are virtually free from any kind of environmental degradation potential. These are not miracle materials by any means. Designers have usually traded away some mechanical properties such as strength and flexibility to obtain this property. Such pipelines obviously carry no risk of corrosion-induced failure. The *Corrosion Index* should reflect that lack of hazard.

The two factors that must be assessed are the material type and the environment. The environment includes the conditions that impact the pipe wall, internally as well as externally. Because most pipelines pass through several different environments, the assessment must allow for this either by sectioning appropriately or by considering each type of environment within a given section and using the worst case as the governing condition.

Several types of human errors can increase the risk from corrosion. Incorrect material selection for the environment (both internal and external exposures) is a common mistake. Placing incompatible materials close to each other can create or aggravate corrosion potentials. This includes joining materials such as bolts, gaskets, and weld metal. Welding processes must be carefully designed with corrosion potential in mind. These factors are covered in the *Incorrect Operations Index.*

In general, four ingredients are required for the commonly seen metallic corrosion to progress. There must exist an anode, a cathode, an electrical connection between the two, and an electrolyte. Removal of any one of these ingredients will halt the corrosion process. Corrosion prevention measures are designed to do just that.

The *Corrosion Index* consists of three categories: atmospheric corrosion, internal corrosion, and buried metal corrosion. This reflects three general environment types to which the pipe wall may be exposed.

Atmospheric corrosion deals with pipeline components that are exposed to the atmosphere. To assess the potential for corrosion here, the evaluator must look at items such as:

- susceptible facilities
  - casings
  - insulation
  - 'splash zone' locations
  - supports, hangers
  - ground/air interface
- atmospheric type
- painting/coating/inspection program

Atmospheric corrosion is weighted as 20% of the total corrosion risk in the example point schedules. The evaluator must determine if this is an appropriate weighting for his assessments.

Internal corrosion deals with the potential for corrosion originating within the pipeline. Assessment items include:

- product corrosivity
- preventive actions

Internal corrosion is also weighted as 20% of the total risk. Again, in certain situations, the evaluator may wish to give this category a different weighting.

Buried metal corrosion is the most complicated of the categories. Among the items considered in this assessment are:

- cathodic protection
- pipeline coatings
- soil corrosivity
- age of systems
- presence of other buried metal
- potential for stray currents
- stress corrosion cracking potential

- spacing of test leads
- inspections of rectifiers and interference bonds
- frequency of test lead readings
- close interval surveys
- use of internal inspection tools

Buried metal corrosion is weighted as 60% of the total corrosion risk picture. For non-metal lines, the evaluator must adjust this weighting to reflect the true hazards.

Especially in the case of buried metal, inspection for corrosion is done by indirect methods. Direct inspection of a pipe wall is often expensive and damaging (the coatings must be removed to see the pipe material). Corrosion assessments therefore usually infer corrosion potential by examining a few variables for evidence of corrosion. These inference assessments are then occasionally confirmed by direct inspection.

Because corrosion is often a highly localized phenomenon, and because indirect inspection provides only general information, uncertainty is great. With this difficulty in mind, many of the points of the *Corrosion Index* reflect the potential for corrosion to occur, which may or not mean that corrosion is actually taking place. Characteristics that may indicate a high corrosion potential are often difficult to quantify. For example, in buried metal corrosion, moist soil acts as the *electrolyte*—the environment that supports the electrochemical action necessary to cause this type of corrosion.

Electrolyte characteristics are of critical importance, but include highly variable items such as moisture content, aeration, bacteria content, ion concentrations. All these characteristics are location-specific and time-dependent. This makes them difficult to even estimate accurately. The parameters affecting atmospheric and internal corrosion potentials can be similarly difficult to estimate.

The evaluator should understand the limitations inherent in predicting corrosion. For this index, historical data can be of benefit. The evaluator can customize the item scoring to reflect more accurately the pipeline operator's experience with corrosion.

Items considered here reflect common industry practice in corrosion mitigation/prevention. The weightings indicate the relative importance of the item in terms of its contribution to the total corrosion risk.

A. Atmospheric Corrosion

In the United States alone, the estimated annual loss due to atmospheric corrosion is more than $2 billion [23]. Even though cross-country pipelines are mostly buried, they are not completely immune to this type of corrosion. Atmospheric corrosion is basically a chemical change in the pipe material resulting from the material's interaction with the atmosphere. Most commonly this interaction causes the oxidation of metal.

The evaluator may also include other types of degradations such as the effect of ultraviolet light on some plastic materials.

1. Facilities

Suggested weighting........... 25%*
Attribute (0–5 pts)

*(*25% of atmospheric corrosion only)*

The evaluator must determine the greatest risk from atmospheric corrosion by first locating the portions of the pipeline that are exposed to the most severe atmospheric conditions. Protection from this form of corrosion is considered in the next item. In this way, the situation is assessed in the most conservative manner. The most severe atmospheric conditions may be addressed by the best protective measures. However, the assessment will be the result of the worst conditions and the worst protective measures in the section. This conservatism not only helps in accounting for some unknowns, it also helps in pointing to situations where actions can be taken to improve the risk picture.

A schedule of descriptions of all the atmospheric exposure scenarios should be set up. The evaluator must decide which scenarios offer the most risk. This should be based on data (historical failures or discoveries of problems) when available, and employee knowledge and experience. The following is an example of such a schedule for steel pipe.

Air/water interface .... 0 pts
Casings .... 1 pts
Insulation .... 2 pts
Supports/hangers .... 2 pts
Ground/air interface .... 3 pts
Other exposures .... 4 pts
None .... 5 pts
Multiple occurrences detractor .... –1 pt

In this schedule, the worst case, the lowest point value, governs the entire section being evaluated.

Air/Water Interface. This is also known as a "splash zone," where the pipe is alternately exposed to water and air. This could be the result of wave or tide action, for instance. Sometimes called "waterline corrosion," the mechanism at work here is usually oxygen concentration cells. Differences in oxygen concentration set up anodic and cathodic regions on the metal. Under this scenario, the corrosion mechanism is enhanced as fresh oxygen is continuously brought to the corroding area and rust is carried away. If the water happens to be seawater or brackish (higher salt content), the electrolytic properties enhance corrosion as the higher ion content promotes the electrochemical corrosion process. Shoreline structures often illustrate the increased corrosion potential due to the air/water interface effect.

Casings. Industry experience points to buried casings as a prime location for corrosion to occur. Even though the casing and the enclosed carrier pipe are beneath the ground, atmospheric corrosion can be the prime corrosion mechanism. A vent pipe provides a path between the casing annular space and the atmosphere. In casings, the carrier pipe is often electrically connected to the casing pipe, despite efforts to prevent it. This occurs either through direct metallic contact or through a higher resistance connection such as water in the casing. When this connection is made, it is nearly impossible to control the direction of the electrochemical reaction, or even to know accurately what is happening in the casing. The worst situation occurs when the carrier pipeline becomes an anode to the casing pipe, meaning the carrier pipe loses metal as the casing pipe gains ions. Even without an electrical connection, the carrier pipe is subject to atmospheric corrosion, especially as the casing becomes filled with water and then later dries out (an air/water interface). The inability for direct observation or even reliable inference techniques causes this scenario to rate high in the risk hierarchy. (See Figure 4-2 and The Case For/Against Casings, page 70.)

Insulation. Insulation on aboveground pipe is notorious for trapping moisture against the pipe wall, allowing corrosion to proceed undetected. If the moisture is periodically replaced with fresh water, the oxygen supply is refreshed and corrosion is promoted. As with

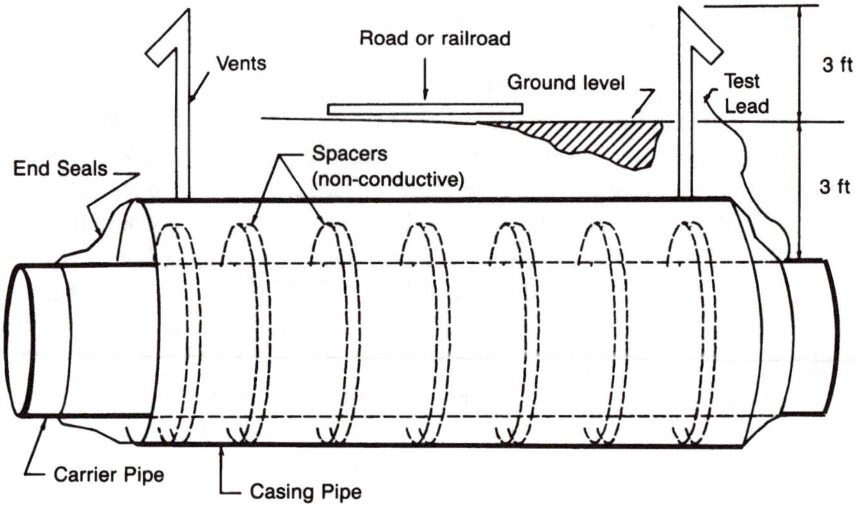

Figure 4-2. Typical casing installation.

casings, such corrosion activity is usually not directly observable, and hence potentially more damaging.

Supports/Hangers. Another "hot spot" for corrosion by industry experience, pipe supports and hangers can often trap moisture against the pipe wall and sometimes provide a mechanism for loss of coating or paint. This occurs as the pipe expands and contracts, moving against the support and perhaps scraping away the coating. Mechanical-corrosion damage is also possible here. This type of damage often goes undetected.

Ground/Air Interface. As with the air/water interface, the ground/air interface can be harsh from a corrosion standpoint. This is the point at which the pipe enters and leaves the ground (or is lying on the ground). The harshness is caused in part by the potential for trapping moisture against the pipe (creating a water/air interface). Soil movements due to changing moisture content, freezing, etc., can also damage pipe coating, exposing bare metal to the electrolyte.

Other Exposures. The above cases should cover the range of worst-case exposures for steel pipe in contact with the atmosphere. One of the above situations must exist for aboveground piping; the pipe is either supported and/or it has one of the listed interfaces. A situation may exist however, where a non-steel pipe is not subject to degradation by any of the oxidation contributors listed. A plastic pipe may not be affected by any water or air or even chemical contact and yet may become brittle (and hence weaker) when exposed to sunlight. Sunlight exposure must therefore be included in that particular risk assessment.

None. If there is no corrodible portion of the pipeline exposed to the atmosphere, the potential for atmospheric corrosion does not exist.

Multiple Occurrences Detractor. In this example schedule, the evaluator deducts 1 point for sections that have multiple occurrences of a given condition. This reflects the increased opportunity for mishap because there are more potential corrosion sites. By this reasoning, a section containing many supports would receive 2 – 1 = 1 pts, the equivalent of a section containing a casing. This says that the risk associated with multiple supports equals the risk associated with one casing. A further distinction could be made by specifying a point deduction for a given number of occurrences: –1 point for 5–10 supports, –2 points for 10–20 supports, etc. This may be an unnecessary complication, however.

Example 4-1: Scoring Road Casings

A section of steel pipeline being evaluated has several road crossings in which the carrier pipe is encased in steel casing.

There are two aboveground valve stations in this section. One of these stations has approximately 25 ft of pipe supported on concrete and steel pedestals. The other one has no supports. The evaluator assesses the section for atmospheric corrosion "facilities" as follows:

Casings .... *1 pt*
Ground/air interface .... *2 pts*
Supports .... *2 pts*

Picking the worst case, the point value for this section is 1 pt. The evaluator feels that the number of casings and number of supports and number of ground/air interfaces are roughly equivalent and chooses not to use the "multiple occurrences" option. If other sections being evaluated have a significantly different number of occurrences, adjustments would be needed to show the different risk picture. A distinction between a section with one casing and a section with two casings is needed to show the increased risk with two casings.

---

2. Atmospheric Type **Suggested weighting........... 50%***
Attribute (0–10 pts)

*(*50% of atmospheric corrosion only)*

Certain characteristics of the atmosphere can enhance or accelerate the corrosion of steel. They are thought to promote the oxidation process. Oxidation is the primary mechanism that is being evaluated in this section. Some of these atmospheric characteristics are:

- chemical composition
- humidity
- temperature

To make some simplifying generalities, we can say that:

- Chemical composition—Either naturally occurring airborne chemicals such as salt or CO_2 or man-made such as chlorine and SO_2 (which may form H_2SO_4 and H_2SO_3) can accelerate the oxidation of metal.
- Humidity—Because moisture can be a primary ingredient of the corrosion process, higher air moisture content is usually more corrosive.
- Temperature—Higher temperatures are more corrosive.

A schedule should be devised to show not only the effect of a characteristic, but also the interaction of one or more characteristics. For instance, a cool, dry climate is considered to be rather non-conducive to atmospheric corrosion. If a local industry produces certain airborne chemicals in this cool, dry climate however, the atmosphere might now be as severe as a tropical seaside location.

The following is an example schedule with categories for six different atmospheric types, ranked from most harsh to most benign, from a corrosion standpoint.

A. Chemical and marine .... 0 pts
B. Chemical and high humidity .... 2 pts
C. Marine, swamp, coastal.. 4 pts
D. High humidity, high temperature .... 6 pts
E. Chemical and low humidity... 8 pts
F. Low humidity.. 10 pts

A. Chemical and Marine. Considered to be the most corrosive atmosphere, this includes certain offshore production facilities and refining operations in splash-zone environments. The pipe components are exposed to airborne chemicals and salt spray that promote oxidation, as well as routine submersion in water.

B. Chemical and High Humidity. Also a quite harsh environment, this may include chemical or refining operations in coastal regions. Airborne chemicals and a high moisture content in the air combine to enhance oxidation of the pipe steel.

C. Marine, Swamp, Coastal. High levels of salt and moisture combine to form a corrosive atmosphere here.

D. High Humidity and High Temperature. Similar to the situation above, this case may be seasonal or in some other way not as severe as condition C.

E. Chemical and Low Humidity. While oxidation-promoting chemicals are in the air, humidity is low, somewhat offsetting the effects. Distinctions may be added to account for temperatures here.

F. Low Humidity. The least corrosive atmosphere will have no airborne chemicals, low humidity, and low temperatures.

In applying this point schedule, the evaluator will probably need to use "comparables." The type of environment being considered might not specifically fit into one of these categories, but will usually be comparable to one of them.

Example 4-2: Scoring Atmospheric Conditions

The evaluator is comparing three atmospheric conditions. The first case is a line that runs along a beach on Louisiana's Gulf

Coast. This most closely resembles condition "C." Because there are several chemical producing plants nearby and winds may occasionally carry chemicals over the line, the evaluator adjusts the "C" score down by 1 pt to get 3 pts.

The second case is a steel line in eastern Colorado. While the line is seasonally exposed to higher temperatures and humidity, it is also frequently in cold, dry air. The evaluator assigns a point value based on condition "F" less 2 pts. This is 8 pts, equivalent from a risk standpoint to condition "E," even though there is no chemical risk.

The final case is a line in southern Arizona. Experience confirms that this environment does indeed experience only minor corrosion. Because the evaluator foresees the evaluation of a line in a similarly dry, but also cold climate, he awards points for condition "F"—1 pt (for higher temperatures) = 9 points. (He plans to score the dry, cold climate as 10 pts.)

These evaluations therefore yield the following rank order and relative magnitude:

Louisiana .... *3 pts*
Colorado .... *8 pts*
Arizona .... *9 pts*

The evaluator sees little difference between conditions in Colorado and Arizona, from an atmospheric corrosion viewpoint, but feels that conditions around the line in south Louisiana are roughly three times worse.

---

3. Coating and Inspection **Suggested weighting 25%***
Prevention (0–5 pts)

*(*25% of atmospheric corrosion only)*

The third component of our study of the potential for atmospheric corrosion is an analysis of the preventive measures taken to minimize the potential. Obviously, where the environment is harsher, more preventive actions are required, and vice versa. From a risk standpoint, a situation where preventive actions are not required—a very benign environment—poses less risk than a situation where preventive actions are being taken to protect from a harsh environment.

The most common form of prevention for atmospheric corrosion is to isolate the metal from the offending environment. This is usually done with coatings. Coatings include paint, tape wraps, and a host of specially designed plastic coatings. For aboveground components, painting is by far the most common technique.

No coating is defect free, so the corrosion potential will never be totally removed, only reduced. How effectively the potential is reduced is dependent upon four factors:

- the quality of the coating
- the quality of the coating application
- the quality of the inspection program
- the quality of the defect correction program

Each of these components can be rated on a four point scale: good, fair, poor, or absent. The point values should probably be equivalent unless the evaluator can say that one component is of more importance than another. A quality coating is of little value if the application is poor; a good inspection program is incomplete if the defect correction program is poor. Perhaps an argument can be made that high scores in coating and application place less importance on inspection and defect correction. This would obviously be a sliding scale and is probably an unnecessary complication.

An evaluation scale could look like this:

good 3
fair 2
poor 1
absent 0

The evaluation values for each component will later be combined to get an overall rating for the item. To get the proper weighting for Coating/Inspection, we must convert the evaluation scale to a 5 point scale. Because the maximum evaluation score can be $4 \times 3 = 12$, we multiply the evaluation score by 5/12 to report the Coating/Inspection value on a 5 point scale.

Remember, at this point, the evaluator is making no judgments as to whether a high quality coating or inspection program is needed. That determination is made when the attributes of facilities and atmosphere type are combined with an assessment of these preventions.

A. Coating. Evaluate the coating in terms of its appropriateness in its present application. Where possible, use data from coating stress tests to rate the quality. When this data is not available, draw from company experience.

Good—A high quality coating designed for its present environment.

Fair—An adequate coating but probably not specifically designed for its specific environment.

Poor—A coating in place but not suitable for long-term service in its present environment.

Absent—No coating present.

Note: Some of the more important coating properties include electrical resistance, adhesion, ease of application, flexibility, impact resistance, flow resistance (after curing), resistance to soil stresses, resistance to water, resistance to bacteria or other organism attack (in the case of submerged or partially submerged lines, marine life such as barnacles or borers must be considered).

B. Application. Evaluate the most recent coating application process and judge its quality in terms of attention to pre-cleaning, coating thickness, the application environment (temperature, humidity, dust, etc.), and the curing or setting process.

Good—Detailed specifications used, careful attention paid to all aspects of the application; appropriate quality control systems used.

Fair—Most likely a proper application, but without formal supervision or quality controls.

Poor—Careless, low quality application performed.

Absent—Application was incorrectly done, steps omitted, environment not controlled.

C. Inspection. Evaluate the inspection program for its thoroughness and timeliness. Documentation may also be an integral part of the best possible inspection program.

Good—Formal, thorough inspection performed specifically for evidence of atmospheric corrosion. Inspections are performed by trained individuals using checklists at appropriate intervals (as dictated by local corrosion potential).

Fair—Informal inspections, but performed routinely by qualified individuals.

Poor—Little inspection; reliance is on chance sighting of problem areas.

Absent—No inspection done.

Note: Typical coating faults include cracking, pinholes, impacts (from sharp objects), compressive loadings (stacking of coated pipes, for instance), disbondment, softening or flowing, and general deterioration (ultraviolet degradation, for example).

The inspector should pay special attention to sharp corners and difficult shapes. They are difficult to clean prior to painting, and difficult to adequately coat (paint will flow away from sharpness). Examples are nuts, bolts, threads, and some valve components. These are often the first areas to show corrosion and will give a first indication as to the quality of the paint job.

D. Correction of Defects. Evaluate the program of defect correction in terms of thoroughness and timeliness.

Good—Reported coating defects are immediately documented and scheduled for timely repair. Repairs are carried out per application specifications and are done on schedule.

Fair—Coating defects are informally reported and are repaired at convenience.

Poor—Coating defects are not consistently reported or repaired.

Absent—Little or no attention is paid to coating defects.

Example 4-3: Scoring Coating Condition (Good)

In this section of aboveground piping, records indicate that a high quality paint was applied per NACE (National Association of Corrosion Engineers) specifications. The operator sends a trained inspector to all aboveground sites once each quarter, and corrects all reported deficiencies at least twice per year. The evaluator awards points as follows:

Coating—good	*3 points*
Application—good	*3*
Inspection—good	*3*
Defect correction—good	*3*
	12 points

Note: Twice per year defect correction is deemed appropriate for the section's environment.

This evaluation number is then converted to the point schedule (to carry the assigned weighting) by multiplying by 5/12:

12 × 5/12 = 5 points on the 5 point scale

Example 4-4: Scoring Coating Condition (Fair)

Here, a section contains several locations of aboveground pipe components at valve stations and compressor stations. Touch-up painting is done occasionally at the stations. This is done by a general contracting company at the request of the pipeline area foreman. No formal specifications exist. The foreman requests paint work whenever he feels it is needed (based upon his personal inspection of a facility). The evaluator awards points as follows:

Coating—fair	*2.0 points*
Application—fair	*1.8*
Inspection—fair	*2.2*
Defect correction—poor	*1.0*
	7.0 points

Note: In this example, the evaluator wishes to make distinctions between the evaluation scores, so he uses decimals to rate items a little above or a little below the normal rating. This may be appropriate in some cases, but it adds a level of complexity that may not be warranted.

The evaluator feels that choice of paint is probably appropriate though not specified. Application is slightly below fair because no specifications exist and contractor work force is usually subject to regular turnovers. Inspection is slightly above fair because foreman does make specific inspections for evidence of atmospheric corrosion and is trained in spotting this evidence. Defect correction is poor because defect reporting and correction appear to be sporadic at best.

To correct for the 5 point scale:

$7.0 \times 5/12 = 2.9$ *points on a 5 point scale*

The Case For/Against Casings

Buried casings show up at several points in this risk assessment—sometimes as risk reducers, sometimes as risk creators. The following information provides a general discussion of the use of pipeline casings.

Casings. Oversized pipe, called casing pipe, is placed over the carrier pipeline to protect it from external loadings. Casings have long been used by the pipeline industry. They are generally placed under highways, roads, and railroads where higher external loadings are anticipated (Figure 4-2).

A casing also allows for easier replacement of the pipeline if a problem should develop. Instead of digging up a roadway, the pipeline can simply be pulled out of the casing, repaired, and reinstalled without disrupting traffic. (Unfortunately, this has proven to be a self-fulfilling prophecy. Failed pipelines have indeed been easily replaced because of the presence of casings, but it is the casings themselves that have often contributed to the failures!)

A third potential benefit from casings is that a slow pipeline leak can be contained in the casing and detected via the casing vent pipe rather than slowly undermining the roadway or forming underground pockets of accumulated product.

An industry controversy arises because the benefits casings provide are offset by problems caused by their presence. These problems are mostly corrosion-related. It is probably safe to say that corrosion engineers would rather not have casings in their systems. It is more difficult to protect an encased pipe from corrosion. The casing provides an environment where corrosion can proceed undetected. Because the pipeline cannot be directly inspected, indirect methods are used to give indications of corrosion. These techniques are not comprehensive, sometimes unreliable, and often require expert interpretation.

Some typical dilemmas/problems include:

1. Atmospheric corrosion can occur if any coating defects exist, and yet, insertion of the pipeline into the casing is an easy way to damage the coating and create defects.
2. End seals are used to keep water, mud, and other possible electrolytes out of the casing annular space. The presence of electrolyte in the annular space can lead to corrosion cells between the casing and the pipeline, as well as interference problems with the cathodic protection system. However, vent pipes are installed that allow direct communication between the casing annular space and the atmosphere—consequently, moisture is almost always present in the annular space.
3. Cathodic protection is usually employed to protect buried steel pipelines. The casing pipe can shield the pipeline from the protective currents if there is no electrical bond between the casing and the pipeline. If there is such a bond, the casing usually not only shields the pipeline from the current, but also draws current from

it, effectively turning the pipeline into an anode that is sacrificed to protect the casing pipe which is now the cathode!

Several mitigative measures can be employed to reduce corrosion problems in casings. These are illustrated in Figure 4-2, and described below:

- Test leads. By comparing the pipe-to-soil potentials (voltages) of the pipeline versus the casing pipe, evidence of bonding between the two is sought. Test leads allow the voltage measurements to be made.
- Non-conductive spacers. These are designed to keep the pipeline physically (and hopefully electrically) separated from the casing pipe. They also help to protect the pipe coating during insertion into the casing.
- End seals. These are designed to keep the annular space free of substances that can act as an electrolyte (water, mud, etc.)
- Filling the annular space. Use of a dielectric (non-conductive) substance reduces the potential for electrical paths between the casing and the pipeline. Unfortunately, it also negates some of the casing benefits listed earlier.

Controversy shows up in this risk evaluation system also. Reflecting the trade-off in benefits, casings can be risk reducers in the *Design Index* while also being risk adders in the *Corrosion Index* (atmospheric and buried metal). It would be nice to say that one will always outweigh the other, but we don't know that this is always the case.

From strictly a risk standpoint, casings can cause a maximum penalty of 9% in the *Corrosion Index* (using the sample point schedules in the text). This would be the situation for multiple casings in the section being evaluated, where no mitigative actions are being taken. A 9% offsetting benefit could be gained under the *Design Index* if the casings carry enough of the external loadings to create a pipe safety factor of about 30%. (Refer to the *Design Index* in Chapter 5 for a complete discussion of the pipe safety factor.) A risk cost/benefit analysis for casings can thus be performed.

Other factors must be considered in casing decisions. Often regulatory agencies leave no choice in the matter. The owner of the crossing (railroad, highway, etc.) may also mandate a certain design. Economics, of course, always play an important role. The costs of casings must include on-going maintenance costs, but the costs of not using casing must include pipe strong enough to carry all loads and damages to the crossing, should pipeline replacement be needed.

As an additional benefit of applying a risk management system such as this one to the problem of casings, the pipeline operator and designer have a rational basis for weighing the benefits of alternate designs.

B. Internal Corrosion

In this section, an assessment is made of the potential for internal corrosion. This is caused by a reaction between the inside pipe wall and the product being transported. Such corrosive activity may not be the result of the product INTENDED to be transported, but rather as the result of an impurity in the product stream. Seawater in an offshore natural gas stream, for example, is not uncommon. The methane will not harm steel, but salt water and other impurities can certainly promote corrosion of steel. Common corrosion-promoting substances sometimes found in natural gas include CO_2, chlorides, H_2S, organic acids, oxygen, free water, solids or precipitates, or sulfur-bearing compounds.

Microorganisms that can indirectly promote corrosion should also be considered here. Sulfate reducing bacteria and anaerobic acid producing bacteria are commonly found in oil and gas pipelines. They produce H_2S and acetic acid respectively, both of which can promote corrosion [47].

Pitting corrosion and crevice corrosion are specialized forms of galvanic or concentration cell corrosion commonly seen in cases of internal corrosion. Corrosion set up by an oxygen concentration cell can be accelerated if ions are present to play a role in the reactions. The attack against type 304 stainless steel by salt water is a classic example. Erosion as a form of internal corrosion is considered in the *Mechanical-Corrosion Effects* item of *Buried Metal Corrosion.*

Product reactions that do not harm the pipe material should not be included here. A good example of this is the buildup of paraffin in some oil lines. While such buildups cause operational problems, they do not normally contribute to the risk of pipeline failure unless they support or aggravate a corrosion mechanism that would otherwise not be present or as severe.

Some of the same measures used to prevent internal corrosion, such as internal coating, are used not only to protect the pipe, but also to protect the product from impurities that may be produced by corrosion. Jet fuels and high purity chemicals are examples of products carefully protected from such contaminants.

In a simple form, the assessment of risk due to internal corrosion need only examine the product characteristics and the preventive measures being taken to offset certain product characteristics.

1. Product Corrosivity **Suggested weighting........... 50%***
Attribute (0–10 pts)

*(*50% of internal corrosion risk only)*

The greatest risk exists in systems where the product is inherently incompatible with the pipe material. Next to this, the greatest risk occurs when corrosive impurities can routinely get into the product. A simple schedule can be devised to assign points to these product scenarios:

Strongly corrosive .... 0 pts
Mildly corrosive .... 3 pts
Corrosive only under special conditions .... 7 pts
Never corrosive .... 10 pts

"Strongly corrosive" suggests that a rapid, damaging kind of corrosion is possible. The product is highly incompatible with the pipe material. Transportation of brine solutions, water, products with H_2S, and many acidic products are examples of materials that are highly corrosive to steel lines.

"Mildly corrosive" suggests that damage to the pipe wall is possible but only at a slow rate. Having no knowledge of the product corrosivity can also fall into this category. It is conservative to assume that any product CAN do damage, unless we have evidence to the contrary.

"Corrosive only under special conditions" means that the product is normally benign, but there exists the chance of introducing a harmful component into the product. CO_2 or saltwater excursions in a methane pipeline is a common example. These natural components of methane production are usually removed before they can get into the pipeline. However, equipment used to remove such impurities is subject to equipment failures and subsequent spillage of impurities into the pipeline is a possibility.

"Never corrosive" means that there are no reasonable possibilities that the product transported will ever be incompatible with the pipe material.

The evaluator may interpolate and assign point values between the ones shown.

2. Internal Protection

Suggested weighting 50%*
Prevention (0–10 pts)

*(*50% of internal corrosion risk only)*

It is often economically advantageous to transport corrosive substances in pipe that is vulnerable to corrosion by the substance. In these cases, it is prudent to take actions to reduce or eliminate the damage. A point schedule, based upon the effectiveness of the action, will show how the risk picture is affected. In the following example schedule, points are added for each preventive action that is employed, up to a maximum of 10 points. Anti-corrosion activities being performed:

None	0 pts
Internal monitoring	2 pts
Inhibitor injection	4 pts
Not needed	10 pts
Internal coating	5 pts
Operational measures	3 pts
Pigging	3 pts

None. This, of course, means that no actions are taken to reduce the risk of internal corrosion.

Internal Monitoring. Normally, this is done in either of two ways: 1) by a probe that can continuously transmit electrical measurements that indicate a corrosion potential; or, 2) by a coupon that actually corrodes in the presence of the flowing product and is removed and measured periodically. Each of these methods requires an attachment to the pipeline to allow the probe or coupon to be inserted into and extracted from the flowing product.

Other methods include the use of a spool piece—a test piece of pipe that can be removed and carefully inspected for evidence of internal corrosion. Searching for corrosion products in pipeline filters or during pigging operations is another method of inspection/monitoring if done regularly.

To be creditable under this section, an inspection method requires a well-defined program of monitoring and interpretation of the data. It is implied that appropriate actions are taken, based upon the analysis from the monitoring program.

Inhibitor Injection. When the corrosion mechanism is fully understood, certain chemicals can be injected into the flowing product stream to reduce or inhibit the reaction. Because oxygen is a chief corroding agent of steel, an "oxygen scavenging" chemical can combine with the oxygen in the product to prevent this oxygen from reacting with the pipe wall. A more common kind of chemical inhibitor forms a protective barrier between the steel and the product—a coating, in effect. Inhibitor is reapplied periodically or continuously injected to replace the inhibitor that is absorbed or displaced by the product stream. In cases where microorganism activity is a problem, biocides can be added to the inhibitor. The evaluator should be confident that the inhibitor injection equipment is well-maintained and injects the proper amount of inhibitor at the proper rate. Inhibitor effectiveness is often verified by an internal monitoring program as described above.

A pigging program may be necessary to supplement inhibitor injection. The pigging would be designed to remove free liquids or bacteria colony protective coverings, which might otherwise interfere with inhibitor or biocide performance.

Internal Coating. New material technology allows for the creation of "lined pipe." This is usually a steel outer pipe that is isolated from a potentially damaging product by a material that is compatible with the product being transported. Plastics, rubbers, or ceramics are common isolating materials. They can be installed during initial pipe fabrication, during pipeline construction, or sometimes the material can be added to an existing pipeline.

Such two-material composite systems are discussed further in the *Design Index,* Chapter 5. For purposes of this section, the evaluator should assure himself that the composite system is effective in protecting the pipeline from damage due to internal corrosion. A common concern in such systems is the detection and repair of a leak that may occur in the liner before damage is done to the outer pipe.

The internal coating can be judged by the same criteria as coatings for protection from atmospheric corrosion and buried metal corrosion described in this chapter.

Operational Measures. In situations where the product is normally compatible with the pipe material but corrosive impurities can be introduced, operational measures are used to prevent the impurities. Systems used to dehydrate or filter a product stream fall into this classification. A system that strips sour gas (sulfur compounds) from a product stream is another example. Maintaining a certain temperature on a system in order to inhibit corrosion, would also be a valid operational measure. These systems or measures are termed *operational* here because the operation of the equipment is often as critical as the original design. Procedures and mechanical safeties should be in place to prevent corrosive materials from entering the pipeline in case of equipment failure or system overloads. The evaluator should check to see that the conditions for which the equipment was designed are still valid, especially if the effectiveness of the impurities removal cannot be directly determined. The evaluator should look for consistency and effectiveness in any operational measure purported to reduce internal corrosion potential.

Pigging. A pig is a cylindrical object designed to move through a pipeline for various purposes (Figure 4-3). Pigs are used to clean pipeline interiors (wire brushes are usually attached), separate products, push products (especially liquids), gather data (when fitted with special electronic devices), etc. A wide variety of special purpose pigs in many shapes and configurations is possible. There is even a by-pass pig that is designed with a relief valve to clear debris from in front of the pig if the debris causes a high differential pressure across the pig!

A regular program of running cleaning or displacement-type pigs to remove potentially corrosive materials is a proven effective method of reducing (but not eliminating) damage from internal corrosion. The program should be designed to remove liquids or other materials before they can do appreciable damage to the pipe wall. Monitoring of the materials displaced from the pipeline should include a search for corrosion products such as iron oxide in steel lines. This will help to assess the extent of corrosion in the line.

Pigging is partly an experience-driven technique. From a wide selection of pig types, the knowledgeable operator must choose an

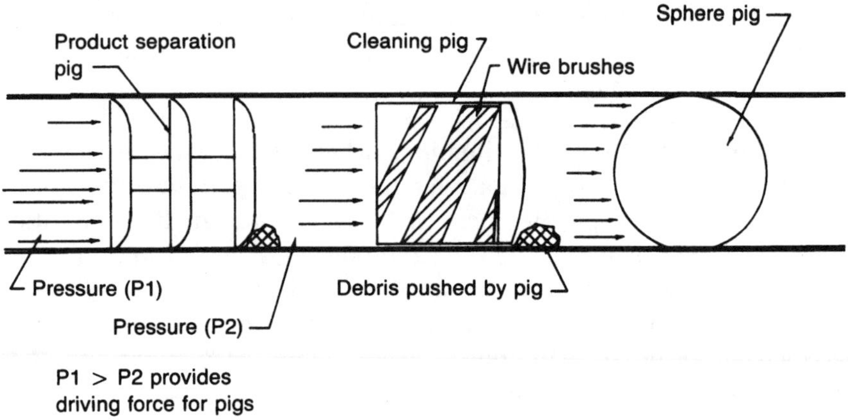

Figure 4-3. Examples of pipeline pigs.

appropriate model, design the pigging mode including pig speed, distance, and driving force, and assess the progress during the operation. The evaluator should be satisfied that the pigging operation is indeed beneficial and effective in removing corrosive products from the line in a timely fashion.

Example 4-5: Scoring Internal Corrosion

A section of natural gas pipeline (steel) is being examined. The line transports gas from offshore production wells. The gas is dried and treated (removal of sulphur) offshore, but the offshore treating equipment malfunctions rather routinely. The operator injects inhibitor to control corrosion from any offshore liquids that escape the dehydration process. Recently, it was discovered that the inhibitor injector had failed for a period of two weeks before the malfunction was corrected. The operator also runs pigs once per month to remove any free standing liquids in the pipeline. Corrosion probes provide continuous data on the corrosion rate inside the line.

The evaluator assesses the situation as follows:

A. Product corrosivity .... *5 pts*

The line is exposed to corrosive components only under upset conditions, but 2 points are deducted because the upset conditions appear to be rather frequent.

B. Internal monitoring	*2 pts*
Inhibitor injection	*2 pts*
Operational measures	*2 pts*
Pigging	*3 pts*
	Total 9 pts
	(10 pts max)

Points were deducted from each of two of the preventive measures because of known reliability problems with the actions. These two are the inhibitor injection and the operational measures. A penalty for the offshore operational measures was actually taken twice in this case, once in the product corrosivity and once in the preventive actions.

The total score for internal corrosion is then:

A + B = 5 + 9 = 14 points.

C. Buried Metal Corrosion

This section will apply only to metallic pipe material that is buried in the earth and is subject to corrosion. If the pipeline being evaluated does not possess these characteristics, as would be the case for a plastic pipeline or a totally aboveground pipeline, the evaluator should use the previous two sections and any other pertinent factors to assess the corrosion risk.

Of the three categories of corrosion, this is the most complex. Several corrosion mechanisms can be at work in the case of buried metals. This situation is further complicated by the fact that corrosion activity is again normally deduced only from indirect evidence—direct observation is a rather limited option.

The most common danger is from some form of galvanic corrosion. Galvanic corrosion occurs when a metal or metals in an electrolyte (an electrically conductive fluid) form anodic and cathodic regions. A cathode is a metal region that has a greater affinity for electrons than the corresponding anodic region. This affinity for electrons is called the electronegativity. Different metals have different electronegativities and even different areas on a single piece of metal will have slightly different electronegativities. The greater the difference, the stronger the tendency for electrons to flow. If an electrical connection between anode and cathode exists, allowing this electron flow, metal will dissolve at the anode as metal ions are formed and migrate from the parent metal. Such a system, with anode, cathode, electrolyte, and electrical connection between anode and cathode, is called a galvanic cell and is illustrated in Figure 4-4.

Because soil is often an effective electrolyte, a galvanic cell can be established between a pipeline and another piece of buried metal, or even between two areas on the same pipeline. When a new piece of pipe is attached to an old piece, a galvanic cell can be established between the two metals. Dissimilar soils with differences in concentrations of ions, oxygen, or moisture can also set up anodic and cathodic regions on the pipe surface. Corrosion cells of this type are called "concentration cells." When these cells are established, the anodic region will experience active corrosion. The severity of this corrosion is dictated by variables such as the conductivity of the soil (electrolyte) and the relative electronegativities of the anode and cathode.

Common industry practice is to employ a two part defense against galvanic corrosion of a pipeline. The first line of defense is a coating over the pipeline. This is designed to isolate the metal from the electrolyte. If this coating is perfect, the galvanic cell is effectively

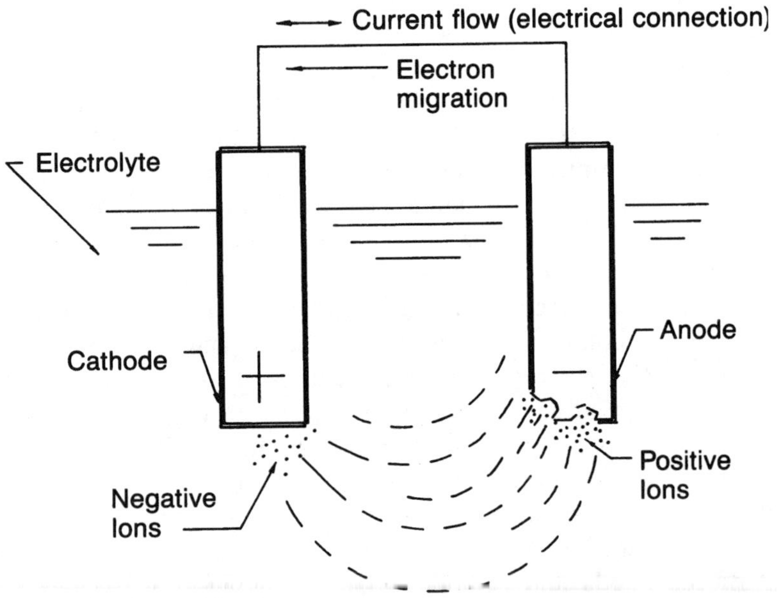

Figure 4-4. The galvanic corrosion cell.

stopped—the electric circuit is blocked because the electrolyte is no longer in contact with the metal. It is safe to say, however, that no coating is perfect. If only at the microscopic level, defects will exist in any coating system.

The second line of defense is called cathodic protection. Through connections with other metals, the pipeline is turned into a cathode, which, according to the galvanic cell model, is not subject to loss of metal (as a matter of fact, the cathode actually gains metal). The theory behind cathodic protection is to ensure that the current flow is directed in such a way that current flows TO the pipeline, and away from an installed bed of metal that is SUPPOSED to corrode. The installed metal that is to corrode is appropriately called sacrificial anode. The sacrificial anode has a lower affinity for electrons than the steel it is protecting. Depending on electrolyte (soil) type and some economic considerations, a voltage may be imposed on the system to further drive the current flow. When this is necessary, the system is referred to as an impressed current system (Figure 4-5).

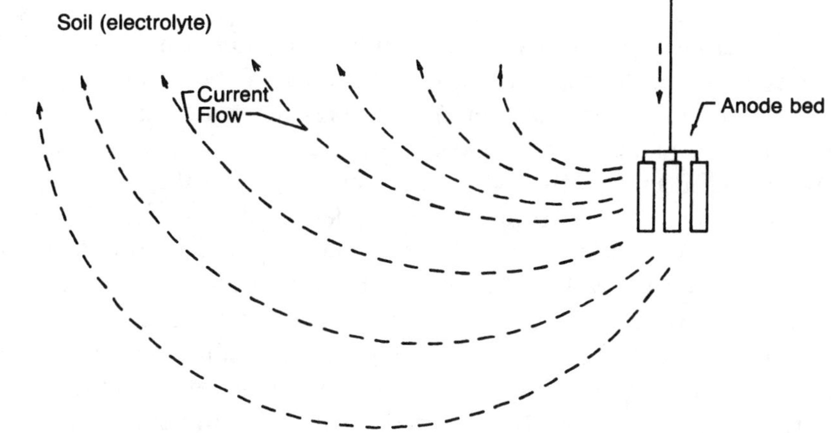

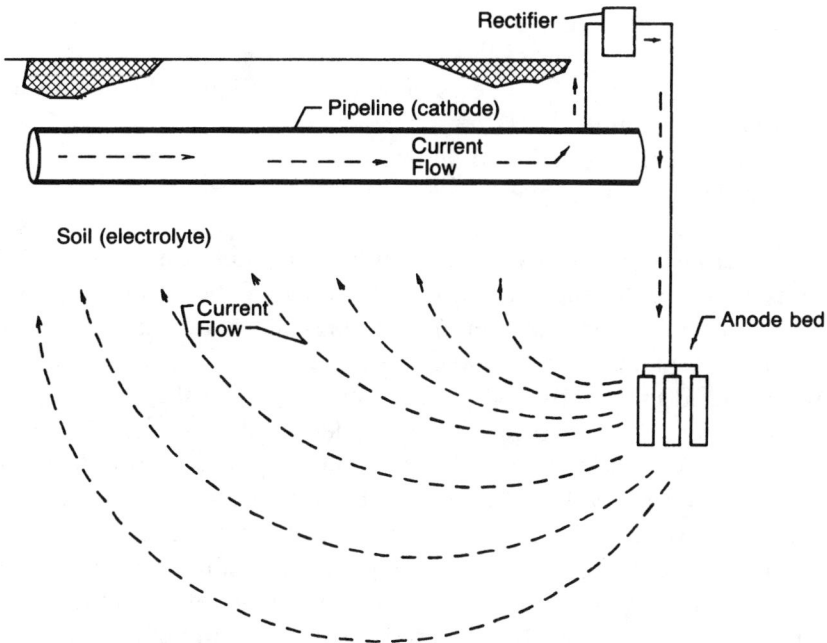

Figure 4-5. Pipeline cathodic protection with impressed current rectifier.

In an impressed current system, rectifiers are used to drive the low-voltage current flow between the anode bed and the pipeline. The amount of current required is dictated by variables such as coating condition, soil type, anode bed design—all of which add resistance to this electric circuit.

There are many variables that influence the effectiveness of a corrosion control program for buried metal. In this evaluation, ten attributes and preventions are considered in assessing the potential for buried metal corrosion.

1. Cathodic Protection **Suggested weighting........... 13%***
Prevention (0–8 pts)

*(*13% of buried metal corrosion section only)*

In most cases, some form of cathodic protection system is used to protect a buried steel pipeline. The exceptions might be instances where temporary lines are installed in fairly non-corrosive soil and where regulations do not require cathodic protection. Non-metal lines may not require corrosion protection.

Points are given here for the existence of a system that meets the following general criteria:

- enough electromotive force is provided to effectively negate any corrosion potential.
- enough evidence is gathered, at appropriate times, to ensure that the system is working properly.

These criteria are expressed in general terms only at this point. More details of the maintenance and effectiveness of the cathodic protection system will be required in the next prevention items. Specifically, the presence and use of test leads and the use of close interval surveys are used to directly gauge the effectiveness of the cathodic protection system. These are examined in detail later.

By many regulatory agency requirements, a pipe-to-soil potential of at least –0.85 millivolts as measured by a copper-copper sulfate reference electrode, is the general cathodic protection level to meet the first criterion. Other common criteria include a minimum negative voltage shift of 300 millivolts or a minimum negative polarization voltage shift of 100 millivolts. This latter is the immediate shift that occurs after interruption of the current source. The actual practice of ensuring adequate levels of cathodic protection is far more complex than simple criteria. Readings must be carefully interpreted in light of the measurement system used. Too much current may damage the coating. Higher levels of protection are required when there is evidence of bacteria-promoted corrosion. A host of other factors must similarly be considered by the corrosion engineer in determining an adequate level of protection.

One aspect of the second criterion will be the maintenance of the associated cathodic protection equipment. For impressed current systems, equipment such as rectifiers must be maintained. Inspections of these pieces of equipment should perhaps be performed at shorter intervals than the overall check of the current levels. Because a rectifier provides the driving force for these cathodic protection systems, the operator must not allow a rectifier to be out of service for any length of time. Here the criterion of "appropriate times" should be used to assess the effectiveness of the system. Monthly or at least bimonthly rectifier inspections should be the norm.

A simple initial point schedule is recommended for this complex item.

General criteria are met .... 8 pts
General criteria are not met .... 0 pts

To be assured that the general criteria are being met, the evaluator should seek records of the initial cathodic protection design. Are the design parameters appropriate? What was the projected life span of the system? Is the system functioning according to plan?

The evaluator should then inspect documentation of the most recent checks on the system. Anode beds can become depleted, conditions can change, equipment can malfunction. Will the operator become aware of serious problems on the system in a timely manner? While cathodic protection problems should be caught during normal test lead checks and certainly during close interval surveys, problems such as broken rectifiers (or worse, rectifiers whose electrical connections have been reversed!) should be found even quicker.

Note: At this point in the evaluation, the level of protection over the entire pipeline is not so much in question as is the question of whether the operator has a system in place that CAN do the job, and will the operator quickly discover if the system quits working. The cathodic protection effectiveness over the entire pipeline is further assessed in the following items.

Variations in the points given for this item should reflect the uncertainty of the evaluator. If he has no doubt that a properly engineered system was installed and is being prudently maintained, 8 points should be awarded. Doubts should bring the point level down. These doubts can be quantified as specific deductions for certain items, to ensure consistency.

2. Condition of Coating **Suggested weighting........... 17%***
Attribute (0–10 pts)

*(*17% of buried metal corrosion only)*

Pipeline coatings are often a composite of two or more layers of materials. Paints, plastics, and rubbers are common coating materials. A coating must be able to withstand a certain amount of mechanical damage from initial construction, from subsequent soil movements, and from temperature changes. The coating will be continuously exposed to ground moisture and any damaging substances contained in the soil. Additionally, the coating must adequately serve its main purpose: isolating the steel from the electrolyte. To do so, it must be fairly resistant to the passage of electricity. Because pipelines are designed for long life spans, the coating must perform all these functions without losing its properties over time—it must resist aging.

Typical coating systems include:

- cold-applied asphalt mastics
- layered extruded polyethylene
- fusion-bonded epoxy
- coal tar enamel and wrap
- tapes (hot or cold applied)

All coating systems show evidences of failures with age. Common causes of coating faults include:

- Mechanical damages from soil movements, rocks, roots, construction activities
- Disbondment caused by hydrogen generation from excessive cathodic protection currents
- Incorrect coating type or application for the pipeline operating condition and environment

Some of these causes result in large defects that are relatively easy to detect and repair. The presence of many small defects, however, indicates active coating degradation mechanisms that may result in massive coating failure unless the mechanisms are addressed [29]. Correction costs here may be considerably more expensive.

One of the main reasons for using cathodic protection systems is that no coating system is defect-free. Cathodic protection is designed to compensate for coating defects and deterioration. As such, one way to measure the condition of the coating is to measure how much cathodic protection is needed. Cathodic protection requirements are partially a function of soil conditions and the amount of exposed steel on the pipeline. Coatings with defects allow more steel to be exposed and hence require more cathodic protection. Cathodic protection is generally measured in terms of current consumption. A certain amount of voltage is thought to negate the corrosion effects, so the amount of current generated while maintaining this required voltage is a gauge of cathodic protection. A corrosion engineer can make some estimates of coating condition from these numbers.

One potentially bad situation that is difficult to detect is an area of disbonded coating, where the coating is separated from the steel surface. While the coating still provides a shield of sorts, moisture can often get between the coating and the steel. If this moisture is occasionally replaced, active local corrosion can proceed while showing little change in current requirements.

Another common type of coating defect is the presence of pinhole-size defects. These can be especially dangerous not only because they are difficult to detect, but also because they can promote narrow and deep corrosion pits. Because galvanic corrosion is an electrochemical reaction, a given driving force (voltage difference) will cause a set rate of metal ionization. If the exposed area of metal is large, the corrosion will be wide and shallow, whereas, a small exposure will lose the same volume of metal, causing deeper corrosion. Deeper corrosion is more weakening to the pipe wall because the wall strength is thickness-dependent. A small geometric discontinuity may also cause high stress concentrations (see Chapter 5).

To assess the present coating condition, several things should be considered, including the original installation process. An evaluation exactly like the one used to assess the coating for atmospheric corrosion protection is appropriate.

Again, no coating is defect free, therefore, the corrosion potential will never be totally removed, only reduced. How effectively the potential is reduced is dependent upon four factors:

- the quality of the coating
- the quality of the coating application
- the quality of the inspection program
- the quality of the defect correction program

Each of these components can be rated on a four-point scale: good, fair, poor, or absent. The weighting of each component should probably be equivalent unless the evaluator can say that one component is of more importance than another. A quality coating is of little value if the application is poor; a good inspection program is incomplete if the defect correction program is poor. Perhaps an argument can be made that high scores in coating and application place less importance on inspection and defect correction. This would obviously be a sliding scale and is probably an unnecessary complication.

An evaluation scale could look like this:

good 3
fair 2
poor 1
absent 0

Because a total of 12 points is possible, the coating score is multiplied by 10/12 to put the score on a 10-point scale. A 10-point scale is needed to keep the proper weighting (17% of the buried metal potential score) of this item.

A. Coating. Evaluate the coating in terms of its appropriateness in its present application. Where possible, use data from coating stress tests to rate the quality. Hardness, elasticity, adhesion to steel, and temperature sensitivity are common properties used to determine the appropriateness. When this data is not available, draw from company experience.

The evaluation should assess the coating's resistance to ALL anticipated stresses including a degree of abuse at initial installation, soil movements, chemical and moisture attack, temperature differentials, and gravity.

Good—A high quality coating designed for its present environment.

Fair—An adequate coating but probably not specifically designed for its specific environment.

Poor—A coating in place but not suitable for long-term service in its present environment.

Absent—No coating present.

Note: Some of the more important coating properties include electrical resistance, adhesion, ease of application, flexibility, impact resistance, flow resistance (after curing), resistance to soil stresses, resistance to water (moisture update), resistance to bacteria or other organism attack (in the case of submerged lines, marine life such as barnacles or borers must be considered).

B. Application. Evaluate the most recent coating application process and judge its quality in terms of attention to pre-cleaning, coating thickness, the application environment (temperature, humidity, dust, etc.), and the curing or setting process.

Good—Detailed specifications used, careful attention paid to all aspects of the application; appropriate quality control systems used.

Fair—Most likely a proper application, but without formal supervision or quality controls.

Poor—Careless, low quality application performed.

Absent—Application was incorrectly done, steps omitted, environment not controlled.

C. Inspection. Evaluate the inspection program for its thoroughness ad timeliness. Documentation will also be an integral part of the best possible inspection program. Inspection of underground coating can take several forms. Opportunities for visual inspection will occasionally present themselves, as the pipe is exposed for various reasons. When this happens, the operator should take advantage of the situation to have trained personnel evaluate the coating condition and record the findings.

A second inspection method, less direct than visual inspection, impresses a radio or electric signal onto the pipe and measures this signal strength at points along the pipeline (Figure 4-6). The signal strength should decrease linearly in direct proportion to the distance from the signal source. Peaks and unexpected changes in the signal indicate areas of non-uniform coating—perhaps damaged coating. This technique is called a holiday detection survey. Based upon the initial

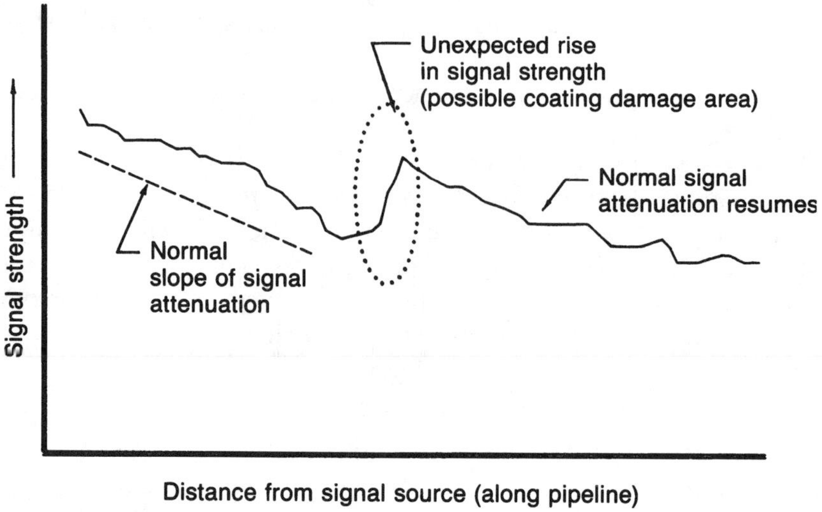

Figure 4-6. Example of coating survey results.

survey, test holes are dug for visual inspection of the coating in order to correlate actual coating condition with signal readings.

Another indirect method was mentioned in this section's introduction. A measure of the cathodic protection requirements—and especially the change in these requirements over time—gives an indication of the coating condition (Figure 4-8).

These methods discussed above and other indirect observation methods, require a degree of skill on the part of the operator and the analyzer. Industry opinion is divided on the effectiveness of some of these techniques. The evaluator should satisfy himself that the operator understands the technique and can demonstrate some success in its use for coating inspection.

Good—Formal, thorough inspection performed specifically for evidence of coating deterioration. Inspections are performed by trained individuals at appropriate intervals (as dictated by local corrosion potential). Full use of visual inspection opportunities in addition to one or more indirect techniques being used.

Fair—Informal inspections, but performed routinely by qualified individuals. Perhaps an indirect technique is used but maybe not to its full potential.

Poor—Little inspection; reliance is on chance sighting of problem areas. Informal visual inspections when there is the opportunity.

Absent—No inspection done.

Note: Typical coating faults include cracking, pinholes, impacts (sharp objects), compressive loadings (stacking of coated pipes), disbondment, softening or flowing, and general deterioration (ultraviolet degradation, for example).

D. Correction of Defects. Evaluate the program of defect correction in terms of thoroughness and timeliness.

Good—Reported coating defects are immediately documented and scheduled for timely repair. Repairs are carried out per application specifications and are done on schedule.

Fair—Coating defects are informally reported and are repaired at convenience.

Poor—Coating defects are not consistently reported or repaired.

Absent—Little or no attention is paid to coating defects.

Example 4-6: Scoring Coating and Cathodic Protection

A buried oil pipeline in a dry, sandy soil is cathodically protected by sacrificial anodes attached to the line at a spacing of about 500 ft. A pipe-to-soil voltage measurement is taken twice each year over the whole section to ensure that cathodic protection is adequate. Records indicate that the line was initially coated with a polyethylene material that was extruded over the sand-blasted and primed pipe. An inspector supervised the coating process. The pipe-to-ground potential has not changed measurably since original installation. This section of line has not been exposed for ten years.

The evaluator assess the situation as follows:

Cathodic protection		*8 pts*
Coating condition		
coating (good)	*3 pts*	
application (good)	*3 pts*	
inspection (fair)	*2 pts*	
defect correction (good)	*3 pts*	
	11 pts	
(correction for 10 point scale: 11 × 10/12 = 9.2)		*9 pts*

(cathodic protection) + (coating condition) = 8 + 9 = 17 pts

For inspection, the evaluator feels that the semi-annual pipe-to-soil voltage readings give a good indication of coating condition. Full points would be awarded if this was confirmed by visual inspection (cracked or disbonded coating may not be found by the potential readings alone). Defect correction is an unknown at this point. Three points are awarded based upon the thoroughness with which the operator runs other aspects of his operations—in other words, some benefit of the doubt is given here. Coating selection and application processes appear to be high quality, based upon records and conversations with the operator.

The coating condition assessment can be made more data-driven if accurate measurements of cathodic protection current requirements exist. These measurements are usually in the form of milli-amperes per square foot of pipeline surface area. A schedule such as the following could be used:

Current Requirements	Coating Condition
0.0003 mA/sq ft	good
0.003 mA/sq ft	fair
0.1 mA/sq ft	poor
1.0 mA/sq ft	absent

This type of scale would be dependent upon soil corrosivity. Again, less electric current requirements mean less exposed metal and better electrical isolation from the electrolyte.

Coating condition is considered to be an attribute in this evaluation system. It is an element of the risk picture that is not easy to change.

3. Soil Corrosivity **Suggested weighting............. 7%***
Attribute (0–4 pts)

*(*7% of buried metal corrosion only)*

Because the coating system should be considered to be an imperfect barrier, the soil will necessarily contact the pipe wall. Soil corrosivity is primarily a measure of how well the soil can act as an electrolyte to promote galvanic corrosion on the pipe. Secondarily, elements of the soil that may directly or indirectly promote corrosion mechanisms should also be considered. These include bacterial activity and the presence of corrosive substances.

The effect of the soil condition on the coating itself is NOT a part of this item. Soil effects on the coating itself (mechanical damage, moisture damage, etc.) should be considered when judging the coating selection in item B.

The importance of soil as a factor in the galvanic cell activity is not a widely agreed upon subject. Historically, the soil's resistance to electrical flow was the measure used to judge the contribution of soil effects to galvanic corrosion. As with any component of the galvanic cell, the electrical resistances play a role in the operation of the circuit. Soil resistivity is dependent upon variables such as moisture content, porosity, temperature, and soil type. Some of these are time dependent or seasonal variables, corresponding to rainfall or atmospheric temperatures. The evaluator may wish to change the weighting of this attribute if he feels that it plays a greater (or lesser) role in buried metal corrosion potential.

Microorganism activity can promote corrosion. A family of anaerobic bacteria (no oxygen needed for the bacteria to reproduce), called sulfate-reducing bacteria, can cause the depletion of the hydrogen layer adjacent to the outside pipe wall. This hydrogen layer normally provides a degree of protection from corrosion. As it is removed, corrosion reactions can actually be accelerated. Soils with sulfates or soluble salts are favorable environments for anaerobic sulfate-reducing bacteria [40].

While it doesn't actually attack the metal, the microorganism activity tends to produce conditions that accelerate corrosion. The sulfate reducing bacteria are commonly found in areas where stagnant water or water-logged soil is in contact with the steel. Upon excavation, evidence of bacterial activity is sometimes seen as a layer of black iron-sulfide on the pipe wall. An oxidation-reduction probe can be used to test for conditions favorable for bacteria activity (It does not determine if corrosion is taking place, however). A normal cure for microorganism-promoted corrosion is increased levels of cathodic protection currents.

Different pipe materials are susceptible to damage by various soil conditions. Sulfates and acids in the soil can deteriorate cement-containing materials such as concrete or asbestos-cement pipe. Polyethylene pipe may be vulnerable to damage by hydrocarbons. Special information of pipe material susceptibility to soil components should be incorporated into this section.

The ion concentration in the soil, as measured by pH, can have a dramatic effect on corrosion potential. A pH lower than 4 or higher than 8 (either side of the neutral 4–8 range) can promote corrosion. For metals, more acidic (lower pH) soils promote corrosion more than the more alkaline (higher pH) soils. The soil pH may similarly affect other pipe materials.

The general soil conductivity is dependent upon factors such as moisture content, ion concentrations, and soil components. A schedule can be developed to assess the average or worst case (either could be appropriate—choice must be consistent across all sections evaluated, though) soil resistivity. This is a broad-brush measure of the electrolytic characteristic of the soil.

Low resistivity (high corrosion potential)
<500 ohm-cm of soil .... 0 pts
Medium 500–10,000 ohm-cm .... 2 pts
High resistivity (low corrosion potential)
>10,000 ohm-cm .... 4 pts
Don't know .... 0 pts
Special situation .... −1 to −4 pts

A special situation such as evidence of high microorganism activity or unusually low pH that promotes steel oxidation, should be accounted for by reducing the point value (but not below zero points). Not knowing the soil corrosion potential would conservatively warrant a score of zero points.

4. Age of System

Suggested weighting 5%*
Attribute (0–3 pts)

*(*5% of buried metal corrosion only)*

Most pipeline systems are designed for a useful service life of 30 to 50 years. Some have been in service much longer. Years in service alone, then, is not a reliable indicator of pipeline risk. On the other hand, more years in service increases the area of opportunity for something to go wrong. A risk assessment would be incomplete without addressing the age issue, but the amount of importance placed on this item is arguable.

Because age itself is not a failure mechanism, age is included as a variable portion—a contributing factor—of one of the failure modes. There are theories of metallurgical changes in pipe materials that may only have an appreciable effect after years of burial or impressed current exposure. Of the four indexes in this risk evaluation model, the age variable could logically fit as a contributing factor in either the *Design Index* (a factor in fatigue loadings) or here in the *Corrosion Index* (time is a factor in all forms of corrosion). It has been included here.

The cut off between age groups is arbitrary. It is not thought that a system suddenly makes large jumps in risk exposure at its start-up date anniversary each year. Divisions smaller than one year will be an unnecessary complication in most cases, but the option of scaling by month, week, or even day, exists, of course.

A point schedule such as:

0 to 5 years in service	3 pts
5 to 10	2 pts
10 to 20	1 pt
more than 20 years in service	0 pts

implies that younger pipelines have less risk exposure (all other factors being equal) up to 20 years in service. Beyond that, no credit is given for fewer years.

Example 4-7: Scoring System Age

A line that has been in service for 11 years would be assessed:
1 point

A line that has been in service for 3 years would be assessed:
3 points

---

5. Current Flow to Other Buried Metal — **Suggested weighting 7%***
Attribute (0–4 pts)

*(*7% of buried metal corrosion only)*

The presence of other buried metal in the vicinity of a buried metal pipeline is a potential source of risk. Other buried metal can short circuit or otherwise interfere with the cathodic protection system of the pipeline. Even in the absence of a cathodic protection system, other metal can establish a galvanic corrosion cell with the pipeline. This may cause corrosion on the pipeline. The common term for these effects is interference. This can be quite severe: one amp of DC current discharging from buried steel can dissolve over 20 pounds of steel per year.

The most critical interference situations, which should not be tolerated even for short periods, occur when there is physical contact between the pipeline and the other metal. This is especially critical when the other metal has its own impressed current system. Electric railroads are a good example of systems that can cause special problems for pipelines whether or not physical contact occurs. The danger occurs when the other system is competing with the pipeline for electrons. If the other system has a stronger electronegativity, the pipeline will become an anode, and depending upon the difference in electron affinity, the pipeline can experience accelerated corrosion. As mentioned earlier, coatings may actually worsen the situation if all the anodic metal dissolves from pinhole-size areas, causing narrow and deep corrosion pits.

Common mitigation measures for interference problems include interference bonds, isolators, and test leads. Interference bonds are direct electrical connections that allow the **controlled** flow of current from one system to another. By controlling this flow, corrosion effects arising from the foreign systems can be controlled. Isolators, when properly installed, can similarly control the flow of current. Finally, test leads are used to monitor for problems. By comparing the pipe-to-soil potential readings of the two systems, signs of interference can sometimes be found. As with any monitoring system, test leads must be used regularly by trained personnel, and corrective actions must be made when problems are identified.

A reasonable question now is *How close is close?* The proximity of the foreign metal obviously is a key factor in the risk potential, but the distance is not strictly measured in feet or meters. Longer distances can be dangerous in low resistivity soil or in cases where the current levels are relatively high. A reasonable rule of thumb might be to consider all buried metal within 500 ft of the pipeline. This rule should be tailored to the specific situation, but then held constant for all pipelines evaluated.

Points should be assessed based upon how many occurrences of buried metal exist along a section. Again, the greater the area of opportunity, the greater the risk. For pipelines in corridors with foreign pipelines, higher levels of risk exist.

Because almost any situation is potentially hazardous, a distinction based on severity of the situation might get quite complex. The following example schedule gives equal weighting to all situations: parallel pipelines, crossing pipelines, casings, buried insulating flanges, etc. Credit for mitigation measures can be given.

Number of Occurrences	Points
none	4
1–10	2
11–25	1
>25	0

If, in every instance of an occurrence, prevention/mitigation measures are taken and monitored for effectiveness, double the point value up to a maximum of 3 points. By doing this, prevention measures reduce the risk, but never to the extent of not having any potentially hazardous situations present.

Example 4-8: Scoring Current Flow to Other Buried Metal

In this section of pipeline (steel), the evaluator finds six cased road crossings, three crossings of foreign pipelines, and two instances of parallel pipelines within 200 ft of the water pipeline. Each road casing has test leads attached to detect possible short circuits (physical contact or low resistivity contact). The foreign pipeline crossings are each connected to the water line by interference bonds that are monitored regularly. Annual close interval surveys are specifically designed to monitor the areas of parallel pipelines.

The evaluator records points as follows:

6 + 3 + 2 = 11 instances .... 1 pt

Credit is given for mitigation because all instances are addressed to the satisfaction of the evaluator.

Final score = 1 pt × 2 = 2 pts

---

6. AC Interference **Suggested weighting 7%***
Attribute (0–4 pts)

*(*7% of buried metal corrosion only)*

Pipelines near to AC power transmission facilities are exposed to a unique risk. Through either a ground fault or a process known as induction, the pipeline may become electrically charged. Not only is this charge potentially dangerous to people coming into contact with the line, it is also potentially dangerous to the pipeline itself. Electric current seeks the path of least resistance. A buried steel conduit like a pipeline may be an ideal path for some distance. Almost always, though, the current will eventually jump from the pipeline to another more attractive path. The locations where the current enters or leaves the pipe may cause severe metal loss as the electrical charge arcs to or from the line. At a minimum, the pipeline coating may be damaged by the AC interference effects.

The ground fault scenario of charging the pipeline includes the phenomena of conduction, resistive coupling, and electrolytic coupling. It can occur as AC power travels through the ground from a fallen transmission line, an accidental electrical connection onto a tower leg, through a lightening strike on the power system, or from an imbalance in a grounded power system. These are often the more acute cases of AC interference, but they are also often the more easily detectable cases. The sometimes high potentials resulting from ground faults expose the pipe coating to high stress levels. This occurs as the soil surrounding the pipeline becomes charged, setting up a high voltage differential across the coating. Disbondment or arcing may occur. If the potentials are great enough, the arcing may damage the pipe steel itself.

The induction scenario occurs as the pipeline is affected by either the electrical or magnetic field created by the AC power transmission. This sets up a current flow or a potential gradient in the pipeline (Figure 4-7). These cases of capacitive or inductive coupling are dependent upon such factors as the geometrical relation of the pipeline to the power transmission line, the magnitude of the power current flow, the frequency of the power system, the coating resistivity, the soil resistivity, and the longitudinal resistivity of the steel [45]. Induced potentials become more severe as soil resistivity and/or coating resistivity increases.

Formulae exist to estimate the potential effects of AC interference under normal and fault conditions. To perform these calculations, some knowledge of power transmission load characteristics of the power system is required. Estimations and measurements will be needed to generate soil, coating, and steel resistivity values, as well as the distances between the pipeline and the power transmission facilities. The key factors in assessing the normal effects for most situations will most likely be the characteristics of the AC power and the distance from the pipeline. Fault conditions can, of course, encompass a multitude of possibilities.

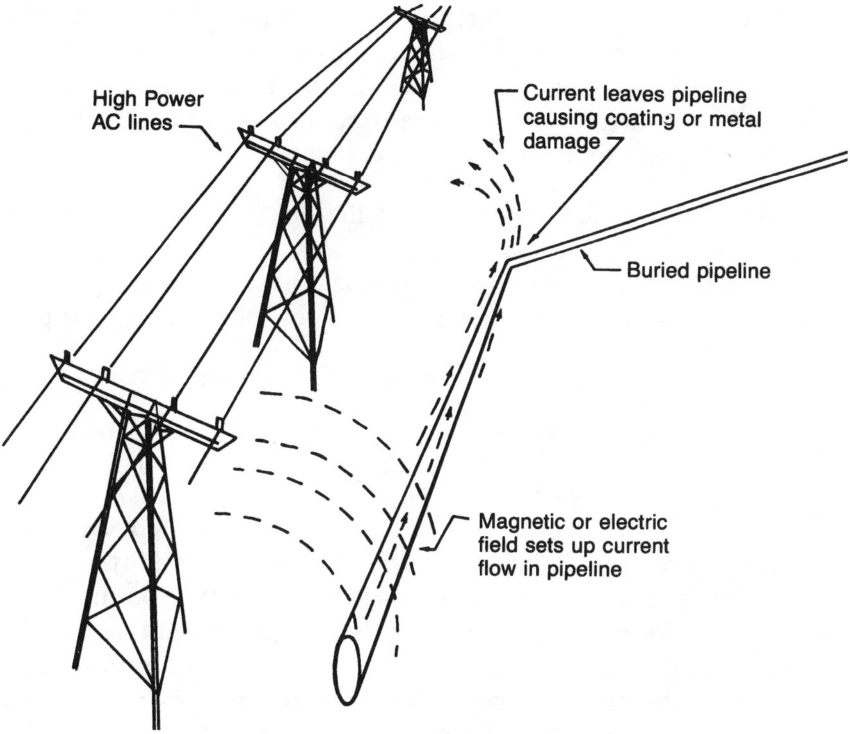

Figure 4-7. AC power currents on pipeline.

Methods used to minimize the AC interference effects, both to protect the pipeline and/or personnel coming into contact with the line, include [36]:

- electrical shields
- grounding mats
- independent structure grounds
- bonding to existing structures
- distributed anodes
- casings
- proper use of connectors and conductors
- insulating joints
- electrolytic grounding cells
- polarization cells
- lightning arresters

Monitoring should be an integral part of the AC mitigation effort. Because there are so many variables involved in performing accurate calculations, a simplified schedule is recommended for this rather complex issue. In terms of risk exposure, one of three possible scenarios can be said to exist:

No AC power is within 1,000 ft of the pipeline .... 4 pts
AC power is nearby, but preventive measures are
  being used to protect the pipeline .... 2 pts
AC power is nearby, no preventive actions taken .... 0 pts

Also fitting into the second scenario might be cases such as:

- very low power AC only
- high power AC present but at least 3,000 ft away

Note, however, that significant inductive interference effects can be seen as far away as 1.2 miles in high resistivity soils [48].

Preventive measures can be designed for induction or for ground fault cases or for both. As previously mentioned, grounding cells can be designed to safely handle the discharging of current from the pipeline. Close monitoring of the situation would be considered as part of the preventive measures taken. The evaluator should be satisfied that the potential AC current problem is well understood and is being seriously addressed, before credit is given for preventive measures.

7. Mechanical Corrosion Effects | **Suggested weighting .... 8%*** **Attribute (0–5 pts)**

*(*8% of buried metal corrosion only)*

This item includes damaging phenomena that consist of a corrosion component and a mechanical component. This includes hydrogen stress corrosion cracking (HSCC), sulfide stress corrosion cracking (SSCC), hydrogen induced cracking (HIC) or hydrogen embrittlement, corrosion fatigue, and erosion. In the U.S., SCC caused over 250 pipeline failures in the period 1965–1985 [31].

Stress corrosion cracking (SCC) can occur under certain combinations of physical and corrosive stresses. It is characterized by formation of corrosion-accelerated cracking in areas of the pipe wall subjected to high stress levels. The presence of corrosive substances aggravates the situation. Certain types of steel are more susceptible than others. In general, a steel with a higher carbon content is more prone to stress-corrosion cracking. Characteristics of the steel that may have been brought about by welding or other post-manufacturing processes, may also make the steel more susceptible. Materials that have little fracture toughness (see *Design Index*) do not offer much resistance to brittle failure. Rapid crack propagation brought on by corrosion and stress is most likely in these materials.

Stress corrosion cracking is difficult to detect. SCC failures are not predictable. Even a fairly non-corrosive environment can contribute greatly to a SCC process. The effects can be highly localized. A previous history of this type of process may be the best evidence of susceptibility.

In the absence of historical data, the susceptibility of a pipeline to this sometimes violent failure mechanism should be judged by identifying conditions that may promote the SCC process. Note that SCC is also seen in plastic pipe materials.

Contributing factors:

Stress. Tensile stress at the pipe surface is thought to be a necessary condition. The stress might be residual, however, and hence virtually undetectable. The higher the stress, the more potential for crack formation and growth. It is reasonable to assume that all pipelines will be under at least some amount of stress. Because internal pressure is often the largest stress contributor, pipelines operating at higher pressures are thought to have more susceptibility to SCC. Thermally induced stresses and bending stresses can also contribute to the overall stress level, but, for simplicity sake, only internal pressure is used as a factor in assessing potential for SCC.

Environment. High pH levels close to the steel can be a contributing factor. This may be caused by a high pH in the soil, in the product, or even in the coating. Chlorides, H_2S, CO_2, and high temperatures are more contributing factors. The presence of certain bacteria will increase the risk. Persistent moisture and coating disbondment are also threatening conditions. In general, any environmental characteristic that promotes corrosion should be considered to be risk contributor here. This must include external and internal contributors.

Steel Type. As already stated, a high carbon content (>.28%) increases the likelihood of stress corrosion cracking. Low ductility materials with

Table 4-1

% MAOP	2–20%	21%–50%	51%–75%	>75%
Environment*				
0	3	2	1	1
4	4	3	2	1
9	4	4	3	2
14	5	5	4	3

** Environment = (product corrosivity) + (soil corrosivity)*
minimum = 0 points; maximum = 14 points

low fracture toughness are more susceptible. Sometimes the rate of loading determines the fracture toughness—a material may be able to withstand a slow application of stress, but not a rapid application (see *Design Index*). This further complicates the use of material type as a contributing factor.

A schedule can be developed that employs the first two contributing factors in an assessment of the potential for SCC. Table 4-1 shows stress level is related to the pipeline environment. Low stress in a benign environment is the best condition (lower left part of table), while high stress in a corrosive environment is the most dangerous condition (upper right part of table). Stress level is expressed as a percentage of maximum allowable operating pressure (MAOP)—the highest normal operating pressure divided by MAOP. The environment is scored by adding the *product corrosivity* (taken from internal corrosion, this is a 0 to 10 point scale, p. 74) to the *soil corrosivity score* (a 0 to 4 point scale, p. 92).

Note: If the section being evaluated is an aboveground section, use the *atmospheric type* (p. 65) score instead of the *soil corrosivity* score. Scale the *atmospheric type* score down to a 0 to 4 point scale, in order for it to have the same relative impact as the *soil corrosivity.*

History of stress corrosion cracking should be seen as the strongest evidence of this risk and should accordingly score the section at 0 points.

Example 4-9: Scoring Mechanical Corrosion Potential

The evaluator is assessing a natural gas pipeline that is rated for an MAOP of 1,500 psig. The line never exceeds 800 psig in the section being evaluated. The natural gas is sometimes corrosive and received a score of 4 points when it was evaluated for internal corrosion. The soil corrosivity score is 3 points for this normally dry, sandy soil.

From the table, the evaluator uses an environmental number of 4 + 3 = 7, and a stress number of 800/1,500 = 53.3% to get a point value of 3. He has rounded the number up to 3 because the stress level is so close to the cutoff 51% number.

Erosion. This is the removal of pipe wall material caused by the abrasive or scouring effects of substances moving against the pipe wall. It is a form of corrosion only in the pure definition of the word, but is considered here as a mechanical corrosion effect.

High velocities and abrasive particles in the product stream are the normal contributing factors. Impingement points such as elbows and valves are the most susceptible erosion points. Gas at high velocities may be carrying entrained particles of sand or other solid residues and, consequently, can be especially damaging to the pipe components.

Historical evidence of erosion damage is a strong indicator of susceptibility. Other evidence includes high product stream velocities (look for large pressure changes in short distances) or abrasive fluids. Combinations of these factors are, of course, the strongest evidence. Point values for mechanical corrosion effects should be reduced by 2 when factors are right for erosion damage to occur. If, in the above example, the evaluator is told that sand is sometimes found in filters or damaged valve seats, and that some valves had to be replaced recently with more abrasion-resistant seat materials, he would have sufficient reason to deduct 2 points for this item.

Erosion factor .... –2 points

8. Test Leads

Suggested weighting 10%*
Prevention (0–6 pts)

*(*10% of buried metal corrosion only)*

Perhaps the primary method for monitoring the effectiveness of a cathodic protection system is through the use of test leads, wires attached (normally welded or soldered) to the buried pipeline and extended above ground. A test lead allows a trained technician to attach a voltmeter with a reference electrode and measure the pipe-to-soil potential. Such a measurement indicates the degree of cathodic protection on the pipe because it indicates the tendency of current flow, both in terms of magnitude and direction (to the pipe or from the pipe) (Figure 4-5). Uncertainty increases with increasing distance from the test lead because the test lead reading represents the pipe-to-soil potential in only a localized area.

In the interpretation of these measurements, attention must be paid to the resistances that are part of the pipe-to-soil reading. The reading which is sought, but difficult to obtain, is the electric potential difference between the outside surface of the pipe and a point in the adjacent soil a short distance away. In actual practice, a reading is taken between the pipe surface (via the test lead) and a point at the ground surface, usually several feet above the pipe. The circuit is completed at the ground surface by contacting the soil with a reference electrode (a half cell, usually copper electrode in a copper sulfate solution). This reading measures not only the piece of information sought, but also all resistances in the electric circuit, including wires, pipe steel, instruments, connectors, and, the largest component, the several feet of soil between the buried pipe wall and the ground surface. The knowledgeable corrosion engineer will take readings in such a way as to separate the extraneous information from the needed data. The industry refers to this technique as compensating for the IR drop.

Chemical reactions occur at the anode and the cathode as ions are formed. The soil component of the circuit is a nonmetallic current path. Consequently, this model is not directly analogous to a simple electrical circuit. Of primary interest to the corrosion engineer is a measure of the cathodic protection effectiveness. There is some controversy in the industry as to exactly how the readings should be interpreted in terms of the IR drop. In many cases the controversy is theoretical only because government regulations mandate certain techniques. The evaluator should be satisfied that sufficient expertise exists in the interpretation of readings to give valid answers.

Placement of test leads at locations where interference is possible is especially important. The most common points are metal pipe casings and foreign pipelines. At these sites, careful attention should be paid to the direction of current flow to ensure that the pipeline is not anodic to the other metal. Where pipelines cross, test leads on both lines can show if the cathodic protection systems are competing.

Because galvanic corrosion can be a localized phenomenon, the test leads are only indicators of cathodic protection in the immediate area around the lead. Closer test lead spacing, therefore, yields more information and less chance of large areas of active corrosion going undetected. Because corrosion is a time-dependent process, the number of times the test leads are monitored is also important.

Using these concepts, a point schedule is developed as follows:

All buried metal in the vicinity of the pipeline is monitored directly by test leads, and test lead spacing is no greater than one mile throughout this section .... 3 pts

Test leads are spaced at distances 1 to 2 miles apart (maximum) and all foreign pipeline crossings are monitored via test leads. Not all casings are monitored; there may be other buried metal which is not monitored .... 1–2 pts

Test lead spacing is sometimes more than 2 miles; not all potential interference sources are monitored .... 0 pts

Frequency of readings at test leads:
Pipe-to-soil readings are taken with the IR drop understood and compensated, at intervals of:

<6 months .... 3 pts
6 months-annually .... 2 pts
>annually .... 1 pt

Notes: As previously explained, lack of proper IR drop compensation may negate the effectiveness of all the readings. For purposes here, "test lead" can be any place on the pipeline where an accurate pipe-to-soil potential reading can be taken. This may include most above-ground facilities, depending upon the type of coating present.

Readings taken at intervals of greater than one year do have some value, but a year's worth of corrosion might have proceeded undetected between readings.

Add the points for spacing to the points for the frequency of readings, maximum of 6 points, minimum of 0 points.

Example 4-10: Scoring Test Leads

A section of gas line is being evaluated here. In this section, test leads are spaced closer than 2 miles apart, but there are two foreign pipeline crossings that are not monitored. Pipe-to-soil readings are taken every year. Points are awarded as follows:

Spacing <2 miles, but not every crossing monitored .... *1 pt*
Readings every year .... *2 pts*

3 pts

---

9. Close Interval Surveys **Suggested weighting 13%***
Attribute (0–8 pts)

*(*13% of buried metal corrosion only)*

A powerful tool in the corrosion engineer's toolbag is a variation on test lead monitoring called close interval surveying. In this technique, pipe-to-soil readings are taken and IR compensation is employed, only now the readings are taken every 2 feet to 15 feet along the entire length of the pipeline. In this way, almost all localized interference or potential corrosion activity can be detected.

Any aboveground pipeline attachment, including valves, test leads, casing vents, etc. can be used to connect to one side of a voltmeter. The other side of the voltmeter is connected by a wire to the reference half cell that is used to make electrical connection at the ground surface as the surveyor walks along the pipeline. The voltmeter and data logging device are therefore in the circuit between the two electrodes. Results are usually interpreted from a strip chart that will show peaks and valleys when the current flow changes magnitude or direction. (See Figure 4-8.)

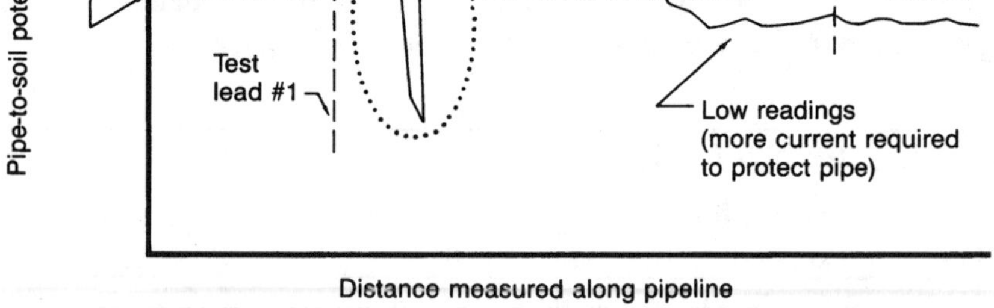

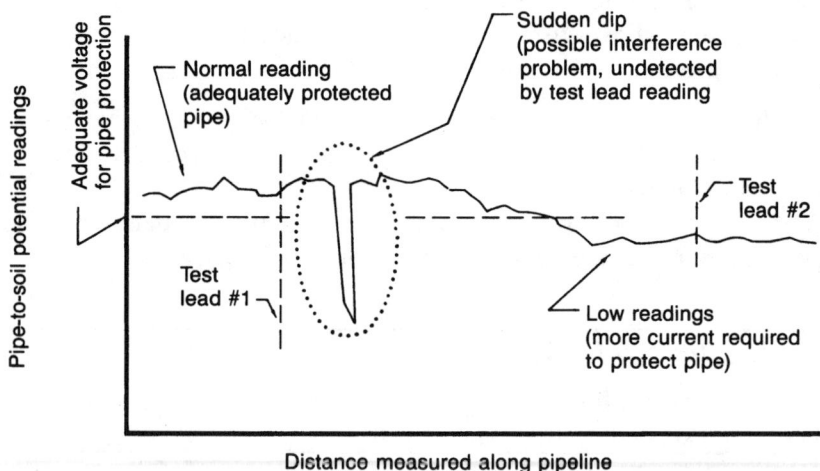

Figure 4-8. Close interval pipe-to-soil potential survey.

Ideally such a profile of the pipe-to-soil potential readings will indicate areas of interference with other pipelines, casings, etc., areas of inadequate cathodic protection, and even areas of bad coating. Often, excavations are performed to verify the survey readings. A close interval survey should be done periodically to pick up changes along the pipeline route. The survey's role in risk reduction is quantified in the following point equation:

Minimum Requirements

A thorough close interval survey has been performed over the entire pipeline section by trained personnel. Interpretations of all readings were made by a knowledgeable corrosion engineer.

Corrective actions based upon survey results have been taken or are planned (in a timely fashion).

Timeliness

8 – (years since survey) = point value

Example 4-11: Scoring Close Interval Surveys

A survey which met all the requirements was performed three years ago. Points awarded are:

8 – 3 = 5 points

Point values for this prevention are higher than most others in this section. This reflects the fact that this particular technique is quite robust in monitoring the condition of buried steel pipelines. It is also a proactive technique—detecting potential problems hopefully before appreciable damage is done to the pipeline.

Electromagnetic surveys, sometimes referred to as airborne cathodic monitoring systems (ACMS), can be scored as a part of this item when the survey is shown to be effective.

10. Internal Inspection Tool **Suggested weighting 13%***
Prevention (0–8 pts)

*(*13% of buried metal corrosion only)*

The use of instrumented pigs to inspect a pipeline from the inside is a rapidly maturing technology. While available for nearly 30 years, this technique presently benefits from advancements in electronics and computing technology making it much more useful to the pipeline industry. Any change in pipe wall thickness can theoretically be detected. These devices can also detect pipe wall cracks, laminations, and other material defects. Coating defects may someday also be detected in this fashion.

The most common "intelligent pigs" employ either an ultrasonic or a magnetic flux technology to perform the inspection. The ultrasonic devices use sound waves to continuously measure the wall thickness around the entire circumference of the pipe as the pig travels down the line. The thickness measurement is obtained by measuring the difference in travel time between sound pulses reflected from the inner pipe wall and the outer pipe wall. A liquid couplant is often required to transmit the ultrasonic waves from the transducer to the pipe wall.

The magnetic flux pig sets up a magnetic field in the pipe wall and then measures this field. Changes in the pipe wall will change the magnetic field. This device emphasizes the detection of anomalies rather than measurement of wall thickness, although experienced personnel can closely estimate defect sizes and wall thicknesses.

In either case, all data is recorded. Both types of pigs are composed of several sections to accommodate the measuring instruments, the recording instruments, a power supply, and cups used for propulsion of the pig.

Where the intelligent pigs have been used, favorable results have been reported. Many of the other indicators of corrosion are indirect and are masked by disbonded coating or can be averaged out because corrosion is often a localized phenomenon. Internal inspection devices are much more direct indicators of corrosion activity. As the technology matures, this will no doubt be an integral part of every pipeline monitoring program. Because this technique discovers existing defects only, the pigs must be run at sufficient intervals to detect serious defect formation before they become critical.

While promising, the technology is arguably inexact, requiring experienced personnel to obtain most meaningful results. The pigs cannot accommodate all pipeline system designs—there are significant restrictions on minimum pipe diameter, pipe shape, and radius of bends. Both pigs have difficulties in detecting certain types of problems.

In-line inspection is also expensive. Pre-cleaning of the pipeline, possible service interruptions, risks of unnecessary repairs and possible blockages caused by the instrument are all possible additional costs to the operation.

When the evaluator is assured that the technique used provided meaningful results (95% detection of all defects that could have a short-term impact on line integrity, would be a reasonable expectation), points can be awarded based upon the timing of the pig run:

8 – (years since inspection) = point value

Example 4-12: Scoring Internal Inspection

An instrumented pig internal inspection was performed six years ago. Test digs verified that the pig data was accurate. Only minor defects were detected and subsequently corrected. Defects as small as 5% of the wall thickness were reliably found. Defect sizes 20% of the wall thickness and larger would be considered critical. Points awarded are:

8 – 6 = 2 points

In the future, the weighting of this technique's impact on the risk picture will surely need to be reconsidered. The use of intelligent pigs will someday be a quite comprehensive inspection technique not only for corrosion defects, but any type of anomaly on the line. As such, it will play a significant role in risk reduction. The suggested weighting above reflects some of the present limitations of the technique.

CHAPTER FIVE

Design Index

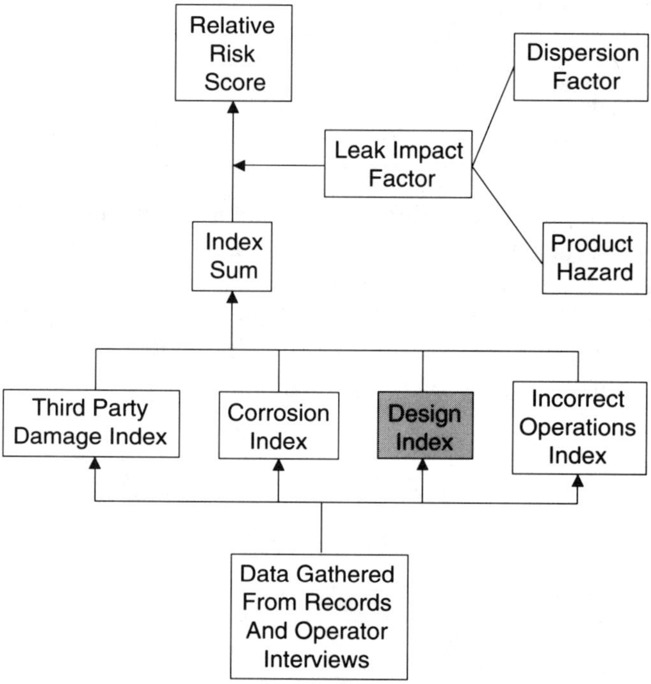

Figure 5-1. Basic risk assessment model.

Design Risk

D. Surge Potential	0–10 pts	10%	(p. 123)
E. System Hydrostatic test	0–25 pts	25%	(p. 125)
F. Soil Movements	0–10 pts	10%	(p. 128)
	0–100 pts	100%	

Design

Another significant element in the risk picture is the relation between how the pipeline was originally designed and how it is presently being operated. While this may seem straightforward, it is actually quite complex. All original designs are based upon calculations that must, for practical reasons, incorporate assumptions. These assumptions include material strengths and the use of simplifying models. Safety factors and conservativeness in the assumptions compensate for this variability but cloud the view of exactly how much stress the design can safely tolerate. Further complications arise with the uncertainties in estimating existing conditions such as soil strength and actual stress loadings imposed upon the structure. In aggregate, then, the evaluator will always be uncertain in his estimation of the margin of safety.

This uncertainty should be acknowledged, but not necessarily quantified. An evaluation system should incorporate all known information and treat all unknowns (and "unknowables") consistently. Because a relative risk picture is sought, the consistency in treatment of design variables provides a consistent base with which to perform risk comparisons.

Although this section is titled *Design,* many of the factors here are actually operating conditions. *Design* is used as an index title because all operations should be within design considerations. This section, therefore, assesses the operating environment against the critical design parameters. Many of the items evaluated here apply across section lines. The evaluator may wish to assess a pipeline system as a whole with respect to this index and the *Incorrect Operations Index.*

A. Pipe Safety Factor

Suggested weighting............ 20%
Attribute

Most pipeline systems allow for some extra wall thickness in the pipe. This is normally because of the availability of standard manufactured wall thicknesses. Such "off the shelf" pipe is often more economical even though it contains more material than may be required for the intended service. This extra thickness will provide some additional protection against corrosion and external damage. This extra protection, beyond the design requirements, should be considered in the risk evaluation.

When evaluating a variety of pipe materials, distinctions in material strengths and toughness can be made. In terms of external damage protection, a tenth inch of steel offers more than does a tenth inch of fiberglass. The evaluator must make this distinction when it is desired to compare the risks associated with pipelines constructed of different materials.

This section, *Pipe Safety Factor,* is more technical than most of the other components of the evaluation. If the evaluator does not possess expertise in matters of pipeline design, outside help may be beneficial. This is not a requirement, though. By making some conservative assumptions and being consistent, a non-expert can do a credible job here. He must, however, be able to obtain some calculated values. Where original design calculations are available, few additional calculations are needed.

The procedure here is to calculate the required pipe wall thickness and compare it to the actual wall thickness (Figure 5-2). The calculated value should probably NOT include standard safety factors. This is done not only for simplicity, but also because some of the reasons for the safety factors are addressed in other sections of this risk analysis. For instance, the DOT design safety factors for gas lines are based upon nearby population density. Population density is part of the consequences section (*Leak Impact Factor*) in this evaluation system. Consequences are examined in great detail separately from design and operation considerations.

The comparison between the actual and the required wall thickness is done by using a ratio of the two numbers. Using a ratio provides a numerical scale. If this ratio is less than one, the pipe does not meet the design criteria—there is less actual wall thickness than is required by design calculations. The pipeline system has not failed either because it has not yet been exposed to the maximum design conditions, or because some error in the calculations or associated assumptions has been made. A ratio greater than one means that extra wall thickness (above design requirements) exists. For instance, a ratio of 1.1 means that there is 10% more pipe wall material than required by design and 1.25 means 25% more material.

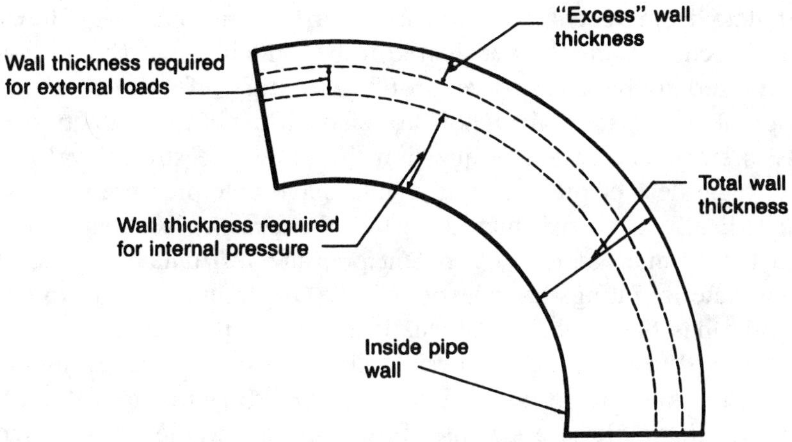

Figure 5-2. Cross section of pipe wall illustrating the pipe safety factor.

Calculation of the required wall thickness involves several steps. First, Barlow's formula for circumferential stress is used to determine the minimum wall thickness required for internal pressure alone. This calculation is demonstrated in Appendix C. Barlow's calculation assumes a uniform material thickness and requires the input of a maximum allowable stress. It yields a stress value for the extreme fibers of the pipe wall (for the stress due solely to internal pressure). By starting with a maximum allowable material stress, the wall thickness needed to contain a given pressure is calculated. Alternately, inputting a wall thickness into the equation yields a maximum internal pressure that the pipe can withstand.

Depending on the method of manufacture, the assumption of uniform material may not be valid. If this is the case, the maximum allowable stress value must reflect the true strength of the material. In the case of longitudinally welded steel pipe, for instance, the weld seam and area around it are metallurgically different from the parent steel. If it is thought that such seams weaken the pipe wall, the minimum calculated wall thickness must be increased to allow for the weakness. Evidence exists that suggests that electrical resistance welded (ERW) pipe manufactured before 1970 is more prone to failure than ERW pipe manufactured after 1970 or seamless pipe or pipe manufactured by other methods. A derating factor for pre-1970 ERW pipe might be warranted.

If data from recent pressure tests verifies the material allowable stress, such tests can be considered to be evidence, but should not be considered to be conclusive proof. A history of failures that are attributable in part or in whole to a specific pipe manufacture process is sufficient reason to question the allowable stress level of the pipe, regardless of pressure test results. Favorable pressure test results will still affect the risk picture in the *Hydrostatic Test* item later.

In the absence of reliable, recent pressure test data and especially if the material ratings are questioned, the maximum pressure to which the pipe has been subjected (usually the pre-service hydrostatic test) can be used to calculate a material allowable stress. That is, input the maximum internal pressure into Barlow's formula to calculate a material allowable stress value. From this allowable stress value, a minimum required wall thickness can then be calculated.

Once the required wall thickness for internal pressure has been established, other loadings to which the pipe will be subjected must be considered. These other loadings include the weight of the soil over the buried line, the loadings caused by traffic moving over the line, possible soil movements (settling, faults, etc.), water pressures for submerged lines, and pipe weight. If detailed calculations are not deemed to be cost effective, the evaluator may use a standard percentage to add to the wall thickness required for internal pressure to account for all other loadings combined. Ten percent or twenty percent additional wall thickness would be conservative for steel pipe under normal loading conditions, for instance. This percentage should be increased for sections that may be subjected to additional loadings. For instance, uncased pipe under roadways would require additional wall thickness to handle the increased loads. Rigid pipe also requires more wall thickness to support external loads than does flexible pipe

Often, casing pipe is installed to carry anticipated external loads. A casing pipe is merely a pipe larger in diameter than the carrier pipe whose purpose is to protect the carrier pipe from external loads (Figure 4-2). Casing pipe has been shown to cause cathodic protection problems for pipelines. The effect of casings on the risk picture from a corrosion standpoint is covered in the *Corrosion Index*. The impact on the *Design Index* is found here, when the casing carries the external load and allows a higher pipe safety factor for the section being evaluated. (See The Case For/Against Casings, p. 70.)

The anticipated conditions under which the line will operate should also be factored in here. The maximum allowable stress is dependent upon the temperature. Hence temperature extremes may require different wall thicknesses. Cyclic loadings and fatigue should be a consideration in material selection and wall thickness determination. Surge (water hammer) pressures should also be included in maximum pressure determination. See Appendix C for a brief review of wall thickness design considerations.

In composite pipelines, many more complexities are introduced. Often used to handle more corrosive materials, such composites may have a layer of corrosion or chemical degradation resistant material and a layer of higher strength (structural) material. Because two or more materials are involved, the stresses in each and the interaction effects must be understood. Such calculations are not easily done. Original design calculations must be used (or re-created, when not available) to determine minimum required wall thicknesses. The evaluator must then be sure that additional wall thickness of one or more of the materials will indeed add to the pipe strength and corrosion resistance, and not detract from it. It is conceivable that an increase in wall thickness in one layer may have an undesirable effect on the overall pipe structure. Further, some materials may allow diffusion of the product. When this occurs, composite designs may be exposed to additional stresses.

When all of these factors have been considered, a simple point schedule can be employed to award points based upon how much extra wall thickness exists. This schedule uses the ratio of actual pipe wall to pipe wall required and calls this ratio, *t*. Note that the actual pipe wall thickness is NOT the nominal wall thickness. Nominal wall thicknesses are used by manufacturers to designate a wall thickness plus or minus a manufacturing tolerance. For the purposes of this assessment, the lowest actual wall thickness in the section must be used. If actual thickness measurement data is not available, the nominal wall thickness *minus* the maximum manufacturing tolerance can be used.

t	Points
<1.0	–5 WARNING
1.0–1.1	2
1.11–1.20	5
1.21–1.40	9
1.41–1.60	12
1.61–1.80	16
>1.81	20

A simple equation can also be used instead of this table:

$$(t - 1) \times 20 = \text{point value}$$

yields approximately the same values and has the benefit of more discrimination between differences in t.

Some examples to illustrate the pipe safety factor follow:

Example 5-1: Calculating the Pipe Safety Factor (Case A)

A cross-country steel pipeline is being evaluated. The line transports natural gas. Original design calculations are available. The evaluator feels that no extraordinary conditions exist on the line and proceeds as follows:

1. He uses information from the design file to determine the required wall thickness. A MAOP of 2,000 psig using a grade of steel rated for 35,000 psi maximum allowable stress yields a wall thickness of 0.60 inches for this diameter of pipe (see Appendix C). External load calculations show the need for an additional 0.08 inches in thickness to handle the additional stresses anticipated. Surge pressures, extreme temperatures, or other loadings are extremely unlikely. The total required wall thickness is therefore 0.60 + 0.08 = 0.68 inches.
2. The actual pipe wall thickness installed is a nominal 0.88 inches. Manufacturing tolerances allow this nominal to actually be as thin as 0.79 inches. No documented thickness readings indicate that the line is any thinner than this .079 inch value, so the evaluator uses 0.79 as the actual wall thickness.
3. The ratio of actual to required wall thickness is therefore 0.79 ÷ 0.68 = 1.16. There exists 0.16 inches (or 16%) of additional protection against external damage or corrosion.
4. The point value for 16% extra wall thickness is 3.2, using the equation.

Example 5-2: Calculating the Pipe Safety Factor (Case B)

Another cross-country steel pipeline is being evaluated. Hydrocarbon liquids are being transported here. In this case, original design calculations are not available. The line is 35 years old and is exposed to varying external loadings. The evaluator proceeds as follows:

1. Because of the age of the line and the absence of original documents, the most recent hydrostatic test pressure is used to determine the maximum allowable stress for the pipe material. Using the test pressure of 2,200 psig, the stress level is calculated to be 27,000 psi (see Appendix C). The evaluator is thus reasonably sure that the pipeline can withstand a stress level of 27,000 psi. The maximum allowable operating pressure of the line is 1,400 psig. Using this value and a stress level of 27,000 psi, the required wall thickness (for internal pressure only) is calculated to be 0.38 inches.
2. Using some general calculations and the opinions of the design department, the evaluator feels that an additional 10% must be added to the wall thickness to allow for external loadings for most conditions. This is an additional .04 inches. He adds an additional 5% (total of 15% above requirements for internal pressure alone) for situations where the line crosses beneath roadways. This 5% is thought to account for all types of uncased road crossings, regardless of pipeline depth, soil type, roadway design, and traffic speed and type. In other words, 15% wall thickness above that required for internal pressure only is the requirement for the worst case situation. This is an additional 0.06 inches for sections that have uncased road crossings.
3. Water hammer effects can produce surge pressures up to 100 psig. Such surges could lead to an internal pressure as high as 1,500 psig (100 psig above MAOP). This additional pressure requires an additional 0.02 inches of wall thickness.
4. The required minimum wall thicknesses are therefore 0.38 + 0.06 + 0.02 = 0.46 inches for sections with uncased crossings, and 0.38 + 0.04 + 0.02 = 0.44 inches for all other sections.
5. The evaluator next determines the actual wall thickness. Records indicate that the original purchased pipe had a nominal wall thickness of 0.55 inches. When the manufacturing tolerance is subtracted from this, the wall thickness is 0.51 inches. Field personnel, however, mention that wall thickness checks have revealed thicknesses as low as 0.48 inches. This is confirmed by documents in the files. The evaluator chooses to use 0.48 inches as the actual wall thickness, because this is the worst case expected.

6. The actual-to-required-wall thickness ratios are therefore 0.48 / 0.46 = 1.04 and 0.48 / 0.46 = 1.09 for sections with and without uncased road crossings respectively. These ratios yield point values of 0.8 and 1.8 respectively. Conservatism requires that the evaluator assign a value of 0.8 points for this section of pipeline.

B. System Safety Factor **Suggested weighting 20%**
Attribute

Another general consideration in this section is the difference between the design pressure and the present operating pressure. *Pipe Safety Factor* analyzed this in terms of the pipe wall thickness alone. Here, all components of the pipeline system are included. It is a quick measure of how the system CAN be operated versus how it is presently being operated. A system being operated at its limit, leaves no room for error. Where a margin or safety factor exists, risk is reduced.

System Safety Factor fits the definition of an attribute. It is not easy to change because neither the system MAOP nor the design pressure are normally variable. Where changing either of these is an option, risk can be significantly reduced.

Each pipeline component has a specified maximum operating pressure. This value is given by the manufacturer or determined by calculations. The lowest pressure rating in the system determines the weakest component and is used to set the design pressure. Ideally, the design pressure as it is used here, should not include safety factors for the individual components. It may be difficult, however, to separate the safety factor from the actual pressure-containing capabilities of the component.

A flange, for instance, may be rated by the manufacturer to operate at a pressure of 1,400 psig. It can be tested for short periods at pressures up to 2,160 psig. It is not obvious exactly how much pressure the flange can withstand from these numbers and it is a non-trivial matter to calculate it. For purposes of this risk assessment, the value of 1,400 psig should probably be used as the maximum flange pressure even though this value certainly has a safety factor built in. The separation of the safety factor would most likely not be worth the effort.

On the other hand, the design calculations for a pressure vessel are usually available. This would allow easy separation of the safety factor. Again, if these calculations are not available, the best course is probably to use the rated operating pressure. This will yield the most conservative answer. Again, consistency is important.

As in the *Pipe Safety Factor* analysis, a ratio is used to show the difference between what the system CAN do and what it is presently being asked to do. This ratio will be called the *design-to-MAOP* ratio and should be the system maximum allowable operating pressure divided by the pressure rating of the weakest component. When this ratio is equal to 1, there is no safety factor present (discounting some component safety factors that were not separated). This means that the system is being operated at its limit. If the ratio is less than 1, the system can theoretically fail at any time because there is a component of the system that is not rated to operate at the system MAOP. A ratio greater than 1, means that there is a safety factor present; the system is being operated below its limit.

A simple schedule can now be developed to assign points. It may look something like this:

Design-to-MAOP Ratio	Points
2.0	20
1.75–1.99	16
1.50–1.74	12
1.25–1.49	8
1.10–1.24	5
1.00–1.10	0
<1.00	–10

An equation can also be used instead of the point schedule:

$$[(\text{design-to-MAOP ratio}) - 1] \times 20 = \text{points}$$

The steps for the evaluator are therefore:

1. Determine the pressure rating of the weakest system component.
2. Divide this pressure rating (from 1.) into the MAOP.
3. Assign points based upon the schedule.

Note: No credit is given for weaker components that are protected from overpressure by other means. These scenarios are examined in detail in the *Incorrect Operations Index.* The reasoning here is that the entire risk picture is being examined in small pieces. The fact that there exists a weak component contributes to this piece of the risk picture, regardless of protective actions taken. Even though a pressure vessel is protected by a relief valve, or a thin-walled pipe section is protected by an automatic valve, the presence of such weak components in the section being evaluated causes the lower "design-to-MAOP" ratio and hence the lower point values. Of course, the evaluator may insert a section break if he feels that a higher pressure section is being penalized by a lower rated section when there is adequate isolation between the two. Regardless of his choice, the adequacy of the isolation will be evaluated in the *Incorrect Operations Index.*

Example 5-3: Calculating the System Safety Factor

The evaluator is examining a section of a jet fuel pipeline. The MAOP of the pipeline is 1,200 psig. In this particular section there is an aboveground storage tank that is rated for 1,000 psig maximum. The tank is the weakest component in this section. It is located on the low pressure end of the pipeline and is protected by relief systems and redundant control valves to never see more pressure than 950 psig. This effectively isolates the tank from the pipeline system and does not require that the pipeline be downrated to a lower operating pressure. These safety measures, however, are not considered for this item and the design-to-MAOP ratio is: weakest component ÷ system MAOP = 1000/1200 = 0.80. This is based on the fact that the weakest component can withstand only 1000 psig. This rates a point score of –10 points.

Example 5-4: Calculating the System Safety Factor (Case B)

In this section, the only components are pipe and valves. The pipe is designed to operate at 2,300 psig by appropriate design calculations. The overall system is rated for a MAOP of 800 psig. The valve bodies are nominally rated for maximum pressures of 1,400 psig, with permissible hydrostatic test pressures of 2,200 psig. The evaluator rates the weakest component, the valve bodies, to be 1,400 psig. Because he has no exact information as to the strength of the valve bodies, he uses the pressure rating that is guaranteed by the manufacturer for long-term service. The design-to-MAOP ratio is therefore:

1400/800 = 1.75 which yields a point value of 15 points.

Example 5-5: Calculating the System Safety Factor (Case C)

Here, a section has valves, meters, and pipe. The MAOP is 900 psig. The pipe strength is calculated to be 1,700 psig. The valve bodies and meters can all withstand pressure tests of 2,700 psig and are rated for 1,800 psig in normal operation. Again, the evaluator has no knowledge of the exact strength of the valves and meters, so he uses the normal operation rating of 1,800 psig. The weakest component, the pipe, governs, therefore:

1700/900 = 1.89 which yields a point value of 17.8 points.

C. Fatigue **Suggested weighting............. 15%**
Prevention

Fatigue failure is the largest single cause of metallic material failure (see Keyser [27]). Because a fatigue failure is a brittle failure, it can occur with no warning and with disastrous consequences.

This item may be either a prevention or an attribute, depending upon the specific system. If it is relatively easy to change the cause of the cycling, it should be considered to be a prevention. If the cycling is a necessary part of the system operation, it is more of an attribute. Fatigue is labelled a prevention here because it is believed that, in many cases, the fatigue contributors are readily changed.

Fatigue is the weakening of a material due to repeated cycles of stress. The amount of weakening is dependent upon the number and the magnitude of the cycles. Higher stresses, occurring more often, can cause more damage to the material. Factors such as surface conditions, geometry, material processes, fracture toughness, temperature, and welding processes influence susceptibility to fatigue failure (see *Cracking: A Deeper Look,* pg. 122).

Predicting the failure of a material when fatigue loadings are involved is an inexact science. Theory holds that all materials have flaws—cracks, laminations, other imperfections—if only at a microscopic level. Such flaws are generally too small to cause a structural failure, even under the higher stresses of a pressure test. These flaws can grow though, enlarging in length and depth as loads (and hence stress) are applied and then released. After repeated episodes of stress increase and reduction (sometimes hundreds of thousands of these episodes are required), the flaw can grow to a size large enough to fail at normal operating pressures. Unfortunately predicting flaw growth accurately is not presently possible from a practical standpoint.

Some cracks may grow at a controlled, rather slow rate, while others may grow literally at the speed of sound through the material. The mechanisms involved are not completely understood.

For the purposes of risk analysis, the evaluator need not be able to predict fatigue failures. He must only be able to identify, in a relative way, pipeline structures that are more susceptible to such failures.

Because it is conservative to assume that any amount of cycling is potentially damaging, a schedule can be set up to compare numbers and magnitudes of cycles. Stress magnitudes should be based on a percentage of the normal operating pressures. A 100 psi pressure cycle will have a potentially greater effect on a system rated for 150 psi MAOP than on one rated for 1,500 psi. Most research points to the requirement of large numbers of cycles at all but the highest stress levels, before serious fatigue damage occurs.

In many pipeline instances, the cycles will be due to changes in internal pressure. Pumps, compressors, control valves, and pigging operations are possible causes of internal pressure cycles. The following example schedule is therefore based on internal pressures as percentages of MAOP. If another type of loading is more severe, a similar schedule can be developed. Stresses caused by vehicle traffic over a buried pipeline would be an example of a cyclic loading that may be more severe than the internal pressure cycles.

This is admittedly an oversimplification of this complex issue. Fatigue is dependent upon many variables including temperature, type of stress, surface condition, and geometry of the structure. At certain stress levels, even the frequency of cycles—how fast they are occurring—are found to affect the failure point. For purposes of this assessment, however, the fatigue failure risk is being reduced to the two variables of stress magnitude and number. The following schedule is offered as a possible simple way to evaluate fatigue's contribution to the risk picture.

One cycle is defined as going from the starting pressure to a peak pressure and back down to the starting pressure. The cycle is measured as a percentage of MAOP.

The evaluator uses this table to analyze various combinations of pressure magnitudes and cycles. The point value is obtained by finding the worst case combination of pressures and cycles. This worst case is the situation with the lowest point value. Note the "equivalents" in this table; 9,000 cycles at 90% of MAOP is thought to be

Table 5-1

	Lifetime Cycles				
%MAOP	**$<10^3$**	**10^3–10^4**	**10^4–10^5**	**10^5–10^6**	**$>10^6$**
100	7	5	3	1	0
90	9	6	4	2	1
75	10	7	5	3	2
50	11	8	6	4	3
25	12	9	7	5	4
10	13	10	8	6	5
5	14	11	9	7	6

the equivalent of 9 million cycles at 5% of MAOP; 5,000 cycles of 50% MAOP is equal to 50,000 cycles at 10% of MAOP, etc. In moving around in this table, the upper right corner is the condition with the greatest risk, and the lower left is the least risky condition. The upper left corner and the lower right corner are roughly equal.

Note also that the table is not linear. The designer of the table did not change point values proportionately with changes in either the magnitude or frequency of cycles. This indicates a belief that changes within certain ranges have a greater impact on the risk picture.

The following example illustrates further the use of this table.

Example 5-6: Scoring Fatigue Potential

The evaluator has identified two types of cyclic loadings in a specific pipeline section: 1) a pressure cycle of about 200 psig caused by the start of a compressor about twice a week, and 2) vehicle traffic causing a 5 psi external stress at a frequency of about 100 vehicles per day. The section is approximately four years old and has an MAOP of 1,000 psig. The traffic loadings and the compressor loadings have both been occurring since the line was installed.

For the first case, the evaluator enters the table at (2 starts/week × 52 weeks/year × 4 years) = 416 cycles across the horizontal axis, and (200 psig/1000 psig) = 20% of MAOP on the vertical axis. This combination yields a point score of about 13 points.

For the second case, the lifetime cycles are equal to (100 vehicles/day × 365 days/year × 4 years) = 146,000. The magnitude is equal to (5 psig/1000 psig) = 5%. Using these two values, the schedule assigns a point score of 7 points.

The worst case, 7 points, is assigned to the section.

Cracking: A Deeper Look . . .

See also Failure Modes Adjustments, Chapter 8.

As contributors to fatigue failures, several common initiating mechanisms have been identified. Hydrogen-induced cracking (HIC), stress corrosion cracking (SCC), and sulfide stress corrosion cracking (SSCC) are recognized flaw creating or propagating phenomena (see *Corrosion Index*). The susceptibility of a material to these mechanisms is dependent upon several variables. The material composition is one of the more important variables. Alloys, added in small quantities to iron-carbon mixtures, create steels with differing properties. Toughness is the material property that resists fatigue failure. A trade-off often occurs as material toughness is increased, but other important properties such as corrosion-resistance, weldability, brittle-ductile transitions may be adversely affected. The fracture toughness of a material is a measure of the degree of plastic deformation which can occur before full failure. This plays a significant role in fatigue failures. Much more energy is required to fail a material that has a lot of fracture toughness, because the material can absorb some of the energy that may otherwise be contributing directly to a failure. A larger defect is required to fail a material having fracture toughness. Compare glass (low fracture toughness) with copper (high fracture toughness). In general, as yield strength goes up, fracture toughness goes down. Therefore, flaw tolerance often decreases in higher strength materials.

Another contributor to fatigue failures is the presence of stress concentrators. Any geometric discontinuity such as a hole, a crack, or a notch, can amplify the stress level in the material. Coupled with the presence of fatigue loadings, the situation can be further aggravated and make the material even more susceptible to this type of failure.

The process of heating and cooling of steel during initial formation and also during subsequent heating (welding), plays a large role in determining the microstructure of the steel. The microstructure of two identical compositions that were heat treated in different manners, may be completely different. One may be brittle (lacks toughness), and the other might be ductile at normal temperatures. The welding process forms what is known as the heat affected zone (HAZ). This is the portion of the parent metal adjacent to the weld that has an altered microstructure due to the heat of the welding operation. The HAZ is often a more brittle area in which a crack initiates.

Because the HAZ is an important element in the structural strength of the pipe, special attention must be paid to the welding process that creates this HAZ. The choice of welding temperature, speed of welding, pre-heating, post-heating, weld metal type, and even the type of weld flux, all affect the creation of the HAZ. Improper welding procedures, either because of the design or execution of the welding, can create a pipeline that is much more susceptible to failure due to cracking. This element of the risk picture is considered in the potential for human error in *Incorrect Operations Index.*

So-called "avalanche" or "catastrophic" fractures, where crack propagation extends literally for miles along the pipeline, have been seen in large diameter, high pressure gas lines. In these "rapid-crack-growth" scenarios, the speed of the crack growth exceeds the pipeline depressurization wave. This can lead to a violent pipe failure where the steel is literally flattened out or radically distorted for great distances. From a risk standpoint, such a rupture extends the release point along the pipeline, but probably does not materially affect the amount of product released. An increased threat of damage due to flying debris is present. Preventive actions to this type of failure include crack arresters—sleeves or other attachments to the pipe designed to slow the crack propagation until the depressurization wave can pass—and the use of more crack resistant materials including multilayer wall pipe.

If the evaluator is particularly concerned with this type of failure and feels that it can increase the risk picture in his systems, he can adjust the *spill score* in the *Leak Impact Factor* by giving credit for crack arrester installations, and recognizing the susceptibility of large diameter, high pressure gas lines (particularly those lacking material toughness). See Chapter 8.

D. Surge Potential **Suggested weighting 10%**
Prevention

The potential for pressure surges, or "water hammer" effects, is assessed here. The common mechanism for surges is the sudden conversion of kinetic energy to potential energy. A mass of flowing fluid in a pipeline, for instance, has a certain amount of kinetic energy associated with it. If this mass of fluid is suddenly brought to a halt, the kinetic energy is converted to potential energy in the form of pressure. A sudden valve closure is a common initiator of such a pressure surge or, as it is sometimes called, a pressure spike. A moving product stream contacting a stationary mass of fluid (while starting and stopping pumps, perhaps) is another possible initiator.

This pressure spike is not isolated to the region of the initiator. It forms a pressure wave that travels back upstream along the pipeline, ADDING to the static pressure already in the pipeline. A pipeline with a high upstream pressure might be overstressed as this pressure wave arrives, causing the total pressure to exceed the MAOP.

The magnitude of the pressure surge is dependent upon the fluid modulus (density and elasticity), the fluid velocity, and the speed of flow stoppage. In the case of a valve closure as the flow stoppage event, the critical aspect of the speed of closure might not be the total time it takes to close the valve. Most of the pressure spike occurs from the last 10% of the closing of a gate valve, for instance.

From a risk standpoint, the situation can be improved through the use of surge protection devices or devices that prevent quick flow stoppages (such as valves being closed too quickly). The operator must understand the hazard and all possible initiating actions before corrective measures can be correctly employed. The evaluator should be assured himself that the operator does indeed understand surge potential (see Appendix D for calculations formulae). He can then assign points to the section based upon the chances of a hazardous surge occurring.

To simplify this process, it is recommended that a hazardous surge be defined as one which is greater than 10% of the pipeline MAOP. It may be argued in some cases that a line, in its present service, may operate far below MAOP and, hence, a 10% surge will still not endanger the line. A valid argument, perhaps, but perhaps also an unnecessary complication in the risk assessment. The evaluator should decide on a method and then apply it uniformly to all sections being evaluated.

The point schedule can be set up with three general categories and room for interpolation between the categories:

Evaluate the chances of a pressure surge of magnitude greater than 10% of system MAOP:

High probability .... 0 pts
Low probability .... 5 pts
Impossible .... 10 pts

High probability exists where closure devices, equipment, fluid modulus, and fluid velocity all support the possibility of a pressure surge. No mechanical preventors are in place. Operating procedures to prevent surges may or may not be in place.

Low probability exists when surges can happen (fluid modulus and velocity can produce the surge), but are safely dealt with by mechanical devices such as surge tanks, relief valves, slow valve closures, etc., in addition to operating protocol. Low probability also exists when the chance for a surge to occur is only through a rather unlikely chain of events.

Impossible means that the fluid properties cannot, under any reasonable circumstances, produce a pressure surge of magnitude greater than 10% MAOP.

Example 5-7: Scoring Surge Potential

A crude oil pipeline has flow rates and product characteristics that are supportive of pressure surges in excess of 10% of MAOP. The only identified initiation scenario is the rapid closure of a mainline gate valve. All of these valves are equipped with automatic electric openers that are geared to operate at a rate less than the critical closure time (see Appendix D). If a valve must be closed manually, it is still not possible to close the valve too quickly—many turns of the valve handwheel are required for each 5% valve closure. Points for this scenario are assessed at 5.

E. System Hydrostatic Test — Suggested weighting .... 25% — Prevention

A hydrostatic test is a pressure test in which the pipeline is filled with water, then pressurized to a predetermined pressure, and held at this test pressure for a predetermined length of time. This test pressure normally exceeds the anticipated maximum internal pressure. It is a powerful technique in that it proves the strength of the entire system. The hydrostatic test is perhaps the ultimate inspection tool. It provides virtually indisputable evidence as to the system integrity (within the test parameters).

All materials have flaws and defects, if only at the microscopic level. Given enough stress, any crack will enlarge, growing in depth and width. Crack growth is not predictable. It may occur gradually or literally at the speed of sound through the material. Under the constant stress of a hydrostatic test, it is reasonable to assume that a group of flaws beyond some minimum size are growing. Below this minimum size, cracks will not grow unless the stress level is increased. If the stress level is rather low, only the largest of cracks will be growing. At higher stresses, smaller and smaller cracks will begin to grow, propagating through the material. When a crack reaches a critical size at a given stress level, rapid, brittle failure of the structure is likely. (See explanations of fracture toughness and crack propagation in *Corrosion Index* and *Design Index*).

By conducting a hydrostatic test at high pressures, the pipeline is being subjected to stress levels higher than it should ever encounter in everyday operation. Ideally, then, when the pipeline is de-pressured from the hydrostatic test, the only cracks left in the material are of a size that will not grow under the stresses of normal operations. All cracks that could have grown to a critical size under normal pressure levels would have already grown and failed under the higher stress levels of the hydrostatic test.

Research suggests that the length of time that a test pressure is maintained is not a critical factor. This is based upon the assumption that there is always crack growth and whenever the test is stopped, a crack might be on the verge of its critical size, and hence, failure.

The pressure level, however, is an important parameter. The higher the test pressure relative to the normal operating pressure, the greater the safety margin. The chances of a pressure reversal, in which a pipeline fails at a pressure less than the test pressure, becomes increasingly remote as the margin between test and operating pressures increases. This is explained by the theory of critical crack size discussed above. A hydrostatic test does not last forever. Corrosion, third party damages, soil movements, pressure cycles, etc., all contribute to the constantly changing risk picture. A pipeline should be retested at appropriate intervals to prove its structural integrity.

Interpretation of hydrostatic test results is a non-trivial exercise. Although time duration of the test may not be critical, the pressure is normally maintained for at least four hours for practical reasons, if not for compliance with applicable regulations. During the test time (which is often 4 to 24 hours), temperature and strain will be affecting the pressure reading. It requires a knowledgeable test engineer to properly interpret pressure fluctuations and to distinguish between a transient effect and a small leak on the system or the inelastic expansion of a component.

The point schedule for hydrostatic testing can assume proper test methods, and assess the impact on risk on the basis of time since the last test and the test level (in relation to the normal maximum operating pressures). An example schedule follows:

a) Calculate H, where H = (Test Pressure/MAOP)

$H < 1.10$ (1.10 = test pressure 10% above MAOP) .... 0 pts
$1.11 < H < 1.25$ .... 5 pts
$1.26 < H < 1.40$ .... 10 pts
$H > 1.41$ .... 15 pts

or a simple equation can be used:

$(H - 1) \times 30$ = point score (up to a maximum of 15 pts)
min = 0 points

b) Time since last test: Points = 10 – (years since test)

A test four years ago .... 6 pts
A test eleven years ago .... 0 pts
min = 0 points

Add points from (a) and (b) above for total hydrostatic test score.

In this schedule, maximum points are given to a test which occurred within the last year and which was to a pressure greater than 40% above the maximum operating pressure.

Example 5-8: Scoring Hydrostatic Tests

The evaluator is studying a natural gas line whose MAOP is 1,000 psig. This section of line was hydrostatically tested six years ago to a pressure of 1,400 psig. Documentation on hand indicates that the test was properly performed and analyzed. Points are awarded as follows:

H = 1400/1000 = 1.4
a) (1.4 – 1) × 30 .... *12 pts*
b) 10 – 6 years .... *4 pts*
12 + 4 .... *16 pts*

F. Soil Movements **Suggested weighting............ 10%**
Attribute

Under certain conditions, the pipeline may be subjected to stresses due to soil movements. These movements may be sudden and catastrophic or they may be long-term deformations that induce stresses on the pipeline over a period of years. These can add considerable stresses to the pipeline and should be carefully considered in a risk analysis. While soil movements are included as a component of the pipe wall thickness determination, the pipe itself cannot always be designed to withstand the movements. Therefore, in this item, the potential for these pipe stresses along with remedial measures is assessed.

Many, if not most, of the potentially dangerous soil movement scenarios have a slope involved (Figure 5-3). The presence of a slope adds the factor of gravity. Landslides, mudflows, and creep are the more well known downslope movements phenomena. Another movement involving freezing, thawing, and gravity is solifluction, a cold-regions phenomenon distinct from the more common movements [56].

Effects that are not slope-oriented include soil swelling and shrinkage. These can be caused by differential heating, cooling, or moisture contents. Sudden subsidence can cause shear forces as well as bending stresses. Earthquakes pose another threat to pipelines. Aboveground facilities are generally considered to be more vulnerable than buried, however, high stress mechanisms can be at work in either case. Liquefaction fluidizes sandy soils to a level of which they may no

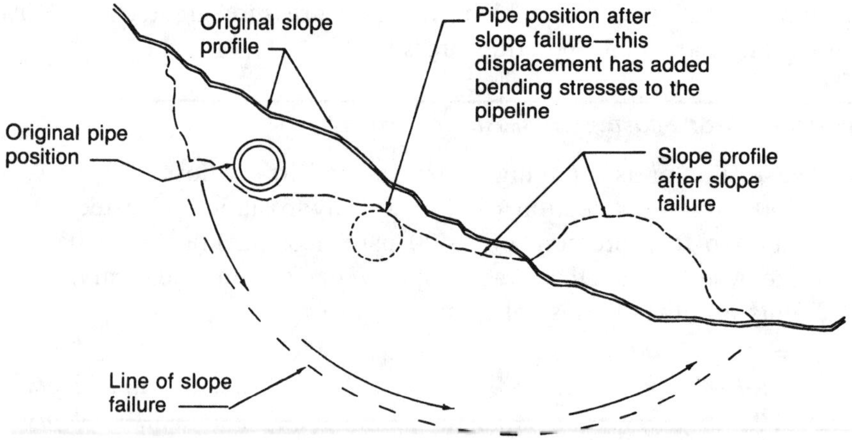

Figure 5-3. Sudden slope failure over pipeline.

longer support the pipeline. Strong ground motions can damage aboveground structures. Fault movements sometimes cause severe stresses in buried pipe. A landslide can overstress both aboveground and buried facilities.

Earthquake monitoring systems tell the user when and where an earthquake has occurred and what its magnitude is often only moments from the time of occurrence. This is very useful information because areas that are likely to be damaged can be immediately investigated.

Frost heave is another cold-region phenomenon involving temperature and moisture effects that cause soil movements. As ice or ice lenses are formed in the soil, the soil expands due to the freezing of the moisture. This expansion can cause vertical or uplift pressure on a buried pipeline. The amount of increased load on the pipe is partially dependent upon the depth of frost penetration and the pipe characteristics. Rigid pipes are more easily damaged by this phenomenon. Pipelines are generally placed at depths below the frost lines to avoid frost loading problems.

Many pipelines traverse areas of highly expansive clays that are particularly susceptible to swelling and shrinkage due to moisture content changes. These effects can be especially pronounced if the soil is confined between non-yielding surfaces. Such movements of soil against the pipe can damage the pipe coating as well as induce stresses in the pipe wall. Good installation practice avoids embedding pipes directly in such soils. A bedding material is used to surround the line to protect the coating and the pipe. Again, rigid pipes are more susceptible to structural damage from expansive soils.

A geo-technical evaluation is the best method to determine the potential for significant ground movements. In the absence of this however, the evaluator should seek out evidence in the form of operator experience. Large cracks in the ground during dry spells, sink holes or sloughs in periods of heavy rain, foundation problems on buildings nearby, landslide or earthquake potential, observation of soil movements over time or on a seasonal cycle, and displacements of buried structures discovered during routine inspections are all indicators that the area is susceptible. Even a brief survey of the topography together with information as to the soil type and the climatic conditions should either readily confirm the operator's experience or establish a doubt in the evaluator's mind.

Anticipated soil movements are often confirmed by actual measurements. Instruments such as inclinometers and extensometers can be used to detect even slight soil movements. While these instruments reveal soil movements, they are not necessarily a direct indication of the stresses induced on the pipe. They only indicate increased probability of additional pipe stress. In areas prone to soil movements, these instruments can be set to transmit alarms to warn when more drastic changes have occurred.

Movements of the pipe itself are the best indication of increased stress. Strain gauges attached to the pipe wall can be used to monitor the movements of the pipeline, but must be placed to detect the areas of greatest pipe strain (largest deflections). This requires a knowledge of the most sensitive areas of the pipe wall and the most likely movement scenarios. Use of these gauges provides a direct measure of pipeline strain that can be used to calculate increased stress levels.

The evaluator can establish a point schedule for assessing the risk of pipeline failure due to soil movements. The point scale should reflect the relative risk among the pipeline sections evaluated. If the evaluations cover everything from pipelines in the mountains of Colorado to the deserts of the Middle East, the range of possible point values should similarly cover all possibilities. Evaluations performed on pipelines in a consistent environment may need to incorporate more subtleties to distinguish the differences in risk.

The following schedule is designed to cover pipeline evaluations in which the pipelines are in moderately differing environments.

Potential for significant (damaging) soil movements:

High	0 pts
Medium	2 pts
Low	6 pts
None	10 pts
Unknown	0 pts

High. Areas where damaging soil movements are common or can be quite severe. Regular fault movements, landslides, subsidence, creep, or frost heave are seen. The pipeline is exposed to these movements. A rigid pipeline in an area of less frequent soil movements should also be classified here due to the increased susceptibility of rigid pipe to soil movement damage. Active earthquake faults in the immediate vicinity of the pipeline should be included in this category.

Medium. Damaging soil movements are possible but rare or unlikely to affect the pipeline due to its depth or position. Topography and soil types are compatible with soil movements, although no damage in this area has been recorded.

Low. Evidence of soil movements is rarely if ever seen. Movements and damage are not likely. There are no recorded episodes of structural damage due to soil movements. All rigid pipelines should fall into this category as a minimum, even when movements are rare.

None. No evidence of any kind to indicate potential threat due to soil movements.

Corrective actions can be performed to the point at which the potential for significant movements is none. Examples include dewatering of the soil using surface and subsurface drainage systems, and permanently moving the pipeline. While changing the moisture content of the soil does indeed change the soil movement picture, the evaluator should assure himself that the potential has in fact been eliminated and not merely reduced, before he assigns the "none" classification. Moving the line includes burial at a depth below the movement depth (determined by geotechnical study; usually applies to slope movements), moving the line out of the area where the potential exists, and placing the line aboveground (may not be effective if the pipe supports are subject to soil movement damage).

Where a potential exists, point values may be adjusted by the following mitigative actions:

Monitoring at least annually .... +1 pt
Continuous monitoring .... +2 pts
Stress relieving .... +3 pts
Adjust total points to a maximum of 10 points.

Monitoring implies that corrective actions are taken as needed. Continuous monitoring offers the benefit of immediate indication of potential problems. This can be accomplished by transmitting a signal from a soil movement indicator or from strain gauges placed on the pipeline. Proper response to these signals is implied in awarding the point values. Periodic surveys are also commonly used to detect movements. Surveying can not be relied upon to detect sudden movements in a timely fashion.

Stress relieving is normally accomplished by opening a trench parallel to or over the pipeline. This effectively unloads the line from any soil movement pressures that may have been applied. Another method is to excavate the pipeline and leave it above ground. Either of these is normally only a short-term solution. Installing the pipeline above ground, on supports can be a permanent solution, but as already pointed out, may not be a good solution if the supports are susceptible to soil movement damage. The use of barriers to prevent landslide damage, for example, can also be scored as "stress relieving."

Note that points are awarded when stress relieving is a proactive activity to prevent new stresses. When it is done in response to an event (reactively), stress relieving should be scored as part of "monitoring."

Example 5-9: Scoring Potential for Earth Movements

In the section being evaluated, a brine pipeline traverses a relatively unstable slope. There is substantial evidence of slow downslope movements along this slope although sudden, severe movements have not been observed. The line is thoroughly surveyed annually, with special attention paid to potential movements. The evaluator scores the hazard as somewhere between "high" and "medium" because potentially damaging movements can occur but have not yet been seen. This equates to a point score of 1 point. The annual monitoring increases the point score by one point, so the final score is 2 points.

CHAPTER SIX

Incorrect Operations Index

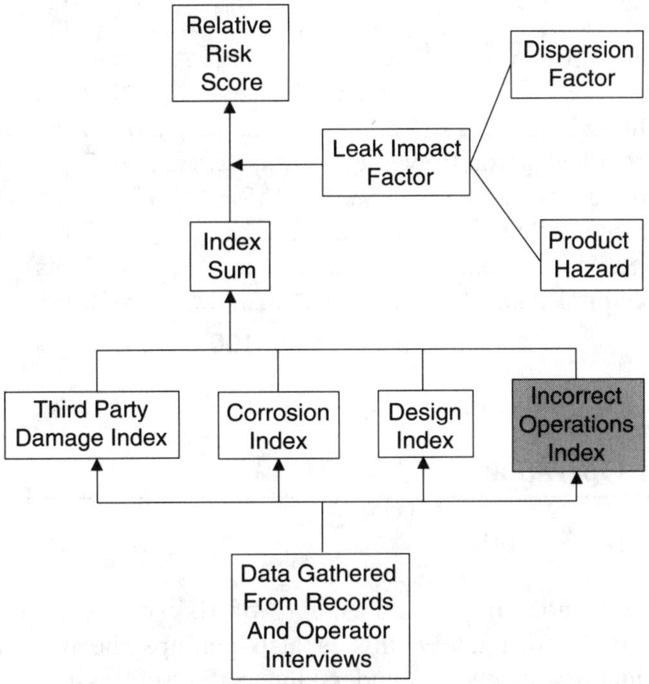

Figure 6-1. Basic risk assessment model.

Incorrect Operations Risk

	Safety Systems		0–10 pts	(p. 140)
	Material Selection		0–2 pts	(p. 147)
	Checks		0–2 pts	(p. 148)
B.	Construction	20%	0–20 pts	(p. 148–151)
	Inspection		0–10 pts	(p. 149)
	Materials		0–2 pts	(p. 149)
	Joining		0–2 pts	(p. 149)
	Backfill		0–2 pts	(p. 150)
	Handling		0–2 pts	(p. 150)
	Coating		0–2 pts	(p. 150)
C.	Operation	35%	0–35 pts	(p. 151–162)
	Procedures		0–7 pts	(p. 152)
	SCADA/Communications		0–5 pts	(p. 153)
	Drug-testing		0–2 pts	(p. 154)
	Safety Programs		0–2 pts	(p. 155)
	Surveys		0–2 pts	(p. 155)
	Training		0–10 pts	(p. 156)
	Mechanical Error Preventers		0–7 pts	(p. 159)
D.	Maintenance	15%	0–15 pts	(p. 162–163)
	Documentation		0–2 pts	(p. 162)
	Schedule		0–3 pts	(p. 163)
	Procedures		0–10 pts	(p. 163)
		100%	0–100 pts	

Incorrect Operations

Human Error Potential

One of the most important aspects of risk is the potential for human error. Unfortunately, this is also perhaps the most difficult aspect to quantify, or even to understand. Safety professionals emphasize behavior as perhaps the key to a breakthrough in accident prevention. The factors underlying behavior and attitude cross into areas of psychology, sociology, biology, etc., and are far beyond the simple assessment technique that is being built here. It is left to the evaluators to incorporate additional knowledge and experience into this index as such knowledge becomes available. When data can statistically prove correlations between accidents and variables such as years of experience, or time of day, or level of education, or diet, or salary, then these variables can be included in the risk picture. It is not thought that the state of the art has advanced to that point yet.

This index assesses the potential for human error in pipeline operations. We limit our assessment of this potential to those errors committed by the pipeline operators themselves. Vandalism or accidents caused by the public are not considered here. These are addressed to some extent in the *Third Party Damage Index* and in the optional Sabotage Model.

Human errors are estimated to have caused 62% of all hazardous materials accidents in the U.S. [52]. The public is especially sensitive to these types of risks. In the transportation industry, pipelines are comparatively insensitive to human interactions. Processes of moving products by rail or highway or marine are obviously more manpower intensive. Nonetheless, wherever human variability is involved to any extent, risk is impacted.

Human interaction in the pipeline system can be either positive—preventing or mitigating failures, or negative—exacerbating or initiating failures. Where efforts are made to improve human performance, risk reduction is achieved. Improvements are thought to occur through better designs of the pipeline system, development of better employees, and/or through improved management programs. Such improvements are a component of risk management.

An important point in assessing human error risk is the supposition that small errors at any point in a process can leave the system vulnerable to failure at a later stage. With this in mind, the evaluator must assess the potential for human error in each of four phases in pipelining: design, construction, operation, and maintenance. A slight design error may not show up for years when it is suddenly the contributor to a failure. By viewing the entire process as a chain of interlinked steps, we can also identify possible intervention points, where checks or inspections or equipment can be inserted to avoid a human-error type failure.

Specific items and actions that are thought to minimize the potential for errors should be identified and incorporated into the risk assessment when they are properly employed. A point schedule is then used to weigh the relative impact of each item on the risk picture. Many of these evaluations will be subjective. The evaluator should take steps to ensure consistency. As with the *Design Index,* many of these items will probably be consistent across the pipeline sections.

The *Incorrect Operations Index* is composed of prevention items only. Even if a pipeline system has been acquired with little knowledge of original design, construction, or maintenance practices, the operator can take steps to gain evidence of the pipeline's history. The conservative approach is to assume worst case scenarios in the absence of data to the contrary. Again, consistency is the key. See also the optional Stress and Human Errors module, Chapter 10.

A. Design **Suggested weighting 30%**
Prevention

This is perhaps the most difficult category to analyze. Design and planning processes are not well defined and are often highly variable. The suggested approach is for the evaluator to ask for evidence that certain error-preventing actions occurred during the design phase. It would not be inappropriate to insist upon documentation for each item.

1. Hazard identification .... 4 points
2. MAOP potential .... 12 points
3. Safety systems .... 10 points
4. Material selection .... 2 points
5. Checks .... 2 points

1. Hazard Identification .... 0–4 points

The evaluator checks to see that efforts were made to identify all credible hazards associated with the pipeline and its operation. The hazard must be clearly understood before appropriate risk reduction measures can be employed. This would include all possible failure modes. Thoroughness is important. Have all initiating events been considered? temperature induced overpressure? fire around the facilities? safety device failure? (Haz-Op is a good method for identifying hazards. See Chapter 1.)

Ideally, the evaluator should see some documentation that shows a complete hazard identification was performed. In the absence of this, he can interview system experts to see if at least the more obvious scenarios have been addressed.

Points are awarded (maximum of four points) based upon the thoroughness of the hazard studies.

2. Potential for Reaching MAOP .... 0–12 points

A simple answer to the question "What can go wrong?" is merely a measure of the possibility of exceeding the system maximum allowable operating pressure (MAOP). Obviously, a system where it is not physically possible to exceed the MAOP is inherently safer than where the possibility exists. The ease with which MAOP is reached must be assessed.

MAOP is the theoretical maximum internal pressure to which the pipeline can be subjected, less any appropriate safety factors. The safety factors allow for uncertainties. MAOP is determined from stress calculations. Internal pressure induces stresses in the wall of the pipe. The most severe of those stresses will be compared to the material stress limits. Material stress limits are theoretical values, confirmed (or at least evidenced) by testing, which predict the point at which the material will fail when subjected to higher stress.

Failure is usually defined (in a simplified way) as the point at which the material changes shape and does not return to its original form when the stress is removed. When this "inelastic" limit is reached, the material has been structurally altered from its original form. Internal pressure must never be high enough to cause a stress level that exceeds the material stress limit.

External forces also add stress to the pipe. These external stresses can be caused by the weight of the soil over a buried line, the weight of the pipe itself when it is unsupported, temperature changes, etc. In general, any external influence that tries to change the shape of the pipe will cause a stress. Some of these stresses are additive to the stresses caused by internal pressure. As such, they must be allowed for in the MAOP calculations. Hence, care must be taken to ensure that the pipeline will never be subjected to any combination of internal pressures and external forces that will cause the pipe material to be overstressed.

MAOP is the internal pressure component of the total stress situation in the pipe material. This means that after all other stress-causing forces are considered, the pipe material can still withstand an additional amount of stress equal to that which will be caused by the application of the internal pressure. Internal pressure normally accounts for the majority of total pipe wall stress. Consequently, it is normally closely controlled to ensure that it does not cause MAOP to be exceeded.

For purposes of this item, MAOP can incorporate any and all design safety factors, or it may exclude the operating safety factors that are mandated by government regulations. It should not exclude engineering safety factors that reflect the uncertainty and variability of material strengths and the simplifying assumptions of design formulae. As such they are reasonable limitations on operating pressure. Regulatory operating safety factors may go beyond this to allow for errors and omissions, deterioration of facilities, etc. Such allowances are certainly needed in pipeline operation, but will yield quite conservative results in this particular section. Regulatory safety factors may therefore be omitted from the MAOP calculations for this item. As with all points of this tool, such distinctions are ultimately left to the evaluator. Because a picture of risk relative to other pipelines is sought, any consistent definition of MAOP will work.

To define the ease of reaching MAOP (whichever definition of MAOP is used) a point schedule is designed to cover the possibilities. For example:

A. Routine .... 0 pts

Definition: Where routine, normal operations could allow the system to reach MAOP. Overpressure is prevented by procedure or safety device.

B. Unlikely .... 5 pts

Definition: Where overpressure can occur through a combination of procedural errors or omissions, and failure of safety devices (at least two levels of safety). For example: A pump can be run in a "deadheaded" condition by the accidental closing of a valve, and two levels of safety system (a primary safety and one redundant level of safety) failing would overpressure the pipeline.

C. Extremely Unlikely .... 10 pts

Definition: Where overpressure is theoretically possible, but only through an extremely unlikely chain of events including errors, omissions, safety device failures at more than two levels of redundancy. For example: A large diameter gas line would over-pressure if a mainline valve was closed AND communications (SCADA) failed AND downstream vendors did not communicate problems AND local safety shutdowns failed, **AND** the situation went undetected for a matter of hours. Obviously, this is an unlikely scenario.

D. Impossible .... 12 pts

Definition: Where the pressure source cannot, under any conceivable chain of events, over-pressure the pipeline.

Ideally, the evaluator uses the worst credible scenario that was created in a Haz Ops type hazard identification exercise.

In studying the point schedule for ease of reaching MAOP, the "routine" description implies that MAOP can be reached rather easily. The only preventative measure may be procedural, where the operator is relied upon to operate 100% error-free, or a simple safety device that is designed to close a valve, shut down a pressure source, or relieve pressurized product from the pipeline.

If perfect operator performance and one safety device are relied upon, the pipeline owner is accepting a high level of risk of reaching MAOP. Error-free work techniques are not realistic and industry experience shows that reliance upon a single safety shutdown device, either mechanical or electronic, allows for some periods of NO over-pressure protection. Few points should be awarded to such situations.

Remember: The evaluator is making no value judgments at this stage as to whether or not reaching MAOP poses a serious threat to life or property. Such judgments will be made when the "consequence" factor is evaluated.

The "unlikely" description, Category B, allows for redundant levels of safety devices. These may be any combination of relief valves; rupture disks; mechanical, electrical, or pneumatic shutdown switches; or computer safeties (programmable logic controllers, supervisory control and data acquisition systems, or any kind of "logic" devices that may trigger an overpressure prevention action). The point is that at least two independently operated devices are set to prevent overpressure of the pipeline. This allows for the accidental failure of at least one safety device, with backup provided by another.

Operator procedures must also be in place to cause the pipeline to be operated at a pressure level below the MAOP. In this sense, any safety device can be thought of as a backup to proper operating procedures. The point value of Category B should reflect the chances, relative to the other categories, of a procedural error coincident with the failure of two or more levels of safety. Industry experience shows that this is not as unlikely an occurrence as it may first appear.

Category C, "extremely unlikely," should be used for situations that are less hazardous than Category B, but still contain a theoretical chance for exceeding MAOP. As this chance becomes increasingly remote, points awarded should come closer to a Category D score.

The "impossible" description of Category D is fairly straightforward. The pressure source is deemed to be incapable of exceeding the MAOP of the pipeline under ANY circumstances. Potential pressure sources must include pumps, compressors, wells, connecting pipelines, and the often overlooked thermal sources. A pump which, when operated in a deadheaded condition, can produce 1,000 psig pressure cannot, theoretically overpressure a line whose MAOP is 1,400 psig. In the absence of any other pressure source, this situation should receive the maximum points. The potential for thermal over-pressure must not be overlooked, however. A section of liquid-full pipe may be pressured beyond its MAOP by a heat source such as sun or fire, if the liquid has no room to expand.

Further, in examining the pressure source, the evaluator may have to obtain information from suppliers as to the maximum pressure potential of their facilities. It is sometimes difficult to obtain the maximum pressure value as it must be defined for this application, assuming failure of all safety and pressure limiting devices. In the next section, a distinction will be made between safety systems controlled by the pipeline operator and those outside his direct control.

3. Safety Systems .... 0–10 points

Safety devices, as a component of the risk picture, are included here in the *Incorrect Operations Index* rather than the *Design Index*. This is done because it is thought that safety systems exist as a backup for the situations in which human error causes or allows MAOP to be reached. As such, they reduce the possibility of a pipeline failure due to human error. It can be argued that most of the risk picture is at least indirectly linked to human error, but safety systems are perhaps more directly linked to incorrect operations by the pipeline operator.

The risk evaluator should carefully consider any and all safety systems in place. A safety system or device is a mechanical, electrical, pneumatic, or computer-controlled device that prevents the pipeline from being overpressured. Prevention may take the form of shutting down a pressure source, or relieving pressurized pipeline contents. Common safety devices include relief valves, rupture disks, and switches that may close valves, shut down equipment, etc., based upon sensed conditions. A level of safety is considered to be any device that unilaterally and independently causes an overpressure prevention action to be taken. When more than one level of safety exists—each level independent of the previous device and its power source—redundancy is established (Figure 6-2). Redundancy provides backup protection in case of failure of a safety device for any reason. Two, three, and even four levels of safety are not uncommon for critical pipelines.

In some instances, safety systems exist that are not under the direct control of the pipeline operator. When another pipeline or perhaps a producing well is the pressure source, control of that source and its associated safeties may rest with the other party. In such cases,

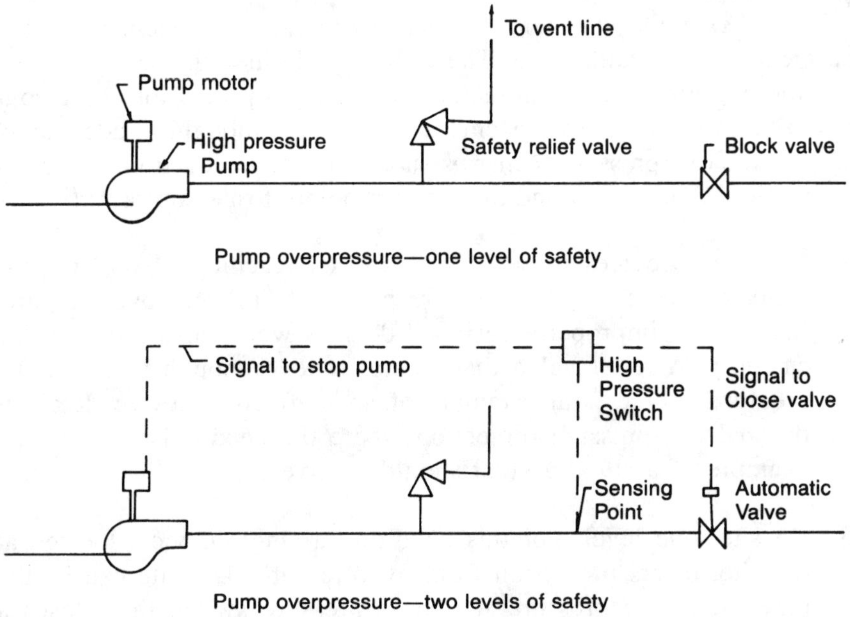

Figure 6-2. Safety systems.

allowances must be made for the other party's procedures and operating discipline. Uncertainty may be reduced when there is direct inspection or witnessing of the calibration and maintenance of the third party's safety equipment, but this does not replace direct control of the equipment.

A point schedule should be designed to accommodate all situations on the pipeline system*. An example schedule follows:

A.	No safety devices present	0 pts
B.	On site, one level only	3 pts
C.	On site, two or more levels	6 pts
D.	Remote, observation only	1 pt
E.	Remote, observation and control	3 pts
F.	Non-owned, active witnessing	–2 pts
G.	Non-owned, no involvement	–3 pts
H.	Safety systems not needed	10 pts

**Note:* The evaluator must decide if he will be considering the pipeline system as a whole (ignoring section breaks) for this item. A safety system might be physically located outside of the sections it is protecting. (See Example 6-3).

In this example schedule, more than one safety system condition may exist at the same time. The evaluator defines the safety system and the overpressure scenarios. He then assigns points for every condition that exists. Safety systems which are not thought to adequately address the overpressure scenarios should not be included in the evaluation. Note that some conditions cause points to be subtracted.

A. No safety devices present. In this case, reaching MAOP is possible, and no safety devices are present to prevent overpressure. Inadequate, improperly designed devices would also fall into this category. A relief valve that cannot relieve enough to offset the pressure source is an example of an ineffective device. Lack of thermal overpressure protection where the need exists is another example of a situation that should receive 0 pts.

B. On site, one level. For this condition a single device, located at the site, offers protection from overpressure. The site can be the pipeline or the pressure source. A pressure switch that closes a valve is an example. A properly sized relief valve on the pipeline is another example.

C. On site, two or more levels. Here, more than one safety device is installed at the site. Each device must be independent of all others and be powered by a different power source than the others. This makes each device an independent level of safety. More points should be given for this situation because redundancy of safety devices obviously reduces risk.

D. Remote, observation only. In this case, the pressure is monitored from a remote location. Remote control is not possible and automatic overpressure protection is not present. While not a replacement for an automatic safety system, such remote observation provides some additional backup. Points may be given for such systems only if such observation is practiced 95%–100% of the time. An example would be a pressure that is monitored and alarmed in a control room which is manned 24 hours a day and which has a communication reliability rate of more than 95%. Upon notification of an abnormal condition, the observer can dispatch personnel to correct the situation.

E. Remote, observation and control. This is the same situation as the previous one with the added feature of remote control capabilities. Upon notification of overpressure, the observer is able to remotely take action to prevent overpressure. This may mean stopping a pump or compressor and opening or closing valves. Remote control capability can significantly impact the risk picture only if communications are reliable—95% or better for both receiving of the pressure signal and transmission of the control signal. Remote control generally takes the form of opening or closing valves and stopping pumps or compressors. This condition receives more points because more immediate corrective action is made possible by the addition of the remote control capabilities.

F. Non-owned, active witnessing. Here, overpressure prevention devices exist, but are not owned, maintained, or controlled by the owner of the equipment that is being protected. The pipeline owner takes steps to assure himself that the safety device(s) is properly calibrated and maintained by witnessing such activities. Inspection of calibration or inspection reports without actually witnessing the activities may, in the evaluator's judgment, earn points. Points awarded here should reflect the uncertainties attached with not having direct control of the devices. By assigning negative points here, identical safety systems under different ownerships would have different point values. This reflects a difference in the risk picture caused by the different ownerships.

G. Non-owned, no involvement. Here again, the overpressure devices are not owned, operated, or maintained by the owner of the equipment that is being protected. The equipment owner is relying upon another party for his overpressure protection. Unlike the previous category, here the pipeline owner is taking no active role in assuring himself that the safety devices are indeed kept in a state of readiness. As such, points are subtracted—the safety system effectiveness has been reduced by the added uncertainty.

H. Safety systems not needed. In the previous item, MAOP potential, the most points were awarded for the situation in which it is impossible, under any reasonable chain of events, for the system to reach MAOP. Under this scenario, the most points are also awarded because no safety systems are needed. It is thought that this is not the normal situation in cross-country pipelines, but where it exists, this situation poses the smallest hazard.

For all safety systems, the evaluator should examine the status of the devices should a loss of power occur. Some valves and switches are designed to ''fail closed'' upon loss of their power supplies (electric or pneumatic, usually). Others are designed to ''fail open,'' and a third class remains in its last position "fail last." The important thing is that the equipment fails in a mode that leaves the site in a safe condition.

Following are three examples of the application of this point schedule.

Example 6-1: Scoring Safety Systems (Case A)

In this pipeline section, a pump station is present. The pump is capable of overpressuring the pipeline. To prevent this, safety devices are installed. A pressure sensitive switch will stop the pump and allow product to flow around the station in a safe manner. Should the pressure switch fail to stop the pump, a relief valve will open and vent the entire pumped product stream to a flare in a safe manner. This station is remotely monitored by the transmission of appropriate data (including pressures) to a control room that is manned 24 hours per day. Remote shutdown of the pump from this control room is possible. Communications are deemed to be 98% reliable.

Conditions Present	Points
C	6
E	3
Total points = 9	

Note that two levels of safety are present (pressure switch and relief valve), and that full credit is given to the remote capabilities only after communication effectiveness is assessed.

Example 6-2: Scoring Safety Systems (Case B)

For this example, a section of a gas transmission pipeline has a supplier interconnect. This interconnect leads directly to a producing gas well that can produce pressures and flow rates which can overpressure the transmission pipeline. Several levels of safety are present at the well site and under the control of the producer. The producer has agreed by contract to ensure that the transmission pipeline owner is protected from any damaging pressures due to the well operation. The pipeline owner monitors flow rates from the producer as well as pressures on the pipeline. This monitoring is on a 24-hour basis, but no remote control is possible.

Conditions Present	Points
C	6
D	1
G	–3
Total points = 4	

Note that credit is given for condition C even though the pipeline owner has no safety devices of his own in this section. The fact that the devices are present warrants points; the fact that they are not under the owner's control negates some of those points (condition G). Also, while contractual agreements may be useful in determining liabilities AFTER an accident, they are not thought to have much impact on the risk picture. If the owner takes an active role in ensuring that the safety devices are properly maintained, condition F would replace G yielding a total point score of 5.

Example 6-3: Scoring Safety Systems (Case C)

In this example, a supplier delivers product via a high-pressure pump into a pipeline section that relies on a downstream section's relief valve to prevent overpressure. The supplier has a pressure switch at the pump site to stop the pump in the event of high pressure. The pipeline owner inspects the pump station owner's calibration and inspection records for this pressure switch. The pump station owner remotely monitors the pump station operation 24 hours per day.

Conditions Present	Points
B	3
F-G	–2.5
Total points = 0.5	

Note that credit is not given, in this case, for a relief valve not in the section being evaluated. It could be argued that, because section breaks are somewhat arbitrarily inserted, safety device effectiveness should cross section lines. The evaluator in this case, however, has decided to strictly apply his section rule, mainly for simplicity. He saves himself many shades of gray interpretations and feels that this is worth the possible inequities that may result.*

Note also that no points are given for the supplier's remote monitoring. Again, the evaluator has made the decision to simplify—he does not wish to be evaluating suppliers' systems beyond the presence of direct overpressure shutdown devices located at the site. Finally, note that the evaluator has awarded points for the pipeline owner's inspection of the suppliers' maintenance records. He feels that, in this case, an amount of risk reduction is achieved by such inspections.

---

*As with every aspect of this risk assessment tool, the evaluator makes interpretations within the guidelines established. The tool can and should be customized to the particular situation. The important thing is that ALL contributors and detractors of risk are considered. The relative magnitude of each risk component has already been agreed upon by company officers and employees. Therefore, uniform application of the tool is the critical issue that the evaluator faces.

4. Material Selection .... 0–2 points

The evaluator should look for evidence that proper materials were identified and specified with due consideration to all stresses reasonably expected. This may appear to be an obvious point, but when coupled with ensuring that the proper material is actually installed in the system, a number of historical failures could have been prevented by closer consideration of this point. The evaluator should find calculations showing all anticipated stresses in the pipe components. This would include concrete coatings, internal and external coatings, nuts and bolts, all connecting systems, and supports, as well as the structural (load-bearing) members of the system. Documents should show that the corrosion potential, including incompatible material problems and welding-related problems, was considered in the design.

Most importantly, a set of control documents should exist. These control documents, in the form of pipeline specifications, give highly detailed data on all system components, from the nuts and bolts to the most complex instrumentation. The specifications will address component sizes, material compositions, paints and other protective coatings, and any special installation requirements. Design drawings specify the location and assembly parameters of each component.

When any changes are made to the pipeline, the control documents should govern. All new and replacement materials must conform to the original specifications or the specifications must be formally reviewed and revised to allow different materials. By rigidly adhering to these documents, the chance of mistakenly installing incompatible materials is reduced.

Awarding of points for this item should be based upon the existence and use of control documents that govern all aspects of pipeline material selection and installation. Two points are awarded for the best use of control documents, 0 points if control documents are not used.

5. Checks .... 0–2 points

Here, the evaluator determines if design calculations and decisions were checked at key points during the design process. Ideally, a licensed professional engineer vouches for all designs. This is a definite point of intervention. Design checks by qualified professionals can help to prevent errors and omissions by the designers. Even the most routine designs require a degree of professional judgment and are consequently prone to error. Design checks can be performed at any stage of the life of the system. It is probably impossible to accurately gauge the quality of the checks—evidence that they were indeed performed will probably have to suffice.

Two points are awarded for sections whose design process was carefully monitored and checked.

B. Construction **Suggested weighting .... 20 pts**
Prevention

Ideally, construction processes would be well-defined and invariant from site to site. In-process measurements and high pride of workmanship among the constructors would ensure the highest quality and consistency in the finished product—inspection would not be needed.

Unfortunately, this is not the present state of the art in construction practice. Conformance specifications are kept wide to allow for a myriad of conditions that may be encountered in the field. Work forces are often transient and awarding of work contracts is often done solely on the basis of lowest price. This makes the job price-driven; shortcuts are sought and speed is rewarded over attention to detail.

For the construction phase, the evaluator should find evidence that reasonable steps were taken to ensure that the pipeline section was constructed per design specifications. This includes checks on the quality of workmanship and, ideally, another check on the design phase.

While the post-construction pressure test verifies the system strength, improper construction techniques could cause problems far into the future. Residual stresses, damage to corrosion prevention systems, improper pipe support, and dents or gouges causing stress risers are some examples of construction defects that may pass an initial pressure test, but contribute to a later failure.

1. Inspection .... 10 points
2. Materials .... 2 points
3. Joining .... 2 points
4. Backfilling .... 2 points
5. Handling .... 2 points
6. Coating .... 2 points

The evaluator should be satisfied himself that:

1. Inspection .... 0–10 points

A qualified inspector was present to oversee all aspects of the construction. The inspection provided was of the highest quality. A check of the inspector's credentials, his notes during construction, his work history, and maybe even the constructor's opinion could be used in assessing the performance. The scoring of the following construction items may also hinge upon the inspector's perceived performance.

If inspection is a complete unknown, 0 points should be awarded. Where it is well-known and well-documented, the maximum points should be awarded. This item commands the most points for the construction item because current pipeline construction practices rely so heavily on proper inspection.

2. Materials .... 0–2 points

All materials and components were verified as to their authenticity and conformance to specifications prior to construction. Awareness of potential counterfeit materials should be high for recent construction. Requisition of proper materials is not sufficient for this item. An on-site material handler should be designated to take all reasonable steps to ensure that the right material is indeed being installed in the right location.

Evidence that this was properly done warrants 2 points.

3. Joining .... 0–2 points

High quality of workmanship is seen in all methods of joining pipe sections. Welds were inspected by appropriate means (X-ray, ultrasound, dye penetrant, etc.) and all were brought into compliance with governing specifications. Often, weld acceptance or rejection is determined by two inspectors. Point values should be decreased for less than 100% weld inspection. Other joining methods (flanges, screwed connections, polyethylene fusion welds, etc.) are similarly scored based upon the quality of the workmanship and the inspection technique.

100% inspection of all joints by industry-accepted practices warrants 2 points. Less than 100% or questionable or unknown inspection practice reduces the points.

4. Backfill .... 0–2 points

Type of backfill and procedures used ensured that no damage to the coating occurred. Uniform and (sometimes) compacted bedding material is necessary to properly support the pipe. Stress risers may arise from improper backfill or bedding material.

Knowledge and practice of good backfill/support techniques during construction warrants 2 points.

5. Handling .... 0–2 points

Components, especially longer sections of line pipe, were handled in ways to minimize stresses. Cold-working of steel components for purposes of fit or line-up were minimized. Cold-working can cause high levels of residual stresses which in turn are a contributing factor to stress-corrosion phenomena. Handling includes storage of materials prior to installation. Protecting materials from harmful elements should be a part of proper handling.

The evaluator should award 2 points when he sees evidence of good material handling and storage techniques during and prior to construction.

6. Coating .... 0–2 points

Coating application was supervised; coating was carefully inspected and repaired prior to final installation of pipe. This was a final step to ensure no last minute coating damage occurred during handling or final installation. Coating assessment is done in the *Corrosion Index* also, but at this stage, the human error potential is great. Proper handling and backfilling also directly impact the final condition of the coating. The best coating system can be easily sabotaged by simple errors in the final steps of installing the pipeline.

Again, the maximum points are awarded when the evaluator is satisfied that the constructors exercised due diligence in caring for the coating.

The evaluator must be careful in judging these items. Operators may have strong beliefs in how well these error-prevention activities were carried out, but may have little evidence to verify those beliefs. Evaluations of pipeline sections must reflect a consistency in awarding points and not be unduly influenced by unsubstantiated beliefs. A "documentation-required" rule would help to ensure consistency.

Excavations, even years after initial installation, provide evidence of how well construction techniques were carried out. Findings such as damaged coatings, debris (temporary wood supports, weld rods, tools, rocks, etc.) buried with the pipeline, sloppy coatings over weld joints, etc., will still be present years later to indicate that perhaps not sufficient attention was paid during the construction process.

C. Operation Prevention — Suggested weighting .... 35 pts

Having considered design and construction, the third phase, operations, is perhaps the most critical from a human-error standpoint. This is a phase in which an error can produce an immediate failure. Emphasis therefore is on error prevention rather than error detection. Unlike the other phases, intervention opportunities here may be rare. The evaluator should look for a sense of professionalism in the way operations are conducted. A strong safety program is also evidence of attention being paid to error prevention. Both of these, professionalism and safety programs, are among the items believed to reduce errors.

The items in this section are somewhat redundant to each other, but are still thought to stand on their own merit. For example, better procedures enhance training; mechanical devices complement training; better training and professionalism usually mean less supervision is required.

Operations is the stage where observability and controllability should be maximized. Wherever possible, intervention points should be established. These are steps in any process where actions contemplated or just completed are reviewed for correctness. At an intervention point, it is still possible to reverse the steps and place the system back in its prior (safe) condition.

A suggested point schedule to evaluate the operations phase is as follows:

1. Procedures .... 7 points
2. SCADA/Communications .... 5 points
3. Drug-testing .... 2 points
4. Safety programs .... 2 points
5. Surveys .... 2 points
6. Training .... 10 points
7. Mechanical Devices .... 7 points

1. Procedures .... 0–7 points

The evaluator should be satisfied himself that written procedures covering all aspects of pipeline operation exist. There is evidence that these procedures are actively used, reviewed, and revised. Such evidence might include filled-in checklists and copies of procedures in field locations or with field personnel. Ideally, use of procedures and checklists reduces variability. More consistent operations imply less opportunity for human error.

Examples of job procedures include:

- valve maintenance
- safety device inspection and calibration
- pipeline shutdown or start up
- pump operations
- product movement changes
- ROW maintenance
- flow meter calibrations
- instrument maintenance
- management of change

The list goes on. Note that work near the line, but not actually involving the pipeline, is also included because such activities may affect the line. Unique or rare procedures should be developed and communicated with great care. A protocol should exist that covers these procedures—who develops them, who approves them, how is training done, how is compliance verified, how often are they reviewed. The non-routine is often the most dangerous.

The evaluator can check to see if procedures are in place for the most critical operations first: starting and stopping of major pieces of equipment, valve operations, changes in flow parameters, instruments taken out of service, etc.

A strong procedures program is an important part of reducing operational errors, as is seen by the point level. Maximum points should be awarded where procedure use is the highest. More is said about procedures in the training item.

2. SCADA/Communications .... 0–5 points

Supervisory Control and Data Acquisition (SCADA) refers to the transmission of pipeline operational data (such as pressures, flows, temperatures, and product compositions) at sufficient points along the pipeline to allow monitoring of the line from a single location (Figure 6-3). In many cases, it also includes the transmission of data from the central monitoring location to points along the line to allow for remote operation of valves, pumps, etc. Devices called remote

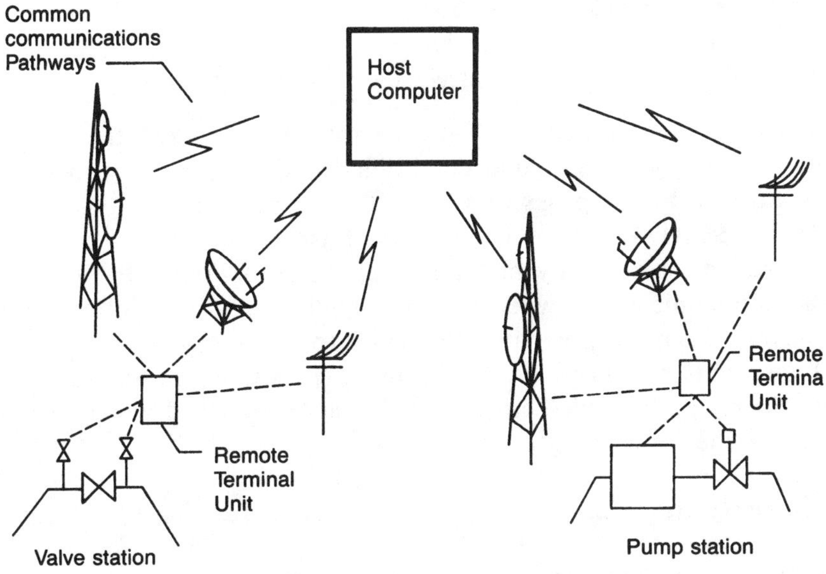

Figure 6-3. Pipeline SCADA systems.

terminal units (RTU) provide the interface between the pipeline data-gathering instruments and the conventional communication paths such as telephone lines, satellite transmission links, fiber optic cables, radio waves, or microwaves.

SCADA systems usually are designed to provide an overall view of the entire pipeline from one location. In so doing, system diagnosis, leak detection, transient analysis, and work coordination can be enhanced.

The main contribution of SCADA to human error avoidance is the fact that another set of eyes is watching pipeline operations and is hopefully consulted prior to field operations. A possible detractor is the possibility of errors emerging from the pipeline control center. More humans involved may imply more error potential, both from the field and from the control center. The emphasis should therefore be placed on how well the two locations are cooperating and cross-checking each other.

Protocol may specify the procedures in which both locations are involved. For example, the operating discipline could require communication between technicians in the field and the control center immediately before:

- valves opened or closed
- pumps and compressors started or stopped
- vendor flows started or stopped
- instruments taken out of service
- any maintenance that may affect the pipeline operation

Two-way communications between the field site and the control center should be a minimum condition to justify points in this section. Strictly for purposes of this section, a control center need not employ a SCADA system. The important aspect is that another source is consulted prior to any potentially upsetting actions. Telephone or radio communications, when properly applied, can be as effective as SCADA systems in preventing human error.

Five points should be awarded when the cross-checking is seen to be properly performed. Zero points should be awarded when there is no cross-checking being done.

3. Drug Testing..(0–2 points)

Government regulations in the U.S. currently require drug testing programs for certain classes of employees in the transportation industry.

The intent is to reduce the potential for human error due to an impairment of an individual. Company drug testing policies often include:

- random testing
- testing for cause
- pre-employment testing
- post-accident testing
- return-to-work testing

From a risk standpoint, finding and eliminating substance abuse in the pipeline workplace reduces the potential for substance-abuse-related human errors.

A functioning drug testing program for pipeline employees who play substantial roles (DOT defines critical pipeline jobs) in pipeline operations should warrant 2 points.

In cultures where drug and substance abuse is not a problem, a practice of employee health screening may be a substitute item to score.

4. Safety Programs .... 0–2 points

A safety program is one of the nearly intangible factors in the risk equation. It is believed that a company-wide commitment to safety reduces the human error potential. Judging this level of commitment is difficult. At best we look for evidence of a commitment to safety. Such evidence may take the form of:

- written company statement of safety philosophy
- safety program designed with high level of employee participation—evidence of high participation is found
- strong safety performance record (recent history)
- housekeeping
- signs, slogans, etc., to show an environment tuned to safety
- full-time safety personnel

Most will agree that a company that promotes safety to this degree will have an impact on human error potential. A strong safety program should warrant 2 points.

5. Surveys .... 0–2 points

While also covered in the risk indexes they specifically impact, surveys as a part of routine pipeline operations are again considered here. Examples of typical pipeline surveys include:

- close interval surveys
- coating condition surveys
- water crossing surveys
- deformation detection by pigging
- population density surveys
- depth of cover surveys
- sonar (subsea) surveys
- thermographic surveys
- leak detection

Each is intended to identify areas of increased risk. A formal program of surveying, including proper documentation, implies a professional operation and a measure of risk reduction. Routine surveying indicates a more proactive, rather than reactive, approach to the operation. For the pipeline section being evaluated, points should be awarded based upon the number of surveys performed versus the number of useful surveys that could be performed there.

Maximum points should be awarded where surveying benefits are being optimized.

6. Training .... 0–10 points

Training should be seen as the first line of defense against human error and accident reduction. For purposes of this risk assessment, training that concentrates on failure prevention is the most vital. The focus is on avoiding any failure of the pipeline system that may threaten life or property. This is in contrast to training that emphasizes protective equipment, first aid, injury prevention, and even emergency response. Such training is unquestionably critical, but its impact on the risk picture is indirect at best. This should be kept in mind as the training program is assessed for its contribution to risk reduction.

Obviously, different training is needed for different job functions and different experience levels. An effective training program, however, will have several key aspects, including common topics in which all pipeline employees should be trained. A point schedule can be developed to credit the program for each aspect that has been incorporated. An example (with detailed explanations afterwards) follows.

Documented Minimum Requirements	2 pts
Testing	2 pts

Topics covered:	
Product characteristics	0.5 pts
Pipeline material stresses	0.5 pts
Pipeline corrosion	0.5 pts
Control and operations	0.5 pts
Maintenance	0.5 pts
Emergency drills	0.5 pts
Job procedures (as appropriate)	2 pts
Scheduled re-training	1 pt

Documented Minimum Requirements. A document that specifically describes the body of knowledge which is expected of pipeline workers is the start of a good program. This document will ideally state the minimum knowledge requirements for each pipeline job position. Mastery of this body of knowledge will be verified before that position is worked by an employee. For example, a pump station operator will not be allowed to operate a station until he has demonstrated a command of all of the minimum requirements of that job. This should include station shutdowns, alarms, monitors, procedures, and the ability to recognize any abnormal conditions at the station.

Testing. A formal program should verify operator knowledge and identify deficiencies before they pose a threat to the pipeline system. Tests that can be passed with less than 100% correctness may be failing to identify training weaknesses. Ideally, the operator should know exactly what knowledge he is expected to possess. The test should confirm that he does indeed possess this knowledge. He may be retested (within reasonable limits) until he has mastered the body of knowledge required for his job. Testing programs vary greatly in technique and effectiveness. It is left to the risk evaluator to satisfy himself that the testing achieves the desired results.

Topics Covered. Regardless of specific job, all pipeline operators (and arguably, all pipeline employees) should have some basic common knowledge. Some of these common areas may include:

- Product characteristics. Is the product transported flammable, toxic, reactive, carcinogenic? What are the safe exposure limits? If released, does it form a cloud? Is the cloud heavier or lighter than air? Such knowledge decreases the chances of an operator making an incorrect decision due to ignorance of the product he is handling.

- Pipeline material stresses. How does the pipeline material react to stresses? What are indications of overstressing? What is the failure mode of the material? What is the weakest component in the system? Such basic knowledge must not be confused with engineering in the minds of the operators. All operators should understand these fundamental concepts to help avoid errors only—not to replace engineering decisions. With this knowledge though, an operator may find (and recognize the significance of) a bulge in the line indicating yielding had occurred. All trainees may gain a better appreciation of the consequences of a pipeline failure.
- Pipeline corrosion. As in the above topic, a basic understanding of pipeline corrosion and anti-corrosion systems may reduce the chances of errors. With such training, a field operator would be more alert to coating damage, the presence of other buried metal, or overhead power lines as potential threats to the pipeline. Office personnel may also have the opportunity to recognize a threat and bring it to the attention of the corrosion engineer, given a fundamental understanding of corrosion. A materials handler may spot a situation of incompatible metals that may have been overlooked in the design phase.
- Control and operations. This is most critical to the employees who actually perform the product movements, but all employees should understand how product is moved and controlled, at least in a general way. An operator who understands what manner of control is occurring upstream and downstream of his area of responsibility is less likely to make an error due to ignorance of the system. An engineer who understands the big picture of the pipeline system will anticipate all ramifications of changes to the system.
- Maintenance. A working knowledge of what is done and why it is being done may be valuable in preventing errors. A worker who knows how valves operate and why maintenance is necessary to their proper operation will be able to spot deficiencies in a related program or procedure. Inspection and calibration of instruments, especially safety devices, will usually be better done by a knowledgeable employee.

Emergency Drills. The role of emergency drills as a PROACTIVE risk reducer may be questioned. Emergency response in general is thought to play a role only after a failure has occurred and consequently is considered in the consequences portion of the *Leak Impact*

Factor. Drills, however, may play a role in human error reduction as employees think through a simulated failure. The ensuing analysis and planning should lead to methods to further reduce the risk picture. The evaluator must decide what effect emergency drills have on the risk picture in a specific case.

Job Procedures. As required by specific employee duties, the greatest training emphasis should probably be placed on job procedures. The first step in avoiding improper actions of employees is to document the correct way to do things. Written and regularly reviewed procedures should cover all aspects of pipeline operation both in the field and in the control centers.

The use of procedures as a training tool is being measured here. Their use as an operational tool is covered in an earlier item.

Scheduled Retraining. Finally, experts agree that training is not permanent. Habits form, steps are bypassed, things are forgotten. Some manner of retraining and retesting is essential when relying upon a training program to reduce human error. The evaluator should satisfy himself that the retraining schedule is appropriate, and that the retesting adequately verifies employee skills.

7. Mechanical Error Preventers .... 0–7 points

Sometimes dubbed "idiot-proofing," installing mechanical devices to prevent operator error is a proven effective risk reducer. Credit towards risk reduction should be given to any such device that impedes the accomplishment of an error. The premise here is that the operator is properly trained—the mechanical preventer serves to help avoid inattention errors. A simple padlock and chain can fit in this category, because such locks cause an operator to pause and hopefully consider action about to be taken. A more complex error-preventer is computer logic that will prevent certain actions from being performed out of sequence.

The point schedule for this category should reflect not only the effectiveness of the devices being rated, but also the possible consequences that are being prevented by the device. Judging this may need to be subjective, in the absence of good data. An example of a schedule with detailed explanations follows:

Three-way valves with dual instrumentation .... 4 pts
Lock-out devices .... 2 pts
Key-lock-sequence program .... 2 pts
Computer permissives .... 2 pts
Highlighting of critical instruments .... 1 pt

In this schedule, points may be added for each application up to a maximum point value of 6 points. An application is valid only if the mechanical preventer is used in all instances of the scenario it is designed to prevent. If the section being evaluated has no possible applications, award the maximum points (7 points) because there is no potential for this type of human error.

Three-Way Valves. It is common industry practice to install valves between instruments and pipeline components. The ability to isolate the instrument allows for maintenance of the instruments without taking the whole pipeline section out of service. Unfortunately, it also allows the opportunity for an instrument to he rendered useless if the isolating valve is left closed after the instrument maintenance is complete. Obviously if the instrument is a sáfety device such as a relief valve or pressure switch, it must not be isolated from the pipeline which it is protecting.

Three-way valves have one inlet and two outlets. By closing one outlet, the other is automatically opened. Hence, there is always an unobstructed outlet. When pressure switches, for instance, are installed at each outlet, one switch can be taken out of service and the other will always be operable. Both pressure switches cannot be simultaneously isolated. This is a prime example of a very effective mechanical preventer that reduces the possibility of a quite serious error. Points are awarded accordingly.

Lock-Out Devices. These are most effective if they are not the norm. When an operator encounters a lock routinely, the attention-grabbing effect is lost. When the lock is an unusual feature, signifying unusual seriousness of the operation about to be undertaken, the operator is more likely to give the situation more serious attention.

Key-Lock Sequence Programs. These are used primarily to avoid out-of-sequence type errors. If a job procedure calls for several operations to be performed in a certain sequence, and deviations from that prescribed sequence may cause serious problems, a key-lock sequence program may be employed to prevent any action from being taken prematurely. Such programs require an operator to use certain keys to unlock specific instruments or valves. Each key unlocks only a certain instrument and must then be used to get the next key. For instance, an operator uses his assigned key to unlock a panel of other keys. From this panel he can initially remove only key A. He uses key A to unlock and close valve X. When valve X is closed, key B becomes available to the operator. He uses key B to unlock and open valve Y. This makes key C available, etc. . . . At the end of the sequence, he is able to remove key A and use it to retrieve his assigned key. These elaborate sequencing schemes involving operators and keys are being replaced by computer logic, but where they are used, they can be quite effective. It is important that the keys be non-defeatable to force operator adherence to the procedure.

Computer Permissives. These are the electronic equivalent to the key-locks described in the last section. By means of logic ladders, the computer prevents improper actions from being taken. A pump start command will not be executed if the valve line-up (proper up and downstream valves open or closed as required) is not correct. A command to open a valve will not execute if the pressure on either side of the valve is not in an acceptable range. Such electronic permissives are usually software programs that may reside in on-site or remotely located computers. A computer is not a minimum requirement, however, as simple solenoid switches or wiring arrangements may perform similar functions. The evaluator should satisfy himself that such permissives are adequate to perform the intended functions and that they are regularly tested and calibrated.

Highlighting of Critical Instruments. This is merely another method of bringing attention to critical operations. By painting a critical valve the color red, or tagging an instrument with a special designation, the operator will perhaps pause and consider his action again. Such pauses to reconsider may well prevent serious mistakes. Points should be awarded based upon how effective the evaluator deems the highlighting to be.

D. Maintenance **Suggested weighting .... 15 pts**
Prevention

Improper maintenance is a type of error that can occur at several levels in the operation. Lack of management attention to maintenance, incorrect maintenance requirements or procedures, and mistakes made during the actual maintenance activities are all errors that may directly or indirectly lead to a pipeline failure. The evaluator should again look for a sense of professionalism, as well as a high level of understanding of maintenance requirements for the equipment being used.

Note: This is an item that does not command a large share of the risk assessment points. However, many items in the overall pipeline risk assessment are dependent upon items in this section. A valve or instrument, which due to improper maintenance will not perform its intended function, negates any risk reduction that the device might have contributed. If the evaluator has concerns of proper operator actions in this area, he may need to adjust (downward) all maintenance-dependent items in the overall evaluation. Therefore, if this item scores low, it should serve as a trigger to initiate a re-evaluation of the pipeline.

Routine maintenance should include procedures and schedules for operating valves, inspecting cathodic protection equipment, testing/calibrating instrumentation and safety devices, corrosion inspections, painting, component replacement, lubrication of all moving parts, engine/pump/compressor maintenance, tank testing, etc.

Maintenance must also be done in a timely fashion. Maintenance frequency should be consistent with regulatory requirements and industry standards as a minimum.

The evaluator may wish to judge the strength of the maintenance program based upon the following items:

1. Documentation .... 2 points
2. Schedule .... 3 points
3. Procedures .... 10 points

The evaluator checks to see that:

1. Documentation .... 0–2 points

A formal program of retaining all paperwork or databases dealing with all aspects of maintenance exists. This may include a file system or a computer database in active use. Any serious maintenance effort will have associated documentation. The ideal program will constantly adjust its maintenance practices based upon accurate data collection.

2. Schedule .... 0–3 points

A formal schedule for routine maintenance based upon operating history, government regulations, and accepted industry practices exists. Again, this schedule will ideally reflect actual operating history, and within acceptable guidelines, be adjusted in response to that history.

3. Procedures .... 0–10 points

Written procedures dealing with repairs and routine maintenance are readily available. Not only should these exist, it should also be clear that they are in active use by the maintenance personnel. Look for checklists, revision dates, and other evidence of their use. Procedures should help to ensure consistency. Specialized procedures are required to ensure that original design factors are still considered long after the designers are gone. A prime example is welding, where material changes such as hardness, fracture toughness, and corrosion resistance can be seriously affected by the welding process.

CHAPTER SEVEN

Leak Impact Factor

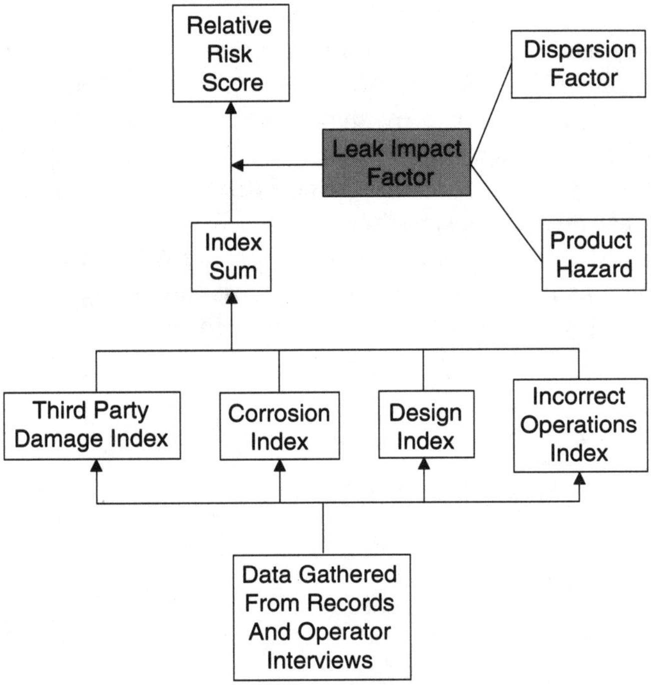

Figure 7-1. Basic risk assessment model.

Leak Impact Factor

Leak Impact Factor = (Product + Hazard) / (Dispersion Factor)

A. Product Hazard
   (Acute+Chronic Hazards) .... 1–22 pts (p. 167–182)

1. Acute Hazards

a. N_f	0–4	(p. 168)
b. N_r	0–4	(p. 169)
c. N_h	10–4	(p. 171)
Total ($N_h + N_r + N_f$)	0–12	
2. Chronic Hazard, RQ	0–10	(p. 172)
B. Dispersion Factor = (Spill Score) ÷ (Population Score)	1–6	(p. 183–205)
1. Liquid Spill or Vapor Spill	1–6	(p. 183–203)
2. Population Density	1–4	(p. 203–205)

Note: The *Leak Impact Factor* will be used to adjust the index scores to reflect the consequences of a failure. A higher point score for the *Leak Impact Factor* represents a higher risk.

Leak Impact Factor

Up to this point, possible pipeline failure initiators have been assessed. These initiators define *What can go wrong*. Actions or

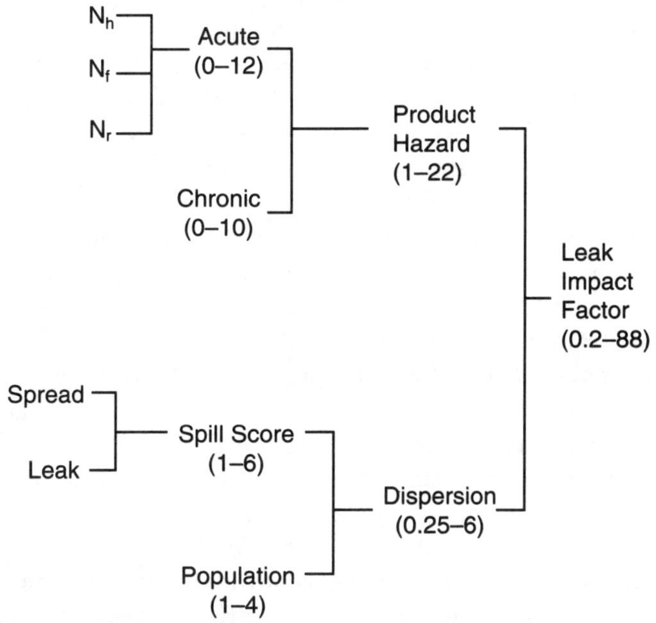

Figure 7-2. Component of the Leak Impact Factor.

devices that are designed to prevent these failure initiators were also considered. These preventions affect the *How likely is it?* follow-up question to *What can go wrong?*

The last portion of the risk assessment addresses the question of *What are the consequences?* When this is answered the complete picture becomes:

- the potential hazards
- the probabilities of the hazards occurring
- the consequences of the hazards occurring

The consequence factor begins at the point of pipeline failure. The title of this chapter, *Leak Impact Factor (LIF),* emphasizes this. What is the impact of a pipeline leak? The answer depends upon two factors:

- the pipeline product
- the pipeline surroundings

Unfortunately, the interaction between these two factors can be immensely complex and almost impossible to model. The possible leak rates, weather conditions, soil types, populations nearby, etc. are in themselves highly variable and unpredictable. When the interactions between these and the product characteristics are also considered, the problem becomes solvable only through assumptions and approximations.

Nevertheless, the *Leak Impact Factor* is calculated from an analysis of the product characteristics and the spill or release characteristics. While simplifying assumptions are used, enough distinctions are made to ensure meaningful risk assessments.

In studying the impact of a leak, we make a distinction between acute and chronic hazards. Acute can mean sudden onset, or demanding urgent attention, or of short duration. Hazards such as fire, explosion, or contact toxicity are considered to be acute hazards. They are immediate threats caused by a leak.

Chronic means marked by a long duration. A time variable is therefore implied. Hazards such as groundwater contamination, carcinogenicity, and other long-term health effects are considered to be chronic hazards. Many releases that can cause damage to the environment are chronic hazards—they can cause long-term effects and have the potential to worsen with the passage of time.

The primary difference between acute and chronic hazards is the time factor. The immediate hazard, which forms instantly upon initiation of the event, grows to its highest point within a few minutes and

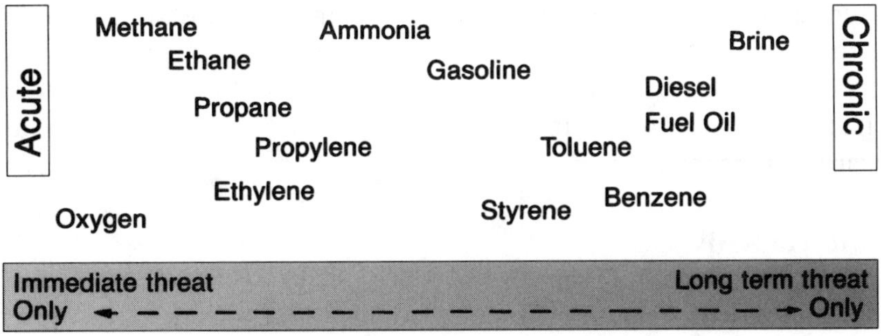

Figure 7-3. Relative acute-chronic hazard scale for some pipeline products.

then reduces, is an acute hazard. The hazard that potentially grows worse with the passage of time is a chronic hazard.

For example, a natural gas release poses mostly an acute hazard. The largest possible gas cloud normally forms immediately, creating a fire/explosion hazard, and then begins to shrink as pipeline pressure decreases. If the cloud does not find an ignition source, the hazard is reduced as the vapor cloud shrinks. (If the natural gas vapors can accumulate inside a building, the hazard may become more severe as time passes—it then becomes a chronic hazard.)

The spill of gasoline or kerosene may be more chronic in nature. As time passes, the dispersion of spilled product increases, extending the area of opportunity for ignition and increasing the area that is at risk should ignition occur. The environmental harm is also more widespread as the leak continues.

The evaluator should imagine where his product would fit on a scale such as that shown in Figure 7-3. Some product hazards are almost purely acute in nature, such as natural gas. These are shown on the left edge of the scale. Others, such as brine, pose no immediate (acute) threat, but cause environmental harm as a chronic hazard. These appear on the far right of the scale.

Product Hazard (Acute and Chronic)

The primary factor in determining the nature of the hazard is the pipeline product itself.

Most products will have some acute hazard characteristics and some chronic hazard characteristics. The evaluator should fix in his mind which of these effects is most critical. Referring again to Figure 7-3, a hypothetical scale can be used to illustrate where some common pipeline products may fit in relation to each other. A product's location on this scale is dependent upon how readily it disperses (the persistence), how much long-term hazard, and how much short-term hazard it presents.

Acute Hazards

Regardless of whether it is a gas or a liquid, the product must be assessed in terms of its toxicity, flammability, and reactivity. These are the acute hazards. One industry-accepted scale for rating product hazards comes from the National Fire Prevention Association (NFPA). This scale rates materials based on the threat to emergency response personnel (acute hazards). The potential threat is examined in terms of flammability, toxicity, and reactivity.

If the product is a mixture of several components, the mixture itself could be rated. However, an alternative would be to base the assessment on the most hazardous component, since NFPA data might be more readily available for the components individually.

Unlike the previous point scoring systems described in this book, the *Leak Impact Factor* reflects increasing hazard with increasing point values.

Flammability, N_f

Many common pipeline products are very flammable. The greatest hazard from most hydrocarbons is from flammability.

Nf is the symbol used to designate the flammability rating of a substance according to the NFPA scale. The five-point scale shows, in a relative way, how susceptible the product is to combustion. The flash point is one indicator of this flammability. Flash point is defined as the minimum temperature at which the vapor over a flammable liquid will "flash" when exposed to a free flame. It tells us what temperature is required to release enough flammable vapors to support a flame. Materials with a low flash point (<100°F) ignite and burn readily and are deemed to be flammable. If this material also has a boiling point less than 100°F, it is considered to be in the most flammable class. This includes methane, propane, ethylene, and ethane. The next highest class of substances has flash points less than 100°F and boiling points greater than 100°F. In this class, less product vaporizes and forms flammable mixtures with the air. It includes gasoline, crude petroleum, naphtha, and certain jet fuels.

A material is termed combustible if its flash point is greater than 100°F, and it will still burn. This class includes diesel and kerosene. Examples of non-combustibles are bromine and chlorine.

Use the following table or Appendix A to determine the NFPA N_f value (FP = Flash Point, BP = Boiling Point [18]):

Non-combustible	$N_f = 0$
FP > 200°F	$N_f = 1$
100°F < FP < 200°F	$N_f = 2$
FP < 100°F and BP < 100°F	$N_f = 3$
FP < 73°F and BP < 100°F	$N_f = 4$

More will be said about flammability in the discussion of vapor cloud dispersion later in this chapter.

Reactivity, N_r

Occasionally, a pipeline will transport a material that is unstable under certain conditions. A reaction with air, water, or with itself, could be potentially dangerous. To account for this possible increase in hazard, a reactivity rating should be included in the assessment of the product. The NFPA value, N_r, is used to do this.

While a good beginning point, the N_r value should be modified when the pipeline operator has evidence that the substance is more reactive than the rating implies. An example of this might be ethylene. A rather common chain of events in pipeline operations can initiate a destructive series of detonations inside the line. This is a type of reactivity that should indicate to the handler that ethylene is unstable under certain conditions and presents an increased risk due to that instability. The published N_r value of 2 might not adequately cover this special hazard for ethylene in pipelines.

Use the following table or Appendix A to determine the N_r value [18].

N_r = 0 Substance is completely stable, even when heated under fire conditions.
N_r = 1 Mild reactivity upon heating with pressure.
N_r = 2 Significant reactivity, even without heating.
N_r = 3 Detonation possible with confinement.
N_r = 4 Detonation possible without confinement.

Note that reactivity includes self-reactivity (instability) and reactivity with water.

The reactivity value (N_r) can be obtained more objectively by using the peak temperature of the lowest exotherm value as follows [18]:

Exotherm, °C	N_r
>400	0
305–400	1
215–305	2
125–215	3
<125	4

The immediate threat from the potential energy of a pressurized pipeline is also considered here. This threat includes debris and pipe fragments that could become projectiles in the event of a catastrophic pipeline failure. Accounting for internal pressure in this item quantifies the intuitive belief that a pressurized container poses a threat that is not present in a non-pressurized container.

The increased hazard due solely to the internal pressure is thought to be rather small because the danger zone is usually very limited for a buried line. When the evaluator sees an increased threat, such as an aboveground section in a populated area, he may wish to adjust the reactivity rating upward in point value.

In general, a compressed gas will have the greater potential energy and hence the greater chance to do damage. This is in comparison to an incompressible fluid.

The pressure hazard is directly proportional to the amount of internal pressure in the line. While the MAOP could be used here, this would not differentiate between the upstream sections (often higher pressures) and the downstream sections (usually lower pressures). One approach would be to create a hypothetical pressure profile of the entire line and, from this, identify normal maximum pressures in the section being evaluated. Using these pressures, points can be assessed to reflect the risk due to pressure.

So, to the N_r value determined above, a pressure factor can be added as follows:

Incompressible fluids (liquids)	Pressure Factor
0–100 psig internal pressure	0 points
>100 psig	1 point

Compressible fluids (gases)
- 0–50 psig .... 0 points
- 51–200 psig .... 1 point
- >200 psig .... 2 points

Total point values for N_r should not be increased beyond 4 points, however, because that would minimize the impact of the flammability and toxicity factors, N_f and N_h, whose maximum point scores are 4 points.

Example:

A natural gas pipeline is being evaluated. In this particular section, the normal maximum pressure is 500 psig. The evaluator determines from Appendix A that the N_r for methane is 0. To this, he adds 2 points to account for the high pressure of this compressible fluid. Total score for reactivity is therefore 2 points.

Toxicity, N_h

The NFPA rating for a material's health factor is N_h. The N_h value only considers the health hazard in terms of how that hazard complicates the response of emergency personnel. Long-term exposure effects must be assessed using an additional scale. Long-term health effects will be covered in the assessment of chronic hazards associated with product spills. Toxicity is covered in more detail beginning on page 175.

As defined in NFPA 704, the toxicity of the pipeline product is scored on the following scale [18]:

N_h = 0 No hazard beyond that of ordinary combustibles.
N_h = 1 Only minor residual injury is likely.
N_h = 2 Prompt medical attention required to avoid temporary incapacitation.
N_h = 3 Materials causing serious temporary or residual injury.
N_h = 4 Short exposure causes death or major injury.

Appendix A lists the N_h value for many substances commonly transported by pipeline.

Acute Hazard

The acute hazard is now obtained by adding the scores as follows:

$(N_f + N_r + N_h)$ = Acute hazard (0–12 points)

A score of 12 points represents a substance that poses the most severe hazard in all three of the characteristics studied.

The possible point values are low, but this is part of a multiplying factor. As such, it will have a substantial effect on the total risk score.

Few preventive actions are able to substantially reduce acute hazards. To be effective, a preventive action would have to change the characteristics of the hazard itself. Quenching a vapor release instantly or otherwise preventing the formation of a hazardous cloud would be one example of how the hazard could be changed. While the probability and the consequences of the hazardous event can certainly be managed, the state-of-the-art is not thought to be so advanced as to change the acute hazard of a substance as it is being released.

Chronic Hazard, RQ

A very serious threat from a pipeline is the potential loss of life caused by a release of the pipeline contents. This is usually considered to be an acute, immediate threat. Another quite serious threat that may also ultimately lead to loss of life is the contamination of the environment due to the release of the pipeline contents. Though not usually as immediate a threat as toxicity or flammability, environmental contamination ultimately affects life, with possible far-reaching consequences.

This section offers a method to rate those consequences that are of a more chronic nature. We will build upon the previous section in doing this. From the acute leak impact consequences model, we can rank the hazard from fire and explosion for the flammables and from direct contact for the toxic materials. These hazards were analyzed as short-term threats only. We are now ready to examine the longer-term hazards associated with pipeline releases.

Figure 7-4 illustrates how the chronic hazard associated with pipeline spills will be addressed.

The first criterion is whether or not the pipeline product is considered to be hazardous. For this determination, the U.S. government regulations will be used. The regulations loosely define a hazardous

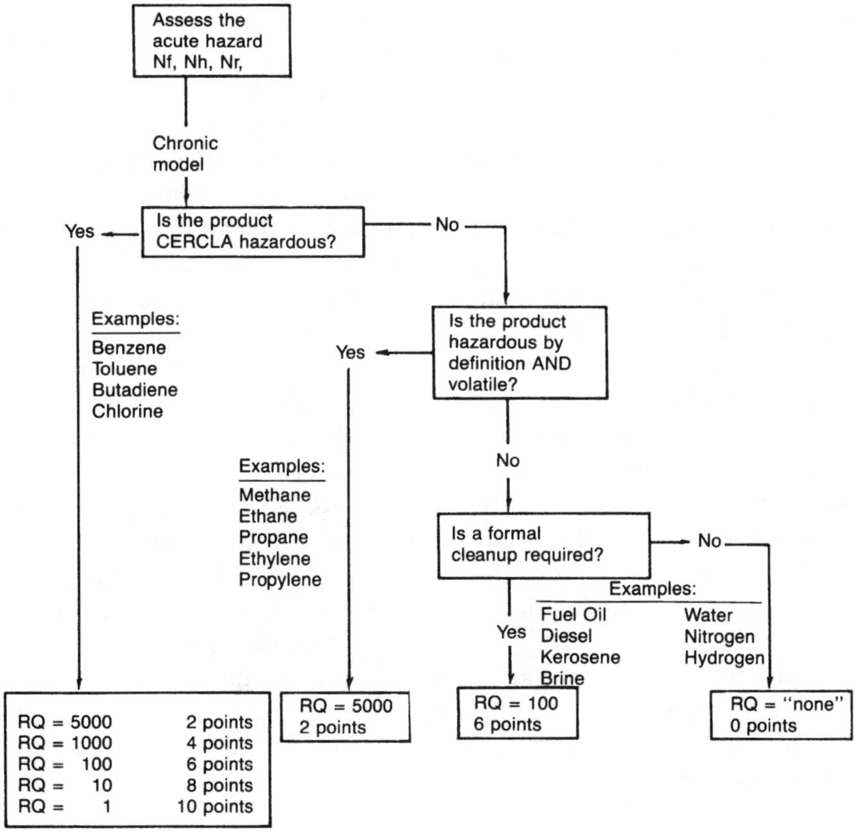

Figure 7-4. Determination of RQ.

substance as a substance that can potentially cause harm to humans or to the environment. Hazardous substances are more specifically defined in a variety of regulations including the Clean Water Act (CWA), the Clean Air Act (CAA), the Resource Conservation and Recovery Act (RCRA), and the Comprehensive Environmental Response, Compensation and Liability Act (CERCLA, also known as Superfund). If the pipeline product is considered by any of these sources to be hazardous, a reportable spill quantity (RQ) category designation is assigned under CERCLA (Figure 7-4). These RQ designations will be used in our pipeline risk assessment to help rate hazardous products from a chronic standpoint.

The more hazardous substances have smaller reportable spill quantities. Larger amounts of more benign substances may be spilled before the environment is damaged. Less hazardous substances, therefore, have larger reportable spill quantities. The designations are categories X, A, B, C, and D, corresponding to spill quantities of 1, 10, 100, 1,000, and 5,000 pounds, respectively. Class X, a l-pound spill, is the category for substances posing the most serious threat. Class D, a 5,000-pound spill, is the category for the least harmful substances.

The EPA clearly states that its RQ designations are not created as agency judgments of the degree of hazard of specific chemical spills. That is, the system is NOT intended to say that a 9-pound spill of a class A substance is not a problem, while a 10-pound spill is. The RQ is designed to be a trigger point at which the government can investigate a spill to assess the hazards and to gauge its response to the spill. The criteria used in determining the RQ are, however, appropriate for our purposes in ranking the relative environmental hazards of spills.

Classifying a chemical into one of these Reportable Quantities categories is a non-trivial exercise outlined in U.S. Regulations, 40 CFR Parts 117 and 302. The primary criteria considered include aquatic toxicity, mammalian toxicity (oral, dermal, inhalation), ignitability, reactivity, chronic toxicity, and potential carcinogenicity. The lowest of these criteria (the worst case) will determine the initial RQ of the chemical.

The initial RQ may then be adjusted by analysis of the secondary criteria of biodegradation, hydrolysis, and photolysis. These secondary characteristics provide evidence as to how quickly the chemical can be safely assimilated into the environment. A chemical that is quickly converted into harmless compounds poses less risk to the environment. So-called "persistent" chemicals receive higher hazard ratings.

The CERCLA Reportable Quantity list has been revised since its inception, and will probably be continually revised. One weakness of the system is that the best available knowledge may not always be included in the most current version. An operator who is intimately familiar with a substance MAY be in a better position to rate that product relative to some others. When operator experience suggests that the substance is worse than the published CERCLA RQ implies, the evaluator should probably revise the number to a more severe rating. This can be done with the understanding that the CERCLA rating is subject to periodic review and will most likely be updated as better information becomes available. If the operator, on the other hand, feels that the substance is being rated too severely, the evaluator should recognize that the operator may not realize all aspects of the risk. It is recommended that RQ ratings should NOT be reduced in severity rating based solely upon operator opinions.

Using the RQ factor incorporates some redundancy to the already assigned NFPA ratings for acute hazards. However, the overlap is not complete. The RQ factor adds information on chronic toxicity, carcinogenicity, persistence, and toxicity to non-humans, none of which are included in the NFPA ratings. The overlap does specifically occur in acute toxicity, flammability, and reactivity. This causes no problems for a relative risk analysis.

Primary Criteria (See Briggum et al., pp. F-13, 14 [9].)

The following is a brief summary of each of the CERCLA primary criteria.

1. Aquatic Toxicity. Originally developed under the Clean Water Act, the scale for aquatic toxicity is based on LCso, the concentration of chemical that is lethal to one-half of the test population of aquatic animals upon continuous exposure for 96 hours.

Table 7-1
Aquatic Toxicity

RQ (lbs)	Aquatic Toxicity (LC_{50} range)
1	<0.1 mg/L
10	0.1 to 1.0 mg/L
100	1 to 10 mg/L
1,000	10 to 100 mg/L
5,000	100 to 500 mg/L

2. Mammalian Toxicity. This is a five level scale for oral, dermal, and inhalation toxicity for mammals. It is based upon LC 50 data as well as LDso (the dose required to cause the death of 50% of the test population) data and is shown below.

Table 7-2
Mammalian Toxicity

RQ lbs	Mammalian Toxicity (oral LD_{50} range)	Mammalian Toxicity (dermal LD_{50} range)	Mammalian Toxicity (inhalation LC_{50} range)
1	<0.1 mg/kg	<0.04 mg/kg	<0.4 ppm
10	0.1 to 1	0.04 to 0.4	0.4 to 4
100	1 to 10	0.4 to 4	4 to 40
1,000	10 to 100	4 to 40	40 to 400
5,000	100 to 500	40 to 200	400 to 2000

See *Notes on Toxicity* later in this chapter.

3. Ignitability and Reactivity. Ignitability is based upon flash point and boiling point in the same fashion as the acute characteristic, N_f. Reactivity is based on a substance's reactivity with water and with itself. For our purposes, it also includes pressure effects in the assessment of acute hazards.
4. Chronic toxicity. To evaluate the toxicity, a scoring methodology assigns values based on the minimum effective dose for repeated exposures and the severity of the effects caused by exposure. This scoring is a function of prolonged exposure, as opposed to the acute factor, N_h, which deals with short-term exposure only. The score determination methodology is found in U.S. regulations (48 CFR 23564).
5. Potential Carcinogenicity. This scoring is based upon a high "weight of evidence" designation (either a "known," "probable," or "possible" human carcinogen) coupled with a potency rating. The potency rating reflects the relative strength of a substance to elicit a carcinogenic response. The net result is a high, medium, or low hazard ranking which corresponds to RQs of 1, 10, and 100 pounds, respectively [22].

Secondary Criteria. As previously stated, the final RQ rating may be adjusted by evaluating the persistence of the substance in the environment. The susceptibility to biodegradation, hydrolysis, and photolysis allows certain substances to have their RQ ratings raised one category. To be considered for the upgrade, the substance has to pass initial criteria dealing with tendency to bioaccumulate, environmental persistence, presence of unusual hazards (such as high reactivity), and the existence of hazardous degradation or transformation products. If the substance is not excluded because of these items, it may be adjusted upwards one RQ category if it shows a very low persistence.

Unfortunately, petroleum, petroleum feedstocks, natural gas, crude oil, and refined petroleum products are specifically excluded from the EPA's reportable quantity requirements under CERCLA. Because these products comprise a high percentage of substances transported by pipeline, an alternative scoring system must be used. This requires a deviation from the direct application of the EPA rating system when petroleum products are evaluated. We can, however, extend the spirit of the EPA system to encompass all common pipeline products, for our purposes here. This is done by assigning RQ equivalent classifications to substances that are not assigned an RQ classification by the EPA.

For the products not specifically listed as hazardous by EPA regulatory agencies, a general definition is offered. If any one of the following four properties are present, the substance is considered to be hazardous [9].

1. Ignitability. Defined as a liquid with a flash point less than 60°C or a non-liquid that can spontaneously cause a fire through friction, absorption of moisture, or spontaneous chemical changes and will burn vigorously and persistently.
2. Corrosivity. Defined as liquids with pH ≤ 2 or ≥ 12.5, or with the ability to corrode steel at a rate of 6.35 millimeters per year at 55°C.
3. Reactivity. Defined as a substance that is normally unstable, reacts violently with water, forms potentially violent mixtures with water, generates toxic fumes when mixed with water, is capable of detonation or explosion, or is classified as an explosive under DOT regulations.
4. Extraction procedure toxicity. This is defined by a special test procedure that looks for concentrations of materials listed as contaminants in the Safe Drinking Water Act's list of National Interim Primary Drinking Water Regulation contaminants. (See Briggum et al. [9].)

Although the petroleum products are specifically excluded from regulatory control, these definitions would obviously include most pipeline hydrocarbon products. This then becomes the second criterion to be made in the evaluation of pipeline products.

Products that are not specifically listed with an EPA assigned RQ but do fit the definition of hazardous are now divided into categories of volatile or non-volatile. Products that are not specifically listed and that do not meet the definition of hazardous set forth above are assumed to have a RQ designation of "none." (See Figure 7-4.)

Following the hazardous branch of the flowchart (Figure 7-4), we now assess the volatile substances. Highly volatile hazardous products of concern produce vapors, which when released into the atmosphere, cause potential acute hazards, but usually only minimal chronic hazards. Common pipeline products that will fall into this category include methane, ethane, propane, ethylene, propylene, and other liquified petroleum gases.

We can assume that the bulk of the hazard from highly volatile substances occurs in leaks to the atmosphere. We assume that all leaks of such products into any of the three possible environmental media (air, soil, water) will ultimately cause a release to the air. We can then surmise that the hazard from these highly volatile liquids is mostly addressed in the atmospheric dispersion modelling analysis that will be performed in the acute leak impact consequences analysis. The chronic part of this leak scenario is thought to be in the potential for: 1) residual hydrocarbons to be trapped in soil or buildings and pose a later flammability threat, and 2) the so-called "greenhouse" gases that are thought to be harmful to the ozone layer of the atmosphere. These threats warrant an $RQ_{equivalent}$ of 5,000 pounds in this ranking system.

This leaves the less-volatile hazardous substances. Included here are petroleum products such as kerosene, jet fuel, gasoline, diesel oil, and crude oils. For spills of these substances, the acute hazards are already addressed in the flammability, toxicity, and reactivity assessment. Now, the chronic effects such as pollution of surface waters or groundwater, and soil contamination are taken into account.

Spills of non-volatile substances must be assessed as much from an environmental insult basis as from an acute hazard basis. This in no way minimizes the hazard from flammability, however. The acute threat from spilled flammable liquids is addressed in the acute portion of the leak impact. The longer-term impact of spilled petroleum products is obtained by assigning an RQ number to these spills. It is recommended that these products be classified as category B spills (reportable quantities of 100 pound) unless strong evidence places them in another category. This means the $RQ_{equivalent}$ is 100 pounds. An example of evidence sufficient to move the product down one category (more hazardous) would be the presence of a significant amount of category X or category A material present (such as methylene chloride—category X). This is discussed further below. Evidence that could move the petroleum product into a category C or category D (less hazardous) would be high volatility or high biodegradation rates.

To make further distinctions within this group involves more complex determinations. The value of these additional determinations is not thought to outweigh the additional costs. For instance, it can perhaps be generally stated that the heavier petroleum products will biodegrade at a slower rate than the lighter substances. This is because the degradability is linked to the solubility and the lighter products are usually more soluble. However, it can also be generally stated that the lighter petroleum substances may more easily penetrate the soil and reach deeper groundwater regions. This is also a solubility phenomenon. We now have conflicting results of a single property. To adequately include the property of density (or solubility), we would have to balance the benefits of quicker degradation with the potential of more widespread environmental harm.

We have now established a methodology to assign a ranking, in the form of an RQ category, for each pipeline product. An important exception to the general methodology is noted. If the quantity spilled is great enough to trigger an RQ of some trace component, this RQ should govern. This scenario may occur often because we are using complete line rupture as the main leak quantity determinant. For example, a crude oil product that has 1% benzene would reach the benzene RQ number on any spill greater than 1,000 pounds. This is because the benzene RQ is 10 pounds and 1% of 1,000-pound spill of product containing 1% benzene means that 10 pounds of benzene was spilled.

To easily account for this general exception to the RQ assignment, the evaluator should start with the leak quantity calculation. He can then work from the CERCLA list and determine the maximum percentage for each trace component that must be present in the product stream before that component governs the RQ determination. Comparing this to an actual product analysis will point out the worst case component that will determine the final RQ rating. An example will illustrate this.

Example 7-1: Calculating the RQ

An 8-in. pipeline that transports a gasoline that is known to contain the CERCLA hazardous substances benzene, toluene, and xylene is being evaluated. The leak quantity is calculated from the line size and the normal operating pressure (normal pressures instead of maximum allowable pressures are used throughout this company's evaluations) to be 10,000 pounds.

This calculated leak quantity, 10,000 pounds, is now used to determine component percentages that will trigger their respective RQs for this spill.

benzene (RQ = 10)............................ 10/10000 = 0.001 = 0.1%
toluene (RQ = 1000).......................... 1000/10000 = 0.1 = 10%
xylene (RQ = 1000) .... 1000/10000 = 0.1 = 10%

The evaluator can now look at an actual analysis to see if the actual product stream exceeds any of these weight percentages. If the benzene concentration is less than 0.1% and the toluene and xylene concentrations are each less than 10%, then the RQ is set at 100 pounds, the default value for gasoline. If, however, actual analysis shows the benzene concentration to be 0.7%, then the benzene RQ set at 10 pounds governs. This is because, more than 10 pounds of benzene will be spilled in a 10,000 pound spill of this particular gasoline stream.

Gasolines generally are rich in benzene, but they are also fairly volatile. Heating oils, diesel, and kerosene are more persistent, but may contain less toxicants and suspected carcinogens. Crude oils, of course, cover a wide range of viscosities and compositions. The pipeline operator will no doubt be familiar with his products and their properties.

Note that there is a 2-point spread between each RQ classification. The evaluator may pick the midpoint between two RQs if he has special information that makes it difficult to strictly follow the suggested scoring. Once again, he must be consistent in his scoring.

Notes on Toxicity

An important part of the degree of consequences, both acute and chronic, is toxicity. The following provides further discussion on toxicity.

The degree of toxic hazard is usually expressed in terms of exposure limits to humans. Exposure is only an estimate of the more meaningful measure which is dosage. The dose is the amount of the product that gets into the human body. Health experts have established dosage limits beyond which permanent damage to humans may occur. Because the intake (dose) is a quantity that is difficult to measure, it is estimated by measuring the opportunity for intaking a given dose. This intake estimate is the exposure.

There are three recognized exposure pathways: inhalation, ingestion, and dermal contact. Breathing contaminated air, eating contaminated foods, or coming into skin contact with the contaminant can all lead to the increased dose level within the body. Some of the exposure pathways can extend for long distances, over long periods of time from the point of contaminant release. Plants and animals that absorb the contaminant may reach humans only after several levels of the food chain. Groundwater contamination may spread over great distances and remain undetected for long periods. Calculations are performed to estimate dosages for each exposure pathway.

EPA ingestion route calculations include approximate consumption rates for drinking water, fruits and vegetables, beef and dairy products, fish and shellfish, and soil ingestion (by children). These consumption rates, based upon age and sex of population affected, are multiplied by the contaminant concentration and by the exposure duration. This value, divided by the body weight and lifespan, yields the lifetime average ingestion exposure.

In a similar calculation, the lifetime average inhalation exposure yields an estimate of the inhalation route exposure. This is based upon studies of movement of gases into and out of the lungs (pulmonary ventilation). The calculation includes considerations for activity levels, age, and sex.

The dermal route dose is obtained by estimating the dermal exposure and then adjusting for the absorption of the contaminant. Included in this determination are estimates of body surface area (which in turn is dependent upon age and sex) and typical clothing of the exposed population.

In each of these determinations, estimates are made of activity times in outdoor play/work, showering, driving, etc. Lifespans are similarly estimated for the population under study.

It is not proposed that all these parameters be individually estimated for purposes of this risk assessment. The evaluator should realize the simplifications he is making, however, in rating spills here. Because we are only concerned with relative hazards, accuracy is not lost, but absolute risk determination is not possible without the more formal methods.

Product Hazard = Acute Hazards + Chronic Hazards (minimum = 1.0)

Dispersion

As modelled by physics and thermodynamics, spilled product will always seek a lower energy state. The laws of entropy tell us that the system will become increasingly disordered. The product will mix and intersperse itself with its new environment in a non-reversible process. The spill has introduced a stress into the system. The system will react to relieve the stress by spreading the new energy throughout the system until a new equilibrium is established.

For purposes of this assessment, accurate modelling of the dispersion of spilled product is not necessary. It is the propensity to do harm which is of interest. A substance that causes great damage even at low concentrations, released into an area that allows rapid and wide-ranging spreading, is the greatest hazard.

If a product escapes from the pipeline, it is released as either a gas or a liquid (or a combination of the two). As a gas, the product has more degrees of freedom and will disperse more readily. This may be bad or good, since the product may cover more area, but in a less concentrated form. A flammable gas will entrain oxygen as it disperses, hence becoming an ignitable mixture. A toxic gas may quickly be reduced to safe exposure levels as its concentration decreases.

The relative density of the gas in the atmosphere will partly determine its dispersion characteristics. A heavier gas will generally stay more concentrated and accumulate in low lying areas. A lighter gas should rise due to its buoyancy in the air. Every density of gas will be affected to some extent by air temperature, wind currents, and terrain.

A product that stays in liquid form when released from the pipeline poses different problems. Environmental insult, including groundwater contamination, and flammability are the most immediate problems, although toxicity can play a role in both the short and long-term scenario.

We must always remember the sensitivity of the environment to certain substances. Contaminations in the few parts per billion or even parts per trillion are often of concern. If contamination is defined as 10 parts per billion, a 10-gallon spill of a solvent can contaminate a billion gallons of groundwater. A 5,000-gallon spill from a pipeline can contaminate 500 billion gallons of groundwater to 10 ppb. The potential contamination is determined by the simple formula:

$$V_l \times C_l = V_{gw} \times C_{gw}$$

where V_l = volume of spill
V_{gw} = volume of groundwater contaminated
C_l = average concentration of contaminant in spilled material
C_{gw} = average concentration of contaminant in groundwater

Reductions in the harmful properties of the substance reduce the hazard. This may occur through natural processes such as biodegradation, photolysis, and hydrolysis. If the byproducts of these reactions are less harmful than the original substance, which they often are, the hazard is proportionally reduced. Reductions in the range of dispersion of the substance also reduce the hazard. From a risk standpoint, the degree of dispersion impacts the area of opportunity because more wide-ranging contamination offers greater chances to harm life. Dispersion is addressed in the Spill Score.

The *dispersion factor* will be calculated from an analysis of the spill itself and the population near to the pipeline.

Determining the Spill Scores

To assess a spill score, the evaluator must first determine which state, vapor or liquid, will be present after a pipeline failure. If both states exist, the more severe hazard should govern or the spill is modelled as a combination of vapor and liquid (see Appendix B).

Vapor Clouds (Vapor Spills)

Of great interest to risk evaluators are the characteristics of vapor cloud formation and dispersion following a pipeline release. Vapor can be formed from product that is initially in a gaseous state or from a product that vaporizes as it escapes or as it accumulates in pools on the ground. The amount of vapor put into the air and the vapor concentrations at varying distances from the source are the subject of many modelling efforts.

A reasonable question might well be: *How does vapor cloud formation impact the risk picture?* Two potential hazards are created by a vapor cloud. One hazard occurs if the product in the cloud is toxic. The threat is then to any susceptible life forms that come into contact with the cloud. Larger clouds provide a greater area of opportunity for this contact to occur and hence carry a greater hazard. Note that a cloud may also be toxic in that it displaces oxygen and suffocates the life form.

The second hazard occurs if the cloud is flammable. The threat then is that the cloud will find an ignition source, causing fire and/or explosion. Larger clouds have a greater chance of finding an ignition source and also increase the damage potential because more flammable material is involved. Of course, the vapor can contain both hazards: toxicity and flammability. The cloud may not be visible; it may be a very low concentration cloud—only a few parts per million of released product in air. Even at these low concentrations, however, a cloud exists and can be a hazard.

Again, a vapor cloud that covers more ground, either due to its size or its cohesiveness, has a greater area of opportunity to find an ignition source or to harm living creatures. At the other extreme, a pipeline product that does not form a vapor cloud at all does not create the same kind of hazard as a material which does vaporize. Hazards from the release of liquids are more chronic in nature and are covered later in the spill score.

The hazard is being examined in parts independent from one another. The cloud characteristics are examined on their own, without thought as to whether a cloud is "bad" or not. The "badness" of the cloud is a result of the product acute hazards: N_f, N_h, N_r. Together, these two parts define the acute hazard.

When an escaping pipeline product forms a vapor cloud, the entire range of possible concentrations of the product-air mixture exist. At some point, the fuel-to-air ratio will be in the flammable range. A flammable gas will therefore be ignitable at this point in the cloud. Although ignition is not necessarily inevitable, there is often a high probability due to the large number of possible ignition sources—cigarettes, engines, open flames, residential heaters, sparks, just to name a few. It is conservative to assume, then, that an ignition source will come into contact with the proper fuel-to-air ratio at some point during the release. The consequences of this contact range from a simple fire to a massive detonation and fireball.

The manner in which a vapor cloud goes from burning to exploding is not well understood. Upon ignition, a flame propagates through the cloud, entraining surrounding air and fuel from the cloud. If the flame propagation speed becomes high enough, a fireball and possibly a detonation can occur. The fireball can radiate damaging heat far beyond the actual flame boundaries, causing skin and eye damage and secondary fires. If the cloud is large enough, a "fire storm" can be created, generating its own winds, causing far reaching secondary fires and radiant heat damage.

Should a detonation occur, even more widespread damage is possible. A detonation can generate powerful blast waves also, far beyond the actual cloud boundaries. As a matter of fact, most hydrocarbon-air mixtures have heats of combustion greater than the heat of explosion of TNT [4]. The possibility of vapor cloud explosions is enhanced by closed areas, including partial enclosures created by trees or buildings. Unconfined vapor cloud explosions are nonetheless a real danger. Certain military bombs are designed to take advantage of the increased blast potential created by the ignition of an unconfined cloud of hydrocarbon-air vapor.

Many variables affect the dispersion of vapor clouds. The extreme complexities make the problem only approximately solvable for even a relatively closed system. An example of a somewhat closed system is a well-defined leak from a small chemical plant where the terrain is known and constant and where weather conditions can be reasonably estimated from real time data. A cross-country pipeline, on the other hand, complicates the problem by adding variables such as soil conditions (moisture content, temperature, heat transfer rates, etc.), often constantly changing terrain and weather patterns (amount of sunshine, wind speed and direction, humidity, elevation, etc.), and even the difficulties in locating the source of the leak.

Even though it vaporizes quickly, a highly volatile pipeline product can form a liquid pool immediately after release. This could be the case with products such as propane or ethylene. The pool would then become a secondary source of the vapors. Vapor generation would be dictated by the temperature of the pool surface which in turn is controlled by the air temperature, the wind speed over the pool, the amount of sunshine to reach the pool, and the heat transfer from the soil (Figure 7-5). The soil heat transfer is in turn governed by soil

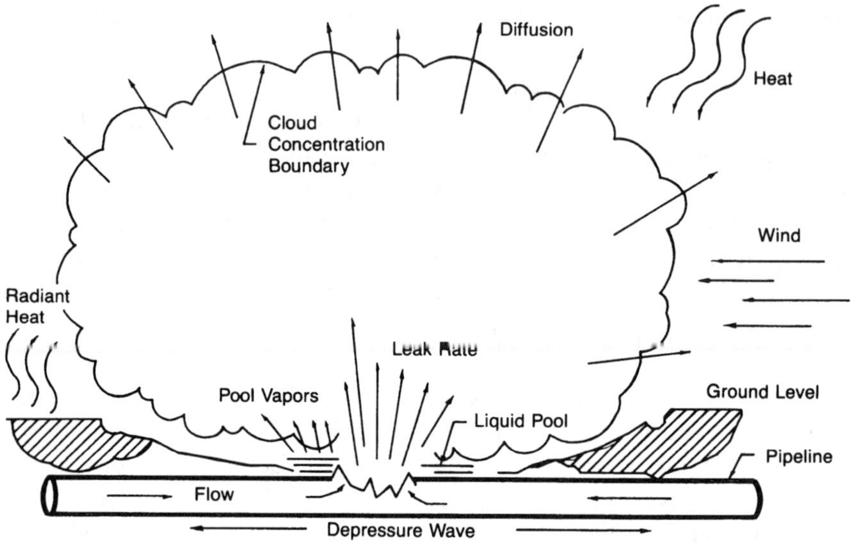

Figure 7-5. Vapor cloud from pipeline rupture.

moisture content, soil type, and the weather of the previous few weeks! Even if all these factors could be accurately measured, the system is still a non-linear relationship that cannot be exactly solved.

Ideally, the risk evaluator would use data from the dispersion modelling of specific pipeline releases under specific conditions. From this data, he could select worst case scenarios for each pipeline section. From these scenarios, he could then develop a schedule to rank the relative dispersions predicted. A prediction of a large, fairly cohesive cloud would carry a higher hazard value than a smaller, more readily dispersed cloud.

Unfortunately, most pipeline operators do not have the resources to run the complex models required to develop the numerous scenarios that would be needed. So again, we turn to a few easily obtained parameters that may allow us to determine a relative risk ranking of some scenarios. An exact numerical solution is not sought.

Dispersion studies have revealed a few simplifying truths that can be used in this risk assessment. In general, the RATE of vapor generation, NOT the total VOLUME of released vapor, determines the cloud size. A cloud reaches an equilibrium state for a given set of atmospheric conditions. At this equilibrium, the amount of vapor added from the source exactly equals the amount of vapor that leaves the cloud boundary (the cloud boundary can be defined as any vapor concentration level). So when the surface area of the cloud reaches a size whereby the rate of vapor escaping the cloud equals the rate entering the cloud, the surface area will not grow any larger (Figure 7-5). The vapor escape rate at the cloud boundary is governed by atmospheric conditions. The cloud will therefore remain this size until the atmospheric conditions or the source rate change. This fact thus yields one quantifiable risk variable: leak rate.

A criterion must now be established for choosing a leak rate scenario. It is reasonable to assume that virtually any size leak may form in any pipeline. The evaluator could simply choose a 1-in. diameter hole as the leak size. This however would not adequately distinguish between a 36-in. pipeline and a 4-in. pipeline. While a 1-in. hole in either might cause approximately the same size cloud (initially, at least), we intuitively believe that a 36-in. pipeline presents a greater hazard than does a 4-in. pipeline (all other factors being equal). This is no doubt because a much greater release can occur from the 36-in. line than from the 4-in. line.

It is suggested, therefore, that a leak scenario of a complete line failure—a guillotine-type shear failure—should be used to model the leak rate. This type of failure causes the leak rate to be calculated based upon the line diameter and pressure. Even though this type of line failure is rare, the risk assessment is still valid. By consistency of application, we can choose any hole size and leak rate. We are simply choosing one here that serves the dual role of incorporating the factors of pipe size and line pressure directly into rating vapor cloud size.

Leak rate can be approximated by calculating how much vapor will be released in ten minutes. The highest leak rate occurs when the pressure is the highest and the escape orifice is the largest. This leads to the assumption that, in most cases, the worst leak rate happens near the instant of pipeline rupture, while the internal pressure is still the highest and after the opening has reached its largest area. This highest leak produces the largest cloud. As the leak rate decreases, the cloud shrinks. In the case of a dense cloud, vapors may "slump" and collect in low lying areas or "roll" downhill as the cloud seeks its equilibrium size. We are conservatively assuming that all the vapor stays together in one cloud for the full ten-minute release. We can also conservatively neglect the depressuring effect of ten-minutes worth of product leakage. This is done to keep the calculation simple. The ten-minute interval is chosen to allow a reasonable time for the cloud to reach maximum size, but not long enough to be counting an excessive mass of well-dispersed material as part of the cloud. The amount of product released and the cloud size will almost always be overestimated using the above assumptions. Again, for purposes of the relative risk assessment, overestimation is not a problem as long as consistency is ensured. See Appendix B for more discussion of leak rate determinations.

A second simplifying parameter is the effect of molecular weight on dispersion. Molecular weight is inversely proportional to the rate of dispersion. A higher molecular weight produces a denser cloud that has a slower dispersion rate. A denser cloud is less impacted by buoyancy effects and air turbulence (caused by temperature differences, wind, etc.) than a lighter cloud. Using this fact yields another risk variable: product molecular weight.

In the absence of more exact data, it is therefore proposed that the increased amount of risk due to a vapor cloud will be assessed based upon two key variables: leak rate and product molecular weight. Meteorological conditions, terrain, chemical properties, and a host of other important variables are intentionally being omitted for two reasons. First, they are highly variable in themselves and consequently difficult to model or measure. Second, they add much complexity and, arguably, little additional accuracy for our purposes here.

A point schedule can now be designed to quantify the increase in hazard as the dispersion characteristics of molecular weight and leak rate combine.

MW	**Product Released after 10 Minutes (pounds)**			
	0–5,000	**5,000–50,000**	**50,000–500,000**	**>500,000**
≥50	4	3	2	1
28–49	5	4	3	2
≤27	6	5	4	3

This is an example of a table that is designed for a certain range of possible spills. The range of the table should reflect the range of spill quantities that are expected. This will usually be the largest diameter, highest pressure pipeline as the worst case, and the smallest, low pressure pipeline as the best case. Some trial calculations may be needed to determine the worst and best cases. If the range is too small or too large, comparisons between spills from different lines may not be possible. See Appendix B for a discussion on leak size determination.

These points are the vapor spill score. In the table, the upper right corner reflects the greatest hazard, while the lower left is the lowest hazard. By the way in which the dispersion factor is used to adjust the acute or chronic hazard, a higher spill score will yield a safer condition.

By using only these two variables, several generalizations are being implied. For instance, the release of 1,000 pounds of material in ten minutes potentially creates a larger cloud than the release of 4,000 pounds in an hour. Remember, it is the rate of release that determines cloud size, not the total volume released. The 1,000-pound release therefore poses the greater hazard than the 4,000-pound release. Also, a 1,000-pound release of MW 16 material such as methane is less of a hazard than a 1,000-pound release of MW 28 material such as ethylene. The schedule must now represent the evaluator's view of the relative risks of a slow 4,000-pound MW 28 release versus a quick 1,000-pound MW 16 release. Fortunately, this need not be a very sensitive ranking. Orders of magnitude are sufficiently close for the purposes of this assessment.

Again, the score from this table is the vapor spill score. This number will be combined with the population score and the product hazard to determine the consequences of a vapor release.

Liquid Spills

Releases of products, which for the most part remain in liquid form, pose hazards of a different nature.

While we do not attempt to quantify the range or dispersion of a liquid spill, we must recognize the increased hazard with increasing spill quantity, population proximity, and proximity of environmental receptors. A larger spill and a spill close to sensitive areas creates a greater risk of harm by ignition if the material is flammable or by direct contact with living creatures if the product is toxic.

To correctly analyze a liquid spill, a host of variables must be assessed. These include:

- product viscosity
- soil infiltration rate
- vegetative cover effects
- slope effects
- product solubility
- evapotranspiration rate
- groundwater flow patterns
- proximity to surface waters
- product miscibility

In trying to rank spill rangeabilities, it is probably not necessary to distinguish between all of these factors. The added complexities are thought to far outweigh the benefits of such detailed calculations. The problem is simplified here to two factors: maximum possible leak rate and soil permeability (or its equivalent if a release into water is being studied).

The extent of the liquid spill threat is dependent upon the extent of the spill dispersion, which in turn is dependent upon the size of the spill, the type of product spilled, and the characteristics of the spill site. The size of the spill is contingent upon the rate of release and the duration. Slow leaks gone undetected for long periods can be more damaging than massive leaks that are quickly detected and addressed. This aspect is considered indirectly by the effectiveness of pipeline patrolling and other methods of leak detection. The consequences of a slow leak appear in the chronic hazard rating of the substance.

The characteristics of the spill site help determine the movement of the product. The possibilities are spills into air, surface water, soil, and groundwater. Accurately measuring these movements is an enormously complex modelling process. For releases into the air, product movement in the form of vapor generation from the spilled liquid is covered in the discussion of vapor dispersion. Because product release from a pipeline is a temporary excursion, the pollution potential beyond immediate toxicity or flammability is not specifically addressed for releases into the air. This neglects the accumulative damage that can be done by many small releases of atmosphere-damaging substances (such as the so-called greenhouse gases that are thought to damage the ozone). Such chronic hazards are considered in the assignment of the equivalent reportable release quantity ($RQ_{equivalent}$) for volatile hydrocarbons.

Releases into surface waters are the second potential type of environmental insult. The size of the body of water and its uses determine the severity of the hazard. If the water is used for swimming, fishing, livestock watering, irrigation, or drinking water, pollution concentrations must be kept quite low. The hazards associated with spills into surface waters should be assessed on a case-by-case basis and combined with the soil permeability factor which is explained below. Because we are most concerned with the rangeability of the spill, the spill into water should take into account the miscibility of the substance with water and the water movement. A spill of immiscible material into stagnant water would be the equivalent of a relatively impermeable soil. A highly miscible material spilled into a flowing stream is the equivalent of a highly permeable soil. (See also Chapter 14 dealing with offshore pipelines.)

Spills in soil or rock are the most common pipeline environmental concern. Such spills also carry the potential for groundwater contamination.

Product movement through the soil is dependent upon such soil factors as adsorption, percolation, moisture content, and bacterial content. Soil characteristics can be best assessed by using one of the common soil classification systems, such as the USDA soil classification system which incorporates physical, chemical, and biological properties of the soil. For simplicity, only one soil characteristic is considered in this risk evaluation. This is also the soil characteristic that is used in the EPA Hazard Ranking System (HRS)—permeability of geologic materials [9].

The following table can be used to score the soil permeability for liquid spills into the soil:

Table 7-3
Soil Permeability Score

Description	Permeability	Point Score
impervious barrier	0 cm/sec	5 points
clay, compact till, unfractured rock	$<10^{-7}$ cm/sec	4 points
silt, silty clay, loess, clay loams, sandstone	10^{-5} to 10^{-7} cm/sec	3 points
fine sand, silty sand, moderately fractured rock	10^{-3} to 10^{-5} cm/sec	2 points
gravel, sand, highly fractured rock	$>10^{-3}$ cm/sec	1 point

This assignment of points implies that more (faster) liquid movements into the soil increase the rangeability of the spill. An additional consideration here might be the effect of soil permeability on surface movements. The opposite effect on rangeability of liquid movements may occur on the surface. A more permeable soil may decrease the surface rangeability as liquid moves into the soil instead of across the ground surface. Because surface flows will normally be significantly greater than ground flows, the impact on the surface flows from ground absorption is thought to be minimal. When this is not believed to be the case, the evaluator can modify the awarding of points to better reflect actual conditions.

This soil permeability score will be one part of the liquid spill score. Together with a ranking of the spill size, the liquid spill score will be determined. Ultimately, a scoring of the spilled substance's hazards and persistence (considering biodegradation, hydrolysis, and photolysis), will combine with this number in evaluating the consequences of the spill.

We now need to distinguish the size of the spill. We assume that larger spills are more hazardous than smaller spills. Spill size is a variable dependent upon the system hydraulics and the reliability and reaction times of safety equipment and pipeline operators. Safety equipment and operation protocol are covered in other sections of the assessment, so the system hydraulics alone will be used here to rank spill size. We will include an adjustment to the spill score when it can be shown that special facilities exist which will reliably reduce the potential spill size by at least 50%.

Leak rate is determined with a worst case line break scenario. As with the atmospheric dispersion, choosing this scenario allows us to incorporate the line size and pressure into the hazard evaluation. A 36-in. high pressure gasoline line poses a greater threat than a 4-in. high pressure gasoline line, all other factors being equal. This is because the larger line can potentially create the larger spill. The leak rate should include product flow from pumping equipment. Reliability of pump shutdown following a pipeline failure is considered elsewhere.

Because the release of a small amount of an incompressible liquid will depressure the pipeline quickly, the longer-term driving force to feed the leak may be gravity and siphoning effects or pumping equipment limitations. A leak in a low-lying area may be fed for some time by the draining of the rest of the pipeline. The evaluator should find the worst case leak location for the section being assessed.

Based upon the worst case leak rate and leak location for the section, the spill size can be ranked according to how much product is spilled in a period of one hour. The one-hour period is somewhat arbitrary, but will serve our purposes for a relative ranking. Leaks can be (and have been) allowed to continue for more than one hour. Leaks can also be quickly isolated and contained. This approach will, however, distinguish the more hazardous situations such as high pressure, large diameter pipelines in low-lying areas.

Points can be assessed based upon the quantity of product spilled, under a worst case scenario, in one hour:

Pounds Spilled	Point Score
<1,000	5 points
1,001–10,000	4
10,001–100,000	3
100,001–1,000,000	2
>1,000,001	1

This is an example of a table that is designed for a certain range of possible spills. The range of the table should reflect the range of spill quantities that are expected. This will usually be the largest diameter, highest pressure pipeline as the worst case, and the smallest, low pressure pipeline as the best case. Some trial calculations may be needed to determine the worst and best cases. If the range is too small or too large, comparisons between spills from different lines may not be possible. See Appendix B for a discussion on leak size determination.

The spill size points are then averaged with the soil permeability points to arrive at the liquid spill score. This number will then be adjusted if the leak detection and emergency response activities can ensure a 50% reduction in spill size or dispersion.

$$\text{Liquid Spill} = [(\text{spill size}) + (\text{soil permeability})] \div 2 + (\text{adjustment factor})$$

Example 7-2: Calculating the Liquid Spill Score

A 12-in. crude oil pipeline is being evaluated. In this section, the line is in a valley of sandy soil. It crosses beneath a river at its lowest elevation.

The evaluator assesses the situation as follows: A complete line rupture at its lowest point (beneath the river) would allow the maximum spill volume. With continuous pumping and the effects of gravity, this spill would be well over one million pounds in an hour. The spill onto the sandy soil would score 1 point on the soil permeability scale. The spill into the river would also score the maximum of 1 point because the river flow would ensure wide dispersion of the product, even though it is fairly immiscible in water. Either way, the liquid spill would be scored as 1 point. The worst case is then scored as:

Spill size = 1 point
Soil permeability = 1 point
Average = 1 point

Note: Methods to adjust this score based upon emergency response and leak detection activities are discussed in the next section.

Adjustments to Liquid Spill Score

As previously defined, the chronic hazards have a time factor implied—as time goes on, the hazard becomes worse. Actions that can influence this time factor will therefore impact the chronic hazard. These actions must do one of three things:

- limit the amount of spilled product
- limit the area of opportunity for consequences
- limit the loss or damage caused by the spill

Limiting the amount of product spilled is done by isolating the pipeline quickly. The area of opportunity is limited by evacuating people and animals, by removing possible ignition sources, or by containing the spill. Loss is limited by prompt medical attention, quick containment, and cleanup of the spill.

Two pipeline activities that can contribute to chronic hazard reduction are leak detection and emergency response. The amount of the contribution to the overall risk picture is arguable. One of the fastest detection and response scenarios would be valves that automatically isolate a leaking pipeline section. By one study of 336 liquid pipeline accidents, such valves could, at best, have provided a 37%

reduction in damage [44]. The authors calculate that the costs (installation and ongoing maintenance) would far outweigh the possible benefits, and also imply that such valves may actually introduce new hazards [44].

By the proposed method of spill size determination, an 8-in. pipeline presents a greater hazard than does a 6-in. pipeline (all other factors held constant). When the leak detection/emergency response actions can limit the spill size from an 8-in. line to the maximum spill size from a 6-in. line, some measure of risk reduction has occurred.

There is little argument that, *under the right conditions,* leak detection and emergency response can indeed reduce risk. They are therefore included as modifiers to the liquid dispersion portion of the leak impact factor. This is an all or nothing adjustment to the liquid spill score, based on the actions' potential ability to achieve a 50% reduction in the consequences of the spill.

Leak Detection

(See also Distribution Systems Leak Detection, Chapter 13.)

Leak detection can be seen as a part of emergency response. It merely provides early notification of a hazardous event, and hence allows more rapid response to that event. Leak detection is, however, a reaction to an event—the leak—that has already occurred.

Pipeline leak detection can take a variety of forms, several of which have been previously discussed. The most common is direct observation. Leak sightings by pipeline employees, neighbors, and the general public as well as sightings while patrolling or surveying the pipeline are examples of direct observation leak detection. Leak detection by hand-held instrumentation or by trained dogs are techniques in use for distribution systems. Pipeline patrolling or surveying can be made more sensitive by adjusting observer training, speed of survey or patrol, equipment carried (may include gas detectors, infrared sensors, etc.), altitude/speed of air patrol, topography, ROW conditions, product characteristics, etc. While direct observation techniques are sometimes inexact, experience shows them to be rather consistent leak detection methods.

Other forms of leak detection include 1) pressure sensing, where abnormally low pressures or abnormal rate-of-change of pressure are detected, and 2) flow rate analysis, where flow rates into a pipeline section are compared with flow rates out of the section and discrepancies are detected. Both of these methods may have sensitivity problems because they must not give leak indications in cases where normal pipeline transients (unsteady flows or pressures, sometimes temporary as the system stabilizes after some change is made) are causing pressure swings and flow rate changes. Generally the operator must decide between many false alarms and low sensitivity to actual leaks. Because pipeline leaks are hopefully rare-occurrence events, the latter is often chosen.

More sophisticated leak detection methods require more instrumentation and computer analysis. One method is designed to detect pressure waves. A leak will cause a negative pressure wave at the leak site. This wave will travel in both directions from the leak at high speed through the pipeline product (much faster in liquids than in gases). By simply detecting this wave, leak size and location can be estimated. A technique called Pressure Point Analysis (PPA) detects this wave and also statistically analyzes all changes at a single pressure or flow monitoring point. By statistically analyzing all this data, the technique can reportedly, with a higher degree of confidence, distinguish between leaks and many normal transients as well as identify instrument drift and reading errors.

Another method is a computer-based technique that uses SCADA data in conjunction with mathematical algorithms to analyze pipeline flows and pressures on a real-time basis. Conservation of momentum calculations, conservation of energy calculations, and a host of sophisticated flow equations are generally used. The more instruments that are accurately transmitting data into the model, the higher the accuracy of the model and the confidence level of leak indications. Ideally, the model would receive data on flows, temperatures, pressures, densities, viscosities, etc. along the entire pipeline length. By tuning the computer model to simulate mathematically all flowing conditions along the entire pipeline and then comparing this simulation to actual data, the model tries to distinguish between instrument errors, normal transients, and leaks. Reportedly, small leaks can be accurately located in a timely fashion. How small a leak and how swift a detection is specific to the situation.

A final method of leak detection involves the installation of a secondary conduit along the entire pipeline length. This secondary conduit is designed to sense leaks originating from the pipeline. The secondary conduit may take the form of a small-diameter perforated tube, installed parallel to the pipeline, which allows air samples to be drawn into a sensor which can detect the product leaks. The conduit may also totally enclose the product pipeline and allow the annular space to be tested for leaks. Obviously these systems can cause a host of logistical problems and are usually not employed except on short lines.

The method of leak detection chosen is dependent upon a variety of factors including the type of product, flow rates, pressures, the amount of instrumentation available, the instrumentation characteristics, the communications network, the topography, the soil type, and economics. As previously mentioned, when highly sophisticated instruments are required, there is often a tradeoff between the sensitivity and the number of false alarms, especially in "noisy" systems with high levels of transients.

At this time, instrumentation and methodology designed to detect pipeline leaks impact only a narrow range of the risk picture. Detection of a leak obviously occurs after the leak has occurred. As is the case with other aspects of emergency response, leak detection is thought to normally play a minor role, if any, in reducing the hazard, reducing the probability of the hazard, or reducing the acute consequences. Leak detection can play a larger role in reducing the chronic consequences of a release.

One can imagine a scenario in which a small leak, rapidly detected and corrected, averted the creation of a larger, more dangerous leak. This would theoretically reduce the acute consequences of the leak. We can also imagine the case where rapid leak detection coupled with the fortunate happenstance of pipeline personnel being close by might cause reaction time to be swift enough to reduce the extent of the hazard. This would also impact the acute consequence factor. These scenarios are obviously rare. Increasing use of leak detection methodology is to be expected as techniques become more refined and instrumentation becomes more accurate. As this happens, leak detection may play an increasingly important role in risk management.

The evaluator should assess the nature of leak detection abilities in the pipeline section he is evaluating. The assessment should include:

- what size leak can be reliably detected
- how long before positive detection as a leak
- how accurately can the leak location be determined

Larger leaks can be detected more quickly and located more precisely. Smaller leaks may not be found at all by some methods due to the sensitivity adjustments. The tradeoffs involved between sensitivity and leak size are usually expressed in terms of uncertainty.

Emergency Response

As is the case in leak detection, there is a category of scenarios where an improved emergency response can reduce a risk. Because this response is also a reaction to an event that has already occurred, its impact will normally occur only in the consequences portion of the risk.

The most probable pipeline leak scenarios suggest that the leak rate would not grow larger over time because the driving force (pressure) is being reduced immediately after the leak event begins. (The exception is the case where a liquid pipeline may have an elevation profile that supports a sustained leak rate.) This means that reaction times swift enough to impact the immediate degree of hazard are not very likely. We emphasize immediate here so as not to downplay the importance of emergency response. Emergency response can indeed influence the final outcome of an event in terms of loss of life, injuries, and property damage. This is not thought to impact the acute hazard, however. A spill with chronic characteristics, where the nature of the hazard causes it to increase in severity as time passes, can be impacted by emergency response. In these cases, emergency response actions such as evacuation, blockades, and rapid pipeline shut-off are effective in reducing the hazard.

The evaluator should examine the response possibilities and the most probable response scenario. If he determines that the emergency response actions will reliably reduce the leak consequences by 50%, he should adjust the chronic leak impact factor by one point.

Actions that may accomplish this are described below.

Spill Limiting Actions

This is probably the most realistic way for the operator to be able to reduce the spill impact by 50%. The evaluator should refer to the Safety Systems item in the *Incorrect Operations Index* to help verify the effectiveness of mechanical spill-limiting devices.

A. Automatic valves. Set to close automatically, these valves are often triggered on low pressure, high pressure, high flow, or rate of change of pressure or flow. Regular maintenance is required to ensure proper operation. Experience warns that this type of equipment is often plagued by false trips that are sometimes cured by setting relatively insensitive response trigger points.

Check valves are another form of automatic valves and play a spill-reducing role. A check valve might be especially useful for liquid lines with elevation changes. Strategically placed check valves may reduce the draining or siphoning to a spill at a lower elevation.

Included in this section should be automatic shutoffs of pumps, wells, and other pressure sources. Redundancy should be included in all such systems before risk-reducing credit is awarded (see *Incorrect Operations Index*).

B. Valve spacing. Close valve spacing may provide a benefit in reducing the spill amount. This must be coupled with the most probable reaction time in closing those valves.

C. Sensing devices. Part of the equation in response time is the first opportunity to take action. This opportunity is dependent upon the sensitivity of the leak detection. All leak detection will have an element of uncertainty, from the possibility of crank phone calls to the false alarms generated by instrumentation failures or instrument reactions to pipeline transients. This uncertainty must also be included in the following item.

D. Reaction times. If an operator intervention is required to initiate the proper response, this intervention must be assessed in terms of timeliness and appropriateness. A control room operator must often diagnose the leak based upon instrument readings transmitted to him. How quickly he can make this diagnosis is dependent upon his training, his experience, and the level of instrumentation that is supporting his diagnosis. Probable reaction times can be judged from mock emergency drill records when available. The evaluator can incorporate his *Incorrect Operations Index* ratings (training, SCADA, etc.) into this section also.

If the control room can remotely operate equipment to reduce the leak, the reaction time is obviously improved. Travel time by first responders must otherwise be factored in. If the pipeline operator has provided enough training and communications to public emergency response personnel so that they may operate pipeline equipment, response time may be improved, but possibly at the expense of increased human error potential. Public emergency response personnel are probably not able to devote much training time to a rare event such as a pipeline failure.

If the reaction is automatic (computer generated valve closure, for instance) a sensitivity is necessarily built in to eliminate false alarms. The time it takes before the shut down device is certain of a leak must be considered.

"Area of Opportunity" Limiting Actions

A. Evacuation. Under the right conditions, emergency response personnel may be able to safely evacuate people from the spill area. In order to do this, they must be trained in pipeline emergencies. This includes having pipeline maps, knowledge of the product characteristics, communications equipment, and the proper equipment to enter into the danger area (breathing apparatus, fire retardant clothing, hazardous material clothing, etc.). Obviously, entering a dangerous area in an attempt to evacuate people is a situation-specific action. The evaluator should look for evidence that emergency responders are properly trained and equipped to exercise any reasonable options after the situation has been assessed. Again the criteria must include the time factor. Credit is given when the risk can be reliably reduced by 50% due to appropriate emergency response actions.

B. Blockades. Another limiting action in this category is to limit the possible ignition sources. Preventing vehicles from entering into the danger zone has the double benefit of reducing human exposure and reducing ignition potential. The blockade must be in place in time to reduce the risk by 50%.

C. Containment. Especially in the case of restricting the movement of hazardous materials into the groundwater, quick containment can reduce the consequences of the spill. The evaluator should look for evidence that the response team can indeed reduce the spreading potential by 50%. This is usually in the form of secondary containment. A double-walled pipe is an extreme case of secondary containment.

Loss Limiting Actions

Medical Treatment. Proper care of persons affected by the spilled product may reduce losses. Again, product knowledge, proper equipment, proper training, and quick action on the part of the responders are necessary factors.

Other items that play a role in achieving the consequence-limiting benefits include the following:

- emergency drills
- emergency plans
- communications equipment
- proper maintenance of emergency equipment
- updated phone numbers readily available
- extensive training including product characteristics
- regular contacts and training information provided to fire departments, police, sheriff, highway patrol, hospitals, emergency response teams, government officials

These can be thought of as characteristics that help to increase the chances of correct and timely responses to pipeline leaks. Perhaps the first item, mock drills, is the single most important characteristic. It requires the use of many other list items and demonstrates the overall degree of preparedness of the response efforts.

Many factors have been mentioned here. By necessity, the evaluation of effectiveness will be situation-specific. At first look, it may appear that an operator has many of these systems in place and functioning to a high level. Realistically, however, it is difficult to meet the criteria of a 50% reduction in the effective spill size. The spill size is calculated as the amount of product spilled in one hour, assuming worst cases. To reduce this, actions would have to ALWAYS take place long before this one-hour time period.

The evaluator can take the following approach to tie this together to calculate the liquid spill score. An example follows.

Step 1: The evaluator uses the worst case pipeline spill scenario or a combination of scenarios to work from. He calculates the worst case one-hour liquid spill size.

Step 2: The evaluator determines, with operator input, methods to attain a 50% risk reduction such as reduce spill amount by

50%, reduce population exposure by 50% (number of people or duration of exposure), contain 50% of spill before it can cause damage, reduce health impact by 50%.

Step 3: The evaluator determines if any action or combination of actions can reliably reduce the risk by 50%. This is done with consideration given to the degree of response preparedness.

If he decides that the answer in Step 3 is *yes,* he then adds one point to the Liquid Spill Score ([spill size + soil permeability] ÷ 2) calculated earlier.

It may appear that much time and energy is being spent on the determination of an adjustment of only one point. Remember that the leak impact factor is a multiplier, so one point can have a significant effect on the overall risk score.

Example 7-3: Adjustments to the Liquid Spill Score (Case A)

The evaluator is assessing a section of gasoline pipeline through the town of Smithville.

The scenario he is using involves a leak of the full pipeline flow rate. This hypothetical leak occurs at a low point in the line profile, in the center of Smithville. He recognizes the acute hazard of flammability and the chronic hazards of toxicity (high benzene component), residual flammability (from pockets of liquid), and environmental insult. He feels that a 50% reduction in risk can be attained if the spill size is reduced by 50%, if 50% of the spilled product is contained quickly, or if 50 % of the potentially affected residents can be evacuated BEFORE they are exposed to the acute hazard.

He has determined that the leak detection and emergency response activities are in place to warrant an adjustment of the chronic leak impact factor (one point is added).

The basis for this determination is the following items observed or ascertained from interviews with the operators:

- automatic valves are set to isolate pipeline sections around the town of Smithville. The valves trigger upon a pressure drop of more than 20% from normal operating conditions. The valves are thoroughly tested every six months and have a good operating history. A 20% drop in pressure would occur very soon after a substantial leak.

- annual emergency drills are held, involving all emergency response personnel from Smithville. The drills are well-documented and reflect a high degree of response preparedness.

Presence of the automatic valves should limit the spill to 50% of what it would be without the valves. This alone would have been sufficient to adjust the chronic leak impact factor. The strong emergency response program should limit exposure due to residual flammability and ensure proper handling of the gasoline during cleanup. Containment is not seen as an option, but by limiting the spill size, the environmental insult is minimized also. The evaluator sees no relief from the acute hazard, but feels an adjustment for the chronic hazard is appropriate.

Example 7-4: Adjustments to the Liquid Spill Score (Case B)

The evaluator is assessing a section of brine pipeline in a remote, unpopulated area.

The leak scenario he is using involves a complete line rupture. The hazards are only chronic in nature—no immediate threats to public or responders. The chronic threat is the exposure to the groundwater table, which is shallow in this area.

The best chance to reduce the chronic risk by 50% is seen as limiting the spill size by 50%. Emergency response will not reliably occur quickly enough to isolate the leaking pipeline before line depressurization and pump shutoffs slow the leak anyway. Containment in a timely fashion is not possible.

No adjustments to the chronic leak impact factor are made.

The vapor spill score or the liquid spill score will now be used to continue the calculation of the *Dispersion Factor.*

Population Density

As part of the consequence analysis, a most critical parameter is the proximity of people to the pipeline failure. This impacts both the acute and the chronic hazards. The impact on the flammability and toxicity hazards is self-evident. The impact on the chronic hazards may be more subtle. Population proximity is a factor here because the area of opportunity for harm is increased as human activity is closer to the leak site. Potential for ingesting contaminants through drinking water, vegetation, fish, or other ingestion pathways is higher when the leak site is nearby. Less dilution has occurred and there is less opportunity for detection and remediation before the normal pathways are contaminated. The other pathways, inhalation and dermal contact, are similarly impacted.

Population density is taken into account by using the DOT Part 192 class locations, 1, 2, 3, and 4. These are for rural to urban areas, respectively. The class locations are determined by examining the area 660 ft on either side of the pipeline centerline, and one mile along the pipeline. This one mile by 1,320 ft rectangle, centered over the pipeline, is the defined area. For purposes of the class definitions, it should be thought of as an area continuously moving along the pipeline.

If any one-mile stretch of pipeline has more than 46 dwellings inside this defined area, that section is termed to be in a Class 3 Area. A section with less than 46 dwellings but more than ten dwellings in the defined area is termed to be in a Class 2 Area. Each mile with less than ten dwellings is considered to be in a Class 1 Area. A Class 4 Area exists when the defined area has a prevalence of multistory buildings.

A Class 3 Area is also defined as a section of pipeline that has a high-occupancy building or well-defined outside meeting area within the defined area. Buildings such as churches, schools, and shopping centers that are regularly occupied (5 days per week or 10 weeks per year) by 20 or more people are deemed to be high-occupancy buildings. The presence of one of these within 660 ft of the pipeline is sufficient condition to classify the pipeline section as Class 3. Note that this building will effectively cause two miles of pipeline to be classified as Class 3 because it will be located in one-mile sections in both directions along the pipeline.

The population density, as measured by class location, is admittedly an inexact method of estimating the number of people likely to be impacted by a pipeline failure. A thorough analysis would necessarily require estimates of people density (instead of house density), people's away-from-home patterns, nearby road traffic, evacuation potential, time of day, day of week, and a host of other factors. The class location, however, is thought to be reasonably correlated with "potential" population density and, as such, will serve the purposes of this risk assessment.

For more discrimination within class location categories, a continuous scale can be devised in which an actual house count would yield a score—6 houses = 1.6, 32 houses = 2.7, etc. More qualitative estimates such as "high density class 2 = 2.7" and "low density class 2 = 2.1" would also serve to provide added discrimination.

Leak Impact Factor

The population points are awarded based upon the class location:

Class 1 .... 1 point
Class 2 .... 2 points
Class 3 .... 3 points
Class 4 .... 4 points

These points will be an adjustment to the spill score which will change the *Dispersion Factor* and hence the *Leak Impact Factor.*

Dispersion Factor	= (Spill Score)/(Population Score)
	= 1/4 = 0.25 Worst case
	= 6/1 = 6.0 Best case
Leak Impact Factor	= (Product Hazard)/(Dispersion Factor)
	= 22/0.25 = 88 Worst case
	= 1/6 = 0.2 Best case

By the above relationships, we see that the dispersion factor can change the acute and chronic hazards enormously. This in turn changes the *Leak Impact Factor* enormously, which will ultimately determine the relative risk score. (See Part II of this book for optional modifications and refinements to the *Leak Impact Factor.*)

PART II

Customizing the Basic Risk Assessment Model

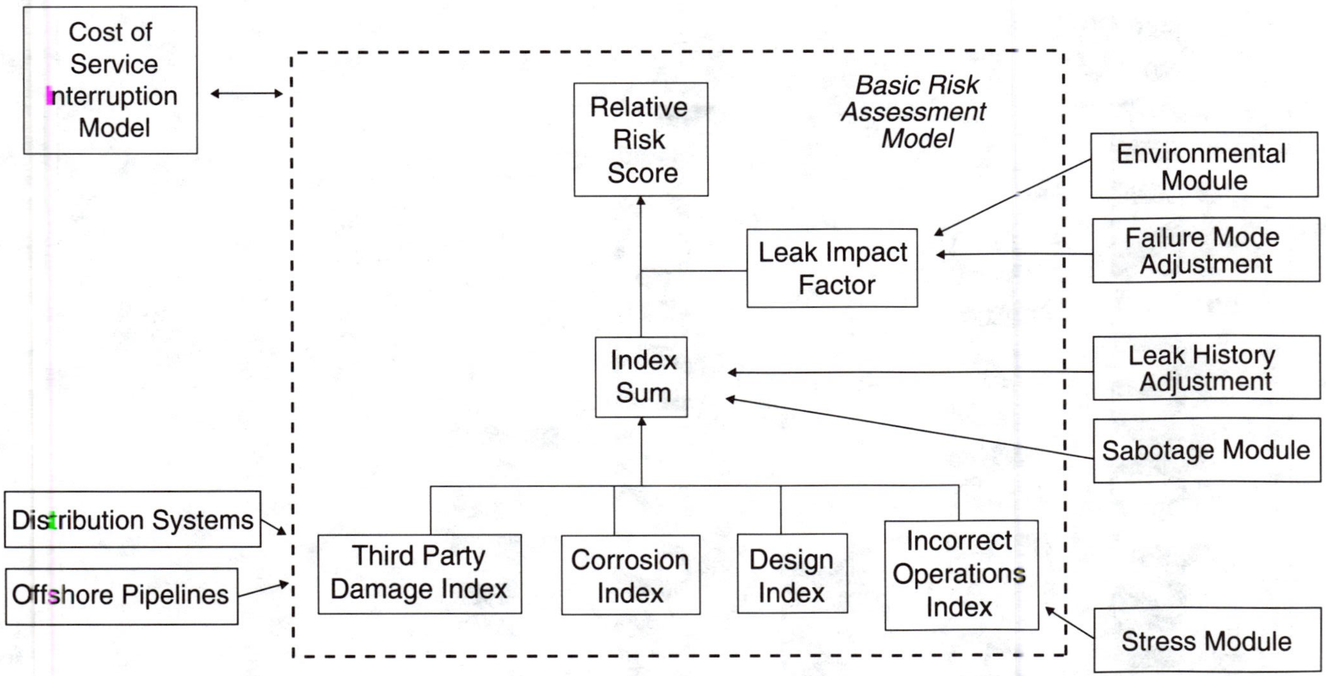

Figure A. Optional modules to cutomize the basic risk assessment module.

Reasons for Customizing

The basic risk assessment model can be expanded to incorporate additional features that may be of concern in certain situations. These features will not necessarily apply to all pipelines. Therefore distinct modules are proposed which, at the evaluator's discretion, can be used to modify the risk analysis. Note that while the additional modules add more useful information to the analysis, they also add more complexity and uncertainty to the analysis. They should be added only when their inclusion will make the analysis more complete at a reasonable cost.

The first part of this manual presents a method by which the relative risk of a pipeline failure can be calculated. Four indexes are used to score the probability and importance of all factors that increase or decrease the risk of a failure. The index sum is then adjusted by the *Leak Impact Factor,* a consequence factor that measures the relative impact of a pipeline failure on nearby populations. The final relative risk score then ranges from a high (safest) of about 2000 to a low (riskiest) of around 0, with most hydrocarbon product pipelines scoring from about 10 to about 300.

Not included directly in the basic risk assessment model are risks not directly associated with human safety. Many practitioners of this risk management technique, however, see the practical need to assess risks such as environmental harm and the cost of service interruptions. Some practitioners will assert that these other risks are not directly comparable to human safety. Using this argument, it may be advantageous to keep them separate. Keeping other risks separate also acknowledges a common belief that the consequences to human health are more immediate and critical than are the other consequences. While it can be debated that environmental harm and deprivation of product to certain customers are also injurious to human health, few would rank these consequences as more severe than immediate deaths and injuries due to a pipeline rupture. While an economic loss due to a pipeline failure can be directly compared to loss of human life or health, the economic valuing of human life is a difficult calculation (pages 7–8). Nonetheless, a methodology to combine additional consequences is offered. It is ultimately left to the reader to decide to what degree risks will be combined and compared.

In response to a need to evaluate special situations and other consequence factors, specific modules are presented in this edition. The new modules are designed to modify an existing score for a pipeline section. Therefore, they are needed only when the additional considerations are important to the evaluator. In using these modifications, there is no need to redo existing evaluations.

The concepts detailed in the following chapters are intended to provide ideas and to suggest a foundation for more specific risk assessment. Customization and refinement of these ideas, especially on the basis of sound data and experience, is encouraged.

When the evaluator feels that more emphasis should be given to leak history and possible failure modes, some guidance is offered in Chapter 8, Adjustments to Basic Risk Model.

When the potential for sabotage and other intentional attacks against the pipeline are considered, the evaluator can choose to include the *Sabotage Module,* Chapter 9. This module is a separate calculation that worsens the overall relative risk score. Depending upon the nature of the threat, the index sum will be reduced by some percentage. Then, points may be added back to the index sum when appropriate mitigating measures are in place. Awarding of these possible points will therefore offset a certain amount of the sabotage risk. Finally, the *Leak Impact Factor* will be increased (worsened) by 5%. Reasons for this are discussed in the chapter. The net result is scores that reflect *at least* a 5% higher risk when the sabotage module is included.

An usually high or low level of workplace stress can impact the potential for human error. Chapter 10 allows an additional factor to adjust the *Incorrect Operations Index* by 20 points. This could mean up to a 20% change in the risk for human error.

When the cost of service interruption (CSI) is to be included, a module is used to quantify pertinent factors. This will have a significant impact on the index sum and reflects the fact that a service interruption can occur for reasons other than pipeline failure. Next, a new *Leak Impact Factor,* specifically addressing consequences of service interruption, is calculated. While this new *Leak Impact Factor* could be added to the existing *Leak Impact Factor,* it is recommended (for reasons already covered) that the resulting new scores be kept separate from the original scores. Therefore, after completion of this module, there will be a CSI score and a score from the basic risk module for the section evaluated. Chapter 11 details this module.

When the environmental impact of a pipeline failure is to be included, the *Leak Impact Factor* is modified to reflect the higher sensitivity areas. The new *Leak Impact Factor* and resulting new relative risk scores show the combined effects of risk to population and risk of environmental harm. These effects can also be kept independent from each other. Chapter 12 details this module.

The basic risk assessment technique emphasizes risk assessment of cross-country transmission pipelines. Chapters 13 and 14 offer some considerations for other types of pipelines, distribution systems, and offshore pipeline systems. Offshore and distribution pipelines present somewhat different challenges than those of transmission pipelines. Nonetheless, accident experience in these systems is similar to that of the transmission lines. This fact is of use in customizing a risk assessment methodology to those systems. Risk categories need only be slightly modified to apply the same philosophy to these other pipeline systems. Ideally, such a customized methodology will thoroughly cover the unique aspects of the systems, but still be similar enough to techniques used in other systems to facilitate consistency. Consistency is of value in allowing general comparisons between systems and gaining efficiency by not developing, implementing, and training for multiple methods of risk assessment.

To customize this technique for any other facility type, the risk manager need only keep the objective clearly in mind: identify and score ALL risk factors relative to the overall risk picture. That is, within the same four indexes (if the practitioner wishes to keep the same four) identify all possible failure modes and causes. Then identify ALL conditions or actions that can be taken to minimize the possibility or consequence of each failure cause. Score the conditions and actions based upon their contribution to the risk picture. Items with more impact should score higher points.

When customizing, evaluators should beware the temptation to combine too many issues in a given topic. A success of this risk assessment approach is the compartmentalizing of issues and then a later recombination. For example, in assessing the *Activity Level* as part of the *Third Party Damage Index,* avoid the natural inclination to include the barriers to third party damage—the barriers such as cover and patrolling are covered separately. *Activity Level* should remain purely the amount of potentially damaging activity nearby. This will later be offset by any preventive measures and conditions.

Again, it is stressed that the chapters in Part II represent *optional* changes to the basic risk model. Their use will require additional analysis, data gathering, and interpretation. These changes should be incorporated when their inclusion adds more benefit than cost to the assessment process.

CHAPTER 8

Scoring Adjustments to Basic Risk Model

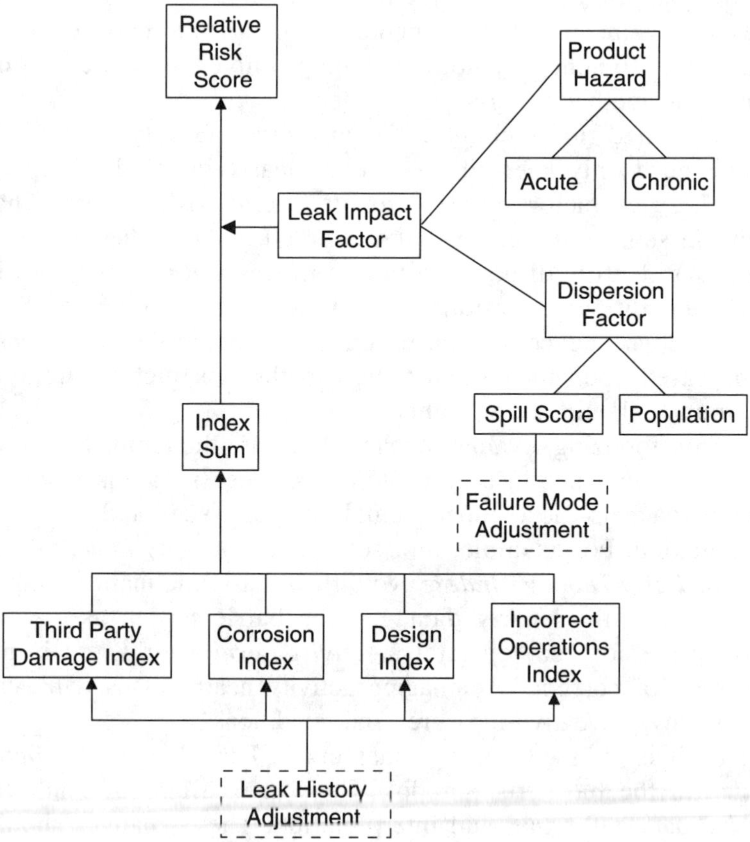

Figure 8-1. Scoring adjustments for leak history and failure mode.

The Role of Leak History in Risk Assessment

In actual practice, it is a common belief—backed by statistical data—that pipeline sections that have experienced previous leaks are more likely to have additional leaks. This notion is supported by intuitive reasoning that conditions that promote one leak will most likely promote additional leaks. Such conditions and considerations in their scoring have been discussed previously.

Leak history has always been a part of the basic risk model. When item weightings and scores are determined, any previous leaks are strong evidence of problems with conditions such as coating, soil corrosivity, quality of joining techniques, and potential for earth movements. This evidence should be automatically incorporated into the scoring because the evaluator's "degree of belief" should be impacted by leaks. The *Index Sum* should always represent the best available knowledge of potential events and their likelihood of occurrence. Since there is a degree of uncertainty in the scoring of these factors, a leak history component can be specifically added to the evaluation. This component must be time-factored in order that mitigating actions can be credited in the assessment. In other words, recent history is more significant.

When the evaluator believes that leak history is better captured as an additional indication of leak probability, an adjustment to the Index Sum should first be made. A scale can be set up to make such adjustments to whichever index best represents the nature of the leaks.

To do this, the nature or "root cause" of the leaks must be determined. A higher incidence of leaks can usually be assigned to one of the four indexes (or to an additional module such as Sabotage). Where more than one failure mechanism is involved, the leak history can be proportioned to more than one index.

Some examples of correlations to specific indexes include:

- Third Party—Previous mechanical damages to the pipeline are now resulting in a higher frequency of leaks.
- Corrosion—Corrosion mechanisms, internal or external, are causing a higher leak rate.
- Design—Outdated design practices (joint design, for example) or systems that have exceeded their design life or earth movements over the years are now causing a higher leak rate.
- Incorrect operations—Poor construction techniques or sloppy operations or maintenance are now resulting in increased leak rate.

An assessment of the magnitude of the leak frequency can then be done using a qualitative scale. Of course, the determination as to whether a section of pipeline is experiencing a higher frequency of leaks must be made on a relative basis. This can be done by making comparisons with similar sections owned by the company or with industry-wide leak rates, as well as by benchmarking against specific other companies or by a combination of these. Leak frequency can be categorized as follows:

- **High.** A distinct, measurably higher leak rate is seen in this section; mitigating actions will not improve the leak rate for some time.
- **Medium.** Some evidence suggests a higher leak rate.
- **None.** No evidence suggests that leak rates are any higher in this section.

An adjustment factor can now be assigned to each category:

High	10%
Medium	5%
Low	no change

This factor will reduce the index score that would otherwise have been assigned. For example, an adjustment of 7% applied to a Corrosion Index score of 50 causes the *Corrosion Index to* now be scored as 46.5, due to the leak history.

Note that an event history is only useful in predicting future events to the extent that conditions remain unchanged. When corrective actions are applied, the event probability changes. Any adjustment for leak frequency should therefore be re-analyzed periodically.

Again, this adjustment is intended to supplement the impact of leak history which is already being considered in scoring individual risk items. As such, an impact of up to 10% of the index score is thought to be appropriate.

Example 8-1: Distribution System Leak History

In this section of distribution piping, the main is a small diameter cast iron line more than 55 years old. Expansive clays in the region have caused continuous movements of the pipeline and have resulted in regular joint leaks. The leak rate here is significantly higher than any other section being assessed. The evaluator feels that an additional "leak history" adjustment is warranted because conditions are not likely to improve until the entire main is replaced. With the high amount of leaks relative to similar sections, the maximum adjustment of 10% is used. The leaks are categorized as *Design Index* leaks. The previous *Design Index* score of 54 is reduced by an adjustment of 10%, resulting in the *Design Index* score of 54 – 10% = 49.

Failure Modes Adjustments

An adjustment to the *Spill Score* (and hence the *Leak Impact Factor*) can be made when it is thought that possible failure modes should be a more important part of the risk assessment. Contributing factors to the type of failure mode include the pipe material, stress conditions, and the failure initiator.

As an extreme example of failure mode, an "avalanche failure" is characterized by a rapid crack propagation, sometimes for thousands of feet along a pipeline, which completely opens the pipe. Main contributing factors to an avalanche failure include low material toughness (a more brittle material that allows crack formation and growth), high stress level in the pipe wall (usually at the base of a crack), and an energy source that can promote rapid crack growth (usually a gas compressed under high pressure).

The basic risk assessment model does not attempt to distinguish between likely failure modes—a worst case scenario is assumed for simplicity. Distinguishing between leak types adds a degree of complexity to the model; however, the added information that is provided can be useful in some cases. In a general sense, the likely leak type can somewhat offset an otherwise higher consequence event. That is, a smaller diameter line more prone to large breakage can equal the consequences of a larger line that is prone to small pinhole leaks.

Of course, under the right circumstances, a large- or small-area failure can be equally consequential in the pipeline system. For example, a more ductile failure that allows only a minor pipe wall tear can leak undetected for long periods, allowing accumulation of leaked product. A more violent break of the pipe wall, on the other hand, may cause a rapid depressurization and quick detection of the problem. However, it will be assumed, if only for the sake of simplification, that a larger leak has the potential for more severe consequences.

Because of the many different materials and conditions which may need to be compared when studying some pipeline systems, a factor can be added to allow for higher or lower anticipated incidents of large openings in a pipe failure. In a highly simplified way, the intent is to make a distinction between pipes more likely to fail in a catastrophic fashion. For evaluations where pipe material toughness is constant, no differences will be seen unless pipe stress levels change dramatically or initiating mechanisms are factored in.

Figure 8-2 shows a model of the interrelation of some of the many factors that determine the type of pipeline leak which is likely. The initiating mechanism also plays a role. Mechanisms that promote cracks are more likely to lead to a large leak than are mechanisms that cause a pinhole type leak (see page 122 for further discussion on fracture mechanics and crack propagation).

Materials

When different materials and different likely failure modes are to be included in the analysis, the spill factor of the *Leak Impact Factor* is adjusted. While such an adjustment is intended to primarily address widely different materials often encountered in a single distribution system, it can also be used to address more subtle differences in pipelines of basically the same material but operated under different conditions. For example, a higher strength steel pipeline usually has slightly less ductility than Grade B steel and, when combined with factors such as stress level and crack initiators, this raises the likelihood of an avalanche-type line break.

An important difference lies in materials that are prone to more consequential failure modes. A large leak area is usually characterized by the action of a crack in the pipe wall. A crack is more able to propagate in a brittle material; that is, a brittle pipe material is more likely to fail in a fashion that creates a large leak area—equal to or greater than the pipe cross-sectional area. This problem is covered in more detail in a discussion of fracture mechanics beginning on page 119.

The brittleness or ductility of a material is often expressed in combination with its strength as a "material toughness" or "facture toughness." Material toughness is an important variable in the potential for certain failure modes. Even in the same material, slight differences in chemical composition and manufacture can cause significant

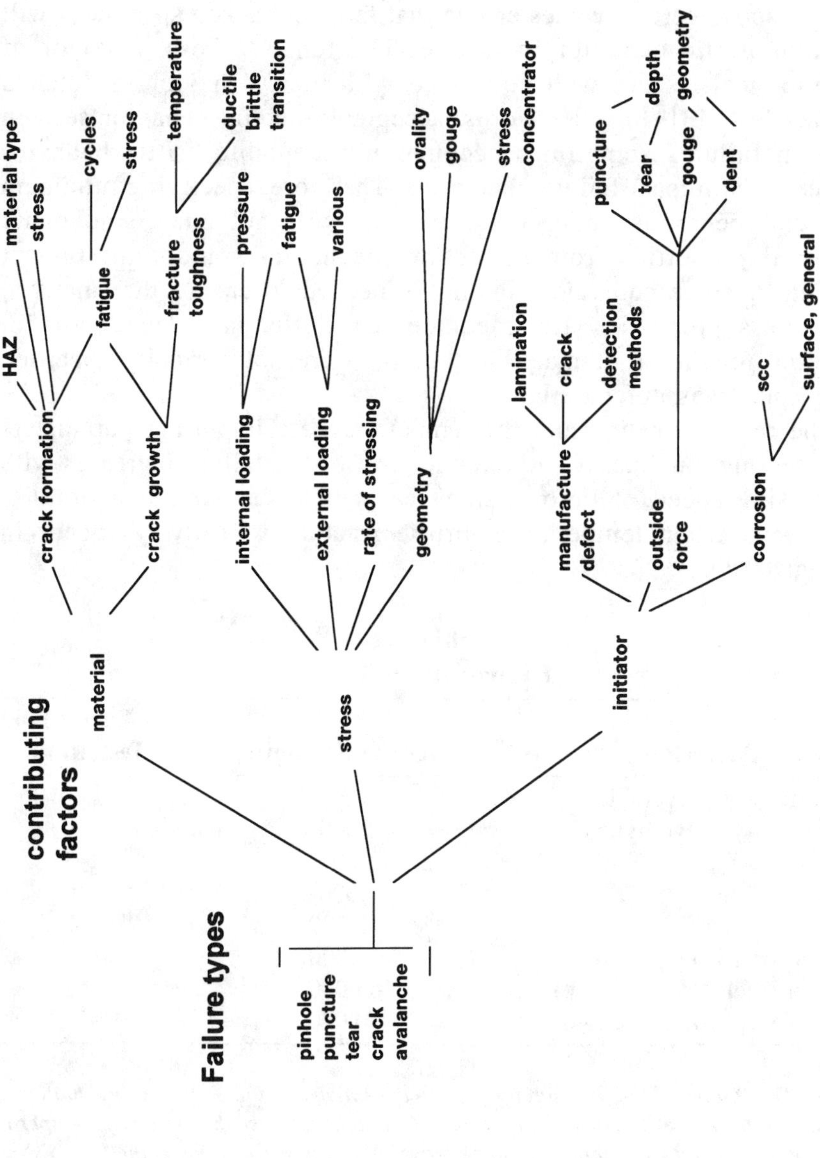

Figure 8-2. Some factors that influence failure type.

differences in toughness. The most common method to assess material toughness is the Charpy V-notch impact test. See Table 8-1, Charpy Izod test results for some common pipeline materials. This test has been shown to correlate well with fracture mechanics in that test results above certain values ensure that fatigue-cracked specimens will exhibit plastic behavior in failure. The tensile stress behavior of ferritic steels is not well correlated with their behavior in notched impact tests [3]. In other words, acceptable ductile behavior seen in tension failures sometimes becomes unacceptable brittle behavior under notch impact failure conditions. Therefore, specifying minimum material behavior under tensile stress will not ensure adequate material properties from a fracture mechanics standpoint. Impact testing or some equivalent of this is needed to ensure that material toughness properties are adequate. Until the last decade or so, material toughness or material ductility were not normally specified when pipe was purchased.

The rate of loading and the temperature are important parameters in assessing toughness. The likelihood of brittle failure increases with increasing speed of deformation and with decreasing temperature. Below a certain temperature, brittle fracture will always occur in any material.

Table 8-1
Charpy Izod Tests

Material	Tensile Strength	Charpy Izod Test Results
high density polyethylene	4000 psi	1–12 ft-lb
low density polyethylene	2000	16
polypropylene	5000	1–11
PVC	6000	1
gray cast iron	41,000	4
ductile cast iron	60,000	20
carbon steel (0.2% carbon)	60,000	55
carbon steel (0.45% carbon)	90,000	20

[27]
Note: The Charpy-Izod impact test is an accepted method for gauging material resistance to impact loadings when a flaw (a notch) is present. The test is temperature dependent and is limited in some ways, but can serve as a method to distinguish materials with superior resistance to avalanche type failures.

Other important material factors influencing toughness in pipeline steels include chemical composition (percentage of carbon, manganese, phosphorus, sulfur, silicon, columbium, and vanadium), deoxidization practices, cold work, and heat treatments [37]. The challenge of gauging the likelihood of a more catastrophic failure mode is further complicated by the fact that some materials may change over time. Given the right conditions, a ductile material can become more brittle.

Stresses

Higher stress levels in the pipe wall is one of the most important contributing factors to a catastrophic failure. High stress levels are a function of internal pressure, external loadings, wall thickness, and exact pipe geometry. Dents, gouges, etc. can dramatically impact stress levels by causing stress concentration points.

The energy source should also be considered here. A compressed gas, due to the higher potential of the compressible fluid, can promote significantly higher crack growth and, consequently, leak size. For relatively incompressible fluids, decompression wave speed will usually exceed crack propagation speed and hence will not promote large crack growth. In using Table 8-2, it is recommended that stress levels for incompressible fluids be reduced by 50% to reflect the reduced energy present.

The use of crack arrestors can also impact the risk picture. A crack arrestor is designed to slow the crack propagation sufficiently to allow the depressurization wave to pass. Once past the crack area, the reduced pressure can no longer drive crack growth. More ductile or thicker material (stress levels are reduced as wall thickness increases) can act as a crack arrestor. Allowances for these can be made in the material toughness scoring or in the stress level scoring.

As with other pressure-related aspects of this risk assessment, it is left to the evaluator to choose stress levels as a result of normal operating conditions—routine pressures and loadings—or as a result of extreme conditions—MAOP or rare loading scenarios. The appropriateness of either option will be dependent upon the intended uses of the assessment. Choices made should be consistent across all sections evaluated and across all risk variables that involve pressure.

Initiating Mechanisms

Another possible consideration is the failure initiator. For instance, some statistical analysis suggest that corrosion effects are more likely to lead to pinhole type failures, whereas third party damage initiators often have a relatively higher chance of leading to catastrophic failures. Note that such general statements are difficult to apply to the risk assessment. Many mechanisms might contribute to a failure and their possible interactions. The first contributor to the formation of a crack might be very different from the contributor that ultimately leads to the crack propagation and pipe failure. When crack formation and growth are very low possibilities, the likelihood of a tear or a pinhole instead of a larger failure is higher. When a strong correlation between initiator and failure mode is thought to exist, a scale can be devised that relates a *Spill Score* adjustment factor with an *Index* score. The *Index* score should capture the type of initiating event. For example, when the *Third Party Damage Index* is higher (by some defined percentage, perhaps) than the *Corrosion Index,* the *Spill Score* is decreased, reflecting a larger possible leak size. When *Corrosion Index* scores are higher, the *Spill Score* is increased, reflecting a smaller likely leak size. This could similarly be done in the *Design Index* to capture stress and earth movement influences. It is left to the reader to more fully develop this line of reasoning when it is deemed prudent to do so.

Here in the *Leak Impact Factor,* the critical factors are approximated in an adjustment factor that numerically compensates for the higher potential consequences of avalanche failures. The two key variables to determine the adjustment factor to be applied (especially for compressed gas pipelines) are 1) stress level and 2) material toughness.

As previously discussed (Chapter 7), in the basic risk assessment model, all pipe failures are modeled as complete failures where the leak area is equal to the cross-sectional area of the pipe. This allows a simple and consistent way to compare the hazards related to pipes of varying sizes. To incorporate the adjustment factor, the complete failure mode is considered to be the "base case" and could be specified as some "normal" situation, perhaps the case of a grade B steel line operating at 60% of the specified minimum yield strength of the material. This base or reference case will have a certain probability of failing in such a way that the leak area is greater than or equal to the pipe cross-sectional area. In situations where the probability of this type failure is significantly higher or lower than the base case, an adjustment factor can be employed. A change in failure mode could be caused by significant differences in material toughness and/or stress level. This adjustment factor will make a real change in the risk values, but, since it is a measure of a likelihood only, it does not override the diameter and pressure factors that play the largest role in determining spill size.

Table 8-2
Spill Score Adjustment Factors for High Pressure Pipelines Stress Level (% SMYS) of Gas Pipeline*

Toughness	<40%	50%	60%	70%	>80%
Lowest (PVC)	0	–1	–1	–1	–2
Low (cast iron)	0	0	–1	–1	–2
Medium (PE, API5LX 60 or higher steel)	0	0	0	0	–1
Base Case (A53 Gr B steel	0	0	0	0	0

* *Reduce by 50% when evaluating a liquid pipeline.*

Therefore, when a material failure distinction is desired, the evaluator should create a scale of adjustment factors that will cover the range of pipe materials and operating stresses that will be encountered. When stress levels and material toughness values reach certain levels, the *Spill Score* can be adjusted. For instance, a material with lower toughness, operated at high stress levels might cause the *Spill Score* to decrease by one point. This is the same effect as a large increase in leak size (normally caused by an increase in pipe diameter or pressure in the basic risk assessment model). Table 8-2 is an example of a *Spill Score* adjustment scale. As mentioned earlier, such scales are normally more useful in gas pipelines, given the higher energy level (and, hence, the higher possibility for catastrophic failures) associated with compressed gases.

CHAPTER 9

Sabotage Module

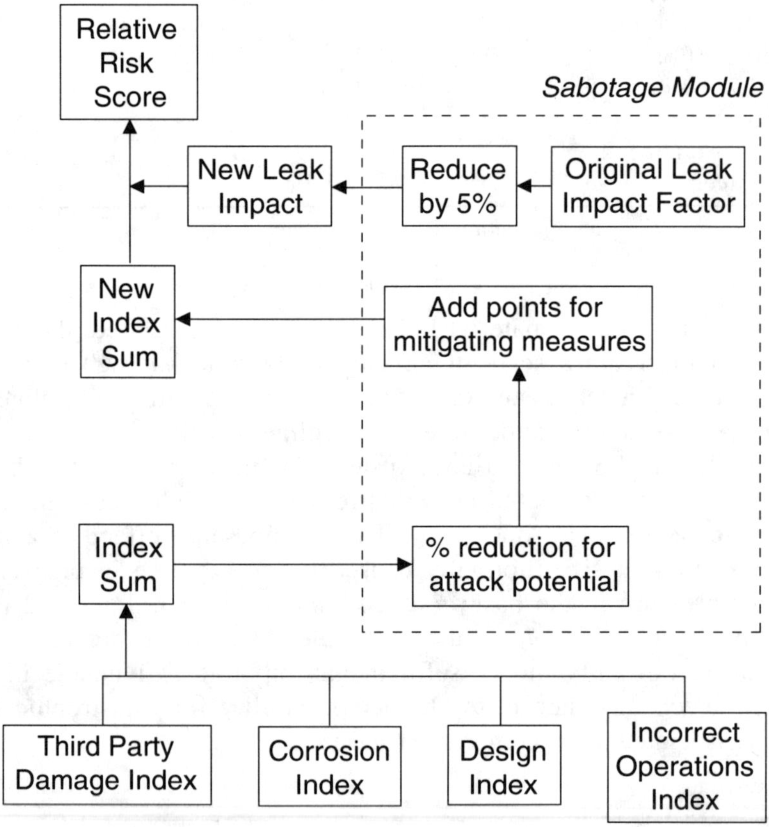

Figure 9-1. Sabotage module.

The threat of vandalism, sabotage, and other wanton acts of mischief are addressed to a limited degree in various items of this risk assessment. This threat may need to be more fully considered when the pipeline is in areas of political instability or public unrest. When more consideration is warranted, it is recommended that the results of this module be incorporated into the risk assessment. Use of this module implies that a threat exists. For purposes here, the term *sabotage* will be used to encompass all intentional acts designed to upset the pipeline operation.

Sabotage is primarily considered to be a direct attack against the pipeline owner. Because of the strategic value of pipelines and their vulnerable locations, pipelines are also attacked for other reasons. Secondary motivations may include pipeline sabotage as:

- an indirect attack against a government that supports the pipeline
- a means of drawing attention to an unrelated cause
- a protest for political, social, or environmental reasons
- a way to demoralize the public by undermining public confidence in its government's ability to provide basic services and security.

It would be naive to rule out the possibility of attack completely in any part of the world. However, this module is designed to be used when the threat is more than merely a theoretical potential. Inclusion of this module should be prompted by any of the following conditions in the geographical area being evaluated:

- previous acts directed against an owned facility have occurred
- random acts impacting owned or similar facilities are occurring
- there is knowledge of individuals or groups who have targeted the company

Because the kinds of conditions that promote sabotage can change quickly, the potential for future episodes is difficult to predict. For some applications, the evaluator may wish to always include this sabotage module in order to keep consistency.

To include this module in the overall risk assessment, the pipeline sections must first be scored without consideration for sabotage. The results of that risk assessment will then be adjusted in light of the additional risk.

To assess the sabotage risk, both the *Index Sum* and the *Leak Impact Factor* will be adjusted. This reflects the belief that both the likelihood and consequences can be greatly impacted when there is an intent to do harm. Also, because any aspect of the pipeline operation is a potential target, all failure modes can be impacted (however, the fast-acting failure mechanisms will usually be the saboteur's first choice). First, the *Index Sum* is reduced (increased risk) by a percentage depending upon how severe the threat is. The percentage reduction is determined as the "Attack Potential." Next, points are added back to the *Index Sum* for any and all anti-sabotage measures in place.

List of mitigating (anti-sabotage) measures:

Third Party Damage Index	35 pts
A. Community Partnering	16 pts
B. Intelligence	5 pts
C. Security Forces	8 pts
D. Resolve	2 pts
E. Threat of punishment	2 pts
F. Industry Cooperation	2 pts
G. Surface facilities	–20 pts per site
Barrier preventions	up to 18 pts per site
Detection preventions	up to 18 pts per site
Incorrect Operations Index	15 pts
A. Design	5 pts
B. Construction	5 pts
C. Operations	5 pts

Finally, the *Leak Impact Factor* is increased by 5% (a higher potential consequence) and the risk score is calculated as before.

Attack Potential

Anticipation of attacks is the first line of defense. Indications that the potential for attack is significant include (in roughly priority order):

- a history of such attacks on this facility
- a history of attacks on similar facilities
- presence of a group historically responsible for attacks
- high tension situations involving conflict between the operating company and other groups
  - activists (political, environmental, labor, religious extremists, etc.)
  - former employees
  - hostile labor unions
  - local residents

In most cases, the threat from within the local community is greatest. An exception would be a more organized campaign that can direct its activities towards sites in different geographic areas. Often, an organized guerrilla group is a more potent threat than individual actions.

An aspect of sabotage, probably better termed "vandalism," includes wanton mischief by individuals who may damage facilities. Often an expression of frustration, these acts are generally spontaneous and directed towards targets of convenience. While not as serious a threat as genuine sabotage, vandalism can nonetheless be included here.

Experience in the geographic area is probably the best gauge to use in assessing the threat. If the area is new to the operator, intelligence can be gained via government agencies (State department, Foreign Affairs, embassies, etc.) and local government activities (city hall, town meetings, public hearings, etc.). The experience of other operators is valuable. Other operators are ideally other pipeline companies, but can also be operators of production facilities or other transportation modes such as railroad, truck, and marine.

To assess the attack potential, a point adjustment scale can be set up as follows:

Low probability .... –20%

While something has happened to warrant the inclusion of this module in the risk assessment, indications of impending threats are very minimal. The intent or resources of possible perpetrators are such that real damage to facilities is only a very remote possibility. No attacks other than random (not company or industry specific) mischief have occurred in recent history. Simple vandalism such as spray painting and occasional theft of nonstrategic items (building materials, hand tools, chains, etc.) would score this amount.

Medium probability .... –50%

This module is being included in the risk assessment because a real threat exists. Attacks on this company or similar operations have occurred in the past year and/or conditions exist that could cause a flare-up of attacks at any time. Attacks tend to be propagated by individuals rather than organizations.

High probability .... –80%

Attacks are an ongoing concern. There is a clear and present danger to facilities or personnel. Conditions under which attacks occur continue to exist (no successful negotiations, no alleviation of grievances that are prompting the hostility). Attacks are seen to be the work of organized guerrilla groups.

Assigning of percentage adjustments between those shown is encouraged because actual situations will always be more complex than what is listed in the probability descriptions. Note that the point penalties for sabotage potential are rather severe. This is because the nature of the threat is quite different than all threats previously considered. A focused human effort to cause a failure weighs more on the risk picture than the basically random or slower acting forces of nature. It must be conservatively assumed that a dedicated intruder will eventually find a way to cause harm to a facility. This implies that eventually, a pipeline failure will occur, as long as the attacks continue.

As potential for attack increases, preventative measures should escalate. Any mitigating measure can be overcome by determined saboteurs. Therefore, the risk can only be reduced by a certain amount for each probability level. Awarding of points is difficult to generalize. Most anti-sabotage measures will be highly situation-specific. The point scale is suggested only and may need to be modified to better reflect effectiveness of measures in the situation being evaluated.

A valid argument can be made that mitigating points should not exceed the point penalty of the potential risk. That is, if scoring for an attack potential reduces the *Index Sum* by 25 points, then no more than 25 points may be awarded in scoring mitigating measures. The rationale here is that the risk is never completely removed and the points scored should reflect that. A counter argument might be that since the potential risk is at best an approximate indicator of the actual situation, it is acceptable to take credit for mitigating points in excess of risk points. This might reflect a proactive company stance. This dilemma will rarely be encountered in practice. If the evaluator wishes to limit the awarding of points, a simple worksheet can be completed to set this limit.

A. Index sum without sabotage module __________.

B. Potential for sabotage ________ %

A × B = _______

Maximum mitigating points = A × B

Mitigations

It is important to note that the effects of almost any mitigating action will be specific to a given situation. The point values suggested seem reasonable for a wide variety of cases, but they are intended to be guidelines only. The evaluator should change weightings when appropriate for a given analysis, but keep scoring consistent to ensure comparability.

In a sense, evaluating the potential for sabotage also assesses the host country's ability to assist in preventing damage. The following actions are generally available to the pipeline owner/operator in addition to any support provided by the host country.

Third Party Damage Index

Special anti-sabotage considerations .... (possible negative values) up to 35 points maximum

A. Community Partnering .... 16 points

One strategy in reducing the threat of sabotage and vandalism is to "make allies from adversaries." The possibility of attack is reduced when "neighbors" are supportive of the pipeline activities. This support is gained to some extent through general public education. People feel less threatened by things that they understand. Support of pipeline operations is most fostered, however, through the production of benefits to those neighbors. Benefits may include jobs for the community, delivery of needed products (an immediate consumable such as heating oil or gas for cooking is more important than intermediate products such as ethylene or crude oil), or the establishment of infrastructure by the company. Threat of attack is reduced if pipeline operators establish themselves as a contributing member of a community. In developing countries, this strategy has led to agricultural assistance, public health improvements, the construction of roads, schools, hospitals, etc. Improvements of roads, telephone service, and other infrastructure not only improve the quality of life, they also have the secondary benefit of aiding in the prevention and response to sabotage. An appreciative community will not only be less inclined to cause damage to the facilities of such a company, but will also tend to intervene to protect the company interests when those interests benefit the community.

Such a program should not be thought of (and definitely not be labeled) as a bribe or extortion payment by the operating company. In some cases, the program may be thought of as a fair compensation for disrupting a community. In other cases where the pipeline is merely used as a convenient target in a regional dispute that does not involve the operation at all, assistance programs can be seen as the cost of doing business or as an additional local tax to be paid. Whatever the circumstances, a strategy of partnering with a community will be more effective if the strategy is packaged as the right thing to do rather than as a defensive measure. The way the program is presented internally will affect company employees and will consequently spill over into how the community views the actions. Employee interaction with the natives might be a critical aspect of how the program is received. If the pipeline company or sponsoring government are seen as corrupt or otherwise not legitimate, this assistance might be seen as a temporary payoff without long-term commitment and will not have the desired results. It might be a difficult task to create the proper alliances to win public support, and it will usually be a slow process. (See also the "Intelligence" item below).

Community partnering yields the most points because *removal* of the threat of attack is the most effective way to protect the pipeline. When such a program is just beginning, its effectiveness will be hard to measure. For risk assessment purposes, score the program first and then modify the "Attack Potential" item as evidence suggests that the program is achieving its intended outcome.

Points can be awarded for a community partnering program as follows:

Significant, noticeable, positive impact of program .... 11 pts
Regular meetings with community leaders to determine how and where money is best spent .... 2 pts
Well publicized as a community service .... 3 pts

B. Intelligence .... 5 pts

Forewarning of intended attacks is the next line of defense. Intelligence gathering can be as simple as overhearing bar room conversations or as sophisticated as the use of high resolution spy satellites. Close cooperation with local and national law enforcement may also provide access to vital intelligence. Local police forces are normally experienced in tracking subversives. They know the citizens, they are familiar with civilian leaders, they can have detailed information on criminals and subversive groups, and their support is important in an active anti-sabotage program. However, some local police groups are themselves corrupt or less than effective. When the local police force is seen as a government protection arm (rather than protection for the people), a close alliance might be counterproductive and even impact the effectiveness of a damage prevention program [7].

The evaluator should be aware that effectiveness of intelligence gathering is difficult to gauge and can change quickly as fragile sources of information appear and disappear. Maximum points should be awarded when the company is able to reliably and regularly obtain information that is valuable in preventing or reducing acts of sabotage. As a rough way of scoring this item, a simple percentage can be used: (number of acts thwarted through intelligence gathering efforts) / (number of acts attempted) $\times$ 3 points. Hence, if it is believed that three acts were avoided (due to forewarning) and eight acts occurred (even if unsuccessful, they should be counted), then award $3/8 \times 5 = 1.9$ pts.

C. Security forces .... 8 pts

The effectiveness of a security force will be situation specific. Rarely can enough security personnel be deployed to protect the entire length of a pipeline. If security is provided from a government that is presently unpopular, the security forces themselves might be targets and bring the risk of damage closer to the pipeline. It is not uncommon in some areas for pipeline owners to deploy private security personnel. The evaluator should look for evidence of professionalism and effectiveness in such situations. Maximum points should be awarded when the security force presents a strong deterrent to sabotage.

D. Resolve .... 2 pts

A well-publicized intention to protect the company's facilities is a deterrent in itself. When the company demonstrates unwavering resolve to defend facilities and prosecute perpetrators, the casual mischief maker is often dissuaded. Such resolve can be partially shown by large, strongly worded warning signs. These warnings should be reinforced by decisive action should an attack occur. A high visibility security force also demonstrates resolve. Maximum points are awarded for a high profile display that might include signs, guards, patrols, and publicized capture and prosecution of offenders.

E. Threat of punishment.. 2 pts

Fear of punishment can be a deterrent to attacks, to some extent. A well-publicized policy and good success in prosecution of perpetrators is a line of defense. Point levels can be increased when the threat of punishment is thought to play a significant role. The evaluator should be aware that a government that is not seen as legitimate might be deemed hypocritical in punishing saboteurs harshly while its own affairs are not in order. In such cases, the deterrent effect of punishment might actually foster support for the saboteurs [7]. In many cases, threat of punishment (arguably) has a minimal impact on reducing attacks.

F. Cooperative efforts with neighboring industry............... 2 pts

Sharing of intelligence, training employees to watch neighboring facilities (and hence, multiplying the patrol effectiveness), sharing of special patrols or guards, sharing of detection devices, etc. are benefits derived from cooperation between companies. Especially when the companies are engaged in similar operations, this cooperation is inexpensive and effective. Maximum points are awarded when a pipeline company's anti-sabotage efforts are truly expanded by these cooperative efforts.

G. Surface facilities .... –20 pts (plus preventions)

Attacks will normally occur at the easiest (most vulnerable) targets and, as a second criteria, those targets that will cause the most aggravation to have repaired. Such sites include the remote, visible stations along the pipeline route (especially pump and compressor stations), the exposed piping on supports and bridges, and locations that will be difficult to repair (steep mountain terrain, swampland, heavy jungle, etc.). The absence of such facilities is in itself a measure of protection and would be scored as the safest condition (0 points). Where surface facilities do exist, –20 points are assessed for each occurrence in the section evaluated. Preventative measures for unintentional third party intrusions (scored in the basic risk model) offer some overlap with the mischief-preventing activities (fences around aboveground facilities, for example) and are sometimes reconsidered in this module. More points are awarded for devices and installations that are not easily defeated. Presence of such items better discourages the casual intruder. Preventive measures can bring the point level to –2 points per site. From a practical standpoint, this allows the pipeline owner to minimize the risk in a number of ways since there are several ways to achieve 18 points worth of preventive measures to offset the –20 point penalty for the surface facility. However, it also shows that even with many preventions in place, the hazard has not been removed.

Surface facilities such as pump and compressor stations are often the most difficult and expensive portions of the pipeline system to repair. Using more sophisticated and complex equipment often requires associated delays in obtaining replacement parts, skilled labor, and specialized equipment to effect repairs. This is further reason for a stronger defensive posture at these sites.

Aboveground facilities are present ....–20 points per site

Plus, add points UP TO A MAXIMUM 18 for all conditions at each aboveground facility within the pipeline section evaluated.

Barrier type preventions:

Electrified fence in proper working condition .... 10 pts
Strong fence/gate designed to prevent unauthorized entry by humans (barbed wire, anti-scaling attachments, heavy gage wire, thick wood, or other anti-penetration barrier) .... 7 pts
Normal fencing (chain link, etc.) .... 5 pts
Strong locks, not easily defeated .... 2 pts
Guards (professional, competent) or guard dogs (trained) ...... 5 pts
Alarms, deterrent type, designed to drive away intruders with lights, sounds, etc. .... 4 pts
High visibility (difficult to approach the site undetected; good possibility exists of "friendly eyes" observing an intrusion and taking intervening action) .... 2 pts
In extreme cases, barriers to prevent forcible vehicle entry may be appropriate. Ditches and other terrain obstacles provide a measure of protection. While guards are present, barricades that do not allow a direct route into the facility (forces a slow, twisting maneuver around the barricades) prevent a rapid penetration by a vehicle .... 2 pts
Signs .... 1 pt

Dense, thorny vegetation provides a barrier to unauthorized entry. On the other hand, it also provides cover for a perpetrator. Awarding of points is situation specific and should weigh the advantages and disadvantages of such vegetation.

Detection-type preventions:

All detection-type preventions must be coupled with timely response unless the detection device is solely for purposes of later apprehension and prosecution of trespassers.

Video surveillance, real-time monitoring and response ...... 5 pts
Video surveillance, for recording purposes only .... 2 pts
Alarms, with timely response:
  Motion detectors (infrared, trip beams, trip wires, pressure sensors on floor, etc.) .... 5 pts
  Sound detectors (may not be feasible in a noisy station) ...4 pts
SCADA .... 2 pts

A SCADA system can provide an indication of tampering of equipment because the signal to the control room will change as a transmitter or meter changes.

Satellite surveillance, with increasingly better resolution, is today a viable option in observing a pipeline and the surrounding area continuously or at any appropriate interval .... score as Patrol item additive to other patrolling
Explosive dye markers (device that sprays a dye on a perpetrator to facilitate apprehension and prosecution) .... 1 pt

Patrolling is already scored in the *Third Party Damage Index.* Varying the patrol and inspection schedules enhances this as a sabotage preventive measure. Increase patrol scores by 20% for this consideration.

Any of the above measures that are simulated are scored 50% less than actual working equipment. Examples of simulated measures include plastic that appears to be steel bars, fake cameras, and signs of warning measures that do not exist. While obviously not as effective as the genuine deterrents, these are still somewhat effective.

Preventative measures are most effective to dissuade the casual mischief-maker. The more sophisticated aggressor who is intent upon causing harm to a specific facility will most likely infiltrate the facility and defeat the detection devices. With more modern technology, attack is also possible from greater distances.

Other equivalent prevention actions and devices should be scored within the spirit of the above point scales.

Note: In all awarding of points, the evaluator is cautioned to carefully study the "real world" effectiveness of the anti-sabotage measure. Factors such as:

- training and professionalism of personnel
- maintenance and sensitivity of devices
- response time to situations

are all critical to the usefulness of the measure. As with the potential itself, scoring will necessarily be quite judgmental.

A basic assortment of protection measures such as fencing, locks, signs, and SCADA would score –10 (–20 + 5 + 2 + 1 + 2 respectively) for each station so equipped. This package is a fairly normal arrangement for pipeline facilities when there is no special sabotage threat. Where a significant threat does exist, adding features such as guards and detection devices can add points up to a maximum of 18. When this is done, the score for each facility so equipped would be –20 + 18 = –2 points. A surface facility should never score as well as the absence of such a facility since its existence creates a target for sabotage.

Casing Pipe

As a special case of surface facilities, sections of buried pipeline which are encased in a casing pipe can be more vulnerable than directly buried pipe. Vent pipes attached to the casing provide a direct route to the carrier pipe. An explosive charge, dropped into a vent pipe, can then detonate against the carrier pipe. A simple prevention is to place bends in the vent pipe so that a dropped object no longer has a direct access to the carrier pipe. If the bends are below ground level, would-be attackers may not know that they do not have an unrestricted path to the main line. Permanent screens or other barriers on the vent pipe entrance are also deterrents to this type of attack. As a possible target of sabotage, casings can be scored as follows:

casings .... –10 pts per occurrence
casings modified for anti-sabotage .... –3 pts per occurrence

Line markers might bring unwanted attention to the line location. Of course, this must be weighed against the benefits of reducing unintentional damage. It is left to the reader to score incidences of line markers if scoring is deemed appropriate.

Design and Corrosion Indexes

No special considerations for sabotage which are not already covered elsewhere.

Incorrect Operations Index

Special anti-sabotage considerations ....0 to 15 pts

In addition to Third Party Damage items, some aspects of the Incorrect Operations Index can be modified when the threat of sabotage is being considered.

Design .... 5 pts

This is the first phase where attention can be focused on the threat of attack. Route selection should take into consideration all political and security factors associated with a proposed installation. Public relations will ideally begin in the design phase, long before construction begins. Even the presence of a survey crew can generate bad will and false rumors if neighbors are surprised by the activity. Project approval from national or regional government levels may not be enough if this government is unpopular with the local residents. While local approval may be infeasible for a number of reasons, any progress towards local support is valuable. For purposes of this sabotage module, preparatory work done in the design phase can be scored as follows:

Level of support for project:

Low .... 0 pts

National support only; no attempts made to communicate with regional or local residents.

Medium .... 2 pts

Some attempts to communicate the purpose of the project. More generalized modes such as television, newspapers, and public postings are used. However, little feedback is received from residents.

High .... 5 pts

Widespread communication and campaigning for the project using the most effective modes to reach the most people. This may entail visits to villages, town meetings, etc., to hold sessions (in the native language) to deliver information and address concerns.

When attacks can be expected, the design phase is the opportunity to do a few things to minimize the impact of the attacks. Equipment can be selected that is more easily repaired (availability of spare parts, ease of assemble/disassemble, simple design, etc.); aboveground facilities can be located with defense in mind; detection and prevention options can be included in initial designs. The degree of success and risk reduction in these efforts is covered (and scored) mostly in the Third Party Damage items.

Construction .... 5 pts

Installation of new facilities or modification of existing facilities provides many opportunities for sabotage. Defects can be introduced and then concealed; counterfeit materials can be substituted; equipment can be stolen or sabotaged; etc. In today's construction environment, a great deal of inspection is often required to ensure that errors are not made and shortcuts are not taken by constructors working against deadlines and cost constraints (see page 148). When the potential for intentional, malicious acts is introduced, the problem is vastly compounded. Inspection efforts must be greatly expanded in order to have a fair chance of preventing such acts. Security must be present even when work is not being performed in order to protect equipment and property.

Points may be awarded based upon the degree of security offered during the construction phase:

Low .... 0 pts

No unusual measures taken

Medium .... 2 pts

A threat is acknowledged and planned for. Some steps to increase security during construction are taken. Materials and equipment are secured; extra inspection is employed.

High .... 5 pts

Extraordinary steps are taken to protect company interests during construction. These include:

24 hr/day guarding and inspection
employment of several trained, loyal inspectors
screened, loyal work force—perhaps brought in from another location
system of checks for material handling
otherwise careful attention to security through thorough planning of all job aspects

Operations .... 5 pts

An opportunity to combat sabotage exists in the training of company employees. Alerting them to common sabotage methods, possible situations that can lead to attacks (disgruntled present and former employees, recruitment activities by saboteurs, etc.), and suspicious activities in general will improve the vigilance.

An aspect of incorrect operations is intentional attacks by company employees or those posing as company employees. An employee with an intent to do harm is usually in a better position to cause damage. This is because of an employee's superior knowledge of the process, equipment, and security obstacles, as well as his unquestioned access to sensitive areas.

An employee with an intent to do harm can be "created" or "unintentionally acquired." One is acquired when saboteurs infiltrate the company through the normal employee hiring process or as emergency substitutes for regular employees. One is created usually through a revenge motive due to a perceived wrong done by the company, or through recruitment of the employee by a saboteur organization. Recruitment is usually achieved by addressing the individual's psychological needs. Such needs include wealth, acceptance, love, guilt, ideals, etc.

Some preventive measures are available to the operating company. Points should be awarded based upon the number of obstacles to internal sabotage that exist.

Thorough screening of new employees .... 1 pt
Limiting access to the most sensitive areas .... 2 pts
Identification badges .... 1 pt
Training all employees to be alert to suspicious activities ..... 1 pt

Maintenance .... 0 pts

Opportunities for attacks during the maintenance phase are primarily included in the Operations and Construction aspects of this index. Attention to maintenance requirements in the design phase and planning for repair and replacement can help to minimize the impact of attacks. These factors can be somewhat addressed in the cost of service interruption.

Items that are considered outside of this module, but can play a significant role in reducing risk from attacks include the following.

More significant items

Patrolling—A high visibility patrol may act as deterrent to casual aggressor; a low visibility patrol might catch an act in progress.

Station visits—Regular visits by employees who can quickly spot irregularities such as forced entry, tampering with equipment, etc. can be a deterrent.

Varying the times of patrol and inspection can make observation more difficult to avoid.

Less significant

Depth of cover—Perhaps some deterrent in some cases, but a few more inches of cover will probably not dissuade a serious perpetrator.

ROW condition—Clear ROW makes spotting of potential trouble easier, but also makes the pipeline an easy-to-find target.

More emphasis on these items may help offset a higher risk of attack. The evaluator should score these items relative to previously scored items. A condition or activity that plays a more important role in the risk picture should have a greater impact on the overall point score.

Leak Impact Factor Considerations

It would be somewhat comforting to think that most saboteurs are trying to send messages and cause expenses but do not necessarily want to harm innocent parties. Realistically however, this idea should not be a cause of complacency. A saboteur in an extreme case might seek to use the pipeline contents as a weapon to create far-reaching destruction. For example, a hydrocarbon vapor cloud, allowed to reach some optimum size and then ignited might magnify the consequences of an "unassisted" pipeline leak. If the conditions are right, such an intentional ignition in suitable surroundings may create an unconfined vapor cloud explosion with the resulting damages from blast effects (overpressure) and fireball thermal effects. An attacker could similarly wait for weather conditions that would enhance the spread of a cloud of toxic gases from a pipeline release.

Regardless of the initial motivation for the attack, it is felt that the worst-case consequences are comparable to those of an unintentional pipeline release. However, the *probability* of worst-case consequences can be increased by an intentional release of pipeline contents. It must be conservatively assumed then, that in the case of sabotage, there is a greater likelihood of the consequences being more severe. This leads to the inclusion of a factor to modify the *Leak Impact Factor (LIF)* to reflect the influence of sabotage-caused leaks.

Whenever this module is included in the risk assessment, it is recommended that the *LIF* be increased by 5% in consideration of worst-case scenarios possibly occurring more frequently under the threat of sabotage.

Example 9-1: Low Threat of Sabotage

In this pipeline system, there have been episodes of spray painting on facilities in urban areas and rifle shooting of pipeline markers in rural areas. The community in general seems to be accepting of or at least indifferent to the presence of the pipeline. There are no labor disputes or workforce reductions occurring in the company. There are no visible protests against the company in general or the pipeline facilities specifically. The evaluator sees no serious ongoing threat from sabotage or serious vandalism. The painting and shooting are seen as random acts, not targeted attempts to disrupt the pipeline. The evaluator elects not to include the security module in this risk assessment.

Example 9-2: Medium Threat of Sabotage

In this pipeline system, the owner company has a history of violent labor disputes. While there have not been such disputes recently, altercations in the past have involved harassment of employees and sabotage of facilities. One such dispute coincides with the construction period of this section of pipeline. Similar forces seem to still be present and the current labor contract will be renegotiated within the year.

The evaluator scores the potential risk as between medium and low based on the above information. The index sum is 272 points for the section being evaluated and will be reduced to 177 (35% reduction for the medium potential category).

As negotiations begin, the company has made extra efforts to communicate to labor representatives its intention to protect facilities and prosecute to the fullest extent possible any attacks against facilities. This communication has been verbal, documented as meeting minutes, and in the form of posters in employee areas. The company has alerted local law enforcement of their concerns. The evaluator awards 1 point for resolve and 1 point for fear of punishment. There are no cooperative efforts with neighboring industries.

In the Incorrect Operations Index, 4 points are awarded for items in the operations aspect as follows:

ID badges .... *1 pt*
Employee screening .... *1 pt*
Controlled access .... *1 pt*
(out of 2 maximum—not all critical areas secured)
Employee awareness training .... *1 pt*

In the section being evaluated, one aboveground metering/block valve station is present. It has a standard protection package that includes a chainlink fence with barbed wire on top, heavy chains and locks on gates and equipment, signs, and a SCADA system and, therefore, scores 10 points. When combined with the –20 point surface facility penalty, the net result is –10 points.

From the original risk assessment, the *LIF* is 6.1. Increasing this by 5% yields a new *LIF* of 6.4. The new relative risk score is now calculated:

New index sum is (177 + 1 + 1 + 4 – 10) = 173
New relative risk score is 173 / 6.4 = 27
Original (no sabotage considerations) index sum was 272
Original relative risk score was 272 / 6.1 = 44.6

By this evaluation, the risk of pipeline failure has increased by about 40% (from a score of 44.6 down to a score of 27) by including the threat of sabotage.

Example 9-3: High Threat of Sabotage

In this evaluation, the pipeline owner/operator has installed a pipeline in a developing country with a long history of political unrest. The routing of the line takes it close to rural villages whose inhabitants are openly antigovernment and, because of the government-company association, anti-pipeline. In the past two years, pipeline service has been routinely disrupted by acts of sabotage on aboveground facilities and on cased installations below ground.

The potential for attack is scored as high and the index sum is reduced from 310 points down to 62 points (80% reduction).

In the last six months, the company has embarked on a community assistance program, spending funds to improve conditions in the villages along the pipeline route. There is evidence that these communities, while not tempering their hostility towards the government, are beginning to view the pipeline company as a potential ally instead of a partner of the government. Such evidence comes from informal interviews and recent interactions between pipeline employees and villagers. Company security officers have a close working relationship with government intelligence sources. These sources confirm that perceptions might be changing in the villages. There have been no attacks in the last four months (but it was not unusual for attacks to be spaced several months apart). Points are awarded for a community partnering program and intelligence gathering as 11 and 3 respectively. Based on the recent intelligence and the observed trend in attacks, the evaluator may be able to score the attack potential as less than "high" at some point in the future. As more evidence continues to confirm the reduced potential, the scores will be re-evaluated.

The company employs security managers and consultants but no guards or direct response personnel. Two points are awarded for "security force" for the use of the managers and consultants. Any efforts to publicize the company's intent to protect facilities and prosecute attackers is not thought to be effective. Government threats of apprehension and punishment are similarly not seen as a deterrent to the saboteurs.

There are two surface facilities in the section being evaluated. These facilities are protected by electric fences (on-line at least

75%), remotely operated video surveillance cameras, SCADA, and trained guard dogs. All are judged to be effective anti-sabotage methods. The video surveillance or problems spotted with the SCADA prompt a quick response by local authorities or company helicopter. Points are awarded for these items respectively as 7 + 5 + 2 + 5 = 19. The maximum mitigating point level for each facility is 18, with the penalty score for each being –20. The net scores for these two aboveground sites is therefore 2 × (18 – 20) = –4.

Where the pipeline route is not obscured by dense vegetation, digitized satellite views are transmitted to company headquarters twice a week. These views will detect movements of people, equipment, etc. within one mile either side of the pipeline. While not a continuous surveillance, these snapshots will alert the company to activity in the vicinity, perhaps spotting a staging area for attacks or the creation of an attack route to the line. The evaluator considers this to be an addition to the patrolling efforts and awards 2 points for this effort.

In the Incorrect Operations Index, 15 points are awarded as follows:

Design .... *5 pts*

A high level of support is sought for all future construction in this area. This company has much experience with the sabotage risk. A special anti-sabotage team assists in the design of new facilities and coordinates efforts to obtain support from pipeline neighbors.

Construction .... *5 pts*

Private guards are hired to protect job sites 24 hours per day. Construction inspectors are trained to spot evidence of sabotage and are experienced (and effective) in dealing with the local workforce and property owners. The inspection staff is increased so that at least two sets of eyes monitor all activities.

Operations .... *5 pts*

ID badges .... *1 pt*

employee screening .... *1 pt*

controlled access .... *2 pts*

employee awareness training .... *1 pt*

The new index sum is therefore calculated as follows:

62 + 11 + 3 + 2 – 4 + 2 + 15 = 91

The original LIF of 3.6 is increased by 5% to 3.8

The new relative risk score is 91 / 3.8 = 24. This compares to the original relative risk score of 310 / 3.6 = 86. This implies that overall risk has more than tripled due to the high threat of sabotage.

Including the threat of sabotage into the risk evaluation is done by considering this threat as an addition to the existing risk picture. As is seen from the examples, use of this module can have a tremendous impact on the relative risk score. This is not inconsistent with expectations. Before the risk of sabotage, the threats to a pipeline are predominantly from slow-acting or rare forces of nature (corrosion, earth movements, fatigue, etc.) and random errors or omissions (outside damage, incorrect operations, etc.). The sabotage risk, on the other hand, represents a highly directed and specific force. Consequently then, this can represent a greater risk to the pipeline than any other single factor. The increased risk is due primarily to the increased probability of a failure—and possibly a higher consequence failure scenario.

CHAPTER 10

Stress and Human Errors Module

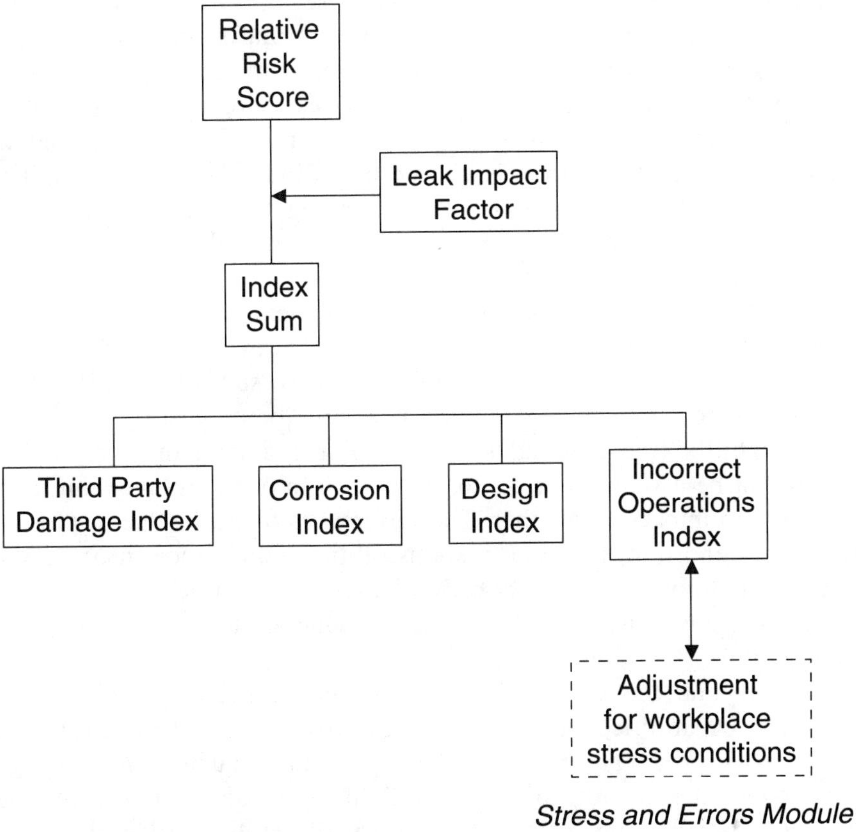

Figure 10-1. Stress and errors module.

Stress and Human Errors

The index for *Incorrect Operations* is largely a measure of the potential for human errors. When there is no knowledge deficiency, human error is almost exclusively caused by distraction. That is, when the person knows what to do and how to do it but inadvertently does it incorrectly, it is the result of at least a momentary loss of focus—a distraction.

Stress is a known contributor to loss of focus. Many studies have explored the relationship between stress and accidents. A general consensus is that there is indeed a strong correlation between the two. Stress can also be a beneficial condition because creates it the desire to change something. Some experts therefore make a distinction between positive and negative stress. For purposes of this discussion, the focus will be on negative stress—that set of human reactions that has a potentially destructive effect on health and safety.

Stress is a highly subjective phenomenon in that equal external conditions do not initiate equal stress states among all people. It is not the external condition that causes the stress, it is the manner in which the external condition is viewed by an individual that determines the reaction. More and more, stress is being viewed as a matter of personal choice, indicating that people can control their reaction to external stimulus to a greater degree than was previously thought. Nonetheless, experience shows that certain external stimuli can be consistently linked with higher stress states in many individuals.

Because the stress level in an individual is so subjective, it is nearly impossible to estimate the impact of a stressor on his/her job functioning ability (the external stimulus). For example, the fear of job loss might be a significant cause of concern in one employee but have virtually no impact on another. The differences might be due to present financial condition, financial responsibilities, confidence in obtaining alternate employment, history of job losses, fear of rejection, presence of any stigmas attached to loss of employment, etc., all of which are highly subjective interpretations.

It is beyond the scope of this text—and perhaps beyond present scientific capabilities—to accurately quantify the level of stress in a given work group and relate that to accident frequency. A thorough psychological screening of every individual in the workplace would be the most exacting method to identify the ability to handle stress and the ability to avoid focus errors. This might give a snapshot indication of the propensity for human errors in the work group. The benefits of such a study, including the associated high levels of uncertainty, are not thought to outweigh the costs of the effort.

For purposes of risk assessment, it is possible however to identify some common influences that historically have been linked to higher levels of stress as well as some widespread stress reducers. This is useful in distinguishing groups that may be more prone to human error during a specified time interval. Adjustments to the risk score can be made when STRONG indications of higher or lower than normal stress levels exist.

Physical Stressors

Noise, temperature, humidity, vibration, and other conditions of the immediate environment are physical contributors to stress. These are thought to be aggravating rather than initiating causes. These stimuli tend to cause an increase in arousal level and reduce the individual's ability to deal with other stresses. The time and intensity of exposure will play a role in the impact of physical stressors.

Job Stressors

Working Relationships. Examples of these stressors include roles and responsibilities not clearly defined, personality conflicts, and poor supervisory skills.

Promotions. Examples include no opportunity for advancement, poorly defined and executed promotion policies, highly competitive work relationships.

Job Security. Indicators that this might be a stress issue include recent lay-offs, rumors of takeovers, workforce reductions.

Changes. This is a potential problem in either too many—new technology, constantly changing policies, pressures to learn and adapt, or too few—monotony, boredom.

Workload. Again, either too much or too little can cause stress problems. Ideally, employees are challenged (beneficial stress) but not over stressed.

Office Politics. When favoritism is shown and there is poor policy definition or execution, people can sense lack of fairness, and teamwork often breaks down with resulting stress.

Organizational Structure, Culture. Indicators of more stressful situations include the individual's inability to influence aspects of his/her job, employee's lack of control, and lack of communication.

Perception of Hazards Associated With the Job. If a job is perceived to be dangerous, stress can increase. An irony here is that continued emphasis on the hazards and need for safety might increase stress levels among employees performing the job.

Other Common Stressors

Shift Work. A non-routine work schedule can lead to sleep disorders, biological and emotional changes, and social problems. Shift work schedules can be designed to minimize these effects.

Family Relationships. When the job requires time away from home, family stresses might be heightened. Family issues in general are occasional sources of stress.

Social Demands. Outside interests, church, school, community obligations, etc., can all be stress reducers or stress enhancers, depending upon the individual.

Isolation. Working alone when the individual's personality is not suited to this can be a stressor.

Undesirable Living Conditions. Stress can increase when an individual or group is stationed at a facility, has undesirable housing accommodations near work assignment, or lives in a geographical area that is not of their choosing.

Even if the evaluator is highly skilled in human psychology, it will be difficult to accurately quantify the stress level of a work group. A brief visit to a work group may not provide a representative view of actual, long-term conditions. On any given day or week, stress indicators might be higher or lower than normal. A certain amount of job dissatisfaction will sometimes be voiced even among the most stress-free group. Since this is a difficult area to quantify, point changes due to this factor must reflect the high amount of uncertainty. It is recommended that the evaluator accept the default value for a neutral condition, unless he finds strong indications that the actual stress levels are indeed higher or lower than normal.

Indications of higher stress levels might be:

Category I indicators
- high accident rate
- high rate of errors

Category II indicators
- high substance abuse
- high absenteeism

Category III indicators
- low motivation, general dissatisfaction,
- low teamwork and cooperation (evidence of conspiracies, unhealthy competition, "politics")
- much negativity in employee surveys or interviews
- high employee turnover
- low degree of control and autonomy among most employees
- low (or very negative) participation in suggestion systems

Interpreting these signs is best done in the context of historical data collected from the workplace being evaluated and other similar workplaces. The adjective "high" is, of course, relative. The evaluator will need some comparative measures, either from other work groups within the company or from published industry-wide or country-wide data. Care should be exercised in accepting opinions for these items. While most of these indicators are quantifiable measures, the data is not always readily available. In the absence of such data, it is suggested that no point adjustments be made. Where indications exist, a relative point scale can be set up as follows:

Presence of any Category I indicators .... –12 pts
Presence of any Category II indicators.............................. –8 pts
Presence of any TWO Category III indicators .... –6 pts
Combine points to a maximum of –20.

Indications of lower stress levels might be:

Category I indicators
- low accident rate

- low rate of errors

Category II indicators

- low substance abuse
- low absenteeism

Category III indicators

- high motivation, general satisfaction
- strong sense of teamwork and cooperation
- much positive feedback in employee surveys or interviews
- low employee turnover
- high degree of control and autonomy among most employees
- high participation in suggestion systems

As with the negative indicators, comparative data will be required and opinions should be only very carefully used. For instance, a low incidence of substance abuse should only warrant points if this was an unusual condition for this type of work group in this culture.

Presence of any Category I indicators	+12 pts
Presence of any Category II indicators	+8 pts
Presence of any TWO Category III indicators	+6 pts

Combine points to a maximum of 20.

The results of this analysis will then be as follows: when one or more of the indicators shows clear warning signals, the evaluator can reduce the overall *Incorrect Operations Index* score by up to 20 points. When these signs are reversed and clearly show a better work environment than other similar operations, up to 20 points can be added to the *Incorrect Operations Index*. These are intended only to capture unusual situations. Points should be added or deducted only when strong indications of a unique situation are present.

High stress	–20 pts
Neutral	0 pts
Low stress	+20 pts

Note that a higher negative stress level leading to a shortened attention span can subvert many of the items in the *Incorrect Operations Index*. Training, use of procedures, inspections, checklists, etc., all depend upon the individual dedicating attention to the activity. All loss of focus will reduce effectiveness.

Example 10-1: Neutral Stress Conditions

In the work environment being scored, the evaluator sees a few indications of overall high stress. Specifically, he observes an increase in accident/error rate in the last six months, perhaps due to a high workload recently and loss of some employees through termination. On the other hand, he observes a high sense of teamwork and cooperation, an overall high motivation level, and low absenteeism. While the accident rate must be carefully monitored, the presence of positive as well as negative indicators does not support a situation unusual enough to warrant point adjustments for stress conditions.

Example 10-2: Higher Stress Conditions

In this workplace being scored, the evaluator assesses conditions at a major pumping station and control room. There are some indications that a higher than normal level of stress exists. In the last year, many organizational changes have occurred, including the dismissal of some employees. This is not a normal occurrence in this company. Upper management reported many employee complaints regarding supervisors at these sites during the last six months. There is no formal suggestion system in place—employees have taken it upon themselves to report dissatisfactions. In light of job security issues, the evaluator feels that this is an important fact. Records show that in the last six months, absenteeism has risen by 5% (even after adjusting for seasonality)—a figure that, taken alone, is not statistically significant. The evaluator performs informal, random interviews of three employees. After considering an expected amount of negative feedback, along with a reluctance to "tell all" in such interviews, the evaluator feels that an undercurrent of unusually high stress presently exists. Accident frequencies in the last year have not increased, however.

The evaluator identifies no Category I items, possibly one Category II items (the uncertain absenteeism number), and two Category III items (general negativity, high complaints). He reduces the *Incorrect Operations Index* by 7 points in consideration of these conditions.

Example 10-3: Lower Stress Conditions

At this site, the evaluator finds an unusual openness and communication among the employees. Reporting relationships seem to be quite informal. Almost everyone at a meeting participates enthusiastically; there seems to be no reluctance to speak freely. A strong sense of teamwork and cooperation is evidenced by posters, bulletin boards, and direct observation of employees. There appears to be a high level of expertise and professionalism in all levels, as is shown in the audit for other risk items. Absenteeism is practically non-existent; the unit has been accident free for nine years—a noteworthy achievement considering the amount of vehicle driving, hands-on maintenance, and other exposures of the work group.

The evaluator identifies Category I, II, and III items, assesses this as an unusually low stress situation and adds 18 points to the *Incorrect Operations Index.* The full score of 20 points is withheld because the evaluator is not as familiar with the work group as he could be and therefore decides that an element of uncertainty exists.

CHAPTER 11

Service Interruption Risk

Service Interruption Risk

A service interruption is defined as a deviation from product and/or delivery specifications for a sufficient duration to cause an impact on a customer. The definition implies the existence of a specification (an agreement as to what and how delivery is to occur), a time variable (duration of the deviation), and a customer. These will be discussed in more detail later. Terms and phrases such as *specification violations, excursions, violations of delivery parameters, upsets, specification non-compliances* and *off-spec* will be used interchangeably with *service interruption.*

Assessing the risk of service interruption is more complicated than assessing the risk of pipeline failure. This is because pipeline failure is only one of the ways in which a service interruption can occur. Service interruptions also have a time variable not present in the risk of pipeline failure. An event may or may not lead to a service interruption depending upon how long the event lasts.

Note that ensuring an uninterruptible supply often conflicts with ensuring a failure-proof system. The conflicts occur when erroneous valve closures or equipment failures cannot be tolerated and steps are taken to make shutdowns more difficult. In so doing, necessary, desirable shutdowns are also made more difficult. This often presents a design/philosophy challenge, especially when dealing with pipeline sections close to the customer where reaction times are minimal.

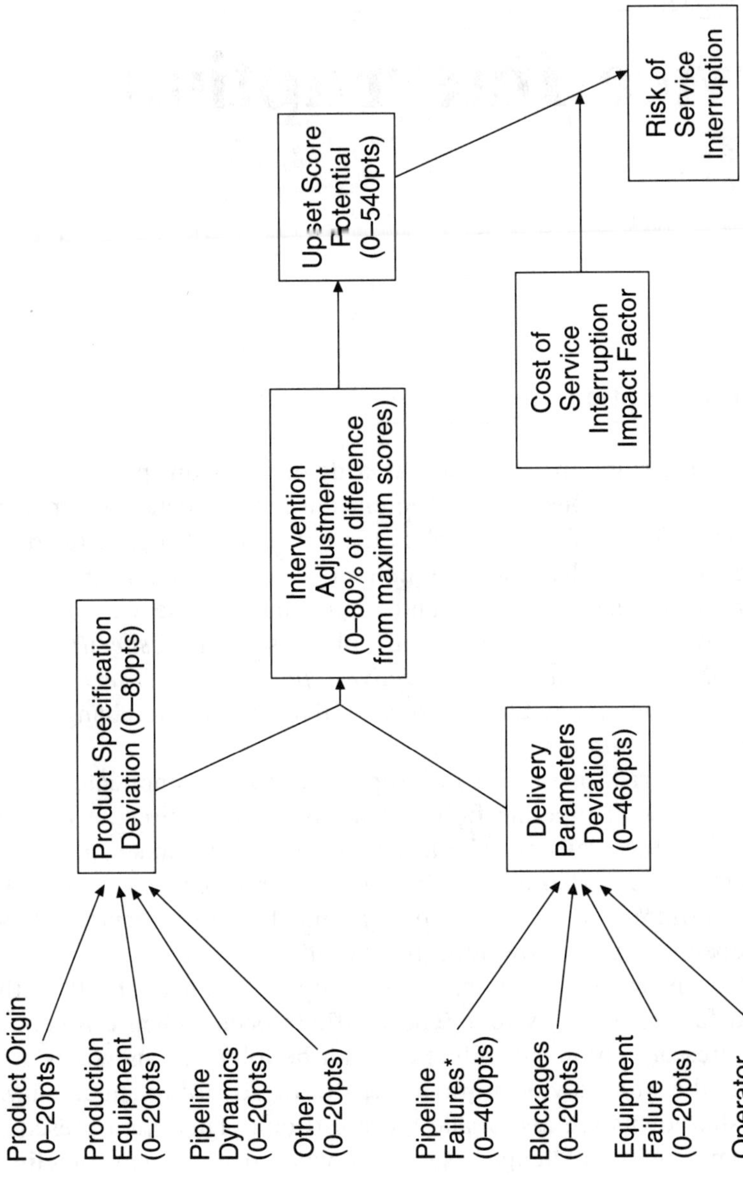

*Index sum from basic risk assessment model

Figure 11-1. Cost of service interruption module.

This module is a parallel version of the overall risk assessment methodology. In fact, the basic risk assessment model is a part of the risk of service interruption. Because a pipeline failure as modeled by this technique almost certainly leads to a service interruption, the probability of pipeline failure itself is a component of the cost of service interruption. Added to this potential is the potential for events that cause a service interruption but do not cause a pipeline failure. Therefore, the point scale for the potential of service interruption (the equivalent of the index sum, 0-400 points, in the basic risk assessment model) is 540 points. This sum is then modified by a consequence factor. As in the basic risk assessment model, the numerical range is not very important—numbers are most meaningful relative to other risk assessments.

The Process

The overall process is generalized as follows:

1. Define service interruption. What must happen and for how long?
2. Identify occurrences that lead to service interruption. Weight these based upon likelihood and severity.
3. Identify mitigating measures for these occurrences. Note that sometimes a mitigating measure can be taken far downstream of the excursion.
4. Define potential consequences of service interruption. These consequences are normally expressed as monetary costs. They represent a separate component of the *Leak Impact Factor.*

Sectioning

Some sections of pipeline are more critical than others in terms of service interruption. In a distribution system, a service *main* failure will impact many end customers, whereas, a service *line* failure will impact only a few. A transmission line failure might impact several entire distribution systems. It will usually be advantageous when analyzing the cost of service interruption to use pipeline sections that are identical with the sections of the basic risk assessment. It should be noted, however, that a section very close to a customer, where early detection and notification of an excursion is not possible, will show a greater risk than a section on the same line far enough away from the customer where detection and notification is possible. Much of the potential for service interruption will be consistent along a pipeline because all upstream conditions must always be considered. The opportunity for reactionary preventions, however, will often change with proximity to the customer.

The definition for "service interruption" contains reference to a time factor. Time is often a necessary consideration in a specification noncompliance. A customer's system might be able to tolerate excursions for some amount of time before losses are incurred. When assessing customer sensitivity to specification deviations, the evaluator should compare tolerable excursion durations with probable durations.

In the basic risk model, item scoring is geared towards a pipeline failure due to leak. Therefore, all previously scored items in the basic risk assessment model will be included in assessing the risk of service interruption. Since as previously noted, a service interruption can occur for reasons other than a pipeline leak, some index items must be revisited. Hazards unique to service interruptions will be scored and added to the safety risk scores. When a pipeline failure will not necessarily lead to a service interruption, an adjustment is made to the potential for upset. Once done, care should be exercised in making comparisons—it may not be appropriate to compare the basic risk assessment with the expanded assessment.

In keeping with the philosophy of the basic risk model, risk is calculated as the product of the interruption likelihood and consequences:

Service interruption risk = (Upset Score) × (Impact Factor).

The *Impact Factor* represents the magnitude of potential consequences arising from a service interruption. The *Upset Score* is the numerical score that combines all pertinent risk likelihood elements—both risk contributors and risk reducers. It encompasses the two types of service interruptions (excursions): 1) deviations from product specifications (PSD) and 2) deviations from specified delivery parameters (DPD). The *Upset Score* also captures any intervention possibilities—where an event occurs along the pipeline, but an intervention prevents the customer from being impacted.

Upset Score = (PSD + DPD) + (IA)

where:

DPD = product specification deviation—the potential for the product transported to be off-spec for some reason.

DPD = delivery parameter deviation—the potential for some aspect of the delivery to be unacceptable.

IA = intervention adjustment—the ability of the system to compensate or react to an event before the customer is impacted. This is a percentage that applies to the difference between actual PSD and DPD scores and maximum possible PSD and DPD scores.

Product Spec Deviation (PSD) .... 0–80 pts
- product origin .... 20 pts
- equipment .... 20 pts
- pipeline dynamics .... 20 pts
- other .... 20 pts

Delivery Parameter Deviation (DPD) .... 0–460 pts
- pipeline failures .... 400 pts
- blockages .... 20 pts
- equipment .... 20 pts
- operator error .... 20 pts

Intervention Adjustment .... up to 80% of [(80-PSD) + (460-DPD)]

Upset score .... 0 to 540 pts*

Figure 11-1 illustrates the calculation of the Service Interruption Risk.

Upset Score

Product Specifications Deviations (PSD)

Deliveries of products by pipeline are normally governed by contracts that include specifications. Most specifications will state the acceptable limits of product composition as well as the acceptable delivery parameters. Deviations from contract specifications can cause an interruption of service. When formal contracts do not exist, there is usually an implied contract that the product supplied will be in a condition that fits the customer's intended use. When a city resident orders a connection to the municipal gas distribution system, the

* *As with the basic risk assessment model, higher numbers indicate a safer (less risk) condition.*

implied contract is that gas, appropriate in composition, will be supplied at sufficient flow and pressure to work satisfactorily in the customer's heating and cooking systems. The product specification can be violated when the composition of the product changes. This will be termed "contamination" and will cover all episodes where significant amounts of unintended materials have been introduced into the pipeline product stream. "Significant" will be defined in the specifications.

Common contamination episodes in hydrocarbon pipelines involve changes in the following:

- hydrocarbon composition (fractions of methane, ethane, butane, propane, etc. . . .)
- BTU content
- water content
- hydrocarbon liquids
- CO_2, H_2S
- solids (sand, rust, etc.)

Some of these contaminants are also agents that promote internal corrosion in steel lines. To assess the contamination potential, the evaluator should first study the sensitivity of the customers. The customer tolerance to hydrocarbon composition changes is the key to how critical this factor becomes in preventing service interruptions. The customer specifications should reflect the acceptable composition changes, although there is often a difference between what can actually be tolerated versus what contract specifications allow. If this becomes a critical issue, interviews with the customer process experts may be warranted. When the customer is an unsophisticated user of the product, such as a typical residential customer who uses natural gas for cooking and home heating, the manufacturer of the customers' equipment (stove, heater, etc.) will be the more reliable information source for contaminant tolerances.

Contamination Possibilities

The evaluator must assess potentials in all upstream sections when scoring the possibility of contamination in a given section. General sources are identified as:

- Product origin
- Equipment

- Pipeline dynamics
- Other

These sources are scored qualitatively because general awarding of points for all possible scenarios is not practical. The evaluator is to judge, within guidelines set forth, the potential for excursions from a source. To accomplish this, the evaluator should have a clear view of the possible excursion episodes.

A list can be developed, based on customer specifications, that shows critical contaminants. Along with each potential contaminant, specific contaminant sources can be identified. This list will serve as a prompter for the evaluator as assessments are made. An example is shown in Table 11-1.

Optional columns such as Detectability and Sensitivity can be added to provide more guidance during the evaluation. This will also serve to better document the assessment.

Product Origin. The possibility for contamination from the point of product origin, including the potential for malfunction in the sourcing equipment, is considered here. If the product source is wells, tanks, reservoirs, processing plants, or pipelines not directly under the control of the operator, the operator of the sourcing facility must be relied upon in part to prevent contamination.

One possible source of contamination in many hydrocarbon products would be any radical change in the product's hydrocarbon mix. Many product streams are composed of several hydrocarbons. A relatively pure natural gas stream will often contain 5% to 10% molecules heavier than methane (such as ethane, propane, butane, pentane, usually in that order) and the balance as methane molecules. A change in the amount and/or the types of additional molecules in the methane could change the gas BTU content and hence its burning characteristics. The majority of users of natural gas burn the gas, but BTU changes will rarely be a problem for them. Electrical power generation plants often are more sensitive to BTU changes.

Hydrocarbon mix changes are commonly seen when the gas source changes, perhaps from a different blending of pipeline supplies, different wells used, different gas compositions within a single well, or changes in the processing of the gas. Many pipeline product streams are blends of several different upstream product streams and hence are sensitive to the proportion mixture from the various streams.

Table 11-1
Critical Contaminants

Contaminant	Sources: Product Origin	Sources: Equipment	Sources: PL Dynamics	Notes: Detectable?	Notes: Sensitivity
Water	Dehydrator malfunction at foreign pipeline facility		Sweep of free liquids	Yes, detector at city gate	High
CO_2	Scrubber or amine unit malfunction at processing plant		Low flow condition prevents blending	Yes, at plant master meter station	High
Glycol		Pipeline station glycol dehydrator carry-over		No on-line detection	Slight
Propane	Depropanizer malfunction at processing plant			If >10% change	Only if >20%
Solids	Well sand bypassing separator at foreign well operation	On-line filter bank pass-through or accidental bypass	Pressure/flow changes loosen and carry pipe wall rust flakes	No on-line detection	High

If the product source is a processing plant, the composition may be dependent upon the processing variables and techniques. Temperature, pressure, or catalyst changes within the process will change the resulting stream to varying extents. Materials used to remove impurities from a product stream may themselves introduce a contamination. A carryover of glycol from a dehydration unit is one example; an over injection of a corrosion inhibitor is another. Inadequate processing is another source of contamination. A CO_2 scrubber in an LPG processing plant for example, might occasionally allow an unacceptably high level of CO_2 in the product stream to pass to the pipeline.

Changes of products in storage facilities and pipeline change-in-service situations are potential sources of product contamination. A composition change may also effect the density, viscosity, and dew point of a gas stream. This can adversely impact processes that are intolerant to liquid formation.

The evaluator can develop a qualitative scale to assess the contamination potential from changes at product origin:

High .... 0 pts

Excursions are happening or have happened recently. Customer impacts occur or are only narrowly avoided (near-misses) by preventive actions.

Medium .... 10 pts

Excursions have happened in the past in essentially the same system, but not recently; or theoretically, a real possibility exists that a relatively simple (high probability) event can precipitate an excursion. Preventive mechanisms minimize customer impacts.

Low .... 15 pts

Rare excursions have happened under extreme conditions. Highly effective and reliable prevention mechanisms exist to correct these rare occurrences. Customer impacts are almost non-existent.

None .... 20 pts

System configuration virtually disallows contamination possibility. A customer impact never occured in present system configuration. High reliability, redundant measures employed to virtually eliminate possibility of customer impact.

Because products often originate at facilities not under the control of the pipeline operator, there are only limited ways that he can reduce the risk. Preventive actions for point of origin contamination episodes include:

- Close working relationship with third party suppliers (inspections, quality monitoring, control charts).
- Monitoring of all pipeline entry points (and possibly even upstream of the pipeline—in the supplier facility itself— for early warning) to detect contamination or potential contamination at earliest opportunity.
- Redundant decontamination equipment for increased reliability through backups.
- Arrangements of alternate supplies to shut off offending sources without disrupting pipeline supply.
- Plans and practiced procedures to switch to alternate supplies to ensure quick, reliable moves to backup suppliers.
- Automatic switching to alternate supplies for the quickest possible reaction to excursions
- Operator training, human error prevention techniques to support prompt and proper detection and reaction to excursions.

Any preventive actions should be factored into the assessment of contamination potential.

Product Equipment Malfunctions. Pipeline equipment designed to remove impurities on-line can malfunction and allow contaminants to enter the product stream. Some on-line equipment such as dehydrators serve a dual role of protecting the pipeline from possible corrosion agents and eliminating product contamination. Hence, their reliability in preventing contamination will overlap previous analysis of their reliability in preventing internal corrosion.

Equipment that is designed to introduce foreign substances into the product stream can also be a source of contamination. Normally, the foreign substances must be kept within a certain concentration range in order to perform their intended function without adversely affecting the product. Corrosion inhibitor liquids or flow enhancing chemicals are two examples of injected substances. Equipment malfunction or flow regime changes may introduce a higher concentration of these products than what was intended.

Offshore pipelines, where combined streams of hydrocarbon gas, liquids, and water are simultaneously transported often rely on onshore equipment to perform separation.

Potential for contamination from on-line equipment malfunctions:

High .... 0 pts

Excursions are happening or have happened recently. Customer impacts occur or are only narrowly avoided (near-misses) by preventive actions.

Medium .... 10 pts

Excursions have happened in the past in essentially the same system, but not recently; or theoretically, a real possibility exists that a relatively simple (high probability) event can precipitate an excursion. Preventive mechanisms minimize customer impacts.

Low .... 15 pts

Rare excursions have happened under extreme conditions. Highly effective and reliable prevention mechanisms exist to correct these rare occurrences. Customer impacts are almost nonexistent.

None .... 20 pts

System configuration virtually disallows contamination possibility. A customer impact never occurred in present system configuration. High reliability, redundant measures employed to virtually eliminate possibility of customer impact. No processing equipment is in use.

The following prevention activities can be factored into the evaluation for excursions due to equipment malfunctions:

- Strong equipment maintenance practices to prevent malfunctions.
- Redundancy of systems (backups) to increase reliability of equipment or systems to reduce the probability of overall failures.
- Early detection of malfunctions to allow action to be taken before damaging excursions occur.

Pipeline Dynamics. Another contamination source is liquids or solids introduced into a product stream by a change in pipeline system dynamics. A possible source of solids could be rust particles displaced from the pipe wall. To cause this, rust would have to be present initially. An accompanying event could be a significant disturbance to the pipe that displaces a large amount of rust at one time. Liquids are another possible contamination source. It is not uncommon for free liquids, both water and heavier hydrocarbons, to be present in low-lying areas of a pipeline. This often occurs in spite of precautionary measures to dry the gas prior to injection into the pipeline. Water and hydrocarbon liquids are often atomized and suspended in the gas stream. Changes in gas stream pressure, velocity, or temperature can cause droplets to form and condense in the pipe. As a liquid, the water and hydrocarbons will gravity flow to the low points of the pipeline. If gas stream velocity is later increased, the liquids may move as a slug or liquid droplets will be picked up into the gas and carried along the line. It is conservative to always assume the presence of free liquids. Pigging or analysis during high flow conditions often verifies this assumption. Previous excursions, perhaps from the other sources listed above, may accumulate and later precipitate major events in this category.

Note that pipeline dynamics can also precipitate a service interruption due to a delivery parameter not being met. Pressure surges or sudden changes in product flow may not create a contamination episode, but may interrupt service as a control device engages or the customer equipment is exposed to unfavorable conditions. Even though these are not contamination-related, they can be considered here for convenience.

Potential for contamination from changes in pipeline dynamics:

High .... 0 pts

Excursions are happening or have happened recently, customer impacts occur or are only narrowly avoided (near-misses) by preventive actions.

Medium .... 10 pts

Excursions have happened in the past in essentially the same system, but not recently; or theoretically, a real possibility exists in that a relatively simple (high probability) event can precipitate an excursion. Preventive mechanisms minimize customer impacts.

Low .... 15 pts

Rare excursions have happened under extreme conditions, highly effective and reliable prevention mechanisms exist to correct these rare occurrences, customer impacts are almost non-existent.

None .... 20 pts

System configuration virtually disallows contamination possibility. A customer impact never occurred in present system configuration, high reliability, redundant measures employed to virtually eliminate possibility of customer impact. No conceivable change in pipeline dynamics can precipitate an excursion.

These prevention activities can be factored into the assessment for contamination potential due to pipeline dynamics:

- Proven procedures are used for special tasks. Procedures should reflect knowledge and experience in performing pipeline pigging, cleaning, dehydration, etc. in manners that prevent later excursions.
- "Management of change" discipline establishes a protocol that requires many experts to review any planned changes in pipeline dynamics. Such reviews ae designed to detect hidden problems.
- Close monitoring/control of flow parameters—to avoid abrupt, unexpected shocks to the system.

Other. This category includes any other potential contamination sources. Examples include improper cleaning of pipeline after maintenance or change in service or infiltration of ground water into a low pressure distribution system piping.When such "other" events can be envisioned, they can be assessed with a qualitative scale.

Potential for contamination from other sources:

High .... 0 pts

Excursions are happening or have happened recently. Recent pipeline activities allow the possibilities of excursions (recent maintenance work, change in service, etc.). Frequent changes in pipeline products. Customer impacts occur or are only narrowly avoided (near-misses) by preventive actions.

Medium .... 10 pts

Excursions have happened in the past in essentially the same system, but not recently; or theoretically, there exists a real possibility of a relatively simple (high probability) event precipitating an excursion; occasional changes in product transported.

Low .... 15 pts

Rare excursions have happened under extreme conditions. Highly effective and reliable prevention mechanisms exist to correct these rare occurrences customer impacts are almost non-existent.

None .... 20 pts

System configuration virtually disallows contamination possibility. Very stable pipeline uses. A customer impact never occurred in present system configuration. High reliability, redundant measures employed to virtually eliminate possibility of customer impact. No other possible contamination events can be envisioned.

Delivery Parameters Deviation (DPD)

The second possibility that must be included in assessing the risk of service interruption is the failure to meet acceptable delivery parameters. Delivery parameters or conditions normally include pressure and flow. Product state conditions (viscosity, density, purity, etc.) are usually covered in the product composition specifications discussed previously. Temperature may be included as either a delivery condition or part of a product state requirement.

General causes of delivery parameter deviations are:

- Pipeline failures
- Pipeline blockages
- Equipment failure
- Operator error

Conditions upstream of the section assessed must be included in the evaluation.

As the assessment begins, a list should be developed, based on customer specifications, that shows critical delivery parameters. Along with each potential delivery requirement, specific mechanisms that could upset those parameters should be identified. This list will serve as a prompter for the evaluator as assessments are made. Table 11-2 is an example of such a table.

The threat of sabotage will normally increase the risk of pipeline failure and equipment failure. Include the sabotage module when this threat is significant.

Table 11-2
Critical Delivery Parameters

Delivery Parameter	Pipeline Failure	Blockage	Equipment Failure	Operator Error
Flow	Any pipeline failure	Buildup (paraffin, polyethylene, etc.) on pipe walls	Valve closure; pump failure; relief valve opening; control valve malfunction; false signal	Miscalibration; improper procedure
Pressure	Same	Same	Same	Same
Temperature			Heat exchanger failure	Failure to adjust for decreased flowrate

Pipeline Failures. A pipeline failure will usually precipitate a delivery interruption. The possibility of this is scored by performing the basic risk assessment. The resulting index sum is a measure of the failure potential.

Blockages. Mechanisms exist that can restrict or totally block flow in a pipeline but not lead to a failure of the pipe wall. Common blockages include paraffin or wax plugging as paraffinic hydrocarbons crystallize in the bulk fluid or on the pipe wall; hydrate formation as free water freezes in the flowing product stream; and scale deposits as salts such as barium sulfate crystallize on the pipe wall. These mechanisms are dependent upon a host of variables such as chemical compositions, flowing conditions (pressure, temperature, velocity, etc.), and pipe wall condition. While complete flow blockage would usually interrupt pipeline service, partial blockages often cause pressure increases sufficiently high to increase operational costs or reduce flow rates to unacceptable levels.

The rate of blockage formation may also be an important variable.

A qualitative scale to evaluate the potential for blockage follows.

High .... 0 pts

Blockage will almost certainly occur if mitigating actions are not regularly taken. The formation of the block can occur relatively quickly.

Medium .... 10 pts

Conditions exist that may cause blockage. Contamination episodes can form blockages.

Low .... 15 pts

Remote possibility of conditions conducive to blockage formation. Blockage would be very slow in forming.

Impossible .... 20 pts

Even considering contamination potential, the product will not form blockages in the pipe.

Corrective actions taken include:

- Monitoring via pressure profile, internal inspection device, etc.
- Cleaning, mechanical or chemical or thermochemical, at frequencies consistent with buildup rates and the effectiveness of the cleaning process.
- Inhibitors to prevent or minimize build up.

These should be considered in assessing the blockage potential.

Equipment Failure. Any piece of equipment that could upset a delivery parameter should be examined as a potential cause of service interruption. This includes many safety devices which, while protecting the system from overstressing, could also impact a delivery parameter. An "unwanted action" of such devices was not covered in the basic risk assessment model because such malfunctions do not usually lead to pipeline failure. Therefore, this additional risk item must be added when service interruption is being evaluated.

Where redundant equipment or bypasses exist and can be activated in a timely manner, risk is reduced.

Weather or outages caused by natural events such as hurricanes, earthquakes, fires, and floods are also considered here as a type of equipment failure. When such occurrences cause a pipeline failure, they are addressed in the basic risk model. When they cause a service interruption (without a pipeline failure), the probability of the event can be considered here. A common example is an offshore pipeline system that is shut in whenever large storms threaten.

Pressure and Flow Regulating Equipment. Rotating equipment such as pumps and compressors used to maintain specified flows and pressures is a potential source of specification violation. In such complex equipment, it is rare to not have allowances for outages since they are more prone to failure. A whole host of relatively minor occurrences will stop these devices in the interest of safety and prevention of serious equipment damage.

Flow Stopping Devices. Devices which will stop flow through a pipeline are potential causes of specification violation. Mainline block valves, including emergency shut-in, automatic, remote, and manual configurations are included here. When the product source is a subterranean well or reservoir, any and all attached shut-in devices should be considered.

Safety Devices. Relief valves, rupture disks, and other automatic shutdowns will normally impact delivery parameters when they are tripped. Often, the more complicated the shutdown schemes, the greater the probability of unnecessary triggering of the system. A sophisticated SCADA system can provide quick detection of equipment failures and can be considered to be a potential prevention opportunity.

Equipment Controlling Other Product Properties. Where temperature or temperature-related properties such as density and viscosity are critical customer requirements, malfunctions in heat exchangers, coolers, heaters, etc., are sources of specification violation.

Prevention activities for service interruptions caused by equipment malfunctions include:

- Strong equipment maintenance practices
- Regular and thorough inspections and calibrations including all monitoring and transmitting devices
- Redundancy so that one erroneous signal will not unilaterally cause a shutdown

The evaluator should consider the number and nature of devices that could malfunction and cause a delivery upset. Taken together with the system dynamics and mechanisms that prevent equipment failure, the probability can be assessed as follows:

Potential for delivery parameter deviation due to equipment failure:

High .... 0 pts

Excursions are happening or have happened recently. Customer impacts occur or are only narrowly avoided (near-misses) by preventive actions. Weather related interruptions are common.

Medium .... 10 pts

Excursions have happened in the past in essentially the same system, but not recently; or theoretically, a real possibility exists in that a relatively simple (high probability) event can precipitate an excursion. Occasional weather-related interruptions. Preventive mechanisms (by-pass, redundancy, etc. . . .) minimize customer impacts.

Low .... 15 pts

Rare excursions have happened under extreme conditions. Highly effective and reliable prevention mechanisms exist to correct these rare occurrences. Customer impacts are almost non-existent. The number of devices is few, and failure potential is extremely low.

None .... 20 pts

System configuration virtually disallows contamination possibility. A customer impact never occurred in present system configuration. High reliability, redundant measures employed to virtually eliminate possibility of customer impact. There is no equipment in the section.

Reference is made to the phrase *single point of failure.* For purposes here, this will mean that one event is sufficient to cause the equipment to fail in a fashion that would precipitate a service interruption. Examples include failures of valve seats, pressure sensors, relief valve springs, relief valve pilots, instrument power supply, instrument supply lines, vent lines, and SCADA signal processing.

Example 11-1: Equipment Failure Potential

Single points of failure on a section of a high pressure gas transmission system are identified as:

- pressure controller at customer gate
- control valve at meter site
  [failure possibilities include miscalibration or failure of pressure sensor, loss of instrument power supply (fail closed), incorrect signal from SCADA system]
- 3 automatic mainline block valves
- mainline compressor station where station bypass would not allow sufficient downstream pressure.

Five years of operation shows no delivery parameter deviation due to equipment failure. Since there are many potential points of failure, the evaluator would score the potential as high. However, with a fairly long history of *no* excursions, the score is set at 8 points, closer to a "medium" potential.

Note that none of the equipment failures in the above example would cause a pipeline failure, but a service interruption has a high chance of occurring.

Operator Error

As part of the risk of service interruption, the potential for human errors and omissions should be assessed. The *Incorrect Operations Index* in the basic risk assessment addresses the human error potential in pipeline failure. An additional qualitative assessment is made here specifically to address the impact of errors in service interruption.

While the potential for human error underlies this entire evaluation, a special circumstance has not yet been given enough consideration. That circumstance is the potential for an on-line operational error such as inadvertent valve closure, instrument miscalibration, or other errors that do not endanger the pipeline integrity but can temporarily interrupt pipeline operation. To be complete, errors during maintenance, calibration, and operation of the equipment must all be considered. The evaluator should identify the service interruption events of the highest potential and examine them from a human error standpoint. Where a single error from a single operator can precipitate an excursion, the evaluator should examine the training and testing program for assurances that measures are in place to avoid such errors. Other error prevention activities include warning signs or signals, the use of checklists and procedures, and scenario designs that require a sequence of errors before an excursion is possible.

A high possibility for human error should be reflected in scoring the potentials for contamination and delivery parameter violation.

Sensitivity of operation to human error can be scored using a scale similar to the following:

High .... 0 pts

An error is easy to make and consequences could be severe. One or more single points of failure opportunities exist. Very little or no checking is in place to catch carelessness.

Medium .... 10 pts

Relatively difficult for a single error to precipitate a service interruption. A good deal of checks (through teams or control room) are made to prevent careless errors.

Low .... 15 pts

System is relatively insensitive to possible single errors. High levels of redundancy exist or this is an extremely stable system that can be disrupted only with highly unusual circumstances allowed to continue for long periods of time.

None .... 20 pts

Virtually impossible for even a combination of errors to cause a service interruption.

Intervention Adjustment

In the basic risk assessment, the possibility for interventions to prevent pipeline failures is included in the index items that are scored. In the service interruption risk, interventions to prevent events that lead to service interruptions are also scored early in the assessment, but then another intervention possibility is factored in. This reflects the opportunity for intervention **after** an episode has occurred that can potentially lead to a service interruption. In the risk numbers, this adjustment allows the section score to partially "recover" from low points in episode likelihood.

In many pipeline systems where an uninterruptible supply is critical, extra provisions have been made to ensure that supply. These provisions allow for reactions to events which, if not addressed, would cause service interruptions. Examples include halting the flow of an offending product stream and replacing it with an acceptable product stream, blending of a contaminant to reduce concentration levels, treating of a contaminant on-line, and notifying the customer so that alternate supplies can be arranged. The reactions can be assessed in terms of their effectiveness in preventing service interruptions after an event has occurred.

Even a pipeline failure will not necessarily cause a service interruption. This would be the case if an alternate supply can replace the lost supply. Note that in assessing the effectiveness of a reaction, a time variable may be important. A given reaction may prevent a service interruption for only a certain amount of time beyond which the interruption will occur.

Note that by use of this adjustment factor, a high probability excursion that has a low probability of actually impacting the customer is recognized and scored differently than the same event that is more likely to impact the customer. Some interventions have already been included in assessing the *Upset Score.* Reconsidering them here is acceptable as long as a consistent approach is used. The *Intervention Adjustment* is sensitive to the section being evaluated.

System dynamics play a role in assessing interventions. Consideration should be given to systems which are more "forgiving" in that they are slower to react to an upset. An example of this is a high pressure, large volume gas system where outflows will only slowly depressure the system upon temporary loss of inflows. Contrast this with a small volume liquid system that is effectively "tight-lined" (inflows balance outflows with no temporary imbalances tolerable). In this latter case, reaction times are more critical.

To score the availability and reliability of interventions, add percentages for as many of the mitigating actions as are present and functioning. Note that these actions apply to any and all identified episodes of product specification deviation (PSD) or delivery parameter deviation (DPD). If an action cannot reliably address excursions of any type, then intervention credit is awarded only to the benefiting excursion. For example, if an early detection system can find and allow reporting of a contamination episode, but there is no equivalent system to allow detection of a pipeline failure, then the intervention adjustment is only applied to the PSD. Therefore, these percentages will be used to adjust scores for PSD and DPD independently. The percentage will apply to the difference between the actual PSD or DPD score and the maximum possible score, up to 80%. The means that the PSD and/or DPD scores can recover from low point conditions up to 80% of the maximum possible points. Increasing points in this fashion does not indicate a reduced probability of the event, only the reduced probability of the event causing customer upset. This is an important distinction. See the example at the end of this chapter.

Early detection is not always possible .... no adjustments allowed

When the excursion is not detectable, reactionary intervention is not possible. When some of the possible excursions are detectable, score according to the next category.

Early detection/action .... up to 30%

Maximum points are awarded when *all* excursion episodes are detected early enough to allow action to be taken to prevent or minimize customer interruption. This may be at a point where contaminated product is prevented from entering the pipeline, or where product streams may be blended to reduce contaminate levels to appropriate concentrations, or where alternate sources can be routed to the customer. The reliability of detection must be considered here. The time to detect and take action must include time to receive, interpret, and respond to the detection information. Indirect indications, such as a pressure drop after an accidental valve closure, serve as detection mechanisms. Note that unusual events will normally require more human analysis time before action is taken. Emergency drills can be a useful measure of detection/reaction times.

Often a point on the pipeline near to the customer may have a problem (such as a closed mainline valve) in which there would not be enough time to make a meaningful early detection and notification. When some excursion types can be detected and some may not be, or when detection is not reliable, no more than 10% should be awarded.

Customer warning is sufficient to prevent an outage for that customer 50%

These percentage points are awarded only when there exists a unique situation in which, by the action of notifying the customer of a pending specification violation, that customer can always take action to prevent an outage. Coupled with a reliable early detection ability, this allows an 80% (30% + 50%) factor to reduce the service interruption potential. An example would be an industrial consumer with alternate supplies where, upon notification, the customer can easily switch to an alternate supply.

Customer warning will minimize 10%
impact (but not always prevent an outage)

When a customer early warning is useful but will not always prevent an outage, these percentage points are awarded. An example would be an industrial user who, upon notification of a pending service interruption, can perform an orderly shutdown of his operation rather than an emergency shutdown with its inherent safety and equipment damage issues. Almost every customer will benefit to some degree from early warning. Even residential gas users, given a few moments notice before an outage, can make plans and adjustments to better respond to the service interruption. The customer's ability to react to the notification should be measured assuming the most likely detection/notification time period.

Redundant equipment/supply 25%

Points are awarded here when more than one line of defense exists in preventing customer service interruption. For maximum points, there should be no single point of failure that would disable the system's ability to prevent an excursion. Credit can also be given for system configurations which allow re-routing of product to blend out a high contaminant concentration or otherwise keep the customer supplied with product that meets the specifications. The redundancy must be reliably available in a timeframe that will prevent customer problems. Percentage points, up to a maximum of 25%, should be awarded when the switching system has:

Human Intervention required 0%
Automatic switching 5%
Regular testing of switching to alternate sources 6%
Highly reliable switching equipment 10%
Knowledgeable personnel who are involved in switching operations 12%

Contingency plans to handle possible problems during switching 2%

Operator training/procedures 15%

Points are awarded here when operator training plays a role in preventing or minimizing consequences of service interruption episodes. Training to prevent the *likelihood* of episodes is already covered in Operator Error, page 156. Operator training is important in calibration, maintenance, and servicing of detection and mitigation equipment as well as monitoring and taking action from a control room. The evaluator should look for active procedures and training programs that specifically address service interruption episodes. The availability of emergency checklists, the use of procedures (especially when procedures are automatically computer displayed), and the knowledge of operators are all indicators of the strength of this item.

Emergency/practice drills 10%

Points are awarded here when drills can play a role in preventing or minimizing service interruptions. While drilling can be seen as a part of operator training, it is a critical factor in optimizing response time and is considered as a separate item to be scored here. Maximum points should be awarded where regular drills indicate a highly reliable system. Especially when human intervention is required and especially where time is critical (as is usually the case), drilling should be regular enough that even unusual events will be handled with a minimum of reaction time.

Again, these percentages, up to a maximum of 80%, apply to the differences between actual and maximum points in the PSD and the DPD. This reflects the belief that reliable intervention mechanisms can reduce the change of a customer impact due to an excursion of either type.

Example 11-2: Service Interruption Potential

In this example, XYZ natural gas transmission pipeline has been sectioned and evaluated using the basic risk assessment model. This pipeline supplies the distribution systems of several municipalities, two industrial complexes, and one electric power generation plant. The most sensitive of the customers is usually the power generation plant. This is not always the case because some of the municipalities could only replace about 70% of the loss of gas upon service interruption during a cold weather period. Therefore, there are periods when the municipalities might be critical customers. This is also the time when the supply to the power plant is most critical, so the scenarios are seen as equal. Notification to customers minimizes the impact of the interruption since alternate supplies are usually available at short notice. Early detection is possible for some excursion types, but for a block valve closure near the customer or for the sweeping of liquids into a customer service line, only a few minutes of advance warning can be assumed. There are no redundant supplies for this pipeline itself. The pipeline has been divided into sections for risk assessment. Section A is far enough away from the supplier so that early detection and notification of an excursion is always possible. Section B, however, includes metering stations very close to the customer facilities. These stations contain equipment that could malfunction and not allow any time for detection and notification before the customer is impacted. Because each section includes conditions found in all upstream sections, many items will score the same for these two sections. The potential for service interruption for Section A and Section B is evaluated as follows:

Product Specification Deviations (PSD)

Product origin *15*

Only one source, comprising approximately 20% of the gas stream, is suspect due to the gas arriving from offshore with entrained water. Onshore water removal facilities have occasionally failed to remove all liquids.

Equipment failure *20*

No gas treating equipment in this system.

Pipeline dynamics *11*

Past episodes of sweeping of fluids have occurred when gas velocity increases appreciably. This is linked to the occasional introduction of water into the pipeline by the offshore supplier mentioned previously.

Other *20*

No other potential sources identified.

Delivery Parameter Deviations (DPD)

Pipeline Failure *242*

From previous basic risk assessment model

Blockages *20*

No mechanisms to cause flow stream blockage

Equipment *15*

Automatic valves set to close on high rate-of-change in pressure have caused unintentional closures in the past. Installation of redundant instrumentation has theoretically minimized the potential for this event again. However, the evaluator feels that the risk still exists. Both sections have equivalent equipment failure risks.

Operator error (Section A) *16*

Little chance for service interruption due to operator error. No automatic valves or rotating equipment. Manual block valves are locked shut. Control room interaction is always done.

Operator error (Section B) *12*

A higher chance for operator error due to the presence of automatic valves near customers and relief valves in this section.

Section A total = 15 + 20 + 11 + 20 + 242 + 20 + 15 + 16 = 359. Section B total = 355 points.

Reactive interventions are next evaluated. For Section A, it is felt that system dynamics allow early detection and notification of any of the excursions which have been identified. The volume and pressure of the pipeline downstream of Section A would allow an adequate response time to even a pipeline failure or valve closure in Section A. Percentages are awarded for early detection (30), notification where the customer impact is reduced (10), and training (8). These percentages apply to all excursion types, and hence, increase the overall score based on the difference between actual and maximum scores. Therefore, Section A scores 48% (540 – 359) + 359 = 446 points in Upset Score.

Early notification is not able to provide enough warning for every excursion case in Section B, however. Therefore, reactive interventions will only apply to those excursions that can be detected, namely those occurring upstream of Section B. For the types of excursions that can be detected in a timely manner, *product origin* and *equipment problems,* percentages are awarded for early detection (30), notification where the customer impact is reduced (10), and training (8). Percentages are applied to the differences between actual and maximum scores.

Excursion Type	**Intervention Adjustment**	**Score**
Product origin	30 + 10 + 8 = 48%	48% (20 – 15) + 15 = 17
Product equipment	N/A	20
Pipeline dynamics	30 + 10 + 8 = 48%	48% (20 – 11) + 11 = 15
Other	N/A	20
Pipeline failure	0	242
Blockages	N/A	20
Pipeline equipment	0	15
Operator error	0	12
		361

Potential for service interruption (*Upset Potential*) for Section B is therefore the point total at far right, 361. This analysis shows a much higher potential for service interruption for episodes occurring in Section B (361 pts) as opposed to episodes in Section A (446 pts). The *Impact Factor* would be calculated next. A direct comparison between the two sections for the overall risk of service interruption could then be made.

Service Interruption—Impact Factor

One of the real consequences associated with a pipeline outage is the cost of the interruption in service. Such an interruption can occur through a pipeline leak, a product contamination episode, or a loss of delivery pressure due to a non-leak event. Since pipe failures are modeled as complete line ruptures in this assessment, most failures will lead to service interruptions (from the failed section, at least), but as previously covered, not all service interruptions are due to pipeline failures. Costs associated with pipeline failure and spilled product are indirectly assessed in the basic risk model and the optional environmental module. This is done through the determination of consequence serverity based upon the pipeline surroundings.

Note that a high potential cost of a pipeline failure would be addressed in the assessment of the pipeline surroundings in the basic risk assessment model (*Leak Impact Factor* and in the optional *Environmental Module*). Those implied costs (damages, injuries, etc.) are NOT repeated in this module, even though they are legitimately an aspect of that particular type of service interruption.

Some customers can incur large losses if interruption occurs for even an instant. An example of this is an electric power generation unit that uses natural gas to fire turbines. Upon interruption of fuel to the turbine, all power generation must stop. Restarting such an operation is often a hugely expensive undertaking. This is due to the complexity of the process. Many variables (temperature, pressure, flowrates, equipment speeds, etc.) must be simultaneously brought to acceptable points, computers must be reprogrammed, safety systems must be reset, etc. A similar situation exists for a petrochemical processing plant. If the feedstock to the plant (perhaps ethane, propane, or crude oil) is interrupted for a long period the plant must shut down. Again, costs to restart the operation are often enormous. Many operations that are this sensitive to service interruption will have redundant sources of product that will reduce the possibilities of loss.

In a residential situation, if the pipeline provides heating fuel under cold conditions, loss of service can cause or aggravate human health problems. Similarly, loss of power to critical operations such as hospitals, schools, and emergency service providers can have far reaching repercussions. While electricity is the most common need at such facilities, pipelines often provide the fuel for the generation of that electricity.

Some customers are only impacted if the interruption is for an extended period of time. Perhaps an alternate source of product is available for a short time, after which consequences become more severe.

The most obvious cost of service interruption is the loss of pipeline revenue due to curtailment of product sales. Other costs include:

- legal action directed against the pipeline operation
- loss of some contract negotiating power
- loss of some market share to competitors
- loss of funding/support for future pipeline projects

Legal action, for purposes of this module, can range from breach of contract action to compensation for customer losses. There is often a direct legal responsibility to compensate for specified customer losses. In addition, there is an implied legal responsibility that will doubtlessly be translated into compensation for damages not directly specified by contracts. The possibility and severity of legal action will be dependent upon the legal system of the area and the degree of harm suffered by the customer.

In certain cultures and societies, a real but not-so-obvious cost of service interruption exists. This can be termed the "sponsorship loss" of an interruption. Simply stated, the loss of service to certain customers can have more severe consequences than an equivalent loss to other similar customers. The critical customer often has a degree of power or influence over the pipeline operation. If this customer becomes hostile towards the operation, consequences such as loss of funding or dismissal of key personnel or loss of political support are possible in some cases. In some societies, the loss of service to a critical customer might have the opposite effect. In this case, the interruption of service might bring emphasis to a need for resources. If the critical customer has his attention brought to such a need, his power and influence might be favorably directed towards the acquisition of those resources. Where such situations exist, this additional risk may not be well-publicized, but, in the interests of thoroughness, it should be considered in some fashion.

Loss of credibility, loss of shareholder confidence, imposition of new laws and regulations are all considered to be political costs of pipeline failure.

It is realistic to assume that in most situations, regulatory burdens will increase upon a higher incidence of pipeline accidents and perhaps even as a result of severe service interruptions. These burdens might be limited to more regulatory inspection and oversight, or they might also include more requirements of the pipeline. Arguably, some regulatory reactions to incidents are somewhat exaggerated and politically motivated. This can be a reaction forced by an outraged public that insists upon the most reliable pipeline operation. Regardless of the initiating mechanism, regulatory requirements represent a real cost to the pipeline operation.

In a capitalist economy, loss of shareholder confidence can be reflected in a reduced stock price. This in turn might reduce the company's ability to carry on financial transactions that otherwise might have enhanced its operation. A lower stock price might also impact the company's operating costs if the "cost of money" is higher as a result of the stock price change. This in turn will affect the resources available for pipeline operations.

Loss of credibility reduces the company's effectiveness in contract negotiations. The ability to show a superior performance and reliability record commands a premium to some customers. In a competitive market, such a record is especially valuable as it sets one company apart from others.

The common denominator in all these aspects of cost of service interruption is the cost. This cost can generally be expressed in monetary terms. Even the cost of human safety can be expressed in monetary terms with some degree of success (see page 8). Some aspects are easily quantifiable and, hence, easy to score in this risk assessment. Other aspects are indirect costs and are not easily scored.

A weighting scheme is needed to place the various aspects in proper relation to one another. The evaluator is urged to carefully examine the model scheme to see if this model is appropriate for the socioeconomic situation of the pipeline to be evaluated. Costs are relative and must be expressed as monetary amounts or as percentages of some other benchmark.

Revenues

Revenues from the section being evaluated are thought to be a reasonable measure of the value of that section. Note that a section's revenues must include revenues from **all** downstream sections. This automatically values a "header" or larger upstream section higher than a single-delivery downstream section. Comparing the revenues for the section evaluated with the total revenues provides the basis needed to score the risk. Note that the total revenues can be for the pipeline company as a whole or for a specific region or for specific products, depending upon the type of comparisons desired.

The revenue is intended to be a measure of the importance of the section from a business standpoint. It must be acknowledged that this is an imperfect measure in that complicated business arrangements can obscure the actual value of any specific pipeline section. Within a single pipeline section, there might be product destined for several markets at several prices. Product in the pipeline might be owned by other parties, with the pipeline operator obtaining revenues from the transportation service only. Sales should include all revenue generated by the pipeline section while in service. When only transportation fees are received, the annual sales should include those transportation fees AND a figure representing the value of the product itself.

Outage Period

The costs associated with a service interruption will usually be related to the duration of the outage. For convenience, direct costs that are time-dependent are normalized to monthly values. While any timeframe could be used, a month is chosen as appropriate because quarterly or annual figures might overshadow the one-time costs, and shorter periods might be inconvenient to quantify. Other outage periods may be more appropriate depending upon product value and magnitude of one-time costs. While it is not anticipated that an outage will last for a month—most will be for hours or days—this is a timeframe that will serve to normalize the costs.

Scoring the Cost of Service Interruption

The costs of a service interruption are grouped as "direct costs" and "indirect costs." Using the somewhat arbitrary outage period of one month, a worksheet can be developed to tabulate each cost group.

Cost of Service Interruption Worksheet—Direct Costs		
Monthly revenue from this pipeline segment	$ ______	per month
Direct Costs		
Loss of sales	$ ______	per month
Value of product in section	$ ______	
Damages to be paid per contract	$ ______	per month
Probable additional damages to be paid ____ instances × $____ avg cost per incident	$ ______	
Costs of not receiving product into pipeline (interruption of a supplier) ______	$ ______	per month
Total direct costs	$ ______	per month

It can be conservatively assumed that the event that caused the service interruption also caused the loss of the product contained in the pipeline section. The value of the product lost will then be part of the direct costs. This will obviously not hold true for most service interruption episodes, but always including it will ensure consistency in this evaluation.

Indirect Costs

These costs are difficult to calculate and are very situation specific. When no better information is available, it is recommended that a default percentage of the direct costs be used to encompass the total indirect costs. Possible default values for such a qualitative assessment are as follows:

High profile customers impacted .... direct costs × 2

Large-volume single users. Many individual customers. Notable or critical (hospital, school, strategic industry, etc.) customers impacted. Legal action is probable. Competitors will benefit. Public outrage is possible. High degree of unfavorable publicity is possible. Additional impacts downstream of customer being supplied. High political costs.

Neutral .... direct costs × 1.0

No critical services are interrupted. Public concern would have to be addressed. Some negative publicity. Isolated episodes of legal action are anticipated.

Low .... direct costs × 0.5

Little or no legal action anticipated. Competition factor is not relevant. No critical services are interrupted.

It should be recognized that the actual costs can be dramatically higher in a specific situation. Use of this default provides a convenient method to acknowledge the existence of indirect costs even when they cannot be accurately quantified. Because a relative assessment is being done, absolute accuracy is not critical.

Alternatively, when indirect costs can be identified and quantified, a worksheet can be designed to tabulate these costs.

Cost of Service Interruption Worksheet—Indirect Costs		
Loss of future sales (includes any reduction in contract negotiating power)	$ ______	per month
Loss of financial/legislative support	$ ______	per month
Cost of increased regulatory burden	$ ______	per month
Total indirect costs	$ ______	per month
Combining the two worksheets:		
Total costs (Direct & Indirect)	$ ______	
Total costs/monthly pipeline revenues	______	

Quantifying costs versus revenues in this fashion automatically weighs higher those pipeline sections that are more critical. A section of pipe near the termination of a major transmission line, for example, carries a high annual sales volume and will score a high cost of service interruption.

The *Impact Factor* is then calculated based on the ratio of service interruption costs to total revenues (as defined earlier). This ratio is multiplied by 10 only to make the numbers easier to handle.

Impact Factor = (total costs/revenues) × 10

The *Impact Factor* should be constrained to never be less than 1.0. A higher number indicates a greater impact. The *Upset Score* is divided by the *Impact Factor* to arrive at the *Risk of Service Interruption.*

Example 11-3: Low Indirect Costs (Case A)

The section of pipeline being evaluated is a gas transmission line serving a single user that is a power co-generation plant. This plant has no alternate supplies. The contract with the pipeline company specifies that the pipeline company is responsible for any and all damages resulting from a service interruption (unless that interruption is caused by *force majeur*—natural disaster, acts of God, war, etc.). Damages would include costs to the power plant itself (lost power and steam sales, cost of restarting) plus damages to the power and steam users. The service interruption potential (*Upset Score*) was previously scored as 484 points.

Gas sales to the plant are valued at approximately $9,000,000 per month. Company-wide gas sales are approximately $72,000,000 per year. The volume of gas in this section of pressurized pipe is valued at approximately $11,000. Power plant restart costs are estimated to be $600,000 (including some possible equipment damage costs). Damages to power and steam users (customers of the power plant) are estimated to be $0.5 million per year. Cost of not receiving contracted volumes of gas into the pipeline are estimated at $2,600,000 per month.

Indirect costs are thought to be low because most costs are already covered in the direct costs (since they are specified in the contract). Also, customers impacted are all industrial with less anticipated repercussions (not already covered by the contract) from an interruption. Indirect costs are scored as 0.5 × direct costs.

Revenue loss = \$9,000,000

Direct costs = 9,000,000 + 11,000 + 600,000 + 500,000 + 2,600,000 = \$12,700,000

Indirect costs = 0.5 × 12,700,000 = \$6,400,000

Total Costs = \$19,100,000

Total Revenues (company-wide) = \$72,000,000

Impact factor = 10 × (19,100,000 / 72,000,000) = 2.7

Risk of service interruption = 484 / 2.7 = 179

This is seen as a critical pipeline section in terms of risk of service interruption, due to the relatively low score of 179.

Example 11-4: Low Indirect Costs (Case B)

The section being evaluated is a high pressure LPG (Liquefied Petroleum Gas—Propane and Ethane mixture) pipeline that serves an industrial complex. This line scored 391 points in a previous evaluation for potential for service interruption (*Upset Score*).

The industrial plant has alternate sources of LPG from nearby storage facilities. The contract with the pipeline company allows for some service interruptions with only minor penalties. Value of product sold and transported via this section is approximately \$2,000,000 per month. All pipeline LPG business in this company amounts to approximately \$27,000,000 per month. The product contained in the section is valued at approximately \$2,000. Service interruption penalties per contract are \$3,000. No other direct costs are foreseen. Indirect costs are seen to be low.

Revenue loss = \$2,000,000

Direct costs = 2,000,000 + 2,000 + 3,000 = \$2,005,000

Indirect costs = 0.5 × 2,005,000 = \$1,002,000

Total Costs = \$3.0 million

Impact factor = 10 × 3,007,000 / 27,000,000 = 1.1

Risk of service interruption = 391 / 1.1 = 355

Example 11-5: High Indirect Costs

This section of gas transmission pipeline supplies two municipal distribution systems, each of which has alternate supplies to provide approximately 50% of the peak winter load. Gas sales that would be lost upon interruption of this section are estimated to be $18 million per month. Total company gas sales are approximately $60 million per month. Volume of the gas in the section is valued at $47,000. Costs for re-routing gas supplies to assist the alternate suppliers and the costs of fulfilling contractual obligations for gas purchases are estimated at $2.1 million per month. A previous analysis has scored the potential for service interruption (*Upset Score*) at 422 points.

Indirect costs are seen to be high. There would be a great deal of public discomfort and possibly related health problems associated with a winter outage. The present regulatory environment would probably over react to any serious pipeline problem due to loud public reaction as well as the fact that many legislators themselves would be impacted. Many businesses and light industrial users would experience business losses that might prompt legal action against the pipeline company. In the present competitive environment, it is believed that some amount of sales would be permanently lost due to an outage.

The evaluator scores the indirect costs at a 1.9 factor. Had there been no redundant supplies at all, it would have scored 2.0.

Revenue loss = $18 million

Direct costs = 18 million + 47,000 + 2.1 million = $20,147,000

Indirect costs = 20,147,000 × 1.9 = $38.2 million

Total Costs = $58.3 million

Impact factor = 10 × (58.3 million / 60 million) = 9.7

Risk of service interruption = 422 / 9.7 = 43.5

This is also a critical pipeline section, due to the low score for service interruptions.

Table 11-3 summarizes the above examples.

Non-monetary Modeling

In many countries, an economic model that involves pipeline revenues, product values, transportation fees, business competition, and legal costs is not appropriate. Despite the lack of direct monetary relationships, certain customers or groups of customers can usually be identified as more critical than others in terms of service interruption.

Table 11-3
Comparison of Service Interruption Examples

Example	Upset Score*	Impact	Risk of Service Interruption*	Notes
11-3	484	2.7	179	Least *potential* for service interruption (high Upset Score) with moderate *impact*
11-4	391	1.1	355	Lowest impact from a service interruption
11-5	422	9.7	43.5	Highest risk due to high consequences if this line segment is out of service

* *Higher numbers are safer (less risk).*

Hospitals, schools, and certain industries are possible examples. In these cases, emphasis is placed on product uses that are viewed as more valuable, even if that value is not expressed in monetary terms. Risk of service interruption in such cases may not be as complicated as more directly business-driven pipeline operations. The evaluator can assign criticality values instead of monetary values. Qualitative values of high, medium, and low (or more categories if needed) would distinguish consequences of service interruption. A qualitative *Impact Factor* scale can then be used in combination with the service interruption potential (*Upset Score*) to score the risk.

CHAPTER 12

Environmental Risk Assessement

In most parts of the world today, there is a strong motivation to ensure that industrial operations are compatible with their environments. Ideally, an operation will have no adverse impact whatsoever on the natural surroundings—air, water, and ground. Realistically, some tradeoffs are involved and an amount of environment risk must be tolerated. It is a practical approach to acknowledge, that as with public safety risks, environmental risks cannot completely be eliminated. They can and should, however, be understood and managed. As with other pipeline risk aspects, it is important to establish a framework in which all environmental risk factors can be quantified and analyzed, at least in a relative fashion.

The assessment of environmental risk is best begun with a clear understanding of pertinent environmental issues and the pipeline company's position with regards to that understanding. A company will often write a document that states its policy on protecting the environment. This document serves to clarify and focus the company's position. The policy should clearly state what environmental protection is and how the company, in its everyday activities, plans to practice it. The policy is often a statement of intent to comply with all regulations and accepted industry practices. A more customized policy statement will more exactly define environmentally sensitive areas that apply to its pipelines. Here the phrase "unusually sensitive" is implied because every area is sensitive to some degree to impact from a pipeline. A comprehensive policy will also address the company's position with regard to environmental issues that do not involve a pipeline leak. These issues will be defined later in this section.

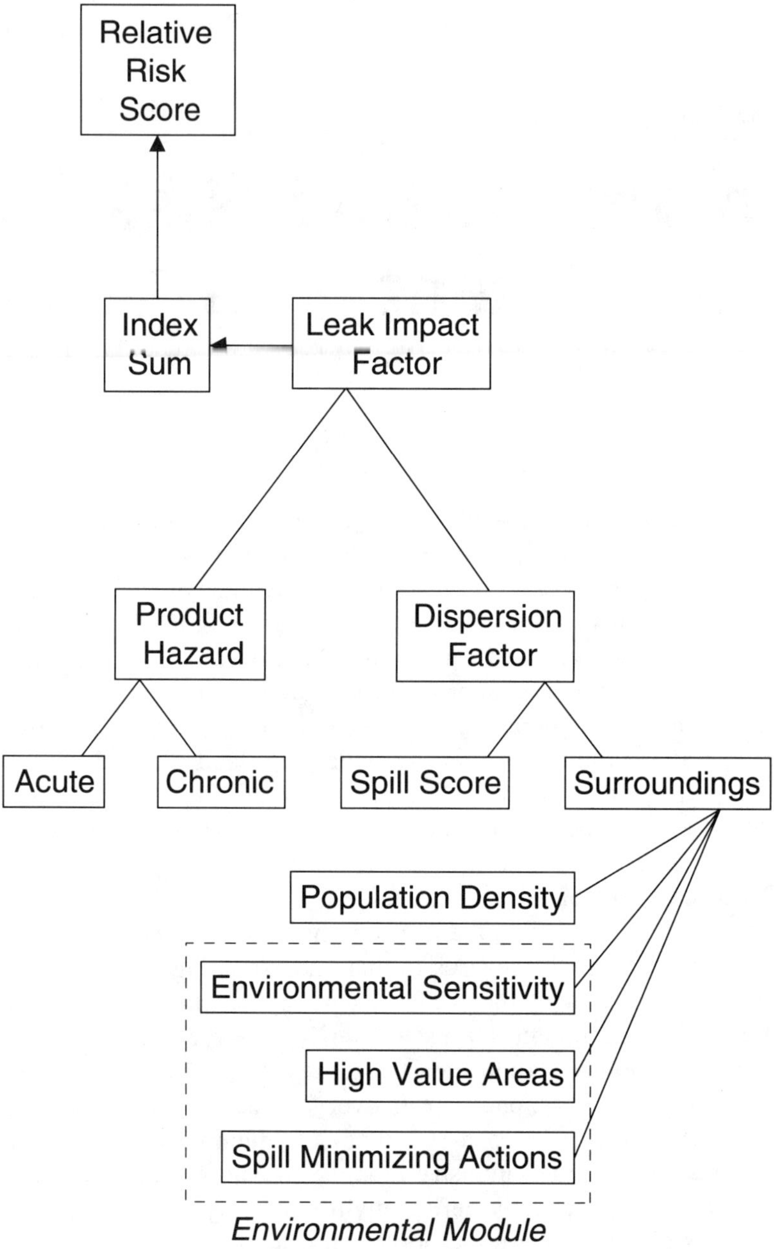

Figure 12-1. Environmental module.

Assessing the environmental risk is the objective of this module. Environmental risk factors will overlap public safety risk factors to a large extent. Much of the evaluation has already been done through the basic risk model. To account for the differences in potential consequences of a spill, the *Leak Impact Factor* will be adjusted by an evaluation of the pipeline's surroundings including population density (already in the basic risk model), environmentally sensitive areas, and "high value" areas.

The most dramatic negative environmental impact will usually occur from a pipeline spill. However, some impact can occur from the installation and the long-term presence of the pipeline. The pipeline can cause changes in natural drainage and vegetation, groundwater movements, erosion patterns , and even animal migratory routes. The presence of aboveground facilities can impact wildlife (and neighbors) in a variety of ways such as:

- noises (pumps, compressors, product movements through valves and piping, maintenance and operations activities)
- vibrations
- vehicular traffic
- odors
- special activities such as flaring, pigging, painting, cleaning, etc.
- barriers to animal movements and other natural activities
- rainwater runoff/drainage from facilities
- visual/aesthetic impact

These non-spill impacts are most appropriately considered in the design phase of a new pipeline. Sensitivity to such possible environmental disruptions in the design phase can save large remediation/modification costs at a later stage. Because these consequences can be fairly accurately predicted, the non-spill impacts can be seen more as anticipated damages than risks. Risk assessment plays a larger role where there is more uncertainty as to the consequences.

Another non-spill environmental risk category that is not directly scored in this module is the risk of careless pipelining activities. There are many opportunities to cause environmental harm through misuse of common chemicals and through improper operation and maintenance activities. In pipeline operations, some potentially harmful substances commonly used include:

- herbicides
- pesticides
- paints
- paint removers
- oils/greases/fuels
- cleaning agents
- vehicle fluids
- odorants
- biocides/corrosion inhibitors

Some activities generate potentially dangerous waste products. These include:

- truck loading/unloading
- pigging/ internal cleaning
- hydrotesting
- sandblasting
- valve maintenance

Even excavating can disrupt natural drainage, allow water migrations between previously separated areas, promote erosion, and hinder vegetation and related wildlife propagation. As evidence of an operator's seriousness about environmental issues, the evaluator can examine these common practices and procedures to gauge the environmental sensitivity of the operation.

It is worth noting that pipeline construction can and has been designed to incorporate environmental improvements. An example is a pipeline river crossing project that included as an ancillary part of the scope the installation of special rock structures which facilitated a nine-fold increase in fish population [49]. Other examples can be cited where natural habitats have been improved or other environmental aspects enhanced as part of a pipeline installation or operation.

For initial phases of risk management, a strict definition of environmentally sensitive areas might not be absolutely necessary. A working definition by which most people would recognize a sensitive area might suffice. Such a working definition would need to address rare plant and animal habitats, fragile ecosystems, impacts on biodiversity, and situations where conditions are predominantly in a natural state, undisturbed by man. To more fully distinguish sensitive areas, the definition should also address the ability of such areas to absorb or recover from contamination episodes.

The basic risk assessment model lightly addresses the environmental effects of a leak in the product hazard score. The chronic component of this value scores the hazard potential of the product by assessing characteristics such as aquatic toxicity, mammalian toxicity, chronic toxicity, potential carcinogenicity, and environmental persistence (volatility, hydrolysis, biodegradation, photolysis). When the RQ score (see page 172) is higher than 3 (non-gases), the pipeline surroundings might need to also be evaluated for environmental sensitivity. The potential distance that a spilled substance can travel is dependent upon a host of factors. Liquid spills are generally more apt to be associated with chronic hazards. The modeling of liquid dispersions is a very complex undertaking (see page 189) and is approximated for risk modeling purposes in the *Spill Score.*

The proposed scoring methodology for this module is a simple modification of the *Leak Impact Factor* of the basic risk model. In that model the *Dispersion Factor* combines the *Spill Score* and the *Population Density Score.* The basic risk assessment considers the surroundings only in terms of the population density. In expanding the model, the consequences of damage to human health will be intertwined with the consequences to the environmental and some economic consequences. To include these additional aspects, the *Population Density Score* is changed to a *Surroundings Score.* Now a 1 to 5 point scale will include scores not only for population density, but also for environmental sensitivity and high-value areas. Scores are determined using a qualitative approach.

The extremes of the new consequence scale will be intuitively obvious—the most environmentally sensitive area AND the highest population class AND the highest value areas simultaneously occurring in the same section would be the highest consequence section. The scale mid-range, however, might discomfort some people in that a certain amount of environmental sensitivity (or value of the surroundings) is said to equal a certain population increase. In other words, environmental and economic loss is being equated to loss of life. As a practical matter, however, such relationships already exist very informally in the management of hazardous processes. For purposes of this risk assessment, the relationship is somewhat arbitrary, given the difficulties in assigning a value to human life (page 8). The highest environmental sensitivity and the highest value area can each change the *Surroundings Score* the equivalent of one population class designation. Table 12-1 and page 296 are examples of scales to score the environmental sensitivity and/or the high-value designation. The

Table 12-1
Scoring for Environmental Sensitivity and/or High Value Areas

Score	Environmental Sensitivity Descriptions	"High Value" Descriptions
0.9	Nesting grounds or nursing areas of endangered species; vital sites for species propagation; high concentration of individuals of an endangered species	Rare equipment; hard to replace facilities; extensive associated damages would be felt upon loss of facilities; major costs of business interruptions anticipated; most serious repercussions are anticipated.
0.8	Freshwater swamps and marshes; saltwater marshes; mangroves; close proximity to water intakes for community water supplies (surface or groundwater intakes); very serious damage potential	Very high property values; high costs and high likelihood of business interruption; expensive industry shutdowns required; widespread community disruptions are expected
0.7	Significant additional damages expected due to difficult access or extensive remediation; serious harm is done by a pipeline leak	Moderate business interruptions anticipated; well-known or important historical or archeological sites; a degree of public outrage is anticipated
0.6	Shorelines with rip rap structures or gravel beaches; gently sloping gravel river banks	Long-term (one growing season or more) damage to agriculture; other associated costs; some community disruption
0.5	Mixed sand and gravel beaches; gently sloping sand and gravel river banks; topography which promotes wider dispersion (slopes, soil conditions, water currents, etc.); more serious damage potential	Low-profile historical and archeological sites; high-expense cleanup area due to access, equipment needs, or other factors unique to this area; high level of public concern would be seen
0.4	Coarse-grained sand beaches; sandy river bars; gently sloping sandy river banks; national and state parks and forests	Unusual public interest in this site; high profile location such as recreation areas; some industry interruption (without major costs)

0.3	Fine-grained sand beaches; eroding scarps; exposed, eroding river banks; difficulties expected in remediation; higher than "normal" spill dispersal	Some level of associated costs, higher than normal, is anticipated; limited-use buildings (warehouses, storage facilities, small offices, etc.) might have access restricted
0.2	Wave-cut platforms in bedrock; bedrock river banks; minor increase in environmental damage potential	Picnic grounds, gardens, high-use public areas; increasing property values
0.1	Shoreline with rocky shores, cliffs, or banks	Higher than normal property values
0	No extraordinary environmental damages	Potential damages are normal for this class location; no extraordinary damages

Table Notes

1. *Combine worst case (highest numbers) from both columns when multiple conditions exist.*
2. *Note that "business interruptions" are used for interruptions caused by pipeline failures. This includes fire, explosion, building evacuations, road closures, etc. This does NOT include costs of a pipeline service interruption. Pipeline service interruptions are covered in Chapter 11.*
3. *Use when chronic product hazard >3.*
4. *See page 296 for alternative scoring options.*

worst case (highest number) in each column should govern. When conditions from both columns co-exist, the respective scores can be added together.

Environmental Sensitivity

Areas more prone to damage and/or more difficult to remediate can be identified for spills of substances whose chronic component, RQ, is greater than 3. The threshold value of $RQ \geq 3$ eliminates most gases and includes most non-HVL hydrocarbon substances transported by pipeline. Some exceptions exist, such as H_2S where the chronic component is 6 and yet the environmental impact of a H_2S leak may not be significant. The evaluator should eliminate from this analysis substances that will not cause environmental harm. Accumulation effects such as greenhouse gas effects may need to be considered in environmental sensitivity scoring.

In the U.S., a definition for high environmental sensitivity often includes "intake locations for community water systems . . . wetlands, riverine or estuarine systems, national and state parks or forests, wilderness and natural areas, wildlife preservation areas and refuges, conservation areas, priority natural heritage areas, wild and scenic rivers, land trust areas designated critical habitat for threatened or endangered species and federal and state lands that are research natural areas" [49]. These area-labels fit specific definitions in the U.S. regulatory world. In other countries, similar areas, perhaps labeled differently, will no doubt exist.

Shorelines can be especially sensitive to pipeline spills. Specifically for oil spills, a ranking system for impact to shoreline habitats has been developed for estuarian (where river currents meet tidewaters), lacustrine (lake shorelines), and riverian (river banks) regions. Ranking sensitivity is based upon [14] the following:

- relative exposure to wave, tidal, and river flow energy
- shoreline type (rocky cliffs, beaches, marshes)
- substrate type (grain size, mobility, oil penetration, and trafficability)
- biological productivity and sensitivity

The physical and biological characteristics of the shoreline environment, not just the substrate properties, are ideally used to gauge sensitivity. Many of the environmental rankings shown in Table 12-1 are taken from Ref 14, which in turn modified the National Oceanic and Atmospheric Administration *Guidelines for Developing Environmental Sensitivity Index (ESI) Atlases and Databases* (April 1993), other NOAA guidance for freshwater environments, and FWS National Wetlands Research Center.

High Value Areas

For both gas and liquid pipelines, some areas adjacent to a pipeline can be identified as high value areas. In making this distinction, pipeline sections traversing these areas will score as higher consequence sections. High value areas might bring an associated higher possibility of significant legal costs and compensations to damaged parties. Characteristics that may justify the high value definition include:

- Higher property values. A spill or leak that causes damages in areas where land values are higher or more expensive structures are prevalent will be more costly. Another example of this might be agricultural land where expensive crops or livestock could be damaged, and especially where such damage precludes the use of the area for some time.

- Areas more difficult to remediate. If a spill occurs where access is difficult or conditions promote more widespread damage, costs of remediation might be higher. Examples might be terrain difficult for equipment to access (steep slopes, swamps, dense vegetation growth); topography that widely and quickly disperses a spilled product, perhaps into sensitive areas such as streams; damages to surface areas that are disruptive to repair; damages to agricultural activities where damages would preclude the use of the area for long periods of time. It should be recognized that some remediation efforts can continue literally for decades.
- Structures or facilities more difficult to replace. An example would be a hospital or university with specialized equipment that is not adequately reflected in property values.
- Higher associated costs. If a spill occurs in a marina, a harbor, an airport, or other location where access interruption could be potentially very costly to local industry, this could justify the high value area. Where business is interrupted by a spill, for example, a resort area where beaches are made inaccessible, higher damages and legal costs can be anticipated.
- Historical areas. Areas valuable to the public, especially when they are irreplaceable due to historical significance, may carry a high price if damaged due to a pipeline leak. This high price might be seen indirectly in terms of public opinion against the company (or the industry in general) or increased regulatory actions. Archeological sites may fit into this category.

High-use areas are generally covered by population density classifications (high occupancy buildings such as churches, schools, and stores cause the class location to rise to 3, if not already there) as well as some environmentally sensitive areas such as state and national parks. Evaluators may wish also to designate other high-use areas such as marinas, beaches, picnic areas, boating and fishing areas as high value areas due to the negative publicity that a leak in such areas would generate.

In examining the potential for higher consequence conditions, theoretical boundaries some distance from the pipe centerline must be determined. The perimeter which could be impacted by a pipeline spill is dependent upon many factors see pages 182–203. In general, where the *Spill Score* is numerically lower (a more severe spill), the evaluator should expand the perimeter which is being assessed for special consequence factors. In some cases, an area 1/4 to even 1/2 mile either side of the pipeline is warranted. In most cases, examination should at least include the area 660 ft either side of the pipeline. This corresponds to the U.S. DOT area for determining class location based on population density.

Area classification is done by determining the most consequential conditions that exist and scoring according to the following scale, or Table 12-1. These values will be added to the population density scores. Note that the probability of a leak, fire, and explosion is not evaluated here—only potential consequences should such an event occur. Interpolations between the classifications should be done (see Table 12-1).

Neutral (default) 0

No extraordinary environmental or high value considerations. Since all pipeline leaks have the potential for environmental harm and property damage, the neutral classification indicates that there are no special conditions that would significantly increase the consequences of a leak, fire, or explosion.

Higher .... 0.1 to 0.6

Some environmental sensitivity. A spill has a fair chance of causing an unusual amount of environmental harm. Values of surrounding residential properties are in the top 10% of the community. High value commercial, public, or industrial facilities could be impacted by a leak's fire or explosion. Remediation costs are estimated to be about half-way between a normal remediation and the most extreme remediation.

Extreme .... 0.7 to 1.0

Extreme environmental sensitivity. Nearly any spill will cause immediate and serious harm. High cost remediation is anticipated. High value facilities would almost certainly be damaged by a leak, fire, or explosion. Widespread community disruptions. Long term or permanent environmental damage.

Many of the category definitions imply a normal rating. Additions to the population density score, as shown above and in Table 12-1 should be reserved for special situations. Attempts to gauge all property values and land uses along the pipeline would probably not be a worthwhile exercise. However, pipeline personnel will have a good feel for extraordinary conditions along the line that merit special treatment in a risk assessment.

Emergency Response (possible adjustment to Spill Score)

Because of the more chronic nature of most environmentally damaging spills, the timing and degree of response to a spill can play a more important role in minimizing consequences. The environmental sensitivity score can be adjusted when there exists a high chance that damages will be reduced through the response actions. Pages 194–203 of the basic risk assessment model detail many actions that can theoretically reduce the impact of a spill. As in that description, an adjustment is made here when a certain threshold benefit is exceeded. That threshold is a response level that can reliably reduce potential spill consequences by 50%. This threshold is usually easier to meet for environmental considerations than it is in the basic risk assessment model.

Important ingredients in possibly minimizing the spill impact include:

- *Leak Detection* (pages 195–198). Include these factors when appropriate.
- *Emergency Response* (pages 198–203).
- *Spill Limiting Actions.* Include factors as described on pages 198–200.
- *"Area of Opportunity" Limiting Actions.* Include factors as described on page 200. Include also containment measures designed to reduce the spread of a spill to environmental receptors. This includes booms placed on water spills, absorbent materials, chemical neutralizing additives, and other such spread limiting actions, when they can always be deployed quickly enough and effectively enough to reduce spill consequences by 50%.
- *Loss Limiting Actions.* In addition to the items listed on pages 201–203, the operator must have specialized equipment and expertise available to minimize environmental damages. Equipment that may need to be readily available includes:
  - hazardous waste personnel suites
  - breathing apparatus

- containers to store picked up product
- vacuum trucks
- booms
- absorbant materials
- surface washing agents
- dispersing agents
- fresh water or neutralizing agent to rinse contaminants
- wildlife treatment facilities

The evaluator should look for evidence that such equipment is properly inventoried, stored, and maintained.

Expertise is assessed by the thoroughness of response plans (each product should be addressed), the level of training of response personnel, and the results of the emergency drills. Note that environmental cleanup expertise is often contracted out to specialized contractors.

The evaluator should assess each situation as shown on page XXX. When response activities can reliably be expected to reduce consequences by 50%, the *Liquid Spill Score* is increased by up to one point. This is equivalent to a reduction in spill quantity just as a smaller diameter or lower pressure would.

The following are examples of the application of the *Environmental Module.*

Example 12-1: Neutral Consequences

A natural gas pipeline traverses an agricultural area of class 1 and class 2 population densities. Soil conditions are organic clay and sand. Nearby housing and commercial buildings are consistent with most comparable class locations. There is no known endangered species that could be impacted by a leak in this area. A leak of natural gas would be lighter than air and would have minimal chronic impact as is shown by its product hazard score (chronic component) of 2. No additional environmental or "high-value" consequence scores are added for these sections.

Example 12-2: Higher Consequences

Outside a major metropolitan area, a subdivision of multimillion dollar mansions have recently been constructed within 1,000 feet of a 6-inch 400 psig fuel oil line. Class location is 2. The pipeline is located on a slope over the new houses. Soil is sandy. Groundwater contamination is a possibility, but there are no intake locations for community water supplies nearby. Spill remediation would be higher than normal due to the slope effects, the highly permeable soil, and the anticipated problems with long-term remediation equipment operating near the residential area. Because the housing is a fair distance from the pipeline, immediate impact to that community is a remote possibility. The evaluator scores this situation 0.5 partly because of the topography (0.3) and partly because of the high house values for a Class 2 area (0.2). The *Surroundings Score* is set at 2.5.

Example 12-3: Extreme Consequences (Case A)

A high pressure, 30-inch natural gas pipeline is in a corridor that runs within 600 ft of a major university including a research/teaching hospital. By population density, the class location is 4. Cleanup costs for leaked natural gas are thought to be minimal. If a fire or explosion occurs, damage could be extensive. Given the unique nature of the structures nearby and the value of the contents within—specialized equipment, research in progress, records and files, the evaluator feels the surroundings represent a higher value and scores the additional consequences for pipeline operations in this area as 0.9. This raises the *Surroundings Score* to 4.9 in the pipeline section for purposes of the risk assessment.

Emergency response to a gas leak would not always be quick enough to reduce potential damages. No spill score adjustments are made.

Example 12-4: Extreme Consequences (Case B)

A 24-inch crude oil pipeline traverses a wetlands area and parallels a stream for over a mile within the wetlands. This is a class 1 area. Cleanup of a spill in this freshwater marsh would involve much damage associated with heavy equipment and long-term remediation activities (temporary roads, establishment of pumping stations, etc.). Immediately adjacent to the wetlands area, and within 1/4 mile of the pipeline, a small community removes water from the stream to supplement its groundwater intakes. Noting the immediate wetlands threat from any spill, the high cost of remediation, and the threat to a community water supply, the evaluator scores the conditions as 0.8. If the water intake was the community's only water supply and if endangered species were involved, the evaluator would have scored the situation as 0.9 or higher.

The operator has a very strong environmental program which includes a detailed, well-practiced response plan. Company-owned and contract equipment are on standby and can be quickly placed in this area through the use of a helicopter that is also on 24-hour-per-day standby. Trained, equipped personnel can be at this site within one hour. A manned control room should be able to detect a significant leak here within a very few minutes. The evaluator judges that this level of response can indeed reduce spill consequences by 50% and, hence, he adjusts the spill score by adding one point (from 2 to 3), effectively reducing the quantity spilled.

The environmental module has therefore increased the surroundings score from 1.0 (a class 1 area) to 1.8, and the *Spill Score* from 2 (based on pipeline diameter and pressure) to 3 (the equivalent of a smaller line and/or lower pressure).

This changes the overall *Leak Impact Factor* from 5.0 to 5.9. Without the adjustment to the spill score, the *Leak Impact Factor* would have changed from 5.0 to 9.1! This illustrates the high benefits obtained from the spill limiting actions in this chronic-type spill, and the dramatic effect that the environmental module can have on the final risk score.

CHAPTER 13

Distribution Systems

A transmission pipeline is a pipe designed to transmit product from a source to high-volume end users. One type of high-volume end user is a distribution system that in turn delivers product to many smaller end users. This is most commonly the case in municipalities, where gas for cooking and heating is delivered to homes and other buildings within a city. For purposes of this chapter, a distribution pipeline system will be considered to be the piping network that delivers product from the transmission pipeline to the final user. This includes the low-pressure segments that operate at pressures close to those of the customer's appliances as well as the higher pressure segments that require a service regulator to control the pressure to the customer. The most common distribution systems transport water and natural gas although steam and other product systems are also seen. This module focuses on gas distribution systems where "gas" is a gas or mixture of gases used as a domestic or industrial fuel. The risk evaluation philosophy, however, is directly applicable to distribution systems handling almost any gas or liquid.

There are characteristics of distribution systems that are generally found less frequently in transmission systems. Because they serve many individual customers, distribution systems have many more branches and meters. Associated with the meters are additional piping, fittings, and valves. Curb valves, curb cocks, or curb shutoffs are additional valves usually placed at the property line to shut off service to a building. A distribution main or gas main or water main refers to a piece of pipe from which branches, called service lines, deliver to the customer. Where required, a service regulator controls the pressure to the customer from the service line.

An easy way to picture a distribution system is as a network or grid of mains, service lines, and connections to customers (see Figure 13-1). This grid can then be envisioned as overlaying other grids of streets, sewers, electricity, phone, and other utilities.

Distribution systems often face quite different conditions than do transmission systems. Normally located in high population areas, they are generally operated at lower pressures, built from different materials, and transport less hazardous materials. (Although natural gas is a hazardous material due to its flammability, distribution systems do not normally transport the high pressure, more hazardous toxic and flammable materials that are often seen in transmission lines.) Many distribution systems are much older than transmission lines and, hence, employ a myriad of design techniques and materials. They also require fewer pieces of large equipment such as compressors (although water distribution systems usually require some amount of pumping). Operationally, significant differences from transmission lines include monitoring (SCADA, leak detection, etc.), ROW control, and some aspects of corrosion control. Because of the smaller pipe size and lower pressures, the leak size often cannot be as great as many transmission systems; however, because of the environment, the consequences of a leak can be quite severe. Also, the number of leaks seen in distribution systems is often higher. This is due to a number of factors that will be discussed in this module.

The similarities in risk management of distribution and transmission systems are numerous, and only a few areas of the risk assessment technique must be modified for either system. In using similar approaches, the two types of pipelines can also be directly compared for relative risks.

As with transmission lines, safety data are limited. It is not presently possible to make meaningful correlations among all of the factors believed to play a significant role in accident frequency and consequence. The factors however can be identified and considered in a somewhat qualitative sense, pending the acquisition of more statistically significant data. For these reasons, and for the benefits of consistency, an indexing approach for distribution lines that parallels the basic pipeline risk analysis (transmission pipelines) is recommended.

The distribution system model is therefore considered to be a special case of the basic risk assessment model. Comparisons and references to the basic model are made in the descriptions of scorable items that follow.

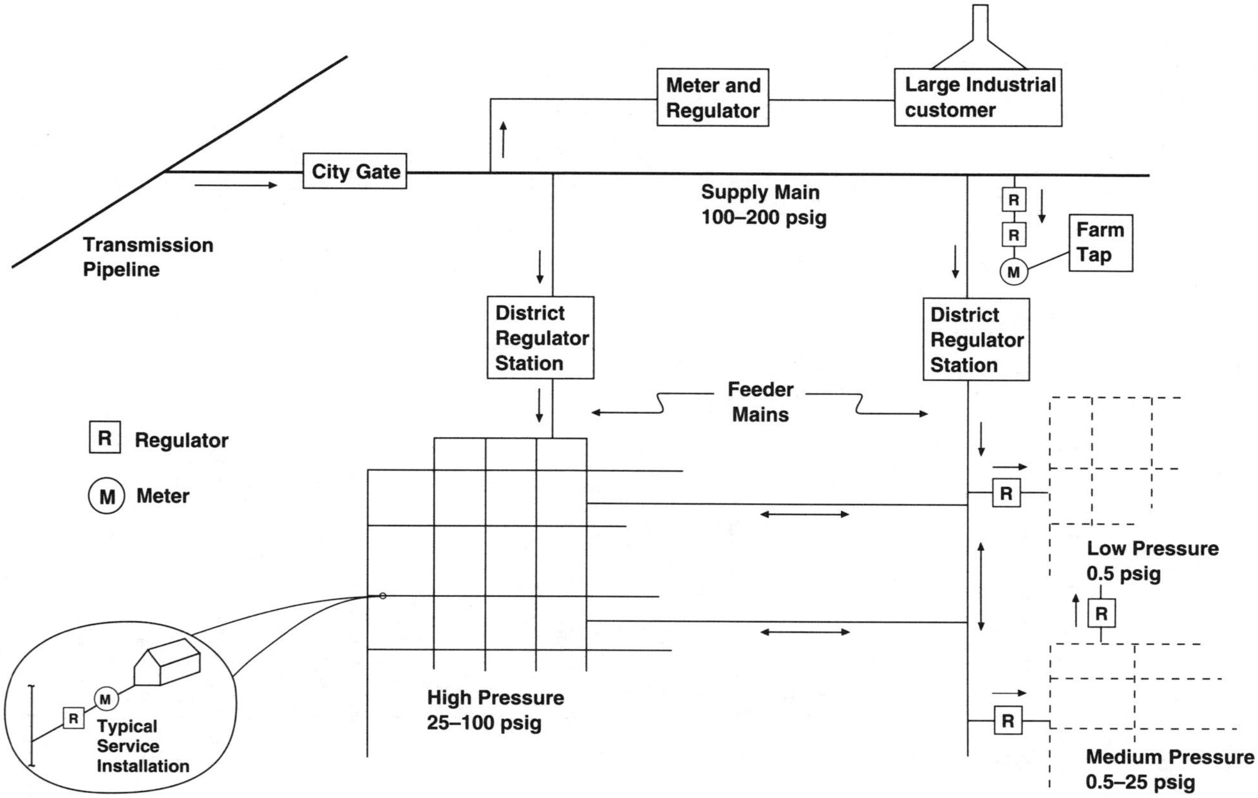

Figure 13-1. Typical gas distribution system.

Upon customization, the risk model for distribution systems could have the following items and associated weightings:

Third Party Damage Index	100%	(Page 306)
A. Cover	20%	
B. Activity	20%	
C. Aboveground Facilities	10%	
D. One-Call System	15%	
E. Public Education	15%	
F. ROW Condition	5%	
E. Patrol	15%	
Corrosion Index	100%	(Page 309)
A. Atmospheric Corrosion	20%	
1. Facilities	115%	
2. Atmosphere	110%	
3. Coating/Inspection	115%	
B. Internal Corrosion	20%	
1. Product Corrosivity	110%	
2. Internal Protection	110%	
C. Buried Pipe Corrosion		
C1. Buried Metal Pipe Corrosion	60%	(Page 311)
1. Cathodic Protection	10%	
2. Coating Condition	12%	
3. Soil Corrosivity	6%	
4. Age of System	4%	
5. Other Metals	5%	
6. AC Induced Current	4%	
7. Mechanical Corrosion	5%	
8. Test Leads	6%	
9. Close Interval Survey	8%	
C2. Buried Non-Metal Pipe Corrosion	60%	(Page 316)
1. Material Susceptibility	35%	
2. Preventions	15%	
3. Soil Corrosivity	5%	
4. Mechanical Corrosion	5%	
Design Index	100%	(Page 319)
A. Pipe Safety Factor	20%	
B. System Safety Factor	20%	
C. Fatigue	15%	

Sectioning

It would probably not be practical to assess risks by examining each stick of pipe in a distribution system. It is more important to examine the general sections of the system that are of relatively higher risk than other sections. In many cases, the higher risk areas are intuitively obvious. Areas with a history of leaks, materials more prone to leaks, and areas with higher population densities often already have more resources directed towards them. The more detailed risk assessment becomes useful when the risk picture is not so obvious. The subtle interactions between many risk variables will often point to areas that would not have otherwise been noticed as high risk. In order to optimize the sectioning of a distribution grid (see also Sectioning, page 28–31), each section should exhibit similar characteristics within its boundaries but exhibit at least one differing characteristic compared to other sections. A hierarchical list of sectioning characteristics can be created as explained on page 29. For example, if the distribution system to be examined is composed of more than one material of construction, then "material type" could be the first characteristic to distinguish sections. As the second attribute, perhaps the pressure reduction points or pipe diameter changes provide a suitable break point. Therefore section "1A" might be all PE pipe operated above 100 psig in the NE quadrant of the city of Metropolis. Because steel distribution systems are often divided into electrically isolated sections for cathodic protection purposes, this sectioning might be followed for risk assessment purposes also.

In certain cases, it might be advantageous to create noncontiguous sections. In the above example, a section could include all steel pipe operated at less than 100 psig. Such a section would contain unconnected pieces of the distribution network.

Third Party Damage Index

In many developed countries, third party damage is one of (if not THE) most common cause of distribution line failure. With their proximity to population centers and the high congestion of other buried utilities, the exposure to potentially harmful excavation activities is high. Offsetting this to some degree is the assumption that in these areas, buried utilities are more expected. This may prompt better use of one-call systems or better cooperation with other utilities owners and excavators.

A. Minimum Depth of Cover .... 20 pts

Cover for a distribution system often includes pavement materials such as concrete and asphalt as well as sub-base materials such as crushed stone. Score this item as described on pages 35–39.

B. Activity Level .... 20 pts

With the high activity level commonly seen around distribution systems, the operating company usually devotes a significant amount of resources to receiving notifications of digging activities and then marking owned facilities and communicating with the notifying party. While the same evaluation technique used in transmission lines is recommended for distribution lines, the evaluator of a distribution system should be alert to a heavy reliance on drawings and records to locate lines, and the discipline of the line locating program in general. Any history of line strikes (lines being struck by excavating equipment) after locating was done should be investigated.

While a distribution system normally is accompanied by a high activity level nearby, this is not always an automatic risk promoter. Sometimes a more sophisticated group of excavators works near distribution systems. These excavators have more experience working around buried utilities, expect to encounter more buried utilities, and are more likely to ensure that owners are notified of the activity (usually through a one-call system). Nonetheless, it is still conservatively assumed that more activity near the line offers more opportunity for unintentional damage to a pipeline.

Score this item as shown on pages 39–43.

C. Aboveground Facilities

Surface facilities are susceptible to unique dangers such as traffic impact, loadings, and vandalism. Score this item as described on pages 43–45.

D. One-Call Systems .... 15 pts

One-call systems are usually a very effective means of facilitating communications between affected parties. Score as shown on pages 45–48.

E. Public Education .... 15 pts

The approach to public education in a distribution system might be slightly different than that of a transmission system. The higher concentration of people allows for the effective use of certain media. With a distribution system, most of the pipeline neighbors are also customers, and they are easily reached through information included in the customer bill. Other common methods of public education include newspaper ads and public service broadcasts (radio, TV). Points should be awarded based upon how effective the program is. Effectiveness is best measured by results: the number of people near the pipeline who understand that the pipeline system exists; what constitutes possible threat to pipe integrity; and appropriate reactions to threats or evidence of leaks. Especially in a high population density situation, knowledgeable and cooperative neighbors add a great deal to pipeline security from third party damage.

A significant number of serious accidents occurs in service lines—those pieces of pipe between a distribution main and a building. These lines are not always owned by the distribution company. In that case, the service line is owned and maintained by the building owner or property owner. From a risk standpoint, it is important that the maintainers know the safety issues involved. Depending upon the boundaries of the risk assessment, the evaluator may check that reasonable steps are taken to ensure the proper maintenance of the distribution system that leads to the customer's equipment.

With these considerations, the public education item can be scored as shown on pages 48–50. Modifications to the suggested point scale on pages 48, 48 can better reflect the use of alternate education practices for distribution systems.

F. ROW Condition .... 5 pts

A distribution system right-of-way is usually quite different from a transmission line ROW. It is impractical to mark all locations of the distribution pipes because many are under pavement or on private property. Nonetheless, there are areas where markers and clear ROW's are practical and useful in reducing incidences of third party intrusions. Included in this item are inspection opportunities designed to assist in leak detection surveys.

A qualitative scale can be devised to assign these points to a section of distribution piping being evaluated:

Excellent .... 5 pts

ROW is clear and unencumbered. Signs are present wherever is practical. Signs are clear in their warning and phone numbers are prominent. Leak detection survey points are regularly available along pipelines under pavement. Placement of pipelines is consistent relative to sidewalks, roadways, etc. Routings of service lines are uniform (standard design) and marked wherever practical.

Average .... 2 pts

ROW conditions are inconsisent. More markers are needed. More opportunities for leak detection are needed. Signs are not always in legible condition.

Poor .... 0 pts

No markers present anywhere. Placement of lines is inconsistent. Areas of vegetation are overgrown. Debris or structures cover the pipelines. Very difficult for anyone to know of presence of buried utility line.

G. Patrol .... 15 pts

Much of the effective distribution system patrol will be from ground level. Company personnel regularly driving or walking the pipeline route can be effective in detecting and halting potentially damaging third party activities. Training or other emphasis on the drive-by inspections should be done to heighten sensitivity among employees and contractors. Other patrolling concepts are discussed on pages 52–54.

A point scale can be created to assess how much of the system is being examined and on what frequency. The following equation provides such a scale. Note that questions as to patrol effectiveness should be incorporated into this score. That is, a less effective patrol performed more frequently is basically equivalent to a more effective, less frequent patrol.

(number of weekly patrols / 5) × (% of system observed on each patrol) × 15 = points

Using this equation, maximum points (15) are awarded for patrols occurring five times per week that observe 100% of the system on each patrol. Twice per week patrols that view 80% of the system would be equivalent to patrols four times per week seeing 40% of the system on each patrol (approximately 5 points).

Corrosion Index

Depending upon the material being used, the same corrosion mechanisms are at work in a distribution system as are found in transmission lines. It is not unusual however, to find distribution lines that have no coating or other means of corrosion prevention yet are susceptible to corrosion in the ground. In certain countries and in certain time periods in most countries, corrosion prevention was not undertaken. As would be expected, corrosion leaks are seen more often in such pipes where no or little corrosion prevention steps are taken. For instance, the presence of cast iron pipe and non-cathodically protected steel lines is statistically correlated with a higher incidence of leaks [30].

Corrosion is defined in the broadest sense—any degradation of a material in its environment. This encompasses many possible mechanisms such as temperature degradation, graphitization, embrittlement, and other oxidation processes. As in the basic model, corrosion potential is assessed in the three categories of *Atmospheric, Internal,* and *Buried Pipe.*

A. Atmospheric Corrosion .... 20 pts

Where pipe materials exposed to the atmosphere are not susceptible to any form of degradation, this item can be scored as 5 pts (facilities) + 10 pts (atmospheric type) + 5 points (coating and inspection) = 20 pts. This reflects no risk from atmospheric corrosion. This risk category could alternately be eliminated in systems where no threat exists; however, in the interest of consistency and the ability to compare scores with other systems, it is recommended that the category be included and awarded maximum points.

The evaluator is cautioned in discounting entirely the possibility of atmospheric corrosion. For example, while plastics are often viewed as corrosion-proof, sunlight and airborne contaminants (perhaps from nearby industry) are two degradation initiators that can affect certain plastic materials. Note also that valve vaults and other underground enclosures allow the possibility of atmospheric corrosion. For consistency and simplicity, worst-case scores can be awarded where information in incomplete

Score the potential for Atmospheric Corrosion as shown on pages 60–73.

B. Internal Corrosion .... 20 pts

When an incompatible foreign material enters the pipe, product contamination and internal corrosion are possible resulting problems. Because of the lower pressures normally seen in distribution systems, infiltration is a potential problem. Infiltration occurs when an outside material unintentionally is allowed into the pipeline. Most commonly, water is the substance that enters the pipe. While more common in gravity-flow water and sewer lines, a high water table can cause enough pressure to force water into even pressurized lines including low pressure gas lines. Conduit pipe for fiber optic cable or other electronic transmission cables are also susceptible to infiltration.

Score the items for *Internal Corrosion, Product Corrosivity,* and *Internal Protection* as described on pages 73 to 79.

C. Buried Pipe Corrosion .... 60 pts

In this section, the evaluator looks for evidence that corrosion can or is occurring in pipe buried underground and that proper actions are being directed to prevent that corrosion. A distinction is made between metal and non-metal buried pipe. For non-metal pipe, use Section C2 (non-metal) on page 316 to assess this aspect of corrosion potential. Point scores are modified from the basic risk assessment model in both cases.

C1. Buried Metal Corrosion .... 60 pts

1. Cathodic Protection and 2. Coating Condition .... 22 pts

Modern metallic distribution systems (steel and ductile iron, mostly) are installed with coatings and/or cathodic protection when soil conditions warrant. However, in many older metal systems, little or no corrosion prevention activities were put into design considerations. Note that the absence of an anti-corrosion coating, when one is warranted, scores no points—high risk of corrosion. Full points, however, can be awarded in both the *Cathodic Protection* and *Condition of Coating* items when the criterion of "no corrosion possible" is met, even if a man-made corrosion-prevention system does not exist. That is, if it can be demonstrated that corrosion will not occur in a certain area, credit for a cathodic protection system may be given. The evaluator should ensure that adequate tests of all possible corrosion-enhancing conditions at all times of the year have been made. This includes all the conditions in the Soil Corrosivity item.

Distribution systems are often divided into sections to optimize cathodic protection. Older, poorly coated steel sections will have quite different current requirements than will newer, well-coated steel lines. These systems must be well isolated (electrically) from each other to allow cathodic protection to be effective. Given the isolation of sections, the grid layout, and the often smaller diameters of distribution piping, a system of distributed anodes—strategically placed anodes—is often more efficient than a rectifier impressed current system.

Interferences are situations where shorting (unwanted electrical connectivity) occurs with other metals. An interference will hinder the proper functioning of cathodic protection currents and may lead to accelerated corrosion.

In general, score the *Cathodic Protection* and *Coating Condition* items as detailed on page 79–90 with the increased weightings shown here. Therefore, the score for cathodic protection will be:

General criteria are met (pages 82–84) .... 10 pts
General criteria are not met .... 0 pts

The coating assessment is scored as:

quality of coating.. 0–3 pts
quality of application .... 0–3 pts
quality of inspection.. 0–3 pts
quality of defect corrections.. 0–3 pts

and does not need to be scaled down as in the basic risk assessment model. Otherwise, score as shown on pages 86 to 90.

3. Soil Corrosivity .... 6 pts

The evaluator should be alert to instances where the soil conditions change rapidly. Certain road bed materials, past waste disposal sites, importing of foreign materials, etc. can cause highly localized corrosive conditions. In the city environment, the high number of construction projects leaves open the opportunity for many different materials to be used as fill, foundation, roadbase, etc. Some of these materials may promote corrosion by acting as a strong electrolyte, attacking the pipe coating or harboring bacteria that add corrosion mechanisms. In the case of cast iron, a lower resistivity soil will promote the graphitization process similar to the corrosion process of carbon steel.

Points should be reduced where soil conditions are unknown, known to be corrosion-promoting, or where placement of non-native material has added an unknown factor. Score this item as described on pages 90–92.

4. Age of System .... 4 pts

The evaluator should use this item not only as a possible contributing factor to failure mechanisms, but also as an indicator of possible obsolete design and installation practices. Many distribution systems have sections that are quite old. In years past, attention to corrosion control was not as prevalent as today.

Score as described on pages 92–93 with a 4 point scale replacing the 3 point scale:

0–5 years in service	4 pts
5 to 10	3 pts
10 to 20	2 pts
20 to 30	1 pt
>30	0 pts

5. Other Metals .... 5 pts

A problem sometimes encountered in distribution systems is the use of the pipe as an electrical ground for a building's electric system. Although normally a violation of building codes (and other regulations), this situation is nevertheless seen. Unintentional shorting can occur across the electrical isolators normally placed near customer meters. This occurs if items such as a bicycle chain lock, garden tool, or metallic paint are placed in a way that an electrical connection is made across the isolator. Some companies perform regular surveys to detect all such shorting situations. The evaluator should be alert to the problem and seek evidence that the operator is sensitive to such situations and their possible impact on cathodic protection, corrosion, spark generation, and other possible effects.

In this item and also in the *Cathodic Protection* item, the evaluator should be alert to situations where piping of different ages and/or coating conditions are joined. Dissimilar metals, or even minor differences in chemistry along the same piece of steel pipe, can cause galvanic cells to operate and promote corrosion.

Because distribution systems are often located in areas congested with other buried utilities, the evaluator should look for operator methods by which interference could be detected and prevented. Examples include strict construction control, strong programs to document locations of all buried utilities, close interval surveys, extensive use of test leads, and interference bonds.

Score as described on pages 93–95.

6. AC Induced Current .... 4 pts

Problems with AC induction are a potential problem in distribution systems. Anytime high voltages are present, there exists a risk of a nearby buried metal conduit becoming charged. The grid-type layout and the extensive presence of other buried utilities might complicate the analysis of this item.

Score as shown on pages 95 to 98.

7. Mechanical Corrosion .... 5 pts

Score as shown on pages 98–101.

8. Test Leads .... 6 pts

Where cathodic protection is needed but is not being used, this item should normally score 0 points. While it can be argued that pipe-to-soil protection readings can be taken even in the absence of applied cathodic protection, this information may only provide an incomplete picture of corrosion mechanisms.

Pipe-to-soil protection readings can also be taken at other above-ground locations, such as meter risers. Credit may be given for these locations where meaningful information on corrosion control is regularly obtained and properly analyzed.

To assess this item for distribution systems, pages 101–104 will provide background information. A scale can be set up to assess the effectiveness of the test leads based upon an estimation of how much piping is being monitored by test lead readings. It can be assumed that each test lead provides a reasonable measure of the pipe-to-soil potential for some distance along the pipe on either side of the test lead. As the distance from the test lead increases, uncertainty as to the actual pipe-to-soil potential increases. How quickly the uncertainty increases with distance from the test lead is dependent upon soil conditions (electrolyte) and the presence of other buried metals (interference sources). Rather than a linear scale in miles of pipe between test leads, a percentage of pipe monitored might be more appropriate for a distribution piping grid. A distance can be assumed (perhaps a few hundred feet in relatively uncongested areas) and an approximation as to how much pipe is being protected can be made.

<30% of piping monitored, a high incidence of other unmonitored buried metals with potential interferences .... 0 pts

30%–70% of piping is monitored, moderate incidence of other unmonitored buried metals .... 1–2 pts

>70% of piping is monitored, few incidences of unmonitored other buried metals .... 3 pts

As with the scale shown on page 103, the interval of monitoring at the test leads is critical. Add to the previous number a score reflecting the frequency of readings.

Pipe-to-soil readings taken with IR drop understood and compensated, at intervals of:

<6 months .... 3 pts
6 months to annually 2
>annually 1

See page 102 for discussion on IR considerations.

9. Close Interval Surveys .... 8 pts

While not as common as in transmission systems, this technique can be very important in a distribution system. There are usually many potential sources of interferences that may be detected by a close interval survey. A major obstacle is the prevalence of pavement over the pipelines preventing access to the electrolyte. Score as detailed on pages 104–105.

Internal Inspection Tool

Although visual inspections with cameras are sometimes used to inspect pipe interiors, the use of sophisticated internal inspection devices such as intelligent pigs is relatively rare in distribution systems. This item will therefore not play a significant risk-mitigating role in most cases. If a distribution system does use these devices or other means for inspecting the pipe wall from the inside of the pipe, the scoring can be kept consistent with the transmission pipeline model (pages 105–107). Alternatively, the user may choose to score the inspection information in other items such as Surveys or as confirmation of MAOP and effectiveness of coating and cathodic protection systems.

C2. Buried Non-Metal Corrosion .... 60 pts
(See also pages 56–59)

Use this alternate methodology to score the risk of buried pipe corrosion for non-metallic materials. For non-metallic pipe materials, the corrosion mechanisms may be more commonly described as degradation mechanisms. Under the term corrosion, all such mechanisms that can reduce the structural integrity of the non-metallic pipe should be examined. Because this section of the evaluation will apply to all non-metallic pipe materials, some generalized relationships between likelihood of corrosion and preventative measures exist just as they do for internal corrosion potential.

Corrosion mechanisms such as chemical degradation, ultraviolet degradation, temperature degradation, attack by soil organisms, attack by wildlife (such as rodents gnawing on pipe walls—considered here rather than as an external force), corrosion of a part of a composite material (such as the steel in reinforced concrete pipe), dissolution by water (some clay or wood pipes are susceptible), and general aging effects. Where cementing agents or adhesives are used (usually in the joining process), corrosive effects on these materials must also be considered.

In the case of plastics, resistance to inorganic chemicals is high. Only very strong oxidizing or reducing agents will damage most modern plastic pipe materials. Organic chemicals, however, can damage plastics by solvation—the absorption of a foreign liquid such as a solvent, possibly resulting in swelling, softening, reduction in physical properties or even dissolution of the material. Organic chemicals can also aggravate environmental stress corrosion cracking [1]. Aging of plastics is theoretically possible as chemical and physical changes due to oxidation, hydrolysis, absorption, or biological impacts. In practice, most modern plastics are resistant to such factors [1].

This category of corrosion is scored by assessing the material susceptibility in general and then looking at preventive measures and actual conditions. Note that a high susceptibility can be mostly, but not entirely, offset by preventions and the presence of rather benign conditions.

1. Material Susceptibility .... 0 to 35 pts

Score the pipe wall material susceptibility to any form of buried pipe external corrosion in a reasonably foreseeable environment.

Where possible contact with corrosive substances would be rare, score the material as less susceptible.

High .... 0 pts

The pipe material is relatively incompatible with some environments that it can reasonably be expected to contact. In such incompatible environments, corrosion damage or leaks have occurred in the past. Damage can occur relatively quickly. Without preventive measures, pipe failures are common. Corrosive mechanisms might have the potential for highly localized, rapid damage.

Medium .... 20 pts

Some corrosion is expected, but serious damage is improbable. Perhaps the formation of a protective layer or film of corrosion byproducts precludes continuation of the damage. There are several potentially damaging reactions possible but damage would be slow and not severe. When the pipe is of the age where chemical or physical changes have caused a minor reduction in its structural properties, this score may be appropriate.

Low .... 30 pts

There is a remote chance of corrosion mechanisms under somewhat rare conditions. Perhaps rare weather conditions causing changes in the soil or rare spill of chemicals occasionally seen in the area could promote damage. Only rare substances not normally found in the soil can corrode the pipe wall or corrosion mechanisms are so slow as to be virtually no threat.

None .... 35 pts

No known corrosive mechanisms exist for the pipe in any foreseeable environment

2. Preventive Measures .... up to 15 pts

Where preventive measures are employed to eliminate or reduce the risk of corrosion to buried pipe, score those measures based upon how effective they are in reducing the potential damage. When more than one technique is used, points may be added up to the specified maximum. When preventive measures are absolutely unnecessary (35 pts in *Material Susceptibility*), score this item as 15 pts.

Monitoring .... 5 pts

A program is in place to reliably detect (and take appropriate action for) all potentially harmful corrosion. The inspection might be based on statistically sampling sections of pipe. Full points should only be awarded when all pipe is examined or when the statistically driven program can be demonstrated to reduce the inspection error.

Testing .... 5 pts

A program is in place to test buried pipe for corrosion damage. The rate of corrosion should be a factor in the program design. The test time interval should be specified so that all potentially harmful corrosion will be detected by the test before the line can fail in service.

Barrier-type Protection .... 5 pts

Some means of separating the pipe from a potentially harmful environment has been employed. The evaluator should award full points when he is ensured that the design, installation, and maintenance of such protection will indeed eliminate the corrosion potential. Ideally, a testing or monitoring program will verify the barrier effectiveness.

3. Soil Corrosivity .... 0–5 pts

When the *Material Susceptibility* item identifies a potential for the material to experience external corrosion, *Soil Corrosivity* scores the presence of conditions that promote that corrosion.

As the environment that is in direct contact with the pipe, soil characteristics that promote corrosion must be identified. The evaluator should list those characteristics and score the section from 0 to 5 points. 0 points are awarded when there is a high presence of potentially damaging characteristics in the soil. 5 points would indicate a benign soil condition. See pages 90–92 for more discussion on soil corrosivity.

4. Mechanical Corrosion .... 0–5 pts

Note that non-metal materials are also susceptible to stress corrosion cracking. While the environmental parameters that promote SCC are different than in metals, there are some similarities. When a sensitizing agent is present on a sufficiently stressed pipe surface, the propagation of minute surface cracks accelerates. This mirrors the mechanism seen in metal pipe materials. For plastics, sensitizing agents can include detergents and alcohols. The evaluator should determine (perhaps from the material manufacturer) those agents that may promote SCC. A high stress level coupled with a high presence of contributing soil characteristics would score the lowest point levels.

Even when no external corrosion possibility exists, erosion (scored here rather than in the *Internal Corrosion* section) is a potential corrosion mechanism and should be considered here. See page 101 for more information on erosion potential.

Score this item as shown on pages 98–100 by comparing the stress level in the pipe wall with the aggressiveness of the environment (as shown by the product corrosivity score and the soil corrosivity score).

By this scoring, maximum points of 60 are awarded for the safest conditions, that is, no external corrosion mechanisms present. Increasing material susceptibility and/or more threatening conditions will lower the score.

Design Index

A. Pipe Safety Factor .... 20 pts

A basic understanding of common pipe materials is important in assessing the risks in this index.

While transmission pipelines are constructed overwhelmingly of carbon steel, distribution lines have historically been built from a variety of materials. Because a distribution system will often be a composite of different materials, it is useful to distinguish between materials that influence the risk picture differently. The material behavior under stress is important for several reasons. A more brittle material has less impact resistance. Impact resistance is particularly important in reducing the severity of outside force loadings. In regions of unstable ground, some materials will better resist the stresses of earth movements. Traffic loads and pipe handling activities are other causes of stresses that must be withstood by the pipe material.

Pipe materials can be placed into two classes: flexible and rigid. This distinction is a necessary one for purposes of design calculations because in general, a rigid pipe requires more wall thickness to support a given load than a flexible pipe does. This is due to the ability of the flexible pipe to take advantage of the surrounding soil to help carry the load. A small deflection in the pipe does not appreciably add to the pipe stress and allows the soil beneath and to the sides to carry some of the load. This pipe-soil structure is thus a system of high effective strength for flexible pipes [34].

Rigid Pipe. *Asbestos cement* pipe is generally viewed as a rigid pipe although it does have a limited amount of flexibility. Because asbestos fibers and dust are hazardous to health, special care is warranted in working around this material if airborne particles are generated. This pipe has been used in both pressurized and gravity-flow systems.

Clay pipe is a low strength material historically used in nonpressure applications. The advantages of the material include high abrasion resistance and high resistance to corrosion.

Concrete pipe includes several designs such as prestressed concrete cylinder pipe, reinforced concrete cylinder pipe, reinforced concrete noncylinder pipe, and pretensioned concrete cylinder pipe. These pipes are available in medium to large sizes and are typically used in nonpressure to moderately pressurized systems. In recent years, large leaks have resulted from failed concrete pipe where the steel reinforcement has corroded and the pipe has failed in a brittle fashion [34].

Cast iron pipe, also called gray cast iron, is a part of the pipeline infrastructure in many countries. The first gas distribution systems installed in the U.S. were almost entirely of cast iron pipe. Over 50,000 miles of cast iron pipe remain in the U.S. distribution systems [10]. Cast iron pipe is relatively brittle and is subject to graphitization, a form of corrosion. Its brittle nature allows for more dramatic failure modes such as rapid crack propagation and circumferential breaks. Such failures are potentially much more severe than more ductile failure modes commonly seen in today's pipe materials. Smaller diameter cast iron pipes have reportedly been more prone to failure. There is also statistical evidence that cast iron installed after 1949 (18 ft segments) experiences a higher frequency of breaks than does pre-1949 (12 ft segments) [30].

Alternate pipe materials have more satisfactory properties. In many locations, active efforts are being made to replace all cast iron piping in gas service. A prioritization program to drive such replacements will often rate pipe sections based upon their proximity to occupied buildings, susceptibility to earth movements, leak history, size, and operating pressure. In other areas, cast iron has been shown to provide centuries of good performance with no replacement programs planned.

Today, the rigid pipes are most commonly installed for low pressure water and wastewater applications.

Flexible Pipe. *Steel* is the most common material for high pressure hydrocarbon transmission pipelines and high pressure applications in general. Steel is also a common material for lower pressure municipal applications. The higher strength steels (>35000 psi yield stress) are less common in the lower pressure service seen in most distribution systems. When used as a gravity flow conduit, steel pipe cross sections are frequently noncircular and have a corrugated wall for a better strength-to-wall thickness relationship. Because carbon steel is susceptible to corrosion, coatings and linings of bitumen-type materials, Portland cement, and polymers are common. The use of galvanized or aluminized steel is also an anticorrosion option.

Copper is sometimes used in lower pressure applications. Copper is susceptible to galvanic corrosion and is a very ductile material. It is normally used in small diameter applications.

Ductile iron pipe is the more flexible iron pipe that has replaced cast iron. The addition of magnesium in the formation of the pipe has improved the material toughness. Ductile iron pipe, as its name implies, is more fracture resistant than cast iron pipe. Since both external and internal corrosion are potential problems, lining materials such as cement mortar and external wrappings such as polyethylene are used when soil conditions warrant. Occasionally, cathodic protection has been employed in preventing corrosion in buried ductile iron. Although ductile iron is found in gas distribution systems, today, it is mainly placed in water and wastewater service.

Plastics are now a common material for pipe construction. Advantages cited include low cost, light weight, ease of installation, and low corrosion susceptibility. Drawbacks include difficulties in line location after installation, susceptibility to damage (plastics generally are less strong than steels), some degree of gas permeability, and certain difficulties in the joining process. Also, the buildup of static electric charges in plastic lines is a well-known phenomenon that requires special precautions to prevent possible sparking.

Two categories of plastics are available: thermosets (or thermosetting plastics, FRP) and thermoplastic (PVC, PE, ABS). The thermoset is characterized by its inability to be melted or reformed after it has been set. The set is the curing process of the plastic and usually occurs under application of heat or in the presence of certain chemical agents.

A thermoplastic, on the other hand, can be repeatedly softened and re-hardened by increases and decreases of temperature, respectively.

The most common thermoplastic piping material is *polyvinyl chloride* (PVC). In the U.S., PVC accounts for the vast majority of all plastic pressurized water pipe and sewer pipe. It came into widespread use in the 1960s, but was first used in Germany in the 1930s [34]. PVC is very durable, inert to water, corrosion-resistant, and resistant to biological degradation. It has less stiffness and impact resistance than some other pipe materials and can fail in a brittle fashion.

Polyethylene (PE) pipe is another popular plastic pipe. In the U.S., 80% to 90% of new and replacement lines in the last two years are made from PE [15]. PE is available in several formulations, some of which may be more susceptible to environmental stress cracking. Stress corrosion cracking is a phenomenon seen in higher stress conditions if the pipe material is simultaneously weakened by its interaction with certain chemicals. PE is popular in gas distribution systems. Its flexibility offers a measure of protection against external forces caused by earth movements such as subsidence. It also allows the pipe to be crimped as a means to shut off flow. This weakens the pipe at the crimping location and generally requires a reinforcing sleeve when the line is placed back in service. A high density PE formulation is available for higher pressure applications; a medium density PE is normally used in low pressure applications. There is often a substantial material cost savings associated with lower density PE vs high density.

Acrylonitrile-butadiene-styrene (ABS) is a material seen mostly in nonpressure applications (vents, drains, small diameter sewers). Polybutylene, cellulose acetate butyrate, and styrene rubber are other less common thermoplastic materials used in pipe manufacture.

Among thermosets, *fiberglass reinforced plastic* (FRP) pipe employs a thermoset resin and fiberglass for reinforcing. It is used in both pressure and non-pressure applications, but is not as common as the thermoplastics. Unravelling is a common failure mode.

All of the materials listed have viable applications, but not all materials will perform equally well in a given service. Some materials are better suited for post-installation inspection. While all pipelines can be inspected to some extent by direct observation and remotely controlled video cameras, steel lines benefit from maturing technologies employing magnetic flux and ultrasound inspection devices (see pages 105–107).

Because there is no miracle material, the material selection step of design process is partly a process of maximizing the desirable properties while minimizing the undesirable properties. The initial cost of the material is not an insignificant property to be considered. However, the long-term "cost of ownership" is a better view of the economics of a particular material selection. The cost of ownership would include on-going maintenance costs and replacement costs after the design life has expired. This presents a more realistic measure with which to select a material and ultimately impacts the risk picture more directly.

Stresses resulting from earth movements may be more significant for certain pipe materials. In certain regions, a primary ground movement is caused by the freeze/thaw cycle. One study shows that in some pipe materials, as temperature decreases, pipe breaks tend to increase exponentially [30]. The evaluator should check that design loads include appropriate consideration of earth movements. Design calculations must always allow for the pipe behavior, flexible or rigid, in determining allowable stresses.

Joining. In any pipeline design, provisions must be made to join pieces of pipe. There is a myriad of joining methods available for these various pipe materials. Welding, bell and spigot connections, couplings, fusions, flanges, and screwed connections can all be found in distribution systems. In many cases, the joint is structurally the weakest part of the pipeline. Ensuring a continuous anticorrosion coating or lining across a joint is also a challenge. The number of joints in a pipeline design is dependent upon the length of pieces of pipe that are to be joined. Although there are practical considerations such as the length of pipe that can be economically produced, transported, and handled during installation, the number of joints is normally minimized in a good pipeline design. The evaluator should take note of the joining technique and its susceptibility to failure, especially when joint failures are characterized by complete separation of the pipe sections. Joining designs and processes are also covered in the *Incorrect Operations Index.*

Rehabilitated Pipelines. In many locations of distribution systems, replacement of pipelines by conventional open-cut methods is impractical. Adverse environmental impact, road closures, traffic delays, site restorations, and other disruptions to the community are challenges to be overcome. Trenchless techniques are now being used to minimize these impacts.

Common trenchless pipe rehabilitation techniques insert a liner of some type into the existing pipeline. Liner materials include synthetic fibers, polyurethane membranes, textile hose, and high density polyethylene. Sometimes the liner is bound to the existing pipe wall with an adhesive, other times a friction fit locks the two systems together. Sometimes, a smaller line is merely inserted into the line to be rehabilitated, where the existing line becomes only a conduit for the new line. To compensate for the reduced diameter, the newer line is often designed for a higher operating pressure.

From a risk viewpoint, these composite material systems may require special consideration (see page 113). As liner techniques are relatively new, in-service failure modes are not well-defined. Possible gas migration through a liner (on a molecular level) can pressurize an annular space—between the liner and the original pipe wall—which may not be intended to contain pressure. Composite systems also bring with them challenges for leak pinpointing, should the new liner develop a leak. The evaluator should incorporate failure experience into the evaluation as it becomes available.

In scoring the *Pipe Safety Factor,* the evaluator should take into account material differences and other pipe design factors peculiar to distribution systems. This is done by first scoring the item as described on pages 109–116 and then adjusting this score by material considerations when it is deemed appropriate to do so. Table 8-1 shows the material toughness for some materials commonly seen in distribution piping. When the evaluator feels that the type of material limits its usefulness as extra pipe wall thickness, he can adjust the *Pipe Safety Factor* accordingly. Note that material properties can also play a role in the risk assessment by using concepts discussed in Chapter 8.

B. System Safety Factor 20%

As a measure of how close to its structural limits the section is being operated, the *System Safety Factor* should be scored as described on pages 116–119. Special attention should be given to the design of pressure regulation for the distribution system. The use of back-up regulators and other supplemental instrumentation is common. Redundant and fail-safe equipment will decrease the probability of system overpressure.

C. Fatigue 15%

Note that traffic loadings can be a significant source of fatigue on distribution system components. Score this item as described on pages 119 to 123.

D. Surge Potential 10%

Score as described on pages 123 to 125. Note that this item applies only to transported fluids that can generate surges. This usually excludes highly compressible fluids (gases).

E. System Hydrotest 25%

Score as described on pages 125–127.

F. Soil Movements 10%

Score as described on pages 128–132.

Incorrect Operations Index

"Unaccounted-for gas" is a phrase common to gas distribution operators. Normally expressed as a percentage of total system throughput, this term is more than a bookkeeping convenience. In a modern, well-maintained system, unaccounted-for gas will be a small percentage of the total gas moved and is caused in large part by the inherent accuracy limits of gas measurement devices. This is not surprising when it is noted that the measurement accuracy is dependent upon the accuracy of several instruments, not just one. The accuracy of a gas flow measurement will be the result of the volumetric meter and a pressure meter (and sometimes a BTU meter) accuracies multiplied together.

Other sources of unaccounted-for gas include intentional and unintentional venting of gas. Intentional venting is necessary to perform a variety of maintenance and construction activities on a pipeline. Unintentional venting is, of course, primarily due to pipeline leaks.

While the number is dependent upon many factors such as system age, complexity, and operation practices, unaccounted-for gas can provide the risk evaluator with a general sense of how "tight" the distribution system is. The operator's understanding and use of these numbers for improvement goals provide insight into the company philosophy and professionalism and are often more important than the numbers themselves.

A. Design .... 30 pts

In general, score these items as described in pages 136–148.

In addition to the definitions of failure and MAOP on page 137, two other failure modes—overpressure of the customer's facilities, and the failure of the odorization system—should be considered for distribution systems. For the first, it is often the responsibility of the distribution system to protect the customer from overpressure. When this is the case, the evaluator should examine the system capabilities and safety systems designed to prevent overpressure of downstream equipment.

Because facilities designed to operate at various pressures are interconnected in most distribution systems, special attention should be paid to prevention of overpressure. This may include overpressure protection for systems downstream of the distribution pipes, if the evaluation considers such risks. A common design practice in distribution systems is the installation of redundant pressure control to protect customers from overpressure. This is accomplished via an internal fail-safe feature in one regulator or through the use of two regulators (or both). Installed in series, the second regulator is to control pressure should the first regulator fail. Detection of a failed primary pressure control should be a part of a regular maintenance program.

The practice of odorization of gas in distribution systems is a method to reduce the impact of a pipeline failure (most often a leak). As such, it is covered mostly in the *Leak Impact Factor.*

B. Construction .... 20 pts

Because of the age of many distribution systems and the construction philosophies of the past, complete construction records of the facilities may not be available. Evidence to score construction-related items might have to be accumulated from information such as leak/failure histories, visual inspections of the systems, and comparisons with similar systems in other areas. As previously discussed, protection of the pipeline from third party damage is critical in most distribution systems. When part of the damage prevention program relies on accurate drawings and records, the evaluator should examine the error potential of the documentation program. This especially includes construction documentation. Score these items as described on pages 148–151.

C. Operations .... 35 pts

Some changes are made from the basic risk assessment model in scoring items here.

1. Procedures .... 0–7 pts

Score as described on pages 152–153.

2. SCADA/Communications .... 0–2 pts

As a means of reducing human errors, the use of SCADA systems and/or other systems of regular communications between field operations and a central control was scored as an error reducer in the basic risk model. The nature of distribution systems, however, does not benefit to the same degree from this item. By their design, distribution systems operate at lower pressures and are intended to respond constantly to changing conditions as customers increase and decrease their product use. This aspect results in fewer opportunities for overpressure due to inadvertent valve closures or from incorrect use of high pressure equipment. The lower point value of this item reflects the somewhat lessened role of SCADA as a risk reducer in distribution systems.

As a means of early problem detection and human error reduction, the presence of a SCADA system or control center can be scored as shown on pages 153–154, with reduced maximum possible points.

3. Drug Testing .... 0–2 pts

Score this item as described on pages 154–155.

4. Safety Programs .... 0–2 pts

Score this item as detailed on page 155.

5. Surveys

Leak Surveys .... 0–9 pts

It can be argued that a leak detection survey should be scored in the *Leak Impact Factor* because such a survey acts as a consequence-limiting activity—the leak has already occurred and, under special circumstances, early detection would reduce the potential consequences of the leak. This is the logic behind the discussion of leak detection in the basic risk model (page 195). However, the situation for distribution systems is thought to be different. Leakage is more routine (and even expected, for reasons stated later) and leak detection and repair is a normal aspect of operations. The importance of leak detection is reflected in the relatively high point weighting of this item, however, except for the special case of odorization, leak detection activities are not included as a *Leak Impact Factor* variable.

Gas distribution systems tend to have a higher number of leaks as compared to transmission systems. This is due to the differences in age, materials, construction techniques, and operating environment between the two types of pipelines. With the increased opportunity for leaked products to accumulate beneath pavement, in buildings, and in other dangerous locations and with the higher population densities seen in distribution systems, this higher leak propensity becomes more critical. Therefore, attention to leaks should be a strong consideration in assessing the risks of a distribution systems.

One of the primary means of leak detection is the use of an odorant in the gas to allow people to smell the presence of the gas before flammable concentrations are reached. As a special type of leak detection, the use and potential failure of the odorization system are covered in the *Leak Impact Factor.*

Leakage surveys are routinely performed on gas distribution systems in many countries. Hand-carried or vehicle-mounted sensing equipment is available to detect trace amounts of leaking gas in the atmosphere near the ground level. Flame ionization detectors (FID), thermal conductivity, and infrared detection are some of the technologies commonly seen in leak detection equipment. The use of trained animals—usually dogs—to detect small leaks is a ground level technique that has also been successful.

Other types of detection techniques include [2]:

- Subsurface detector survey, where atmospheric sampling points are found (or created) near to the pipe. Such sampling points include manways, sewers, vaults, other conduits, and holes excavated over the pipeline. This technique may be required when conditions do not allow an adequate surface survey (perhaps high wind or surface coverage by pavement or ice). A sampling pattern is usually designed to optimize this technique.

- Vegetation survey, which is also done in transmission lines as a part of routine air patrol. The observer seeks visual indications of a leak such as dying vegetation, bubbles in water, sheens on water or ground surface.
- Pressure loss test, where an isolated section of pipeline is closely monitored for loss of pressure indicating a leak.
- Ultrasonic leak detectors, where instrumentation is used to detect the sonic energy from an escaping product.
- Bubble leakage used on exposed piping where a bubble-forming solution can be applied and observed for evidence of gas leakage.

Other leak detection techniques more commonly seen in transmission systems are discussed on page 195.

The effectiveness of many leak surveys is often dependent upon environmental actors such as wind, temperature, and presence of other interfering fumes in the area. An estimate of survey effectiveness (0–100%) should be made.

It is beyond the scope of this text to offer specific guidance on the effectiveness of various leak surveying methods. Survey conditions and the technology involved will make many assessments situation specific. It is recommended that a default of around 70% for test effectiveness be used when no further information is available. This will be combined with two more factors to score this item:

Amount of system surveyed..0–100%
Time since last survey..annual or
more frequently = 100%

100 − (10 × years since last test) = time %

Leak survey score = 9 × (test effectiveness) × (amount of system tested) × (time since last test)

For example, a test method deemed to be 80% effective and performed annually over 50% of the system would score 9 × (0.8) × (.05) × (.09) = 3.2

The point of detection is often not the leak location, especially in an area where pavement prevents the buoyant gas from surfacing. The operator should use established procedures to positively locate a leak. Follow-up actions upon leak location should also be performed in accordance with established procedures which in turn describe industry accepted practice.

6. Training .... 0–10 pts

Score this item as described on pages 156–159.

7. Mechanical Error Preventors .... 0–3 pts

By the same reasoning as presented in the SCADA/Communications item above, this item weighting is reduced for distribution systems. Score this item as detailed on pages 159–161 but divide points in half. This will create an example point table as follows:

Three-way valves with dual instrumentation	2 pts
Lock-out devices	1 pt
Key-lock-sequence program	1 pt
Computer permissives	1 pt
Highlighting of critical instruments	0.5 pt

where points are added for each application up to a maximum of 2.5 points. If a section that does not have any applications (and hence no opportunity for this type of error) is being evaluated, the maximum 3 points are awarded. Note that in scoring a section for this item, upstream sections may need to be considered because the error can occur there and effect all downstream sections.

D. Maintenance .... 15 pts

As in the basic model, a low score in maintenance should cause doubts regarding the adequacy of any safety system that relies on equipment operation. Because overpressure protection is identified as a critical aspect in a distribution system, maintenance of regulators and other pressure control devices is critical. The evaluator should seek evidence that regulator activity is monitored and periodic overhauls are conducted to ensure proper performance. Other pressure control devices should similarly be closely maintained. The care of an odorization system in a gas distribution system should also be included with maintenance procedures.

Score the maintenance practices as described on pages 162–163.

Leak Impact Factor

One of the chief concerns of gas distribution systems operators is the potential for a hazardous material to enter a building intended for human occupancy. In a city environment, the potential is enhanced as gas (or even liquids) can migrate for long distances under pavement, route through adjacent conduits (sewer, water lines, etc.), or find other pathways to enter buildings. Soil that is prone to subsidence will often have voids to trap pockets of leaked product.

In most modern transmission pipelines, a leak of any size would be cause for immediate action. In distribution systems, leak sensitivity is often less acute. Leaks are relatively more common in the lower pressure distribution systems especially older ones with obsolete design practices. Often, detected leaks are categorized, sometimes with the only action required being that of continued monitoring.

In general, score the *Leak Impact Factor* as described in Chapter 7. The only significant change for gas distribution systems is an adjustment to the *Population Score* for the effect of gas odorization.

Leak Impact Factor = (Product Hazard) / (Dispersion Factor)

Product Hazard

Note that a chronic component is often enhanced where a leaking product can accumulate in buildings, beneath pavement, etc. This is generally considered when assigning RQ points to substances such as methane. The evaluator is encouraged to review pages 172–182 to ensure that the reasoning behind the RQ assignments are appropriate for the evaluation.

Dispersion Factor

As with the basic risk model, the *Dispersion Factor* provides an opportunity to distinguish between leaks or spills of higher consequence. Spill size is modeled as a function of pipe size and pressure. Pipeline surroundings are evaluated based upon nearby population density (and an optional environmental adjustment).

Gas Odorization. An important component of the leak impact from natural gas distribution systems is the use of odorization. Methane has very little odor detectable to humans. Natural gas that is mostly methane will therefore be odorless unless an artificial odorant is introduced. It is common practice to inject an odorant at such levels that gas will be detected at levels far below the lower flammable limit of the gas in air (often 1/5). This allows early warning of a gas pipe leak anywhere in the system or in a customer's building and, in many cases, reduces the danger of human injury.

Gas odorization is thought to be a more powerful leak detection mechanism than other techniques discussed. While it can be argued that many leak survey methods detect gas leaks at very low levels, proper gas odorization has the undeniable benefits of alerting the right people (those in most danger) at the right time. As such, it has a special effect on the leak impact score in the *Population Score.*

Adjustment to Population Score. For most distribution systems, the population density near the pipeline is thought to be the single most critical measure of the consequences of a leak. For nonhazardous products and nonpopulated areas, different consequence measures might be more appropriate. A distribution system normally operates in high population density areas. For convenience, population classes are normally used in this assessment. Alternately, a continuous scale can be devised to eliminate the sharp transitions in the class categories. Other aspects of the pipeline's surroundings can also be included by incorporating the optional *Environmental Module,* Chapter 12.

As previously discussed, gas odorization plays a more important role in risk mitigation than do other leak detection techniques. To recognize that role, the population score can be slightly modified. The evaluation of the gas odorization effort should involve analysis of several aspects of the system.

Odorization System Design. Aspects of optimum system design include selection of the proper odorant chemical, the proper dosage to ensure early detection, the proper equipment to inject the chemical, the proper injection location(s), and the ability to vary injection rates to compensate for varied gas flows. Ideally, the odorant will be persistent enough to maintain required concentrations in the gas even after leakage through soil, water, and other anticipated leak paths. The optimum design will consider gas flow rates and odorant absorption in some pipe materials (new steels) to ensure that gas at any point in the distribution piping is properly odorized.

System Operation/Maintenance. Odorant injection equipment is best inspected and maintained according to well-defined, thorough procedures. Trained personnel should oversee system operation and maintenance. Inspections should be designed to ensure that proper detection levels are seen at all points on the piping network. Provisions are needed to quickly detect and correct any odorization equipment malfunctions.

Performance. Evidence should confirm that odorant concentration is effective (provides early warning to potentially hazardous concentrations) at all points on the system. Odorant levels are often confirmed by randomly testing using human subjects who have not been de-sensitized to the odor. When new piping is placed in service, attention should be given to possible odorant absorption by the pipe wall. "Over-odorizing" for a period of time is sometimes used to ensure adequate odorization. When gas flows change, odorant injection levels must be changed appropriately. Testing should verify odorization at the new flow rates. Odorant removal (de-odorization) possibilities should be minimized, even as gas leaks through soil or water.

The role that a given gas odorization effort plays as a consequence reducer can then be scored as follows:

High reliability odorization .... 0.1 point reduction

A modern or well-maintained, well-designed system exists. There is no evidence of system failures or inadequacies of any kind. Extra steps (above regulatory minimums) are taken to ensure system functioning. A consistent, naturally occurring odor that allows early detection of a hazardous gas can fall into this category if the odor is indeed a reliable, omnipresent factor.

Odorization .... no point change

This is the neutral or default value. Where an odorization system exists and is minimally maintained (by minimum regulatory standards, perhaps) but the evaluator does not feel that enough extra steps have been taken to make this a high reliability system, no change to the population score is made.

Questionable odorization system .... 0.1 addition

A system exists; however, the evaluator has concerns over its reliability or effectiveness. Inadequate record keeping, inadequate maintenance, lack of knowledge among system operators, and inadequate inspections would all indicate this condition. A history of odorization system failures would be even stronger evidence.

No odorization efforts .... 0.2 addition

Assignment of points between these levels is possible.

The impact of these point changes can be seen in terms of proportional population changes. For example, an un-odorized gas distribution system (0.2 point addition to population score) effects the risk picture in the same way that a 5% population increase would (assuming a continuous population scale from 0.0 to 4.0 points).

CHAPTER 14

Offshore Pipeline Systems

Since offshore pipelines were first installed in shallow waters in the early 1950s, technical difficulties of operating and maintaining lines in the subsea environment have challenged the industry. Today, these challenges are multiplied as pipelines coexist with busy harbors, industrial ports, commercial and recreational fishing areas, general recreational areas, environmentally sensitive areas, and other offshore facilities. Offshore pipelines are routinely installed in water depths up to 1,700 feet. Present technology allows installations in depths to 3,000 feet, with advances pushing this boundary ever deeper.

In outer continental shelf waters of the U.S., corrosion was the largest single cause of pipeline failures (50%) between 1967 and 1990, with maritime activities accounting for 14% and natural forces 12% of the remaining known causes of 1,047 recorded pipeline failures. Interestingly though, almost all of the deaths, injuries, damages, and pollution episodes were caused by damages from vessels [41]. Deaths and injuries are associated with gas pipelines which, because of the highly compressed flammable gas, have higher explosive potential than most liquid lines. Even though corrosion caused a greater number of leaks, most of the pollution (in volume of spilled product) was caused by anchor damage [41].

In this data sample, therefore, the most prevalent cause was not the most consequential cause. When shallow water accidents are included in the analysis, it is thought that maritime activities (third party damage) and natural forces play an even larger role.

The dynamic nature of pipeline operations offshore makes the risk picture more complex. Offshore facilities are normally built to facilitate the recovery of suspected hydrocarbon fields. The exact location and extent of the fields are never precisely known. The costs to recover the hydrocarbons and their value on the world market are similarly estimated values only. Consequently, it is not unusual for a pipeline to be abandoned for long periods of time until economic conditions change to warrant its return to service or until technology overcomes some obstacle that may have idled the line. Many lines are ultimately placed in a service for which they were not originally designed. Pressures, flowrates, velocities, and the composition of the material transported change as new fields are added or existing fields cease production. Ownership of the pipelines can change as new operators feel that they can increase the profitability of an operation.

Another aspect of offshore pipeline operations is the higher costs associated with most offshore activities. When pipelines are placed in an environment where man cannot live and work without special life-support systems, additional operation and maintenance challenges are obvious. Inspection, maintenance, repair, and modification requires boats, special equipment, and personnel with specialized skills. Such operations are usually more weather-limited and proceed at a slower pace than similar onshore operations, again adding to the costs.

Offshore systems are often more vulnerable to weather-related outages, even when no damage to equipment occurs. This is covered in the optional *Cost of Service Interruption* module.

As with onshore lines, safety data is limited. It is not presently possible to make meaningful correlations among all of the factors believed to play a significant role in accident frequency and consequence. The factors can, however, be identified and considered in a somewhat qualitative sense, pending the acquisition of more statistically significant data. For these reasons, and for the sake of consistency, an indexing approach for offshore lines that parallels the onshore pipeline analysis is recommended.

The offshore pipeline model is considered to be a special case of the basic risk assessment model. The descriptions of scorable items that follow make comparisons and references to the basic model.

Offshore pipeline systems are either transmission lines—long, large diameter lines going to shore, or lines associated directly with production—flowlines, gathering lines. For purposes of this risk assessment, the two are considered to be the same. The scoring for the offshore risk model will parallel very closely the onshore model for transmission lines—the basic risk model. While this module is primarily aimed at ocean and sea environments, most concepts apply to some degree to river, lake, or even marsh crossings.

Upon customization, the offshore risk model could have the following items and associated weightings:

Third Party Damage Index	100%	(Page 339)
A. Cover	20%	
B. Activity	25%	
C. Aboveground Facilities	10%	
D. Damage Prevention	20%	
E. ROW Condition	5%	
F. Patrol	20%	
Corrosion Index	100%	(Page 346)
A. Atmospheric Corrosion	20%	
1. Facilities	115%	
2. Atmosphere	110%	
3. Coating/Inspection	115%	
B. Internal Corrosion	20%	
1. Product Corrosivity	110%	
2. Internal Protection	110%	
C. Submerged Pipe Corrosion	60%	
1. Cathodic Protection	118%	
2. Coating Condition	112%	
3. Electrolytic Corrosivity	114%	
4. Age of System	113%	
5. Other Metals	114%	
6. Mechanical Corrosion	115%	
7. Test Leads	116%	
8. Close Interval Survey	118%	
9. Internal Inspection Tool	110%	
Design Index	100%	(Page 352)
A. Pipe Safety Factor	20%	
B. System Safety Factor	15%	
C. Fatigue	15%	
D. Surge Potential	10%	
E. System Hydrostatic Test	20%	
F. Stability	20%	
Incorrect Operations Index	100%	(Page 359)
A. Design	30%	

1.	Hazard ID	4%
2.	MAOP Potential	12%
3.	Safety Systems	10%
4.	Material Selection	2%
5.	Checks	2%
B.	Construction	20%
1.	Inspection	10%
2.	Materials	2%
3.	Joining	2%
4.	Backfill	2%
5.	Handling	2%
6.	Coating	2%
C.	Operations	35%
1.	Procedures	7%
2.	SCADA	2%
3.	Drug Testing	2%
4.	Safety Programs	2%
5.	Surveys	9%
6.	Training	10%
7.	Mechanical Error Preventors	3%
D.	Maintenance	15%
1.	Documentation	2%
2.	Schedule	3%
3.	Procedures	10%

Leak Impact Factor .... (Page 361)
Product Hazard
Dispersion Factor

Where hazardous liquid spills are evaluated, the environmental module is recommended.

A significant difference in offshore pipelines is that the pipe will often be coated with a weight coating such as concrete to assure negative buoyancy (prevent flotation) and to protect the corrosion coating. This concrete coating plays a part in third party damage prevention and corrosion control, and, to a lesser degree, in design considerations.

Note that abandoned facilities may also be included in this assessment as a risk to public safety.

Sectioning

The philosophy of sectioning a pipeline for risk assessment is described on pages 28–31. In the offshore environment, typical section breaks might include:

- changes in pipe specification
- change in water depth
- change in depth of cover
- block valves
- platforms
- change in activity (boat traffic, pipeline density, etc.)

The sectioning of a pipeline involves a trade-off. Fewer, longer sections will speed data gathering and handling but may involve averaging of conditions or allowing a worst-case condition to govern the entire section. Shorter, more numerous sections will require more data handling but will increase accuracy. A common approach is to begin the risk assessment process with a few, long sections and then, over time, break these into shorter sections. This allows meaningful, "big picture" analysis to happen quickly and more detailed analyses to proceed when resources are available.

Third Party Damage Index

As with the basic risk model, the phrase "third party damage" as it is used here, refers to any accidental damages done to the pipe by the activities of non-pipeline personnel. Intentional damages are covered in the *Sabotage* module. Accidental damages done by pipeline personnel are covered in the *Incorrect Operations Index.* Note that in the case of offshore operations, causes of third party damage include the result of personnel performing platform activities or working on other pipelines. Even though these personnel may be employed by the same company as the pipeline personnel, they will considered to be non-pipeline and hence third party damagers.

While not the cause of the majority of the offshore pipeline accidents, third party damages appear to the cause of most of the deaths, injuries, damages, and pollution [41]. Consequently, this is a critical aspect of the risk picture.

A. Depth of Cover .... 20 pts

Cover, as a means to reduce third party damages, actually has two components in most offshore cases: water cover (depth) and sea bottom burial depth. Each can provide a measure of protection from third party damage since increasing water depth usually limits the number of activities that could be harmful to the pipeline, and sea bottom cover provides a physical barrier against damage. Note that submerged pipelines also have a threat of damage from dropped objects (see *Activity Level*), which is minimized by protective barriers.

Accurate knowledge of the amount of cover is sometimes difficult to obtain. Profile surveys are necessary to monitor constantly changing seabeds. Frequency of survey should be dependent upon water conditions such as wave and current action, and upon seabed and bank stability, as is evidenced by historical observation. In scoring the depth of cover, the evaluator must also judge the uncertainty of the knowledge. This uncertainty is dependent upon the timing and accuracy of survey data. See the *Design Index* (page 352) for a further discussion of survey techniques.

Especially susceptible areas for damage are shore approaches and, to a lesser degree, platform approaches. A common practice is to protect the pipelines by trenching (depth of 3 ft) out to a distance of 200 to 500 ft from a platform. However, shore approach protection is inconsistent. Shore approaches are often the most hazardous section of the offshore pipeline. Long-term seabed stability is best when the shoreline is minimally disrupted. Use of rip rap, twin jetties, directional drilling, dredge and backfill are common techniques used near shorelines. The historical performance of a certain technique in a certain environment would be of value in future design efforts and in assessing the stability of the cover.

Other types of barrier protection can serve the same purpose as depth of cover, and should be scored based upon their effectiveness in preventing third party damages. Certain barriers may also receive risk mitigation credit in reducing the threat from floating debris and current forces (see *Design Index*). Examples of barriers include rock cover, concrete structures, and metal cages. Concrete pipe coating, normally used for negative buoyancy, also provides a measure of protection against impacts.

When a pipeline poses a known threat to navigation, there is effectively no cover. This should be viewed as a worst case and should govern the assignment of points in the section.

B. Activity Level .... 25 pts

In this item, the evaluator assesses the probability of potentially damaging activities occurring near the pipeline. For simplicity and consistency, a list of activities or conditions can be generated to guide the assessment. Indications of high activity levels include high vessel traffic, high density of other offshore structures (including other pipelines), and shoreline development activities. Any of these might increase the opportunity for pipeline damage. More specific activities to be evaluated include fishing, dredging, anchoring, construction, platform activities, excavation, underwater detonations, diving, salvage operations, and recreational boat traffic.

Potential damage is dependent upon characteristics of the striking object. Force, contact area, angle of attack, velocity, momentum, and rate of loading are among these characteristics. Potential consequences of the contact include damages to coating, weights, anodes, and pipe wall, possibly leading to rupture immediately or after some other contributing event.

To better estimate possible loadings that could be placed on the pipeline, fishing and anchoring can be assessed based upon the types of vessels, engine power, and type of anchors or fishing equipment. While anchoring is usually forbidden directly over the pipeline, the setting of an anchor is often imprecise. Anchoring areas near the pipeline should be considered to be threats. Fishing equipment and anchors that dig deeper into the sea bottom or which can concentrate stress loadings (high force and sharp protrusions) are more hazardous. Analyzing the nature of the threat will allow distinctions to be made involving types of anchored vessels or certain fishing techniques. Such distinctions, however, will not always be necessary.

As another threat from third party activities, dropped objects can strike the pipeline with sufficient force to cause damage. Objects will usually be dropped from some surface activity (construction, fishing, platform operations, mooring close to platforms, cargo shipping, pleasure boating, etc.) and, depending upon conditions such as the object's weight in water, its shape, water currents, etc., the object will reach a terminal velocity. The impact stress on the pipe is partly dependent upon this velocity.

Shore approaches and harbors are often areas of higher activities. Beach activities, shoreline constructions, higher vessel traffic all contribute to the hazard in an often unstable sea bottom area. In many modern installations, a shore approach is directionally drilled and placed well below any depth where normal activities or wave actions can affect the pipeline.

Overpressure can occur from the common practice of clearing structural elements from abandoned platforms down to 15 ft below the mudline by detonating an explosive charge inside each of the hollow supporting members that penetrate the sea bottom (platform legs and well conductors). Possible damage can result from the shock wave, specific impulse, and energy flux density associated with the event.

The evaluator should create classifications by which the activity level can be scored. In concert with the basic risk assessment model information (pages 39–43), a classification guide specifically for offshore lines could be similar to the following:

High .... 0 pts

High vessel traffic
Shore approaches with population nearby
Dredging area
Normal anchoring area nearby for potentially damaging anchor loads
Fishing area where use of potentially damaging equipment is normal
Construction activity
Area where third party damage has occurred in the past
Presence of other offshore structures

Medium .... 8 pts

Shore approaches with occasional human visitation
Some vessel traffic
Fishing area where mostly non-threatening equipment is being used
Occasional anchoring area for higher anchor loads
Anchoring area for smaller (low damage potential) vessels

Low .... 15 pts

Shore approaches with rare human visitations
Extremely protected* shore approaches

* *An example would be a directionally drilled crossing where cover is over 20 ft and (except possibly for drilled pier installations) no activity could be a threat to the line. A heavy rock jetty over the line might also be an example of an extremely protected line.*

Little or no vessel traffic
No anchoring
No dredging

None .... 25 pts

This point level is assigned where essentially no potentially damaging activity can occur. An example might be very deep water where no other activities (no anchoring, drilling, diving, cable or pipeline installations, etc.) are possible.

C. Surface Facilities .... 10 pts

As with the onshore counterpart, exposed facilities can be a good or bad thing, from a risk standpoint. Being in clear view, the facilities are less exposed to certain types of accidental damage, but they are more exposed to intentional damage or use for unintended purposes. Most offshore platforms are unmanned. Platforms are susceptible to ship traffic impact and are sometimes convenient locations for temporary mooring of vessels, especially recreational fishing boats. Protection of facilities is generally provided by the structural members of the platform. Warning signs, lights, and on-site or remote monitoring (alarmed motion detectors, video surveillance, sound monitors, etc.) with adequate response offer a degree of protection.

When considering third party damage potential, submerged but unburied pipelines can be evaluated in the same way as surface facilities. Where valve assemblies are located on the seafloor, it is common practice to use subsea valve protectors—structures placed around the valves to protect them from outside forces. The protecting structure's frame geometry and embedment depth are significant factors in determining possibility of fouling from fishing gear.

In general, score the presence of surface facilities as 0 pts and then add points for all measures which would reduce the likelihood of third party damage, up to a maximum of 10 pts. (See pages 43–45.)

D. Damage Prevention Program .... 20 pts

Public education should be an integral part of any damage prevention program. (See pages 48–50.) The public to be educated in this case includes boaters of all kinds, fishermen, offshore constructors, supply boats, recreational craft, and law enforcement. Pipeline route maps could be supplied and informal training given to groups to alert them to signs such as bubbles or sheens indicating possible pipeline damage. Training should emphasize the susceptibility to damage by anchors or dredging. There is often a misconception that a steel pipeline, especially when concrete coated, is unharmed by anchors and nets.

One Call Systems. These systems are probably not meaningful in the offshore context. An exception would be a program that duplicates the intent of the land-based one-call program. Such a program would require anyone performing potentially pipeline-damaging activities in the water to contact a central clearinghouse that would notify owners of facilities of the impending activity. To be effective, such a program must be regularly used by all parties concerned, contacts to the clearinghouse must indeed be made prior to any work, and the clearinghouse must have current, complete locations of all facilities.

One-call type program in place .... 6 pts

This must be effective in reducing third party intrusions at least for some stretches of the section evaluated (perhaps shore approaches) to score maximum points. See discussion of one-call systems on pages 45–48.

Mailouts .... 4 pts

Maximum points are appropriate for regular, effective mailouts to people engaged in potentially harmful activities.

Presentations .... 4 pts

Maximum points can be awarded for quality programs targeting audiences that engage in potentially harmful activities.

Advertisements .... 4 pts

While not as specific as other measures, this may reach a wider audience. Maximum points are appropriate where there is evidence of advertisement effectiveness.

Route maps .... 2 pts

Maximum points can be awarded for high quality, accurate route maps that are widely distributed and effective in reducing third party intrusions.

See also pages 45–50 for more information.

E. ROW Condition .... 5 pts

Along with a damage prevention program, marking of the pipeline route provides a measure of protection against unintentional damage by third parties. Buoys, floating markers, and shoreline signs are typical means of indicating a pipeline presence. On fixed surface facilities such as platforms, signs are often used. When a jetty is used to protect a shore approach, markers can be placed. The use of lights, colors, and lettering enhances marker effectiveness.

This item is normally only appropriate on shore approaches or shallow water where marking is more practical and third party damage potential is higher. Note that in deeper water where this item will probably score low, the *Activity Level* item will often indicate a lower hazard potential. These will offset each other to some extent.

A qualitative scoring scale can be devised similar to the one following:

Excellent .... 5 pts

At every practical opportunity, there are high visibility signs and markers that clearly indicate the presence of the pipeline and contact telephone numbers for the pipeline operator. All known hazards are clearly marked.

Fair .... 3 pts

Some locations have signs and markers, not all of which are in good condition.

Poor .... 0 pts

No attempt to mark the pipeline location, even in areas where it would be practical to do so. Where marking is impractical everywhere, use this point level.

F. Patrol Frequency .... 20 pts

As with the onshore case, pipeline patrol is used to spot evidence of a pipeline leak, but it is often more useful as a proactive method to prevent third party intrusions. A potential threat does not have to be in the immediate vicinity of the pipeline. An experienced observer may spot a dredge working miles away or the movements of an iceberg or the activity of fishermen that may cause damage in the following weeks or that may have already caused damage (but not line rupture).

The patrol might also note changes in the waterway or shoreline that may indicate a pipeline exposure due to shifting bottom conditions.

A small amount of spilled hydrocarbon is not always easy to visually spot, especially from moving aircraft. A variety of sensing devices have or are being investigated to facilitate spill detection. Detection methods proposed or in use include infrared, passive microwave, active microwave, laser-thermal propagation technique, and laser acoustic sensor [46].

As with the case onshore, offshore patrol effectiveness is a product of several factors including speed and altitude of aircraft, training and abilities of the observer, and effectiveness of any sensing devices used in the patrol.

Scores should be awarded based upon frequency and effectiveness of patrol on a point scale similar to that shown on page 54.

Corrosion Index

Offshore pipelines are typically placed in service conditions that promote both external and internal corrosion. In considering external corrosion, steel is placed in a very strong electrolyte (seawater) which is a very aggressive corrosion environment. Because it must be recognized that no pipe coating is perfect, it must also be assumed that parts of the pipe steel are in direct contact with the electrolyte.

Scoring for corrosion in offshore pipelines is similar to scoring for onshore lines. Additional factors for the offshore environment must often be considered, however.

The general balance of 20% atmospheric corrosion, 20% internal corrosion, and 60% submerged pipe corrosion will allow comparisons among pipelines that are exposed to these hazards. Where an evaluated system does not have atmospheric exposure, for example, the evaluator may choose to eliminate this component and increase the other hazards by 10% each. When this is done, each item can be increased proportionately to preserve the weighting balances.

A. Atmospheric Corrosion .... 20 pts

1. Facilities .... 5 pts

Portions of offshore pipelines often are exposed to the atmosphere on platforms or onshore valve stations. Where such components exist in the section being evaluated, score this item as described on pages 60 to 64.

2. Atmospheric Type .... 10 pts

The offshore environment is among the harshest in terms of corrosion to metal. Humid, salty, and often hot conditions promote the oxidation process. In addition, some platforms where pipeline components are exposed to the atmosphere, produce additional chemicals to accelerate corrosion. Score as described on pages 64–66.

3. Coating and Inspection .... 5 pts

This is a most critical aspect of the atmospheric corrosion potential. Score this item as detailed on pages 66–70.

B. Internal Corrosion .... 20 pts

Internal corrosion, caused by corrosiveness of the product inside the pipeline, is a common threat in offshore hydrocarbon pipelines. Hydrocarbon production usually involves the production of several components such as oil, gas, water and various impurities. While pure hydrocarbon compounds are not corrosive to steel, substances such as water, CO_2, H_2S, which are intentionally or unintentionally transported, provide a corrosive environment inside the pipe. Until recently, separation of these components occurred offshore, where waste streams were easily (and in an environmentally unsound manner) disposed of. As such practices are discontinued, pipelines designed to transport a single phase component (either oil or gas), after offshore product separation had occurred, now are called upon to transport unseparated product streams to shore where separation is more economical. The increased chance for internal corrosion from the now common practice of transporting unseparated production as a multiphase mixture must be considered.

It is not uncommon for an offshore line to experience a change in service as new wells are tied in to existing pipelines or production experiences changes in composition or temperature. While an internal corrosive environment might have been stabilized under one set of flowing conditions, changes in those conditions may promote or aggravate corrosion. Liquids settle as transport velocity decreases. Cooling effects of deeper water might cause condensation of entrained liquids, further adding to the amount of free, corrosive liquids. Liquids will gravity flow to the low points of the line causing corrosion cells in low lying collection points.

Inhibitors are commonly used to minimize internal corrosion (see page 76). Generally, it is difficult to completely eliminate corrosion through their use. Challenges are even more pronounced in two phase or high velocity flow regimes. Any change in operating conditions must entail careful evaluation of the impact on inhibitor effectiveness.

Score the *Product Corrosivity* and *Internal Protection* items as described on pages 73–79.

C. Submerged Pipe .... 60 pts

Offshore pipelines will be exposed to water, soil, or both. There are many parallels between this environment and the "buried metal" environment discussed in the basic risk assessment module. Most often, the electrolyte in the case of offshore lines is a highly ionic water (salt water or brackish water) that is very conducive to corrosion of metals. The evaluator may wish to make a distinction between buried and unburied offshore lines; however, in practice, lines are often covered and uncovered periodically by shifting subsea conditions. It is also conservative to assume that burial soils will also have a high ionic content because of the entrainment of saltwater.

The scoring for this portion of the *Corrosion Index* closely follows the basic risk assessment model. Because the item *AC Interference* is normally not appropriate for offshore pipelines, those possible points are distributed to *Condition of Coating* and *Internal Inspection Tool,* making the point weightings 12 points and 10 points respectively (each is increased by 2 points). This reflects a belief that those items play a larger role in the offshore pipeline risk picture.

1. Cathodic Protection .... 8 pts

Pages 79–84 discuss some basic concepts of galvanic corrosion and common industry practices to address the corrosion potential. These apply equally to offshore pipelines. Because of the strong electrolytic characteristics of seawater (uniform conductivity), cathodic protection is often achieved by the attachment of anodes (sometimes called bracelet anodes) at regular spacing along the length of the pipeline. Impressed current, via current rectifiers is sometimes used. The effectiveness of the cathodic protection is monitored by measuring the voltage of the pipe relative to a silver/silver nitrate reference electrode in the water in the same fashion as the copper/copper sulfate reference electrode is used in onshore analysis. Attention should be paid to the design life of the anodes.

Score this item as described on pages 82–84.

2. Condition of Coating .... 12 pts

As the first line of defense against corrosion, the pipe coating is intended to provide a barrier between the pipe wall and the electrolyte. Because concrete coating is often placed over the anticorrosion coating, it can be evaluated as part of the system. The concrete should be compatible with the underlying coating during installation and long-term operation. Metal reinforcing within the concrete can act as an interference to the cathodic protection currents and should be designed for proper performance.

Offshore coatings must often be designed to withstand more forces during installation. Coating properties such as flexibility, moisture uptake, and adhesion may be more critical in the offshore installation.

Some amount of coating degradation is to be expected with the aging of a pipeline. A line operated at higher temperatures may cause more stress on the coating.

Score this item as described on pages 84–90, except increase this item weighting to 12 points. Therefore, the points are awarded based upon:

Quality of coating .... 0–3 pts
Quality of application .... 0–3 pts
Quality of inspection .... 0–3 pts
Quality of defect corrections .... 0–3 pts

3. Electrolyte Corrosivity (Replaces Soil Corrosivity) .... 4 pts

In this item, distinctions between the corrosive potential of various electrolytes can be considered. In the case of offshore systems, it is often appropriate to score all situations as low resistivity (high corrosion potential) as described on pages 90–92. From an electrolyte standpoint, differences between buried and unburied conditions might be minimal and quite changeable because of shifting subsea conditions. Differences between water conditions might also be minimal.

Changes in electrolyte oxygen content, temperature, and resistivity might be anticipated with resulting changes in cathodic protection effectiveness and corrosion potential. When distinctions are appropriate, the evaluator can consider such factors to score different environments.

4. Age of System .... 3 pts

Score this item as detailed on pages 92–93.

5. Current Flow to Other Buried Metals .... 5 pts

When the density of pipelines in an area is high, potential for cathodic protection interferences is correspondingly high. In scoring this item, the evaluator should note the isolation techniques used in separating piping from other pipelines, offshore platforms, or shore structures. When isolation is not provided, joint cathodic protection of the structure and the pipeline should be in place.

Score this item as described on pages 93 to 95.

AC Interference. Normally disregard this item for offshore pipelines. Risk points that would have applied to this item are distributed to *Condition of Coating* and *Internal Inspection Tool.*

6. Mechanical Corrosion .... 5 pts

As with onshore pipelines, potential for corrosion that involves a mechanical component should be addressed. Erosion is a potential problem in some production regimes. Production phenomena such as high velocities, two phase flows, and the presence of sand and solids create the conditions necessary for damaging erosion. Stress corrosion cracking (SCC) can occur when stress levels are high and a corrosive environment exists, either inside or outside the pipe wall. Note that seawater is a corrosive environment for metal and higher stress levels are common in offshore operations.

Score this item as described on pages 98–101, substituting the electrolyte corrosivity for the soil corrosivity in scoring the environment.

7. Test Leads .... 6 pts

The use of test lead readings to gauge cathodic protection effectiveness has some significant limitations. Nonetheless, it is the most commonly used method for onshore pipelines. A discussion of test leads for onshore lines (pages 101–104) applies in theory to offshore lines as well. In the offshore case, the reference electrode is normally silver/silver nitrate. Unfortunately, offshore lines normally provide few opportunities to install useful test leads. Therefore, it is thought that this item does not play as significant a role as it does in the onshore case. Recommended weighting is 3 points with point assignments as follows:

Test lead spacing more than 5 miles. Not all foreign crossings monitored .... 0 pts
Test lead spacing more than 5 miles. All known potential interference sources are monitored by test lead .... 1 pt
Test lead spacing less than 5 miles. All known potential interference sources are monitored by test lead .... 2 pts

When availability of test leads has scored 1 or 2 points, add one more point when test lead readings are taken at least every 6 months. When pipe-to-electrolyte readings are taken by divers or other means at locations along the pipeline, points may be awarded here or, minimally, for *Close Interval Surveys.*

8. Close Interval Surveys .... 8 pts

A close interval survey technique for offshore lines involves towing an electrode through the water above the line and taking continuous voltage readings between the pipe and its surroundings. Another technique involves the use of remotely operated vehicles (ROVs) that follow the pipeline and can provide visual inspection as well as pipe-to-electrolyte readings. Because the reference electrode must be electrically connected to the pipeline, limitations in the practical use of these techniques exist. When conditions allow, spot checking by divers can also provide information similar to the close interval survey.

Score this item as described on pages 104 and 105.

9. Internal Inspection Tool .... 10 pts

The use of smart pigs can be an important element of a risk reduction program for offshore pipelines. Internal inspection tool technology is improving, allowing the use of these devices in smaller diameter lines, through tighter radius bends, and for greater distances. Accuracies in data analysis are also improving.

Score this item as described on pages 105–107 using a 10-point weighting instead of an 8-point weighting. Therefore, a high quality internal inspection survey will score points as:

10 – (years since last inspection) = point value.

In addition to the passage of time, questions about the accuracy and thoroughness of the survey should reduce the point values.

Design Index

The design environment for an offshore pipeline is quite different from that of an onshore line. The offshore line is subjected to external pressures and forces from the water environment that are usually more dynamic and often more severe. As previously noted, the pipe is being placed in an environment where man cannot live and work without the aid of life support systems. The difficulties in installation are numerous. From the standpoint of this risk assessment technique, many of the differences between onshore and offshore pipeline systems will appear here in the *Design Index.* Related to this, see also the Construction portion of the *Incorrect Operations Index.*

It should be assumed that the industry will continue to move into more challenging environments such as deeper water, more extreme temperatures, and arctic conditions. This presents new problems to overcome in design, construction, and integrity monitoring.

A. Pipe Safety Factor .... 20 pts

This is a risk "credit" for extra pipe wall thickness when this thickness is available for protection against impacts and corrosion. Although the pipe is not usually designed specifically to provide such protection, the risk picture nonetheless benefits from the added structural strength. Required wall thickness must account for all anticipated internal and external loadings. Wall thickness in excess of this requirement is scored as an item that can reduce risk.

From a cost of material and installation viewpoint, higher strength materials are often attractive. This is especially true in the challenging offshore environment. However, special welding considerations and strict quality control are needed in the higher strength materials. Also, other desirable material properties such as ductility are often sacrificed for the higher strength.

Offshore pipelines often have a high external loading due to water pressure. This leads to increased chances of buckle. In cases of larger diameter, thin walled pipe, buckle arrestors are sometimes used to prevent propagation of buckle. Buoyancy effects must also be considered in the loading scenario. If the weight coating is partially lost for any reason, the pipe must be able to withstand the new stress situation.

With these considerations, score this item as described on pages 109–116.

B. System Safety Factor .... 15 pts

This risk element measures the margin of error—how close to the limits of the weakest component is the system being operated. Score this as detailed on pages 116–119.

C. Fatigue .... 15 pts

As a very common cause of material failure, fatigue must be considered part of any risk analysis. Fatigue, as discussed on pages 119 to 123, should therefore become a part of the offshore pipeline evaluation. In addition to fatigue initiators discussed on those pages, an additional fatigue phenomenon is seen in submerged pipelines. A free spanning (unsupported) length of pipe exposed to current flows can oscillate as vortex shedding creates alternating zones of high and low pressure. The extent of the oscillations is dependent upon many factors including pipe diameter and weight, current velocity, seabed velocity, and span length. The pipeline will tend to move in certain patterns of amplitude and speed according to its natural frequency. Such movements cause a fatigue loading on the pipe.

There is evidence that loading conditions may be more limiting than once thought, including "ripple loading" phenomena where relatively small amplitude load perturbations (ripple loads) cause fracture at lower stress intensity levels. This in turn requires more emphasis on crack propagation and fracture mechanics in such dynamic, fatigue-inducing environments. Higher fracture toughness materials might be warranted.

Scoring the potential for this type of fatigue requires evaluating the potential for spans to exist and for current conditions to be of sufficient magnitude. Because both of these factors are covered in an evaluation of Stability (see page 354), wave-induced fatigue potential is addressed in that item.

Score fatigue as described on page 121, recognizing that the stability score will also include fatigue-related risks.

D. Surge Potential .... 10 pts

Score this item as detailed on pages 123–125 and also see Appendix D.

E. System Hydrostatic Test .... 20 pts

Score this item as described on pages 125–127.

F. Stability (earth movements) .... 20 pts

The interaction between the pipeline and the seabed will frequently set the stage for external loadings. If a previously buried line is uncovered because of scour or erosion of the seabed, it becomes exposed to current loadings and impact loadings from floating debris and material being moved along the seabed. Upon further scour or erosion, the pipeline can become an unsupported span. As such, it is subjected to additional stresses due to gravity and wave/current action. If stresses become severe enough, possible consequences include damage to coatings and buckling or rupture of the pipe. On a longer term basis, cycling and fatigue loadings may eventually weaken the pipe to the point of yield. Such fatigue loadings can be caused by movements of a free spanning pipeline which, given the right conditions, will reach a natural frequency of oscillations.

Changes in bottom conditions also impact corrosion prevention. As pipelines move from covered to uncovered states, the galvanic corrosion cell changes as the electrolyte changes from soil to seawater and back.

The presence of "high energy" areas, evidenced by conditions such as strong currents and tides, is a prime indication of instability. Sometimes, seabed morphology is constantly changing due to naturally occurring conditions (waves, currents, soil types, etc.). The wave zones and high steady current environments promote scour and vortex shedding. Other times, the pipeline itself causes seabed changes because of the current obstruction that has been introduced into the system. Fatigue and overstressing are amplified by large span lengths.

Periodic bottom-condition surveys and installation of span-correcting measures are common risk-reducing measures. Span correction techniques include concrete mattresses, grout bags, mechanical supports, anti-scour mats, and rock dumping. Different techniques are found to be effective in different regions. Some stabilization using the above methods is often done as part of initial construction.

Naturally occurring external forces may need to be more fully investigated in the offshore environment. Uncertainty is usually high.

Often bottom conditions such as current and seabed morphology must be estimated from more available surface wind and wave induced current models. Even when more definitive surveys are done, anticipated conditions can often vary dramatically over time. This plays a critical role in the stress situation of the pipeline.

Floating debris and material being moved along the seabed are potential sources of damage to an exposed pipeline. Such external force can damage coatings, both concrete and anti-corrosion types, and even damage the pipe steel with dents, gouges, or punctures.

Special considerations for instability events also include hurricanes and associated storm-related damages to platforms, changes in bottom topography, temporary currents and tidal effects as well as ice/permafrost challenges. Potential damages can be caused by the presence and movements of ice including ice scour (ice gouging), sub-scour soil deformation (even when the pipeline is below the maximum scour depth, a danger exists), icebergs, ice keels of pressure ridges, and ice islands. Note that there can be extensive differences in the presence of icebergs in a given region from season to season [41].

The *Stability* item can be scored as detailed on pages 128–132 with the additional considerations given for offshore conditions. Points are awarded based upon the potential for damaging stability events and mitigating measures. Potential is scored as:

High .... 0 pts
Medium .... 5 pts
Low .... 12 pts
None .... 20 pts

Interpolation between these categories is appropriate.

The concepts discussed on pages 128–132 are included in the revised definitions for the potential of damaging instability. They can be scored as follows:

High .... 0 pts

Any of the following conditions is sufficient to score the potential as high; areas where damaging soil movements and/or water effects are common or can be quite severe; high energy water zone—wave induced currents, steady currents, scouring—is causing continuous, significant seabed morphology changes; unsupported pipeline spans are present and changing relatively quickly; water current action is sufficient to cause oscillations on free spanning pipelines—fatigue loading potential is high—or impacts of floating or rolling materials; regular fault movements, landslides, subsidence, creep, or other earth movements are seen; ice movements are common and potentially damaging; the pipeline is or can easily be exposed to any of these conditions. Rigid pipelines, under less severe conditions should be included in this high potential category, because of their diminished capacity to withstand external stresses.

Medium 5pts

Damaging soil movements are possible but rare or unlikely to affect the pipeline due to its depth or position. Unsupported pipeline spans might exist, but are relatively stable. Water energy is sometimes (but not continuously) severe enough to cause oscillations or impact loads from floating or rolling debris. Rare occurrence events have a high probability of damage if they should occur. This includes hurricanes, severe storms, rare ice movements.

Low .... 12 pts

Evidence of soil movements or unsupported spanning is rare. The area is stable in terms of potentially damaging events and/or the pipeline is so well protected from such events as to make the potential almost non-existent. Rigid pipes should fall into this category even if the potential threat is seen as "none."

None .... 20 pts

No evidence of any potentially threatening soil, ice, earth, or water event is found.

Seabed profile surveys are a powerful method to gauge the stability of the area. (The effectiveness of the survey technique should be considered as discussed below.) When surveys are unavailable and anecdotal evidence (personal observations over the years) is minimal, the evaluator may score the area as relatively unstable in order to reflect the uncertainty of the situation. Of course, previous episodes of pipeline damages are a very strong indicator of potential.

To the above scores, points can be awarded for actions taken to reduce the potential damage.

Regular monitoring and corrective actions, if needed, done at least annually AND in accordance with a well-designed survey program .... +6 pts*
Continuous monitoring and corrective actions taken ...... +8 pts*
Stress relieving .... +8 pts*

Regular Monitoring. Monitoring is achieved by a variety of survey methods for subsea pipelines. As an indirect preventative measure, an accurate survey will alert the operator to pipe sections more susceptible to external damage. Regular, appropriately scheduled surveys that yield verifiable information on pipeline location, depth of cover, and water depth should score the most points. Common survey techniques range from hands-on, where the divers use their hands and probing rods to locate and record pipe location, to the use of manned or unmanned subsea vehicles (Remotely Operated Vehicles, ROV's), to sophisticated instrumented surveys (sonar and/or signals impressed onto the pipe) that measure both seabed profiles and pipeline profiles. The evaluator should award points partly based upon the reliability and accuracy of the technique. Repeatability—where multiple surveys of the same area with the same technique yield the same result—is often a good indicator of the usefulness of the technique.

Where movements of icebergs, ice keels, and ice islands are a threat, well-defined programs of monitoring and recording ice events can be awarded points, based upon the programs effectiveness in reducing pipeline risk.

Scores should also be awarded based upon timeliness of detection. Frequency of surveying should be based upon historical seabed and bank stability, wave and current action, and perhaps risk factors of the pipeline section. The evaluator can review the basis for survey frequency—ideally, a written report with backup documentation—to determine if adequate attention has been given to the issue of timeliness.

* *After the addition of any of these that may apply, the total score for Stability may not exceed 18 points unless the potential for damaging conditions is actually non-existent, in which case 20 points are awarded. Note that the use of mitigating measures will not increase the point score to the highest level—the level at which no hazard exists (20 points). This is in keeping with the philosophy used throughout this book. Note also that credit for extra strong pipe to withstand instability events is awarded in the Pipe Safety Factor item and should not earn credit here.*

Continuous Monitoring. This implies the existence of devices that will alert an operator of a significant change in stability conditions. Such devices might be direct indicators, such as strain gauges on the pipe wall itself, or indirect indicators, such as seabed or current monitors. In the case of indirect indicators, some follow-up inspection would be warranted. The advantage of continuous monitoring is, of course, that corrective actions can be applied immediately after the event. The uncertainty of scheduling surveys is removed. The evaluator should award maximum points only if the monitoring is extensive enough to reliably detect all damaging or potentially damaging conditions.

Corrective actions, as a followup to regular or continuous monitoring, include pipe burial (or reburial) and the placement of support under a free-spanning pipe. Such support is commonly accomplished by concrete mattresses, grout bags, mechanical supports, anti-scour mats, rock dumping , etc.

Note that the awarding of points for monitoring and correcting activities is not as high as some would argue. While these activities are extremely useful and highly recommended, they will only prevent damage in certain cases—where conditions are worsening, but have not yet reached a damaging potential. Other cases will only be detected after damage has occurred. When evidence suggests that a higher percentage of instability damages can indeed be prevented by monitoring and follow-up action, the point awards should increase for these actions.

Stress Relieving. Stress relieving is a risk reducing activity that is normally already included in the actions of monitoring and taking corrective actions. Additional points can be awarded when the stress-relieving is a pro-active action or a design feature specifically put in place to mitigate the effects on a possible instability. An example would be supports beneath a pipeline where scour-induced free spans are a possibility but have not yet occurred. Another example is the excavation of a trench to prevent transmittal of soil movement forces onto the pipeline (perhaps only temporarily). Points are awarded when actions have been taken to substantially reduce the possibility of damages due to soil, ice, earth, or water forces.

Example 14-1: Offshore Earth Movements

An offshore pipeline makes landfall in a sandy bay. The line was originally installed by trenching. While wave action is slight, tidal action has gradually uncovered portions of the line and left other portions with minimal cover. With no weight covering, calculations show that negative buoyancy (floating) is possible if more than about 20 feet of pipe is uncovered. The potential for stability problems is therefore scored as 4 points, somewhat worse than the "medium" potential classification. This shore approach is visually inspected at low tide conditions at least weekly. Measurements are taken and observations are formally recorded. The line has been reburied using water jetting eight years ago. With the strong inspection program and a history of corrective actions being taken, the evaluator adjusts the score by +8 points. This yields a score for the stability item equal to 12 points, approximately equivalent to a "low" potential for damages due to stability problems.

Incorrect Operations Index

More than 80% of high consequence offshore platform accidents can be attributed to human error [46]. While platforms are of high density, complex design, this statistic can also serve as a warning for the potential for human error in pipeline operations.

As is the case for the basic risk assessment model, the *Incorrect Operations Index* score will sometimes apply to a whole pipeline system. Many of the human error-prevention factors represent a company-wide approach to work practices and operating discipline. Only a few risk items such as *MAOP Potential, Safety Systems,* and SCADA are always system specific.

A. Design .... 30 pts

The design considerations for offshore pipelines are sometimes radically different from onshore pipelines. There are special design aspects that must be included just for the installation process. From a human-error potential, however, the same items can be scored for their roles in the risk picture. Score the design items as described on pages 136 to 148.

B. Construction .... 20 pts

While the risk items to be scored here are identical to the basic model, the evaluator should consider the unique offshore construction challenges. Installation of the pipeline usually occurs from the water surface. The pipe is welded on the construction barge and lowered into the water and into a pre-dug trench or directly on the sea bottom in a predetermined area. Sometimes, the pipeline lying on the seabed is later buried using pressure jetting or some other trenching technique. Handling of the pipe (which is already coated with corrosion-barrier coating as well as concrete weight coating) is critical during all phases of the process because certain configurations can overstress the coating or the pipe itself. There is often a high amount of tensile stress placed on heavy pipe during installation, even when handling is done correctly. Buoyancy and external pressure effects (before and after filling of the line) must also be considered.

The exact placement of the pipe on the seabed is also important. The seabed will rarely be uniform. Unsupported pipe spans are usually avoided altogether, but the pipe is often designed to safely handle some length of free span under certain wave loading conditions. A surveyed route that provides a correct pipeline profile is the target installation location.

One of the challenges in the offshore environment is the inability to directly observe the pipeline being installed. This is sometimes overcome through the use of divers, cameras, and subsea vehicles, but even then, the observation is not equivalent to that for an onshore installation. The uncertainty caused by this situation must be considered in installation. An increased reliance on indirect observation methods increases the potential for errors at some point in the process. When the method requires interpretation, uncertainty is even higher.

With these considerations in mind, score this item as described on pages 148 to 151.

C. Operations .... 35 pts

Because this phase of pipelining is considered to be "real-time," the possibilities for intervention are somewhat reduced. Error prevention, rather than error detection is emphasized. Score this item as described on pages 151 to 161. Note the importance of survey techniques here, especially bottom condition and external condition surveys. Internal inspections are discussed in the *Corrosion Index.* Other survey techniques are discussed in other parts of the assessment also.

D. Maintenance .... 15 pts

As in the basic model, a low score in maintenance should cause doubts regarding the adequacy of any safety system that relies on equipment operation. Score this item as described on pages 162 to 163.

Leak Impact Factor

The U.S. DOT regulations consider offshore pipelines to be class 1 (rural) areas. In many cases, the most significant impact from an offshore spill will be the effect on environmentally sensitive areas. The type of product spilled, the distance to sensitive areas, and the ability to reduce spill damages will usually govern the leak impact for offshore lines.

Spills of gases or highly volatile products offshore should be scored as they are in the basic risk assessment model (pages 164–205). For spills of more persistent products, use of the environmental module is recommended.

Offshore liquid spills pose a unique set of challenges. The *Spill Score* of the basic risk assessment model uses "quantity leaked" and "soil permeability" to score the rangeability of a spill. Offshore, an alternate to "soil permeability" is needed. A qualitative scale that can gauge the degree of dispersion based upon wind and current actions and product miscibility is proposed. The sensitivity of environmental receptors is assessed in the environmental module.

For the more persistent liquid spills, especially oils, mixing and transport phenomena should be considered. For example:

- Heavy oils can submerge and experience overwashing. Such phenomena make spill detection and cleanup more difficult. Shorelines remain in danger as submerged oil can still migrate. Overwashing tendency and the resultant particle size and depth of submergence is related to the oil density and the density of the water and the sea energy (wave height) [46].
- Once spilled, heavy oil can theoretically increase in density due to evaporation. However, this increase is quite minor [46].
- Sunlight-induced reactions can occur after initial evaporation of the volatile components. These reactions include photoxidation, photodecomposition, and polymerization. Effectiveness of the reactions is dependent upon the type and composition of the oil as well as the sunlight intensity and duration. Some photoxidation products and effects can worsen the spill as toxicity, density, and emulsification tendency may increase [46].

- Crude oil spilled in a marine environment can form a water-in-oil emulsion that has properties different from the original oil. Such emulsions can be persistent and can aggravate spill countermeasure techniques. The chemical composition of the oil is thought to determine the tendency to form emulsions [46].

Rangeability of a Spill

High .... 1 pt

A highly miscible material has spilled into a fast current. Conditions are conducive to quick mixing of the product in the water and fast transport of the mixture away from the spill site. High energy water conditions and wind-driven spreading promote wide dispersal of spilled substance.

Medium .... 3 pts

Some mixing is possible under most normal conditions or thorough mixing is possible under more unusual conditions. Travel of the mixture will occur, but relatively slowly or in a direction away from environmental receptors. Some water energy is present.

Low .... 6 pts

An immiscible material is spilled into stagnant water. The spilled material will tend to stay separate from the water. Movements of spilled material will be very minor. Low energy water conditions exist. Spill remains localized and is relatively easy to clean up.

The *Liquid Spill Score* for offshore spills should be the *Spill Size* (1–5 points as shown on pages 189–193) averaged with the *Rangeability* (scored as shown above). The *Liquid Spill Score* can be adjusted by strong responses as discussed below, and will range from 1 to 6 points.

Emergency Response. Adjustments to the *Leak Impact Factor* can be made when response activities are seen to reliably reduce the spill consequences by 50% or more. These activities are discussed in the basic risk assessment model (pages 194–203) and the optional environmental module (pages 297–298). Some additional considerations, specific to offshore spills, are as follows.

The need for quick detection is important in most offshore environments because of the potential for contaminant spread coupled with the remote locations of many offshore installations.

In situ burning of oil on water is often attractive as a means of mitigating a spill. The need for physical collection, transportation, storage, and disposal of spilled product is reduced. Drawbacks include the visible smoke plume containing soot and other combustion byproducts and the lack of knowledge about heat and radiation from large fires.

Response plans should take full advantage of spill cleanup technology. Oil spill chemical treating agents include dispersants, emulsion breakers, beach cleanup agents, biodegradation agents, and surface washing agents. While these are proven to be effective in specific cases, wide differences in oil type and composition complicate attempts to identify agents that are effective across a wide range of products [46]. Knowledge of available agents and their application to specific spills is required to make best use the agents.

Other spill limiting conditions such as emergency block values and secondary containment are covered in the basic model (see pages 198–200) and can apply to an offshore analysis as well.

Example 14-2: Leak Impact Factor Calculation

A pipeline transporting light crude oil is being evaluated. The product hazard is evaluated as described on pages 165–182. The acute component of 4 combines with a chronic component of 6 for a product hazard score of 10. Dispersion scoring evaluates the spill score (see page 193). With the line pressure and diameter, the spill size is calculated to score "3"—approximately midway between the largest spill and the smallest spill in this data set. Rangeability is assessed using the classifications on page 362. The worst case section has strong subsurface currents and strong prevailing winds close to shore. These will tend to spread the product as it rises from the submerged pipe and again as it pools on the water surface. Rangeability is therefore scored as 2 points, nearly the highest dispersion score (the highest score is reserved for spills into fast flowing fresh water streams, for this company). *Spill Score* averages the spill size with the rangeability and equals (2 + 3) / 2 = 2.5. *Surroundings* combine the population density (1.0 rural) with the environmental (0.6 for the relatively close beach areas) and the high-value areas (0.0 for no high value areas) to a score of 1.6 (see Table 12-1). The spill score is therefore 2.5 / 1.6 = 1.56. This equates to *Leak Impact Score* of (*Product Hazard*) / (*Dispersion Factor*) = 10 / 1.56 = 6.4.

PART III

Risk Management

CHAPTER FIFTEEN

Data Analysis

Data Display and Manipulation

Computerize It!

The computer can become a most valuable tool in pipeline risk management. Since a great deal of information can be gathered for each pipeline section evaluated, it does not take many evaluations before the total amount of data becomes unwieldy. The computer is a useful way to store and, more importantly, retrieve and organize the data. The potential for errors in number handling is reduced if the computer performs the calculations to arrive at the index values, the *Leak Impact Factor,* and the final risk score.

Almost any programming language could be used to handle the data input and calculations. As the database grows, the need for programs or routines that can quickly and easily (from the user standpoint) search a database and display the results of the search becomes more important.

Before the computer program is created, the programmer should do some design work. He must have a good understanding of how the program is going to used and by whom—the software should be designed with the user in mind. Programs often get used in ways slightly different from the original intentions. The most powerful software has successfully anticipated the user's needs, even if the user himself has not anticipated every need! Data input and the associated calculations are rather straightforward. Database searches, comparisons, and displays are highly use-specific. The programmer will do well to invest some time planning and anticipating user needs.

There will most likely be several ways in which the data will have to be sorted and displayed. This is again dependent upon the intended use. Some potential applications are discussed below.

Application 1: Risk Awareness

This is most likely the driving force behind performing risk evaluations on a pipeline system. Owners and/or operators want to know how their systems rate from a risk standpoint. This rating is perhaps best presented in the form of a rank-ordered list. The rating or ranking list should include some sort of reference point—a baseline or standard to be used for comparisons. The reference point, or standard, gives a sense of scale to the rank ordering of the company's pipeline sections.

The standards may be based upon:

1. governing regulations, either from local government agencies or from company policies
2. a pipeline or sections that are intuitively thought to be safer than the other sections
3. a fictitious pipeline section—perhaps a low pressure nitrogen or water pipeline in an uninhabited area for a low risk score, perhaps a high pressure hydrogen cyanide (very flammable and toxic) pipeline through a large metropolitan area for a high risk score.

By including a standard, the user sees not only a rank ordered list of his facilities, he also sees how the whole list compares to a reference point that he can understand.

Ideally, the program to support Application 1 will run something like this:

Data is input for the standard and for each section evaluated. The computer program calculates numerical values for each index, the *Leak Impact Factor* (product hazards and spill scores), and the final risk rating for every section. Any of these calculations may later be required for detailed comparisons to standards or to other sections evaluated. Consequently, all data and intermediate calculations must be preserved and available to search routines. The program will likely be called upon to produce displays of pipeline sections in rank order. Sections may be grouped by product handled, by geographic area, by index, by risk rating, etc.

Examples

There are countless ways in which the picture may need to be presented. Following are three examples of Application 1 needs.

1. Pipeline company management wants to see the 20 most hazardous sections operated by the company. A list is generated, ranking all sections by their final relative risk number. A bar chart provides a graphic display of the 20 sections and their relative magnitude to each other.
2. Pipeline company management wants to see the 20 most hazardous sections in natural gas service in the state of Oklahoma. A rank-ordered list for natural gas lines in Oklahoma is generated.
3. The corrosion control department wants to see a rank ordering of all sections. ranked by corrosion indexes, lowest to highest. All pipeline sections are ranked strictly by *Corrosion Index* score.

Application 2: Compliance

Another anticipated application of this program is a comparison to determine compliance with local regulations or with company policy. In this case, a standard is developed based upon the company's interpretation of government regulations and upon the company policy for the operation of pipelines (if that differs from regulatory requirements). The computer program will most likely be called upon to search the database for instances of non-compliance with the standard(s).

To highlight these instances of non-compliance, the program must be able to make correct comparisons between standards and sections evaluated. Liquid lines must be compared with liquid regulations; Texas pipelines must be compared with Texas regulations, etc.

If the governing policies are performance-based (corrosion must be prevented . . . all design loadings anticipated and allowed for . . . etc.), the standard may change with differing pipeline environments. It is a useful technique to pre-define the pipeline company's interpretations of regulatory requirements and company policy. These definitions will be the prevention items in the risk evaluation. They can be used to have the computer program automatically create standards for each section evaluated.

Using the distinction between attributes and preventions, a floating standard can be developed. In the floating standard, the standard changes with changing attributes. The program is designed so that a pipeline section's attributes are identified and then preventions are assigned to those attributes based upon company policies. The computer can thus generate standards based upon the attributes of the section and the level of preventions required according to company interpretations. The standard changes, or floats, with changes in attributes or company policy.

Example 15-1: Compliance

A company has decided that an appropriate level of public education is to be mailouts, advertisements, and speaking engagements for urban areas, and mailouts with annual landowner/tenant visits for rural areas. With this definition, the computer program can not assign a level of preventions of 7 points for the urban areas and a level of 6 points for rural areas. The program generates these standards by simply identifying the population density value and assigning the points.

By having the appropriate level of preventions pre-assigned into the computer, consistency is ensured. When policy is changed, the standards can be easily updated. All comparisons between actual pipeline sections and standards will be instantly updated and, hence, based on the most current company policy.

It is reasonable to assume that whenever an instance of non-compliance is found, a detailed explanation will be required. The program can be designed to retrieve the whole record and highlight the specific item(s) that caused the non-compliance.

As policies and regulations change, it will be necessary to change the standards. Routines that allow easy changes will be useful.

Application 3: What-if Trials

A useful feature in the computer program will undoubtedly be the ability to perform *what-if* trials. Here, the user can change items within each index to see the effect on the risk picture. For example, if *Air Patrol* frequency is increased, how much risk reduction is obtained? What if an internal inspection device is run in this section? If we change our public education program to include door-to-door visits, how does that influence the risk of third party damage?

It will be important to preserve the original data during the what-if trial. The trial will most likely need to be done outside the current database. A secondary database of proposed actions and the resulting risk ratings could be built and saved using the what-if trails. This second database might be seen as a target or goal database, and could be used for planning purposes.

The program should allow specific records to be retrieved as well as general groups of records. The whole record or group of records will need to be easily modified while preserving the original data. Comparisons or before-and-after studies will probably be desirable. Graphic displays will enhance these comparisons.

Application 4: Spending Prioritization

As an offshoot to the ranking list for relative risk assessment, it will most likely be desirable to create rank-order lists for prioritizing spending on pipeline maintenance and upgrades. The list of lowest scored sections from a corrosion risk standpoint should receive the largest share of the corrosion control budget, for instance. The spending priority lists will most likely be driven by the rank-ordered relative risk lists, but there may be the need for some flexibility. Spending priority lists for only natural gas pipelines may be needed, for example. The program could allow for the rearrangement of records to facilitate this.

A special column, or field in the database, may be added to tabulate the projected and actual costs associated with each upgrade. Costs associated with a certain level of maintenance (prevention) activities could also be placed into this field.

The user may want to analyze spending for projects on specific pipeline sections. He may alternatively wish to perform cost-benefit analyses on the effects of certain programs across the whole pipeline system. For instance, if the *Third Party Damage Index* is to be improved, the user may study the effects of increasing the patrol frequency across the whole system. The costs of the increased patrol could be weighed against the aggregate risk reduction, perhaps expressed as a percentage reduction in the sum or the average of all the risk values. This could then be judged against the effects of spending the same amount of money on, say, close interval surveys or operator training programs.

The costs-benefit studies are not absolute because this risk assessment program yields only relative answers. For a given pipeline system, however, relative answers are usually the most meaningful. The program should help the user decide where his dollar spent has the greatest impact on risk reduction.

Application 5: Comparisons

In some of the above applications and as a stand-alone application, comparisons between records will be useful. A user may wish to make a detailed comparison between a standard and a specific record. He may wish to see all items that exceed the standard or all items that are less than their corresponding standard value.

Groups of records may also need to be compared. For example, all Texas pipelines could be compared with all Louisiana pipelines or *Corrosion Index* values of natural gas pipelines could be compared with *Corrosion Index* values of crude oil pipelines. Graphics would again enhance the presentation of the comparisons.

Properties of the Software Program

The risk assessment outline in this book is a dynamic tool. It must be kept current. It can play a significant role in all planning and decision making. The degree of use of this tool is directly related to the user-friendliness of the software that supports it.

The programmer should go to great lengths to make data entry and output generation simple. Keystrokes should be reduced, use of menus increased, and redundant operations eliminated.

Changes. Because the tool is designed to be dynamic—changing with changing conditions and new information—the software program must easily facilitate these changes. New regulations will require corresponding changes to the standards. Maintenance and upgrade activities will most likely require index items to be changed. Changes in operating philosophies or the use of new techniques will affect index items. New pipeline construction will require that new records be built. Increases in population densities will affect the *Leak Impact Factor*. The relative weighting of index items might also be subject to change.

The ability to quickly and easily make changes may be the most critical characteristic to be programmed into the tool. As soon as updates are no longer being made, the tool loses its usefulness.

For instance, suppose new data is received concerning the condition of coating for several pipeline sections. The user should be able to input the data in one place and easily mark all records that are to be adjusted with the new information. He should be able to change only the "coating condition" item without affecting any other data in any record. With only one or two keystrokes, the marked records should be updated and recalculated. The data and author of the change should be noted somewhere in the program for documentation purposes.

Searches. In most applications, it will be necessary to find specific records or groups of records. Most database routines make this easy. Normally the user specifies the characteristics of the record or records he is seeking. These characteristics are the search parameters the computer will use to find the record(s) of interest. User choices are made within fields or categories of the data. For instance, some fields that will be frequently used in database searches include:

- product type
- geographical area
- line size
- *Leak Impact Factor*
- index values

When the user performs searches, he chooses specifics within each field: natural gas/South Texas/4 in. through 12 in./all *Leak Impact Factors/Corrosion Indexes* with point values <50. It is important to show what the possible choices are in each field. The choices must usually be exact matches with the database entries. Menus are useful here.

The user may also wish to do specific searches for a single item within an index such as find pipe factors >1.6 or find public education programs = 15 pts. It is useful if the user can specify ranges when he is searching for numerical values, for example, hydrotest values from 5 to 15 points or hydrotest values <20 pts.

Ideally, the user would be able to perform searches by defining search parameters in general fields, but still have the option of defining specific items. It would be cumbersome to prompt the user to specify each item in every field prior to a search. He should be able to quickly bypass fields in which he is not interested. An acceptable solution would be to have more than one level of fields. An upper, general level would prompt the user to choose one or more search parameters, perhaps from the example list above. He may also then choose the next level of fields if he wishes to specify more detailed parameters.

Tracking. It may be desirable to design the program to automatically track certain items. Overall changes in the risk picture, changes in indexes, or changes in the scoring of specific items may be of interest. Tracking of such changes over time shows progress towards goals.

Graphics. A picture is worth a thousand words. More importantly, though, pictures reveal things about the data that may otherwise go unnoticed. Bar graphs, pie charts, and run charts illustrate and compare the data in different ways. These graphics are easy to generate on most spreadsheet programs. Routines should be built to automatically produce the pictures—perhaps from menu selections.

Comparisons. The program should be able to display two or more records for comparison purposes. The program may be designed to highlight differences between records of certain magnitudes, for instance, highlight an item when it differs by more than 10% from the corresponding standard value.

Comparisons between groups of records may require the program to calculate averages, sums, or standard deviations.

Records being compared will need to be accessible to the graphics routines, since the graph is often the most powerful method of illustrating the comparisons.

Documentation. This book may provide most of the documentation necessary for the software program. It contains explanations as to why and how certain items are given more points than others and why certain items are considered at all. Of course, if the risk assessment used deviates from the book, explanations for all items should be provided. Supplemental documentation may be required to explain the calculation routines such as *Pipe Safety Factor* and *Leak Impact Factor.* While the book explains the reasoning and provides the necessary equations, the programmer should document the location of each equation and the location from which any variables are obtained.

Protection. The database should be protected from tampering. Access to the data can generally be given to all potential users, while withholding change privileges. Because all users will be encouraged to understand and use the program, they must be allowed to manipulate data, but this should probably be done exclusive of the main database. An individual or department can be responsible for the main database. Changes to this main database should only be made by authorized personnel, perhaps through some type of formal change-order system.

Data Analysis

An earlier chapter made a connection between the quality process (total quality management (TQM), continuous improvement, etc.) and risk management. In striving to truly understand work processes, measurement becomes increasingly important. Once measurement is done, analysis of the resulting data is the next step. Here again, the connection between quality and risk is useful. Quality processes provide guidance on data analysis. This section presents some straightforward, useful techniques to assist in interpreting and responding to the INFORMATION that is contained in the risk assessment data. While more sophisticated analysis techniques are certainly available, the reader should consider the costs of such techniques, their applicability to this type of data, and the incremental benefit (if any) from their use. As with all aspects of risk management, the benefits of the data analysis must outweigh the costs of the analysis.

The objective is to obtain and communicate information about the risk of a given pipeline. A certain disservice is done when a single risk score is offered as THE answer. A risk score is meaningful only in relation to other risk scores. Even if scores are closely correlated to historical accident data, the number only represents a relative position in the context of all other numbers representing slightly different conditions. This necessitates the use of multiple numbers to really understand the risk picture.

The application of some simple graphical and statistical techniques changes columns and rows of numbers into trends, central tendencies, and action/decision points. More information is extracted from numbers by proper data analysis, and the common mistake of "imagining information when none exists" is avoided.

In this or any risk assessment technique, we must recognize that knowledge is incomplete. This was addressed in Chapter 1 in a discussion of rare occurrence events and predictions of future events using historical data. Risk weightings, interactions, consequences, and scores are by necessity partially based on assumptions. Behind the assumptions are sound engineering judgment and hundreds of man-years of pipeline experience. Yet in the final analysis, uncertainty is present. In reality, uncertainty is present in any measurement (see page 21). Chapter 1 provides some guidance in minimizing the measurement inconsistencies. Recognizing and compensating for the uncertainty is critical in proper data analysis.

The data set to be analyzed will normally represent only a small sample of the whole "population" of data in which we are really interested. If we think of the population of data as all risk scores, past, present, and future, then the data sample to be analyzed can be seen as a "snapshot." This snapshot is to be used to predict future occurrences and make resource allocation decisions accordingly.

When presented with almost any set of numbers, the logical first step is to make a "picture" of the numbers. It is sometimes wise to do this even before summary statistics (average, standard deviation, etc.) are calculated. A single statistic, such as the average, rarely is enough to draw meaningful conclusions about a data set. At a minimum, a calculated measure of central tendency and a measure of variation are both required. On the other hand, a chart or graph can at a glance give the viewer a feel for how the numbers are "behaving."

To facilitate the discussion of graphs and statistics, a few simple statistical measures will be reviewed. To help analyze the data, two types of measurements will be of most use: measures of central tendency and measures of variation.

Measure of Central Tendency

This class of measurements tells us where the "center of the data" lies. The two most common measures are the *average* (or arithmetic mean, or simply mean) and the *median*. These are often confused (sometimes intentionally, thereby helping statistics earn the reputation for multiple or conflicting interpretations). The average is the sum of all the values divided by the number of values in the data set. The mean is often used interchangeably with the average, but is better reserved for use when the entire population is being modeled. That is, the average is a calculated value from the data set. The mean is the average for the entire population. Because we will rarely have perfect knowledge of a population, the population mean is usually estimated from the average of the sample data.

There is a useful rule of thumb regarding the average and a histogram (histograms are discussed in a following section): The average will always be the balance point of a histogram. That is, if the x-axis were a board and the frequency bars were stacks of bricks on the board, the point at which the board would balance horizontally is the average. The application of this relationship will be discussed later.

The second common measure of central tendency is the median. Often used in data such as test scores, house prices, and salaries, the median yields important information, especially when used with the average. The median is the point at which there are just as many values above as below. The median is insensitive to extreme values—either very high or very low numbers. The average of a data set can be dramatically affected by one or two values being very high or very low. The median will not be affected.

A third, less commonly used measure of central tendency is the *mode*. The mode is simply the most frequently occurring value. From a practical viewpoint, the mode is often the best predictor of the value that may occur next.

An important concept for beginners to remember is that these three values are not necessarily the same. If all three are known, then the data set is already more interpretable than if only one or two are known.

Measures of Variation

Also called measures of dispersion, this class of measurements tells us how the data organizes itself in relation to a central point. Does it tend to clump together near a point of central tendency? Or, does it spread uniformly in either direction from the central point?

The simplest method to define variation is with a calculation of the range. The range is the difference between the largest and smallest values of the data set. Used extensively in the 1920s (calculations being done by hand) as an easy approximation for variation, the range is still widely used in creating statistical control charts.

Another common measure is the standard deviation. This is a property of the data set that indicates, on average, how far away each data value is from the average of the data. There are some subtleties involved in standard deviation calculations, and some confusion in the applications of formulas to calculate standard deviations for data samples or estimate standard deviations for data populations. For the purposes of this text, it is presently important that the reader only understand the underlying concept of standard deviation. Study Figure 15-1 in which each dot represents a data value and the solid horizontal line represents the average of all of the data values. If the distances from each dot to the average line are measured, and these distances are then averaged, the result is the standard deviation: the average distance of the data points from the average (centerline) of the data set. Therefore, a standard deviation of 2.8 means that, on average, the data falls 2.8 units away from the average line. A higher standard deviation means that the data is more scattered, farther away from the center (average) line. A lower standard deviation would be indicated by data values "hugging" the center (average) line.

The standard deviation is considered to be a more "robust" measure of dispersion than the range. This is because, in the range calculation, only two data points are used: the high and the low. No indication is given as to what is happening to the other points (although we know that they lie between the high and the low). The standard deviation, on the other hand, uses information from EVERY data point in measuring the amount of variation in the data.

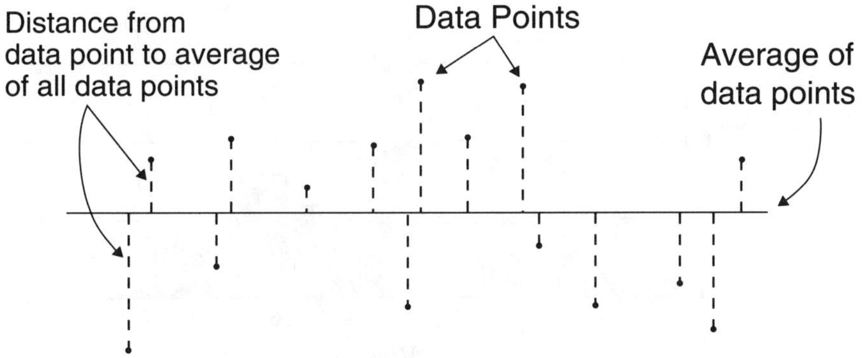

Figure 15-1. Concept of standard deviation.

With calculated values indicating central tendency and variation, the data set is much more interpretable. These still do not, however, paint a complete picture of the data. For example, data symmetry is not considered. One can envision data sets with identical measures of central tendency and variation, but quite different shapes. While calculations such as skewness and kurtosis can be performed to better define aspects of the data set's shape, there is really no substitute for a picture of the data.

Graphs and Charts

This section will highlight some common ways to make graphs and charts from data sets. Experience will show what manner of picture is ultimately the most useful for a particular data set, but a good place to start is the histogram.

Histograms. In the absence of other indications, the recommendation is to first create a histogram of the data. A histogram shows data intervals (called bins), usually on the horizontal x axis, and the number of data occurrences, usually on the vertical y axis (See Figure 15-2). By such an arrangement, the histogram shows the quantity of data contained in each bin. The supposition is that future data will distribute itself in similar patterns.

The histogram provides insight into the shape of the frequency distribution. The frequency distribution is the idealized histogram of the

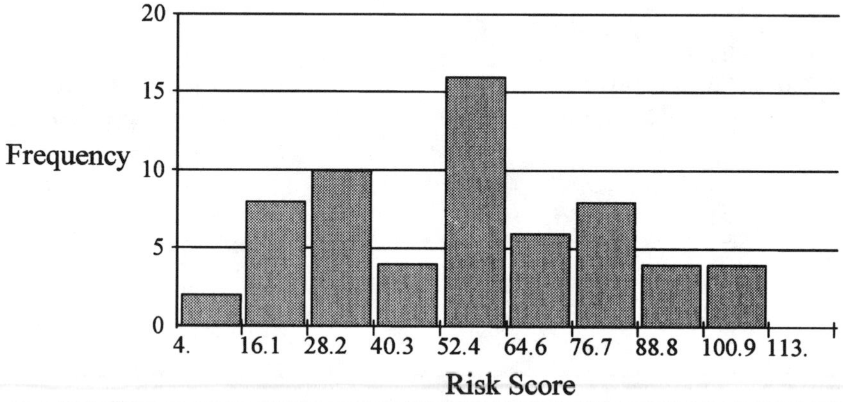

Figure 15-2. Histogram of risk scores.

entire population of data, where number of occurrences is replaced by frequency of occurrence (%), again, usually on the vertical axis. The frequency vs. value relationship is shown as a single line, rather than bars. This represents the distribution of the entire population of data.

The most common shape of frequency distributions is the normal or bell curve distribution (See Figure 15-3). Many, many naturally occurring data sets form a normal distribution. If a graph is made of the weights of apples harvested from an orchard, the weights would be normally distributed. A graph of the heights of the apple trees would show a bell curve. Test scores or measures of human intelligence are usually normally distributed as well as vehicle speeds along an interstate, measurements of physical properties (temp, weight, etc.) and so on. Much of the pipeline risk assessment data should be normally distributed. When a data set appears to be normally distributed, several things can be immediately and fairly reliably assumed about the data:

- The data is symmetrical. There should always be about the same number of values above an average point as below that point. The average equals the median.

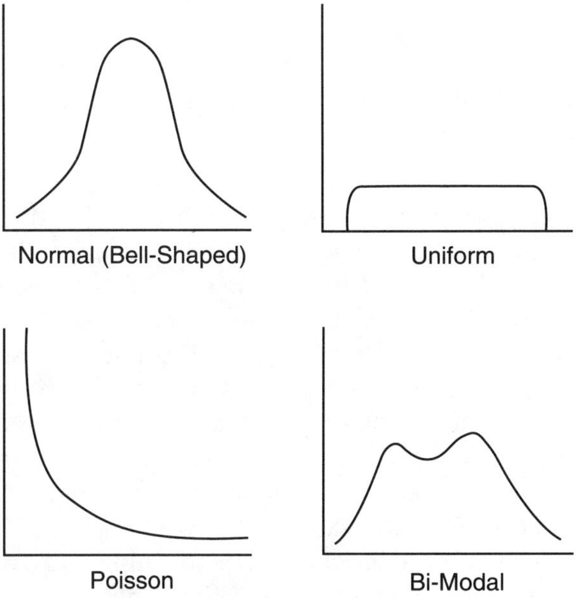

Figure 15-3. Examples of distribution.

- The average point is also the mode. This means that the average represents a value that should occur more often than any other value. Values closer to the average occur more frequently; those farther away less frequently.
- Approximately 68% of the data will fall within one standard deviation either side of the average.
- Approximately 97% of the data will fall within three standard deviations either side of the average.

Other possible shapes include the uniform distribution and the Poisson distribution. In the uniform (or *rectangular*) distribution (Figure 15-3), the following can be assumed:

- The data set is symmetrical
- The average point is also the median point, but there is not a mode. All values have an equal chance of occurring.

A Poisson distribution, (Figure 15-3) often seen in rare-event distributions, can have the following characteristics:

- The data is non-symmetrical. Data values below the average are more likely than those above the average. Often zero is the most likely value in this distribution.
- The average and median and mode are NOT the same. The relationship between these values provides information relating to the data.

Bi-modal Distribution (or Trimodal, etc.). When the histogram shows two or more peaks (Figure 15-3), the data set has multiple modes. This is usually caused by two or more distinct populations in the data set, each corresponding to one of the peaks. For each peak there is a variable(s) unique to some of the data that causes that data to shift from the general distribution. A better analysis is probably done by separating the populations. In the case of the risk data, the first place to look for a variable causing the shift is in the *Leak Impact Factor.* Because of its multiplying effect, slight differences in *Leak Impact Factor* can easily cause differing clumping of data points. Look for variations in product characteristics, pipe size and pressure, population density, etc. A more subtle shift might be caused by any other risk variable.

A caution in the use of histograms and most other graphical methods is in order. The shape of a graph can often be radically changed by the choice of axes scales. In the case of the histogram, part of the scaling is the choice of bin width. A width too wide conceals the actual data distribution. A width too narrow can show too much unimportant, random variation (noise).

Run Charts. When a time series is involved, an obvious choice of graphing technique is the run chart. In this chart, trends can be spotted, that is, "in which direction are things changing over time?" Used in conjunction with the histogram, where the evaluator can see the shape of the data, information becomes more available.

Correlation Charts (Figure 15-4). Of special interest to the risk manager are the relationships between risk variables. With risk variables including attributes, preventions, and costs, the interactions are many. A correlation chart is a way to qualitatively analyze the extent of the interaction between two variables.

For a rough analysis, the two variables are plotted as coordinates on an X Y set of axes. If the data is strongly related (highly correlated), a single line of plotted points is expected. In the highest correlation, for each value of X, there is one unique corresponding value of Y. In such high correlation situations, values of Y can be accurately predicted from values of X.

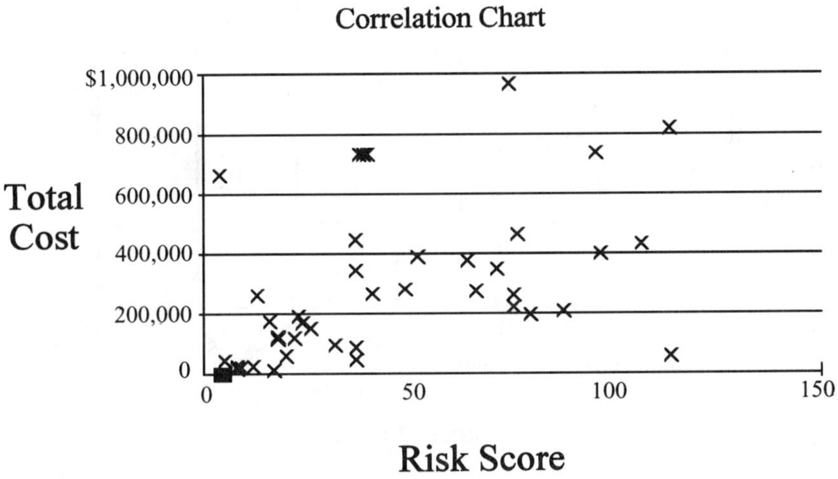

Figure 15-4. Correlation chart: risk score vs costs of operation.

If the data is weakly correlated, scatter is seen in the plotted points. In this situation, there is not a unique Y for every X. A given value of X might provide an indication for the corresponding Y if there is some correlation present, but the predictive capability of the chart diminishes with increasing scatter of the data points.

There are many examples of expected high correlation: coating condition vs. corrosion potential, activity level vs. third party damage, product hazard vs. leak consequences, etc.

HLC Charts (Figure 15-5). A charting technique borrowed from stock market analysis, the high-low-close (HLC) chart is often used to show daily stock share price performance. For purposes of risk score analysis, the average will be substituted for the "close" value. This chart simultaneously displays a measure of central tendency and the variation. Because both central tendency and variation are best used together in data analysis, this chart provides a way to compare data sets at a glance. One way to group the data would be by system name, as shown in Figure 15–5. Each system name contains the scores of all the pipeline sections within that system. Other grouping options include population density, product type, geographic area, or any other meaningful slicing of the data. These charts will visually call attention to central tendencies or variations that are not consistent with

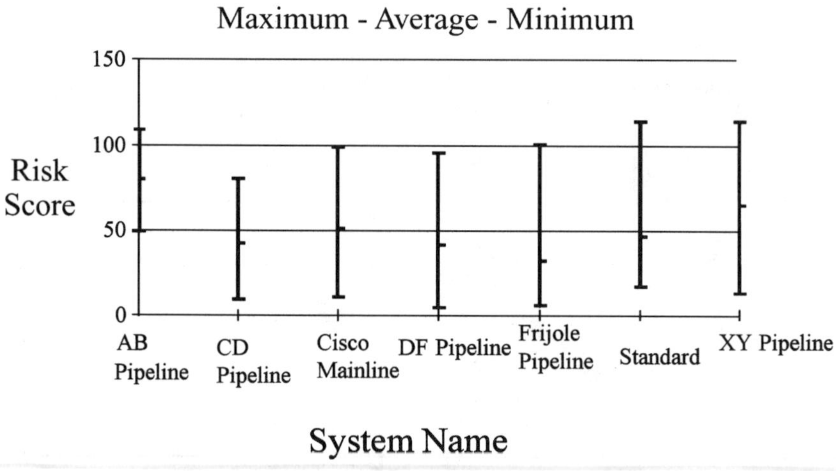

Figure 15-5. HLC chart of risk scores.

other data sets being compared. In Figure 15-5, the AB Pipeline system has a rather narrow range and a relatively high average. This is usually a good condition. The Frijole Pipeline has a large variation among its section scores, and the average seems to be relatively low. Because the average can be influenced by just one low score, a HLC chart using the median as the central tendency measure might also be useful. The observed averages and variations might be easily explained by consideration of product type, geographical area, or other causes. An important finding may occur when there is no easy explanation for an observation.

Decision Points

In the discussion of frequency distributions, it was noted that most measurable events do not form haphazard distribution shapes. They tend to follow distinct, characteristic patterns. Some patterns have better predictive capabilities than others. The ability to reasonably assume these patterns led to the practice of establishing decision points. The use of decision points is a disciplined methodology to distinguish "signals" from "noise" in data. A decision point is a value beyond which a data point is thought to be an "outlier" (a data point that is not the same as the other data points). Within the boundaries of the decision points, data values are thought to be alike; that is, they all have the same forces acting upon them. Differences in data values within the decision points are attributed to noise: measurement errors (see Chapter 1) and common, random forces acting upon the data. It is not productive to single out a data point in this region for further study because all points are thought to be essentially equal products of the overall system. On the other hand, an outlier should be investigated to determine the nonrandom, noncommon causes that forced this data point to fall outside the decision region.

Depending upon the shape of the data distribution, other decision criteria can be established within the boundaries of the decision points already set. For example, in any symmetrical distribution, it is expected that 50% of the data will fall either side of the average line. The possibility of obtaining a long string of consecutive values always on one side of the average becomes increasingly remote as the string gets longer. At some point, perhaps after seven or eight consecutive points, it should be assumed that some noncommon causes are at work. That is, some new "force" has been introduced into the system and should be investigated.

Example 15-2: Initial Analysis

The pipeline system to be evaluated has been broken into 21 distinct sections as an initial analysis begins. Each section was scored in each index and the corresponding *Leak Impact Factor.* The evaluator places the overall risk scores on a histogram as shown in Figure 15-6. Normally, it takes around 30 data points to define the histogram shape, so it is recognized that using only these 21 data points might present an incomplete picture of the actual shape. Nonetheless, the histogram reveals some interesting aspects of the data. The data appears to be bimodal, indicating two distinct groups of data. Each set of data might form a normal distribution (at least there is no strong indication that the data sets are NOT normally distributed). Rather than calculating summary statistics at this point, the evaluator chooses to investigate the cause of the bimodal distribution. Suspecting the *LIF,* a histogram of *LIF* scores is created as shown in Figure 15-6. A quick check of the raw data shows that the differences in the *LIF* scores is mostly due to two population densities existing in this system: class 1 and class 3 areas.

The data set is now broken into two parts for further analysis. The seven records for the Class 1 area are examined separately from the Class 3 records. Figure 15-7 shows an analysis by index of the risk scores for each data set. There do not appear to be any major differences in index values within a data set (an item-by-item comparison would be the most accurate way to verify this).

Some quick calculations yield the following preliminary analysis:

For this system, and similar systems yet to be evaluated, Class 1 area sections are expected to score between 70 and 140, with the average (most likely) scores falling around 120. Class 3 area scores should range from 30 to 90 with the average scores falling around 60. In either case, every 10 points of risk reduction (index sum increases) will improve the overall safety picture by about 5%.

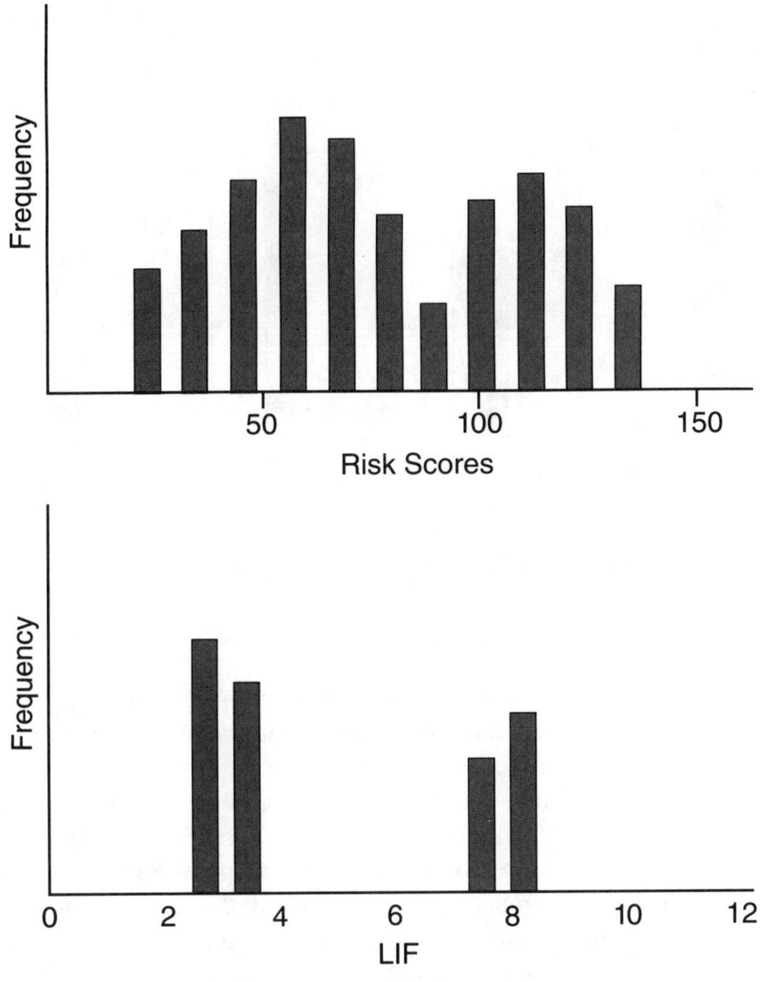

Figure 15-6. Example 1 analysis.

From such a small overview data set, it is probably not yet appropriate to establish decision points and identification of outliers.

Example 15-3: Initial Comparisons

In this example, the evaluating company performed risk assessment on four different pipeline systems. Each system was sectioned

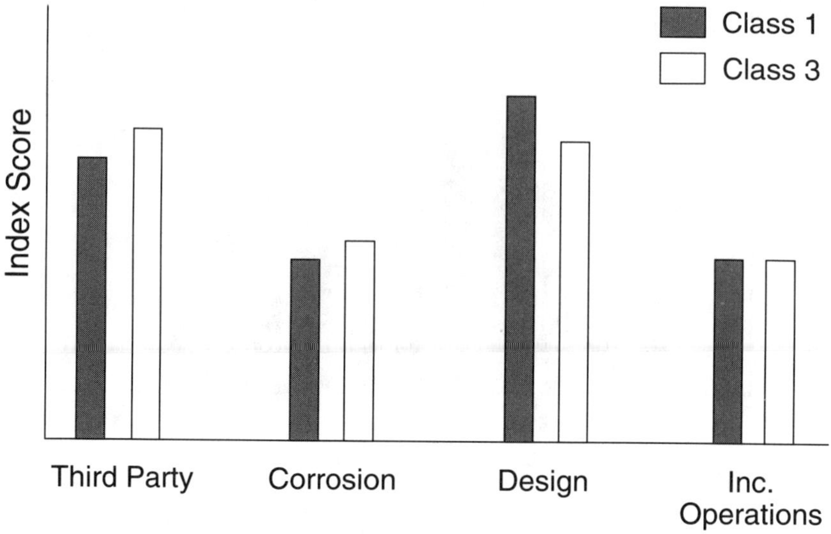

Figure 15-7. Example 1 index comparison.

into 5 or more sections. For an initial comparison of the risk scores, the evaluator wants to compare both central tendency and variation. The average and the range are chosen as summary statistics for each data set. Figure 15-8 shows a graphical representation of this information on a HLC chart. Each vertical bar represents the risk scores of a corresponding pipeline system. The top and bottom tick marks on the bar show the highest and lowest risk score; the middle tick mark shows the average risk score.

Variability is highest in system 2. This would most likely indicate differences in the *Leak Impact Factor* within that set of records. Such differences are most commonly caused by changes in population density, but common explanations also include differences in operating pressures, environmental sensitivity, or spreadability. Index items such as pipe wall thickness, depth of cover, and coating condition also introduce variability, but unless such items are cumulative, they do not cause as much variability as *LIF* factors.

The lowest overall average of risk scores occurs in system 4. Because scores are also fairly consistent (low variability) here, the lower scores are probably due to the *LIF*. A more hazardous

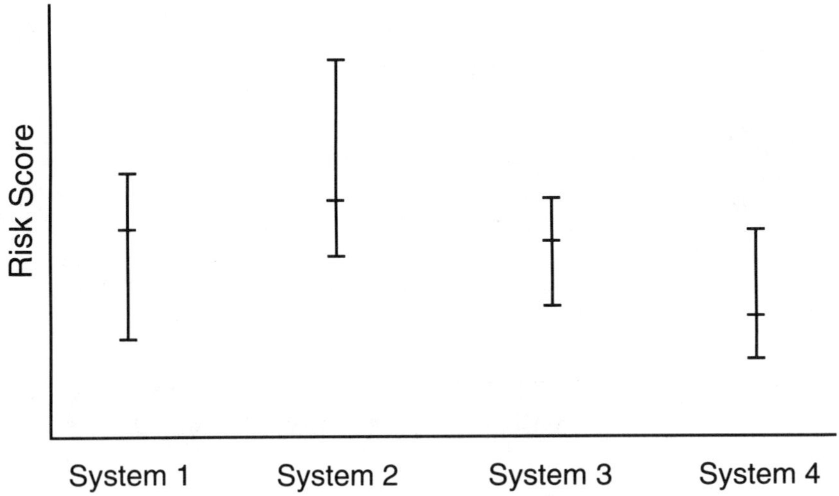

Figure 15-8. Example 2 analysis.

product or a wider potential impact area (greater dispersion) would cause overall lower scores.

In general, such an analysis provides some overall insight into the risk analysis. Pipeline system 4 appears to carry the highest risk. More risk reduction efforts should be directed there. Pipeline system 2 shows higher variability than other systems. This variability should be investigated because it may indicate some inconsistencies in operating discipline. As always, when using summary scores like these, the evaluator must ensure that the individual index scores are appropriate.

Example 15-4: Verification of Operating Discipline

In this example, the *Corrosion Indexes* of 32 records are extracted from the database. The evaluator hypothesizes that in pipeline sections where coating is known to be in poor condition more corrosion preventative actions are being taken. To verify this hypothesis, a correlation chart is created that compares the coating condition score with the overall *Corrosion Index* score. Initially, this chart (Figure 15-9(a)) shows low correlation; that is, the data is scattered.

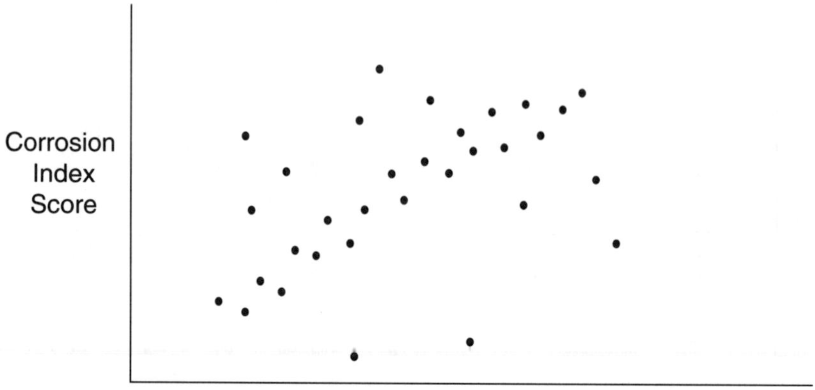

(a) Coating Condition Score (32 records)

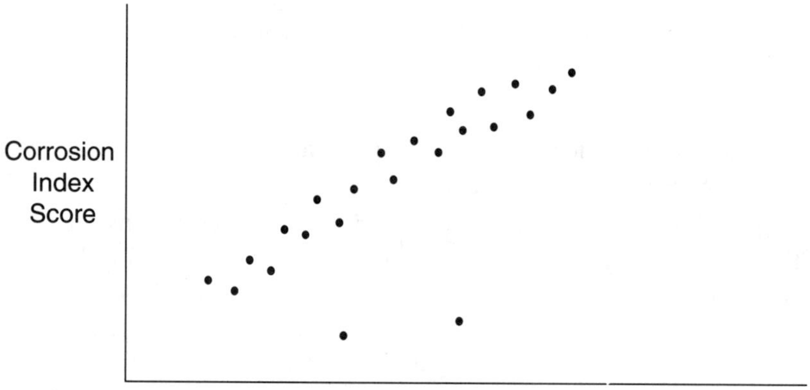

(b) Coating Condition Score (23 records)

Figure 15-9. Example 3 analysis.

To ensure that the correlation is being fairly represented, the evaluator looks for other variables that might introduce scatter into the chart. Attribute items such as product corrosivity, presence of AC power nearby, and atmospheric condition might be skewing the correlation data. Creating several histograms of these other Corrosion Index items yields more information. Seven of the records represent pipeline sections where internal corrosion is a significant potential problem. Two records have an unusually high risk from the presence of AC power lines nearby.

Because internal corrosion potential and AC power influences are not of interest in this hypothesis test, these records are removed from the study set. This eliminates their influence on the correlation investigation and leaves 23 records that are thought to be fairly uniform. The resulting correlation of the 23 records is shown in Figure 15-9(b).

Figure 15-9(b) shows that a correlation does appear. However, there are two notable exceptions to the trend. In these cases, a poor *Coating Condition* score is not being offset by higher *Corrosion Index* scores. Further investigation shows that the two records in question do indeed have poor coating scores, but have not been recently surveyed by a close interval pipe-to-soil voltage test. The other sections are on a regular schedule for such surveys.

CHAPTER 16

Cost Risk Relationships

It must be recognized that a finite amount of resources can be spent on pipeline risk reduction. Beyond some point, expenditures no longer make sense from a business or societal viewpoint. An irony of the situation is that public safety can actually be threatened by spending too much on pipeline safety! This occurs when costs of pipelining are driven so high that business is diverted to less safe modes of transportation.

The optimum allocation of resources is one of, if not the, most pressing challenges to pipeline operations management. To meet this challenge, a model is needed to first quantify risk components and then assign costs to them.

In general, the relationship between risk and cost is idealized as a curve as shown in Figure 16-1. In Zone 1 of this curve, not enough is being done in the interest of pipeline safety. Little money is being spent and risks are high. In Zone 3, possibly too much is being spent. Each increment of risk reduction is being achieved at an increasingly higher cost. To phrase it another way, relatively large expenditures are required for even modest risk improvements. Zone 2 is the idealized part of the curve where expenditures on pipeline risk reduction are better balanced with actual risk reduction.

Within Zone 2, the operator still has many options in selecting the optimum position on the curve. Note that efforts in Total Quality Management (see Chapter 1) and general efficiency improvement efforts shift the curve up and to the left by achieving the same level of safety for less costs or by achieving a greater level of safety for the same expenditures. Risk management, on the other hand, positions

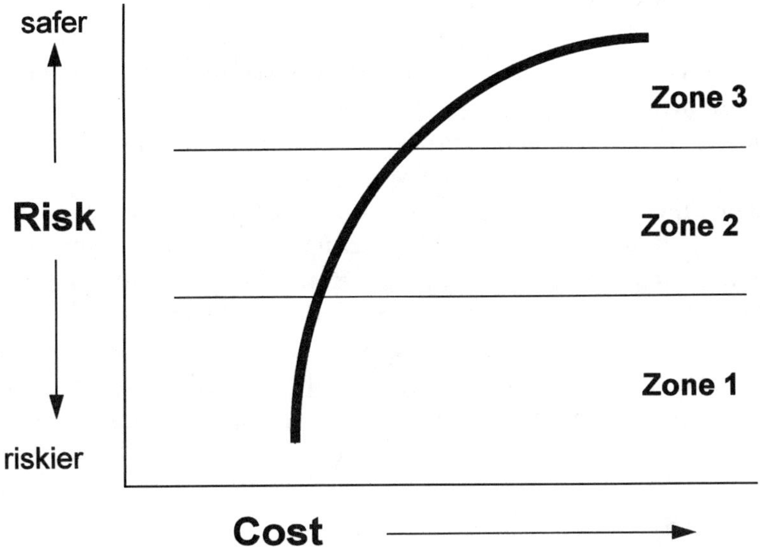

Figure 16-1. Idealized risk/costs relationships.

the pipeline operation at a specific point along the curve. This position defines the risk tolerance point.

It is important to note that pipeline operators have always positioned themselves on such a curve. Few, however, have ever measured or documented that position. These are necessary steps to ensure a disciplined approach and operational consistency as personnel changes occur. Such documentation also provides a defensible record for the hard choices that are often involved in managing an operation.

A point of caution is needed in this somewhat oversimplified cost-risk model. It would appear that an optimum point of operation would be the least expensive mix of activities that achieved the desired risk score. This will not always be the case for a composite score. If the lowest cost mix of activities does not adequately address risk issues within *each* index, then risk reduction has not really been optimized. For example, if risk reducers are cheaper in the *Corrosion Index* than the *Incorrect Operations Index,* one could improve the cost of a composite risk score by performing many corrosion-prevention items and few incorrect operations prevention items. Obviously, this does not minimize overall risk. To guard against this, cost/risk relationships should be established for each index. Beware that an excess in one index might mask a deficiency in another.

Plotting different pipelines or even different sections of the same pipeline produces a family of curves (Figure 16-2). Curve A may represent a pipeline with higher risk than Curve B, due to a greater probability of failure or greater consequences should a failure occur. Alternately, Curve A may represent a pipeline with the same risk (as Curve B), but with greater associated costs. Higher costs may be reflective of higher labor or material costs (perhaps geographic differences), or they may be reflective of the operational choices made by the operator. Adding or deleting risk-reducing activities changes the position ALONG the curve. Doing the same activities more or less

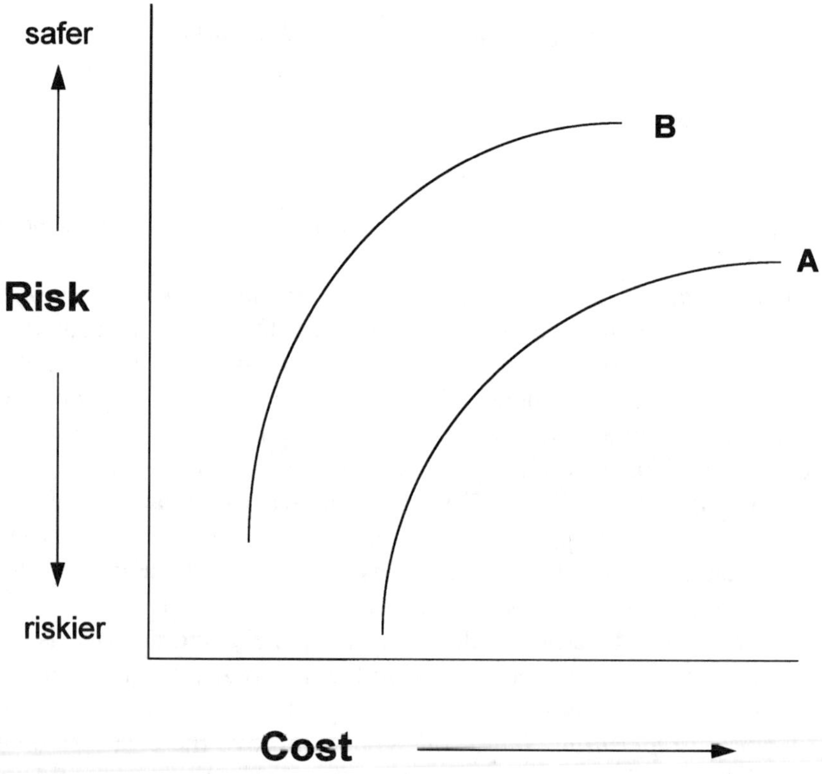

Figure 16-2. Risk/cost curves for two pipeline sections.

efficiently SHIFTS the curve itself (to the left when the activities are done at a lower cost).

As noted in earlier chapters, a risk component can be either a risk contributor or mitigator. Many of these can be directly related to a cost. It is usually not practical to assign a cost to an unchangeable condition along the pipeline. Examples include soil conditions, nearby population density, potential for earth movements, nearby activity level, etc. The exception might be when alternate routes are considered. In this case, a less expensive route alternative may be assigned a "route penalty", expressed in risk points, as an offset to the cost savings. This in effect assigns a cost to the condition(s) causing the increased risk. For example, pipeline route A might be shorter than pipeline alternate route B. The shorter distance results in a savings of $265,000 in materials and installation costs. However, route A contains incidences of AC powerline presence, swampy (more corrosive) soils, the presence of more buried foreign pipelines, and a higher potential incident rate of third party damage. Even after mitigating measures, these additional hazards cause the risk score for route choice A to be reduced by 14 points (more risk than route B). In effect then, those risk points are worth $265,000 / 14 = $19,000 each. A difference in pipeline routes involving differing population densities would result in even more pronounced impacts on risk score.

A general approach to cost analysis might be to first determine the general trends of cost versus the risk score of specific relationships. In many cases, it is useful to create a cost-risk mathematical relationship for each risk activity. For most management decisions, this relationship need not be highly precise. The user is usually interested in knowing the cost of equivalent risk reducing alternatives. When costs of alternatives are close, further refinement of costs may be required, however, the costs of many of the possible options will be orders of magnitude different.

Three or more general relationships can be imagined, as shown in Figure 16-3. In Curve A, the relationship is linear so that for every risk-reducing activity, there is a proportional cost increase. For example, doubling the "inspection of rectifiers" score (*Corrosion Index* item) would double the cost of those inspections, if this item follows a linear relationship. In Curve B, the cost/risk relationship is exponentially increasing. In this case, risk points become more expensive: every gain in risk score is accompanied by an increasing cost that increases faster than the risk score does. For example, in a

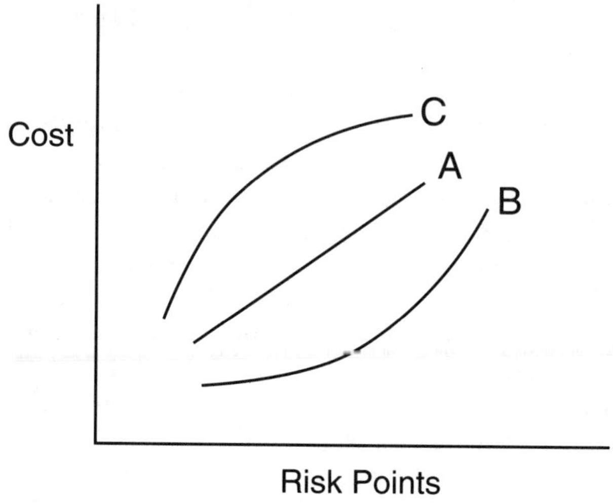

Figure 16-3. Cost/risk relationships for specific activities.

certain area, increasing the depth of cover score might be relatively inexpensive as the first few inches of earth are added over the line. However, for additional cover requirements, reburial of the line becomes necessary with correspondingly higher costs for each inch of depth added. In Curve C, the cost/risk relationship is exponentially decreasing. Here, risk points become cheaper: incremental costs of a higher risk score are cheaper. For example, in a contract for air patrol service, a fixed amount might be spent on securing the service with a variable amount per patrol (perhaps per mile or per flight or per hour). As more patrol is added, the cost per risk score decreases. Other examples might include cases in which an initial capital expenditure is required, perhaps for an expensive piece of equipment, but thereafter, incremental costs for use of the equipment are low.

In modeling approximate costs in this manner, the risk manager is more able to decide among risk reduction options.

An example of the practical application of risk management follows.

Example 16-1: Cost/Risk Analysis

(*Note:* the information contained in this example is a hypothetical situation created only to illustrate the reasoning process. DO

NOT assume that the hypothetical decisions shown here are appropriate for a real-world situation. Any similarity to an actual situation is purely coincidental.)

XYZ Pipeline Company determined that their LPG pipelines running through high population areas score an average of 210 points on the risk scale. XYZ has been tracking incident rate (not necessarily reportable accidents as defined by DOT) for several years. XYZ's incident frequency for the last ten years has been 0.0012 per mile per year, or about an incident per year for every 1,000 miles of line. Therefore, a risk score of 210 points equates to a incident frequency of 0.0012/mile/year for these pipelines.

In the present economic climate, XYZ decides that they cannot increase their spending towards risk reduction. The present risk score and, hence, the present incident frequency, is therefore deemed to be the target. Even though next year's score will be lower due to aging effects,* additional spending is prohibited. With the exception of normal salary increases and the rare renegotiated contract for services, costs are to remain fixed in the coming time period.

The challenge to the pipeline operator is now: maintain or reduce the current risk level at present costs. As already noted, the current risk level is constantly increasing. Points have been lost due to the length of time since the last hydrostatic integrity test (1 point decrease) and the last close-interval survey (1 point) and the age* of the system (1 point) and the condition of the right-of-way (2 point decrease due to last year's budget cuts!). So even if the operator performs exactly the same activities as last year, the *risk level* will have worsened by 5 points.

The operating team must choose the highest value activities and perhaps reduce or eliminate some lower value activities. They create the following table to help make these choices (note that higher point scores mean less risk).

* *While age itself is not a failure mechanism, age can be a contributing factor to several failure mechanisms.*

Table 16-1
Example Cost/Benefit Analysis

Activity	Present Cost	Proposed Change	Cost Impact	Risk Score
Public education	$39K	Bi-annual door-to-door visits	–$8000	–2
Patrol ROW	94	Increase to 2/week ground patrol	min	+2
Witness third party test of safeties	0	Begin doing this	min	+1
Painting	2	New program	+6000	+2
Close interval survey	0	Re-do	+8000	+8
Hydrotest	0	Re-do	+15000	+10
Procedures	2	Increase training	+5000	+2

From such a table, the team derives the cost AND risk impact of various activity choices. They choose four of these options:

1. Changing the public education program from a door-to-door visit every year to a visit every other year saves $8000 annually. However, this slightly increases third party damage risk by 2 points. This is seen to be an acceptable trade-off.
2. For a minimum cost, they increase ground patrol (mostly while technicians are already performing other duties) to gain 2 risk-reduction points (reduce the risk of third party damage).
3. For a cost of $8000 they choose to do a close interval survey to increase the *Corrosion Index* (reduce the corrosion risk) by 8 points.
4. Finally, witnessing the testing of safety valves and critical switches that impact their pipeline system, yields another risk-reduction point (reducing the risk of incorrect operations) for virtually no additional operating costs.

The four activity changes add 9 points of risk-reduction to the risk score for virtually no increase in operating costs. This offsets the 5 points natural decay (increase in risk) and nets a safety increase of (9 – 5) / 210 = 2%, based upon the assumptions in this methodology. Note that the four activities impacted three

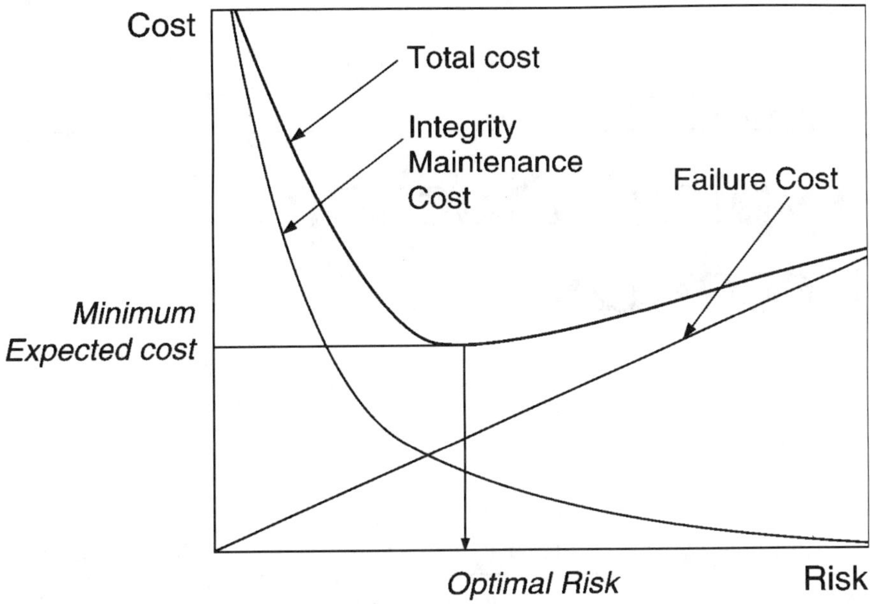

Figure 16-4. Theoretical cost optimization relationships [50].

indexes: *Third Party, Design,* and *Corrosion.* A quick check confirms that the new risk level in each index is still in an acceptable range.

Obtaining the optimum cost/risk relationship can also be visualized as shown in Figure 16-4. Here, failure costs are included in the analysis to determine the lowest total cost.

The costs associated with pipeline safety cannot realistically be ignored when practicing risk management. Collecting the costs and linking them with specific risk activities is a step that allows decision makers to allocate resources optimally. An operating discipline that documents all aspects of the operation can then be built.

APPENDIX A

Typical Pipeline Products

Product	Boiling Pt (deg F)	N_h	N_f	N_r	RQ points[1]
Benzene	176	2	3	0	8
Butadiene (1,3)	24	2	4	2	10
Butane	31	1	4	0	2[2]
Carbon Monoxide	–314	2	4	0	2
Chlorine		3	0	0	8
Ethane	–128	1	4	0	2
Ethyl Alcohol	173	0	3	0	4
Ethylbenzene	277	2	3	0	4
Ethylene	–155	1	4	2	2
Ethylene Glycol	387	1	1	0	6
Fuel Oil (#1–#6)	304–574	0	2	0	6
Gasoline	100–400	1	3	0	6
Hydrogen	–422	0	4	0	0
Hydrogen Sulfide	–76	3	4	0	6
Isobutane	11	1	4	0	2[2]
Isopentane	82	1	4	0	6
Jet Fuel B		1	3	0	6
Jet Fuel A & A1		0	2	0	6
Kerosene	304–574	0	2	0	6
Methane	–259	1	4	0	2
Mineral Oil	680	0	1	0	6
Naphthalene	424	2	2	0	6
Nitrogen		0	0	0	0
Petroleum-Crude		1	3	0	6
Propane	–44	1	4	0	2

(Table continued on next page)

Propylene	–53	1	4	1	2
Toluene	231	2	3	0	4
Vinyl Chloride	7	2	4	1	10
Water	212	0	0	0	0

Source: Dow Chemical [18]

[1] *Based upon 1991 CERCLA Reportable Quantities (RQ) and Figure 7-4 with the following:*

RQ(lbs)	**Points**
none	0
5000	2
1000	4
100	6
10	8
1	10

[2] *When at temperatures higher than the boiling point.*

APPENDIX B

Leak Rate Determination

Leak Rate Determination

Fluid flow through pipelines is a complex and not completely understood problem. It is the subject of continuing research by engineers, physicists, and more recently, those studying non-linear dynamic systems, popularly called the science of chaos. As with all parts of this risk assessment tool, we are not concerned with exact numerical solutions, only relative quantities.

In general, fluid flow in pipes is assigned to one of two flow regimes, turbulent or laminar. Some experts make distinctions between rough turbulent and smooth turbulent, and a region termed the transition zone is also recognized. However, in simplest terms, the flow pattern will be characterized by uniform, parallel velocities of fluid particles—laminar flow—or by turbulent eddies and circular patterns of fluid particle velocities—turbulent flow—or by some pattern that is a combination of the two. The flow pattern is dependent upon the fluid average velocity, the fluid kinematic viscosity, the pipe diameter, and the roughness of the inside wall of the pipe.

Several formulas that relate these parameters to fluid density and pressure drop offer approximate solutions for each flow regime. These formulae make a distinction between compressible and non-compressible fluids. Liquids such as crude oil, gasoline, and water are considered to be non-compressible while gases such as methane, nitrogen, and oxygen are considered to be compressible. Highly volatile products such as ethylene, propane, and propylene are generally transported as dense gases—they are compressed in the pipeline until their properties resemble those of a liquid, but will immediately return to a gaseous state upon release of the pressure.

For purposes of this risk assessment, any consistent method of flow calculation can be used. Because the primary intent here is not to perform flow calculations but rather to quickly determine relative leak quantities, some simplifying parameters are in order:

- Release duration is arbitrarily chosen at ten minutes for a gas and 60 minutes for a liquid.
- Complete line rupture (guillotine-type failure) is used.[1]
- Operation at MAOP is taken as the initial condition.[2]
- Initial conditions are assumed to continue for the entire release duration (except for flashing fluids).
- Depressurization, flow reductions, etc., which occur during the release scenario, are generally ignored.
- An arbitrary transition point from liquid to gas is chosen for flashing fluids.
- Pooling of liquids and vapor generation from those pools is ignored.
- Temperature effects are ignored in the equations but should be considered in choosing the liquid calculation versus the gas calculation. The evaluator should assume the worst case, for example, a butane release on a cold day versus a hot day.
- Pressure due to elevation effects is considered to be a part of MAOP.

Using these simplifying parameters must not mask a worst case scenario. The parameters are selected to reflect conservative, worst case scenarios. The evaluator must affirm that one or more of the above parameters does not actually reflect a less severe scenario.

Again, almost any consistent modelling of a leak quantity will serve the purpose of this risk assessment. Consistency is absolutely critical, however. One approach that is currently in use involves the above parameters and model releases as follows:

- **Gas**—The quantity of gas released from a full bore line ruptured at MAOP (or normal operating pressure) for 10 minutes.

[1] *Reasoning behind selection of this parameter is provided in Chapter 7.*

[2] *As an alternative, the evaluator can use a pressure profile to determine maximum expected pressure.*

- **Liquid**—The quantity of liquid released from a full bore line rupture at MAOP (for normal operating pressure) for one hour (60 minutes).
- **Flashing fluid**—The quantity of liquid released from a full bore line rupture at MAOP (or normal operating pressure) for three minutes PLUS the quantity of gas released from a full bore line rupture at the product's vapor pressure for 7 minutes. See Figure B-1.

Gas Flow

For compressible fluids, a calculation for flow through an orifice can be used to approximate the flow rate escaping the pipeline [16].

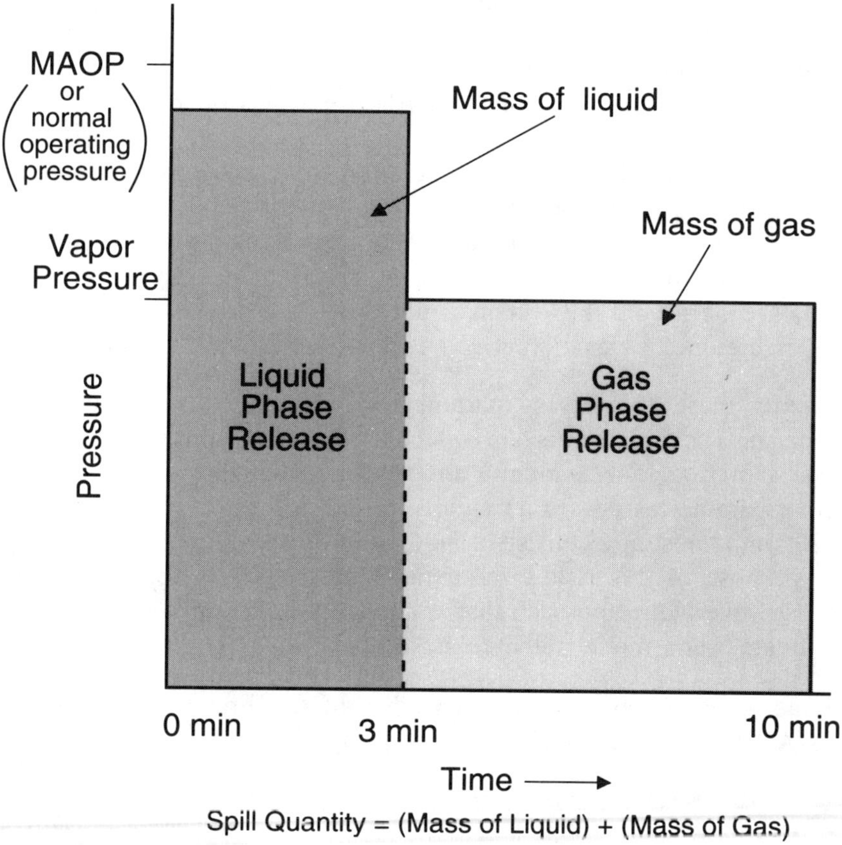

Figure B-1. Spill quantity model for a flashing fluid.

$$q = YCA\sqrt{\frac{(2g)144\Delta P}{\rho}}$$

where Y = expansion factor (usually between 0.65 and 0.95)
A = cross sectional area of the pipe (square feet)
C = flow coefficient (usually between 0.9 and 1.2)
g = acceleration of gravity (32.2 ft per sec per sec)
ΔP = change in pressure across the orifice (psi)
ρ = weight density of fluid (lbs per cubic foot)
q = flow rate (cubic feet per sec)

In the case of a discharge of the fluid to atmosphere (or other low pressure environment), Y can be taken at its minimum value, and the weight density of the fluid should be taken at the upstream condition.

Liquid Flow

For incompressible fluids, the equation of flow through an orifice is essentially the same with the exception of the expansion factor, Y, which is not needed for the case of incompressible fluids [16].

$$q = CA\sqrt{\frac{(2g)144\Delta P}{\rho}}$$

where A = cross sectional area of the pipe (square feet)
C = flow coefficient (usually between 0.9 and 1.2)
g = acceleration of gravity (32.2 ft per sec per sec)
ΔP = change in pressure across the orifice (psi)
ρ = weight density of fluid (lbs per cubic foot)
q = flow rate (cubic feet per sec)

Alternately, other common liquid flow equations such as the Darcy equation may be used to calculate this flow. A consistent approach is the important thing.

Crane Valve [16] should be consulted for a complete discussion of these flow equations.

Flashing Fluids/Highly Volatile Liquids (HVLs)

Fluids that flash, that is, they transform from a liquid to a gaseous state upon release from the pipeline, pose a complicated problem for leak rate calculation. Initially, droplets of liquid, gas, and aerosol mists will be generated in some combination. These may form liquid pools that continue to generate vapors. The vapor generation is dependent upon temperature, soil heat transfer, and atmospheric conditions. It is a non-linear problem that is not readily solvable. Eventually, if the conditions are right, the liquid will all flash or vaporize and the flow will be purely gaseous.

To simplify this problem, an arbitrary scenario is chosen to simulate this complex flow. Three minutes of liquid flow at MAOP is added to seven minutes of gas flow at the product's vapor pressure to arrive at the total release quantity after ten minutes. This conservatively simulates a situation where, upon pipeline rupture, pure liquid is released until the nearby pipeline contents are depressured from the rupture pressure to the product's vapor pressure. Three minutes at the higher pressure—the initial pressure (MAOP)—simulates this. Then, when the nearby pipe contents have reached the product's vapor pressure, any liquid remaining in the line will vaporize. This vapor generation is simulated by seven minutes of gas flow at the vapor pressure of the pipeline contents. Figure B-1 illustrates this concept.

This is, of course, a gross oversimplification of the actual process. For this application however, the scenario, if applied consistently, should provide results to make adequate distinctions in leak rates between pipelines of different products, sizes, and pressures.

APPENDIX C

Pipe Wall Thickness Determination

Wall Thickness Determinations

Some equations and design concepts are presented in this section to give the evaluator who is not already familiar with pipeline design methods a feel for some of the commonly used formulae. This section is not intended to replace a design manual or design methodology. Used with the corresponding risk evaluation sections, this appendix can assist the non-engineer in understanding design aspects of the pipeline being examined.

Pipeline wall thicknesses are determined based upon the amount of stress that the pipe must withstand. Design stresses are determined by careful consideration of all loadings to which the pipeline will be subjected. Loadings are not limited to physical weights such as soil and traffic over the line. A typical analysis of anticipated loads for a buried pipeline would include allowances for:

- internal pressure
- surge pressures
- soil loadings (including soil movements)
- traffic loadings

For each of these loadings, failure must be defined and all failure modes must be identified. Failure is often defined as permanent deformation of the pipe. After permanent deformation, the pipe may no longer be suitable for the service intended. Permanent deformation occurs through failure modes such as bending, buckling, crushing, rupture, bulging, and tearing. In engineering terms, these relate to stresses of shear, compression, torsion, and tension. These stresses are further defined by the directions in which they act; axial, radial, circumferential, tangential, hoop, and longitudinal are common terms used to refer to stress direction. Some of these stress direction terms are used interchangeably.

Pipe materials have different properties. Ductility, tensile strength, impact toughness, and a host of other material properties will determine the weakest aspect of the material. If the pipe is considered to be flexible (will deflect at least 2% without excessive stress) the failure mode will likely be different from a rigid pipe. The highest level of stress directed in the pipe material's weakest direction will normally be the critical failure mode. The exception may be buckling which is more dependent on the geometry of the pipe and the forces applied.

Another way to say this is that the critical failure mode for each loading will be the one that fails under the lowest stress level (and, hence, requires the greatest wall thickness to resist the failure). Overall then, the wall thickness will be determined based upon the critical failure mode of the worst case loading scenario.

Internal Loadings

Internal pressure is often the governing design consideration for pressurized pipelines. The magnitude of the internal pressure along with the pipe characteristics determines the magnitude of stress in the pipe wall (due to internal pressure alone) which in turn determines the required wall thickness. This stress (or the associated wall thickness) is calculated using an equation called the Barlow formula:

$$\sigma_{max} = \frac{P_i \times D}{2 \times t}$$

where σ_{max} = maximum stress (psi)
P_i = internal pressure (psig)
D = outside diameter (inches)
t = wall thickness (inches)

This equation specifically calculates the tangential or hoop stress of a thin walled cylinder (Figure C-1). It assumes that the wall thickness

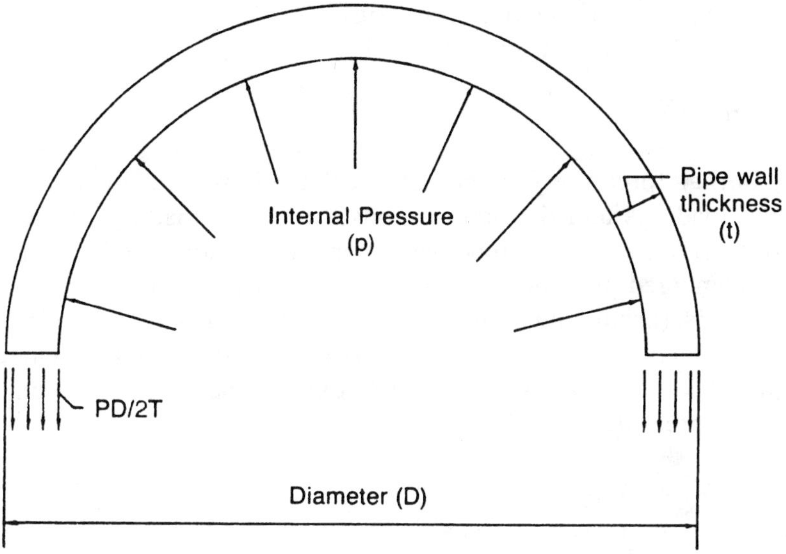

Figure C-1. Barlow's formula for internal pressure stress.

is negligible compared to the diameter. Normally the outside diameter is used in the equation (rather than the average diameter) to be slightly more conservative. An exception is concrete pipe, in which the internal diameter is used in the calculation [33]. This allows for concrete's minimal tensile strength. Barlow's formula is not theoretically exact, but yields results within a few percent of actual, depending upon the D/t ratio (higher D/t yields more accurate results, lower yields more conservative results). (See Merritt, p. 21.35 [33].)

Since many plastic pipe manufacturers refer to a standard dimension ratio (SDR), Barlow's equation can be written using this factor instead of using the diameter and wall thickness separately:

$$SDR = \frac{D_o}{t}$$

$$\sigma_{max} = \left(\frac{P_i}{2}\right) \times (SDR - 1)$$

where SDR = Standard Dimension Ratio
D_o = outside diameter (inches)
t = pipe wall thickness (inches)

σ_{max} = maximum stress (psig)
P_i = internal pressure (psig)

External Loadings

External forces require complex calculations both in determining actual loadings and the pipe responses to those loadings. Soil loads, traffic loadings, and the pipe weight are typical loadings. For offshore and submerged pipelines, the effects of water pressure, currents, floating debris (producing impact loadings), and changing bottom conditions must also be considered. An equation given to calculate required wall thickness to resist buckling due to static uniform external pressure is [33]:

$$t = D \times \sqrt[3]{\frac{6 \times p}{E}}$$

where t = wall thickness (inches)
D = diameter (inches)
p = uniform external pressure (ψ)
E = pipe modulus of elasticity (ψ)

This equation does not consider the soil-pipe interaction that is a critical part of the buried pipeline system. A rigid pipe must directly withstand the external loads applied. Upon overstressing, typical failure modes are shear and crushing. A flexible pipe, however, deflects under load, allowing the surrounding soil to assist in the support of the load. If this deflection or bending becomes excessive, ring deflection may be the failure mode causing buckling of the flexible pipe.

If the external load has a velocity component associated with it, this must also be considered. Highway traffic, rail traffic, and aircraft landings are examples of moving or live loads that, in addition to their static weight, carry an impact factor due to their movement. This impact factor can magnify the static effect of the vehicles' weight.

Design formulae to calculate loadings from moving vehicles can be found in pipeline design manuals.

Longitudinal Stresses

While the primary stress caused by internal pressure is hoop stress, stresses are also produced in other directions. The longitudinal stress produced by internal pressure can be significant in some pipe materials. The amount of restraint on the pipeline in the longitudinal direction will impact the amount of longitudinal stress generated in the pipe. If the pipe is considered to be completely restrained longitudinally, the magnitude of the longitudinal stress is directly proportional to the hoop stress. The proportionality factor is called Poisson's coefficient or ratio. Some values of Poisson's ratio are:

Steel	0.30
Ductile Iron	0.28
PVC	0.45
Aluminum	0.33

If the pipe is considered to be unrestrained longitudinally, the longitudinal stress is numerically equal to about one-half of the hoop stress. In most cases, the actual stress situation is somewhere between the totally restrained and totally unrestrained conditions. A rule of thumb for buried steel pipelines shows that the longitudinal stress generated by internal pressure can be approximated by [54]:

$$S_l = 0.45 \times S_t$$

where S_l = longitudinal stress
S_t = tangential stress

Longitudinal stresses also occur as a result of differential temperatures. These stresses can be calculated from:

$$\sigma_{temp} = -\alpha \times (\Delta T) \times E$$

where σ_{temp} = temperature induced longitudinal stress
α = linear coefficient of expansion
ΔT = temperature change
E = modulus of elasticity of pipe material

Bending stresses are caused by deflection of the pipe. Inadequate lateral support of the pipeline can therefore allow axial bending and hence longitudinal stress (Figure C-2). Inadequate support can be caused by:

- uneven excavation during initial construction
- undermining due to subsurface water movements
- varying soil conditions that allow the differential settling

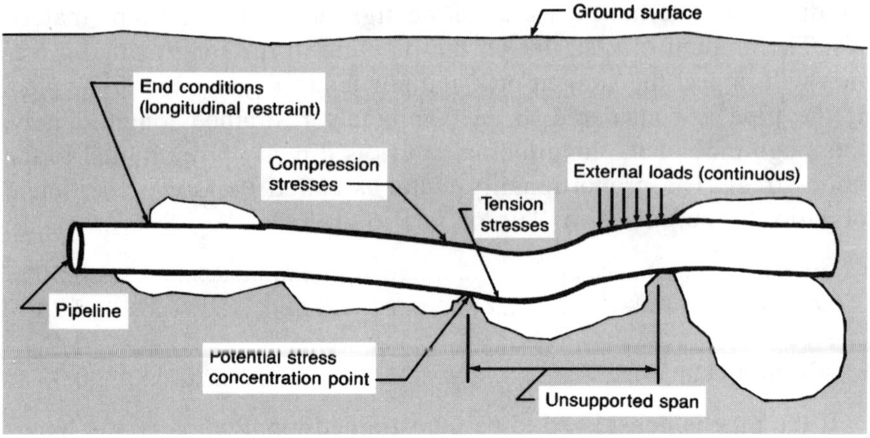

Figure C-2. Bending stresses.

In general, flexible pipes are less susceptible to damage from these causes because the pipe can deflect and adjust to changing lateral supports. In the case of either flexible or rigid pipes, design considerations must be given.

Beam formulas are usually used to calculate bending stresses. Assumptions are made as to the end conditions because this is a critical aspect of the beam calculations. Whether or not the pipe is free to move in the longitudinal direction determines how much bending stress is generated. In the case of buried pipelines, the end condition—the freedom of movement in the longitudinal direction—is dependent upon the amount of pipe-to-soil bonding, and the pipeline configuration (nearby bends or valves may act as anchors to restrict movements).

In general, hoop stresses are independent from longitudinal stresses. This means that the most severe stress will govern—the stresses are not additive. The exception occurs if the longitudinal stress becomes compressive and must then be added to the hoop pressure stress.

A third category of pipe stresses is radial stress. Radial stresses are usually considered to be negligible in comparison with hoop and longitudinal stresses.

Other Considerations

Depending upon the pipe material, other criteria may govern wall thickness calculations. Buckling, cracking, deflection, shear, crushing, vacuum collapse, etc. may ultimately determine the wall thickness requirements. More specific formulas are available for detailed analysis of loadings associated with these failure modes.

In all pipe materials, special allowances must be made for "stress risers." Notches, cracks, or any abrupt changes in wall thickness or shape, can amplify the stress level in the pipe wall. See further discussions under Fracture Toughness in the *Design Index.*

APPENDIX D

Surge Pressure Calculations

Surge Pressures

Surge pressures, often called "water hammer," are caused when a moving fluid is suddenly brought to a stop. The resulting translation of kinetic (moving) energy to potential energy causes an increase in the internal pressure—the creation of a pressure wave.

The magnitude of the pressure increase is found with the following equation [33]. Surge pressure in feet of water is readily converted to psig by multiplying by 0.43 psig/feet of water.

$$\Delta H = \left(\frac{a}{g}\right) \times \Delta V$$

where ΔH = surge pressure, (feet of water)
a = velocity of the pressure wave (feet/sec)
g = acceleration due to gravity (32 ft/sec^2)
ΔV = change in velocity of fluid (feet/sec)

We can see from this equation, that the magnitude of the pressure surge is directly related to the speed of the pressure wave and the fluid velocity change.

To calculate the speed of the pressure wave in the pipe, we can use the following equation [33]:

$$a = 12 \times \frac{\sqrt{\frac{K}{\rho}}}{\sqrt{1 + \left(\frac{K}{E}\right) \times \left(\frac{D}{t}\right) \times C_1}}$$

where a = pressure wave velocity (feet/sec)
K = bulk modulus of the fluid (lb/in^2)
ρ = density of the liquid (slugs/ft^2)
D = internal diameter of pipe (in)
t = pipe wall thickness (in)
E = modulus of elasticity of pipe material (lb/in$_2$)
C_1 = constant dependent upon pipe constraints

We can see from this equation that pressure wave speed is dependent upon pipe properties (diameter, thickness, modulus of elasticity) as well as fluid properties (bulk modulus, density). This means that the pressure wave will travel at different speeds depending not only upon the product, but also upon the pipeline itself. A more elastic pipe material slows down the pressure wave. As the diameter-to-wall thickness ratio increases, the wave speed decreases.

Because fluid compressibility is dependent upon density and bulk modulus, we can see that the pressure wave speed varies inversely with the compressibility. Fairly incompressible fluids will support faster pressure waves and, hence, greater surge potentials. Note that hydrocarbons are far more compressible than water.

Another component of the pressure surge calculations should be the wave attenuation. Due to friction losses in the pipeline, the pressure wave will be dampened as it travels. This reduction in pressure magnitude with distance travelled can be calculated and becomes a consideration in pipeline design.

The above equations assume instantaneous fluid velocity changes. If the abruptness of the velocity change is controlled, the maximum surge pressure is also controlled. A common example is the rate of closure of a valve. A slamming shut of the valve effectively brings the velocity to zero instantly. A gradual closure causes small, incremental velocity changes with corresponding small surges. How fast is too fast? The following equation allows a critical time to be calculated [33]:

$$T_{cr} = \frac{2 \times L}{a}$$

where T_{cr} = critical time (sec)
L = distance of pressure wave travel before reflection (ft)
a = velocity of pressure wave (ft/sec)

The critical time is the maximum flow stoppage time that will still allow the maximum surge pressure. Flow stoppage times that are higher than this value produce smaller surge pressures. This critical time is dependent upon the piping configuration because the reflection time from the initiating event governs the calculation.

It is important to note that, in the case of valve closures the flow stopping is not necessarily proportional to the actual amount of closure. A gate valve, for instance, may cause 90% of the flow stoppage within the last 10%–50% of the gate travel. The designer must consider the effective closure time as opposed to the actual closure time.

Pressure surges may be caused by valve closures, pumps starting or stopping, the sudden meeting of fluid columns moving at different velocities, and other phenomena that abruptly change the velocity of the pipe fluid. There are many design options to allow for pressure surge effects including relief valves, surge tanks, valve closure controls, pump by-passes, and heavier walled pipe at critical sections.

APPENDIX E

Pipeline Risk Evaluation Example

(Using the basic risk model from Part I of this book)

The following is an overall example of how this risk evaluation works. A hypothetical pipeline section is being scored according to the suggested weightings provided in this book. Paragraphs describing the pipeline and its environment present information that has been given to the evaluator by the pipeline operator. Following every few paragraphs is a schedule showing how the evaluator has scored the section based on the information provided.

Example

The pipeline section being evaluated is two miles in length, buried approximately 36 in. except for a 200-ft shallow section that is only buried to 30 in. One mile of this section passes through a populated area. There one aboveground valve station in a remote location. The valve station is clearly marked with signs.

The pipeline operator participates in a highly regarded ULCCA approved one-call system. One-call systems are mandated by this state's law. Pipeline company personnel are assigned to handle one-call reports immediately upon receipt of the report.

There is a public education program in place that includes mailouts and door-to-door annual contact with adjacent residents.

Not all roads are marked with signs indicating the presence of the pipeline. There are some stretches of right-of-way that are overgrown with vegetation. The entire section is patrolled by aircraft once a week.

I. Third Party Index

A. Minimum Depth of Cover	30/3 =	10 pts A*
B. Activity Level	High activity	0 pts A
C. Above-Ground Facilities	0 + 5 + 1 =	6 pts A
D. On-Call System	4 +2 +2 +2 +5 =	15 pts P
E. Public Education	2 + 4 =	6 pts P
F. Right-of-Way Condition		2 pts P
G. Patrol Frequency		6 pts P
	Total	45 pts
*A = Attribute	Attribute total	16 pts
P = Prevention	Prevention total	29 pts

This two-mile section contains three cased road crossings. These must be considered to be atmospheric exposures. The only other exposure to the atmosphere in this section, is the ground/air interface exposure. This is where the pipe comes above grade at the valve station. There are no supports—the pipe itself provides the structural support for the valves. The valve station is exposed to hot, humid weather and is close to an industrial complex. The station is frequently re-painted by professional painters.

The natural gas being transported is thought to be mostly dry and free from corrosive impurities. There is, however, no monitoring being done to confirm this. This pipeline section has never been pigged.

A cathodic protection system is in place. System checks including bi-monthly rectifier inspections and anode bed checks are performed to ensure malfunctions are detected. There are test leads at the three casing pipes and at each foreign pipe crossing (there are four in this section). The maximum distance between test leads is .5 mile. Pipe-to-soil potential readings are taken at these leads every three months.

The pipeline is 12 years old. While the coating was most likely properly applied prior to installation, exposing the pipe two years ago revealed some coating damage. This damage might have occurred during original installation or it may have been caused by movements of the expansive clays that predominate in this area. Heavy soil moisture is common, but there is no evidence of damaging microorganism activity.

The pipeline parallels a high power electric line for approximately 1,000 ft. The distance between the pipeline and powerline in this stretch is about 150 ft. The operator has given no consideration to the potential for AC induced corrosion.

A close interval survey was performed five years ago. Corrosion experts interpreted the survey data and concluded that the pipeline in this section was well protected by the cathodic protection currents. No internal inspection has been performed.

II. Corrosion Index = (Atmospheric Corrosion) 20%
+ (Internal Corrosion) 20%
+ (Buried Metal Corrosion) 60%
100%

A. Atmospheric Corrosion		
1. Facilities	1 – 1 (multiple casings)	0 pts A
2. Atmosphere	hot/humid/chemical	3 pts A
3. Coating/Inspection	good	5 pts P
		8 pts
B. Internal Corrosion		
1. Product Corrosivity	unknown/possible	7 pts A
2. Internal Protection	none	0 pts P
		7 pts
C. Buried Metal Corrosion		
1. Cathodic Protection		8 pts P
2. Coating Condition	fair	6 pts P
3. Soil Corrosivity	high	0 pts A
4. Age of System	10 – 20 years	1 pt A
5. Other Metals	7 with monitoring	4 pts A
6. AC Induced Current		0 pts A
7. Mechanical Corrosion	7 (env.) + low stress	4 pts A
8. Test Leads	3 + 3 =	6 pts P
9. Close Interval Survey	8 – 5 yr =	3 pts P
10. Internal Inspection Tool		0 pts P
		32 pts
	Total Corrosion Index 8 + 7 + 32 =	47 pts
	Attribute Total	19 pts
	Prevention Total	28 pts

The MAOP of this pipeline is 1400 psig. This MAOP was confirmed by hydrostatic testing immediately after initial construction (12 years ago). The test pressure was 2100 psig, maintained for 24 hours, and validated by an independent engineer.

The pipeline has 6-inch pipe with 0.25-inch wall thickness (nominal) of Grade B (Specified Minimum Yield Strength (SMYS) = 35,000 psi) pipe. Wall thickness measurements taken several years ago indicate that the actual wall thickness (due to manufacturing tolerances) may be as low as 0.23 inches. All road crossings are encased. No unusual external loadings are seen. Required wall thickness is calculated to be

$$t = [(P \times D)/(2 \times SMYS)] + 10\% = 0.146 \text{ inch}$$

The valve station in this section has flanges that are rated for operation at 1480 psig of pressure. All other components, including the pipe itself, are rated for this pressure or higher.

This section normally operates at 900 psig or less. The pressure is usually constant, fluctuating only 100 to 150 psig monthly. Fatigue cycles are therefore limited to about 12 per year at cycle magnitudes of about 150/1400 = 11% of MAOP. Water hammer, or surge potentials 10% MAOP are not possible with the natural gas being transported.

The expansive soils show wide ground cracks when the soil becomes quite dry. Foundation and house slab cracking is common in the area. Except for damages to the pipe coating, however, soil movements are not thought to present a serious threat to this pipeline.

III. Design Index

A. Pipe Safety Factor	[(0.23/0.146) − 1] × 20 =	11 pts A
B System Safety Factor	[(1480/1400) − 1] × 20 =	1 pt A
C. Fatigue	150 cycles at 11% MAOP =	13 pts P
D. Surge Potential		10 pts P
E. System Hydrotest	[(2100/1400) − 1] × 30 + 0 =	15 pts P
F. Pipe Movements	low potential	16 pts A
	Total	56 pts A
	Attribute total	18 pts A
	Prevention total	38 pts A

Although no formal fault tree or event tree analyses have been performed, it is thought to be an extremely remote chance that MAOP can be exceeded. The pressure sources into this line (producing fields and foreign pipelines) could only overpressure the line if gas was packed into the line for many hours. A blocked main line valve and failure of all safety devices with the situation being uncorrected for many hours is the only plausible scenario for overpressure to occur. The valve station in this section of pipeline has an automatic closure device, set to close upon rapid pressure drop, for line break protection. There are no devices to prevent overpressure in this section. Safety devices on the pressure sources are owned by others, are not inspected by this pipeline operator, and are not completely redundant. The operator does monitor pressures and flows upstream and downstream of this section. Monitoring is done through a SCADA system in a control room manned 24 hours per day.

Records from initial design and construction are weak. Some pipeline personnel working today participated in the design and construction inspection. These individuals seem knowledgeable with regards to good design and installation processes and feel that a good level of professionalism was employed. Unfortunately, documentation does not exist to support this. The evaluator believes that the expertise and professionalism were present to ensure a quality pipeline job, but because record-keeping is so poor, he feels that a degree of uncertainty exists and awards 50% of the points possible for the design and construction items. This part of the evaluation will apply to all pipelines operated by this operator, not just this particular pipeline section.

The operator does not have a formal system of job procedures. Most technicians have personal notes from when they were initially trained. These notes serve as guidebooks, but are not standardized and do not replace operating procedures.

Field personnel are in close and constant communications with the control room personnel. All pipeline personnel are informally trained—on the job training—and documentation is sporadic. All personnel do participate in a strong company-wide safety program. Regular emergency drills are a part of this safety program. A drug-testing program is in place for prejob screening, testing for cause, and random testing of individuals in critical positions.

The pipeline operator performs and documents regular surveys including river crossing profiles, corrosion control, and population surveys.

Critical instruments are clearly marked (painted red) and are maintained per a rigid testing and calibration schedule. Although procedures do not exist, the schedule and documentation associated with this and other maintenance activities is strong. No mechanical devices are present to prevent accidental disabling of an instrument.

IV. Incorrect Operations Index

A. Design P		
1. Hazard Identification		2 pts
2. MAOP Potential	extremely unlikely	10 pts
3. Safety Systems	3 + 1 − 3 =	1 pt
4. Material Selection		1 pt
5. Checks		1 pt
		15 pts
B. Construction P		
1. Inspection		
2. Materials		
3. Joining		
4. Back		
5. Handling		
6. Coating		
		10 pts
C. Operation P		
1. Procedures		1 pt
2. SCADA/Communications		5 pts
3. Drug testing		2 pts
4. Safety Programs		2 pts
5. Surveys		2 pts
6. Training		2 pts
7. Mechanical Error Preventers		0 pts
		14 pts
D. Maintenance P		
1. Documentation		2 pts
2. Schedule		3 pts
3. Procedures		1 pt
		6 pts

Incorrect Operations Index 15 + 10 + 14 + 6 = 45 pts
Prevention Total 45 pts
Attribute Total 0 pts

Total Index Sum 45 + 47 + 56 + 45 = 193 pts

Total Attribute Sum = 16 + 19 + 18 = 53

Total Prevention Sum = 29 + 28 + 38 + 45 = 140

The natural gas transported in this pipeline is 97% pure methane. The non-methane components will not alter the product hazard calculations. The 10-minute leak volume for the complete line rupture scenario is calculated to be over 100,000 lbs. The molecular weight of methane is 16.

V. Leak Impact Factor

A. Product Hazard (Acute + Chronic Hazards)

1. Acute Hazards

a. N_f 4

b. N_r 0

c. N_h 1

Total ($N_h + N_r + N_f$) 5

2. Chronic Hazard, RQ 2

Product Hazard = 5 + 2 = 7

B. Dispersion Factor (Spill Score) ÷ (Population Score)

1. Vapor Spill	MW = 16, >500,000 lbs	3
2. Population Density	Class 3	3

Dispersion Factor = 3/3 = 1

Leak Impact Factor = (Product Hazard)/(Dispersion Factor)
= 7/1 = 7

Relative Risk Score = (Index Sum)/(Leak Impact Factor)
= 193/7 = 27.6

Analysis of the Scores

While the scores calculated above have the most meaning in the context of other pipeline evaluations, the operator can still use these numbers alone. The evaluation can be summarized as follows:

Third Party Index	45 points
Corrosion Index	47 points
Design Index	56 points
Incorrect Operations Index	45 points
Total Index	193 points
Leak Impact Factor	7
Relative Risk Score 193/7 =	27.6

If the operator wants to improve his position—manage the risk to improve reliability and safety—he may wish to start with the lowest scored index. Recall in the evaluation that this particular operator is weak in procedures and training. This model suggests that more emphasis on formalized training and the development and use of procedures will reduce the human error risk. This reduction would be quantified in the *Incorrect Operations Index*

Similarly, looking at the *Design Index,* a hydrostatic test will increase the index score by 10 points. Clearing the right-of-way and reducing the exposure of the shallow stretch will each increase the *Third Party Index.* Prevention items are the easiest (and sometimes only way) to reduce risk.

A simple economic analysis can be performed to compare the costs of each of these actions with the benefits. The benefits for each are quantified in this model through the point scoring.

The quality of this pipeline section and its operation can be determined only through comparisons. Standards that reflect company policy can be developed for comparison purposes. Similar sections can be evaluated to create the database for comparisons. The attributes vs preventions distinction will ensure that the most meaningful comparisons are made.

Glossary

This glossary defines terms as they are used in this text. In some cases, the definitions may differ slightly from strict dictionary definitions.

Acute hazard. A potential threat whose consequences occur immediately after initiation of an event. Examples include fire, explosion, and contact toxicity.

Anode. A component of a corrosion cell, the anode is the metal that gives up ions and loses mass during the corrosion process.

Automatic valve (also called automatic block valve). A mechanical device that prevents flow in a pipeline and is designed to operate when it receives a predetermined signal. The signal is transmitted without human action. See also *Remotely Operated Valve.*

Backfill. The soil that is placed over the pipe as one of the final steps in pipeline installation. Sand is often used as a backfill material because of the uniform support it provides and because it does not damage the pipe coating during installation.

Cathode. A component of a corrosion cell, the cathode is the metal that attracts ions and gains mass through the corrosion process.

Cathodic protection. A method of corrosion prevention in which a low voltage charge is impressed on a metal in order to cause the metal to behave as a cathode and, hence, be protected from corrosion.

Chronic hazard. A potential threat that can continue to cause harm long after the initial event. Examples include carcinogenicity, groundwater contamination, and long-term health effects.

Check valve. A mechanical device that prevents pipeline flow in one direction only. Flow is allowed in the opposing direction.

Coating. A material that is placed around and adheres to a pipeline component to protect that component from contact with a potentially harmful substance.

Corrosion. The wearing away of a material, usually by a chemical reaction.

Dispersion factor. A number that represents one aspect of the relative severity of a pipeline leak. This number scores the spill characteristics using the size of the leak and the nearby population density. It is used to arrive at the Leak Impact Factor.

DOT. Department of Transportation. The regulatory agency of the U.S. government that is charged with regulating aspects of pipeline design, construction, and operation.

EPA. Environmental Protection Agency. The regulatory agency of the U.S. government that is charged with regulating activities that may be harmful to the environment.

Failure. The point at which a structure is no longer capable of serving its intended purpose. While a pipeline that is actually leaking product is the most obvious indication of failure, failure is often also defined as the point at which the material is stressed beyond its elastic or yield point—it does not return to its original shape.

Fatigue. The process of repeated application and removal of stress. Because fatigue can cause a failure to occur at a relatively low stress level, materials that must resist such cycles of stress must be specially designed for this service.

Fracture toughness. The ability of a material to resist cracking. Materials that are more ductile can absorb larger amounts of energy before cracks spread. Lead has high fracture toughness; glass has low fracture toughness.

Hazard. A potential event that can lead to a loss of life, property, income, etc.

HAZ. Heat Affected Zone. The area of metal around a weld that has been metallurgically altered by the heat of the welding process. This area is often more susceptible to cracking than the parent metal.

Index. One of four general categories to which pipeline accidents can be attributed. Aspects of pipeline design, operation, and environment are scored to arrive at numerical values for the Third Party Index, Corrosion Index, Design Index, and Incorrect Operations Index.

Internal corrosion. Any form of corrosion that occurs on the inside wall of the pipe or internal surfaces of any pipeline component.

Leak impact factor. A number that represents the overall consequence of a pipeline failure in the risk assessment methodology presented in this book. This factor is a score based upon the product hazard and the dispersion factor. The Leak Impact Factor is divided into the sum of the four index values to arrive at the relative risk score.

MAOP. Maximum Allowable Operating Pressure (also called MAWP for Maximum Allowable Working Pressure). The highest internal pressure to which the pipeline may be subjected based upon engineering calculations, proven material properties, and governing regulations.

PSI (PSIG and PSIA). Pounds per Square Inch (Gauge or Absolute). This is the normal unit of pressure measurement in the U.S. PSIG is the gauge pressure and is the reading that is seen on a pressure gauge calibrated to zero under atmospheric pressure. PSIG therefore does not separate atmospheric pressure from the reading seen on the gauge. Zero psig is equal to about 14.7 psia, depending upon the exact atmospheric pressure of the area.

Pig. A device designed to move through a pipeline for purposes of cleaning, product separation, or information gathering. A pig is usually propelled by gas or liquid pressure behind the pig. The name "pig" is said to have originated from the sound the device makes as it moves through the pipeline.

Pressure relief valve. Also called a "pop valve" or a "safety valve," this class of mechanical safety device is designed to operate at a predetermined pressure to reduce the internal pressure of a vessel. The valve is often designed to close again when the vessel pressure is again below the set point.

Product hazard. A numerical score that reflects the relative danger of the material being transported through the pipeline. This relative ranking of the product characteristics considers acute and chronic hazards such as flammability, toxicity, and carcinogenicity.

Public education. The program sponsored by pipeline companies to teach the general public about the pipeline industry. The emphasis is usually on how to avoid and report threats to the pipeline and what precautions to take should a leak be observed.

Relative risk value (rating or score). The final output of the risk evaluation process presented in this book. This number represents the relative risk of a section of pipeline in the environment and operating climate considered during the evaluation. This score is meaningful only in the context of other scores from pipelines evaluated by this same process.

Rectifier. A device that converts AC electricity into DC electricity and delivers the current onto the pipeline for purposes of cathodic protection.

Release quantity. This is the quantity of spilled material that will trigger an EPA investigation. Possible categories are 1, 10, 100, 1000, and 5,000 pound spills. More hazardous substances trigger at lower release amounts. For this risk assessment model, release quantities have been assigned to substances not normally regulated by EPA.

Remotely operated valve. A mechanical device that prevents flow in a pipeline and is designed to operate upon receipt of a signal transmitted from another location.

Risk. The probability and consequences of a hazard.

ROW. Right of Way. The land above the buried pipeline (or below the aboveground pipeline) that is under the control of the pipeline owner. This is usually a strip of land several yards wide that has been leased or purchased by the pipeline company.

Safety device. A pneumatic, mechanical, or electrical device that is designed to prevent a hazard from occurring or to reduce the consequences of the hazard. Examples include pressure relief valves, pressure switches, automatic valves, and all automatic pump shutdown devices.

SCADA. Supervisory Control and Data Acquisition. A system to gather information such as pressures and flows from remote field locations and regularly transmit this information to a central facility where the data can be monitored and analyzed. Through this same system, the central facility can often issue commands to the remote sites for actions such as opening and closing valves and starting and stopping pumps.

SCC. Stress Corrosion Cracking. This is a potential failure mechanism that is a combination of mechanical loadings (stress) and corrosion. It is often an initiating or contributing factor in fatigue failures.

SMYS. Specified Minimum Yield Strength. The amount of stress a material can withstand before permanent deformation (yielding) occurs. This value is obtained from the manufacturer of the material.

Stress. The internal forces acting upon the smallest unit of a material, normally expressed in psi (in the U.S.). When an external loading such as a heavy weight is placed on a material, a level of stress is created in the material as it resists deformation from the load.

Surge pressure. Also referred to as "water hammer." This is a phenomenon in pipeline operations characterized by a sudden increase in internal pressure. This surge is often caused by the transformation of kinetic energy to potential energy as a stream of fluid is suddenly stopped.

Wall thickness. The dimension measurement between a point on the inside surface of the pipe and the closest point on the outside surface of the pipe. This is the thickness of the pipe material.

Yield point. In general, this is the point, defined in terms of an amount of stress, at which inelastic deformation takes place. Up to this point, the material will return to its original shape when the stress is removed; past this point, the stress has permanently deformed the material.

References

•

1. AGA, *AGA Plastic Pipe Manual for Gas Service,* catalog no. XR 8902, American Gas Association, Arlington, VA Feb. 1989.
2. *ASME Code for Pressure Piping,* B31. "Gas Transmission and Distribution Piping Systems," ANSI/ASME B31.8, 1986 edition.
3. ASTM, "Standard Test Methods for Notched Bar Impact Testing of Metallic Materials," E23-93a, July 1993, American Society for Testing and Materials.
4. Baker, W. E., et al. *Explosion Hazards and Evaluation,* New York: Elsevier Scientific Publishing Company, 1986.
5. Battelle Columbus Division. *Guidelines for Hazard Evaluation Procedures,* New York: American Institute of Chemical Engineers, 1985.
6. Bolt, Rein and Logtenberg, Theo. "Pipelines Once Buried Never to be Forgotten," *Reliability on the Move: Safety and Reliability in Transportation,* ed. G. B. Guy, London: Elsevier Applied Science, 1989, pp. 195–207.
7. Bowman, Maj. Bruce, U.S. Army, Special Forces Branch. Personal correspondence.
8. Bray, John, "Political and Security Risk Assessment," presented at Pipeline Risk Assessment, Rehabilitation, and Repair Conference, Houston, Tx, Sept. 13–16, 1993.
9. Briggum, S., Goldman, G. S., Squire, D. H. Weinberg, D. B. *Hazardous Waste Regulation Handbook,* New York: Executive Enterprises Publications Co., Inc., 1985.
10. Brown, Jess, Collette, Peter, Goffred, Randy. "Utilities Focus on Cast Iron Management Programs," *Pipeline and Gas Journal,* March 1995, Vol. 222, Number 3.

11. Caldwell, Joseph C. "Pipe Line Safety Arena," *Pipe Line Industry, November 1990, p. 15.*
12. Cameron, R. M., Halliday, W. S., Stryker, R. A. "Electromagnetic Surveys of Pipelines and Cathodic Protection Systems," *PL Risk,* Sept. 1993.
13. Clarke, N. W. B. *Buried Pipelines,* London: Maclaren and Sons, 1968.
14. Code of Federal Regulations, Vol. 59, No. 60, "Guidance for Facility and Vessel Response Plans Fish and Wildlife and Sensitive Environments," National Oceanic and Atmospheric Administration, Tuesday March 29, 1994.
15. Congram, G. E. "US Utility Expenditures Remain Near $6 Billion for 1995," *Pipeline and Gas Journal,* December 1994.
16. Crane Valve Company. *Flow of Fluids Through Valves, Fittings, and Pipe,* Crane Technical Paper No. 410. New York, 1986.
17. *DIN 2413.* Deutsche Normen, Berlin, June 1972.
18. Dow Chemical. *Fire and Explosion Index Hazard Classification Guide,* sixth edition, Dow Chemical Co., May 1987.
19. Dragun, James. *The Soil Chemistry of Hazardous Materials,* Silver Spring, Maryland: Hazardous Materials Control Research Institute, 1988.
20. Ductile Iron Pipe Research Association, *Polyethylene Encasement* Brochure, Ply. Tech/11-92/10M; Ductile Iron Pipe Research Association, Birmingham, AL.
21. Esparza, E. D., et al. *Pipeline Response to Buried Explosive Detonations, Volumes I and II,* American Gas Association, Pipeline Research Committee Final Report AGA Project PR-15-109, Southwest Research Institute Final Report SWRI project 02-5567, August 1981.
22. Federal Register. *Rules and Regulations,* Vol. 54, No. 155, August 14, 1989, pp. 33420–33424, August 30, 1989, pp. 35989–90.
23. Flinn, R. A. and Trojan, P. K. *Engineering Materials and Their Applications,* 3rd edition, Boston: Houghton Mifflin Company, 1986, pp. 513–560.
24. Gleick, James. *Chaos,* New York: Penguin Books, 1988.
25. Government Guidelines: "State and Federal Regulatory Briefs," *Pipeline and Gas Journal,* May 1995.
26. Hanna, S. R. and Drivas, P. J. *Guidelines for Use of Vapor Cloud Dispersion Models,* New York: American Institute of Chemical Engineers, 1987.

27. Keyser, C. A. *Materials Science in Engineering,* 3rd edition, Columbus: Charles E. Merrill Publishing Company, 1980, pp. 75–101, 131–159.
28. Larsen, K., et. al. "Mitigating Measures for Lines Buried in Unstable Slopes," *Pipe Line Industry,* October 1987, pp. 22–25.
29. Leeds, J. M., "Interaction Between Coatings and CP Deserves Basic Review." *Pipeline and Gas Industry,* March 1995.
30. Lockbaum, Bernadette S. "Cast Iron Main Break Predictive Models Guide Maintenance Plans," *Pipe Line Industry,* April 1994.
31. Martinez, F. H., Stafford, S. W. "EPNG Develops Model to Predict Potential Locations for SCC," *Pipeline Industry,* July 1994.
32. Megill, R. E. *An Introduction to Risk Analysis,* 2nd edition, Tulsa: PennWell Books, 1984.
33. Merritt, F. S. *Standard Handbook For Civil Engineers,* New York: McGraw Hill Book Co., 1976, section 21.
34. Moser, A. P. *Buried Pipe Design,* New York: McGraw-Hill, Inc., 1990.
35. "Multiobjective Programming Models for the Planning of Offshore and Onshore Natural Gas Pipeline Systems," David J. Engberg, Ph.D. disseration, Johns Hopkins University, Baltimore, MD, 1980.
36. NACE. *Recommended Practice: Mitigation of Alternating Current and Lightning Effects on Metallic Structures and Corrosion Control Systems.* National Association of Corrosion Engineers, Nace Standard RP-01-77 (1983 Revisions), Item No. 53039.
37. Naylor, C. E., Davidowitz, David. "Brittle Behavior of Pipelines," 94-DT-016.
38. Norman, R. S. "PE Technology Developments Aid Industry Safety, Cost Control," *Pipeline Industry,* Sept. 1994.
39. "One-Call Systems," *Pipeline Digest,* March 1991, p. 15.
40. Pipeline Industries Guild. *Pipelines: Design, Construction, and Operation.* London, New York: cvonstruction Press, Inc., 1984.
41. "Proceedings of the International Workshop of Offshore Pipeline Safety," December 4–6, 1991. New Orleans, LA. Edited by D. V. Morris, Texas A&M University, College Station, TX.
42. Prugh, R. W., Johnson, R. W. *Guidelines for Vapor Release Mitigation,* New York: American Institute of Chemical Engineers, 1988.
43. Riordan, M. A. "The IR Drop Paradigm Calls for a Change," *Pipe Line Industry,* March 1991, p. 31–32.

44. Rusin, M., Savvides-Gellerson, Evi. *The Safety of Interstate Liquid Pipelines: An Evaluation of Present Levels and Proposals for Change,* American Petroleum Institute, Research Study 040, July 1987, Washington, DC.
45. Siegfried, Charles. "Multiple Uses of ROW for Pipelines," presented at American Gas Association Transmission Conference, May 18, 1971.
46. Simiu, Emil. "Reliability of Offshore Operations: Proceedings of an International Workshop," NIST Special Publication 833, U.S. Dept. of Commerce, National Institute of Standards and Technology, Gaithersburg, MD.
47. Smart, Dr. J. S., Smith, G. L. "Pigging and Chemical Treatment Pipelines." Paper presented at *Pipeline Pigging and Inspection Technology Conference,* Feb. 4–7, 1991, Houston, TX.
48. Southey, R. D., Dawalibi, F. P., Donoso, F. A. "Sharing the ROW can Affect Line Integrity," *Pipeline and Gas Journal,* October 1993.
49. Stansberry, Randal R. "Unually Sensitive Areas: A Definition for Pipeline Operators," 1995 API Pipeline Conference, Environmental Session, Dallas, TX.
50. Stephens, M., Nessim, M. "Pipeline Integrity Maintenance Optimization—A Quantitative Risk-Based Approach," API Pipeline Conference, Dallas, 1995.
51. Sutherland, Valerie, Cooper, Cary, *Stress and Accidents in the Offshore Oil and Gas Industry.* Houston: Gulf Publishing Co., 1991.
52. Tuler, S., et. al. "Human Reliability and Risk Management in the Transportation of Spent Nuclear Fuel," *Reliability on the Move: Safety and Reliability in Transportation,* ed. G. B. Guy, London: Elsevier Applied Science, 1989, pp. 167–193.
53. U.S. Dept. of Transportion, Research and Special Programs Administration, Office of Pipeline Safety. *Annual Report of Pipeline Safety—Calendar Year 1988,* 400 Seventh St., S.W., Washington, DC 20590.
54. Vincent-Genod, J. *Fundamentals of Pipeline Engineering,* Paris: Gulf Publishing Company, 1984.
55. Wheeler, Donald J., Lyday, Richard W. *Evaluating the Measurement Process,* 2nd edition, Knoxville, TX: SPC Press, Inc., 1989.
56. Williams, Peter J. *Pipelines and Permafrost; Physical Geography and Development in the Circumpolar North, USA: Longman, Inc. 1979.*

Index

Glossary definitions are not included in this index.

D

E

S